2016年度国家社会科学基金重点项目"中国古代图书馆学研究"（16ATQ004）

蒋永福 ○ 著

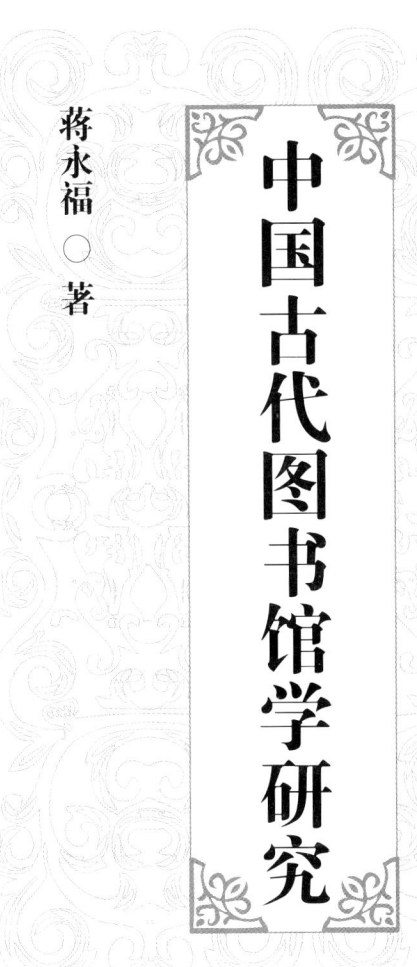

中国古代图书馆学研究

中国社会科学出版社

## 图书在版编目（CIP）数据

中国古代图书馆学研究 / 蒋永福著. —北京：中国社会科学出版社，2021.6（2022.11 重印）

ISBN 978-7-5203-8344-8

Ⅰ.①中⋯ Ⅱ.①蒋⋯ Ⅲ.①图书馆学史—研究—中国—古代 Ⅳ.①G250.92

中国版本图书馆 CIP 数据核字（2021）第 073127 号

| 出 版 人 | 赵剑英 |
| --- | --- |
| 责任编辑 | 刘 艳 |
| 责任校对 | 陈 晨 |
| 责任印制 | 戴 宽 |

| 出　　版 | 中国社会科学出版社 |
| --- | --- |
| 社　　址 | 北京鼓楼西大街甲 158 号 |
| 邮　　编 | 100720 |
| 网　　址 | http://www.csspw.cn |
| 发 行 部 | 010-84083685 |
| 门 市 部 | 010-84029450 |
| 经　　销 | 新华书店及其他书店 |
| 印　　刷 | 北京明恒达印务有限公司 |
| 装　　订 | 廊坊市广阳区广增装订厂 |
| 版　　次 | 2021 年 6 月第 1 版 |
| 印　　次 | 2022 年 11 月第 2 次印刷 |
| 开　　本 | 710×1000　1/16 |
| 印　　张 | 29.75 |
| 插　　页 | 2 |
| 字　　数 | 488 千字 |
| 定　　价 | 168.00 元 |

凡购买中国社会科学出版社图书，如有质量问题请与本社营销中心联系调换
电话：010-84083683
版权所有　侵权必究

# 写在前面的话

记不清是哪一年，当我第一次读到梁启超的关于建设"中国的图书馆学"的那一段文字时，心里顿感震颤——"中国的图书馆学"，是何等令人心驰神往的"学术王国"，那里定有无尽的学术宝藏！从那时起，我就一直在想：我能为建设"中国的图书馆学"做点什么？我知道，要建设"中国的图书馆学"，首先要弄清中国古代图书馆学——古代中国人的图书馆实践智慧和思想智慧。于是，经过多年的资料准备和长年的伏案潜读，终于对古代中国人的图书馆实践智慧和思想智慧有了一个较深入的了解和把握。此间，我常拿我的学习、思考心得与一些朋友（包括我指导的学生）交流，他们都建议我早日写成专著出版，同时建议最好以此论题申请一个课题。于是我以"中国古代图书馆学研究"为题，申请国家社会科学基金重点项目，并获得批准。这就是我研究中国古代图书馆学并写成此书的心路历程。

了解我的人知道，我早年步入学坛时的学习、思考重点是西方哲学思想和政治思想，所以一些人称我的学术旨趣是"洋为中用"。其实，我还有一个"暗渡陈仓"的学术情结——对中国古代历史和学术也情有独钟，只不过在我的早期学术研究中未能全面表现。也就是说，我不仅有"洋为中用"的学术旨趣，亦有"古为今用"的学术旨趣。记得当年拿"天人"何以能够"合一"问题，不厌其烦地请教邻居的一位哲学教授，经过无数次问与答之后，我仍表示不解时，逼得这位教授实在无奈，瞪着眼睛，举起食指指着我的脑门说："你真笨！"最后这位教授不无同情地嘱咐我说："你还是多读一些中国古代思想史方面的书吧，要从'西方先进'的思想陷阱中解脱出来，要有'中西合璧'的思想视野。"正是这一嘱咐，促发我大量阅读了中西思想比较方面的论著，至今不辍，让我受益匪浅。其中感受最深的是，中西文化及学术思想是如此的迥然异趣，令我惊叹不已。

在此，我之所以讲述我的早年学术经历，是想说明：我们现在研究中国古代图书馆学，在思想方法上既不能唯古是尊，也不能以今勒古、以西框中，而是要在古今异同、中西比较的视野中，坦然面对中国古代图书馆学的精华与局限，在"同情式理解"中不失批评，批评中又不失理性，这样才能有助于全面、客观地理解和诠释古代中国人的图书馆学智慧。这种古今、中西会通，批评意识与理性审视交会的思想方法，是本书立意和写作过程中始终把握和遵循的一种思想理路。

研究中国古代图书馆学，无法回避中西图书馆的起源异同问题。按照美国学者 Elmer D. Johnson 在《西洋图书馆史》一书中的概括，西方图书馆是修道院典籍、政府档案、商业簿契、宗族谱牒等文献积累及其整理需要的产物。然而，中国古代图书馆的起源则主要是由政府文书档案的积累所促发的，这是由中国古代早期的"学在官府"的政治文化特点所决定的。从文化主体的角度而言，"学在官府"的政治文化就是史官文化。"史为掌书之官"（王国维语），这里的"掌书"可作两解：一是职掌记录（书写）；二是职掌记录所成之物（档案和书籍）。由此而言，中国古代的图书馆起源于史官文化；史官是中国古代最早的著书人和管书人（图书馆员）。后来随着"学术下移"和佛教的传入，私家藏书、宗教藏书以及书院藏书渐次发达起来；随着史官体制的变化，以"学士"、"直学士"、"秘书郎"、"校书郎"等为主体的"馆职"逐渐形成；唐宋始，"文馆"、"馆阁"称谓逐渐流行起来；至清末，"藏书楼"一词作为藏书之所的泛称而流行（此前"藏书楼"一词早已存在）。那么，"史官"、"馆职"、"馆阁"、"藏书楼"等概念或称谓与"图书馆"是什么关联关系？厘清这一关联关系，是中国古代图书馆学研究必须首先要明确的概念基础。我们知道，中国古代无"图书馆"和"图书馆学"之谓，那么，我们现在所称"中国古代图书馆"和"中国古代图书馆学"，在称谓逻辑上是否成立，如何成立？这也是首先需要交代的问题。鉴于此，本书第一章题为"有关史事与概念阐释"，就是为了厘清和回答这些问题而设，故名之"引论"。

在内容结构上，全书内容分为三大部分。第一部分为"引论"，即第一章"有关史事与概念阐释"，分析梳理中国古代"史官制度到图书馆制度"的演变历史，由此证明"中国古代图书馆是以藏书楼或馆阁形态存在的图书馆",同时本部分作为开篇还论述有关于中国古代图书馆学的一些基本理论问题,如"中国古代图书馆学"之称谓问题、中国古代图书馆学与校雠学的关系问题、中国古代图书馆学的研究内容与意义问题等。第二部分为"本论",由第二章、第三章和第四章内容构成,这一部分又由两大方面内容构成:一为第二章"中国古代图书馆的藏书与管理",是中国古代图书馆实践内容之描述,分别论述皇家图书馆、私家图书馆、寺观图书馆和书院图书馆的藏书与管理实践内容;二为第三章"中国古代图书馆学思想"和第四章"中国古代图书馆学思想申论",分别论述中国古代图书馆学思想"有什么"、"是什么"和"如何是"、"为何如是"的问题。第三部分为"尾论"(第五章),即在前几章内容基础上概括出中国古代图书馆学思想的若干特征。可见,从形式而言,全书的内容框架结构由引论、本论和尾论三大部分构成;从内容而言,全书内容亦由三大部分构成,即第一部分为概念阐释(第一章),第二部分为实践描述(第二章),第三部分为思想分析(第三章、第四章和第五章)。概念阐释和实践描述,实为思想分析奠定基础。由此而言,本书内容是按照"概念→实践→理论(思想)"之序铺设的。无论是从结构形式而言,还是从论述内容而言,都体现了三大部分分而论之且贯穿一体的"连珠式"结构体例。这也是本书欲创新结构体例的一种新的尝试。

就全书的内容组织方式而言,无论是概念阐释、实践描述还是思想分析,都不以时代进展为序,而是按照各部分的主题构成及其层次分门别类地加以分析和归纳,亦即不以概念、实践和思想的发展进程为序,而是以概念内容、实践内容和思想内容的分析与归纳为纲。此即本书名之"中国古代图书馆学研究"而不名之"中国古代图书馆学史"的原因。再者,从内容论述或立意的侧重点而言,全书以思想分析为侧重点。凡为思想分析之研究,其理想状态应该是:在言之有据、释之有理、述之有序的基础上,本着"独立之精神,自由之思想"(陈寅恪语),发前人所未发之言。在人文社会科学研究中,发前人所未发之言即为"创新"之义所在。本书名之"研究",即意欲发前人所未发之言。当然,本书中哪些为前人所未发之言、有多少前人所未发之言,不当由我本人"自以为是"地断定,而当由读者识别和认定之。

研究中国古代图书馆学有用吗?在此我不想直接、正面回答这个问题，我想借用奥古斯丁（Saint Aurelius Augustinus）和狄尔泰（Wilhelm Dilthey）的话作启发性答案——奥古斯丁说，"时间分过去的现在、现在的现在和将来的现在。……过去事物的现在便是记忆，现在事物的现在便是直接感觉，将来事物的现在便是期望"；狄尔泰说，"若人们把过去置诸脑后，以便重新开始生活，就会完全徒劳无益。他们无法摆脱过去之神，因为这些神已经变成了一群游荡的幽灵"。

  我从哪里来，我往哪里去，这是任何一个对自己人生负责的人都应认真思考和回答的终极"试卷"。我们祖先的图书馆实践是如何前赴后继地跋涉过来的，我们祖先的图书馆学思想是如何代代相继地创发出来的，我们应该如何对待祖先留下的图书馆学智慧遗产，对这些问题，我们作为中国图书馆学人，难道不应该认真思考吗？中国古人的图书馆实践方法，极其丰富；中国古人的图书馆学思想，广博深精。人是怀着乡愁走向年老的动物。我想，回忆并崇敬中国古人的图书馆学智慧，就是中国当代图书馆学人应有的集体乡愁。过去活在现在，警示未来；正视过去，敬畏先贤，才能更好地立稳现在，迈向未来。建设"中国的图书馆学"，任重道远，但无可逃避，我们必须承担此任。这是学者应有的担当精神。为建设"中国的图书馆学"做出我能做的一点努力与贡献，以此表达我"不忘初心，牢记使命"的学者情怀，这是我研究中国古代图书馆学和写作此书的立意所在。读者朋友，切记，切记……

# 目　　录

**第一章　引论：有关史事与概念阐释** …………………………… (1)
　第一节　史官与馆职 …………………………………………… (2)
　　一　史官制度的起源 ………………………………………… (2)
　　二　史官制度的演变 ………………………………………… (6)
　　三　馆阁及馆职人员的出现 ………………………………… (12)
　第二节　藏书楼与图书馆 ……………………………………… (20)
　　一　"藏书楼"称谓向"图书馆"称谓的转变 …………… (20)
　　二　藏书楼就是古代的图书馆 ……………………………… (24)
　第三节　中国古代图书馆学 …………………………………… (30)
　　一　中国古代图书馆学是否存在 …………………………… (31)
　　二　中国古代图书馆学的称谓问题 ………………………… (34)
　　三　中国古代图书馆学的若干基本问题 …………………… (46)

**第二章　中国古代图书馆的藏书与管理** ……………………… (53)
　第一节　皇家图书馆的藏书与管理 …………………………… (54)
　　一　皇家图书馆的藏书 ……………………………………… (54)
　　二　皇家图书馆的管理 ……………………………………… (68)
　第二节　私家图书馆的藏书与管理 …………………………… (123)
　　一　私家图书馆的藏书 ……………………………………… (124)
　　二　私家图书馆的管理 ……………………………………… (136)
　　三　私家图书馆的功绩 ……………………………………… (148)
　第三节　寺观图书馆的藏书与管理 …………………………… (157)
　　一　寺观图书馆的藏书 ……………………………………… (158)
　　二　寺观图书馆的管理 ……………………………………… (164)

· 1 ·

   　第四节　书院图书馆的藏书与管理 …………………………（176）
   　　一　书院图书馆的藏书 ………………………………………（179）
   　　二　书院图书馆的管理 ………………………………………（185）

**第三章　中国古代图书馆学思想** …………………………………（195）
   　第一节　文献价值观 ……………………………………………（195）
   　　一　整体文献价值观 …………………………………………（196）
   　　二　四部文献价值观 …………………………………………（200）
   　第二节　文献整理观 ……………………………………………（212）
   　　一　文献收集思想与方法 ……………………………………（213）
   　　二　文献校勘思想与方法 ……………………………………（226）
   　　三　文献分编思想与方法 ……………………………………（249）
   　　四　文献版本思想与方法 ……………………………………（285）
   　第三节　文献藏用观 ……………………………………………（310）
   　　一　文献珍藏不借之因 ………………………………………（310）
   　　二　文献流通思想 ……………………………………………（322）
   　　三　文献藏用综合观 …………………………………………（332）
   　第四节　馆阁观 …………………………………………………（340）
   　　一　馆阁功用观 ………………………………………………（341）
   　　二　馆阁职任观 ………………………………………………（349）

**第四章　中国古代图书馆学思想申论** ……………………………（360）
   　第一节　文献之道：文以载道 …………………………………（361）
   　　一　圣人之言即为道 …………………………………………（361）
   　　二　文献：载道之器 …………………………………………（366）
   　　三　六经：道之精华 …………………………………………（368）
   　第二节　文献揭示之道：揭示文献以明道 ……………………（370）
   　　一　揭示学术格局与源流：目录之道 ………………………（371）
   　　二　揭示学术之尊卑：编次之道 ……………………………（382）
   　　三　揭示内容价值之优劣：提要之道 ………………………（391）
   　第三节　馆阁之道：藏书以传道 ………………………………（415）
   　　一　馆阁：传道之器 …………………………………………（415）

二　馆阁：社会记忆之器 …………………………………… (422)

**第五章　尾论：中国古代图书馆学的特征** ……………………… (439)
　第一节　历史特征：悠久性与自发性 …………………………… (439)
　第二节　思维特征：本体性与价值性 …………………………… (442)
　第三节　论理特征：非论证性与非学理性 ……………………… (446)

**参考文献** ……………………………………………………………… (457)

**后　记** ………………………………………………………………… (464)

# 第一章　引论：有关史事与概念阐释

人类作为类存在，其生存和发展需要相互之间的交流，交流的需要产生了语言和文字；文字作为人类思想与情感的记录工具，可以将思想和情感信息记录在一定的体外载体之上，而书籍（文献）正是这种记载人类思想和情感信息的载体之一。中国古代社会的藏书之所，无论称其为"藏书楼"还是称其为"图书馆"，都是因为书籍的出现而出现的。

书籍和图书馆的出现，是人类社会的文化发展的产物。文化具有区域性和民族性特征。中华文化就是具有中国地域特色和民族特色的文化。对中国历史而言，有一种史实是人们公认的，那就是"中国是一个文化发展很早的国家，……中国因其环境关系，他的文化，自始即走上独自发展的路径。……中国文化不仅比较孤立，而且亦比较特殊"[1]。毋庸置疑，作为中华文化重要组成部分的古代图书馆和图书馆学，亦产生很早，"自始即走上独自发展的路径"，且"比较孤立"和"比较特殊"。其特殊性的重要表现之一是：中国古代图书馆和图书馆学是作为史官文化的重要组成部分而生发和演进的。可以说，史官文化是中国藏书文化和图书馆文化的"母文化"形态。从中国古代官府图书馆的发展历史来看，中国古代早期，史官以及士人不仅是主要的"著书人"群体，而且还是主要的"管书人"（图书馆员）群体；中国古代的中、后期，"管书人"职掌则主要由馆职人员承担。因此，了解中国古代图书馆和图书馆学可从了解史官和馆职人员开始。

---

[1] 钱穆：《中国文化史导论》（修订本），商务印书馆1994年版，第1页。

## 第一节 史官与馆职

大致说来，中国的史官制度形成于夏、商时期而盛于西周时期。秦汉始史官制度开始分化，逐渐演变为天官（太史令）、记注官和著作官的分工体制。至东汉末，随着秘书监制的确立，史官的掌管书籍职责转移于秘书人员（秘书郎、校书郎等）；而到了唐、宋，随着馆阁制度的建立和健全，掌管书籍职责逐渐转移至馆职人员，一直延续至清代。可见，中国古代的"图书馆员"建置经历了从史官到秘书人员再到馆职人员的演变历程。

### 一 史官制度的起源

在先秦史籍中，《世本》之《作》篇最先使用了"史官"一词，其云："黄帝之世，始立史官，苍颉、沮诵居其职矣。至于夏、商乃分置左、右。"东汉皇甫谧《帝王世纪》亦云："黄帝史苍颉取象鸟迹，始用文字之篆，史官之作盖自此始。"虽然这些话都无法证实，但由此我们可以想象到史官一职确实产生很早。司马迁《史记·秦始皇本纪》载李斯建议秦始皇焚书云："臣请史官非秦纪皆烧之。"东汉班固《汉书·艺文志》春秋类序云："古之王者世有史官，君举必书，……左史记言，右史记事。"这说明，在秦汉之时，"史官"一词已普遍流行。

殷商时期已建立有较成熟的史官制度。在殷商甲骨卜辞和西周铭文中，多刻写有"贞人"、"作册"、"大史"等文字。贞人为主掌占卜、祭祀仪式等事务的人巫合一之官。作册亦即后来的内史，主掌制作典册（如草拟官吏的任命、赏罚等王命文书），记录王言和颁布王命等事务，同时负责图籍的管理。大史主掌天文历法，并以天文历法知识参与祭祀、占卜等活动。在殷墟卜辞中描述史官角色的文字多种多样，陈梦家先生根据卜辞总结出殷商史官称谓包括尹、卜、工、史、吏五类，即"尹、多尹、又尹、某尹，乍册，卜某、多卜工，多任务，我工，史、北史、卿史、御史、联御史、我御史、北御史、某御史，吏、大吏、我吏、上吏、东吏、西吏"等。① 殷商时期的史官，无论其称谓如何，助王占卜和祭祀是其主要职责，所以被称为天官或巫官，他们都是神权的掌握者，充当神人之间的媒介，即以祭祀、祈祷的方式求助于祖先神明，借占卜来传达上天的神意。

在甲骨卜辞中，还刻写有"太史寮"、"卿事寮"字样。据专家考证，"寮"若后世的"省"，即如尚书省、中书省、门下省等官署名称，亦即"太史寮"、"卿事寮"乃是殷商时期史官的官署称谓。② 由此可知，殷商时期的史官有具体的名称，有明确的分工，有固定的官署机构，所以说殷商时期已建立有较成熟的史官制度的判断是大体可信的。

殷商时期的史官可以看作中国古代最早的"文化人"群体。③ 在他们的履职活动中，必然产生相当数量的档案资料，并由他们来保存和管理这些档案资料，所以可以把他们看作中国古代最早的"档案馆员"或"图书馆员"。还应该指出的是，殷商时期的贞人、作册、大史等史官是中国古代社会最早的文教权力的垄断者、图文资料的垄断者，后世所称的"学在官府"、"官守其学"、"官守其书"等说法，均以此史实为据。

在经典文献中，描述史官建制最早且最全面的是《周礼》。在《周礼·春官宗伯下》中详细描述了周代五史的分工职掌。

大史："掌建邦之六典，以逆邦国之治；掌法以逆官府之治；掌则以逆都鄙之治"；"凡邦国都鄙及万民之有约剂者藏焉，以贰六官"；"正岁年以序事"；"大祭祀，与执事卜日"；"辨事者考焉，不信者诛

---

① 陈梦家：《殷墟卜辞综述》，科学出版社1956年版，第521页。
② 刘节：《中国史学史稿》，中州书画社1982年版，第26页。
③ 这里用了"文化人"一词而未用"知识分子"或"知识人"一词，这是因为"知识分子"或"知识人"乃追求知识的人的统称，而在中国古代社会几乎不存在以追求知识为目的的人，更不存在"为知识而知识"的人。"中国人读书，不是为了知识；……中国知识分子，缺乏'为知识而知识'的传统，也缺乏对客观知识负责的习性。"（徐复观语）中国古代的读书人，一般被称为"士人"，而士者"志于道"，士人"遑遑汲汲，自力于学，将以明其道。经史者，古人所以求道之资，而非所以名其学也"（章学诚语）；《大学》云"大学之道，在明明德"，表明大学所教者乃"明德"（伦理修养）而非"知识"。此故，本书将中国古代读书人称为"文化人"，而不称为"知识分子"或"知识人"。所引徐复观、章学诚之语，分别引自李维武编《徐复观文集》（第1卷），湖北人民出版社2002年版，第130页；章学诚《章学诚遗书》，文物出版社1985年版，第84页。

之";"大会同朝觐,以书协礼事";"凡丧事考焉"。大史的职掌可谓广而多,凡典则执行,约剂副本典藏,观天文、制历法、记时日,以及祭祀、大会、朝觐、出征、迁徙、丧葬等无不主持或参与。

小史:"佐大史,凡国事之用礼法者,掌其小事";"掌邦国之志",即掌诸侯国的志书;还负责"奠系事,辨昭穆",即掌国王之家谱。小史的职掌主要是"佐大史",为大史之副官,在此基础上兼掌诸侯国志书与国王家谱。

内史:"掌王之八枋之法,……凡命诸侯及孤卿大夫则策命之";"王制禄,则赞为之,以方出之。赏赐亦如之。内史掌书王命,遂贰之";"凡四方之事书,内史读之"。《周礼·秋官·大司寇》又云:"凡邦之大盟约,莅其盟书,而登之于天府,大史、内史、司会及六官皆受其贰而藏之。"从这些记载来看,内史的职务相当于王之"总秘书"。

外史:"掌书外令,掌四方之志,掌三皇五帝之书,掌达书名于四方。若以书使于四方,则书其令。"所谓"四方之志"、"三皇五帝之书",亦即诸侯之国史和前世之史书。由此来看,外史的主要职掌是草拟帝王向诸侯国所发王命,同时负责诸侯国史书和前代史料档案的收藏。唐代李林甫等撰《唐六典》在引《周礼》之"外史掌四方之志,掌三皇五帝之书"之后,加了一句"并秘书之任也"[①]。意思是说,周代外史"掌邦国经籍图书之事",等同于后世秘书省之"秘书之任"。

御史:"掌邦国都鄙及万民之治令,以赞冢宰。凡治者受法令焉。掌赞书,凡数从政者。"由此来看,御史的主要职责是法律文书的起草和协助冢宰执行法律规定。后世御史之监察之权即由此而来。另外,周代官府的文书档案亦由御史手下官吏负责保藏,称"守藏室史"或"柱下史"。相传老子曾为周"守藏室之史";又据《史记·张丞相列传》,张苍为秦"柱下史,明习天下图书计籍"。先秦的御史职责主要有两方面:一是记事职责,这是其"赞冢宰"、"掌赞书"职责的基本表现;二是掌图籍职责,这是其掌文书档案的职责表现。

关于五史的人员编制情况,《周礼·春官·序官》云:"大史,下

---

① 李林甫等撰,陈仲夫点校:《唐六典》,中华书局1992年版,第95—96页。

大夫二人,上士四人。小史,中士八人,下士十有六人。内史,中大夫一人,下大夫二人,上士四人,中士八人,下士十有六人。外史,上士四人,中士八人,下士十有六人。御史,中士八人,下士十有六人。"据此,金毓黻认为,周代"五史之秩以内史为尊(中大夫),大史次之(下大夫),外史又次之(上士),小史、御史为下(中士),此皆诸史之长属于春官者也"①。王国维认为,"官以大史为长",但"秩以内史为尊,内史之官虽在卿下,然其职之机要,除冢宰外,实为他卿所不及。……其职与后汉以后之尚书令、唐宋之中书舍人、翰林学士,明之大学士相当,盖枢要之任也"②。

上述五史史官系统的形成时间大致是在西周成康之后。到了春秋战国时期,各诸侯国亦仿效中央政府设立自己的史官职位。唐代徐坚《初学记·史传》引司马迁的话说:"是则周之列国,亦各有史官书事记言,以载讨典。"唐人刘知几《史通·史官建置》亦曰:"诸侯列国亦各有史官,求其位号,一同王者。"

在史官的分工问题上,史籍中常有左史、右史之分的记载。《礼记·玉藻》云:"动则左史书之,言则右史书之。"而《汉书·艺文志》则云:"左史记言,右史记事。"在左史与右史的分工问题上,即何者记言、何者记事问题上,《礼记》和《汉书》出现了截然相反的记载。对此,后世学者们多有辨析,多数人认为《汉书·艺文志》记载的准确性更高。

柳诒徵先生指出,"夫古之五史,职业孔多,蔽以一语,则曰掌'官书以赞治'。由斯一义,而历代内外官制,虽名实贸迁,沿革繁多,其由史职演变者乃特多"③。在诸多"由史职演变者"中,"图书馆员"亦包括在内。只要是史官,就与文献(包括文书、档案、图书等)的生产、保管、整理、利用活动有关联,诚如王国维所言:"掌文书者,亦皆谓之史,则史之职专以藏书、读书、作书为事。……史为掌书之官,自古为要职。"④ 可以说,从殷商时期的巫史到西周时期的"人史"

---

① 金毓黻:《中国史学史》,商务印书馆1999年版,第11页。
② 王国维:《观堂集林》,河北教育出版社2001年版,第133页。
③ 柳诒徵:《国史要义》,中华书局1948年版,第33页。
④ 王国维:《观堂集林》,河北教育出版社2001年版,第132页。

系统（即五史制度）的建立，意味着史官群体是中国古代社会中最早从事文献的生产、保管、整理和利用活动的文化人群体，因而史官群体又是中国古代社会最早的"图书馆员"队伍。"史官是最早的图书馆员"，对这一命题的理解，需要注意两点：一是史官作为"图书馆员"都是兼职性的，而不像近现代图书馆员为专职性的。无论是贞人还是五史，都是身兼数职的、围绕帝王身边的要员，但无论身兼多少职务，承担文献的生产、保管、整理和利用之责是其必备的职责，这是其能够成为"图书馆员"之滥觞的前提性身份条件。二是在"史官是最早的图书馆员"这一命题中内含"文化人才能成为图书馆员"这样一个亚命题。在中国古代社会，史官作为最早且最具权威性的文化人群体，文献的生产、保管、整理和传播利用活动主要由史官群体来负责完成。史官之所以能够承担这样的社会角色任务，就是因为史官是文化人，具有相应的权威性及其能力。近现代图书馆对图书馆员的文化修养和专业知识修养的重视，亦可视为"文化人才能成为图书馆员"这一历史传统的延续与发展。

### 二　史官制度的演变

殷商时期的史官系统，发展至西周开始发生分化，其主要表现有二：一是史官角色从"巫史"向"人史"的转变；二是史官群体分化为"士"与"吏"两类人群。

众所周知，殷商文化主要是巫史文化，巫师是影响甚至主宰君主决策的"帝师"。殷商时期的巫史是文化思想的垄断者，《国语·楚辞下》记载的"绝地天通"的传说就说明了这一点：

> 昭王问于观射父曰："《周书》所谓重、黎使天地不通者，何也？若不然，民将能登天乎？"对曰："非此之谓也。古者民神不杂。民之精爽不携贰者，而又能齐肃衷正，其智能上下比义，其圣能光远宣朗，其明能光照之，其聪能听彻之，如是则明神降之。……及少皞之衰也，九黎乱德，民神杂糅，不可方物。夫人作享，家为巫史，无有要质。民匮于祀，而不知其福，烝享无度，民神同位。民渎齐盟，无有严威。神狎民则，不蠲其为。嘉生不降，

无物以享。祸灾荐臻,莫尽其气。颛顼受之,乃命南正重司天以属神,命火正黎司地以属民,使复旧常,无相侵渎,是谓绝地天通。

这里的"绝地天通",即指断绝天与地的交通。观射父的这段话的意思是说,由于"九黎乱德,民神杂糅"而破坏了本应"民神不杂"的秩序,所以帝颛顼命重专管神事,又命黎专管民事。这种"司天"与"司地"的分离,实际上是天人分离,目的是实现神权统治,即通过垄断天人关系的解释权来巩固政权的合法性。这里的重和黎实际上就是垄断天人关系解释权的巫史。这种天人分离的政权合法性,到了西周时期发生了解释方向上的逆转,即在周人"天命无常"、"皇天无亲,惟德是辅"的观念下,统治合法性的解释从"以天释人"转变为"以人释天"。在此过程中,史官的角色也从巫史向人史转变。所谓"人史",指"祛除巫魅"(即韦伯所说的"祛魅")而侧重于人事解释的史官形态。从巫史向人史的转变,实际上就是"以天释人"向"以人释天"的转变,意味着天人分离向天人合一转变,同时意味着巫觋文化向祭祀文化再向礼乐文化的转变。

巫史向人史的转变完成后,人史又分化为"士"与"吏"两类人群。从社会阶层的区分而言,中国古代的士指的是社会上的文化人。《左传·昭公七年》云:"天有十日,人有十等,下所以事上,上所以共神也。故王臣公,公臣大夫,大夫臣士,士臣皂,皂臣舆,舆臣隶,隶臣僚,僚臣仆,仆臣台。"《国语·晋语四》云:"公食贡,大夫食邑,士食田,庶人食力,工商食官,皂隶食职。"由此可见,在古代社会的等级序列中,士可以说是处于统治阶层的下层。然而,自春秋战国后,士人开始游离于统治阶层而成为"民"的组成部分,故《榖梁传·成公元年》云:"古者有四民:有士民,有商民,有农民,有工民。"[1] 顾炎武说:"三代之时,民之秀者乃收之乡序,'升之司徒',而谓之'士',固千百之中不得一焉。"[2] 可见,士来源于"民之秀

---

[1] 这里说的士商农工次序与史籍中常说的士农工商次序不同。士农工商次序说的流行是汉代以后的事情。

[2] 顾炎武:《日知录校释》(上),张京华校释,岳麓书社2011年版,第340页。

者"。孔子说的"学而优则仕",就是指民可以通过学而成为士("仕"与"士"相通)。何谓"民之秀者"?在上引《穀梁传·成公元年》"有士民"下疏云:"学习道艺者。"又引何休注云:"德能居位曰士。"可见,"德"、"学"、"才(能)"是成为士的基本条件。秦朝始置博士,隋唐以后各类文馆中广置学士,而这些博士、学士大都以"德"、"学"、"才"的优秀者为之。士阶层的出现,意味着三代宗法制中的官位世袭制的结束。

如果说士的特征是德、学、才兼备,以"思想者"自居;那么吏的特征则是政法(行政和执法)兼备,以"执行者"自居。所谓"执行者"即为"依法行政者"。春秋战国时,各国改革运动中逐渐形成依法治国理念,在立法上出现成文法,在学术上出现了以申不害、李悝、商鞅、韩非为代表的法家学派。依法治国需要一大批熟悉法律和行政事务从而能够依法行政的官吏人才,而"熟悉法律和行政事务"又不是士的特长与理想,所以需要从史官队伍中分化出一批熟悉法律和行政事务的另一类官吏人才,这类官吏人才就是"吏",又称"文吏"、"文法吏"、"刀笔吏"等。《汉书·贾谊传》云:"俗吏之所务,在于刀笔筐箧,而不知大体。"颜师古注曰:"刀所以削书札,筐箧所以盛书。"清人王先谦撰《汉书补注》引周寿昌语曰:"刀笔以治文书,筐箧以贮财币,言俗吏所务在科条征敛也。"把俗吏的特征概括为"刀笔筐箧"、"不知大体"、"科条征敛"等,这当然是针对"俗吏"而言,而非针对"循吏"或"良吏"而言。《韩非子·忠孝》则云:"人臣毋称尧舜之贤,毋誉汤武之伐,毋言烈士之高,尽力守法,专心于事主者,为忠臣。"这种"尽力守法,专心于事主"的忠臣是吏的典型人格特征。《荀子·荣辱》亦区分"士大夫"和"官人百吏"的人格特征曰:"志行修,临官治,上则能顺上,下则能保其职,是士大夫之所以取田邑也。循法则、度量、刑辟、图籍、不知其义,谨守其数,慎不敢损益也;父子相传,以持王公,是故三代虽亡,治法犹存,是官人百吏之所以取禄职也。"荀子把官人百吏的人格特征描述为"不知其义,谨守其数"(也就是韩非所说的"尽力守法"),且把"三代虽亡,治法犹存"的功劳主要归功于官人百吏。

公元前221年,秦始皇统一宇内,建立秦朝。秦始皇总结周朝封建制度瓦解的历史经验,建立郡县制,并配合郡县制实行一系列改革措施。公元前206年刘邦率军灭秦,于公元前202年登皇位,建立刘汉王朝。汉初,总结秦朝"二世而亡"的经验教训,以黄老"无为而治"思想为基本的治国方略,在承秦的基础上进行渐进式改革;经过"文景之治",西汉政权已得到全面的巩固,于是到了公元前141年汉武帝即位后,放弃黄老思想并"罢黜百家,表彰六经",确立了儒家的正统地位。在此过程中,包括史官制度在内的多项制度必然遭遇改变。《后汉书·百官志》云:"汉之初兴,承继大乱,兵不及戢,法度草创,略依秦制,后嗣因循。……及至武帝,多所改作。"至公元25年,刘秀建立东汉政权。因为东汉政权是推翻"王莽改制"的新兴政权,所以建立政权之始就必然对"王莽改制"进行再改制,由此引发了史官体制变革在内的一系列制度变革。秦汉时期的史官制度变革,实际上开启了汉以后各代史官制度不断变革或重新组合的序幕。

秦汉时期的史官制度变化,可从以下几方面得以窥见:

首先是内史的变化。《汉书·百官公卿表》云:"内史,周官,秦因之,掌治京师。景帝二年分置左右内史。右内史,武帝太初元年更名京兆尹,……左内史更名左冯翊。"又云:"成帝绥和元年省(郡国)内史,更令相治民。"由此可见,在西汉的武帝至成帝期间,从中央到地方,内史不仅被"更名",而且其执掌完全被行政化("治京师"、"治民"等),周代时期"掌书王命,遂贰之"的内史已不复存在。

其次是御史职责的变化。《汉书·百官公卿表》云:"御史大夫,秦官,……有两丞,秩千石。一曰中丞,在殿中兰台,掌图籍秘书,外督部刺史,内领侍御史员十五人,受公卿奏事,举劾按章。"可见,秦汉之际的御史,似乎接替以往的内史职责的一部分而成为皇帝身边的"机要秘书"。然其"掌图籍秘书"的职责仍属于史官角色。但至东汉,御史中丞完全变成监察官,而其"掌图籍秘书"的职责则交由新置的兰台令史负责。从此,御史本身的史官职能大半消失。

再次是太史职责的变化。在《周礼》中太史称大史。秦始皇统一中国后,置太史令一职,隶属奉常。《汉书·百官公卿表》云:"奉常,秦官,……属官有太乐、太祝、太宰、太史、太卜、太医六令丞。"现存史籍中记载的秦太史令只有胡母敬一人。汉初是否设有太史,史籍记载不详。汉武帝时置太史令，其职责大致有：掌天时、历法、灵台；主持日蚀禳灾仪典；参与礼乐音律改易；主持或参与国祭仪式；掌郡国计书；掌数术算学与课试蒙童；记录灾变；掌明堂、石室图籍档案等。①从这些职责来看，太史令仍属于史官范畴。西汉司马谈、司马迁父子世袭太史令一职，其著书尤其是司马迁著《史记》，就是以史官身份著成的。然至东汉，太史令的职责主要局限于天官，即主要负责天时、历法、灵台事务，并记祥瑞灾异。所以，刘知几在《史通·史官建置》中说："太史之置，非复记言之司，故张衡、单飏、王立、高堂隆等，其当官见称，唯知占候而已。"东汉时的太史令只具天官职责，这是因为东汉始由兰台令史兼掌图籍，后又派史才在东观著作，因而原由太史令负责的图籍档案和撰述职责被分离出来所致。

先秦以后的史官制度始终发生着变化，其过程复杂而漫长，在此仅选若干与图书馆事业有关的史事做一简要叙述。

两汉时期史官制度的变革，有一个重要表现就是兰台令史和秘书监的设置。西汉时就设有兰台，地处省禁未央宫中，是图籍秘记收藏之所，实际上是皇宫"图书馆"或"档案馆"之一。《玉海》卷一六二《宫室·台》云："《西京赋》内有兰台、金马，递宿迭居。注：兰台，台名，校书处。"金马为西汉"著作之庭"，邻近兰台。兰台与金马实为周秦守藏室之余绪。王充《论衡·对作》云："汉立兰台之官，校审其书以考其言。"职守兰台的官吏有兰台令史和校书郎。《论衡·别通》称兰台令史为"通人之官，……职校订文字，比夫太史、太祝，职在文书，无典民之用"。把兰台令史比作"太史、太祝"，意谓兰台令史为史官。《后汉书·百官志》谓兰台令史职责为"掌奏及印工文书"。其实，"掌奏及印工文书"才是兰台令史的正常工作，而校书和著述乃因其"通人之官"而临时领受的任务。但因校书和著述之任对学识修养的要求较高，所以往往选任学识修养高者为兰台令史或校书郎。这说明，兰台令史是职事官与史官的复合之职，而之所以复合是因为兰台掌管"图书馆"或"档案馆"，是史官赖以著述的最佳设施与场所。当时以兰台令史或校书郎职官著述兰台的有班固、贾逵、杨终、傅毅等博学

---

① 牛润珍：《汉至唐初史官制度的演变》，河北教育出版社1999年版，第39—40页。

之人。班固于永平五年（62年）任兰台令史，与他人合作撰《世祖本纪》，次年迁校书郎，典校秘书，再次年受明帝指派撰《汉书》。此后，随着东观成为主要藏书之所，兰台撰史工作中辍，国史著述移至东观。由此可见，自秦汉始，史官的著述之所随藏书之所的变更而变更，或者说，秦汉始藏书之所是史官的主要工作场所，史官是藏书之所的主要工作人员，这是古代藏书或"图书馆"与史官渊源联系之史实的又一证明。

东汉时期又发生了一件涉及史官制度的官制变化事件，这就是汉桓帝延熹二年（159年）设置秘书监。《通典·秘书监》："后汉图书在东观，桓帝延熹二年始置秘书监一人，掌典图书古今文字考合异同，属太常。以其掌图书秘记，故曰秘书。"当时的秘书监既是官名又是官署机构名称，南梁时把作为机构的秘书监改名为秘书省，其最高长官为秘书监，所以宋代高承《事物纪原·秘书省》记此事曰："孝桓始置秘书监，而不以名其省，至梁始曰秘书省也。"从秘书省的主要职能来看，秘书省实为国家的文献事业管理机构，当然亦可视其为国家的图书馆事业管理机构。若从秘书省发挥作用的范围而言，秘书省实为皇家文献事业和图书馆活动的组织管理机构。

秘书省长官为秘书监，其下有秘书丞、秘书郎、校书郎、著作郎等属员。在秘书省任职的监、丞、郎人员中，绝大部分是硕学名儒，如魏晋南北朝时期的王象、王肃、郑默、左思、陈寿、陆机、范晔、王俭、李充、薛夏、王沈、羊祜、荀勖、束皙、荀悦、任昉、殷钧、华峤、刘孝绰、高谧等；隋唐时期的牛弘、柳顾言、许善心、李文博、令狐德棻、魏徵、颜师古、马怀素、元行冲、刘知几、李善等；宋代的李至、杨亿、范仲淹、欧阳修、苏轼、曾巩、王尧臣、沈括、余靖、程俱、王应麟、周必大、李焘、陈骙等；明代的宋濂、解缙、姚广孝、杨士奇、丘濬等。如果把唐太宗时期的"十八学士"，宋代的"苏门四学士"，清代明史馆、四库全书馆的万斯同、朱彝尊、全谢山、戴震、纪昀、邵晋涵、翁方纲、姚鼐、朱筠、孙希旦、王念孙、周永年等加进来，这一阵容更是星光闪耀，令人仰望不已。这说明，在古代中国人看来，能够胜任秘书省职或馆职的人员必须是大学问家，即能够胜任图书馆工作的人员必须是有才学的优秀人员。这就是中国古代图书馆学之所以具有极强学术性的人才表现。

隋唐以后,秘书省制仍存,但其大部分职能被各类文馆、馆阁取代;北宋元丰改制后,秘书省职能全面恢复;元代至明初仍保留秘书监官职系统,但到洪武十三年(1380年)朱元璋下令废秘书省,将其职能并入翰林院。至此,中国古代秘书省制前后存世1222年。关于秘书省的沿革过程,清人黄本骥做了如下概述:

> 魏晋以后秘书监之官名即其机构之名,故所领有著作局。梁始专设秘书省,置监及丞各一人、秘书郎四人。此后遂别为一省。……秘书省号称掌文艺图籍,其实唐以后实职皆归各馆阁,秘书监以下之官仅备其名而已。元代犹置秘书监为专署,其主官为卿及大监、少监,事务官为监丞。……至明初始完全废去。清代方以文渊阁官当古代之秘书省,但已非正官,且为内廷文学侍从之官所居,与古代秘书省之为独立机构仍不能并论。[①]

汉桓帝延熹二年置秘书监,这一举措对中国古代图书馆事业而言具有三方面的重要意义:其一,从机构设置而言,从此有了管理图书馆事业的独立机构,体现了重视图书馆事业的国家意志;其二,从人员编制而言,掌管图籍人员从以往的使职或贴职(以他官身份兼职)转为正职,用现代的话来说就是把图书馆员纳入国家公务员系列,表明中国古代图书馆员从此获得了国家公职人员的地位;其三,从史官职责的分化而言,从此形成了天官(如太史令)、记注官(如起居注官)、著作官(主要为修史)、秘书官(从事文献的收集、整理和利用工作,又可称之为"治书官")的分工局面,由此图书馆员正式成为了史官系统中相对独立的重要组成部分。

## 三 馆阁及馆职人员的出现

这里的"馆职人员",指在以馆阁为名的藏书之所从事文献管理活动的人群,简单地说就是在馆阁任职的工作人员。馆阁的前身一般叫

---

[①] 黄本骥:《历代职官表·历代职官阐释》,上海古籍出版社2005年版,第115—116页。

## 第一章 引论：有关史事与概念阐释

"文馆"或"文学馆"。文馆是以储养人才为目的而建立的"藏秘书，处贤才"的文化与智库设施。文馆制度始于两汉及魏晋南北朝时期，其时文馆名称不一，如《旧唐书·职官志二》言"后汉有东观，魏有崇文馆，宋有玄、史二馆，南齐有总明馆，梁有士林馆，后周有崇文馆，皆著撰文史，鸠聚学徒之所也"。在中国古代，自秦汉始，每次改朝换代之际，都有一个"广揽人才"和"广蓄书籍"的"二广工程"。这是"藏秘书，处贤才"的文馆及其馆职人员得以出现的制度前提所在。

从历史渊源上看，战国时期的养士之风为文馆的出现奠定了历史机缘。"战国四公子"即楚国的春申君、赵国的平原君、魏国的信陵君、齐国的孟尝君以及秦国的吕不韦等都是历史上著名的养士大家，他们所养的士（称"门客"或"食客"）多达数千人。这些士人聚集的地方实际上就是"文馆"。以国家力量促成"藏秘书，处贤才"局面的是汉朝的开国者们。汉初，萧何建天禄阁、麒麟阁、石渠阁就是为了"藏秘书，处贤才"。《三辅黄图》卷六《阁》条云："石渠阁，萧何造，……所藏入关所得秦之图籍；至于成帝，又于此藏秘书焉。天禄阁，藏典籍之所。《汉宫殿疏》云：'天禄、麒麟阁，萧何造，以藏秘书，处贤才也。'"[①] 显然，天禄阁、麒麟阁、石渠阁都是为了"藏秘书，处贤才"而建的文馆，只不过当时尚未称之为"文馆"罢了。西汉末，刘向、扬雄等知名学者在天禄阁领校中秘书，就是贤才用于文馆的具体表现。

至东汉，东观就是文馆。《通典》卷二十六云："汉之兰台及后汉东观，皆藏书之室，亦著述之所，多当时文学之士，使雠校于其中。"当时参加雠校的学者有班固、傅毅、刘珍、马融等。后世人们熟知的所谓班固等"著作东观"，就是东汉贤才用于文馆的典型表现。东汉东观以及魏晋南北朝时期多种名目的文馆都是学士聚集地，如北齐文林馆学士见诸史籍的就有六十余人，其中祖珽、魏收、李德林、薛道衡、颜之推、诸葛颍等均为名流学者。众所周知，东汉后期置秘书监，秘书监（省）本是国家行政系统中级别最高的文献管理机构，所以文馆本应归

---

[①] 何清谷：《三辅黄图校释》，中华书局2005年版，第339—340页。

秘书省管辖，然而事实上文馆始终与秘书省保持若即若离的相对独立的地位。文馆的这种相对独立性，在唐代和宋代元丰改制前达到了顶点。

唐代自武德四年起，逐渐形成了以弘文馆、史馆、集贤院、崇文馆、司经局、翰林院等为主体的文馆系统。其中崇文馆和司经局是专为太子服务的文馆，其职能有限，对后世的影响亦有限；翰林院虽权及文献管理事务，亦常兼涉秘书省及文馆的重大事务，但其主要职责是起草诏书，充当"天子私人"角色，而非以"详正图籍"为基本职任。

唐初，承袭隋制，仍置有秘书省，但唐高祖却于省外另建文馆——弘文馆。据《唐会要》卷六四"弘文馆"条记载，"武德四年正月，于门下省置修文馆。至九年三月，改为弘文馆"。弘文馆建立之初，并未立即形成学士聚集的局面，反而李世民所组建的秦王府文学馆更为名声远播。当时秦王府鸠集了一大批学士，号称"十八学士"①。这十八学士为李世民与太子李建成争权夺位并取得胜利奠定了人才和谋略基础。《旧唐书·儒学传》序记载此事说："至（武德）三年，太宗讨平东夏，海内无事，乃锐意经籍，于秦府开文学馆，广引文学之士，下诏以府属杜如晦等十八人为学士，给五品真膳，分为三番，更直宿于阁下，每军国务静，参谒归休即便引见，讨论典籍，商略前载，考其得失，或夜分而寝，又降以温颜，礼数甚厚。"至李世民即位，这十八学士大部分直入弘文馆，继续成为李世民的心腹高参。《唐会要》卷六四"弘文馆"条记载此事云："太宗初即位，大阐文教，于弘文殿聚四部群书二十余万卷②，于殿侧置弘文馆，精选天下贤良文学之士虞世南、褚亮、姚思廉、欧阳询、蔡允恭、萧德言等以本官兼学士，令更宿直。听朝之隙，引入内殿，讲论文义，商量政事，或至夜分方罢。令褚遂良检校馆务，号为馆主。"弘文馆学士的职责，按照《新唐书·百官志》的说法，就是"详正图籍，教授生徒，朝廷制度沿革、礼义轻重皆参议"。可见，

---

① 十八学士包括：杜如晦、房玄龄、于志宁、苏世长、薛收、褚亮、姚思廉、陆德明、孔颖达、李玄道、李守素、虞世南、蔡允恭、薛元敬、颜相时、许敬宗、盖文达、苏勖。若加上杜淹、刘孝孙，前后共有二十人。

② 按：这一数字似乎有误。《新唐书·艺文志》序谓"藏书之盛，莫盛于开元"，而开元集贤院藏书亦不过八九万卷，何以贞观间弘文馆藏书达到二十余万卷？所以后人大多认为此"二十余万卷"乃为"二万余卷"之误，其中衍一"十"字。

弘文馆是一个集文献整理、储养人才和咨询顾问为一体的综合性职能机构。

从弘文馆的日常事务而言，似乎"详正图籍，教授生徒"是其主业，但从统治者建立这一机构的宗旨而言，咨询顾问的职能即"朝廷制度沿革、礼义轻重皆参议"的职能才是其真正的核心用途所在。由此我们也可以看出，中国古代的藏书之所即图书馆从来都不是单纯的文献收藏之所，它首先必须是"文"与"献"的结合体，即首先必须是"文籍"与"贤人"的结合体。正因为贤人在其中，所以才具有"教授生徒，朝廷制度沿革、礼义轻重皆参议"的文教与政治职能。这与现代图书馆的职能大有区别。

建立史馆修撰史书之制，以东汉时期班固等在兰台、东观修史为滥觞，经魏晋南北朝渐成雏形。《晋书·职官志》云："著作郎，周左史之任也。汉东京图籍在东观，故使名儒著作东观，有其名尚未有官。魏明帝太和中，诏置著作郎，于是始有其官，隶中书省。"可见，设置专掌国史修撰之官著作郎是从魏明帝开始的。又"及晋受命，武帝以秘书并中书省，其秘书著作局不废"；晋惠帝元康二年（292年）诏曰："著作旧属中书，而秘书既典文籍，今改中书著作为秘书著作。"可见，设置国史修撰之官署著作局是从西晋开始的。后来南北朝时期的北魏改著作局为著作省，又设鲜卑族士人把关的修史局，这就是后世史馆的雏形。当时人们把著作局、著作省、修史局等这些修史机构，称为"史阁"或"史馆"，正如《唐六典》卷七"史馆史官"条所注："后魏并置著作，隶秘书省。北齐因之，代亦谓之史阁，亦谓之史馆。史阁、史馆之名自此有也。"

唐代的史馆建设从高祖开始起步。据《旧唐书·令狐德棻传》记载，高祖武德五年（622年），当时的秘书丞令狐德棻上了一份史上著名的奏折，其曰："窃见近代以来，多无正史，梁、陈及齐，犹有文籍。至周、隋遭大业离乱，多有遗阙。当今耳目犹接，尚有可凭，如更十数年后，恐事迹湮灭。陛下既受禅于隋，复承周氏历数，国家二祖功业，并在周时，如文史不存，何以贻鉴今古？如臣愚见，并请修之。"高祖深以为是，便诏萧瑀等在史馆修撰南北朝诸史和隋史，但历经数年，修史工作几乎没有进展，最终竟不了了之。李世民即位后，有感于修史数年未成，决心整顿史馆制度。《旧唐书·职官志二》记载此事说，太宗"贞观三年闰十二月，始移史馆于禁中，在门下省北，宰相监修国史，自是著作郎始罢史职，及大明宫成，置史馆于门下省之南"，负责修撰前代史和国史。唐太宗本人特别重视"以史为鉴"，所以尤重史馆修史工作。在唐太宗的关怀下，史馆环境幽雅，生活条件优裕，据刘知几《史通·史官建置》云："西京则与鸾渚为邻，东京则与凤池相接。而馆宇华丽，酒馔丰厚，得厕其流者，实一时之美事。"

唐代的集贤院，是在洛阳乾元殿的基础上发展起来的。开元六年乾元殿更号为丽正修书院，开元十三年又改丽正修书院为集贤院。《唐会要》卷六十四记载此事云："（开元）十三年四月五日。因奏封禅仪注，敕中书门下及礼官学士等赐宴于集仙殿，上曰：'今与卿等贤才同宴于此，宜改集仙殿为集贤殿，丽正书院为集贤院。'仙者捕影之流，朕所不取，贤者济世之具，当务其实。"《新唐书·百官志》云："集贤殿书院，……掌刊缉经籍。凡天下图书遗逸、贤才隐滞，则承旨以求之。谋虑可施于时，著述可行于世者，考其学术以闻。"可见，集贤院的职责主要是文献的收集、整理以及吸纳和储养人才等。集贤院可谓是当时的文献收藏中心。据《唐会要》卷六十四载，"开元九年（唐玄宗）幸东都时，集贤院四库书总八万九千卷。经库一万三千七百五十二卷，史库二万八千八百二十卷，子库二万一千五百四十八卷，集库一万七千九百六十卷"。而这只是开元初期的数据，在此后的十五年里必然又增加不少，所以《新唐书·艺文志》序说："藏书之盛，莫盛于开元。"

唐代的文馆系统可谓藏书甚丰，人才辈出。然而，公元755—761年间，安史之乱将大唐盛世转向衰世。在安史之乱中，文馆系统的丰富藏书顷刻间灰飞烟灭，正如《旧唐书·经籍志》所云："禄山之乱，乾元旧籍，散亡殆尽。"至公元907年，朱温称帝，国号梁，大唐灭亡，历史进入五代十国时期。五代十国时期的秘书省和文馆制度大体承袭唐代，把弘文馆、史馆和集贤院称为"三馆"，且在收集遗籍、修史等文献事业上也取得了一定的成就。但馆阁事业的重新振兴，乃是公元960年赵宋王朝建立之后的事情。

## 第一章 引论：有关史事与概念阐释

宋初，昭文馆、史馆、集贤院仍称"三馆"。① 其官署原在右长庆门东北，乃后梁贞明年间所建，俗称西馆。当时三馆的条件极其简陋，据《宋会要辑稿》职官一八"崇文院"条记载，只有"小屋数十间"，且"湫隘卑痹，仅庇风雨，周庐徼道，出于其旁，卫士骖卒，朝夕喧杂。每受诏撰述，皆移他所"。鉴于此，宋太宗即位后于太平兴国元年（976年）决定修建新三馆。《文献通考·经籍考》记载此事云："太平兴国初，太宗因幸三馆，顾左右曰：若此之陋，岂此可以蓄天下图籍，延四方之士邪。即诏经度左升龙门东北，旧车路院别建三馆，命中使督其役，栋宇之制皆亲自规划。"太平兴国三年，新三馆建成，太宗赐名为崇文院。《宋会要辑稿》职官一八"崇文院"条云："院既成，尽迁西馆之书，分为两廊贮焉。以东廊为昭文书库，南廊为集贤书库，西廊分经、史、子、集四部，为史馆书库，凡六库书籍正、副本仅八万卷。"不仅如此，宋太宗于端拱元年（988年）又做了一个决定，即在崇文院内另建秘阁。《宋会要辑稿》职官一八"秘阁"条记载此事云："太宗端拱元年五月，诏就崇文院中堂建秘阁，择三馆真本书籍万余卷及内出古画、墨迹藏其中。凡史馆先贮天文、占候、谶纬、方术书凡五千一十二卷，图画百十四轴，悉付秘阁。"至此，北宋的以三馆秘阁为核心的国家文献收藏与管理系统基本建成。

为什么要建三馆秘阁？宋太宗说得很清楚，就是为了"蓄天下图籍，延四方之士"。可见，西汉以来形成的"藏秘书，处贤才"的观念已成为后世一以贯之的文献管理传统。

在身份称谓上，自唐代始馆职人员就被称为学士。吴曾《能改斋漫录》卷二《事始》篇云："学士惟三馆可称，他则否。按：唐《集贤院记》：'开元故事，校书官许称学士。'故《笔谈》云：'今三馆职事，皆称学士，用开元故事也。'"钱大昕《十架斋养新录》卷七曰："黄鲁直、秦少游、张文潜、晁无咎，称苏门四学士。宋沿唐故事，馆职皆得称学士。黄鲁直著作郎秘书丞，少游官秘书省正字，文潜官著作郎，无咎官著作郎，皆馆职，故有学士之称，不特非翰林学士，亦非殿、阁诸

---

① "三馆"中的昭文馆即唐、五代时的弘文馆，太祖建隆元年（960年）二月避宣祖讳改。

学士也。唯学士为馆阁通称，故翰林学士特称内翰以别之。"馆职人员之所以被称为学士，是因为馆职人员非名流英俊不除。诚如洪迈《容斋随笔》卷十六《馆职名存》云："国朝馆阁之选，皆天下英俊，然必试而后命。一经此职，遂为名流。其高者曰集贤殿修撰、史馆修撰，直龙图阁、直昭文馆、史馆、集贤院、秘阁；次曰集贤、秘阁校理；官卑者，曰馆阁校勘、史馆检讨，均谓之馆职。"所以，馆职人员的除授，向来严格把关。一般情况下，馆职人选须经三步考核才能入选：首先要取得进士或制举及第身份；其次要有任地方官吏经历；最后还要经过专门的推荐和考试。对此，《文献通考·职官考八》"直秘阁"条云："凡状元制科一任还，即试诗赋各一，而入否则用大臣荐而试，谓之入馆。"据《宋会要辑稿》职官一八"秘书省一"记载，馆职人选之所以先要到地方政府任职一段时间，其原因南宋孝宗皇帝说得很清楚："馆职，朕所以招延天下之英俊，以待显擢，苟不亲吏事、知民情，将来何以备公卿之任？"

宋神宗元丰年间实行官制改革。在文献管理制度的改革上，恢复魏晋南北朝和隋代的秘书省制，三馆秘阁的书库作为秘书省的基本书库归秘书省管辖，馆职改为秘书省职事官，并取消了除直秘阁以外的帖职，自此，宋代的馆阁侵夺秘书省职能局面结束。《文献通考·职官考十》"秘书监"条记此事云："元丰正名，以崇文院为秘书省，既罢馆职，尽以三馆职事官归秘书省，置秘书省职事官。……集贤院、史馆、昭文馆、秘阁经籍图书，则秘书郎主之。"南宋完全因循秘书省制，辽、金、元三朝仍循秘书省制，直至1381年明太祖朱元璋废秘书省为止，秘书省制作为一种专门的制度安排退出历史舞台。朱元璋废秘书省并将其职转入翰林院，这一举措对中国古代图书馆发展来说，其功过是非，殊难定论，但后世人们大多认为这一举措削弱了政府对文献事业的管理力度，"成为后来内府藏书管理混乱、多有散失的重要原因"[①]。

自明太祖朱元璋废秘书省后，明、清二代的秘书之责就转为翰林官兼掌。史学家金毓黻论述这一转变曰：

---

① 韩永进主编：《中国图书馆史：古代藏书卷》，国家图书馆出版社2017年版，第397页。

# 第一章 引论：有关史事与概念阐释

> 明、清二代，皆有翰林院，以学士领之，复置侍读、侍讲、修撰、编修、检讨等官。明制，翰林官于制诰史册文翰，及考议制度详正文书，并备天子顾问之外，凡经筵日讲、纂修实录玉牒史志、诸书编纂、六曹章奏，皆奉敕而统承之，清代亦仍其制，凡奉敕编纂专籍，或设专馆，而日讲起居注官，或以他官兼任，而任其职者多为翰林官，及甲科出身而曾入翰林者。①

可见，修撰、编修、检讨等唐、宋时期原主要由馆职人员承担的任务，到了明、清之际一律并入翰林院，由翰林官负责。这是中国古代图书馆管理制度的一大转变。若从公元159年汉桓帝置秘书监算起，中国古代皇家图书馆的管理体制经历了这样一个大体演变过程：东汉末、魏晋南北朝和隋代时期为秘书省制；唐、五代、北宋元丰改制前主要为馆阁制；北宋元丰改制后及南宋、辽、金、元主要为秘书省制；最后到明、清时期为翰林院与馆阁混合制。

以上之所以较详细地交代史官制度的演变以及馆阁、馆职演变过程，就是为了说明"中国古代图书馆是如何产生并演变的"这一重要问题。通过上述梳理，我们至少可以得出如下两方面的结论：其一，中国古代的馆阁系统实际上就是图书馆系统，只不过在古代一直未称其为"图书馆"而已。从汉代始，中国古代的图书馆一直以馆阁形态存在，虽然在北宋元丰官制改革后正式制度意义上的馆阁制度不复存在，但皇家藏书处所仍然以馆阁形态存在（如南宋的秘书省书库、明代的文渊阁、清代的《四库全书》七阁等），且人们一直把藏书之所习惯性地称为"馆阁"，甚至许多私家、寺观、书院藏书之所亦冠以各种"馆"、"阁"之名。在宋代，人们把"三馆秘阁"等藏书之所统称为"图书之府"、"简册之府"、"典籍之府"②，这种称谓在概念意涵上已经与现代的"图书馆"称谓几乎没什么区别了。其二，中国古代的馆职人员实际上就是图书馆员，只不过大多以兼职或贴职人员为主体而已。日本学

---

① 金毓黻：《中国史学史》，商务印书馆1999年版，第104页。
② 程俱撰：《麟台故事校证》，张富祥校证，中华书局2000年版，第122、144、223页。

者梅原郁说过,"三馆秘阁的馆职只是名称不同,职务则大略相同。本来馆职是属于具有实务性的差遣,这是它的特色,官位越低实务性越显著,如校勘以及一般不被人当馆职看待的编校书籍官等,是每天和书本打交道的图书馆员"[①]。梅原郁把馆职人员视为图书馆员的看法是值得称道的。也就是说,中国古代图书馆员是以"馆职"身份从事图书馆工作的人员,而且是经过选拔任命程序而除以图书馆职务的人员。当然,中国古代馆职人员与现代图书馆工作人员不可完全等同视之,两者之间在配置方式、考核方式、具体工作内容等方面必然存在差异,这是不同历史时期对馆职人员或图书馆从业者有不同的职责要求所致。

## 第二节 藏书楼与图书馆

在清末之前,中国有"藏书"和"藏书楼"之称,而无"图书馆"之称。于是,一提起图书馆和图书馆学,至今许多国人仍然认为图书馆和图书馆学是"西学东渐"的产物,而否认中国古代就有图书馆和图书馆学。中国古代有图书馆和图书馆学吗?这种质问至今仍不绝于耳。众所周知,20世纪20年代是中国新式图书馆(近代图书馆)蓬勃发展之时,然而当时仍有一些人反对图书馆学学科建设。杜定友先生描述当时情景时说:"一般人根本反对图书馆学,以为我们现在只有藏书楼,没有图书馆。而且我们中国古书,只要保存,不必致用。而对于保存方面,现在各省图书馆已很能胜任,不必有什么专门人才去管理。这种理由是很不充分的,不值一驳。"[②] 近一个世纪过去了,杜定友先生当年认为"不值一驳"的问题至今仍以"问题"存在,其主要表现之一就是至今一些人仍然认为中国古代只有藏书楼而无图书馆。

### 一 "藏书楼"称谓向"图书馆"称谓的转变

众所周知,中国有悠久的藏书历史。"藏书"一语首见于《韩非

---

① 梅原郁:《寄禄官及其周围》,载《日本学者研究中国史论著选译》(第五卷),中华书局1993年版。
② 杜定友:《图书馆学的内容和方法》,载《教育杂志》1926年第9期。

子·喻老》，其曰："王寿负书而行，见徐冯于周途，冯曰：'事者，为也，为生于时，知者无常事；书者，言也，言生于知，知者不藏书。今子何独负之而行？'于是王寿因焚其书而舞之。故知者不以言谈教，而慧者不以藏书箧。此世之所过也，而王寿复之，是学不学也。"韩非述此故事，非反对藏书，而是反对徐冯的"知者不藏书"的观点，同时嘲笑王寿"焚其书而舞之"的"学不学"之行。

那么，"藏书楼"一词何时出现的呢？江向东先生于2011年发表的《"藏书楼"术语宋代文献记载考》一文对此问题进行了详考。在此文中，江先生通过对多部宋人著作的考证后指出，迄今所知最早使用"藏书楼"一词的是1190年刊版的曹勋的《松隐文集》；"藏书楼"之称，并非发源于私家藏书，而是发源于官方藏书机构，如1228—1231年前后出现的江西铅山县学藏书楼和1272年落成的扬州州学藏书楼，是迄今所知最早以"藏书楼"命名的官方藏书处所，比1847年建的上海徐家汇天主堂藏书楼早600多年；在宋人文献中，除了用"藏书楼"一词专指某一具体的藏书处所之外，大部分情况下是当作通用名称来使用的，如刘学箕的"养浩堂"、陈贻范的"庆善楼"、张德明的"拥书楼"等藏书处所，就被时人称为"藏书楼"。① 可见，最迟从南宋始已有将藏书处所通称为"藏书楼"的指称术语了。

在概念内涵上，前文提到的"馆阁"与"藏书楼"是同义概念。虽然用"藏书楼"一词通称藏书处所至迟从南宋开始就已形成，但这种通称并没有自此流行起来。综观中国古代各类藏书处所，用"藏书楼"命名的少之又少。用"藏书楼"一词泛称藏书处所，是在19世纪末20世纪初流行起来的，但是此时的"藏书楼"不仅泛指以往国内的藏书处所，而且还把国外的藏书处所（图书馆）亦译为"藏书楼"（所用词语不一，如"书馆"、"书楼"、"书堂"、"书籍馆"等，但都是在"藏书楼"意义上使用的）。在此之前，曾有人把西方的图书馆译为"书院"。如意大利人艾儒略在明天启癸亥年（1623年）所完成的中文译著《职方外记》中说道，欧罗巴（欧洲）诸国城市"皆有官设书院，

---

① 江向东：《"藏书楼"术语宋代文献记载考》，载《大学图书馆学报》2011年第6期。

聚书于中，日开门二次，听士子入内抄写诵读，但不许携出也"①。艾儒略把图书馆译为"书院"而没有译为"藏书楼"，说明在明代尚未流行"藏书楼"一词。而且，艾儒略所用的"书院"一词与中国古代四大藏书体系中的"书院"在文字上相同，也许此故，艾儒略所介绍的西方图书馆（"书院"）未引起国人的重视。1876年，郭嵩焘出使英国，后兼使法国，其所著《伦敦与巴黎日记》中把西方公共图书馆（library）译为"书馆"②，把大学图书馆译为"大书堂"，而把法文"国家图书馆"（bibliothèque）直接音译为"比弟立若代葛安"③，仍未把图书馆译为"藏书楼"。这说明在1876年左右仍未流行"藏书楼"一词。从现有史料来看，1896年之后"藏书楼"一词开始流行起来。例如：1896年，李瑞棻在《请推广学校折》中提出了"设藏书楼"的建议；1898年，清政府颁布的《京师大学堂章程》中规定学堂应设有"藏书楼"；1898年，蔡尔康翻译的《李傅相历聘欧美记》中，把美国国会图书馆译为"藏书楼"；1901年，袁世凯在《奏办山东大学堂折》中提出学堂应设"藏书楼"；1904年，康有为把自己旅欧时见到的图书馆称为"藏书楼"；1906年，刘光汉在《论中国宜建藏书楼》一文中把自己所向往的西方图书馆称为"藏书楼"；此外，1901年创办的上海格致书院藏书楼、1902年创办的古越藏书楼、1903年创办的浙江藏书楼、1906年创办的国学保存会藏书楼等，均以"藏书楼"命名。④

在清末新政（1901—1905年）前后时期，是"藏书楼"和"图书馆"交替使用时期。在新政之前，如上文所列的李瑞棻、蔡尔康等人的文章中仍然使用"藏书楼"一词；而新政后的1906年，刘光汉发表《论中国宜建藏书楼》一文，虽名为"藏书楼"，但在文中又同时使用"图书馆"一词，如其说"今考东西各帮，均有图书馆"。这说明在当

---

① 艾儒略：《职方外记》卷二，载斌春《乘槎笔记》，湖南人民出版社1981年版，第4页。
② 国人把西方的"图书馆"译为"书馆"，似以林则徐于1839年组织编译的《四洲志》为其肇端。《四洲志》中介绍有英国、德国、法国、丹麦、土耳其、俄国、美国七个国家的图书馆情况，其中介绍美国图书馆情况最详。书中称欧美图书馆为"书馆"，称公共图书馆为"公众书馆"，这已经很接近"图书馆"一词了。1842年，魏源编《海国图志》，继续沿用了"书馆"一词。
③ 郭嵩焘：《伦敦与巴黎日记》，岳麓书社1984年版，第652页。
④ 程焕文：《晚清图书馆学术思想史》，北京图书馆出版社2004年版，第9—10页。

时"藏书楼"和"图书馆"是同义词，可以交替使用。

黄宗忠先生认为，汉语"图书馆"一词是从日本引入的，其时间是1896年。黄先生说："1896年，孙家鼐从日本引入这一名词，它首先出现在1896年9月27日（清光绪二十二年八月二十一日）由梁启超等人办的《时务报》中的'古巴岛述略'的文章中。这是一篇日本人著的文章，是'图书馆'一词见于中国报刊的开始。"[①] 如果说孙家鼐当年是把日文"圖書館"直接译作汉语"圖書館"，那么，1897年张元济制定的《通艺学堂章程》中所说的"圖書館"，则可说是国人最早自觉使用的"图书馆"一词了。[②] 无论如何，19世纪最后几年里在国内已出现"图书馆"一词可以说是"信史"。而1904年清政府决定把京师大学堂藏书楼更名为京师大学堂图书馆，同年湖南图书馆兼教育博物馆的创建（1905年扩建后更名为湖南图书馆），则成为"藏书楼"称谓转变为"图书馆"称谓的风向标，此后，"图书馆"一词便流行全国。据《申报》载文统计，1899—1906年，出现"图书馆"一词不多，从2篇到7篇不等，但到1907年就陡增至29篇，至1920年突破百篇，1934年突破300篇。[③]

从现在的汉语语境而言，"藏书楼"确实已成为古代藏书处所的泛称。这不是由人们学术观点的转变所造成的，而是由语言环境的转变造成的。程焕文先生主张"藏书楼"和"图书馆"都是"西学东渐"的产物的观点，据此他曾明确提出"'藏书楼'不可以作为中国古代各种藏书处所的通称"[④]。这是一种学者个人的学术观点。当然，持"藏书楼"是古代藏书处所之泛称的观点的人不在少数，而且持这种观点的

---

[①] 黄宗忠：《图书馆学导论》，武汉大学出版社1988年版，第124—125页。
[②] 关于"图书馆"一词最早出现的时间，有的人认为应该从1894年《教育世界》第62期所刊出的《拟设简便图书馆说》一文算起。龚蛟腾所著《中国图书馆学的起源与转型：从校雠学说到近现代图书馆学的演变》一书就采用了此说（见其书第25页）。但查《教育世界》的创刊日期，乃为1901年4月由罗振玉、王国维等创办，至1908年1月停刊，且《教育世界》第62期发表的《拟设简便图书馆说》（未注明作者姓名）一文，则是晚至1903年的事情。故此说不确。
[③] 吴稌年：《从"藏书楼"到"图书馆"的术语演变》，载《河南科技学院学报》2014年第1期。
[④] 程焕文：《晚清图书馆学术思想史》，北京图书馆出版社2004年版，第2页。

人似乎越来越多。本书所称"藏书楼",就是在"古代藏书处所的泛称"意义上使用的。不过本书对藏书楼的定义是:中国古代收集、整理文献以供利用的文化设施。从字面上来看,这一定义与近现代图书馆的定义几乎没什么区别,这是因为无论是古代的藏书楼还是近现代的图书馆,都属于收集、整理文献以供利用的文化设施,也就是说,它们有一个共同的机制(共相)即收集、整理和利用文献;两者之间的区别只在于收集、整理、利用文献的目的、范围、方式方法不同(异相)而已。古代的藏书处所与近现代的藏书处所有其共相,这是古代藏书楼亦可称为图书馆的历史根据所在。

## 二 藏书楼就是古代的图书馆

中国古代的藏书楼是不是图书馆?对此问题的回答,既有肯定者也有否定者。与此有关的另一个问题是:中国古代藏书楼是不是近代图书馆的母体?对此问题的回答亦有肯定者与否定者之分。在否定者中,吴晞先生是代表人物。吴晞先生的下面三段话表达了他的基本观点:

> 近代之前的中国图书馆,尽管历史悠久,灿烂辉煌,但它们都不是图书馆,至少不是我们今天所说的图书馆。古人把它们称为藏书,后来又称藏书楼。……我们今天在研究中国图书馆的历史时,把古代藏书和藏书楼当作中国图书馆的源头或前身,是极不妥当的。……中国的藏书楼中缺乏演变成为近代图书馆的基本机制,不可能成为新式图书馆产生的母体。中西图书馆走的是两条完全不同的发展路径。……中国的图书馆是西方思想文化传入中国的产物,中国图书馆的历史是从接受西方的图书馆思想和管理方法之后才开始的。我们姑且将之称为"中国图书馆西来说"。[①]
> 
> 如果没有近代社会西方思想文化的冲击和影响,中国的藏书楼再发展若干世纪,也没有可能自行演变成为西方式的近代图书馆。[②]

---

[①] 吴晞:《论中国图书馆的产生》,载《图书馆工作与研究》1992年第2期。
[②] 吴晞:《从藏书楼到图书馆》,书目文献出版社1996年版,第2页。

# 第一章 引论：有关史事与概念阐释

古代的藏书楼可以看作是中国图书馆的历史渊源，但却不是它的直接母体或前身。……进入近代社会之后，中国古代藏书几千年的历史中断了，旧式的藏书楼也逐渐消亡了，而不是发展转变成了新型的近代图书馆。在中国近代图书馆中，还没有一家新型的图书馆是在旧式藏书楼的基础上发展演变而来的。①

诚然，在中国近代图书馆的形成和发展过程中，"西来"的东西确实很多，包括"图书馆"这一名称以及服务理念、管理方法、技术方法等。但"西来"的东西再多，也不能表明中国的古代藏书楼与近代图书馆之间毫无承继联系。

第一，无论是古代藏书楼还是近代图书馆，都是在中国社会这一"母体"中产生的。既然是一个"母体"的产物，不可能没有"血缘"上的联系。这一共同的"血缘"联系的表现就是上文所说的它们都属于收集、整理文献以供利用的文化设施。当然，中国近代图书馆的产生是中国社会吸收西方图书馆理念的产物，在原有藏书楼的基础上多了一些"变异"因素，但这种"变异"并不能彻底改变或消除藏书楼的原有"遗传"信息。一个事物的发生、发展，始终表现为"遗传"与"变异"相互作用的过程。就像1949年新中国的成立，虽然是对旧中国的推翻（革命），但新中国并不能彻底割断与旧中国"母体"之间的千丝万缕的联系一样，近代图书馆虽然放弃了旧式藏书楼的发展模式，但藏书楼的"遗传"信息仍然以"不在场"的方式影响着近代乃至现代图书馆的"在场"方式。如《中国图书馆分类法》以"马克思主义、列宁主义、毛泽东思想、邓小平理论"为第一大部类；理论类书籍在前、应用类书籍在后；"政党理论"类以"党的领导人著作"为首等，这种立类原则和类目排列方法是对中国古代图书分类以经为首、道先器后（或称学先术后）、"御书"或"制书"置前的观念与做法的继承而不是从西方学来的。

第二，也许有的人认为，相对藏书楼而言，近代图书馆的产生是一个"质变"，而不是"量变"，因此近代图书馆是完全不同于藏书楼的

---

① 吴晞：《从藏书楼到图书馆》，载《图书馆工作与研究》1994年第1期。

另一个事物。这是一种"误识"。事物的量变达到极值后产生质变,即有可能产生新的事物,但这一新事物仍然必须携带质变前的遗传信息,如同昆虫的"蛾"仍然携带"蛹"的遗传信息一样;质变前的事物和质变后的事物必然采取不同的运动方式,但这前后不同的运动方式之间仍然保持遗传联系,就像用转基因技术培育出来的大豆新品种,虽然在培育方式上发生了从自然培育到人工培育的转变,但培育出来的结果仍然是大豆而不是像风马牛不相及的其他作物一样,尽管大豆的品质发生了一些变化,但仍不失为大豆。近代图书馆虽然采取了与藏书楼不同的管理方式和服务理念,但没有否定或消灭藏书楼的"收集、整理文献以供利用"这一根本属性,只是进一步改善了收集、整理和利用文献的方式方法。

第三,至于说"中国的藏书楼中缺乏演变成为近代图书馆的基本机制,不可能成为新式图书馆产生的母体",这种说法是有道理的。中国古代藏书楼所隶属的中国社会("母体"),是一个以先秦宗法制为"遗传"密码而建构起来的社会,虽然从秦朝始实行郡县制而宗法制受到很大限制,但其余绪仍然以强大的"遗传"力量规限着社会的政治、经济、文化以及人们的心理倾向。宗法制社会的特点是重内轻外、重近轻远、尊卑有别,即所谓的"亲亲尊尊"的等级社会。这种等级社会环境决定了藏书楼的利用者主要限于"亲尊者"范围内,而不可能无差别地普遍惠及社会公众。① 主要为"亲尊者"所利用的藏书楼确实"缺乏演变成为近代图书馆的基本机制"。在这种情况下,若想演变成近代图书馆,则必须引入外在条件(外因)的刺激。西方图书馆理念的引入,正起到了外因刺激的作用,从而促成了中国近代图书馆的产生。古代藏书楼确实不能自发演变成近代图书馆,但我们不能由此否认

---

① 以往人们概括古代藏书楼的特点时,大多用"重藏轻用"一词来概括。我认为这种概括不确切。在整个中国古代,藏书楼的利用者主要限于"亲尊者",这一事实不仅由当时的社会观念所决定,还有两个重要影响因素,一是文献生产条件极其简陋所造成的文献的珍贵性,二是小农经济条件下文献需求的极其有限性。在这种观念限制、生产条件限制和需求限制的条件下,藏书楼的功能必然表现为以藏为传,以传为用,或者说藏即传,传即用。历史事实表明,中国古代藏书楼确实发挥了巨大的藏、传作用,在此意义上,应该把古代藏书楼的功能特点概括为"重藏重传重用",而不是"重藏轻用"。

古代藏书楼亦为图书馆的判断。古代藏书楼亦为图书馆，其根本依据在于藏书楼亦具备"收集、整理文献以供利用"这一图书馆必须具备的根本属性，只是中国古代社会一直未能出现"图书馆"一词而已。也就是说，中国古代无"图书馆"之名，却有图书馆之实。就像中国古代无"法院"、"监察委员会"之名，却有审判、监察之实一样，中国古代的藏书楼，虽未名之"图书馆"，但实际上就是以"藏书楼"形态存在的图书馆，只不过未能形成向公众普遍开放利用的公共职能而已。

第四，众所周知，人类的文化是有地域性和民族性的，亦即文化的发生、发展是多元的，而不是单一的。图书馆作为文化现象，亦有其地域性和民族性，图书馆的发生、发展也是多元的，而绝不只有西方图书馆之一"元"（"源"）。古代藏书楼就是具有中华地域性和民族性的古代图书馆形态，是世界图书馆多元体系中独特的一"元"。这就是中国古代图书馆与西方古代图书馆的差异性所在。中西古代图书馆形态自然有差异，但都可以叫"图书馆"，原因就在于它们都是收集、整理文献以供利用的文化设施。

吴晞先生坚持"中国图书馆西来说"，这是一种学术观点。需要指出的是，吴晞先生从未否认中国古代图书馆的存在，如其所说"其实，将藏书或藏书楼称为古代图书馆亦无不可"[①]。吴晞先生强调的是，如果没有西方图书馆理念的传入，中国便不能产生近代图书馆；中国古代的藏书楼不是近代图书馆产生的"母体"。由此而言，吴晞先生所谓"中国图书馆西来说"，准确地说应该是"中国近代图书馆西来说"（加"近代"二字），因为中国古代图书馆是无法"西来"的。关于古代藏书楼与近代图书馆之间的联系，左玉河先生曾有过论述：

> 近代图书馆制度是从西方引入和移植的，这是基本的历史事实。但这并不意味着它在古代中国没有类似的组织及思想根基。古代中国藏书制度具有若干"现代性"因素，此种"现代性"因素为接纳近代西方图书馆制度提供了思想及组织基础，此亦为基本的历史事实。古代藏书制度之"现代性"因素主要体现在：古代中

---

① 吴晞：《从藏书楼到图书馆》，载《图书馆工作与研究》1994年第1期。

国的藏书楼并非仅仅是藏书之所，而且是古代中国学术文化中心之一。官府、书院及私家藏书楼集编、藏、刻、售于一体，逐渐形成了较为完整的藏书制度。换言之，藏书楼不仅是古代中国重要的藏书机构，还是编书、刻书、售书之综合性学术机构，有着多重功能。同时，围绕着收藏典籍与校刻典籍等与书籍有关的学术活动，复产生了与藏书相关之专门学问，其中最突出者即为以版本鉴定、文字校勘、目录编撰为主的中国校雠学。中国传统校雠学在近代分科系统中，逐渐分化为版本学、目录学、校勘学等独立学科，构成了与近代图书馆学相关联的重要学术门类。因此，古代中国藏书楼与近代西方图书馆在性质和功能上虽然有很大差异，但并不意味着两者之根本对立。古代藏书制度中仍然包含着近代图书馆制度中之若干"现代性"因素：两者均不仅仅是藏书机构，而且均是编书、刻书、整理书籍之学术文化机构；两者均形成了与书籍相关之专门学问，即校雠学、目录学、版本学等。故古代中国之藏书楼制度与近代西方图书馆制度有着相当密切的连续性。从这种意义上讲，古代中国藏书楼制度，成为接受西方近代图书馆理念而发起公共图书馆运动之基础。[1]

关于如何对待古代藏书楼的态度问题，沈祖荣先生早就有过公允的论述，值得我们后人铭记：

> 我国现代图书馆，是接受固有图书馆遗留产业的机关。对数千年来的文献的收藏、保护、汇集、处理、传布、应用等一切遗规旧范，都曾在历史上起到一定的作用，应予以有分析有批判地继承。对于金匮、石室、秘阁以及藏书楼等机构，都曾在历史上起到保护文献的作用，应有公正的评价。对历史上的通儒大师、校书郎、艺文志作者、经籍志作者以及目录学家等等，对研究、传布、讲授历史文献是有贡献的，应予尊重。对他们的创作和研究成果，应一代

---

[1] 左玉河：《从藏书楼到图书馆：中国近代图书馆制度之建立》，载《史林》2007年第4期。

# 第一章 引论：有关史事与概念阐释

一代地流传下去；反对盲目的对待历史的虚无主义。①

在"藏书楼是不是古代图书馆"问题上的认识分歧，还与人们对藏书楼的定义有关。1981年出版、1991年再版的《图书馆学基础》一书对"藏书楼"的解释是："'藏书楼'，顾名思义，就是收藏图书文献的地方。它的主要职能是将文献搜集起来。它所收藏的图书只被很少的人利用。"同时把图书馆的发展演变过程划分为"古代藏书楼"、"近代图书馆"和"现代图书馆"三种形态，把古代藏书楼叫作"第一代图书馆"②。任继愈先生主编的《中国藏书楼》一书对"藏书楼"的解释是：

> 所谓"藏书楼"，系指历代官方机构、民间团体及私人收集典藏图书文献之处所，即用以藏书的建筑。建筑学上"楼"的含义是指构架为二层或二层以上的房子，但本书中"藏书楼"含义更为广泛，从早期藏书的山洞、石室、仓房、地窖、经堂，到后期厅室、楼房、轩阁、殿宇、书院，只要是藏书之所，皆可归之为藏书楼。每当人们提起"藏书楼"，也都不言而喻地指向这一涵义。……常见的藏书楼除名以某某楼外，还多以某斋、堂、室、居、轩、馆、亭、房、洞等名之。③

把"古代藏书楼"认作"第一代图书馆"，实际上是认可了藏书楼就是古代图书馆。1986年，由南开大学图书馆学系等编的《理论图书馆学教程》就指出，"在我国，习惯上把古代图书馆称做藏书楼"④。把藏书楼界定为"藏书的建筑"，则有些不妥，因为这种定义只是说出了

---

① 沈祖荣：《我国图书馆事业之改进》，载丁道凡搜集编注《中国图书馆界先驱沈祖荣先生文集》，杭州大学出版社1991年版，第183页。
② 北京大学图书馆学情报学系，武汉大学图书情报学院：《图书馆学基础》，商务印书馆1991年版，第46页。
③ 任继愈主编：《中国藏书楼》，辽宁人民出版社2001年版，"编撰说明"第1页。
④ 南开大学图书馆学系等：《理论图书馆学教程》，南开大学出版社1986年版，第139页。

藏书楼的外在表现形式，而没有揭示出藏书楼是"收集、整理文献以供利用的文化设施"这一内在属性。《中国藏书楼》对藏书楼的定义，有一点可取之处，那就是把藏书楼广义化为"只要是藏书之所，皆可归之为藏书楼"。

总之，在汉语语境中，古代的藏书楼就是古代的图书馆，或者说，古代的图书馆是以藏书楼形态或以馆阁形态存在和发展的图书馆。正因如此，本书把"藏书楼"、"馆阁"、"图书馆"视为同义称谓；在行文过程中，根据语境不同分别选用其中的某一称谓。中国古代藏书楼是世界图书馆多元体系中具有中华地域性和民族性特征的图书馆形态，它的存在及其源远流长是"中国的图书馆学"得以成立的历史基础和物质基础。中国古代藏书楼传统，对中国近代图书馆的形成和发展产生了重要的"遗传"形塑作用（无论是促进性的还是阻碍性的），乃至对现代图书馆依然以"不在场的在场"方式起着"精神在场"作用。

## 第三节　中国古代图书馆学

我们知道，德国古典哲学家黑格尔（Hegel）是彻底的"西方中心论"者，也是鄙视中国思想最不遗余力者之一。他在《哲学史讲演录》中谈及中国的《易经》时认为，"他们（中国人）也达到了对于纯粹思想的意识，但并不深入，只停留在最浅薄的思想里面"，"他们是从思想开始，然后流入空虚，而哲学也同样沦于空虚"。① 显然，黑格尔实际上是否认中国古代有哲学的。我们又知道，2001年，法国后现代思潮的代表人物德里达（Jacques Derrida）访华讲学时明确指认中国古代没有哲学，因为中国缺乏西方人那种"逻各斯"传统。这是就中国哲学是否存在问题而出现的"西方中心论"、"西方优越论"观点。西方人对中国文化和学术所持的偏见，我们当然不能认同。众所周知，中国古人创造有博大精深的文化和学术成就，这是不可否认的历

---

① 黑格尔：《哲学史讲演录》，贺麟、王太庆译，商务印书馆1995年版，第120、122页。

史事实。现在,越来越多的外国学者认为,包括中国哲学在内的中国文化,是完全有别于西方思想传统的另一种高深文化。那么,中国古代是否存在图书馆学?这是一个严肃的前提性问题,我们必须做出正面的回答。

## 一 中国古代图书馆学是否存在

历史事实证明,某一门社会科学理论的产生,往往是该领域社会实践经验的长期积累和总结的结果,中国古代图书馆学就是人们对以藏书楼或馆阁形态存在的图书馆实践经验的长期积累和总结的产物。对此,谢灼华先生在《中国古代图书馆学序论》一文中指出:

> 人类的一切知识都来源于实践,人们在实践过程中直接所取得的经验,以及继承、吸收、分析、批判前人积累的各种经验(即知识的积累),逐步形成对某一种事物的规律性的认识,那么,这种认识就是一种知识体系。图书馆学的形成正是经历了这种科学发展的一般过程。所以,如果承认古代图书馆工作内容是一种社会实践活动,而这种社会实践活动是不断发展和不断丰富的。漫长的封建社会中,丰富的图书馆工作内容必然逐步促进了图书馆工作知识和经验的积累,因此,也就逐步孕育了古代图书馆学的产生和发展。①

在这段话中,谢灼华先生径直使用了"古代图书馆工作"、"古代图书馆学"二语,说明谢先生是承认中国古代存在图书馆和图书馆学的。谢灼华先生还列举出了一些人否认中国古代存在图书馆学的三种认识:一是认为古代只有目录学,而没有形成图书馆学,中国图书馆学是近代以后才出现的;二是认为古代只有藏书管理(图书管理)的知识,而没有系统的图书馆学,即中国古代只有藏书管理的经验总结,而没有形成关于图书馆的理论体系;三是认为古代只有藏书经验的总结,而没有形成系统的藏书思想体系(理论),所以不可能形成有理论意义上的

---

① 谢灼华:《中国图书馆学史序论》,载《武汉大学学报》1985年第3期。

图书馆学。① 这三种认识，概括起来说其实就是认为中国古代只有藏书管理经验及其总结而不曾存在理论意义上的图书馆学。之所以出现这种认识，原因在以下三方面：

第一，以偏概全。即只看到了中国古代有校雠学、目录学等文献整理思想的存在，而未看到还有馆阁（图书馆）管理之思想的存在。校雠学、目录学等文献整理思想是以文献为实体对象而形成的理论，而图书馆学是以图书馆（馆阁、藏书楼）为实体对象而形成的理论，但这种划分是以现代社会的学科分野视角所作的划分，而中国古人其实不存在这种学科划分思维。中国古代存在悠久的校雠学、目录学传统，这是人们都承认的历史事实，但人们往往忽略中国古代还有同样悠久的图书馆管理思想的存在。西汉的石渠阁、麒麟阁、天禄阁以及东汉的东观，隋代的嘉则殿、观文殿，唐代的各类文馆，宋代的"三馆秘阁"，明代的文渊阁，清代的《四库全书》七阁，以及渊源有自的私人藏书楼、寺观藏经阁、书院书楼等，都是以藏书楼或馆阁形态存在的古代图书馆。而且，从宋代开始学者们对图书馆管理活动也作了较详尽的记述和总结，如宋代程俱的《麟台故事》，陈骙等撰的《中兴馆阁录》以及《中兴馆阁续录》（清代修《四库全书》时从《永乐大典》辑出时改名为《南宋馆阁录》及其《续录》），元代王士点、商企翁撰的《秘书监志》等，就是对古代皇家图书馆管理活动所作的记述，其中包含着丰富的古代中国人的图书馆管理思想。其实，中国古代的官私目录的总序、大序和提要中也包含丰富的关于文献价值与图书馆管理方面的思想认识。还有历代帝王的诏书（如求书诏）、臣僚的奏章以及士人的诗词、笔记、序跋等文章著述中亦有为数不少的关于文献价值、读书治学以及馆阁管理思想的论述。至于金代孔天监的《藏书记》，南宋郑樵的《通志·校雠略》、《通志·艺文略》，明代胡应麟的《经籍会通》，丘濬的《图籍之储》、《访求遗书疏》，祁承㸁的《澹生堂藏书约》、《庚申藏书小记》、《庚申藏书略例四则》，曹溶的《流通古书约》，清代弘历（乾隆皇帝）的《文渊阁记》、《文源阁记》、《文津阁记》、《文溯阁

---

① 按：谢灼华先生这里所说的第二、第三方面的认识其实可以概括为一个方面，即认为中国古代只有藏书管理经验论说而没有形成图书馆学思想体系。

记》，黄宗羲的《天一阁藏书记》，丁雄飞的《古欢社约》，周永年的《儒藏说》，章学诚的《校雠通义》，顾璜的《大梁书院藏书序》，孙从添的《藏书记要》，叶德辉的《藏书十约》、《书林清话》等著述，更是集中论述文献整理之道和藏书之道的篇篇佳作，如果对这些古代图书馆管理和藏书管理思想视而不见，就会得出中国古代只有校雠学、目录学而无图书馆学的以偏概全的结论。

第二，以今勒古。即按照现代的"学科"定义去衡量古代是否存在图书馆学的认识。众所周知，现代意义上的学科，必须具备独立的研究内容、成熟的研究方法、完整的理论体系、规范的学科体制（学派、研究机构、学科教育体系等）等要素条件。如果按照这样的学科要素条件去衡量中国古代的学术思想，就很难想象中国古代有什么学术思想能够称得上"学科"之名。所谓独立的研究内容、成熟的研究方法、完整的理论体系、规范的学科体制等，这些学科要素条件是现代西方科学"主体—客体"二分逻辑的产物，而古代中国人从不进行这种"主体—客体"二分的逻辑思维，进行的是"天人合一"、"会通"的主客合一思维，所以不可能产生同时具备独立的研究内容、成熟的研究方法、完整的理论体系、规范的学科体制的学科。中国古代不存在现代学科意义上的哲学，难道我们能就此否定中国古代哲学的存在吗？显然不能。同理，中国古代确实不存在现代学科意义上的图书馆学，如果就此否定中国古代图书馆学的存在，就显然犯了以今勒古的思想方法错误。

第三，以西框中。即以西方的学科名称及其理论体系为标准来衡量中国古代是否有相对应的学科的思想方法。需要指出的是，前文介绍的吴晞先生的"中国图书馆西来说"，实际上是"中国近代图书馆西来说"，而不是"中国古代图书馆西来说"。中国古代图书馆无法"西来"，中国古代图书馆学亦无法"西来"，而只能以"中国的图书馆学"形态存在。关于"中国的图书馆学"，梁启超先生说：

> 学问无国界，图书馆学怎么会有"中国的"呢？不错，图书馆学的原理则是世界共通的，中国诚不能有所立异；但是中国书籍的历史甚长，书籍的性质极复杂，和近世欧美书籍有许多不相同之点。我们应用现代图书馆学的原则去整理它，……研究的结果，一

定能在图书馆学里头成为一独立学科无疑。所以我们可以叫它做"中国的图书馆学"。①

显然,梁启超是基于"中国书籍"与"欧美书籍"的不同而想出"中国的图书馆学"这一命题的。"中国书籍"与"欧美书籍"的不同,既有文献整理方法的不同,也有文献整理方法背后所蕴含的思想观念的不同。前者属于"术"的不同,后者属于"学"的不同;前者属于"器"的不同,后者属于"道"的不同。这种不同意味着"中国的图书馆学"是无法按照西方的图书馆学理论逻辑来认识和建构的。也就是说,我们不能因为中国古代无与西方图书馆学对应的图书馆学术思想就否认中国古代图书馆学的实际存在,就像我们不能因为中国古代无西医学就否认中国古代有医学(中医学)一样。

中国古代无"图书馆"之名,却有图书馆之实;中国古代无"图书馆学"之名,却有图书馆学之实。也就是说,中国古代图书馆学是存在的,不过它是以"中国的图书馆学"形态存在;以古代中国人特有的"文以载道"、"道器合一"的观念形态存在;以古代中国人所期待的"图书馆学样子"存在。

## 二 中国古代图书馆学的称谓问题

上文指出过,中国古代无"图书馆学"之名却有图书馆学之实。那么,在中国古代,图书馆学这种学问是如何称谓的呢?关于这一问题,目前学界比较普遍的认识是:校雠学(清末民初始称"文献学")就是中国古代的图书馆学称谓。然而,从古代中国人所论校雠学的内容看,它不止涉及校勘之论而更多地论及分类、著录、编次等目录学问题,如郑樵的《通志·校雠略》、章学诚的《校雠通义》所论内容大部分属于分类、著录、编次等目录学问题,而很少涉及整体意义上的文献价值与功用以及馆阁管理方面的内容。这种意义上的校雠学能否成为中国古代图书馆学的对应称谓?这就涉及校雠学、目录学与图书馆学之间

---

① 梁启超:《中华图书馆协会成立会演说辞》,载中国图书馆学会《百年文萃:空谷余音》,范并思主编,中国城市出版社2005年版,第43—47页。

的相互关系问题。

(一) 关于校雠学与目录学的关系问题

校雠，它的原初本义是指"校书"或"校勘"。《太平御览》六百十八引刘向《别录》云："校雠，一人读书，校其上下，得误缪为校；一人持本，一人读书，若怨家相对，故曰雠也。"按照这种解释，一人校书谓"校"；二人校书则谓"雠"，与现代的"校对"相似。校书之事起源很早。《国语·鲁语下》有一段话："昔正考父校商之名《颂》十二篇于周太师，以《那》为首，归以祀其先王。"正考父是孔子的七世祖，是西周末宋国大夫，他那时就进行了《商颂》的校勘工作，这是史籍记载的校勘之开端。古代书籍的载体和书写工具都很简陋，在书籍的生产和传播过程中误文、脱文、衍文、倒文等现象普遍存在，所以在读书之前进行校勘是极其必要的。《吕氏春秋·慎行览·察传篇》记载有孔子弟子卜商（字子夏）校正误字的故事："子夏之晋，过卫，有读史记者曰：'晋师三豕涉河。'子夏曰：'非也，是己亥也，夫"己"与"三"相近，"豕"与"亥"相似。至于晋而问之，则曰：'晋师己亥涉河'也。"关于脱文现象之普遍，《汉书·艺文志》书类小序记载有刘向校书时发现的脱文严重情况："刘向以中古文（《尚书》）校欧阳、大小夏三家经文，《酒诰》脱简一，《召诰》脱简二，率简二十五字者，脱亦二十五字；简二十二字者，脱亦二十二字。文字异者七百有余，脱字数十。"关于古书中的误字、脱文、坏字、衍文、误改、失韵以及后人妄加、妄删、失句读等现象，著名学者王叔岷先生所著《校雠学》第七章《通例》篇中有详细介绍（共一百二十四例)[①]，读者可参阅，在此不详述。

众所周知，中国古代校雠事业的奠基者是西汉的刘向、刘歆父子及其他一些学者。《汉书·艺文志》总序记其事曰：

> 汉兴，改秦之败，大收篇籍，广开献书之路。迄孝武世，书缺简脱，礼坏乐崩，圣上喟然而称曰：朕甚闵焉！于是建藏书之策，置写书之官，下及诸子传说，皆充秘府。至成帝时，以书颇散亡，

---

① 王叔岷：《校雠学：补订本；校雠别录》，中华书局2007年版。

使谒者陈农求遗书于天下。诏光禄大夫刘向校经传、诸子、诗赋，步兵校尉任宏校兵书，太史令尹咸校数术，侍医李柱国校方技。每一书已，向辄条其篇目，撮其指意，录而奏之。会向卒，哀帝复使向子侍中奉车都尉歆卒父业。歆于是总群书而奏其《七略》，故有《辑略》，有《六艺略》，有《诸子略》，有《诗赋略》，有《兵书略》，有《术数略》，有《方技略》。

刘向对每一书"撮其指意"的成果就是《别录》（又称叙录、书录）。刘向的校书工的内容主要包括：广罗异本，仔细勘对；彼此互参，除去重复；校出脱简，订正伪文；整齐篇章，定著目次；摒弃异号，确定书名；每书校毕，写成《叙录》。[①] 其中的一篇篇《叙录》全部集合起来，就是《别录》。从"录而奏之"的角度而言，每篇叙录都可谓"工作报告"[②]，即向皇帝做出的关于校书经过及其成果的工作报告。每篇叙录的内容一般包括三方面：①关于全书篇章的次第，参校各类本子的情况和校书过程的记述，此为文献整理的范畴；②关于书之作者生平及其学术承继，以及对有关内容的补订和辨误，此为辨析学术源流和正误的范畴；③关于书名的解释，以及全书的主旨、体例和价值等，此为内容评价的范畴。[③] 就单篇叙录而言，可视其为一书之简介；合而言之，则可视其为提要目录。[④] 刘向等人的校书与刘歆的分编工作开启了后世"辨章学术，考镜源流"的学术传统。刘向所写的叙录大部分已佚，现存的只有《管子》、《晏子》、《邓析子》、《列子》、《孙卿子》、《韩非子》、《战国策》、《说苑》八篇，还有后人辑佚出的刘歆所撰《山海经》叙录一篇。

在中国学术史上，第一个较全面论述校雠学理论的著作是南宋时期郑樵所著《通志·校雠略》。关于著《校雠略》的缘由，郑樵在《通志·总序》中说："册府之藏，不患无书，校雠之司，未闻其法。欲三馆无素餐之人，四库无蠹鱼之简，千章万卷，日见流通，故做《校雠

---

① 张舜徽：《中国文献学》，华中师范大学出版社2004年版，第185—187页。
② 来新夏：《古典目录学浅说》，中华书局2005年版，第72页。
③ 姚振宗辑录：《七略别录佚文；七略佚文》，邓骏捷校补，上海古籍出版社2008年版，前言。
④ 余庆蓉、王晋卿：《中国目录学思想史》，湖南教育出版社1998年版，第28—29页。

## 第一章 引论：有关史事与概念阐释

略》。"可见，郑樵是针对当时三馆"校雠之司，未闻其法"即馆阁人员不明校雠之法的现状，提出一系列校雠之法，以期达到"三馆无素餐之人，四库无蠹鱼之简，千章万卷，日见流通"的目的。郑樵《校雠略》共有二十一论六十六篇，分别是：《秦不绝儒学论》二篇；《编次必谨类例论》六篇；《编次必记亡书论》三篇；《书有名亡实不亡论》一篇；《编次失书论》五篇；《见名不见书论》二篇；《收书之多论》一篇；《缺书备于后世论》一篇；《亡书出于后世论》一篇；《亡书出于民间论》一篇；《求书遣使校书久任论》一篇；《求书之道有八论》九篇；《编次之讹论》十五篇；《崇文明于两类论》一篇；《泛释无义论》一篇；《书有不应释论》三篇；《书有应释论》一篇；《不类书而类人论》三篇；《编书不明分类论》三篇；《编次有叙论》二篇；《编次不明论》七篇。这二十一论，可概括为三大方面：一是有关书籍散亡以及后世复出现象的论述；二是有关书籍分类与编次之法的论述；三是有关求书之道的论述。另外又谈及了校书组织工作方面的一个问题即"校书久任论"。①

继郑樵之后，对校雠学论述较全面的人是清代的章学诚，其主要代表作是《校雠通义》。现存《校雠通义》由三卷构成（原为四卷，第四卷遗失），卷一有《原道》、《宗刘》、《互著》、《别裁》、《辨嫌名》、《补郑》、《校雠条理》、《著录残逸》、《藏书》九篇；卷二有《补校汉艺文志》、《郑樵误校汉志》、《焦竑误校汉志》三篇；卷三有《汉志六艺》、《汉志诸子》、《汉志诗赋》、《汉志兵书》、《汉志数术》、《汉志方技》六篇。由此可见，《校雠通义》的内容实际上由两大部分构成：一是关于文献著录的方法问题（卷一），最后延伸出一个"藏书"环节；二是关于《汉书·艺文志》的评论性研究（卷二和卷三）。而卷二、卷三是关于《汉书·艺文志》的研究，其目的是进一步论证卷一所提出的文献著录方法的合理性。从《校雠通义》谈论的内容来看，有两个令后人质疑的地方：一是名为校雠学却鄙视校雠学的重要内容之一的校

---

① 张富祥先生把这二十一论分为两组：一组论书籍的散亡缺失及求书之道（兼及校书），另一组论书籍的分类和编次。而且还认为这二十一论中并没有包括校雠学的各个方面，特别是校勘问题，除了"校书久任"篇外，其他基本没有涉及。张富祥：《宋代文献学研究》，上海古籍出版社2006年版，第76—77页。

勘之事，因为在章学诚看来校雠学的核心旨归在于通过辨考学术，为人们提供"明道之要"，而"校订字句，则其小焉者也"①；二是全书谈论最多的是关于文献著录之目录问题，然而他却不承认目录学为独立之学。按照现代的学科分界看，著录之法属于目录学范畴，正是基于这一点，后世人们认为章学诚的《校雠通义》名为"校雠学"实为目录学。

章学诚确实对校勘学和目录学有所不屑，以下面三段话为证：

> 校雠之义，盖自刘向父子部次条别，将以辨章学术，考镜源流，非深明于道术精微、群言得失之故者，不足与此。后世部次甲乙、纪录经史者，代有其人，而求能推阐大义、条别学术异同、使人由委溯源、以想见于坟籍之初者，千百之中不十一焉。②

> 校雠之学，自刘氏父子，渊源流别，最为推见古人大体，而校订字句，则其小焉者也。绝学不传，千载而后，郑樵始有窥见，特著《校雠》之略，而未尽其奥，人亦无由知之。世之论校雠者，惟争辩于行墨字句之间，不复知有渊源流别矣。近人不得其说，而于古书有篇卷参差，叙例同异，当考辨者，乃谓古人别有目录之学，真属诧闻。且摇曳作态以出之，言或人不解，问伊书止求其义理足矣，目录无关文义，何必讲求？彼则笑而不言。真是贫儿卖弄家私，不值一笑矣。③

> 古人著录，不徒为甲乙部次计；如徒为甲乙部次计，则一掌故令史足矣，……盖部次流别，申明大道，叙列九流百氏之学，使之绳贯珠联，无少缺逸，欲人即类求书，因书究学。④

从上述三段话可以看出，章学诚所鄙视的是"徒为甲乙部次"的分类与编目之法，同时反对目录学为独立之学，而提倡"部次流别，申明大道，叙列九流百氏之学，使之绳贯珠联"的学术性书目。章学诚的这种观点，受到了后世人们的反驳。反驳其鄙视校勘者，如向宗鲁

---

① 章学诚：《章学诚遗书》，文物出版社 1985 年版，第 367 页。
② 章学诚：《校雠通义通解》，王重民通解，上海古籍出版社 2009 年版，第 1 页。
③ 章学诚：《章学诚遗书》，文物出版社 1985 年版，第 367 页。
④ 章学诚：《校雠通义通解》，王重民通解，上海古籍出版社 2009 年版，第 15 页。

说:"昔人校雠之名,本以是正文字为主。而郑樵、章学诚之流所谓辨章学术、考镜源流者,特为甲乙簿录语其宗极,而冒尸校雠之名,翙其反矣。李绅耆《顾千里墓志》云:'郑渔仲(郑樵)辑《艺文略》,始附以校雠之名,然其所言校雠之事,惟编纂类例,搜求亡书,不啻灌灌,则尚是目录家也,不与校雠事。'……辨章学术者,校雠之余事;是正文字者,校雠之本务也。"① 反驳其不承认目录学为独立之学者,如姚名达说:"夫目录学分类之目的,正欲人'即类求书,因书究学'。同类之书,所以按时代排列者,正欲'考镜源流'。编目之法,所以详列各书梗概者,正欲'辨章学术'。此所谓'部次条别'者,正广义校雠学之目录学所应负责之事。"由此姚名达进一步指出:"学诚之意,直不承认有所谓目录学,而欲以校雠学包举之。实则学诚之所谓校雠学,正吾人亟应提倡之真正目录学。"② 余嘉锡说:"渔仲、实斋(章学诚)著书论目录之学,而目为校雠,命名已误。"③ 以上人的批评,都在说章学诚所谓的校雠学实际上更多地表现为目录学,所以现代的人们都把章学诚的"辨章学术,考镜源流"指认为目录学的宗旨。杜定友先生也曾批评章学诚的"考镜源流"说,如他说:"类例之法重在辨章学术、部次甲乙,使图书典籍按类而归,以见学术之范围、各科之关系,考镜源流犹其余事";"自来目录学者必以'辨章学术,考镜源流'标榜,以为非如是不足以尊其道也。不知源流之考镜,当别撰学术史、著述史以总论之。……此著述史与书目学不分之过也"。④ 杜定友似乎只承认章学诚的"辨章学术"而不承认"考镜源流",认为"考镜源流"是学术史的任务而非目录学的任务。吕绍虞先生也认为章学诚"只知死死地抱住学术源流以为进行分类的唯一根据,非但难以掌握,亦且是知其一而不知其二的说法";"如果说《校雠通义》在目录学上有什么贡献的话,那只是对互著别裁的方法有所阐述而已"。⑤

章学诚的"辨章学术,考镜源流"是在校雠学和目录学不加区分

---

① 向宗鲁:《校雠学》,商务印书馆2014年版,第1页。标点有改动。
② 姚名达:《中国目录学史》,上海古籍出版社2005年版,第6页。
③ 余嘉锡:《目录学发微》,岳麓书社2009年版,第9页。
④ 杜定友:《校雠新义》,中华书局1930年版,上卷第2页、下卷第18页。
⑤ 吕绍虞:《中国目录学史稿》,安徽教育出版社1984年版,第189、190页。

的情况下而言的，甚至是在不承认目录学为独立之学的前提下而言的。其实，把辨考学术源流视为校雠之事的核心旨趣，是章学诚以及其之前的学者们的普遍共识，这就是中国古代长期以来由校雠学承担学术史之任的思想原由。这也是中国古代学术的特征之一。后世人们不顾这种学术特征，而以校雠学、目录学、学术史三者分立的视角批评章学诚把辨考学术源流纳入目录学范畴之中是一种"错误"，其实这种批评是一种不符合历史情境的、以今论古的误批，或者说是一种"脱靶"的偏射。

章学诚之所以反对目录学为独立之学，原因主要有以下三方面：

一是在学术志向上，章学诚重视探究义理的文史研究，而鄙视"校定字句"、"争辩于行墨字句之间"的考据性学术。章学诚这一学术志向的集中表现就是反对戴震的"训诂明而后义理明"的观点，由此发生了中国学术史上著名的"戴章争论"。章学诚重义理轻考据的学术志向，表现在校雠学上就是重视辨考学术源流的文献整理活动而轻视"部次甲乙"的目录之事，正如章学诚自己所说，"书止求其义理足矣"，而目录之事"无关文义"，所以不必"别有目录之学"。章学诚又曾说："自刘、班而后，艺文著录，仅知甲乙部次，用备稽检而已。郑樵氏兴，始为辨章学术，考竟源流。"[①] 由此足见章学诚对"甲乙部次，用备稽检"的目录之事的鄙视之意。

二是在对校雠学内容的认识上，章学诚特别看重刘向、刘歆校书活动中所采用的叙录之法和类序（大序、小序）之法，而对刘向的校勘之法则视而不见。我们知道，章学诚是"宗刘"的，而其真正所"宗"的是叙录之法和类序之法，认为唯叙录与类序之法以及他认为《七略》所采用的互见、别裁之法才是辨考学术之法；这种辨考学术源流之法才是校雠学应该关注的核心内容，而没有料到这种辨考学术源流之法发展到后世被人们归为目录学的核心范畴之一，更没有料到校雠学后来演变为包含校勘学、版本学、目录学等"二级学科"的广义校雠学或文献学。从历史的眼光看，在章学诚的思想逻辑中不可能有"一级学科"、

---

[①] 章学诚：《校雠通义通解》，王重民通解，上海古籍出版社2009年版，第63页。

第一章　引论：有关史事与概念阐释

"二级学科"之纵向划分学科体系的逻辑思维，所以我们不应该"以今勒古"地苛责他。在这一问题上，张舜徽先生对章学诚的校雠学观点作了同情式理解，他说：

> 近三百年来，我国理董旧闻的学者们的治学风气，每喜将门路分得很窄，此疆彼界，各有范围。单从学术分工的角度来看问题，自然有他们各自深入钻研的成绩。但由此而引起的不良后果，却也不少。这在过去博学通人们，都已道破此中偏蔽了。清代学者强调"目录学"的作用，却把它和"校雠学"对立起来，很少人注意到"目录"只是"校雠学"中的一部分。……我们推原到西汉末年，由政府组织人力进行中国历史上第一次大规模清理图书的时候，刘向、刘歆父子受诏校书，首先是广罗异本，其次是勘对文字，最后才将群书编定目录。这三方面的工作，总名为"校雠"。三者必互相联系，不可分割，才能发挥它的作用。①

三是在对目录功能的认识上，在章学诚看来，目录之功只能解决"部次甲乙"问题，而不能解决辨考学术问题，因而不足以成为一种学问——目录之学。章学诚的这一观点很可能针对明代以来目录只重分类而轻类序和提要的做法而言。也就是说，章学诚眼中的目录是"部次甲乙"以供"即类求书"的检索性分类目录，而没有考虑到检索性分类目录亦有"睹类知义"的辨考学术之功效，亦即章学诚所不予承认的目录之学乃检索性目录之学，而非学术性目录之学。可惜的是，在章学诚的视域中没有形成检索性目录之学和学术性目录之学的区分，因而整个目录学被遮蔽了。也许因为此故，台湾学者们干脆把"辨章学术，考镜源流"视为"校雠目录学"的宗旨，如郑奋鹏的专著《郑樵的校雠目录学》、张晏瑞的硕士学位论文《孙德谦及其校雠目录学研究》等，就以"校雠目录学"这样一种"合称"来回避校雠学与目录学的关系之争。最早用"校雠目录学"命名的著作是蒋伯潜于1944年撰成

---

① 张舜辉：《中国校雠学叙论》，载《华中师院学报》1979年第1期。

的《校雠目录学纂要》一书。之所以如此命名，蒋伯潜的解释是："本书旨在纂述广义校雠学之大要，但为使读者易于明瞭所述的范围计，故并举'校雠'、'目录'二者以名之。广义的校雠学，当兼'校勘'与'编目'二者。"①

一种学理思维最终能否成为独立之"学"，决定于这种学理思维本身的成熟程度和人们的认可程度。章学诚生活在清乾隆时代，这一时期考据学勃兴，由此促进了书目事业的兴盛，尤其是版本目录学兴盛，但目录学理论尚未达到被人们普遍认可的独立之学程度。孙德谦和张尔田都说"校雠者乃目录之学"②，这种认识显示了目录学已经趋向独立之学，甚至有取代校雠学之势，但此时已为民国时期，章学诚未能亲见这一趋势。对此蒋元卿指出，"乾嘉以前，一般学者只承认有目录这样东西，不承认目录之为学，这种学问就是校雠学，不叫目录学。本来在晋宋以前，目录都是由校雠而来，先有校雠，而后始有目录，故目录之学，仅是校雠学之一部分而已。后世书籍日多，学问益分，故目录之学便渐脱离校雠学而宣告独立，这也是时势所必然的事"③。至于把校雠学划分为校勘学、目录学、版本学之认识，则晚至清末民初之时才被学界逐渐认可。其代表性表述如叶德辉所言："近人言藏书者，分目录、版本为两种学派。……然二者皆兼校雠，是又为校勘之学。本朝文治超轶宋元，皆此三者为之根柢。"④

（二）关于校雠学与中国古代图书馆学的关联问题

王子舟先生认为，"中国古代图书馆知识体系有个专有名词——校雠学"⑤。龚蛟腾先生认为，"校雠学说，究其实质乃是我国近现代图书馆学的先祖"；"古代图书馆丰富的藏书整理与文献管理活动，孕育了具有中国特色的古代图书馆学——基于校雠学说的文献学学科群"；"中国古代的图书馆知识体系被称为校雠学，它主要由目录学、版本学、校勘学等组成"；"就其本质而言，我国古代的校雠学实际上就是

---

① 蒋伯潜：《校雠目录学纂要》，北京大学出版社1990年版，第3—4页。
② 见蒋元卿《校雠学史》，商务印书馆1934年版，第178—179页。
③ 蒋元卿：《校雠学史》，商务印书馆1934年版，第180页。标点有改动。
④ 叶德辉：《书林清话》，李庆西标校，复旦大学出版社2008年版，第27页。
⑤ 王子舟：《图书馆学基础教程》，武汉大学出版社2003年版，第41页。

我国古代的图书馆学"。① 显然，王子舟先生和龚蛟腾先生都把中国古代图书馆学指向了校雠学，即都认为中国古代图书馆学可称为校雠学。李明杰先生亦认为"中国古代图书馆学更多地是以它特有的形式——文献学（即广义校雠学）表现出来的"，中国古代图书馆学和文献学具有同一性。② 王余光先生的判断与王子舟、龚蛟腾、李明杰三位先生的认识稍有不同，他认为"藏书管理和'校雠学'即是中国古代的图书馆学"。③

在学术著作中，把"藏书"纳入校雠学范畴最早的是章学诚的《校雠通义》，其卷一所谈九个问题中第九个问题就是"藏书"。但章学诚这里所论"藏书"问题并非"藏书管理"意义上的藏书问题，而是类似"佛藏"、"道藏"、"儒藏"意义上的广设藏书之所"以补中秘之所不逮"问题。④ 这种意义上的"藏书"，实际上与校雠之事无甚关联，故在专论"校雠"之书中写入"藏书"之内容，似有"画蛇添足"之嫌。真正在藏书管理意义上把"藏书"纳入广义校雠学范畴的似应首推胡朴安、胡道静所著《校雠学》（1931年初版），其曰：

> 校雠学者，治书之学也。自其狭义言之，则比勘篇籍文字同异而求其正，谓之校雠。自其广义言之，则搜集图书，辨别真伪，考订误缪，厘次部类，暨于装潢保存，举凡一切治书事业，均在校雠学范围之内。
>
> 守藏图书，亦校雠家职务之一也。夫书：首宜聚，次宜勘，次宜分别部居，复次则当尽其保存之责矣。……但书能聚，能勘，而不能守，则岂徒等烟云之过眼，兼无实益于学术也。⑤

---

① 龚蛟腾：《中国图书馆学的起源与转型：从校雠学说到近现代图书馆学的演变》，国家图书馆出版社2013年版，第27、61、70、75页。
② 李明杰：《中国古代图书馆学的知识论取向——从文献学路径获得的认知》，载《中国图书馆学报》2010年第1期。
③ 王余光：《试论中国图书馆史研究中的几个问题》，载《图书馆论坛》2015年第4期。
④ 章学诚：《校雠通义通解》，王重民通解，上海古籍出版社2009年版，第42页。
⑤ 胡朴安、胡道静：《校雠学》，岳麓书社2013年版，第1、43—44页。

胡朴安、胡道静所说的狭义校雠学，实际上就是指校勘学，而广义校雠学则包括求书、藏书、校勘、版本、目录、辨伪等"一切治书事业"的学问。这种治书事业，在中国古代确实是主要由藏书楼或馆阁所完成的，所以把治书之学即广义校雠学指认为中国古代的图书馆学称谓是大体成立的。之所以称"大体成立"而不称"完全成立"，是因为在把校雠学和图书馆学相对应时还应考虑如下两个问题：

第一，校雠学研究范围无法涵盖图书馆活动的所有方面。无论是现代图书馆还是古代图书馆，都要以"收集、整理文献以供利用"为基本属性与功能。可见，图书馆学研究范围至少应包含文献收集、文献整理和文献利用（供读者利用）这三大环节，然校雠学主要面对的是文献收集和文献整理之事而基本不涉文献利用的方式方法问题。众所周知，从郑樵的《通志·校雠略》、章学诚的《校雠通义》到民国时期以"校雠学"命名的所有论著，均不涉文献利用问题。此其一。其二，为了充分实现"收集、整理文献以供利用"的功能，图书馆学必然把图书馆建筑、文献保护、人员选用等事务纳入自己的研究范围之中，而校雠学基本不涉此类事务的研究[①]；尤其是对藏书楼或馆阁这种实体性组织机构的组织管理事务，校雠学更是不涉，即校雠学基本不涉藏书楼或馆阁事业的组织管理问题。这说明，校雠学和图书馆学在指涉范围上并非完全重合。再者，后世人们（如胡朴安、胡道静叔侄两人等）把校雠学"广义化"，而把"藏书"纳入校雠学范畴之中，其实这种认识和做法并不符合刘向、郑樵、章学诚等所建构的、旨在辨考学术源流的纯正的校雠学义理，实乃牵强之举。由此而论，王余光先生把中国古代图书馆学的指涉范围确认为"藏书管理"与"校雠学"两部分是有道理的，因为其所称"藏书管理"中可以包含文献利用和藏书楼或馆阁管理之内容。总之，在中国古代，校雠学与图书馆学在研究内容和范围上有较多的交叉性，但并不完全重合。在此意义上我们可以认为：校雠学是与中国古代图书馆学关联最紧密但不完全重合的一种学问。

第二，校雠学与图书馆学的对应并非"学科"意义上的对应。严

---

① 郑樵《通志·校雠略》中有《求书谴使校书久任论》一篇，涉及人员选用问题，但其出发点是为了保证求书的全面性和校书的质量，而非出于完善图书馆选用人员制度之目的。

格地说，中国古代不存在"学科"分野意义上的校雠学和图书馆学，而只存在实践总结性的、直觉义理性的而非抽象逻辑性的校雠学和图书馆学。从中国古代学术分类传统而言，中国古代有"早熟"的学派分类观，却无学科分类观。至于"孔门四科"（德行、言语、政事、文学）、"儒学四门"（词章之学、义理之学、考据之学、经世之学）等称谓，并非依研究对象之不同而划分的"四门学科"。科举考试中所谓"分科取士"之"分科"，乃指分别考察应试者若干方面的才能之意，亦非分学科考察之意。中国古代还有"专门之学"称谓，指的是各立门户，谨守师承关系，专治某一学说的治学路径，而非分学科、分专业学习之意。对此，傅斯年的判断直接而又干脆，其曰："中国学问向以造成人品为目的，不分科的。"① 杜定友认为，学科意义上的"专门之学，必有系统研究之法，必有分类。故心理学则有人类与动物之别；人类心理则有儿童、青年之分；儿童心理复有意识、情绪、意志、本能之目"。② 古代中国人所说的"专门之学"，其实质是重师法、家法的"一家之言"，而无"一门学科"之意。古代中国人不善于进行学科思维，这一点与西方思维形成鲜明对照，诚如王国维所言：

> 抑我国人之特质，实际的也，通俗的也；西洋人之特质，思辨的也，科学的也，长于抽象而精于分类。……吾国人之所长，宁在实践之方面，而于理论之方面，则以具体知识为满足，至分类之事，则除迫于实际之需要外，殆不欲穷究之也。……足以见抽象与分类二者，皆我国人所不长。③

无独有偶，傅斯年亦云：

> 中国学术，以学为单位者至少，以人为单位者较多，前者谓之科学，后者谓之家学。家学者，所以学人，非所以学学也。历来号

---

① 傅斯年：《傅斯年全集》（第六册），台北联经出版公司1980年版，第22页。
② 杜定友：《校雠新义》（下册），中华书局1930年版，第16页。
③ 王国维：《论新学语之输入》，载《教育世界》1905年第96号。

称学派者，无虑数百，其名其实，皆以人为基本，绝少以学科之分别。……西洋近代学术，全以科学为单位，苟中国人本其"学人"之成心以习之，必若枘凿之不相容也。①

正因如此，中国古代并不存在范围界限明晰的、"学科"意义上的图书馆学，而只存在"有关图书馆的学问"，其核心内容是有关文献和馆阁的思想观点；在这"有关图书馆的学问"中，包含着古代中国人的哲学思想、政治思想、法律思想、伦理思想、教育思想、治学思想等诸多思想因素，当然也包括校雠学思想。② 用现代的话来说，中国古代的校雠学和图书馆学都具有"跨学科性"。由此可见，所谓"中国古代图书馆学"，其历史存在样态是"会通"性的、"跨学科性"的存在，而非"学科性"的存在。在这种情况下，如果直接认为"校雠学就是古代的图书馆学"，容易造成两种误识：一是容易误导人们产生中国古代存在现代"学科"意义上的校雠学和图书馆学的误识；二是容易形成"既然古代已有等于图书馆学的校雠学，就不必再另行研究古代图书馆学"的误识。

在校雠学与图书馆学的关系问题上，本书的结论是：中国古代校雠学是与中国古代图书馆学关联最紧密但不完全重合的一种学问。在我看来，与其问中国古代图书馆学的对应学科是什么，不如问中国古代图书馆学的关联学问有哪些。那么，除了与古代图书馆学关联最紧密的校雠学之外，还有其他关联学问，如中国古代藏书史、中国古代目录学、中国古代文献学、中国古代书史、中国古代印刷史、中国古代学术史、中国古代史官制度等学问。

## 三 中国古代图书馆学的若干基本问题

### （一）中国古代图书馆学的时间界限

"中国古代图书馆学"称谓中的"中国古代"指先秦至清末这一历

---

① 傅斯年：《中国学术思想界之基本误谬》，载《新青年》第4卷（1918年）第4号。
② 说图书馆学思想中包括校雠学思想，并非指图书馆学与校雠学之间是整体与部分的关系；图书馆学与校雠学之间应该是互包性的交叉关系。

史"长时段",而不是社会发展史意义上的1840年鸦片战争以前的"古代"。这是因为"鸦片战争之后,按历史学家的看法,中国进入近代社会,但图书馆学研究并未发生质的变化,其研究内容与形式仍然延续着固有的模式"①。关于"中国古代"的下限问题,李致忠先生曾有精辟论述:

> 关于中国古代的下限划分,在政治学家和历史学家那里早就锁定在1840年了。的确,1840年发生的鸦片战争,帝国主义以坚船利炮敲开了中国的大门,使中国沦为半封建半殖民地的社会,开始迈出了近代社会的脚步。但是中国封建社会延续了两千多年,其政体国体并没有因鸦片战争的炮声而从根本上解体。其政治经济制度也只是因震撼而动摇,亦未从根本上倒塌;其思想体系、学术主流、文化传统虽然受到了一些冲击,却未从根本上瓦解。一句话,中国古代封建社会的特质并没有发生脱胎换骨的转换。因此,当我们要界定古代典籍而必须给中国古代社会划线的时候,似乎不能硬搬政治学家和历史学家所划定的1840年,而是要从古籍自身发展演变的特殊规律而划到1911年。②

李致忠先生的上述论说虽然是针对"中国古籍"范畴的时间划限而言的,但其把中国古代的下限划定为1911年的主张亦完全适用于中国古代图书馆学时限的划定。王余光先生把中国图书馆学史划分为四个时期:中国古代图书馆学时期(20世纪以前)、中国近代图书馆学时期(20世纪前期)、中国现代图书馆学时期(20世纪后期)和中国当代图书馆学时期(21世纪以来)。③宓浩、刘迅、黄纯元合著《图书馆学原理》一书认为,"二十世纪二十年代是我国近代图书馆学创建时期"④,

---

① 王余光:《试论中国图书馆学史研究中的几个问题》,载《图书馆论坛》2015年第4期。
② 李致忠:《三目类序释评》,北京图书馆出版社2002年版,自序第2页。
③ 王余光:《试论中国图书馆学史研究中的几个问题》,载《图书馆论坛》2015年第4期。
④ 宓浩、刘迅、黄纯元编:《图书馆学原理》,华东师范大学出版社1988年版,第313页。

言外之意，20世纪20年代之前为古代图书馆学时期。傅荣贤先生在界定"中国图书馆学思想史"的上下限时间时认为，"图书馆学思想史意义上的'中国古代'实际包括从殷商到20世纪初近代图书馆学思想诞生前夕约3000余年的时间跨度"①。王余光先生和傅荣贤先生分别把中国古代图书馆学时间下限定为"20世纪以前"、"20世纪初"，实际上与本书主张的"清末"几乎没什么区别；而《图书馆学原理》一书把中国古代图书馆学的时间下限定为"二十世纪二十年代"之前，这与本书所定"清末"下限亦相差无几。

（二）中国古代图书馆学的定义与研究任务

众所周知，中国古代先贤们总结有极其丰富的有关文献价值功用、文献整理方法和藏书楼或馆阁管理方面的思想，这些思想可以概括为"文献之道"和"馆阁之道"两大方面。这种"文献之道"和"馆阁之道"，如同中医、书法、京戏一样，在整体上唯中华民族所独有；这种中华民族独有的"文献之道"和"馆阁之道"就是中国古代图书馆学。这是从文化多元性和特殊性角度对中国古代图书馆学的性质所作的界定。这说明，中国古代图书馆学是世界多元图书馆学体系中的独特一"元"。同时也说明，中华民族对世界图书馆学做出了其他民族不可替代的独特贡献。

在给"中国古代图书馆学"下定义之前，有必要说明以下三点：一是本书把中国古代图书馆的根本属性界定为"收集、整理文献以供利用的文化设施"②；二是梁启超当年所称"中国的图书馆学"，首先针对的是"中国古代图书馆学"；三是中国古代无"图书馆学"之名，所以所谓"中国古代图书馆学"是现代人所起的一种称谓，意谓"有关中国古代图书馆的学问"。

所谓中国古代图书馆学，就是研究古代中国人的图书馆实践方法及其思想观念的学问，其内容主要包括古代中国人的"文献之道"和"馆阁之道"。古代中国人的图书馆实践方法及其思想观念，或者说中

---

① 傅荣贤：《什么是"中国古代图书馆学思想史"》，载《图书情报工作》2011年第23期。
② 若从古代中国人始终秉持不渝的"文以载道"的思想方法而言，把中国古代图书馆的根本属性概为"收集、整理文献以供明道"或者"收集、整理文献以供传道"未尝不可，由此把中国古代图书馆学视为"关于收集、整理文献以供明道或传道的学问"亦未尝不可。

国古人的文献之道和馆阁之道,就是中国古代图书馆学的研究对象。所谓"文献之道",指古代中国人关于文献的价值、功用的思想观念以及关于文献整理活动的实践方法;"馆阁之道"指古代中国人关于馆阁功用的思想观念以及关于馆阁管理活动的实践方法。可见,古代中国人的文献之道和馆阁之道,都表现为价值论与方法论的统一。

研究中国古代图书馆学的目的是通过了解和掌握古代中国人的图书馆实践智慧和思想智慧,以"不忘初心"、"勿忘先贤"之敬畏之情继承和弘扬中华民族优秀的图书馆文化与图书馆精神,为当代乃至未来的中国图书馆人提供宝贵的史鉴视野和坚守初心、迈向未来的不竭精神动力。

中国古代图书馆学研究就是依据中国古代图书馆的发生发展史实,梳理、归纳和阐释古代中国人的图书馆实践方法与思想观念并概括其特征的过程。由此可见,中国古代图书馆学研究的任务主要有以下三方面:

首先,要对中国古代图书馆的产生机制和存在形态做出客观的史实描述,这是中国古代图书馆学研究得以成立的客观历史基础。中国古代图书馆学来源于并形成于对中国古代图书馆实践经验的理论总结,所以能否对中国古代图书馆的产生机制和存在形态做出客观的史实描述,是中国古代图书馆学研究能否具有坚实的历史依据进而经得起历史考问的前提。需要指出的是,这里所说的史实描述指的是对中国古代图书馆的存在形态进行描述(包括运行状态描述),而非"发展过程描述",因为"发展过程描述"属于图书馆史研究的内容与任务。

其次,要对古代中国人的图书馆学思想做出梳理和归纳,以此呈现出古代中国人的图书馆学思想智慧。中国古代图书馆学研究不等于中国古代图书馆史研究,其区别在于:中国古代图书馆史研究,重在对图书馆发展过程的史实描述,而中国古代图书馆学研究则重在对图书馆学思想的梳理、归纳和阐释。对古代中国人的图书馆学思想的梳理、归纳和阐释,是中国古代图书馆学研究的重心所在。若以"身"与"心"的关系比喻,那么,中国古代图书馆史研究属于实体性的"身"范畴,中国古代图书馆学思想研究则属于精神性的"心"范畴,而中国古代图书馆学研究则属于"身"与"心"结合的综合研究范畴。

最后，要对中国古代图书馆学思想的特征做出整体性的概括。做出这种特征概括的意义在于：使人们在整体意义上了解和把握"中国的图书馆学"和西方图书馆学的显著区别以及中国古代图书馆学与现代图书馆学的区别，这有助于人们更加全面地、高屋建瓴地认清"中国的图书馆学"的特质与实质。

需要说明的是，在中国古代图书馆学研究的任务中，还应该包括对中国古代图书馆的历史功绩和中国古代图书馆学思想的历史功绩的概括。不过，本书在内容布局以及论述方式上采用了"功过自在其中"的历史现象学方法，即在对古代中国人的图书馆实践方法和思想观念的梳理、归纳与阐释过程中，包括了有关"历史功绩"方面的信息及其评述，故本书未专门独立安排"历史功绩"章节。①

（三）中国古代图书馆学研究的意义

中国古代图书馆学研究的意义，主要表现在以下几方面：

第一，能够为建设"中国的图书馆学"思想体系做出理论贡献。我们知道，1925年6月2日，梁启超在中华图书馆协会成立大会上发表演讲时率先提出了建设"中国的图书馆学"的设想；1926年初，刘国钧先生也提出了"一方参酌欧美之成规，一方稽考我先民对于斯学之贡献"而形成的"合于中国国情之图书馆学"的设想。②可见，所谓建设"中国的图书馆学"并非指与西方图书馆学隔绝而关起门来"自造"一种图书馆学理论，而是要在中西互参视野下挖掘、梳理和归纳出具有中华民族文化特质的图书馆学理论，亦即挖掘、梳理和归纳出古代中国人按照自己的文化传统和思维方式所理解、所实践、所建构的图书馆学理论体系。然而，我们知道，由于历史和时势，建设"中国的图书馆学"的进程并没有持续不断地、顺畅地进行下来，而更多地表现为断断续续的、零星的研究（如进入21世纪以来的图书馆学"本土化"研究曾一度成为热点话题，但未形成"燎原"之势），迄今尚未形成完整的内容体系。其中，中国古代图书馆学研究的完整研究成果的缺

---

① 本书在整体内容布局上没有专门独立安排"历史功绩"章节，但在第二章第二节"私家图书馆的藏书与管理"中却安排了独立的"私家图书馆的功绩"之内容，这只是为了特别强调和突出私家图书馆功绩的"个别安排"。

② 中华图书馆协会（刘国钧执笔）：《办刊宗旨》，载《图书馆学季刊》1926年第1期。

失,是突出表现之一。研究中国古代图书馆学旨在填补这一缺失,所以说研究中国古代图书馆学能够为进一步推进"中国的图书馆学"研究做出必要的理论贡献。

第二,有利于促进图书馆学理论的多元化局面的形成。图书馆学作为一门科学,有其不分国界的共性,但这种共性是差异中的共性。中国古代的图书馆和图书馆学的发生和演进之路与西方图书馆和图书馆学的发生发展之路存在巨大差异,这是形成"中国的图书馆学"的客观历史基础。也就是说,"中国的图书馆学"是世界多元图书馆学体系中的独特一"元",有其特定的历史基础、内容体系和发展模式。然而,新中国成立以来尤其是20世纪80年代以来,我国的图书馆学理论建构理路长期为西方话语所主宰,西方话语几乎成为"一元化"主宰局面。之所以形成这种局面,与我们对中国古代图书馆学思想资源的挖掘和开发研究不够有紧密关系。所以选择"中国古代图书馆学"作为主题进行专门研究,有利于克服西方话语主宰所带来的"一元化"弊端,进而有利于促进中西互参的、多元化图书馆学理论体系的形成。

第三,有助于进一步挖掘和传承中国古代优秀的图书馆实践传统和思想传统。彭斐章先生于2000年在国家社会科学基金课题指南说明中就指出:"研究图书馆学史不仅仅是要恢复学科史的历史记忆,图书馆学要想充满思想活力,必须回到图书馆学思想史、学术史中寻找资源和营养,磨炼自己的分析武器,而且,许多重大问题也只有在学术史的梳理中才能求得正解。"此话确然。不仅科学研究要很好地传承历史传统,站在前人的肩膀上继续攀登,而且一项社会事业、一种社会职业也要很好地传承事业宗旨和职业精神传统,在弘扬优秀传统的基础上开拓创新,不断求得进步和发展。而中国古代图书馆学研究就属于与中国古代图书馆思想史、学术史范畴紧密相关的研究(尽管不是专门的思想史、学术史研究),因此中国古代图书馆学研究有望为进一步挖掘和传承中国古代优秀的图书馆实践传统和思想传统提供有益的理论参考。

第四,有助于改进图书馆学专业教育中的图书馆思想史课程建设。目前国内设有图书馆学专业的高校中有一些高校开设有"图书馆思想史"或与之相关的课程,但课程内容设计和教材建设并不尽如人意,尤其是迄今仍无国家规划类"图书馆思想史"或"中国古代图书馆思想史"的专用教材。中国古代图书馆学研究作为与中国古代图书馆思想史紧密相关的研究，其研究成果将对以后编写中国古代图书馆思想史教材乃至通论性图书馆思想史教材并开展相应教学活动都具有有益的参考价值。

第五，有助于坚定当代中国图书馆人对本土图书馆文化的自觉、自尊与自信。通过本课题研究成果，可使人们充分了解和认识到古代中国人创造有极其丰富的图书馆实践智慧和思想智慧。这种实践智慧和思想智慧极具中国特色，举世无双，而且其中的许多实践方法和思想观念，至今仍具继承、借鉴、启发和指导意义。这就是中国人对世界图书馆和图书馆学所做出的其他民族不可替代的独特贡献。尤其是中国古代的四大类型图书馆历经千难万艰，前赴后继地收集文献、整理文献、传递文献，从而为中华文化的博大精深和绵延流传做出了不可磨灭的卓绝贡献。这种历程之艰难，这种精神之执着，这种贡献之卓绝，亦为举世无双，由此形成了举世无双的、优秀的中国本土图书馆文化传统。面对这种优秀的本土图书馆文化传统，当代中国图书馆人需要很好地敬畏之、传承之，因为不忘初心，才能很好地把握继续前进的正确方向。所以说，中国古代图书馆学研究有助于坚定当代中国图书馆人对本土图书馆文化的自觉、自尊与自信。

# 第二章　中国古代图书馆的藏书与管理

　　从实践与思想的关系而言，思想来源于实践。中国古代图书馆发展的实践活动，就是中国古代图书馆学思想的实践基础。也就是说，中国古代图书馆学思想来源于中国古代图书馆实践，所以欲了解和掌握中国古代图书馆学思想，首先有必要了解和掌握中国古代图书馆实践的基本内容。中国古代图书馆的实践活动主要表现为藏书及其管理活动。从本书的内容结构而言，本章内容属于"史实描述"部分，为后面的"思想分析"和"特征概括"打下基础。

　　本书把中国古代藏书之所称为"中国古代图书馆"——以藏书楼或馆阁形态存在的图书馆。现代国内学者一般把中国古代藏书之所划分为官府藏书、私家藏书、寺观藏书和书院藏书四大类型。这四大类型藏书之所实为官府图书馆、私家图书馆、寺观图书馆和书院图书馆。其中广义的官府图书馆，由皇家图书馆和政府图书馆两部分构成；[①] 而在官府图书馆中，皇家图书馆是主体，皇家图书馆的历史影响远大于政府图书馆。为了节省篇幅起见，本书不论及政府图书馆，[②] 故本书所论中国古代四大类型图书馆指皇家图书馆、私家图书馆、寺观图书馆和书院图书馆。另外，为了避免与"中国藏书史"、"中国图书馆史"等著作过多重复，本章所述古代图书馆藏书与管理活动不采取逐朝逐代详述的方式，而是采取基本勾勒的方式，分别对四种类型图书馆的藏书形成及其

---

[①] 这里所称"皇家图书馆"，指设于皇宫（包括行宫、离宫）的藏书之所，清代《四库全书》南三阁是一个特例，但它仍属于"皇家图书馆"范畴；所称"政府图书馆"，即指中央政府中个别部门所设藏之所和地方官府图书馆以及由地方官府所设府学、郡学、县学图书馆等。

[②] 本书基本不论及政府图书馆，但当个别内容表述中不宜严格区分皇家图书馆与政府图书馆时，仍用"官府藏书"（以下简称"官藏"）或"官府图书馆"之语。

管理方法作一简要勾勒。也就是说，本章所采取的叙述方式是类似姚名达在撰写《中国目录学史》一书时所采取的"主题分篇之法"①，而不是时序叙述法。

## 第一节　皇家图书馆的藏书与管理

无论从藏书规模而论，还是从历史影响而论，皇家图书馆无疑是官府图书馆体系中的主体。皇家图书馆不只是朝廷藏书之所，也是文献整理之所，更是兼具保存典籍、储养人才、资政顾问、撰修书籍等综合职能的文治政策的实施载体之一，扮演着文治教化与意识形态控制的"国家机器"角色。

### 一　皇家图书馆的藏书

（一）藏书来源

中国古代皇家图书馆的藏书主要靠自产、接收、征集、抄写等途径形成。

1. 自产

自产，主要指朝廷自身活动中生产出来的文书资料（档案）以及朝廷组织编修的书籍。文书资料成为图书馆馆藏的重要组成部分，这是中国古代社会档案馆与图书馆合一的表现。夏代皇家图书馆的藏书主要由文书档案构成，这些文书档案由大史保管，《吕氏春秋·先识览》首篇云："夏大史令终古出其图法，执而泣之。夏桀迷惑，暴乱愈甚。大史令终古乃出奔如商。"大史令终古能够"出其图法"，说明大史掌管图法。可以说，中国古代皇家图书馆藏书中的自产来源的文献大多为史官所著。迄今为止，殷商时期的窖藏刻辞甲骨出土共约十五万片，约一百万字，这些窖藏刻辞甲骨文献就是由史官所著的朝廷自产文献。刘国钧先生指出，"发现甲骨的地方，显然是当年储藏卜辞的库房，也就是史官（当时史官兼管占卜）的档案库"②。陈梦家先生指出，"卜用甲骨

---

① 姚名达：《中国目录学史》，上海古籍出版社2005年版，自序。
② 刘国钧：《中国书史简编》，书目文献出版社1981年版，第17页。

上的刻辞,固然是王室的文书记录,就是卜辞也应属于王室的文书记录,是殷代的王家档案"①。《周礼·春官·天府》云:"(天府)掌祖庙之守藏与其禁令。凡国之玉镇、大宝器,藏焉。若有大祭、大丧,则出而陈之;既事,藏之。凡官府乡州及都鄙之治中,受而藏之,以诏王察群史之治。……若祭天之司民、司禄而献民数、谷数,则受而藏之。"上引刘国钧、陈梦家两先生的判断以及《周礼》的记述,都表明先秦时期朝廷自产的文书档案是皇家图书馆藏书的主要来源与构成。其实,先秦之后的各代皇家图书馆藏书中,文书档案始终是重要的藏书构成之一。对皇家图书馆的藏书构成而言,我们可以有这样一个大致判断:越是往古,文书档案越是皇家图书馆藏书的主要构成;越是后世,图书越是皇家图书馆藏书的主要构成。

皇家藏书的自产来源中,还有一个重要组成部分是朝廷自行编修的书籍即官修书籍。官修书籍包括经书、史书、政书、类书、丛书、文集等多种类型。至于唐代修的八大正史书、《艺文类聚》,宋代修的所谓"四大类书",明代修的《五经大全》、《四书大全》、《性理大全》、《永乐大典》,清代修的《古今图书集成》和《四库全书》及其《总目》、《简明目录》、《荟要》等,都是皇家藏书的重要组成部分,此为世人皆知之事,不必细述。关于官修书籍的较详细情况将在下文"皇家图书馆管理"中的"文献利用"部分予以介绍,这里仅举南宋和清代官修史籍的两个数据。据不完全统计,南宋嘉定以前所修的当代史料书有:国史350卷,实录1890卷,日历及有关史实5505卷,宝训和圣政记440卷,会要2196卷,皇帝御集200卷,总计达10576卷。② 清代史馆所修史籍有:正史类共16部592卷,编年类共17部4690卷,纪事本末类共27部2760卷,别史类共1部100卷,诏令奏议类共17部1540卷,传记类共11部620卷,时令类共2部103卷,地理类共17部1960卷,职官类共4部206卷,政书类共87部9833卷,目录类共4部250卷,金石类共3部70卷,史评类共3部109卷,合计达209部22833

---

① 陈梦家:《殷墟卜辞综述》,中华书局1988年版,第46页。
② 张富祥:《南宋馆阁制度述略》,载《山东师大学报》1986年第4期。

卷。① 以上两组数据只是官修史籍数据（不包括其他类书籍），而且还是不完全统计数据，若对所有官修书籍进行完全统计，其数量何等庞大，可想而知。总之，官修书籍是皇家藏书的重要来源之一。

2. 接收

接收，主要指两个朝代交替之际新朝接收前朝所留藏书。两个朝代之间，无论是和平交接还是武力交接，都有可能形成新朝接收前朝所留藏书的局面。在接收数量上，若和平交接，则前朝藏书能够较完整地保留给当朝；若武力交接，则前朝藏书往往无法完整地保留下来，甚至可能丧失殆尽。在秦汉交接之际，萧何抢先收集秦朝宫廷文书档案的举动，被誉为中国历史上最著名的接收前朝藏书的一段佳话。《史记·萧相国世家》记载此事云："沛公至咸阳，诸将皆争走金帛财物之府分之，何独先入收秦丞相御史律令图书藏之，……汉王所以具知天下厄塞，户口多少，强弱之处，民所疾苦者，以何具得秦图书也。"《三国志·魏书·袁涣传》记载，汉魏交接之际，袁涣建议曹操"可大收篇籍"，曹操采纳，所以形成了《隋书·经籍志》序所说的"魏氏代汉，采掇遗亡，藏在秘书中、外三阁"的局面。《晋书·王濬传》记载，公元280年，晋灭吴时，王濬下建康，"收其图籍，封其府库"，吴国藏书尽归晋室。南北朝之时，据《隋书·牛弘传》记载，公元416年，刘裕率晋军攻占洛阳，次年攻入长安，俘后秦王姚泓，"收其图籍，五经子史，才四千卷。……尽归江左"，这是南朝政权接收北朝图书的重要事件。隋朝开国之初所具有的一万五千余卷藏书，基本上是和平接收前朝藏书而来。《隋书·经籍志》序云："后周始基关右，外逼强邻，戎马生郊，日不暇给。保定之始，书止八千，后稍加增，方盈万卷。周武平齐，先封书府。所加旧本，才至五千。"表明隋初所具有的一万五千卷藏书，其中一万卷是接收北周政权藏书而来，其余五千卷是接收北周灭齐后所得的藏书。也就是说，隋初一万五千卷藏书都是从前朝政权接收而来的。北宋初，宋太祖、宋太宗两任皇帝通过平荆南、平后蜀、平江南、平太原、收闽南、收吴越等割据政权，从中接收约七万多卷图

---

① 王记录：《清代史馆与清代政治》，人民出版社2009年版，第121页。

书。① 元朝统治者从南宋政权接收了大量图书，对此王士点、商企翁做了记载："皇城暖殿里右侍俸御忽都于思、傲怯里马赤，秘书监焦秘监、赵侍郎一同奏：'临安秘书监内有乾坤宝典并阴阳一切禁书，及本监应收经籍图书书画等物，不教失落见数呵，怎生？'奉圣旨：'伯颜行道将去者。'又奏：'江南诸郡多有经史书籍文板，都教收拾见数，不教失散呵，怎生？'奉圣旨：'你问了归附官员呵，伯颜行道将去者。'钦此。……见今焦尚书收拾到经籍书画等物，解发南省，已运到中书省也。"② 钱大昕《补元史艺文志》卷一亦记载此事云："……及大兵南伐，命焦友直括宋秘书省禁书图籍。伯颜入临安，遣郎中孟祺籍南宋秘书省、国子监、国史院、学士院图书，由海道舟运至大都。"从前朝接收藏书最多的当数明朝。元明交接之际，明大将徐达攻破元大都（今北京）时，奉朱元璋之命"收其秘阁所藏图书典籍，尽解金陵"③。这些图书典籍是元统治者接收宋、金两朝藏书之后进一步充实起来的丰富馆藏，所以明朝接收的前朝藏书实际上包括了宋、金、元三代之遗书。

3. 征集

征集，指朝廷向民间征集图书以充实官藏的手段。征书与献书是一个问题的两个方面，有"征"就可能有"献"，献书是征书实现的必要条件，所以可以把献书当作征书的内容来对待，只不过征书很可能带有一定的强制性，而献书则更多地表现为自愿性。在中国历史上几乎历朝历代都非常重视通过征集手段充实官藏。史籍记载的"古有采诗之官"就是朝廷征集民间作品的证明。《汉书·艺文志》诗类序云："古有采诗之官，王者所以观风俗，知得失，自考正也。"《汉书·食货志》亦云："孟春之月，群居者将散，行人振木铎徇于路以采诗，献之大师，比其音律，以闻于天子。"据说，采诗之官所采之诗，最终经孔子删削而成为流传至今的《诗经》三百零五篇。朝廷向民间征集图书以及吏民献书历来是皇家藏书的主要来源之一，所以史籍中有关这方面的记载

---

① 傅璇琮、谢灼华：《中国藏书通史》，宁波出版社2001年版，第314页。
② 王士点、商企翁：《秘书监志》，见徐雁、王雁均《中国历史藏书论著读本》，四川大学出版社1990年版，第443页。
③ 沈德符：《万历野获编》卷一《访求遗书》，中华书局1959年版，第4页。

很多。秦始皇曾说"吾前收天下书，不中用者尽去之"(《史记·秦始皇本纪》)。汉武帝"开献书之路，置写书之官"(《隋书·经籍志序》)。汉成帝时"使谒者陈农求遗书于天下"(《汉书·艺文志序》)。南梁萧衍接受秘书丞王泰的建议，下诏向民间征书，要求"宜选陈农之才，采河间之阙。怀铅握素，汗简杀青，依秘阁旧录，速加缮写"(《全上古三代秦汉三国六朝文·全梁文·为梁武帝集坟籍令》)。隋初秘书监牛弘向隋文帝上《请开献书之路表》，建议用"勒之以天威，引之以微利"的方法征购民间图书，隋文帝采纳其建议，于是"下诏献书，赉缣一匹"(《隋书·牛弘传》)。唐初，秘书监令狐德棻向李渊建议，"今乘丧乱之余，经籍亡逸，请购募遗书，重加钱帛，增置楷书，专令缮写"(《唐会要·经籍》)。宋代的官藏政策体现了征与献的结合。在献书方面，宋太祖"诏史馆，凡吏民有以书籍来献，当视其篇目，馆中所无者，收之。献书人送学士院试问吏理，堪任职官者，具以名闻"[①]，在这种政策鼓励下，仅北宋时期，有确切记载的藏书家向朝廷主动献书的有六十多人次，所献图书四万余卷；南宋时期仅高宗绍兴年间的献书者就有三十余人次；在征书方面，北宋朝廷下达的征购图书诏令不下十余次，南宋期间征购到的图书有四万余卷。[②] 北宋皇家藏书体系有一个特点，就是专门建有皇帝御用图书馆——秘阁，然秘阁藏书亦大多从民间征访而来，对此程俱记载道："至道元年六月，命内品、监秘阁三馆书籍裴愈使江南、两浙诸州，寻访图书。……愈还，凡得古书六十余卷，名画四十五轴，古琴九，王羲之、贝灵该、怀素等墨迹共八本，藏于秘阁。先是，遣使于诸道，访募古书、奇画及先贤墨迹，小则偿以金帛，大则授之以官，数年之间，献图书于阙下者不可胜计，诸道又募得者数倍。复诏史馆尽取天文、占侯、谶纬、方术等书五千一十二卷，并内出古画、墨迹百一十四轴，悉令藏于秘阁。图书之盛，近代无

---

[①] 程俱：《麟台故事校证》，张富祥校证，中华书局2000年版，第251页。标点有改动。
[②] 傅旋琮、谢灼华：《中国藏书通史》，宁波出版社2001年版，第317—321页。《宋史·艺文志》也记载了宋初国家藏书的形成过程："宋初，有书万余卷。其后削平诸国，收其图籍，及下诏遣使求散亡，三馆之书，稍复增益。"这就是说，宋初国家藏书的来源，先是接收前朝及诸国藏书，后是下诏征购。

比。"① 明初,朱元璋、朱棣二帝亦非常重视征购图书,据《明史·艺文志》记载,"明太祖定元都,大将军收图籍致之南京,复诏求四方遗书。……永乐四年,帝御便殿阅书史,问文渊阁藏书。解缙对以尚多阙略。帝曰:'士庶家稍有馀资,尚欲积书,况朝廷乎?'遂命礼部尚书郑赐遣使访购,惟其所欲与之,勿较值"。清朝统治者亦重视征集图书,康熙二十五年下诏求书曰:"朕留心艺文,晨夕披阅,虽内府书籍,篇目粗陈,而裒集未备。因思通都大邑,应有藏编,野乘名山,岂无善本?今宜广为访辑,凡经史子集,……务令搜罗亡佚,以副朕稽古崇文之至意。……自古经史书籍,所重发明心性,裨益政治,必精览详求,……今搜访藏书善本,惟以经学史乘,实有关系修齐治平、助成德化者,方为有用。其他异端稗说,概不准录。"② 至于清朝乾隆年间所修《四库全书》,其底本图书除了从《永乐大典》辑出一些之外,其余大多来自民间征集。清人汪启淑《水曹清暇录》卷五记载有乾隆朝征集图书的效果:"乾隆三十七年开四库馆征访天下遗书。武英殿移取九百种,在京各官进呈九百八十三种,直隶总督进呈二百三十八种,奉天府尹进呈三种,两江总督进呈一千三百六十五种,安徽巡抚进呈五百二十三种,江苏巡抚进呈一千七百二十六种,浙江巡抚进呈四千五百八十八种,福建巡抚进呈二百五种,江西巡抚进呈八百五十九种,河南巡抚进呈一百十三种,山东巡抚进呈三百七十二种,山西巡抚进呈八十八种,湖南巡抚进呈四十六种,陕西巡抚进呈一百五种,湖北巡抚进呈八十四种,广东巡抚进呈十二种,云南巡抚进呈四种,两淮监院进呈一千五百七十五种,共采访得书一万三千七百八十一种。"

4. 抄写

抄写,或称抄录(史籍中常写成"钞录"),指朝廷组织人手抄写书籍以补充藏书的手段。抄写是印刷术普遍用于书籍出版之前文献复制的主要方法。众所周知,东汉已有纸的发明,北宋已有印刷术的发明,但纸和印刷术的发明并没有使抄写书籍的行为立即退出历史舞台,而是印制和抄写长期并行不悖。陈梦家说:"在雕版术尚未发明、熹平石经

---

① 程俱:《麟台故事校证》,张富祥校证,中华书局2000年版,第257—258页。
② 蒋良骐:《东华录》,齐鲁书社2005年版,第200页。标点有改动。

尚未刊刻之前，汉世学者传诵的经典传记，多为传钞本。"① 其实，汉世之后，一直到清末，抄写始终是公私藏书补充的重要途径之一。清人孙从添认为抄录之法是藏书家的"至宝"，其曰：

> 书之所以贵钞录者，以期便于诵读也。历代好学之士，皆用此法，所以有刻本，又有钞本、有底本。底本便于改正，钞本定其字划，于是钞录之书，比之刊刻者更贵且重焉。况书籍中之秘本，为当世所罕见者，非钞录则不可得，又安可以忽之哉！从未有藏书之家而不奉之为至宝者也。②

孙从添的这段话，虽然针对私家藏书的补充方法而言，但此一方法同样适用于皇家藏书的补充。事实上，抄写是历代皇家藏书的重要补充方法。后世人们惊叹于隋初嘉则殿藏书竟达三十七万卷之多，其实这三十七万卷中的大部分是通过抄写来增加副本而形成的。对此，《隋书·经籍志》序有记载，即开皇九年（589年）始，隋文帝召集天下工书之士，"于秘书内补续残缺，为正、副二本，藏于宫中，其馀以实秘书、内、外之阁，凡三万馀卷。炀帝即位，秘阁之书，限写五十副本，分为三品：上品红琉璃轴，中品绀琉璃轴，下品漆轴"。唐代贞观、开元之际，官藏之富，亦借助抄写之力。对此，《新唐书·艺文志》序云："贞观中，魏征、虞世南、颜师古继为秘书监，请购天下书，选五品以上子孙工书者为书手，缮写藏于内库。……（玄宗时）如贞观故事，又借民间异本传录，……既而太府月给蜀郡麻纸五千番，季给上谷墨三百三十六丸，岁给河间、景城、清河、博平四郡兔千五百皮为笔材。"北宋三馆秘阁的藏书补充，也得力于抄写，这从三馆秘阁人员配置中就可看出：昭文馆置楷书五人，史馆置楷书十三人、写日历楷书二人，秘阁置楷书七人，写御书十人，秘书省置楷书六人；在特别需要时，随时增加书手，如大中祥符年间补充缮写笔工二百余人，③ 又据《宋会要辑

---

① 陈梦家：《汉简缀述》，中华书局1980年版，第299页。
② 孙从添：《藏书记要》，载祁承煠等撰《藏书记》，广陵书社2010年版，第44页。标点有改动。
③ 程俱：《麟台故事校证》，张富祥校证，中华书局2000年版，第169、266页。

稿·职官一八》之五二记载，天圣九年三月又增募笔工五十人，供馆阁抄写之需。在北宋时期，还时常发生朝廷借抄私家藏书的情况，如真宗咸平年间"京师藏书之家，唯故相王溥家为多，每借取传写既毕，即遣中使送还。先是，上谓辅臣曰：'国家搜访图书，其数渐广，臣庶家有聚书者，朕皆令借其录目，参校内府及馆阁所有，其阙少者，借本抄填之。'"[①]。南宋皇家藏书建设，是在北宋"靖康之难"的废墟上几乎从零开始的。为此，高宗绍兴年间在秘书省内专门置补写所，招聘书手数十人专职抄书。明代修《永乐大典》时，动用抄书手多达二千六百六十九人。清代修《四库全书》，共抄写正副本八份（每部近十亿字），动用缮写、装订人员三千八百余人。

中国古代皇家图书馆藏书的来源，除了上述四种途径之外，还有受赠、纳贡以及朝廷组织的翻译、刻印等其他途径，但这些途径不属于皇家藏书来源的主渠道，故不作论述。

（二）藏书散亡

上述藏书来源说的是皇家藏书的聚增之事，而这里要说的是皇家藏书的散亡之事，两者正好是相反之事。对文化的传承与发展而言，前者是让人可喜的事情，后者是让人可惜的事情。对此，清人杨复吉在《昭代丛书》序中叹曰："凡物有聚必有散，而聚之难，散之易，书为尤甚。"[②]

说到皇家藏书的散亡，历来有"书厄"之说。《隋书·牛弘传》记载有牛弘提出的"五厄"说：一为秦始皇焚书；二为汉末王莽之乱，宫室图籍几尽焚毁；三为东汉末年董卓之乱，典籍荡然无存；四为西晋"八王之乱"，秘阁藏书二万九千余卷尽毁；五为南朝萧梁时，周师入郢，元帝所积书"十四万卷，将亡之夕，尽焚之"。明人胡应麟所著《经籍会通》在牛弘的"五厄"基础上又增论"五厄"：一为隋炀帝在江都被杀，"炀帝聚书三十七万，皆焚于广陵"；二为唐代"安史之乱"使"乾元旧籍，亡散殆尽"；二为唐末广明初，"黄巢干纪，再陷两京，宫庙寺署，焚荡殆尽"；四为北宋"靖康之难"，使北宋朝廷藏书"二

---

[①] 程俱：《麟台故事校证》，张富祥校证，中华书局2000年版，第259页。
[②] 祁承㸁等：《藏书记》，广陵书社2010年版，第56页。

百年来蓄积,自是一旦扫地";五为南宋末,元军入临安,朝廷图书礼器,运走一空。这样,牛弘之"五厄"与胡应麟之"五厄"加起来就是"十厄"。①

上述"书厄"说,似为中国历代藏书散亡"大事记"。其实,中国历代"书厄",无论是官藏之厄,还是私藏之厄,绝非如上述"十厄"所能括尽。

关于造成藏书散亡的原因,明人谢肇淛《文海披沙》卷六曰:"大凡尤物,聚极必散。毋论财货,即书画器具,裒集甚难,而其究也,或厄于水火,或遭于兵燹,或败坏于不肖子孙,或攘夺于有力势豪。"陈登原先生则把典籍聚散之故概括为四个方面:"受厄于独夫专断而成其聚散;受厄于人事之不臧而成其聚散;受厄于兵匪之扰而成其聚散;受厄于藏弄者之鲜克有终而成其聚散。"②陈先生这里所说"聚散"指所聚之书的散亡。张舜徽先生则把藏书散亡原因归纳为"有形的摧毁"和"无形的摧毁"两种类型。③这种划分具有独特的启发意义。张先生所说的"有形的摧毁",指兵燹、水浸、火灾等有形原因所造成的文献散亡;而"无形的摧毁"则指除前述有形原因之外的其他无形人为原因造成的文献散亡。上述牛弘、胡应麟所总结的"十厄"基本对应于张舜徽所说的"有形的摧毁"范畴。张舜徽所说的"无形的摧毁"又分为"无意识的"和"有意识的"两种表现形式。唐太宗组织编纂《五经正义》,由此造成的其他经学书籍被排斥、被废弃,就是无意识摧毁文献的典型表现。对此元人戈直所著《贞观政要集论》评论曰:

> 太宗兴起斯文,命颜师古考定《五经》,孔颖达撰定《疏义》。《易》主于王弼,《书》主于安国,《诗》主于毛、郑,《三礼》主于康成,杜预之《左传》,何休之《公羊》,范宁之《穀梁》,皆卓

---

① 近人祝文白又曾作"续五厄"事件:一为李自成之陷北京;二为钱谦益绛云楼之烈焰;三为清高宗之焚书;四为咸丰朝之内忧外患;五为民国中日之战役。参见肖东发《中国图书》,新华出版社1991年版,第13页。祝文白此"五厄"说,未区分官藏之厄与私藏之厄,似为缺憾。
② 陈登原:《古今典籍聚散考》,华东师范大学出版社2009年版,第14页。
③ 张舜徽:《中国文献学》,华中师范大学出版社2004年版,第20页。

然显行于世，而其他数十百家尽废。……由此论之，则明六经之意者《疏义》也，晦六经之道者亦《疏义》也。

清高宗时，为了控制和消灭社会上的反满思想和舆论，乘组织编修《四库全书》之机，在全国范围内全面征集和清理文献，借此大量窜改和销毁"违碍"书籍，这是有意识摧毁文献的典型表现。陆锡熊撰《宝奎堂集》卷四《进销毁违碍书籍劄子》云：

凡明季狂吠之词，肆意妄悖，俱为臣子者所当发竖眦裂。其有身入国朝，为食毛践土之人，而敢于逞弄笔端，意含愤激者，尤天理所不容。自当凛遵训谕，务令净绝根株，不得使有只字流传，以贻人心风俗之害。

这种利用帝王权力大肆摧毁文献的行径，受到了后世人们的一致批讽。章炳麟著《哀焚书》慷慨激昂曰：

呜呼！昔五胡、金、元，宰割中夏，其毒滔天，至于逆顺之分，然否之辨，未敢去故籍以胜奸言也。自满洲乾隆三十九年，既开四库馆，下诏求书，命有触忌讳者毁之。四十一年，江西巡抚海成献应毁禁书八千余通，传旨褒美，督他省摧烧益急，自尔献媚者蜂起。初下诏时，切齿于明季野史。（谕曰："明季末造野史甚多，其间毁誉任意，传闻异词，必有诋触本朝之语，正当及此一番查办，尽行销毁，杜遏邪言，以正人心而厚风俗。"）其后，四库馆议："虽宋人言辽、金、元，明人言元，其议论偏缪尤甚者，一切拟毁。"及明隆庆以后，诸将相献臣所著奏议文录，若高拱（《边略》），张居正（《大岳集》），申时行（《纶扉简牍》），叶向高（《四夷考》、《蘧编》、《苍霞草》、《苍霞余草》、《苍霞续草》、《苍霞奏草》、《苍霞尺牍》），高攀龙（《高子遗书》），邹元标（《邹忠介奏疏》），杨涟（《杨忠烈文集》），左光斗（《左忠毅集》），缪昌期（《从野堂存稿》），熊廷弼（《按辽疏稿》、《书牍》、《熊芝冈诗稿》），孙承宗（《孙高阳集》），倪元璐（《倪文正遗稿》、《奏牍》），卢象升（《宣云奏议》），孙传庭（《省罪录》），姚希孟（《清閟全集》、《沆瀣集》、《文远集》、《公槐集》，《公槐集》中有《建夷授官始末》一篇），马世奇（《澹宁居集》）诸家，丝帙寸札，靡不然爇。虽茅元仪《武备志》，不免于火。（《武备志》今存者，终以诋斥尚少，故弛之耳）。厥在晚明，当弘光、隆武，则袁继咸（《六柳堂集》），黄道周（《广百将传注》），金声（《金大史集》）；当永历及鲁王监国，则钱肃乐（《偶吟》），张肯堂（《寓农初议》），国维（《抚吴疏草》），煌言（《北征纪略》）；自明之亡，一二大儒，孙氏则《夏峰集》，顾氏则《亭林集》、《日知录》，黄氏则《行朝录》、《南雷文定》，及诸文士侯、魏、丘、彭所撰述，皆以诋触见烬。其后纪昀等作《提要》，孙、顾诸家，稍复入录。或曰，朱、邵数君子实左右之。然隆庆以后，至于晚明，将相献臣所著，靡有孑遗矣。其他遗闻轶事，皆前代遗臣所录，非得于口耳传述，而被焚毁者不可胜数也。由是观之，夷德之戾，虽五胡、金、元，抑犹有可以未减者邪？①

陈登原在《古今典籍聚散考》中愤然激书曰："《四库》之著录固多，而焚毁至二十四次，计毁书至一万三千八百六十二部，未详者尚不在内，名为右文，实浩劫也。"② 张舜徽斩钉截铁地说："《四库全书》告成之日，也正是古代文献散亡最多之时。"③

需要指出的是，上述陈登原、张舜徽之论，针对的是社会文献散亡之事，而非直接针对皇家藏书散亡而言。但是，社会文献散亡与皇家藏书散亡之间是紧密联系的，如果清朝政府不行"焚毁至二十四次"的古籍浩劫之行径，那么清朝皇家藏书绝不止于《四库全书》七阁、武英殿、皇史宬等为数有限之藏，而必然更加恢宏至极。这就表明，皇家藏书的宏富与否，直接受到社会文献散亡程度的影响。

关于历代皇家藏书的数量演变，迄今尚无全面的统计数据。明人胡

---

① 章太炎：《检论·哀焚书》，载《章太炎全集》（三），上海人民出版社1984年版，第467—468页。标点有改动。
② 陈登原：《古今典籍聚散考》，华东师范大学出版社2009年版，第16页。
③ 张舜徽：《中国文献学》，华中师范大学出版社2004年版，第23页。

应麟在《经籍会通》中,根据历代书目,统计出西汉至南朝期间各代皇家藏书数量,现将其文字表述转换成表格如下(见表2-1):

表2-1　　　　　胡应麟统计的西汉至南朝皇家藏书量

| 朝代 | 官府藏书量 | 朝代 | 官府藏书量 |
| --- | --- | --- | --- |
| 西汉 | 33090 卷 | 南朝梁 | 30000 余卷 |
| 东汉 | 13269 卷 | 隋 | 初 15000 余卷,终至 89000 余卷 |
| 西晋 | 29945 卷 | 唐 | 从开元 82384 卷增至 56476 卷 |
| 东晋 | 从 3014 卷增至 30000 余卷 | 北宋 | 从庆历 30669 卷增至 40000 卷 |
| 南朝宋 | 14582 卷 | 南宋 | 从淳熙 44086 卷增至 50090 余卷 |
| 南朝齐 | 从 15074 卷增至 18010 卷 | | |

关于元、明、清三代图书数量,据一些学者的统计,元代图书为3231 部,28137 卷;明代图书为 14024 部,218029 卷;清代图书为126649 部,170 余万卷。[①] 需要说明的是,这里的元、明、清三代数据为全社会图书拥有量,而非仅皇家藏书数量,故仅作参考。

(三)藏书特点

1. 聚散频仍

所谓聚散频仍,指常聚常散;聚集多,散亡亦多;聚集迅速,散亡亦迅速。历朝历代建立之初,大多通过接收、征集、抄写等手段,迅速增加藏书数量,但由于各种天灾人祸,所聚藏书又往往迅即散亡。这方面的记载,史不绝书。

在先秦时期,由于皇家藏书皆由史官掌管,所以史官的去留,决定皇家藏书的存亡。据《吕氏春秋·先识览》记载,夏桀无道,"太史令终古出其图法,执而泣之。夏桀迷惑,暴乱愈甚。太史令终古乃出奔如商";"殷内史向挚见纣之愈乱迷惑也,于是载其图法,出亡之周"。《汉书·艺文志》春秋类序云"周室既微,载籍残缺";礼类序云"及周之衰,诸侯将逾法度,恶其害己,皆灭去其籍,自孔子时而不具"。西汉末,刘向校订图书一万三千多卷,至王莽篡权,长安大火,自惠帝

---

① 王余光:《中国文献史》(第一卷),武汉大学出版社 1993 年版,第 48 页。

至哀帝十世所集藏书毁于一旦。东汉的皇家藏书，据姚振宗《后汉艺文志》统计有一千一百余种，二千九百余卷又二千二百余篇，然据《后汉书·儒林传》记载，东汉末董卓"长安之乱，一时焚荡，莫不泯尽焉"。西晋皇家藏书，据《隋书·经籍志》序记载，"大凡四部，合二万九千九百四十五卷。……惠、怀之乱，京华荡覆，渠阁文籍，靡有孑遗"。隋炀帝藏书三十七万卷，可谓宏富，然江都之乱，"悉焚于广陵"（江都、广陵均指今扬州）；其副本八万九千余卷在洛阳，李世民攻下洛阳后命司农少卿宋遵贵沿水路运往长安，途中舟覆，"其所存者，十不一二"（《隋书·经籍志》序）。北宋皇家藏书，至编修《崇文总目》时，昭文馆藏书三万八千二百九十一卷，史馆藏书四万一千五百五十卷，集贤院藏书四万二千五百五十四卷，秘阁藏书一万五千七百八十五卷，加上其他藏书处所的馆藏，亦可谓宏富，然经"靖康之难"，"太清楼秘阁三馆书、天下州府图、府库蓄积为之一空"（《宋史·钦宗纪》）。

众所周知，《永乐大典》之于明朝、《四库全书》之于清朝，均可谓皇家藏书体系中的镇馆之宝，然其命运多舛，亦可视为皇家藏书聚散皆多的典型事例。《永乐大典》，1407年编成，凡二万二千八百七十七卷，三亿七千字，原本只抄一份，称为"正本"；嘉靖年间重录一本，称为"副本"；正本毁于明末战火，副本经1860年英法联军入侵和1900年八国联军之火遭到毁灭性损毁，后多方搜集，仅存813卷，不到原书的4%。《四库全书》，1782年抄成第一部，凡七万九千三百二十七卷，九亿九千七百六十字；后共抄写正副本八部，七部正本分藏于北四阁和南三阁；其中镇江文宗阁和扬州文汇阁所藏皆于1853年毁于太平天国起义军战火之中；圆明园文源阁所藏于1860年焚毁于英法联军之手。清朝还有一个令人痛心的皇家藏书散失事件是昭仁殿天禄琳琅善本书的焚散。昭仁殿天禄琳琅藏书是乾隆帝修《四库全书》时精心挑选的宋、金、元、明版善本书，然而嘉庆二年，紫禁城内昭仁殿所藏429部典籍因失火全部焚毁。当时身为太上皇的乾隆帝诏令重建昭仁殿，天禄琳琅重汇善本664部；1925年清宫善后委员会查点故宫物品时，原本664部的天禄琳琅藏书只剩下311部，后来这批书几经辗转主要流向台湾故宫博物院，另外不知去向的353部有177部被溥仪通过赏赐溥杰而流出皇宫；1945年溥仪逃离长春时，这177部藏书又开始散出，近半数先后归入辽宁省图书馆和国家图书馆，尚有近半数流散在社会上。

2. 皇帝重视

总体而言，中国古代历朝皇帝都很重视国家藏书建设。秦始皇虽然实施了焚书政策，但所焚主要为私藏诗书百家之语，皇家藏书不在其内，秦代皇家藏书之真正焚毁，乃项羽火烧秦宫所致。对此，清人刘大魁《焚书辩》论曰：

> 六经之亡，非秦亡之，汉亡之也。何则？李斯恐天下学者，道古以非今，于是禁天下私藏诗书百家之语，其法至于偶语诗书者弃市；而吏见知不举，则与之同罪。噫，亦烈矣。然其所以若是者，将以愚民，而固不欲以之自愚也。故曰："非博士官所职，诣守、尉杂烧之。"然则博士之所藏具在，未尝烧也。迨项羽入关，杀秦降王子婴，收其宝货妇女，烧秦宫室，火三月不灭，而后唐虞三代之法制，古先圣人之微言，乃始荡为灰烬。

说明秦始皇并未忽视皇家藏书，而项羽才是使"唐虞三代之法制"和"古先圣人之微言"荡为灰烬的罪魁祸首。西汉诸帝重视皇家藏书建设：惠帝四年就作出了"除挟书律"的决定（《汉书·惠帝记》），于是出现了"大收篇籍，广开献书之路"的局面；汉武帝深感"书缺简脱，礼坏乐崩"（《汉书·艺文志》序），于是决定"置大史公，……开献书之路，置写书之官"（《隋书·经籍志》序），促成六艺诸子之书"皆充秘府"的局面；汉成帝"以书颇散亡，使谒者陈农求遗书于天下"，使汉代皇家藏书达到"积如丘山"的程度，而且，成帝、哀帝时还下诏命刘向、刘歆校书，开后世校书范例，由此形成"刘向故事"的代代相传。隋炀帝挥霍国家财力的治政行为虽饱受后人诟病，但他却完成了三十七万卷皇家藏书之辉煌业绩。行伍出身的赵匡胤、赵光义以及曾出家为僧的朱元璋，也重视皇家藏书建设。以宋太宗赵光义为例，"太平兴国初，太宗因幸三馆，顾左右曰：若此之陋，岂可以蓄天下图籍，延四方之士邪？即诏经度左升龙门东北，旧车路院别建三馆，命中使督其役，栋宇之制皆亲自规划"（《文献通考·经籍考》

总叙);新三馆建成后,太宗赐名"崇文院";后又建成秘阁,遂成北宋皇家藏书的"三馆秘阁"体系。皇帝之所以重视皇家藏书建设,是由其特定需要所决定的:对明君来说,藏书是资政之需、储养贤才之需、右文偃武之需;对庸君来说,则是标榜文治的摆设之需。

3. 开放利用有限

皇家藏书,深居宫禁之地,常人无法接近;在当时的观念和条件下,不可能向民众开放利用,由此形成了皇家藏书开放利用有限的缺憾。对此,洪有丰说,皇家藏书"不能公之于群众无论矣,即贵族亦仅少数得以阅读之;实不啻当时帝王之绝对私有货产也。昏庸之主,既无学问足言,其有贤明好学者,则临民听政之余,观览之暇几何?是深居秘藏,徒供朽蠹而已。……其终于散佚也。国家倾覆,兵燹之间,岂暇顾念及此?典籍沦亡,大都靡有孑遗。迨至新朝继起,广征民间进献书籍,亦仅为粉饰太平文治之具而已"①。洪有丰先生的这一评论尽管道出了中国古代皇家藏书利用有限的实际情况,但显然以近现代图书馆藏书开放利用为标准来批评古代皇家藏书的禁闭特征,未免有"以今非古"之嫌。

## 二 皇家图书馆的管理

中国古代皇家图书馆的管理,主要涉及文献典藏、文献利用、人员配置、规章制度等方面的内容。下面分别论述。

(一) 文献典藏

在古代汉语中,"典"有名词和动词两用。名词"典"即指经籍,《尚书》中的"有典有则"之句,孔安国传曰:"典谓经籍。"动词"典"则有管理之义。《史记·太史公自序》曰:"司马氏世典周史。"阮孝绪《七录》序称:"校书郎班固、傅毅并典秘籍。"这两处的"典"即为管理馆藏文献之义。文献典藏即指文献保存、整理等管理活动。在近现代图书馆实践活动中,文献典藏工作一般称为藏书工作或藏书建设,大而言之称为文献资源建设或信息资源建设。

---

① 洪有丰:《清代藏书家考》,引自程千帆、徐有富《校雠广义:典藏编》,齐鲁书社1998年版,第88—89页。

1. 文献保存

中国古代皇家图书馆的文献保存，主要涉及藏书处所、藏书陈列和藏书保护三方面内容。

（1）藏书处所

从出土的殷商窖藏甲骨情况可知，中国古代皇家藏书很早就采用集中存放的方法，集中存放处所首先是宗庙。宗庙乃祭祀已故祖先之所，把典籍存放于宗庙就是祖先崇拜与敬畏祖宗之表现。宗庙乃古代最神圣威严之处，因而把典籍存放于宗庙也是最保险、最长久的方法。《尚书正义·五子之歌》云："明明我祖，万邦之君。有典有则，贻厥子孙。"欲把典则遗留给子孙，最稳妥的办法就是将其存放于宗庙。先秦时，朝廷重要文书档案与图籍原件大多存放于明堂、石室、金匮等，而明堂、石室、金匮就在宗庙或临近宗庙处。春秋战国以后，官守其学、官守其书局面被打破，诸子书频出，朝廷的主要藏书之所逐渐从宗庙转移至其他藏书处所，并开始进入分散收藏的局面。明人丘濬在《访求遗书疏》中指出，"自古藏书之所，非止一处。……如此，则一书有数本，藏贮而有异所，永无疏失之虞也"。的确，中国古代历代皇家藏书皆为多处。表2-2为中国古代历代皇家藏书处所一览表。该表所列藏书处所，尽管不全面，但亦可从中大概看出中国古代皇家藏书的机构设置情况。

表2-2　　　　　　中国历代皇家藏书处所

| 朝代 | 藏书处所 |
| --- | --- |
| 先秦 | 宗庙（明堂、石室、金匮）、盟府、公府、周府、博士府等 |
| 秦代 | 宗庙、秦室、丞相府、御史府、尚书府、博士府等 |
| 两汉 | 宗庙、辟雍、宣明、鸿都、金马、仁行阁、石渠阁、天禄阁、麒麟阁、太常府、博士府、丞相府、御史府、兰台、东观等 |
| 三国 | 魏有秘书、中、外三阁；蜀有东观；吴有东观 |
| 两晋 | 秘阁、兰台、崇文院、石渠阁等 |
| 南北朝 | 宋有秘阁和总明馆；齐有秘阁和学士馆；梁有秘阁、文德殿、华林园、东宫；陈有秘阁、寿安殿、德教殿、承香殿。北魏有秘阁、东观；北齐有秘府、麟趾殿；北周有麟趾殿 |

续表

| 朝代 | 藏书处所 |
| --- | --- |
| 隋代 | 西都有嘉则殿、国子监等；东都有观文殿、内道场；江都（扬州）府内宫等 |
| 唐代 | 秘书省书库，国子监，"三馆"（史馆、弘文馆、集贤院），太学等 |
| 五代 | 秘书省书库、国子监、"三馆"（合一）等 |
| 两宋 | 崇文院（昭文馆、集贤院、史馆、秘阁），国子监，司天监，太清楼，"北宋六阁"（龙图阁、天章阁、保文阁、显谟阁、徽猷阁、敷文阁），"南宋五阁"（焕章阁、华文阁、宝谟阁、宝章阁、显文阁），玉宸殿，四门殿，学士院，国史库等 |
| 元代 | 秘书库、国子监、奎章阁、翰林国史院、司天监等 |
| 明代 | 文渊阁、东阁、文华殿、华盖殿、广寒殿、清暑殿、弘文馆、翰林院、皇史宬、大本堂、国子监、都察院、司礼监经厂库、行人司等 |
| 清代 | 《四库全书》七阁、内阁大库、国史馆、实录馆、方略馆、翰林院、国子监、武英殿、漓藻堂、味腴书室、南书房、昭仁殿、文华殿、皇史宬等 |

（2）藏书陈列

中国古代图书馆的藏书陈列，大多按内容不同分类排列。魏晋以后，随着四分法体系的确立，藏书基本上按照经、史、子、集四大类典藏，如《隋书·经籍志》总序所言："炀帝即位，秘阁之书限写五十副本，分为三品：上品红琉璃轴，中品绀琉璃轴，下品漆轴。于东都观文殿东西厢构屋以贮之，东屋藏甲乙，西屋藏丙丁。又聚魏已来古迹名画，于殿后起二台，东曰妙楷台，藏古迹；西曰宝迹台，藏古画。又于内道场集道、佛经，别撰目录。"这说明，隋朝皇家藏书，普通书籍按照甲、乙、丙、丁四部分类典藏，且又分上、中、下三品；特种书籍（古迹名画）单独陈列；道、佛宗教书籍又单独陈列于内道场，做到了书籍按材质分等、分部分类、库房划分的井然有序。自唐代始，藏书不仅分部典藏，而且还采取了颜色区分的方法。《新唐书·艺文志》序称，唐代"两都各聚书四部，以甲、乙、丙、丁为次，列经、史、子、集四库。其本有正有副，轴带帙签皆异色以别之"。其"异色"情况，《唐六典·集贤殿书院》做了详细描述："其经库书钿白牙轴、黄带、红牙签；史库书钿青牙轴、缥带、绿牙签；子库书雕紫檀轴、紫带、碧牙签；集库书绿牙轴、朱带、白牙签，以为分别。"这种颜色区分法，清代储藏《四库全书》亦采用：四部书封页，经用绿色以示春，史用红色以示夏，子为蓝色（文宗阁、文汇阁子书为玉色，文澜阁子书为月白色）以示秋，集为灰色（文宗阁、文汇阁集书为藕荷色，文澜阁集书为灰黑色）以示冬。

在藏书陈列工具的选用上，以竹简为书时期，主要采用"箧装"方式。魏晋以后，随着卷轴装和纸本书的出现，开始选用书架来陈列藏书，尤其是唐、五代以后，随着纸本书的流行，书架成为陈列图书的主要工具。当时人们把用书架陈列图书称为"插架"。唐代文豪韩愈《送诸葛觉往随州读书诗》云："邺侯家多书，插架三万轴。"宋陈师道《绝句四首》之二亦云："三两作邻堪共话，五千插架未为贫。"这里的"插架"一词主要形容卷轴图书的陈列方式。纸本书的书架陈列规模之大，莫过于清代《四库全书》七阁。施廷镛《故宫图书记》述及文渊阁藏书情况时曰："阁内上下，均储书籍。下层中三楹，两旁储《图书集成》十二架，左右二楹，储经部二十架。中层储史部三十三架。上层中储子部二十二架，两旁储集部二十八架。"

（3）藏书保护

藏书保护，主要涉及防火、防蠹、防霉、修复等问题。

汉初，萧何造石渠阁就在建筑环境设计上具有了防火功能。《三辅黄图》卷六"阁"条云："石渠阁，萧何造，其下砻石为渠，以导水，若今御沟，因为阁名。所藏入关所得秦之图籍。至成帝，又于此藏秘书焉。"之所以叫石渠阁，就是因为在阁周围以磨制石块筑成渠，渠中导入水围绕阁四周，有利于防火。清乾隆年间仿天一阁造的文渊阁，其前凿有一水池，这种凿池蓄水就是为了防火而备；而且文渊阁房顶瓦件的颜色为黑色，这与紫禁城其他房屋瓦色大多为红色截然不同，这是因为在五行中水的对应颜色为黑，所以文渊阁所用黑色瓦象征以水克火。这是以水防火的措施。在建筑材质上，造石室金匮以藏书也是中国古人常用的防火措施。《史记·太史公自序》云："周道废，秦拨去古文，焚灭诗书，故明堂石室金匮玉版图籍散乱。"《索隐》解释曰："石室金匮皆国家藏书之处。"可见，周朝始已经建造有石室、金匮。汉代仍保留石室、金匮传统，《汉书·高帝下》云："（高帝）与功臣刻符作誓，丹书铁券，金匮石室，藏之宗庙。"这句话中不仅说出了汉初的丹书铁券藏于金匮石室，而且还指出了金匮石室的地点在宗庙之中。汉唐以后，金匮石室作为皇家藏书处所的地位为其他馆阁设施所取代，然以坚固建筑作为藏书处所的观念和做法没有改变。明世宗时，张孚敬奏请建造一座金匮石室以贮藏宝训、实录，世宗同意并赐名"皇史宬"。皇史宬占地为8460平方米，建筑面积为3400平方米，整石垒砌，南北墙厚分别为6米，东西墙厚分别为3米，是谓石室；地面筑有1.42米高的石台，其上排列外包铜皮雕龙的樟木柜，是谓金柜。以这种坚固的材质作为藏书建筑，其防火防盗功能自然无与伦比。对此，明人丘濬在《访求遗书疏》中指出，"自古帝王藏国史于金匮石室之中。以金石之为物，坚固耐久，非木土比，又能扞格水火，使不为患"。

在防蠹措施上，皇家图书馆主要采用防蠹纸、防蠹浆糊等措施。

防蠹纸就是对纸张加以药物处理使之能够避虫的纸。药物处理的过程叫"染纸"，这种过程类似于对纸张进行"装潢"一般，故又称"入潢"；入潢之后的纸叫潢纸。入潢所用药物一般为具有杀虫素的黄檗树皮、树叶之汁液。北魏贾思勰所著《齐民要术·杂说》记载了入潢的技术过程：

> 凡打纸欲生，生则坚厚，特宜入潢。凡潢纸灭白便是，不宜太深，深则年久色暗也。入浸檗熟，即弃滓，直用纯汁，费而无益。檗熟后滤滓捣而煮之，布囊压讫，复捣煮之。凡三捣三煮，添和纯汁者，其省四倍，又弥明净。写书，经夏然后入潢，缝不绽解。其新写者，须以熨斗缝缝熨而潢之，不尔，入则零落矣。

入潢技术发展到唐代，出现了"硬黄"，它是用黄蜡涂膜技术生产出来的黄纸，不怕虫蛀，不易水浸。赵希鹄《洞天清录集》之"古翰墨真迹辩"称："硬黄纸，唐人用以书经，染以黄檗，取其辟蠹。以其纸加浆，泽莹儿滑，故善书者多取以作字。"防蠹纸还有椒纸、"羊脑笺"、"万年红"等。中国古代尽管发明有这些较多类型的防蠹纸，但这些纸张主要在上层社会中有限使用，并未成为文献载体的主流，所以存世的大部分文献材质都是未经染制的纸张。

浆糊是古代粘接书纸、裱补文献的重要材料。浆糊的基本成分之一是淀粉，而淀粉易生虫。一些古代文献虫蛀严重，与使用不合格浆糊有一定关系，因此，制作和使用防蠹浆糊也是文献保护的重要内容之一。唐末张彦远在《历代名画记》卷三《论装褙裱轴》中记载了自己发明防蠹浆糊的经历："凡煮糊，必去筋。稀缓得所，搅之不停，自然调熟。余往往入少许细研熏陆香末，出自拙意，永去蠹而牢固，古人未之思也。"自制这种"古人未之思"的浆糊，就是为了使书籍"永去蠹而牢固"。明末清初的方以智《物理小识》卷八《藏书辟蠹》曰："糊则生蛀，以苦楝子末生面粘之。"清人孙庆增《藏书记要·装订》曰："糊用小粉、川椒、白矾、百部草细末，庶可免蛀。"从这些记载来看，在制作浆糊时加入防虫材料（如熏陆香、百部根、苦楝子、芸香等），是制作防蠹浆糊的要诀。在史籍中关于官府藏书保护中制作和使用防蠹浆糊的记载不多。在有限的记载中，元人王士点、商企翁撰《秘书监志》中的记载较为详细，其中记载裱褙匠焦庆安所使用的"打面糊物料"包括：黄蜡、明胶、白矾、白芨、藜芦、皂角、茅香各一钱，藿香半钱，白面五钱，硬柴半斤，木炭二两等。[①] 余嘉锡评价说"此方配合尤精，盖本之张彦远用熏陆香、黄蜡之意而推衍之，必是宋秘阁相传之旧"[②]。

  防止图书受潮霉变，也是古代皇家藏书保护工作的重要内容。古代皇家图书馆的防霉措施以晾晒为主，再辅以图书翻检、库房通风透光、放置吸潮物品等措施。[③] 这里仅介绍晾晒图书之曝书法。《穆天子传》卷五云："仲秋甲戌，天子东游，次于雀梁，□蠹书于羽林。"郭璞注曰："暴书中蠹虫，因云蠹书也。"说明周代的人已有晾晒图书之举。东汉崔寔《四民月令》称，七月七日"曝经书及衣裳"，这里把曝书时间定为七月七日，应该是以北方气候七月初阳光充足为依据的，但未考虑到北方七月仍为雨季，空气湿度大，因而七月并非北方地区曝书的最佳季节。按北方气候特征，四月至五月或者九月至十月应该是曝书的最佳季节。从史籍记载来看，宋代皇家图书馆的曝书活动已形成为制度性

---

[①] 王士点、商企翁：《秘书监志·秘书库》，载徐雁、王雁均主编《中国历史藏书论著读本》，四川大学出版社1990年版，第445—446页。

[②] 余嘉锡：《余嘉锡论学杂著》，中华书局2007年第2版，第558—559页。

[③] 王国强：《中国古代文献的保护》，武汉大学出版社2015年版，第114页。

的惯例。据《宋会要辑稿》职官一八"秘书省一"条记载，北宋馆阁"岁于仲夏曝书，则给酒食费，谏官、御史及待制以上官毕赴"。梅尧臣在《二十四日江邻几邀观三馆书画录其所见》云："五月秘府始暴书，一日江君来约予。世间难有古画笔，可往共观临石渠。"[1] 苏轼亦云："三馆曝书防蠹毁，得见《来禽》与《青李》。"[2] 据《南宋馆阁录》卷三《储藏》记载："年例，入夏暴晒书籍，自五月一日为始，至七月一日止。"从这些记述中我们可以看出宋代皇家图书馆曝书活动的时间（五月至七月）、具体组织者（秘书省及其馆阁）、经费（"给酒食费"）、观览人员（一般情况下朝廷臣僚及名望人士大多可观览）以及成为"年例"的情况。南宋皇家图书馆的曝书活动最终演变成为"曝书会"。《南宋馆阁录》卷六《故实》专列有"曝书会"一条云：

> 绍兴十三年七月，诏秘书省依麟台故事，每岁曝书会令临安府排办，侍从、台谏、正言以上及前馆职、贴职皆赴。每岁降钱三百贯付临安府排办，从知府王唤之请也。二十九年润六月，诏岁赐钱一千贯，付本省自行排办。三省堂厨送钱二百贯并品味生料。前期，临安府差客将承受应办，长贰具札请预坐官。是日，秘阁下设方桌，列御书、图画。东壁第一行古器，第二、第三行图画，第四行明贤墨迹。西壁亦如之。东南壁设祖宗御书，西南壁亦如之。御屏后设古器、琴、砚，道山堂并后轩、著庭皆设图画。开经史子集库、续搜访库，分吏人守视。早食五品，午会茶果，晚食七品。分送书籍《太平广记》、《春秋左氏传》各一部，《秘阁》、《石渠碑》二本。不至者亦送。两浙转运司计置碑石，刊预会者名衔。

这种曝书会同时是一种图书展览会，实为图书馆建设和文治成果展览会。南宋之后的元、明、清三代大部分皇帝都能重视皇家图书馆藏书的晾晒工作。如《秘书监志》之《秘书库》记载，元代"至元十五年十一日，秘书监照得：本监应有书画图籍等物，须要依时正官监视，仔

---

[1] 梅尧臣：《梅尧臣集》，上海古籍出版社1980年版，第676页。
[2] 苏轼：《苏轼诗集》，中华书局1982年版，第153页。

细点检曝晒，不致虫伤涸变损坏。外据回回文书就便北台内，令鄂都玛勒一同检觑曝晒"①。说明元代秘书省藏书是"依时"进行曝晒的。明俞如楫《礼部志稿》卷四六记载："每岁三伏日，如宋朝曝书，给酒食费之类。先期奏请翰林院，量委堂上官一二员偕僚属，赴国子监晾晒书籍，而查算毕事，封职肩钥，岁以为常。南监钥则付南京翰林院掌印管收掌，其曝书给酒食，亦如此之例。"这是明代重视皇家图书馆藏书晾晒工作的记述。再如清同治六年，热河文津阁上书皇帝请求晾晒《四库全书》曰："此次修理文津阁工程完竣，所有《四库全书》六千八百五函，现已移交妥协，其中沾受潮湿共计二十六函，亦饬抖晾干燥，一律收皮迄。惟查文津阁所藏书籍，从前每届夏季，遵照文渊阁事例抖晾一次，嗣因余平归公，抖晾人等茶水一切无项可给，遂即停止。迄今几二十年，诚恐日久不行抖晾，书籍渐至蠹敝。应请自同治七年为始，仍复抖晾。旧例所需人夫茶水，为数无多，即由该管衙门公项支给，归于年例开销，以资经久。"②该奏折得到同治皇帝的批准。这说明，一直到清代，皇家图书馆的防霉晾晒工作始终都能够得到重视。

皇家图书馆藏书欲长久保存完好，须重视文献修复工作。如果说上述防火、防蠹、防霉等措施是属于书籍尚未损坏之前进行的事前预防措施，那么文献修复工作则属于对已经有所损坏的书籍进行的事后补救措施。公元5世纪问世的贾思勰撰《齐民要术》，其卷三《杂说》第三十为"染潢及治潢法"中论述有文献修复之说，其最大价值在于提出了文献修复的基本原则"整旧如旧"，即修复后的书与原书"微相入，殆无际会，目非向明举而看之，略不觉"③。北齐颜之推在《颜氏家训》中指出，借阅别人之书，若有损坏，应加以修复，其曰："借人典籍，皆需爱护，先有缺坏，就为补治，此亦士大夫百行之一也。"④ 对此余嘉锡评价说："是则补书之法，由来久矣。唐人写经中间有挖补处，粘

---

① 王士点、商企翁：《秘书监志·秘书库》，载徐雁、王雁均主编《中国历史藏书论著读本》，四川大学出版社1990年版，第448页。
② 中国历史第一历史档案馆：《纂修四库全书档案》，上海古籍出版社1997年版，第2389页。
③ 贾思勰：《齐民要术》，上海商务印书馆1939年版，第57页。
④ 颜之推：《颜氏家训译注》，张霭堂译注，齐鲁书社2009年版，第27—28页。

贴极平，非细察之不能见。古人为此自有法。"① 明人周嘉胄在《装潢志》中把文献修复者比作医生，说"医善则随乎而起，医不善随剂而毙"；而且还提出了自己的修复原则："不遇良工，宁存故物"②。

2. 文献整理

中国古代皇家图书馆的文献整理活动，主要指广义的校雠活动，其核心内容是校勘与编目。蒋元卿说，校雠之事"以校勘始，以分类终"③。所谓"以分类终"其实指"以编目终"，因为编目首先要分类，无分类便无编目。姚名达说："校雠之义，近乎整理。……校雠在目录之先，目录为校雠之果。古之书籍，未经校雠，难于著录，故两事相因，不易分辨。"④ 按照姚名达的说法，校雠即可视为文献整理活动，其"果"就是编目。

（1）校勘

中国古代皇家图书馆、私家图书馆和寺观图书馆都很重视藏书的校勘工作，这与近现代图书馆有很大不同。在近现代，由于纸张、印刷、装帧等技术及其质量的发达，而且独立形成有编辑、出版行业和职业，使得图书的制作质量有了大幅提高，错讹现象不严重，所以图书馆不必组织专门的校勘工作，或者说校勘工作早已成为图书馆的非核心业务。然而，在古代，由于图书材质的简陋、制作技术的落后以及其他人为因素的影响，使得图书中的讹误、脱文、衍文、倒文等现象普遍存在，所以以"整齐脱误，是正文字"为任的校勘工作显得特别重要。事实上，中国古代皇家图书馆一直非常重视藏书校勘工作，校勘工作成为中国古代皇家图书馆的核心业务之一。有明确记载的皇家图书馆校书工作始于西汉末刘向、刘歆父子受诏校书。据《汉书·艺文志》序记载，汉成帝时，"以书颇散亡"，诏刘向、任宏、尹咸、李柱国等校经传、诸子、诗赋、兵书、数术、方技之书，刘向死后，"哀帝复使向子歆卒父业"。《别录》、《七略》就是刘向、刘歆校书的成果，由此拉开了中国古代皇家图书馆乃至私家图书馆和寺观图书馆重视校勘工作的序幕。根据姚名

---

① 余嘉锡：《余嘉锡论学杂著》，中华书局2007年第2版，第551—552页。
② 周嘉胄：《装潢志》，商务印书馆1939年版，第1页。
③ 蒋元卿：《校雠学史》，商务印书馆1934年版，第4页。
④ 姚名达：《中国目录学史》，上海古籍出版社2005年版，第127页。

达的统计，从汉代至清代各朝代朝廷组织的校书次数如下：汉代七次；魏吴两晋六次；南北朝十余次；唐代四次；宋代五次；元明二代不校书；清代校写《四库全书》。① 姚名达的统计只是一个大略次数，实际次数要多得多，如根据汝企和先生的统计，仅南宋一朝组织的校书就有12次之多。② 为什么朝廷如此频繁地校勘图书？其原因在史籍中多有记述，在此选北魏孙惠蔚的一则上疏为例来说明。据《魏书·孙惠蔚列传》记载：

> 惠蔚既入东观，见典籍未周，乃上疏曰："臣闻圣皇之御世也，必幽赞人经，参天二地，宪章典故，述遵鸿猷，……故大训炳于东序，艺文光于麟阁。斯实太平之枢宗，胜残之要道，有国之灵基，帝王之盛业。……而观、阁旧典，先无定目，新故杂糅，首尾不全。有者累帙数十，无者旷年不写。或篇第褫落，始末沦残；或文坏字误，谬烂相属。篇目虽多，全定者少。……今求令四门博士及在京儒生四十人，在秘书省专精校考，参定字义。如蒙听许，则典文允正，群书大集。"诏许之。

孙惠蔚的这则上疏，首先阐明了典籍对安邦治国的重要性，然后列举了秘书省藏书的混乱情况，包括：没有目录，新旧图书交错杂放，排列无序；部分图书副本过多，部分图书则没有抄写副本，副本比例不合理；图书品相残破，卷轴头尾破损，缺少维护；图书内容残缺，篇章次序混乱；书中文字讹误多，难以阅读；图书虽然数量多，但可阅读的定本并不多。最后，孙惠蔚请求皇帝让自己领四十人校勘这些图书，皇帝同意了他的请求。这一过程可概括为这样一个逻辑序列：臣僚发现藏书混乱问题→提出校书建议及方案→皇帝同意→开展校书活动。在中国古代，这种序列活动一直被当作"例则"来反复进行。正因为这是一种"例则"，所以中国古代历朝历代总是依例进行图书的校勘活动。由此我们可以认为：中国古代图书馆事业发展史就是一种校勘事业发展史。

---

① 姚名达：《中国目录学史》，上海古籍出版社2005年版，第127—145页。
② 汝企和：《南宋官府校勘述论》，载《河北大学学报》2003年第3期。

中国古代朝廷之所以前赴后继地进行校勘活动，其原因还可从校勘所能达到的目的得到说明。校勘所要达到的目的，表现为四方面：一是就被校的书籍而言，通过校勘使得该书能够保持最大限度的本真面目；二是就图书馆藏书而言，通过校勘能够提高藏书的质量，为文化传承提供尽量真确的文献信息；三是就读者而言，通过校勘能够为读者提供"正本清源"的读物，使读者免于误读或免于自我校正之苦；四是就皇权统治的需要而言，通过开展校书活动可以昭示尊古重典、承继前人基业的统治合法性，并借此笼络人才，彰显文治德业。正因为图书校勘活动能够实现如此诸多美好目的，所以历朝历代的明君贤臣们都乐此不疲地重视并前赴后继地进行校勘活动。

（2）编目

中国古代朝廷的文献整理活动，其结果往往表现为对所校之书编制的目录，这种目录一般被称为"官修目录"。刘歆所编《七略》就是中国第一部官修综合藏书目录；而班固据《七略》而作的《汉书·艺文志》则是中国第一部现存史志目录。中国古代官修目录主要由官修藏书目录和史志目录构成。中国历代官修藏书目录大致情况见表2-3；中国历代官修史志目录见表2-4。

表2-3　　　　　　　　　　历代官修藏书目录

| 名称 | 编修者 | 卷数 | 著录卷（种）数 | 存佚 |
| --- | --- | --- | --- | --- |
| 别录 | 汉刘向 | 20 |  | 佚 |
| 七略 | 汉刘歆 | 7 | 13219卷 | 佚 |
| 中经 | 魏郑默 | 14 |  | 佚 |
| 中经新簿 | 晋荀勖 | 16 | 20935卷 | 佚 |
| 晋元帝四部书目 | 晋李充 |  | 3014卷 | 佚 |
| 晋义熙以来新集目录 | 宋邱深之 | 3 |  | 佚 |
| 宋四部书大目 | 宋殷淳 | 40 |  | 佚 |
| 宋元嘉八年四部目录 | 宋谢灵运 |  | 14582卷 | 佚 |
| 宋元徽元年四部书目录 | 宋王俭 | 4 | 15074卷 | 佚 |
| 齐永明元年四部目录 | 齐王亮、谢朏 |  | 18010卷 | 佚 |

续表

| 名称 | 编修者 | 卷数 | 著录卷（种）数 | 存佚 |
|---|---|---|---|---|
| 梁天监四年书目 | 梁邱宾卿 | 4 | 23160 卷 | 佚 |
| 梁天监六年四部书目录 | 梁殷钧 | 4 |  | 佚 |
| 梁东宫四部目录 | 梁刘遵 | 4 |  | 佚 |
| 梁文德殿四部目录 | 梁刘孝标 | 4 | 23106 卷 | 佚 |
| 魏阙书目录 | 未著编者 | 1 |  | 佚 |
| 陈秘阁图书目录 | 未著编者 | 1 |  | 佚 |
| 陈天嘉六年寿安殿四部目录 | 未著编者 | 4 |  | 佚 |
| 陈德教殿四部目录 | 未著编者 | 4 |  | 佚 |
| 陈承香殿经史目录 | 未著编者 | 2 |  | 佚 |
| 隋开皇四年四部目录 | 隋牛弘 | 4 | 30000 卷 | 佚 |
| 隋开皇八年四部目录 | 未著编者 | 4 |  | 佚 |
| 隋开皇二十年书目 | 隋王劭 | 4 |  | 佚 |
| 香厨四部目录 | 未著编者 | 4 |  | 佚 |
| 隋大业正御书目录 | 隋柳䛒等 | 9 | 37000 卷 | 佚 |
| 唐群书四录 | 唐殷践猷 | 200 | 82384 卷 | 佚 |
| 古今书录 | 唐毋煚 | 40 | 51852 卷 | 佚 |
| 开元内外经录 | 唐毋煚 | 10 | 9500 卷 | 佚 |
| 唐集贤书目 | 唐韦述 | 1 |  | 佚 |
| 唐四库搜访图书目 | 未著编者 | 1 |  | 佚 |
| 开元四库书目 | 未著编者 | 40 |  | 佚 |
| 唐秘阁书目 | 未著编者 | 4 |  | 佚 |
| 开成四部书目 |  | 14 | 56476 卷 | 佚 |
| 蜀王建书目 | 未著编者 | 1 |  | 佚 |
| 乾德新定书目 | 未著编者 | 4 |  | 佚 |
| 紫薇楼书目 | 未著编者 | 1 |  | 佚 |
| 太清楼书目 | 未著编者 | 4 |  | 佚 |
| 崇文总目 | 宋王晓臣 | 66 | 30669 卷 | 残 |
| 龙图阁书目 | 宋杜镐 | 7 |  | 佚 |
| 秘阁四库书目 | 未著编者 | 10 |  | 佚 |

续表

| 名称 | 编修者 | 卷数 | 著录卷（种）数 | 存佚 |
|---|---|---|---|---|
| 大宋史馆书目 | 宋张方平 | 2 | 15142 卷 | 佚 |
| 秘书总目 | 宋孙觌等 | | | 佚 |
| 秘书省四库阙书目 | 绍兴改定 | 1 | | 存 |
| 中兴馆阁书目 | 宋陈骙等 | 30 | 44486 卷 | |
| 中兴馆阁续书目 | 宋张攀等 | 30 | 14943 卷 | |
| 国子监书目 | 未著编者 | 1 | | 佚 |
| 禁书目录 | 未著编者 | 1 | | 佚 |
| 用本书籍目 | 未著编者 | 3 | | 佚 |
| 明内府经厂书目 | 未著编者 | 2 | | 存 |
| 永乐大典目录 | 明解缙等 | 60 | | 存 |
| 秘阁书目 | 明马愉 | 2 | | 疑 |
| 内阁书目 | 明钱溥 | 1 | | 存 |
| 宁藩书目 | 未著编者 | 1 | | 存 |
| 文渊阁书目 | 明杨士奇 | 14 | 7297 种 | 存 |
| 新定内阁藏书目录 | 明张萱等 | 8 | | 存 |
| 国子监书目 | 未著编者 | 1 | | 存 |
| 南雍书目 | 未著编者 | 1 | | 存 |
| 御书楼藏书目 | 未著编者 | 1 | | 佚 |
| 都察院书目 | 未著编者 | | | 佚 |
| 行人司目 | 未著编者 | 2 | | 存 |
| 四库全书总目 | 清永瑢等 | 200 | 10254 种，172860 卷 | 存 |
| 四库全书简明目录 | 清永瑢等 | 20 | 3470 种 | 存 |
| 四库全书荟要总目 | 清于敏中等 | | 463 种 | 存 |
| 天禄琳琅书目 | 清于敏中等 | 10 | 429 种 | 存 |
| 天禄琳琅书目后编 | 清彭元瑞等 | 20 | 663 种 | 存 |

注：本表据汪辟疆《目录学研究》（商务印书馆1955年版）所附"汉唐以来目录统表"中的"官书目录表"（该书第73—77页）基础上稍加改增而作。

表2-4　　　　　　　　历代官修史志目录表

| 名称 | 编修者 | 卷数 | 著录卷（总）数 | 存佚 |
|---|---|---|---|---|
| 汉书艺文志 | 汉班固 | 1 | 13269卷 | 存 |
| 隋书经籍志 | 唐魏徵等 | 4 | 89666卷 | 存 |
| 旧唐书经籍志 | 五代刘昫等 | 2 | 51852卷 | 存 |
| 新唐书艺文志 | 宋欧阳修、宋祁 | 4 | 79221卷 | 存 |
| 宋史艺文志 | 元托托等 | 8 | 119972卷 | 存 |
| 明史艺文志 | 清张廷玉等 | 4 | 105970卷 | 存 |
| 北宋三朝国史艺文志 | 宋吕夷简等 |  | 39142卷 | 佚 |
| 北宋两朝国史艺文志 | 宋王珪等 |  | 8446卷 | 佚 |
| 北宋四朝国史艺文志 | 宋李舜臣 |  | 26289卷 | 佚 |
| 南宋四朝国史艺文志 | 宋高斯得等 |  | 78322卷 | 佚 |
| 钦定续通志艺文略 | 清嵇璜等 | 8 |  | 存 |
| 皇清通志艺文略 | 清嵇璜等 | 8 |  | 存 |
| 钦定续文献通考经籍考 | 清嵇璜等 | 26 | 77076卷 | 存 |
| 皇清文献通考经籍考 | 清嵇璜等 | 28 |  | 存 |

在清末之前，二十四史中的艺文志或经籍志只有六部，即《汉书·艺文志》、《隋书·经籍志》、《旧唐书·经籍志》、《新唐书·艺文志》、《宋史·艺文志》和《明史·艺文志》；有些正史虽有艺文志或经籍志，但收录不全。于是后代学者们纷纷补作，称为"补志"（见表2-5）。原志与补志合起来，就是中国古代"全国总书目"之大体面貌，从中反映出中国古代历朝历代的皇家藏书的基本原貌。

表2-5　　　　　　　　正史艺文志（经籍志）补志

| 补志名 | 编者 | 卷数 | 补志名 | 编者 | 卷数 |
|---|---|---|---|---|---|
| 汉书艺文志考证 | 宋王应麟 | 补27部 | 补南北史艺文志 | 徐崇 | 3 |
| 汉书艺文志拾补 | 清姚振宗 | 5 | 隋书经籍志补 | 清张鹏一 | 2 |
| 补续汉书艺文志 | 清钱大昭 | 2 | 隋书经籍志校补 | 清汪之昌 | 4 |
| 补后汉书艺文志 | 清顾櫰三 | 10 | 续唐书经籍志 | 清陈鳣 | 4 |

续表

| 补志名 | 编者 | 卷数 | 补志名 | 编者 | 卷数 |
|---|---|---|---|---|---|
| 补后汉书艺文志 | 清侯康 | 10 | 补五代史文志 | 清顾櫰三 | 1 |
| 后汉艺文志 | 清姚振宗 | 4 | 补五代史艺文志 | 清宋祖骏 | 1 |
| 补后汉书艺文志并考 | 清曾朴 | 1 | 补南唐艺文志 | 清汪之昌 | 1 |
| 侯康补后汉书艺文志补 | 清陶宪曾 | 1 | 宋史艺文志补 | 清黄虞稷、卢文弨 | 1 |
| 三国艺文志 | 清姚振宗 | 4 | 西夏艺文志 | 清王仁俊 | 1 |
| 补三国艺文志 | 清侯康 | 4 | 补辽史经籍志 | 清万鹗 | 1 |
| 侯康补三国艺文志补 | 清陶宪曾 | 1 | 补辽史经籍志 | 清杨复吉 | 1 |
| 补晋书艺文志 | 清秦荣光 | 4 | 辽史艺文志补证 | 清王仁俊 | 1 |
| 补晋书艺文志 | 清文廷式 | 6 | 补辽史艺文志 | 清黄仁恒 | 1 |
| 补晋书艺文志 | 清黄逢元 | 4 | 辽艺文志 | 清缪荃孙 | 1 |
| 补晋书艺文志 | 清丁国钧 | 4 | 金艺文志补录 | 清龚显曾 | 1 |
| 补晋书经籍志 | 清吴士鉴 | 4 | 金史补艺文志 | 清郑文焯 | 1 |
| 补宋书艺文志 | 清王仁俊 | 1 | 金史艺文略 | 清孙德谦 | 1 |
| 补宋书艺文志 | 清聂崇岐 | 1 | 四朝经籍志补 | 清吴骞 | 4 |
| 补南齐书经籍志 | 清高桂华等 | 4 | 元史艺文志 | 清钱大昕 | 4 |
| 补南齐书艺文志 | 清陈述 | 4 | 元史艺文志 | 清张继才 | 4 |
| 补梁书艺文志 | 清王仁俊 | 1 | 补辽金元艺文志 | 清黄虞稷、卢文弨 | 1 |
| 补陈书艺文志 | 清徐仁甫 | 1 | 补三史艺文志 | 清金门诏 | 1 |
| 补魏书艺文志 | 清李正奋 | 4 | 明书经籍志 | 清傅维鳞 | 3 |
| 补北齐书艺文志 | 清徐仁甫 | 1 | 皇朝经籍志 | 清黄本骥 | 6 |
| 补周书艺文志 | 清徐仁甫 | 1 | 大清国史艺文志 | 清潭宗浚 | 18 |

自从西汉末刘向、刘歆父子受诏校书以来，历朝历代的皇家图书馆的校勘与编目工作就源源不断，成果丰硕，加之私家图书馆、寺观图书馆的校勘与编目成果，铸就了中国古代图书馆事业的辉煌成就，这是中国古代图书馆实践活动的核心遗产之一。

(二) 文献利用

这里所说的文献利用，指的是流通性利用而非整理性利用。有的人认为，中国古代皇家图书馆实践工作主要有三大方面即搜求、校勘和编目。① 这种认识容易给人一种错觉，即古代皇家图书馆重藏轻用，因为搜求、校勘和编目工作基本上都属于图书馆的内部业务工作，因而流通性的文献利用工作就被排除在图书馆的核心业务之外了。其实，藏以致用，也是中国古代皇家图书馆始终保持的传统。当然，这里的"用"与近现代图书馆的文献利用是不可同日而语的，即中国古代皇家图书馆的文献利用有其特定的利用范围和利用方式。概括而言，中国古代皇家图书馆的流通性文献利用方式主要有御用、借阅、赠送、刊刻和修撰图书。其中，因"修撰图书"内容繁多、类型多样，故单独标题论之。

1. 御用

所谓御用，主要指供皇帝、太子使用。古代汉语中的"御书"的意思之一就是进呈于皇帝的书。② 在中国古代，对皇家图书馆藏书拥有最大利用权的"读者"就是皇帝。《墨子·贵义》称，"昔者周公旦朝读书百篇"，说的是周公每天早晨要读书，而且数量还不少。可见，周公是御用周王室藏书的"读者"。《庄子·天道》云："桓公读书于堂上。轮扁斫轮于堂下，释椎凿而上，问桓公曰：'敢问，公之所读者何言邪？'公曰：'圣人之言也。'"可见，齐桓公也是御用王府藏书的"读者"。宋太祖赵匡胤虽行伍出身，但喜读书，对此《续资治通鉴长编》称"上好读书，每遣使取书史馆"③。因为皇帝对皇家图书馆藏书拥有最高利用权，所以皇家的藏书布局也是按照皇帝御用是否方便来布局的。宋王应麟《玉海》卷五十二之第二十八条云："秘书，御府也，天子犹以为外且远，不得朝夕视，始更聚书集贤殿。……由是集贤之书盛积，尽秘书所有，不能处其半。"这是说，唐开元年间秘书省藏书处所离皇帝远，皇帝御用不便，于是聚书于宫内的集贤殿，以便皇帝御用。其实，中国古代历朝历代的皇帝几乎都在宫廷建有多处藏书之所，

---

① 李史：《宋代馆阁校勘研究》，凤凰出版社2006年版，第10页。
② 《左传·哀公三年》："夏，五月，辛卯，司铎火。火逾公宫，桓、僖灾。救火者皆曰顾府。南宫敬叔至，命周人出御书，俟於宫。"杜预注："御书，进於君者也。"后来，"御书"又有另一个意思为皇帝书写的字或书。
③ 李焘：《续资治通鉴长编》（第2版），上海师大古籍所、华东师大古籍所点校，中华书局2004年版，第201页。

其目的之一就是御用方便。这方面的典型代表之一就是宋太宗。众所周知，北宋初本有史馆、昭文馆、集贤院三馆，但"太宗端拱元年五月，诏就崇文院中堂建秘阁，择三馆真本书籍万余卷及内出古画、墨迹藏其中。凡史馆先贮天文、占候、谶纬、方术书凡五千一十二卷，图画百十四轴，悉付秘阁"（《宋会要辑稿》职官一八"秘阁"条）。这一宋太宗亲自设计、亲自下令建造的秘阁，从公的角度而言是一国家特藏书库，而从私的角度而言则是一皇帝御用图书馆。这方面的另一个典型代表是清乾隆帝。乾隆帝在紫禁城和行宫建有多处御用图书馆，如天禄琳琅、漪藻堂、味腴书屋等。天禄琳琅即昭仁殿，是乾隆帝的读书之所，因1744年初建时乾隆帝御题"天禄琳琅"之额而得名。嗣修《四库全书》时，重新扩藏，仅据《天禄琳琅书目》及《天禄琳琅书目后编》记载，共收藏1092种图书，大多为宋、金、元、明版精刻精抄善本；每册书首页和末页均盖有"乾隆御览之宝"方印，此亦证明天禄琳琅是供"乾隆御览"的御用图书馆。漪藻堂和味腴书屋亦为乾隆帝书房，前者位于宫中御花园堆秀山之东，后者位于行宫圆明园内；两处都因藏有《四库全书荟要》而受乾隆帝的特别喜欢。

御用的主体还有太子。太子作为候任皇帝，借父皇之威享受一些御用待遇是符合中国古代礼法制度的。我们可以认为，太子御用皇家图书馆藏书是皇帝御用图书馆藏书的延伸形式之一。唐初李建成做太子时，东宫内的崇贤馆就是供太子御用的文馆，其中的藏书是皇家图书馆藏书的重要组成部分，自然也是太子御用藏书。唐以后的朝代是否建有专供太子御用的图书馆，史籍无载，但可以肯定的是，太子以其特殊身份随时调用皇家图书馆藏书是完全可能的。贾谊《新书》卷五《保傅》曰："昔者周成王幼，在襁褓之中，召公为太保，周公为太傅，太公为太师。……于是置三少，皆上大夫也，曰少保、少傅、少师，与太子燕者也。故孩提有识，三公三少固明孝、仁、礼、义，以道习之，逐去邪人，不使见恶行。……天下有命，县于太子，太子之善，在于蚤谕教与选左右，心未滥而先谕教，则化易成也。"从这段话中我们可以推测出，无论是三公还是三少，在对太子进行谕教时，随时调用皇家藏书是必不可少的，这也是太子御用皇家藏书的表现形式之一。西汉时，王式为昌邑王师，"昭帝崩，昌邑王嗣立，以行淫乱废，昌邑群臣皆下狱诛。……式系狱当死，治事使者责问曰：'师何以亡谏书？'式对曰：'臣以诗三百五篇朝夕授王，至于忠臣孝子之篇，未尝不为王反复诵之也。'"（《汉书·儒林传》）。从这则故事中我们也可以推测出，无论是王式还是昌邑王本人，在教与学的过程中，随时调用皇家图书馆藏书是必要且可能的。这就是太子成为皇家图书馆的御用主体的历史依据所在。

2. 借阅

中国古代皇家图书馆的借阅利用方式，主要指臣僚、馆职人员以及其他有关人员进馆阅读或借读、借校、借抄等利用方式。

据史籍记载，孔子为了著《春秋》曾借阅周室及诸侯国的许多历史书籍。《史记·十二诸侯年表》说孔子"西观周室，论史记旧闻，兴于鲁，而次《春秋》"。《春秋公羊传·隐公元年》何休注引闵因叙云："昔孔子受端门之命，制《春秋》之义，使子夏求周史记，得百二十国宝书。"唐刘知几《史通·古今正史》亦云："又当春秋之世，诸侯国自有史。故孔子求众家史记，而得百二十国书。"这表明，孔子时代的周室和诸侯国藏书就已经是可以借阅的了。《后汉书·黄香传》云："黄香字文疆，江夏安陆人也。……香家贫，内无仆妾，躬执苦勤，尽心奉养。遂博学经典，究精道术，能文章，京师号曰'天下无双江夏黄童'。初除郎中，元和元年，肃宗诏香诣东观，读所未尝见书。"由此可见，东汉东观藏书是允许士人阅读的，只不过需要得到皇帝的许可。《三国志·魏书·刘劭传》注引《庐江何氏家传》云："明帝时，有谯人胡康，年十五，以异才见送，又陈损益，求试剧县。诏特引见。众论翕然，号为神童。诏付秘书，使博览典籍。"又《梁书·江子一传》载："子一少好学，有志操，以家贫阙养，因蔬食终身。起家王国侍郎，奉朝请。启求观书秘阁，高祖许之。"这说明，只要皇帝允许，好学之士就可到皇家图书馆阅览，"原先只有有关官员可以到中央机构藏书处所查阅，此时普通官员甚至平民的好学子弟，也时常可以到官府藏书处阅书"[①]。到宋代，在馆职人选培养上出台有"馆阁读书"（或称"秘阁读书"）政策，是对出类拔萃之少年奇才的优异安置政策，即如

---

① 傅璇琮、谢灼华：《中国藏书通史》，宁波出版社2001年版，第111页。

有上书自陈或宰执子弟被推荐，可在馆读书三年，得召试授予馆职。见于记载的最早入馆阁读书的是杨亿。据《宋史·杨亿传》记载，杨亿十一岁时，太宗闻其名，诏送阙下试诗赋，授秘书省正字，令就馆阁读书。晏殊十四岁时，真宗"特召试诗、赋各一首，乃赐进士出身。后二日，复召试诗、赋、论三题于殿内，移晷而就。……赐袍笏，令阅书于秘阁。……后翰林侍读学士杨徽之卒，以遗恩官其外孙宋绶为太常寺太祝。绶年十五，召试中书，真宗奇其文，特迁大理评事，听于秘阁读书，同校勘天下图经"①。又如北宋李淑十二岁时，得到宋真宗的赏识，被赐童子出身，试秘书省校书郎，天禧三年（1019年）除馆阁校勘，历任集贤校理、直集贤院、史馆修撰等；其晚年在《邯郸藏书十志序》中称"伊延阁广内幽经秘篇，固殚见而悉索之"。这里提到的杨亿后来成为《册府元龟》的主撰者之一，晏殊后来成为宰相，宋绶和李淑后来成为著名的藏书家和校勘家。这是后话。这种"馆阁读书"政策，虽然为选拔馆职人员而设，但同时也证明了宋代皇家图书馆藏书允许士人利用的事实。

据史籍记载，宋代三馆秘阁藏书经常有人借阅，甚至出现了久借不还而亡失的现象。嘉祐四年（1059年），右正言秘阁校理吴及言："近年用内臣监馆阁书库，借出书籍，亡失已多，又简编脱落，书吏补写不精，非国家崇乡儒学之意。请选馆职三两人，分馆阁吏人编写书籍，其私借出若借之者，并以法坐之，仍请求访所遗之书。"② 政和四年（1114年），措置点检秘书省官言："三馆、秘阁自崇宁四年借出书籍，未还者四千三百二十八册、卷，久不拘收。诏自今省官取借书籍，并申本省长、贰判状权借，依限拘收。"③ 这种久借不还现象一直延续到南宋。嘉泰四年（1204年）十月，著作佐郎曾从龙奏曰："绍兴初，尝因儒臣奏请，严借书之禁，绍兴间又尝申训之，今具存也。然循习既久，士大夫视为文具，婉转而求借者甚众，久暇不归，恶知非有或遭遗漏，书不复存。此其事若缓而不切，然所关于国家文物者甚大，不可不为之

---

① 程俱：《麟台故事校证》，张富祥校证，中华书局2000年版，第121页。
② 程俱：《麟台故事校证》，张富祥校证，中华书局2000年版，第269页。
③ 程俱：《麟台故事校证》，张富祥校证，中华书局2000年版，第275—276页。

虑也。盖今馆阁之所藏，较之《崇文总目》虽亦粗备，而昔之所有、今之所无者亦什二三。纵未暇下求遗书之诏，独可不严藏书之禁乎！臣愚欲望圣慈申严旧制，除本省官关就省中校勘外，并不许借出；如辄借出，以违制论。仍令本省长、贰每月轮委以次官，不时点视，如点阁之法。"① 这种久借不还现象严重且数量之多，从反面证明了宋代皇家图书馆藏书借阅利用的普遍性。当然，这种普遍性不可能与近现代图书馆藏书人人可借的普遍性相比，但在距今一千年左右的宋代就能达到这种有限的借阅流通已属难能可贵。

到了清代，乾隆皇帝在诏修《四库全书》时多次指示允许需求者借阅《四库全书》。《四库全书》七阁中，之所以建有南三阁，就是因为考虑到"江浙为人文渊薮，特降谕旨发给内帑，缮写《四库全书》三分，于扬州文汇阁、镇江文宗阁、杭州文澜阁各藏庋一分，原以嘉惠士林，俾得就近抄录传观"②。这一允许就近抄录《四库全书》的指示确实得到落实。道光十五年（1835年），钱熙祚、钱熙泰、钱熙咸、顾观光、李长龄、张文虎六人利用文澜阁，共计校书八十余种，抄书四百三十二卷。③ 嘉庆年间，张金吾所编《爱日精庐藏书志》中所著录的书有不少来源于文澜阁抄书，包括："易类"十六种，"书类"三种，"诗类"五种，"礼类"六种，"春秋类"五种，"孝经类"一种，"孟子类"三种，另外还有《别录》、《蒙斋中庸讲义》等。④ 由此可见，建立《四库全书》南三阁以"嘉惠士林"的目的在一定程度上得到了实现。那么，紫禁城内的《四库全书》是否可以流通呢？按照乾隆帝的指示是可以流通的，乾隆帝说："至于文渊阁禁地森严，士人等固不便进内抄阅，但翰林院现有存贮底本，如有情殷诵习者，亦许其就近检录，掌院不得勒阻留难。"⑤ 当然，即使是翰林院底本也只能是宫城内臣僚才能"就近检录"，而其他宫城外人是几乎无法涉足观阅的。尽管如此，乾隆帝有意让《四库全书》得到流通利用是毋庸置疑的事实。

---

① 陈骙：《南宋馆阁录》，张富祥点校，中华书局1998年版，第175页。
② 王重民：《办理四库全书档案》（上册），国立北平图书馆1934年版，第97页。
③ 叶昌炽：《藏书纪事诗（附补正）》，王欣夫补正，上海古籍出版社1989年版，第642页。
④ 傅璇琮、谢灼华：《中国藏书通史》，宁波出版社2001年版，第807—808页。
⑤ 王重民：《办理四库全书档案》（下册），国立北平图书馆1934年版，第28页。

3. 赠送

在图书利用方式上，借阅属于"自取"，而赠送属于"送去"。中国古代皇家藏书的赠送对象一般为个人（臣僚、宗室成员及有功人士）、中央机关或地方官府、寺观或书院以及并存之他国等。其中赠送于寺观或书院之事将在本章寺观藏书来源和书院藏书来源部分叙述，在此暂不述。

把图书赠送给个人的事例，在史籍中常有记载，现随机选取若干如下：

• 《后汉书·窦融传》载，光武帝赐窦融"太史公《五宗》、《外戚世家》、《魏其侯列传》"。

• 《后汉书·王景传》载，明帝赐王景"《山海经》、《河渠书》、《禹贡图》"。

• 《后汉书·刘苍传》载，章帝赐刘苍"以秘书、列仙图、道术秘方"。

• 《太平御览》卷六百一十九引王隐《晋书》称"皇甫谧表从武帝借书，上送一车与之"；同书引吴均《齐春秋》称"萧晋，字元卿，阑陵人，家有赐书，志学不倦也"。

• 《宋书·自序》载，太祖赐沈亮书二千卷。

• 《南齐书·柳世隆传》载，"世隆性爱涉略，启太祖借秘阁书，上给二千卷"。

• 《陈书·江总传》载，江总"笃学好辞采，家传赐书数千卷"。

• 《宋史·宗室传》载，"宗室宗晟好古学，藏书数万卷，仁宗喜之，益以国子监书"。

• 明初除太子之外的皇子被封为藩王，李开先《李忠麓闲居集·张小山小令后序》称"洪武初年，亲王之国，必以词曲一千七百本赐之"。

• 钱谦益《列朝诗集小传》之《乾集下》载，嘉靖十年（1531年），沈宪王朱胤栘"上疏乞内府诸书，诏以五经四书赐之"。

• 乾隆皇帝诏修《四库全书》时，对献书五百种以上的鲍士恭、范懋柱、汪启淑、马裕四人各赐《古今图书集成》一部；对献书百种以上的周厚堉、蒋曾莹、吴玉墀、孙仰曾、汪汝瑮、黄登贤、励守谦、汪如藻等人各赐《佩文韵府》一部。

宋代始,由于印本书的大量出现,皇家藏书副本迅速增加,故皇帝赐书的次数和数量也随之增加。据范凤书先生的统计,宋代皇帝对个人赐书达16次,亦即至少有16人接受过皇帝的赐书。① 当然,这只是有明确记载的赐书事件的统计,实际次数当远超此数。

关于向中央机关或地方政府赠送图书之事,史籍记载很少,但"记载很少"不等于"赠送很少"。明人丘濬《访求遗书疏》云:"今天下书籍尽归内府、两京国子监,虽设典籍之官,然所收掌,止是累朝颁降之书及原贮书版,别无其他书籍。"这说明,明朝内府、国子监藏书主要是"累朝颁降之书"。《明史·太祖纪》载,洪武十四年(1381年)诏令"颁《五经》、《四书》于北方学校"。又据《明会要》卷二十六记载,永乐十五年(1417年)"颁五经四书、《性理大全》于两京六部、国子监及天下府、州、县学"。这是向中央机关和地方政府同时赠送图书的记载,其赠送对象涉及全国,想必其数量不会很少。按照中国古代历朝历代都很重视儒学教化和藏书建设情况推论,历代朝廷向中央机关和地方政府赠送图书应该是常有的事情,但史籍记载不详,故这里提而不论。

向并存的他国赠送图书之事,史籍中常有记载,现随机选取若干如下:

- 三国时期,魏文帝曹丕将自己的著作《典论》,派人分别送给吴国孙权及其谋臣张昭各一部,以示友好。②
- 南北朝时期,刘宋王朝和北凉政权和睦相处,常有图书互赠。《宋书·氏胡传》载,刘宋元嘉三年(426年),北凉"世子兴国遣使奉表,请《周易》及子集诸书,(宋)太祖并赐之,合四百七十五卷。蒙逊又就司徒王弘求《搜神记》,弘写与之";元嘉十四年(437年),北凉王茂虔向刘宋献《周生子》、《时务论》、《三国总略》等十六种图书,合一百五十四卷;后来,茂虔又向晋、赵求《起居注》及诸杂书数十件,并得到赠予。

---

① 范凤书:《中国私家藏书史》,武汉大学出版社2013年版,第129—130页。
② 傅璇琮、谢灼华:《中国藏书通史》,宁波出版社2001年版,第116页。

- 《北齐书·崔暹传》载，南梁和东魏通和，东魏"要贵皆遣人随聘使交易，暹惟寄求佛经。梁武帝闻之，为缮写，以幡花赞呗送至馆焉"。
- 《宋书·夷蛮传》载，刘宋元嘉二十七年（450年），朝鲜半岛的百济王余毗"表求《易林》、《式占》、腰弩，太祖并与之"；《梁书·诸夷传》载，梁武帝大同七年（541年），百济王"累遣使献方物，并请《涅盘》等经义、《毛诗》博士，并工匠、画师等，敕并给之"；《三国遗事》卷三引《国史》载，陈天嘉六年（565年），陈文帝派使臣到新罗（朝鲜），并带去佛经一千七百多卷。
- 《旧唐书·东夷列传》载，"垂拱三年（687年），（新罗王金）政明遣使来朝，因上表请《唐礼》一部，并杂文章。则天令所司写吉凶要礼，并于文馆词林采其词涉规诫者，勒成五十卷以赐之"。
- 《旧唐书·吐蕃列传》载，开元十九年（731年），金城公主远嫁吐蕃时，"吐蕃使奏云：'公主请《毛诗》、《礼记》、《左传》、《文选》各一部。'制令秘书省写与之"。
- 《宋史·魏野传》载，"大中祥符年间，契丹使人至宋，言本国喜诵魏野诗，但得上帙，愿求全部。真宗始知其名，将召之，死已数年。搜其诗，果得《草堂集》十卷，诏赐之"。
- 《续资治通鉴长编》卷一〇九"天圣八年十二月丁未"条载，宋天圣八年（1030年），西夏首领、元昊之父德明"遣使如宋，献马七十匹，乞赐佛经一藏，从之"；《宋史·夏国传上》载，宋仁宗景祐元年、西夏广运元年（1034年），"元昊献马五十匹，求九经、唐史、《册府元龟》及佛经等，诏特赐之"。此后，西夏又连续四次向宋朝廷乞《大藏经》，宋廷均赐之。

4. 刊刻

这里所说的刊刻指石刻（主要指儒家经典的石刻）和雕版印刷。

中国古代朝廷刊刻图书主要有三种形式，一是将写本书刊刻成印本书，二是将原有印本书重新翻印（版式可以有变化），三是将新撰稿本书刊刻成印本书。前两种形式属于文献利用范畴，同时也是文献生产范畴；第三种形式则属于文献生产范畴。在古代社会分工上，藏书事业和出版事业未截然分开，所以有的皇家藏书之所同时也是出版（刻书）

之所，如历代的国子监以及元代的兴文署、明代的经厂和藩府、清代的武英殿等既是藏书之所又是刻书之所。刊刻之所以成为文献利用方式，一是因为刊刻需要利用原有藏书（尤其在上述第一种形式下），二是因为刊刻图书是扩大图书流通和利用范围的重要手段。中国古代刻书事业之所以发展迅速、刊刻数量多，重要原因之一就是朝廷能够随时调用丰富的馆藏图书用于刊刻，这是朝廷刻书能够成为文献利用范畴的根本表现。

把儒家经典凿刻于石材上，始于西汉末王莽命甄丰摹刻《易》、《书》、《诗》、《左传》于石。刻经最有影响的是汉灵帝熹平四年（175年）至东汉光和六年（183年）间由蔡邕发起的石刻儒经事件。《后汉书·蔡邕传》记此事云：

> 邕以经籍去圣久远，文字多谬，俗儒穿凿，遗误后学。熹平四年，乃与五官中郎将堂谿典，光禄大夫杨赐，谏议大夫马日䃅，议郎张驯、韩说，太史令单飏等，奏求正定六经文字，帝许之。邕乃自书丹于碑，使工镌刻，立于太学门外。于是后儒晚学咸取正焉。及碑始立，其观视及摹写者，车乘日千余辆，填塞街陌。

这就是著名的"熹平石经"。熹平石经镌刻的儒家经典包括《周易》、《尚书》、《鲁诗》、《仪礼》、《公羊传》、《论语》、《春秋》。这些儒家经典首先经过了全面的校勘工作，然后付诸镌刻。从"其观视及摹写者，车乘日千余辆，填塞街陌"的情况来看，熹平石经确实起到了对儒家经典"是正文字"和扩大利用规模的作用。自汉刻熹平石经后，历代仿效者不绝。宋王应麟《困学纪闻》卷八云："石经有七：汉熹平则蔡邕，魏正始则邯郸淳，晋裴頠，唐开成中唐玄度，后蜀孙逢吉等。本朝嘉祐中，杨南仲等。中兴，高庙御书。"这是到宋代为止的数字，若再加上清乾隆时蒋衡所书，一共有八次。

一般认为，中国古代雕版印刷始于唐贞观时期。现存最早的雕印图书是唐懿宗咸通九年（868年）四月十五日王玠为父母消灾祈福而出资雕印的《金刚般若波罗蜜经》（简称《金刚经》）一卷，现收藏于英国伦敦博物馆。用雕版印刷技术出版图书称为"刻书"、"雕印"或"刻印"。唐代雕印的图书大多为佛经和民间日用图书（如历书），由政府正式刻印儒家经典则从五代后唐开始。后唐明宗长兴三年（932年）在冯道、李愚等人的建议下，由国子监根据唐开成石经文字刻印《九经》后，又刻印《经典释文》等其他书，这是政府利用馆藏雕印图书的肇始。

五代以后，历代刻书活动延续不断。下面简要介绍宋、元、明、清政府刻书情况。

宋代国子监刻书。宋代中央刻书单位很多，国子监、崇文院、刑部、秘书监太史局、礼制局等都有刻书之举，其中国子监刻书最多，它是宋代官刻的主体。国子监所刻之书称"监本"。据《宋史·邢昺传》载，真宗景德二年（1005年），"上幸国子监阅书库，问昺经版几何，曰：'国初不及四千，今十万余，经传正义皆具。'"。书版数量从国初的四千增至十万余，增长近三十倍，可见其刻书能力提高之大。王国维《五代两宋监本考》（商务印书馆1976年版）著录北宋监本69种、南宋监本六七十种，两者相加共计140种左右。但这一数据并不全面，尚有《述六艺箴》、《承华要略》、《授时要录》、《祥符降圣记》、《唐六典》、《御制文集》、《阴阳地理书》、《凤角集占》、《孟子》、《道德经》、《金匮要略》、《政和圣济经》等一大批图书没有包括进去。①

元代兴文署刻书。至元二十七年（1290年），兴文署本《资治通鉴》王磐序云："（朝廷）于京师创立兴文署，置署令、丞并校理四员，咸给禄廪，召集良工剞劂经子史版本，颁布天下。"这说明元代兴文署是从事刻书的。《秘书监志·秘书库》载，裱褙匠焦庆安作过一次统计："书籍文册六千七百六十二册。褾壳绫一万三千六十二寸，每册黄绫二尺，计一万三千五百二十四尺；每册题头蓝绫半寸，计三百三十八尺一寸。"② 这一数字应指中央官刻全部数字，但其中刻书单位应以兴文署为主，可见兴文署刻书之多，且装裱精良。

此外，元代还有地方官刻，主要为郡学刻书，例如：至元五年

---

① 曹之：《中国古籍版本学》（第三版），武汉大学出版社2015年版，第203页。
② 王士点、商企翁：《秘书监志·秘书库》，载徐雁、王雁均主编《中国历史藏书论著读本》，四川大学出版社1990年版，第445页。

（1339年）扬州郡学刻《马文贞文集》；至正元年（1341年）四明郡学刻《宝庆四明志》；至正间括苍郡学刻《性理四书》、《太极图说》、《通书》、《正蒙》等；徽州郡学刻《九经要义》、《鹤山大全集》、《易集义》；等等。

据清钱大昕《补元史艺文志》统计，元代刊刻图书计有：经部804种，史部427种，子部763种，集部1098种，共计3142种。可以想见，元代实际刻书数量只能多于这一数字。总元一代，历时不到百年，刊刻图书如此之多，可谓成绩斐然。

明代国子监刻书。明代有两个国子监，分别在北京和南京；北京国子监简称北监或北雍，南京国子监简称南监或南雍。相比较而言，南监刻书多，其主要原因在于南监在建国之初继承和收集有大量宋元版片。元末至正十六年（1356年），朱元璋攻下集庆路（今南京地区），改其名为应天府；至正二十五年（1365年），将原集庆路儒学改建为国子学，并继承有20余种版片。据明周宏祖《古今书刻》著录，朱明王朝成立之初所继承的正史书版片有宋刻《宋书》版片2716面，《梁书》版片970面，《南齐书》版片1061面，《陈书》版片556面，《魏书》版片3385面。据黄佐《南雍志·经籍考》著录，南监收集的其他版片有：宋乾道年间刻《桂林志》397面，宋景定年间刻《临川志》866面，宋咸淳年间刻《续文章正宗》569面，元延祐年间刻《读书工程》145面，元至治年间刻《文献通考》741面（双面），元至正年间刻《朱子行状》67面，元至正年间刻《历代十八史略》548面，后至元年间刻《元文类》1600面，元丁饶介刻《桧亭诗稿》97面，元刻《通知略》13724面，元江浙行省刻《六书统》803面，等等。另外，南监还收集有数量不少的明代各地所刻版片，同时又新刻不少版片。仅就这些版片数量之多我们可以想象出明代南监刻书数量之多。著名学者柳诒徵曾描述南监刻印正史情况说，正史书"大规模之雕版，则以嘉靖七年（1528年）至十年（1531年）为第一期，所刊为《史记》、《两汉》、《辽》、《金》五史，余皆略事修补；万历二年（1574年）至二十四年（1596年）为第二期，所刊者为《史记》、《三国志》、《隋书》、《晋书》、《宋书》、《南齐书》、《梁书》、《陈书》、《魏书》、《北齐书》、《周书》、《南史》、《北史》、《新五代史》十四史，其余随时补刻，讫天启、崇祯不替"①。北监在万历年间刻书最多，《十三经注疏》和《二十一史》就刻于这一时期。据清《钦定国子监志》所附《明太学志载书籍版片名目》著录，北监刻书约137种，其中经部39种，史部59种，子部37种，集部12种。当然，这一数字要比实际刻书数量少得多。

明代经厂也是官刻的主力军。经厂是司礼监内负责刻印书籍的专门机构，我们可以把它理解为是"印制经籍的工厂"。经厂刻书能力之大，我们可从其人员编制之庞大想象得出。据《明会典》卷一八九载，嘉靖十年（1531年）经厂拥有笺纸匠62人，裱褙匠293人，折配匠189人，裁历匠81人，刷印匠134人，黑墨匠77人，笔匠48人，画匠76人，刊字匠315人，总计1275人。这一人数相当于现代的大型印刷厂之人数。仅据明刘若愚《酌中志》和周宏祖《古今书刻》著录，经厂刻书约177种，当然这只是经厂全部刻书的一部分。

明代藩府刻书则是地方官刻的代表。明初朱元璋共封二十三子为藩王，后朝又陆续分封，这些藩府大都既藏书又刻书。据有关书目著录，诸藩刻书约327种，其中弋阳王府56种，蜀藩38种，楚藩26种，周藩23种，宁藩23种，赵藩20种，辽藩18种，庆藩13种，益藩12种，沈藩11种，唐藩、秦藩、德藩各8种，鲁藩、晋藩各7种，吉藩、徽藩各6种，代藩、衡藩各5种，伊藩4种，崇藩、潞藩、襄藩各3种，淮藩、郑藩、韩藩、靖藩、肃藩各2种，荆藩、汝藩、岷藩、荣藩各1种。②

清代武英殿刻书。武英殿修书处原称武英殿造办处。据《钦定日下旧闻考》卷七十一载，"康熙十九年（1680年），始以武英殿左右廊房共六十二楹为修书处，掌刊印书籍装潢之事"。康熙四十四年（1705年），把与刻书无关的作坊划归养心殿，自此武英殿修书处才成为内府专门的刻书机构。民国章乃炜《清宫述闻》卷三述及武英殿修书处编制情况云："向以亲王领其事，而设总裁、提调、总纂、纂修、协修等官，其下则为校录之士、收掌之员，若剞劂、装订工匠尤多。"从机构设置来看，武英殿修

---

① 柳诒徵：《南监史谈》，载《史学杂志》1930年第二卷第3期。
② 曹之：《中国古籍版本学》（第三版），武汉大学出版社2015年版，第203页。

书处下设监造处、校刊翰林处、档案房等；监造处又有书作、刷印作、铜字库、聚珍馆等机构。书作又叫装潢作，有工匠44人；刷印作又叫刻字作，有工匠40人；铜字库负责铜活字印书；聚珍馆负责木活字印书。校刊翰林处负责武英殿所刻图书的校勘工作，档案房负责收发文稿。从这些健全的机构设置及其编制情况我们就可以想象出武英殿刻书能力之大。仅乾隆一朝在武英殿刻书就多达100余种，其中最著名的就是《十三经》和《二十四史》。现代流行的《十三经注疏》和《二十四史》就是在乾隆朝刊印本基础上进一步校点而来的。关于武英殿刻书的数量，陶湘《故宫殿本书库现存书目》著录有300多种，其实远远不止这些。

清国子监当然也是重要的刻书之所。清国子监刻有多少书，迄今无人统计，但据《钦定国子监志》记载，仅乾隆二年（1737年）就刻《御纂周易折中》版1021面，《御纂性理精义》版420面，《钦定春秋传说汇纂》版1906面，《钦定诗经传说汇纂》版1617面，《钦定书经传说汇纂》版1176面，以上五书版片共计6140面。由此我们可以想象出国子监刻书数量之多。

官书局是清末地方官刻的主要代表。朱士嘉《官书局书目汇编·缘起》云："官书局创始于同治，极盛于光绪。"金陵书局、浙江书局、崇文书局、广雅书局等是众多官书局的代表，它们都刻印有大量书籍，如清丁申《武林藏书录·浙江书局》记载，"自丁卯（1867年）开局，至光绪乙酉（1885年）凡二十年，先后刊刻二百余种"。据现代人的初步统计，崇文书局刻书250余种，广雅书局刻书300余种。[①]

（三）修撰图书中的文献利用保障

这一部分的内容，本属上述"文献利用"范畴，但因需要较大篇幅论述，故在此单独标题论述。为修撰图书提供文献保障，是官府图书馆藏书利用的重要表现。修撰图书活动中的官藏利用，按照文献保障的间接与直接形式不同，可分为"私撰官助性的文献保障"和"官撰官助性的文献保障"两种形式。

1. 私撰官助性的文献保障

所谓私撰官助，指为个人修撰图书提供官藏利用之助的行为。这里

---

① 曹之：《中国古籍版本学》（第三版），武汉大学出版社2015年版，第341—342页。

的"官助",有"特意之助"和"非特意之助"之分。特意之助,即为某个人修撰图书有意识地公开提供官藏利用;非特意之助,指虽未在主观上有意识地提供官藏利用但由于某种情势而在客观上实际产生了提供官藏利用之助的情形。为个人修撰图书而提供官藏利用之助的事例很多,现举例若干如下:

- 上文已提及,孔子为了著《春秋》"西观周室",又使子夏"求众家史记,而得百二十国书",说明孔子在著《春秋》过程中利用了许多周室及诸侯国官府藏书。

- 《汉书·艺文志》之《兵书略》序云:"汉兴,张良、韩信序《兵法》,凡百八十二家;删取要用,定著三十五家。"说明张良、韩信是首先读到"百八十二家"兵书的,而如此多的兵书不可能全部来自私藏,而应主要来自官藏。也就是说,张良、韩信为了序《兵法》利用了许多官府藏书。

- 司马迁在汉武帝时任大史令、中书令,期间自然有机会利用兰台、延阁、广内等处官藏,这为他著《史记》提供了得天独厚的资料基础。据司马贞《史记索隐序》记载,司马迁"先据《左氏》、《国语》、《系本》、《战国策》、《楚汉春秋》及诸子百家之书,而后贯穿经传,驰骋古今"。可见,"成一家之言"的《史记》也是广泛利用官府藏书的产物。

- 西汉著名学者扬雄著《輶轩使者绝代语释别国方言》(以下简称《方言》),一般认为是扬雄的私著,其实亦可视其为"私撰官助"之书。当时扬雄给成帝上书,陈述自己修撰《方言》的计划,请求愿意停俸三年,专心致志著好此书,成帝诏示"可不夺俸",并"赐笔墨钱六万",准许他"观书于石室"(《汉书·扬雄传》)。可见,扬雄著《方言》不仅得到皇帝的支持(不夺俸反而资助经费),而且还让他"观书于石室",为他提供了利用官藏的特权。

- 东汉的兰台、东观是藏书、校书、著作之所,著名学者班固、贾逵、傅毅等曾在东观著书。班固著《汉书》,其最重要的资料来源就是当时库存的《史记》,此故南宋的郑樵曾讥讽《汉书》"自高祖至武帝,凡六世之前,尽窃迁书"。其实,《汉书》在《史记》基础上增补了很多内容,如增补张骞、李陵等人之传,补录贾谊《治安策》、公孙弘

《贤良策》、刘歆《七略》等，这些重要资料为《史记》所不备，皆利用当时官藏而得。

- 东汉学者应劭著有后世广为流传的《风俗通义》一书。宋人苏颂《苏魏公文集》之《校风俗通义题序》云："应劭字仲达，汝南南顿人，历太山太守，后为军谋校尉，卒于邺。撰《风俗通》，以辨物类名号，释时俗嫌疑，文虽不典，后世服其洽闻。"《风俗通义》作为"辨物类名号，释时俗嫌疑"之作，"必备大量的图书资料才能成书，而这些图书资料惟有通过各种途径，从官府藏书库中加以索取才能完备"①。苏颂谓应劭"洽闻"，应该包含应劭在任太守、校尉期间广览官府藏书之义。

- 《汉纪》由著名学者荀悦编修，后人为了将其与袁宏所修《后汉纪》相区别而称之为《前汉纪》。《后汉书·荀悦传》云，"（汉献帝）常以班固《汉书》文繁难省，乃令（荀）悦依左氏传体"重编此书，改造为编年体的《汉纪》。可见，《汉纪》是纪传体《汉书》的编年体版。该书始修于建安三年（198年），于建安五年（200年）修成，凡三十卷。《汉纪》序云："（建安三年），诏给事中、秘书监荀悦抄撰《汉书》，略举其要，假以不直，尚书给纸笔，虎贲给书吏。悦于是约集旧书，撮序表志，总为帝纪，……凡为三十卷，数十余万言。"作为秘书监的荀悦"约集旧书"修撰《汉纪》三十卷，显然大量参阅了官府藏书。

- 西晋初，陈寿以一人之力撰《三国志》。此书取材简洁，所以后世一些人认为此书纯粹为私撰之书。其实，陈寿撰《三国志》时，魏国已有王沈的《魏书》、鱼豢的《魏略》，吴国也有韦昭的《吴书》可作参考，这为陈寿整合三国史料提供了极大方便。再者，陈寿在蜀汉时任馆阁令史，入晋以后历任著作郎、治书侍御史等职，完全有条件参阅官藏。以一人之力撰写且有可能参阅官藏而成的史书还有袁宏的《后汉纪》、范晔的《后汉书》、沈约的《宋书》、李百药的《北齐书》、姚思廉的《梁书》和《陈书》。

- 《晋书·华峤传》载："峤博闻多识，属书典实，有良史之志，

---

① 傅璇琮、谢灼华：《中国藏书通史》，宁波出版社2001年版，第77页。

转秘书监，加散骑常侍，班同中书。寺为内台，中书、散骑、著作及治礼音律，天文数术，南省文章，门下撰集，皆典统之。初，峤以汉纪烦秽，慨然有改作之意。会为台郎，典官制事，由是得遍观秘籍，遂就其绪。起于光武，终于孝献，一百九十五年，为帝纪十二卷、皇后纪二卷、十典十卷、传七十卷及三谱、序传、目录，凡九十七卷。"华峤改作《汉纪》（此书最后定名为《汉后书》）为九十七卷，内容所涉时间跨度为一百九十五年，如此卷帙浩繁之作，必然需要借助官府藏书的支撑。当然，华峤作为秘书监具备"遍观秘籍"的身份条件。

• 唐人刘知几著有中国第一部史学理论著作《史通》，对后世史学理论发展影响甚大。《史通》全书共二十卷，原为五十二篇，现存四十九篇，总计九万余字。《史通》第一次对中国古代史学作了比较全面的理论总结，不仅评论初唐以前史学著作的优劣得失，对史官建置、史书源流、史学性质、史书体裁、史学功能、修史态度等各方面作出了总结，而且还提出了史家的任务和应具备的素养；所据资料翔实，理论建树颇多。以个人的力量撰写如此内容丰富、资料翔实的著作，必然需要广览官府藏书。刘知几的家庭环境和个人身份具备了广览官藏的条件。刘知几出身于书香门第、世代官宦之家，祖父、父亲、长兄都是才学出众的官员兼学者。刘知几二十岁中进士，任获家县（今属河南）主簿，掌管文书档案。他做此小官，不求升迁达十九年，一心研究史学，期间往来于长安、洛阳之间，借阅公私藏书，尽情阅览；三十九岁时调京城长安，任定王府仓曹，参与编修《三教珠英》一千三百卷；四十二岁任著作佐郎，始为史官，后又转任左史，兼修国史，参与撰修起居注及唐史，期间与朱敬则等撰《唐书》八十卷，还撰写过《则天实录》、《中宗实录》、《睿宗实录》等；四十八岁求罢史职，迁秘书少监，仍掌修史之事。他一生担任史职长达二十年，这为他广览官藏提供了优越条件，也为他撰写《史通》奠定了充分的资料基础。

• 唐人杜佑著有"十通"之首的《通典》。《通典》卷首有李翰的序文，称《通典》"采五经群史，上自黄帝，至于有唐天宝之末，每事以类相从，举其始终；历代沿革废置及当时群士论议得失，靡不条载"。这种"靡不条载"的政书的撰写所需资料之多是可以想象的。然政书所载的资料大多出自政府文书档案，不可能在私家藏书中全面索得，而必须借助官府藏书才能索得。杜佑的身份具备广览官府藏书的条件。杜佑出身于京兆杜氏，历任济南参军、剡县县丞、润州司法参军、主客员外郎、抚州刺史、容管经略使、江淮水陆转运使、户部侍郎、饶州刺史、岭南节度使、淮南节度使等职，尤其在贞元十九年（803年），杜佑升任司空、同平章事，后又进拜司徒、度支盐铁使、封岐国公。这种显赫的身份，为杜佑广览皇家及地方官府藏书提供了优越条件，进而为《通典》的写作打下了坚实的资料基础。

- 明末清初人朱彝尊是著作等身的大儒，著有《经义考》、《词综》、《明词综》、《日下旧闻》等不朽著作。康熙十八年（1679年）朱彝尊任翰林院检讨，入值南书房，预修《明史》。期间他常带抄书手王纶入馆抄写书籍，被人告发而罢官，但这从反面证明了朱彝尊后来著述甚丰与他利用皇家藏书有直接关系。

- 皇帝个人著书或编书过程中所得到的官藏之助亦可视为"私撰官助"。魏武帝曹操编有别集《魏武帝集》三十卷、《武皇帝逸集》十卷、《魏武帝集新撰》十卷。皇帝编书不一定亲自动手编，但编为别集前的著述过程必然参阅官府藏书。曹操之子魏文帝曹丕亦著有《典论》一书二十二篇。皇帝著书最有名的应属南朝萧梁三皇帝——梁武帝、梁简文帝和梁元帝。梁武帝萧衍著编有《周易大义》、《尚书大义》、《毛诗大义》、《礼记大义》、《孔子正言》、《通史》、《梁武帝诗赋集》、《梁武帝杂文集》、《净业赋》、《乐论》、《黄钟律》、《围棋赋》、《梁武连珠》等。梁简文帝萧纲撰有《昭明太子传》、《诸王传》、《礼大义》、《老子义》、《庄子义》、《长春义记》、《法宝连璧》等书。梁元帝萧绎著有《孝、德、忠臣传》、《丹阳尹传》、《注汉书》、《周易讲》、《内典博要》、《连山》、《词林》、《玉韬》、《金楼子》、《老子疏》、《怀旧传》、《古今同姓名录》、《式赞》等书。唐代的玄宗皇帝亦著述甚丰，著有《周易大衍论》、《孝经制旨》、《注道德经》、《开元广利方》、《太一枢会赋》、《开元文字音义》、《韵英》等著作。

- 皇室成员著述或编修图书最著名者莫属南朝刘义庆和萧统。刘宋皇室成员刘义庆著有著名的笔记小说《世说新语》。该书分三卷，包括德行、言语、政事、文学、方正、雅量、识鉴、品藻、容止、自新、任诞、俭啬等三十六门。萧梁皇室成员萧统主编有对后世影响甚巨的

《文选》，又名《昭明文选》。该书共三十卷，选录先秦至梁朝初年一百三十多家诗文达七百余篇，内分赋、诗、表、启、赞、论、碑文、墓志、行状、祭文等三十八类。刘义庆和萧统能著编有《世说新语》和《文选》这样的千古名著，自然与他们自身的学识修养高有直接关系，同时与他们作为皇室成员能够广览官府藏书也有直接关系。

2. 官撰官助性的文献保障

所谓官撰官助，实际上就是指官修图书，官修图书自然可以得到官藏之助。官修图书是中国古代文化史上的一个源远流长的优秀传统。中国古代历朝历代之所以重视皇家图书馆建设，与官修图书之需要是分不开的，因为皇家图书馆能够为官修图书提供最佳的设施环境与文献保障。为官修图书提供文献保障，是皇家图书馆文献利用的主要形式之一。

春秋以前，学在官府，官守其书，图书修撰由官府垄断，所以春秋以前的所谓"图书"大都为官修图书。《隋书·经籍志》之《正史类》序云："古者天子诸侯，必有国史，以记言行，后世多务，其道弥繁。夏殷以上，左史记言，右史记事。"说明夏殷之时就已有官修国史图书。不过，夏殷之时官修图书的具体情况史载不详，在此无法详细描述。现在流传下来的先秦时期最杰出的官修图书是《吕氏春秋》，又名《吕览》。此书为曾任秦国丞相的吕不韦主持修撰。吕不韦本为阳翟商人，因帮助庄襄王登上王位而成为秦国丞相，封文信侯，食邑河南洛阳十万户。庄襄王即位三年就去世了，十三岁的秦王嬴政即位，尊吕不韦为"仲父"，当时的吕不韦可谓权倾一时、春风得意。吕不韦手下有门客三千人，"吕不韦乃使其客人人著所闻，集论以为八览、六论、十二纪，二十余万言，以为备天地万物古今之事，号曰《吕氏春秋》"（《史记·吕不韦列传》）。显然，《吕氏春秋》是众人合写的杂家作品。凭吕不韦的显赫身份及其手中所握权力，在修撰《吕氏春秋》时大量参阅官府藏书是必然的。

官修图书按所修图书内容和体例可分为官修经书、官修史书（包括官修历书、地方志等）、官修类书、官修政书、官修法典、官修医书、官修书目等类型。限于篇幅，下面只述官修经书、官修史书和官修类书过程中的官藏文献保障情况。为了避免文字上的重复，仅举修书成就之例，而不每处都标"利用官藏"字样。

（1）官修经书

这里所谓官修经书，非指"校经"（校经属于文献整理范畴），更非指"造经"，而是指官修经学图书。所谓经学图书主要指对经典著作（如"四书五经"）进行注释及研究所产生的图书。

先秦及秦代是否有官修经书之举，史籍无载，汉代以后官修经书则绵延不断。西汉宣帝甘露三年（前51年），宣帝召集厘定五经异同的石渠阁会议，这是皇帝亲自主持的讨论五经异同并最终由皇帝裁决的经学专题会议。这次会议形成的经学文献，据《汉书·艺文志》记载，有《书议奏》、《礼议奏》、《春秋议奏》、《论语议奏》、《五经杂议》等，共一百五十五篇。东汉章帝建初四年（79年），章帝仿照石渠阁会议的做法，召集诸儒于白虎观讲论五经异同，与会者有丁鸿、楼望、贾逵、班固等名儒，最后由章帝裁决。会议结束后，命班固整理出讨论和裁决结果，编为《白虎通义》四卷。

隋代官修经书。隋文帝重视礼乐修撰工作，他在位时两度修五礼。第一次是开皇元年（581年），依牛弘建议，诏牛弘与辛彦之、刘焯、刘炫、崔赜、明克让等共同编修礼书，最终撰成《仪礼》百卷。第二次是仁寿二年（602年），命杨素、牛弘、苏威、薛道衡、许善心、虞世基、王劭等撰《五礼》一百三十篇。另据《隋书》之《郑译传》和《何妥传》记载，郑译受诏撰有《乐府声调》六卷，何妥撰有《周易讲疏》、《孝经义疏》、《庄子义疏》、《封禅书》、《乐要》等书。郑译和何妥均在开皇初在隋文帝左右主掌乐律之事，通经明乐，想必亦为广览官府藏书之士。隋炀帝向以大兴土木、穷兵黩武闻名于世，但他亦以鸠集文士、读书著述闻名于世。司马光《资治通鉴》卷一八二《隋纪六·隋炀帝大业十一年正月》云："帝好读书著述，自为扬州总管，置王府学士至百人，常令修撰，以至为帝，前后近二十载，修撰未尝停歇。"隋炀帝"常令修撰"，但所修经书并不多，最有名者当数江徽所撰《江都集礼》。

唐代官修经书。唐代官修经书最著名者要数唐太宗时组织领导的统一五经文字及注疏的修书工程。其第一步是贞观四年（630年）命颜师古考订《易》、《诗》、《书》、《礼》、《春秋》五经文字，于贞观七年（633年）将修成的《五经定本》颁行天下。第二步是命孔颖达等考订五经注疏，于贞观十二年（638年）修成《五经正义》，包括《周易正义》十四卷，《毛诗正义》四十卷，《尚书正义》二十卷，《礼记正义》七十卷，《春秋左传正义》三十六卷，共一百八十卷。至此唐代前期的统一经学工程告成。唐代官修礼书亦颇有建树。贞观初，太宗命中书令房玄龄、秘书监魏徵等修订礼书，于贞观十一年（637年）修成《贞观礼》（又称《大唐仪礼》、《大唐新礼》）一百卷，包括《吉礼》六十一篇，《宾礼》四篇，《嘉礼》四十二篇，《军礼》二十篇，《凶礼》六篇，《国恤》五篇，共一百三十八篇。高宗时，命长孙无忌等在《贞观礼》基础上又修订成《显庆礼》（史称《永徽五礼》）一百三十卷。玄宗时，命张说等在《贞观礼》和《显庆礼》的基础上又修成《开元礼》一百五十卷。唐代官修经书还有：开元年间李融等撰《春秋繁要》四十卷，元行冲撰《御注孝经疏》二卷；元和年间礼官王彦威撰《曲台新礼》并目录三十卷和《续曲台礼》三十卷等。

宋代官修经书。太祖开宝五年（972年），诏修《开宝新定尚书释文》。真宗咸平四年（1001年），诏修《七经疏义》一百六十五卷，七经指《周礼》、《仪礼》、《公羊传》、《穀梁传》、《孝经》、《论语》和《尔雅》。神宗熙宁中，诏王安石、王雱父子修成《三经新义》，三经指《诗》、《书》和《周官》。宋代官修礼书有：太祖开宝间命刘温叟、卢多逊、扈蒙三人修撰的《开宝通礼》二百卷，又编《义纂》一百卷；仁宗嘉祐初，命欧阳修负责编纂《太常因革礼》一百卷；徽宗时修成《五礼仪注》二百二十卷；南宋所修礼书有《续因革礼》三十卷、《中兴礼书》八百余卷等。

明代官修经书。太祖一朝修有《洪武正韵》、《洪范注》、《书传会选》、《孟子节文》四部经书。成祖永乐十二年（1414年），成祖命胡广等四十二人修撰《五经大全》、《四书大全》和《性理大全》，次年修成，成祖亲自写了序文，并命颁天下。《五经大全》和《四书大全》都是对前人的原著和传注进行正定，以理学为取舍标准，合则采用，不合则删去。两书中《四书大全》的影响更大，当时"所研究者惟四书，所辨定者亦惟四书，后来四书讲章浩如烟海，皆是编为之滥觞"（《四库全书总目》之《四书大全》条）。《性理大全》共七十卷，为宋代理学著作与理学家言论的汇编，所采宋儒之说共一百二十家；前二十五卷收入宋儒著作九种，第二十六卷以后分十三个专题汇编各家言论。

清代官修经书。清代官修经书甚为可观。仅据清人昭梿所著《啸亭续录》就列举有钦定经书二十六部，共九百零八卷，包括：《易经通注》四卷，《日讲易经解义》十八卷，《御纂周易折中》二十二卷，《御纂周易述义》十卷，《日讲书经解义》十三卷，《钦定书经传说汇纂》二十四卷，《钦定诗经传说汇纂》二十卷，《御纂诗义折中》二十卷，《钦定周官义疏》四十八卷，《钦定仪礼义疏》四十八卷，《钦定礼记义疏》八十二卷，《日讲礼记解义》二十卷，《日讲春秋解义》六十四卷，《钦定春秋传说汇纂》三十八卷，《御纂春秋直解》十六卷，《御注孝经》一卷，《御纂孝经集注》一卷，《日讲四书解义》二十六卷，《御纂律吕正义》五卷，《御纂律吕正义后编》一百二十卷，《御定康熙字典》四十二卷，《钦定西域同文志》二十四卷，《御定音韵阐微》十八卷，《钦定同文统韵》六卷，《钦定叶韵汇辑》五十八卷，《钦定音韵述微》一百六十卷。由此可见清代钦定或御纂经书之富，其数量超过了以往任何朝代。清康熙皇帝因偏爱朱熹学说，故康熙五十二年（1713年）命熊赐履、李光地等人编修有《朱子全书》六十六卷。顺、康、雍、乾时期，皇帝亲自组织编写有诸多儒家教化类书籍，因此类书籍的内容主要为儒家经训德教之论，故在此将此类书籍列入"官修经书"范畴。此类书包括：顺治朝有《资政要览》、《劝善要言》、《人臣儆心录》、《内则衍义》等，康熙朝有《孝经衍义》、《性理精义》等，雍正朝有《执中成宪》，乾隆朝有《日知荟说》、《经史讲义》等。另外，顺治皇帝曾写有"顺治六谕"，即孝顺父母、恭敬长上、和睦乡里、教训子弟、各安生里、无作非为；康熙帝将此六谕扩展为十六条，即敦孝悌以重人伦、笃亲族以昭雍睦、和乡党以息争讼、明礼让以厚风俗、重农桑以足衣食、尚节俭以息财用、务本业以定民志、隆学校以端士习、黜异端以崇正学、讲法律以儆顽愚、训子弟以禁非为、息诬告以全良善、诫窝逃以免诛连、完钱粮以省催科、联保甲以弭盗贼、解仇怨以重身命；雍正帝又将此十六条进行阐释，著成《圣谕广训》并将其广颁天下，宣传晓谕。

（2）官修史书

先秦官修史书。据刘知几《史通·古今正史》记载，孔子修《春秋》时，"求众家史记，而得百二十国书"。《隋书·经籍志》之《正史类》序云："古者天子、诸侯，必有国史，以纪言行。"墨子亦说

"吾见百国春秋"①。从这些记述来看，先秦时期就已有官修史书，只不过这些史书中的绝大部分详情史籍未载明而已。现可考的先秦官修史书最著名者当数《竹书纪年》和《世本》。《竹书纪年》原书早已失传，司马迁撰《史记》时就未能得见。西晋武帝咸宁五年（279年）在汲郡（今河南汲县）魏襄王冢中出土了一批竹简古书，其中有《纪年》十三篇，此即后世所称《竹书纪年》。此书所记为春秋时的晋国、战国时的魏国史事，大概为晋、魏历代史官相继修撰。《世本》是一部记载从黄帝到战国末期史事的史书，大概为春秋、战国时的史官相继修撰而成。《世本》有《帝系》、《王侯谱》、《卿大夫谱》、《氏姓篇》、《谥法篇》等，这些内容是后世了解上古时期帝王世系及谥法等情况的珍贵史料。司马迁《史记》中的有关内容应该是依据《世本》而来的，故刘知几《史通·古今正史》云"《世本》为《史记》之先驱"。

从史籍记载来看，汉代始官修史书进入制度化轨道。汉武帝始官修起居注，应劭《风俗通》和《隋书·经籍志》都记载当时有《禁中起居注》一书。至东汉，明德马皇后撰有《明帝起居注》。东汉官修史书的最大成就是编修《东观汉纪》（班固所撰《汉书》属于私撰官助范畴，上文已论及）。《东观汉纪》是中国第一部官修纪传体史书，从汉明帝永平五年（62年）开始编修，终于魏文帝黄初六年（225年），共历163年，前后有马严、班固、贾逵、傅毅、刘珍、蔡邕、马日磾、卢植等著名学者参与其中，因其大部分工作在东观进行，故名《东观汉纪》。

中华民族是一个特别看重历史的民族，"国可灭，史不可没"（《元史·董文炳传》）一语，就是这种民族心理的典型写照。从实用的角度而言，"以史为鉴"，是统治者施政所遵循的基本信条，因而历代统治者都很重视史书的收藏和修撰。另外，修撰史书也是论证当朝统治合法性以及整饬统治秩序的必要手段，这也是官修史书受到特别重视的重要原因之一。官修史书包括前代史修撰和当代史修撰，但一般以当代史修撰为重。二十四史中的十之七八，是官修前代史书的产物。当代史书一般包括起居注、时政记或圣政记、日历、会要、谱牒、宝训、实录等多

---

① 《隋书·李德林传》云："墨子又云，吾见百国春秋。"唐刘知几《史通·六家》亦云："《墨子》曰'吾见百国春秋'。"

种体例形式的史书。中国古代历代官修史书的数量及其构成与篇目，目前尚无全面性、权威性记录与统计，这里仅列出宋代和清代官修史书的基本情况（见表2-6、表2-7），以窥一斑。

表2-6　　　　　　　　　　宋代官修史书表

| 序号 | 书名 | 卷数 | 序号 | 书名 | 卷数 | 序号 | 书名 | 卷数 |
|---|---|---|---|---|---|---|---|---|
| 1 | 太祖记 | 10 | 29 | 元丰增修五朝会要 | 300 | 57 | 钦宗玉牒 | 20 |
| 2 | 太祖、太宗两朝国史 | 120 | 30 | 政和会要 | 110 | 58 | 高宗玉牒 | 不详 |
| 3 | 太祖、太宗、真宗三朝国史 | 150 | 31 | 乾道四朝会要 | 200 | 59 | 孝宗玉牒 | 不详 |
| 4 | 仁宗、英宗两朝国史 | 120 | 32 | 乾道中兴会要 | 200 | 60 | 光宗玉牒 | 40 |
| 5 | 神宗国史 | 120 | 33 | 淳熙会要 | 368 | 61 | 宁宗玉牒 | 50 |
| 6 | 哲宗国史 | 210 | 34 | 孝宗会要 | 200 | 62 | 理宗玉牒 | 不详 |
| 7 | 神宗、哲宗、徽宗、钦宗四朝史 | 352 | 35 | 光宗会要 | 100 | 63 | 天禧圣政记 | 150 |
| 8 | 高宗、孝宗、光宗、宁宗四朝国史 | 不详 | 36 | 宁宗会要 | 325 | 64 | 崇宁圣政 | 255册 |
| 9 | 太祖实录 | 50 | 37 | 十三朝会要 | 588 | 65 | 圣政录 | 323 |
| 10 | 太祖实录 | 52 | 38 | 钦宗日历 | 75 | 66 | 高宗圣政 | 60 |
| 11 | 太宗实录 | 80 | 39 | 高宗日历 | 1000 | 67 | 孝宗圣政 | 50 |
| 12 | 真宗实录 | 155 | 40 | 孝宗日历 | 2000 | 68 | 光宗圣政 | 30 |
| 13 | 仁宗实录 | 210 | 41 | 光宗日历 | 300 | 69 | 三朝宝训 | 30 |
| 14 | 英宗实录 | 33 | 42 | 宁宗日历 | 510 | 70 | 仁宗、英宗两朝宝训 | 20 |
| 15 | 神宗实录 | 200 | 43 | 理宗日历 | 472 | 71 | 五朝宝训 | 60 |
| 16 | 神宗实录 | 200 | 44 | 皇宋玉牒 | 33 | 72 | 神宗宝训 | 50 |
| 17 | 神宗实录 | 200 | 45 | 皇宋玉牒 | 2 | 73 | 神宗宝训 | 不详 |
| 18 | 哲宗实录 | 194 | 46 | 太祖玉牒 | 不详 | 74 | 哲宗宝训 | 60 |
| 19 | 哲宗实录 | 150 | 47 | 太宗玉牒 | 不详 | 75 | 钦宗宝训 | 40 |
| 20 | 徽宗实录 | 210 | 48 | 真宗玉牒 | 40 | 76 | 高宗宝训 | 70 |
| 21 | 徽宗实录 | 225 | 49 | 仁宗玉牒 | 4 | 77 | 孝宗宝训 | 60 |
| 22 | 钦宗实录 | 40 | 50 | 仁宗玉牒 | 不详 | 78 | 光宗宝训 | 不详 |
| 23 | 高宗实录 | 500 | 51 | 英宗玉牒 | 4 | 79 | 唐会要 | 100 |
| 24 | 孝宗实录 | 500 | 52 | 英宗玉牒 | 不详 | 80 | 周世宗实录 | 40 |
| 25 | 光宗实录 | 100 | 53 | 神宗玉牒 | 不详 | 81 | 五代会要 | 30 |
| 26 | 宁宗实录 | 499 | 54 | 神宗玉牒 | 80 | 82 | 册府元龟 | 1000 |
| 27 | 理宗实录 | 190 | 55 | 哲宗玉牒 | 不详 | 83 | 新唐书 | 256 |
| 28 | 庆历国朝会要 | 150 | 56 | 徽宗玉牒 | 120 | 84 | 资治通鉴 | 354 |

注：①资料来源：宋立民：《宋代史官制度研究》，吉林人民出版社1999年版，附录一；②表中书名重复者，因修订所致。

表2-7　　　　　　　　　　清代史馆修书统计表

| 书类 | 部、卷数 | 书类 | 部、卷数 |
| --- | --- | --- | --- |
| 正史类 | 16 部 592 卷 | 地理类 | 17 部 1960 卷 |
| 编年类 | 17 部 4690 卷 | 职官类 | 4 部 206 卷 |
| 纪事本末类 | 27 部 2760 卷 | 政书类 | 87 部 9833 卷 |
| 别史类 | 1 部 100 卷 | 目录类 | 4 部 250 卷 |
| 诏令奏议类 | 17 部 1540 卷 | 金石类 | 3 部 70 卷 |
| 传记类 | 11 部 620 卷 | 史评类 | 3 部 109 卷 |
| 时令类 | 2 部 103 卷 | 合计 | 209 部 22833 卷 |

注：①资料来源：王记录：《清代史馆与清代政治》，人民出版社2009年版，第121页；②表中未包括起居注、玉牒等国史书，故实际数据要大于表中数据。

（3）官修类书

类书是采集古籍中的片段或整篇资料，按类别或韵目加以编排，以供寻检、征引、辑佚古代文献之用的工具书。类书辑录的资料，赅括自然界和人类社会的各方面知识，故《玉海》李恒序云，类书"区分胪列，靡所不载"；陈梦雷《松鹤山房集·上诚亲王汇编启》云，类书"凡在六合之内，巨细毕举"。所以，类书同时具有百科全书和资料汇编的性质。① 中国古代有着悠久的编修类书的传统，所编类书数量众多。据张涤华先生《类书流别》之《存佚》篇统计，自魏至清，历代史志书目和官私书目著录的类书多达1035种，除去"存疑"和"黜伪"二目之余为723种。② 据张春晖先生《类书的范围与发展》一文统计，自魏晋至民国的类书有497种。③ 无论根据哪一统计数据，其中官修类书必不在少数。作为"靡所不载"和"巨细毕举"的类书，在编修过程中大量参阅官府藏书是必然的（参见表2-8中的"征引文献数"），这是官府图书馆藏书利用的重要表现之一。

---

① 胡道静：《中国古代的类书》，中华书局2005年版，第1页。
② 张涤华：《类书流别》，商务印书馆1985年版，第42—109页。
③ 张春晖：《类书的范围与发展》，载《文献》1987年第1期。

表 2-8　　　　　　　　若干大型官修类书基本情况表

| 书名 | 撰者 | 卷数 | 部类数 | 征引文献数 |
|---|---|---|---|---|
| 北堂书钞 | 虞世南 | 160 | 19 部 851 类 | 800 多种 |
| 艺文类聚 | 欧阳询等 | 100 | 46 部 727 个子目 | 1431 种 |
| 太平御览 | 李昉等 | 1000 | 55 部 4558 个子目 | 2579 种 |
| 太平广记 | 李昉等 | 500 | 55 部 92 大类 | 500 多种 |
| 文苑英华 | 李昉等 | 1000 |  | 约 20000 篇 |
| 册府元龟 | 王钦若、杨亿等 | 1000 | 31 部 1104 门 | 不详 |
| 永乐大典 | 解缙等 | 22877 |  | 7000—8000 种 |
| 古今图书集成 | 陈梦雷、蒋廷锡等 | 10000 | 32 典 6109 部 | 5000—6000 种 |

注：表中《北堂书钞》虽为虞世南一人之力所修，但考虑到该书为虞世南任秘书监时所修，可视为"私撰官助"之书。《册府元龟》所辑录资料为上古至五代尤其是唐、五代时期的君臣事迹资料，其他方面的资料概不收录，卷帙如此之大、部门数如此之多，其编修过程中必然需要大量参阅官府藏书，只因其不标注资料出处，故征引文献数不详。表中的《太平御览》、《太平广记》、《文苑英华》和《册府元龟》被称为"宋代四大类书"，但有些人认为其中的《文苑英华》属于文学总集而非类书，这里暂不作辨析，仍将其列入类书范畴。

（四）人员配置

大致情况而言，中国古代皇家图书馆的工作人员由史官充任，这是因为古代皇家图书馆不仅是藏书之所，同时还是校书之所和著述之所，而校书和著述工作需要由文化人群体——史官——来担任。当然，从统治者"藏秘书，处贤才"的需要而言，皇家图书馆又是"处贤才"之所，而这些贤才主要来自史官。所以，以史官充任皇家图书馆馆职，是由皇家图书馆的"处贤才"职能和藏书、校书、著述职能共同决定的。不过，正因为史官是国家的贤才，所以他们在朝廷中的职务以记事记言和参议政事的谏官为其正职，而馆职则是其兼职。正因如此，东汉之前，皇家图书馆的馆职并不占独立职官编制，《晋书·职官志》所言"汉东京图籍在东观，故使名儒著作东观，有其名，尚未有官"，就是指馆职不占独立职官编制情况（"尚未有官"）而言。自东汉桓帝延熹二年（159 年）设置秘书监后，皇家图书馆人员配置才被纳入独立职官编制系列，这是中国古代"图书馆员"被列入独立编制的肇始。当然，这里所谓"独立编制"并非完全独立，因为图书馆馆职尤其是领导层馆职由史官兼任的局面仍然保持，而且校书、著述工作仍然由临时指派的史官兼职（贴职）。下面简述东汉以后皇家图书馆的人员配置情况。

1. 魏晋南北朝时期

汉献帝建安二十一年（216年），丞相曹操出任魏王，并于王府设置秘书令一职，"典尚书奏事，即中书之任也，兼掌图书秘记"（《唐六典·秘书省》），其下设秘书丞一人、秘书郎二人。魏文帝曹丕即位后，分立中书与秘书之职，并改秘书令为秘书监，"掌艺文图籍之事"；秘书监内设监一人，秘书丞分左右丞各一人，还有秘书郎、秘书校书、秘书令史等职。

三国时期，蜀汉政权设置有类似秘书监的机构，内设秘书令、秘书郎、秘书令史、秘书吏四种职务。《三国志·蜀书·郤正传》云："郤正字令先，河南偃师人也。……弱冠能属文，入为秘书吏，转为令史，迁郎，至令。"这是郤正经三十年时间从秘书吏转迁至秘书令史、秘书郎及秘书令的记载，这很可能说明蜀国秘书官职是一种比较"专职"的职务。东吴孙权政权称臣于汉政权，其官职系统以武官系统为主，秘书职官在内的文官系统并不健全，其涉及图籍管理的职务主要有东观令、东观左右丞、秘府中书郎等职务。

魏晋禅代以后，晋武帝将秘书监再次并入中书省。《晋书·职官志》云："及晋受命，武帝以秘书并中书省，其秘书著作之局不废。"但到了惠帝践祚之初，"复置秘书监官，其属官有丞，有郎，并统著作省"。其实，秘书省统著作省之事发生于晋武帝之时。据《晋书·职官志》记载，晋武帝元康二年诏曰："著作旧属中书，而秘书既典文籍，今改中书著作为秘书著作。"改隶秘书监之后的著作省设著作郎一人，谓之大著作郎，专掌史任，又置佐著作郎八人。关于秘书监重新独立之事，《唐六典·秘书省》引晋惠帝永平元年（291年）诏云："秘书典综经籍，考校古今，中书自有职务，远相统摄，于事不专。宜令复别置秘书寺，掌中外三阁图书。"这说明，晋惠帝时不仅把秘书监从中书省中分离出来，而且还专设了秘书监的官署——秘书寺。从此以后，秘书监（省）在机构建制上一直独立存在至明初被废止。统观两晋时期，秘书监设监一人，秘书丞一人，秘书郎四人，著作郎一人。仅从人员编制看，两晋时期的秘书监规模不大，似乎其馆职人员数量也不会多，但由于人员更换频繁、兼职者不断，故有晋之世担任秘书监、秘书丞、秘书郎、著作郎职任者众多。据郭伟玲统计，两晋秘书监任职者至少有29人，秘书丞任职者至少有17人，秘书郎任职者至少有27人，著作郎任职者至少有58人。[1] 在两晋秘书监系统中，秘书郎是实际的事务官，秘书郎4人分工执掌甲、乙、丙、丁4部图书。《太平御览》之《秘书郎》条引《晋起居注》云："武帝遣秘书，图书分为甲、乙、景、丁四部，使秘书郎各掌其一焉。"《初学记》卷二十一引《晋宁康起居注》亦云："秘书丞桓石绥启校订四部书，诏郎中四人各掌一部。"

东晋与南朝刘宋政权之间以禅代方式交替，然后宋、齐、梁、陈亦以禅代方式交替，故在秘书监官制上南朝基本沿袭东晋制度，仍设监、丞各1人，秘书郎4人，著作郎1人、佐郎8人，只是到萧梁时期对秘书监制度做了进一步规范，改秘书监为秘书省并调整了秘书省官员的品秩。据郭伟玲统计，刘宋历任秘书监可考者有25人，萧齐有15人，萧梁有22人，陈朝有7人；整个南朝历任秘书丞可考者有39人，秘书郎有60人，著作郎、著作佐郎有73人。[2]

北朝秘书监制度大体因循汉魏制度，但有个别差异。北魏秘书省内设监1人，其品秩至太和改制之后为正三品；秘书令1人，品秩不明，当在秘书监和秘书丞之间，掌邦国经籍之事。北朝时期唯北周官制有所特殊，它采取的是《周官》六府制度，即设立天、地、春、夏、秋、冬六府，在春官府下设外史下大夫，掌书籍，职同秘书监。据郭伟玲统计，北朝历任秘书监令可考者有50人，秘书丞有16人，秘书郎、秘书中散有70人，著作郎、佐郎有92人。[3]

2. 隋唐五代时期

自东汉桓帝延熹二年（159年）设置秘书监后，经魏晋南北朝几百年的沧桑变迁，至隋代秘书省建制较为健全。据《隋书·百官志下》记载，立国之初隋文帝便"改周之六官，其所制名，多依前代之法。置三师、三公及尚书、门下、内史、秘书、内侍等省"，秘书省为中央

---

[1] 郭伟玲：《中国秘书省藏书史》，武汉大学出版社2015年版，第41—54页。
[2] 郭伟玲：《中国秘书省藏书史》，武汉大学出版社2015年版，第81—106页。
[3] 郭伟玲：《中国秘书省藏书史》，武汉大学出版社2015年版，第158—183页。

五省之一，地位很高；"秘书省，监、丞各一人，郎四人，校书郎十二人，正字四人，录事二人，领著作、太史二曹。著作曹，置郎二人，佐郎八人，校书郎、正字各二人"；隋炀帝即位后"改监、少监为令、少令。……又置儒林郎十人，正七品，掌明经待问，唯诏所使；文林郎二十人，从八品，掌撰录文史，检讨旧事。……增校书郎员四十人，加置楷书郎员二十人，掌抄写御书"。至此，隋炀帝时期秘书省官员构成如表2-9所示。

表2-9　　　　　　　　隋炀帝时期秘书省官员构成表

| 官职 | 秘书令 | 少令 | 秘书丞 | 秘书郎 | 儒林郎 | 文林郎 | 校书郎 | 正字 | 楷书郎 |
|---|---|---|---|---|---|---|---|---|---|
| 品级 | 从三品 | 从四品 | 正五品 | 从五品 | 正七品 | 从八品 | 九品上 | 从九品上 | 从九品 |
| 人数 | 1 | 1 | 1 | 4 | 10 | 20 | 48 | 4 | 20 |

资料来源：郭伟玲：《中国秘书省藏书史》，武汉大学出版社2015年版，第240页。

唐代秘书省的人员编制、执掌及品秩情况，《唐六典·秘书省》有详细记载：

> 秘书省：监一人，从三品。少监二人，从四品上。丞一人，从五品上。秘书监之职，掌邦国经籍图书之事。……秘书郎四人，从六品上。校书郎八人，正九品上。正字四人，正九品下。主事一人，从九品上。令史四人，书令史九人，典书八人，楷书手八十人，亭长六人，掌固八人；熟纸匠、装潢匠各十人，笔匠六人。秘书郎掌四部之图籍，分库以藏之。……校书郎、正字掌雠校典籍，刊正文字，皆辨其纰谬，以正四库之图史焉。

从中可以看出，唐代秘书省人员可分为领导人员、业务人员和勤务人员三类。领导人员包括秘书监、秘书少监和秘书丞，其中秘书丞是常务性领导人员。业务人员包括秘书郎、校书郎和正字，其中秘书郎四人分工负责四部图书的管理工作，校书郎和正字负责校雠图书工作。勤务人员包括主事、令史、亭长、典书、楷书手、装潢匠、笔匠等，负责书库安全、图书加工、图书保护、抄写、借还等日常工作。应该说，唐代皇家图书馆的人员配置比较齐全，分工也比较合理。

唐代秘书监任职者可考的有71人，秘书丞任职者可考的有49人。从任职者出身类型来看，秘书监出身进士者为43人，占60.56%；出身明经者2人，占2.82%；通过门荫入选者18人，占25.35%；其他出身8人，占11.27%。秘书丞出身科举者33人，占67.35%；通过门荫入选者9人，占18.37%；其他出身7人，占14.28%。[①] 秘书郎靠吏部铨选获得入选，其他人员靠推荐或皇帝批准入选。

众所周知，唐代的皇家藏书主要集中在各类文馆，如弘文馆、史馆、集贤院不仅收藏有大量文献资料，其人员编制（馆职）也很齐全。

弘文馆人员编制。《唐六典》卷八《弘文馆》条云："自武德贞观以来，皆妙简贤良为学士。故事，五品已上称为学士，六品已下为直学士。又有文学直馆，并所置学士，并无员数，皆以他官兼之。"又："弘文馆学士无员数，学生三十人，校书郎二人从九品上，典书二人，拓书手三人，笔匠三人，熟纸装潢匠九人。弘文馆学士掌详正图籍，授教生徒；凡朝廷有制度沿革、礼仪轻重，得参议焉。校书郎掌校理典籍，刊正错谬。其学生教授考试，如国子之制。"

史馆人员编制。自唐太宗重组史馆以后，史馆最高长官为监修，即宰相监修。监修之下有修撰和直馆。《唐会要·修史官》载宰相裴垍奏折云："史馆请登朝官入馆者，并为修撰，非登朝并为直馆，修撰中以一人官高者判馆事。"除监修、修撰、直馆外，史馆其他人员如《新唐书·百官志二》所言："有令史二人，楷书十二人，写国史楷书十八人，楷书手二十五人，典书二人，亭长二人，掌固四人，熟纸匠六人。"

集贤院人员编制。据《旧唐书·职官二》记载，集贤院有"集贤学士、学士知院事一人，副知院事一人，判院一人，押院中使一人，侍讲学士、修撰官、校理官、侍制官、留院官、检讨官、孔目官一人，专知御书典四人，知书官八人，书直、写御书一百人，揭书六人，书直八人，装书直十四人，造笔直四人"。由此可窥见集贤院人员编制的齐全。不仅如此，在开元十三年为集贤院定名时，将学士张说、徐坚等四

---

[①] 郭伟玲：《中国秘书省藏书史》，武汉大学出版社2015年版，第288—289页。

人，直学士赵东曦、韦述等十人，侍讲学士康子元、侯行果等四人，共计十八人亦称为集贤院"十八学士"。

五代十国时期，天下分裂无统，战乱频仍，各分立政权均表现为"小国家"形态。在这种情况下，各分立政权虽大部分仍设有秘书省（监），但其设施环境可用"惨淡"一词来形容。《册府元龟》卷六〇四《学校部·奏议三》引著作郎李超奏文云："（后唐）秘书监空有省名而无廨署；藏书之府，无屋一间，无书一卷。"叶梦得《石林燕语》卷二云："（后）梁迁都汴，贞明中始于右长庆门东北，设屋十余间，谓之'三馆'，盖昭文、集贤、史馆也。初极卑隘。"叶梦得说的短短几句话揭示了三方面事实：一是昭文、集贤、史馆三馆条件简陋——"初极卑隘"；二是五代时期的昭文、集贤、史馆三馆合一；三是正因为三馆合一，所以从五代始流行"三馆"一词。尽管如此，五代的秘书省大都沿袭唐制设有秘书监、秘书少监、秘书丞、校书郎、正字、著作郎等职官。据郭伟玲统计，五代秘书监任职者可考的有20人，秘书少监有12人，而秘书丞、秘书郎、校书郎、正字、著作郎等职官可考者极少；[1] 而南方十国政权中，设立有秘书省建制的有吴、南唐、前蜀、后蜀、南汉、闽六国，但其任职者可考的亦极少。从五代以后的秘书省制度沿革情况来看，中国古代的秘书省制度从五代开始明显走向衰落，其总的趋势是馆阁逐渐取代秘书省职能。当然，馆阁取代秘书省职能的趋势在唐代重视三馆建设的做法中已显露端倪。

3. 宋元时期

宋代的秘书省制度以神宗元丰五年官制改革为分界线可分为前后两个时期。元丰改制前，"虽有秘书省职官而无秘书省图籍。……若秘书省，则所掌祠祭祝版而已，书籍实在三馆秘阁，而所谓职官者，犹今寄禄官耳"[2]。这种情况，后世学者们称为"三馆秘阁侵夺秘书省之职"。[3] 尽管如此，有宋一代，始终设有秘书省诸职官，其大致情况是：秘书监，正四品，常制一人，或可空缺；秘书少监，常制一人，从五

---

[1] 郭伟玲：《中国秘书省藏书史》，武汉大学出版社2015年版，第347—355页。
[2] 程俱：《麟台故事校证》，张富祥校证，中华书局2000年版，第82页。
[3] 龚延明：《宋代官制辞典》，中华书局1997年版，第16页。

品，在秘书监空缺情况下可任命二人；秘书丞，常制一人，从七品，在秘书监空缺情况下可任命二人；秘书郎，常制二人，元丰改制前，参与祝版祭文的撰写，改制后掌三馆秘阁图籍；校书郎、正字，初设校书郎四人、正字二人，后员额多变，"掌校雠典籍，判正讹谬"；著作郎、佐郎，常制一人或二人，负责修撰时政记、起居注、日历、祭祀祝辞等。另外，秘书省还设有诸多吏员，《宋史·职官志四》记载："吏额：都、副孔目官二人，四库书直官二人，表奏官、书库官各一人，守当官二人，正名楷书五人，守阙一人，正贴司及守阙各六人，监门官一人以武臣充，专知官一人。"

北宋的三馆秘阁，设置有完整的人员编制系统。三馆分别设有大学士或监修国史，均由宰相兼任。《宋史·职官志一》云："上相为昭文馆大学士，次相为集贤殿大学士。或置三相，则昭文、集贤二学士并监修国史，各除。唐以来三大馆皆宰臣兼，故仍其制。"《文献通考·职官四·弘文馆》云："（弘文馆）宋改为昭文馆，大学士一人，以宰相兼充，学士、直学士不常置，直馆以京朝官充。掌经史子集四库图籍，修写校雠之事。判官一人，以两省五品以上充。"《文献通考·职官考四·史馆》云："（史馆）监修国史一人，以宰相为之。修撰、直馆、检讨，无常员。修撰以朝官充；直馆、检讨以京官以上充。掌修日历及图书之事。"《文献通考·职官考四·集贤院》云："集贤院大学士一人，以宰相充。学士以给谏卿监以上充，直学士不常置，修撰以朝官充。直院、校理以京官以上充，皆无常员，掌同昭文馆。"又云："三馆皆以两省五品以上官一人判。"秘阁也有相应的官职，称提辖秘阁、直秘阁、校理等，以内臣充。这些职官均为馆职。三馆秘阁还有各种称谓的"准馆职"人员，例如：昭文馆有编校昭文馆书籍；史馆有史馆校勘、史馆祗侯、编校史馆书籍；集贤院有编校集贤院书籍；秘阁有编校秘阁书籍；等等。当然，三馆秘阁也设有诸多吏员，如"昭文馆孔目官、书库官、头名守当官、史馆孔目官、四库书直官、表奏官、上二名书库官、集贤院孔目官、书库官，为流外从九品"[1]。

元代于至元九年（1272年）设立秘书监。元人王士点、商企翁撰

---

① 程俱：《麟台故事校证》，张富祥校证，中华书局2000年版，第177页。

《秘书监志·职制》云:"世皇观天文以治历授时,观人文以尊经化民,乃立秘书监,储国史,正仪度,颁经籍。"总体而言,元代秘书监的官员配置和吏员配置均较齐全。①

元代馆阁中,最著名者属奎章阁学士院。奎章阁学士院置大学士五员,并知经筵事;侍书学士二员、承制学士二员、供奉学士二员,并兼经筵官幕职;置参书二员、典签二员,并兼经筵参赞官;照磨一人,内掾二人,内二名兼检讨,宣使四人、知印二人、译史二人、典书四人;属官则有群玉内司,置监群玉内司一人,司尉一人,亚尉二人,金司二人、典簿一人,令史二人、典吏二人、司钥二人、司膳四人、给使八人。隶属于奎章阁学士院的艺文监是元代官方藏书与翻译机构。《元史·百官志四》载,艺文监"专以国语敷译儒书,及儒书之合校雠者俾兼治之",其下有"太监检校书籍事二员,从三品;少监同检校书籍事二员,从四品;监丞参检校书籍事二员,从五品;典簿一员,照磨一员,令史四人,译史一人,怯里马赤一人,奏差二人,典吏三人"。顺帝至正初,艺文监改名为崇文监。

4. 明清时期

明朝建立之初,帝王很重视皇家图书馆建设,宫廷藏书曾达到近百万卷之多,明成祖朱棣还组织众人编修有《永乐大典》。早在元至正二十七年(1367年),朱元璋就命建国家主要藏书之所——文渊阁;洪武三年(1370年)又设立秘书监,为正六品衙门,设有监丞一人、直长二人。然而,至洪武十三年(1380年),朱元璋命撤秘书监,将图籍管理事务划归翰林院,而且翰林院中掌管图籍的官员(典籍官)只有二人,从八品。至此存在了1222年的秘书监制寿终正寝。明代撤销秘书省之举,并不意味着朝廷有意忽视图书馆事业的发展,而只能说明在图书馆管理体制安排上未能作出合理、有效的设计;至于有明一代皇家图书馆管理混乱局面的出现,其主要原因在于大部分继体之君昏庸无度以及宦官专权未能得到有效遏止,这种情况在人治时代是难免的事情。不过,明代国子监藏书管理仍保持比较有秩序的局面,如在人员安排上,典籍厅的典籍官具体掌管国子监藏书与书板。明人郭鎜撰《皇朝太学

---

① 详见郭伟玲《中国秘书省藏书史》,武汉大学出版社2015年版,第558—563页。

志》卷一云："典籍一人，从九品阶，掌管监用书籍、书板。"该书卷八复云，典籍官"凡国朝御制书及颁降经史子集，具以类分梜而谨藏之"。明人黄儒炳所撰《续南雍志》卷十一《职官表下》云："典籍，掌书籍经史子集，……刻板者贮于库。呈代交盘，各书及各板一一检验。夏日督役匠晒曝、印制各书，严防匠役，不许损失。"

清代的翰林院制度基本承袭明制，因而其皇家图书管理事务主要由翰林院掌管。清翰林院人员编制较齐全，据张廷玉等撰《词林典故》卷二〇记载，翰林院掌院学士满、汉各一人，秩正三品，俱兼礼部侍郎衔；满、汉侍读学士各三员，满、汉侍讲学士各三员，秩正五品；侍读各三员，侍讲各三员，秩正六品；修撰、编修、检讨无定员，依次为从六品、正七品、从七品；满、汉典簿各一员，孔目各一员，待诏各二员等，额定总额为一百一十九人。其中，典簿二人就是掌管图书事务的官员。在官署设置上，翰林院设有典簿厅和待诏厅，其中的典簿厅掌章奏、文移及吏员、差役之管理事务，并兼管图书事务。典簿厅所掌图书主要为《永乐大典》、《古今图书集成》和《四库全书》等。《大清会典事例》卷一〇四五记典簿厅管理图书事务云："派本院办事翰林数人，各司其籍，翰林及大臣、官员内欲观秘书，即告之领阁事赴署请阅，司籍之员随时存记档册，不许私带出院。"从这段话中可以看出，翰林院所辖藏书处所亦有"领阁事"、"司籍之员"等人员安排。乾隆四十二年（1777年），乾隆皇帝审读四库馆臣呈进的宋人程俱所撰《麟台故事》一书（从《永乐大典》中辑出），从中了解到宋代三馆秘阁书籍以执政领阁事，又有直秘阁、秘阁校理等官吏管理，于是下诏曰："宜酌衷宋制，设文渊阁领阁事总其成；其次为直阁事，同司典掌；又其次为校理，分司注册、典验。……虽责之内府官属，而一切职掌，则领阁事以下各任之。"[①] 根据这一指示，文渊阁人员编制与职掌确定为：文渊阁领阁事，满洲、汉各一人，掌总领秘书，典司册府，以大学士、协办大学士、掌院学士兼充；提举阁事一人，掌率内务府官属以综理阁务；直阁事六人，掌典守厘缉之事，以时与校理轮番入直，凡春秋曝书

---

① 中国第一历史档案馆：《纂修四库全书档案》，上海古籍出版社1997年版，第518页。标点有改动。

则董率而经理之；校理十六人，掌注册典验之事；检阅八人，掌排次清厘之事；文渊阁办理事务、内务府司员四人，笔贴式四人，掌一切收发启闭扫除及稽查宿直之事。由此可知，清朝皇家各藏书之所，都配备有相应的官吏并严加管理图书是毋庸置疑的。

（五）规章制度

皇家图书馆作为一种国家设施，其运行必然需要建章立制。中国古代皇家图书馆是集收藏、校书、著述、借阅于一体的文化机构，其文献管理、人员管理等各个环节都需要制定相应的规章制度。在了解皇家图书馆规章制度时需要注意的是：皇帝发出的有关诏谕是最具权威性的规章制度，且其数量居多。这是中国古代"尊君"、"君生法"观念的必然产物。把皇帝诏谕当作最高指令来遵守，这实际上是"以君代法"或"以言代法"的表现。皇帝诏谕成为规章制度一般表现为两种形式：一种是皇帝亲自发出指令而形成的有关规定或做法；另一种是臣僚提出建议（包括廷议），经皇帝采纳或许可之后形成的有关规定或做法。

1. 文献收藏制度

在文献收藏范围上，秦朝曾有过严格的控制。《史记·秦始皇本纪》记载了李斯上嬴政的焚书建议："臣请史官非秦记皆烧之。非博士官所职，天下敢有藏《诗》、《书》、百家语者悉诣守、尉杂烧之。有敢偶语《诗》、《书》者弃市。……所不去者，医药、卜筮、种树之书。"秦始皇采纳了李斯的建议并予以实施。这就是史上著名的"挟书律"，直到汉惠帝时才解除。从这段文字来看，博士官的藏书范围基本不受限制；其他类型官府藏书之处有两类文献可藏，一为秦记（秦人所写秦国史书），二为医药、卜筮、种树之书；而不许收藏之书亦有两类，一为六国史书（"皆烧之"），二为《诗》、《书》、百家语。

在文献收集方法上，中国古代长期实施献书奖励政策。献书奖励的形式主要有授官、赏物、赏钱、赠书等。《魏书·高祖纪下》载，北魏孝文帝"诏求天下遗书，秘阁所无、有裨益时用者加以优赏"，但这里没有明确"优赏"的具体形式。《魏书·江式列传》载，祖强"献经史诸子千余卷，由是擢拜中书博士"。这是献书而被授官的较早的明确记载。隋文帝时实行了献书赏物政策。据《隋书·牛弘传》记载，牛弘向隋文帝建议收集民间遗书曰："士民殷杂，求访难知，纵有知者，多怀吝惜，必须勒之以天威，引之以微利。若猥发明诏，兼开购赏，则异典必臻。"隋文帝采纳牛弘建议，于开皇三年（583年）下诏"献书一卷，赏绢一匹"（《隋书·经籍志》序）。这是献书赏物的较早明确记载。唐代皇家图书馆文献收集亦有购募之事，《旧唐书·经籍志序》云，肃宗、代宗时"屡诏购募"，昭宗时"省司购募，尚及二万余卷"，这里所说的"购募"形式很可能是"赏钱"。五代后梁对献书者采取"除官"政策。据《册府元龟》卷五〇记载，五代后梁庄宗同光二年（924年）枢密使郭崇韬上《请奖献书人奏》云："伏以馆司四库藏书，旧日数目至多。自广明年后，流散他方。宜示奖酬，俾申搜访。……或有人家藏，能以经史百家之书进献，……当据部帙闻奏，请量等级除官。"宋代对献书之人采取授官（包括考试后录用）、赏物、赏钱等多种形式。宋太祖乾德四年（966年）下诏募亡书，"献书人送学士院试问吏理，堪任职官者具以名闻"[①]。太平兴国六年（981年），宋太宗诏募医书，"及二百卷已上者，无出身与出身，已任职官者亦与迁转；不及二百卷，优给缗钱偿之"[②]。宋仁宗嘉祐五年（1060年），仁宗发布《求遗书诏》曰："……如及五百卷，当议与文武资内安排；不及五百卷，每卷支绢一匹。"[③] 南宋绍兴六年（1136年），下诏求实录遗书，"臣僚士庶有收藏者，许赴史馆送纳。其先到者，与转一官。如不愿转官或白身人与恩泽一资，仍并与陞擢差遣"（《宋会要辑稿·崇儒四》）。明成祖朱棣下诏访求遗书时告诫访求人员"勿较值"，充分显示了献书奖励政策的彻底落实之决心。对献书人给予赠书之赏，最典型者当数清修《四库全书》时乾隆帝对献书多者赠《古今图书集成》或《佩文韵府》一部（此事前文已述）。在古代出版发行系统尚未独立健全的情况下，这种"征集—献书—奖赏"制度很好地保证了皇家图书馆文献采访渠道的基本畅通。

抄写图书，是中国古代皇家图书馆藏书补充的重要途径。在抄写图书方面，亦制定了相应的规程。据《宋会要辑稿·崇儒四》记载，"楷

---

① 程俱：《麟台故事校证》，张富祥校证，中华书局2000年版，第251页。
② 司义祖整理：《宋大诏令集》，中华书局1962年版，第842页。
③ 司义祖整理：《宋大诏令集》，中华书局1962年版，第597页。

书课程：旧制每日写二千字，遇冬日书写一千五百字，并各置工课手历，每日抄转书勘点检，月终结押"。明代修《永乐大典》时，动用抄书手多达二千六百六十九人；嘉靖年间，诏命重抄一部，动用书手一百八十人，历时五年完成；明朝秘阁藏书也多靠抄写，据《明史·艺文志》序记载，"秘阁贮书约二万余部、近百万卷，刻本十三，抄本十七"。清代修《四库全书》，共抄写正副本八部（每部近十亿字），先后历时十五年，动用缮写、装订人员三千八百余人。《四库全书》的抄书手一部分是从参加科举考试的落榜生中挑选出来的，共有一千余名落榜生参与抄写，当时规定"在馆诸生每日限写一千字，五年共限写一百八十万字"，后来又要求每人每日抄写两千字。[①]

  皇家图书馆的资料收集亦有章可循。皇家图书馆不仅是藏书之所，也是著述之所，官修图书大都在皇家图书馆进行。官修图书尤其是官修史书所需要的资料必须集中于皇家图书馆，才能保证官修图书活动的顺利进行。为此，历代朝廷往往出台有送交资料至史馆的规定。如《五代会要》卷一八《诸司送史馆事例》云："后唐同光二年四月，史馆奏：'本朝旧例，中书并起居院诸司及诸道州府，合录事件报馆如右：时政记、刑曹法官、文武两班上封章者各录一本送馆。天文祥变、占侯征验，司天台逐月录报，并每月供送历日一本；祥瑞礼节逐季录报，并诸道合画图申送。蕃客朝贡使至，鸿胪寺勘风俗衣服、贡献物色、道里远近，并具本国王名录报。……右乞宜下有司，条件施行。'从之。"又如《文献通考·职官四》记载宋代百司供报有关资料之规定云："凡宣微院、客省、四方馆、阁门、御前忠佐引见司制置进贡、辞谢、游幸、宴会、赐赉恩泽之事，五日一报；翰林麻制德音、诏书、敕榜、该沿革制置者，门下、中书省封册诰命，进奏院四方官吏、风俗善恶、祥瑞、孝子顺孙、义夫节妇、殊异之事，礼宾院诸番职贡，宴劳赐赉之事，并十日一报；吏部文官除拜铨选沿革，兵部武臣除授，司封封建、考功谥议、行状，户部土贡、旌表、州县废置，刑部法令沿革，礼部奏贺祥瑞、贡举品式，祠部祭祀画日、道释条制、太常雅乐沿革，礼院礼仪制撰、吉凶仪注，司天风云气候、祥异征验，宗正皇属封建出降，宗

---

  ① 王重民：《办理四库全书档案》（上册），国立北平图书馆1934年版，第36、96页。

庙祭享制度，大理寺刊律起请，并一月一报；盐铁金谷增耗，度支经费出纳，户部版图升降，咸岁终而报，每季编次以送史馆。"这里对报送主体、报送内容、报送时限等都作出了明确的规定。

自西晋荀勖创四部分类法、东晋李充确立经、史、子、集之次序后，形成了皇家图书馆按经、史、子、集排列藏书的惯例。《太平御览》之"秘书郎"条引《晋起居注》云："武帝遣秘书，图书分为甲、乙、景、丁四部，使秘书郎各掌其一焉。"这种按经、史、子、集四部排列藏书的做法一直延续到清朝。这种排列法因符合儒家的"尊经重史"的价值观而长期墨守成规，即成为皇家图书馆长期"墨守"的文献收藏制度之一。那么同类书又如何排列呢？同类书排列亦有一定的成规，如唐玄宗开元六年（719年）下诏曰："今丽正殿写四库书，各于本库每部，别为目录。其与四库目不类者，依刘歆《七略》排为《七志》。其经史子集及天文，以时代为先后，以品秩为次第。"① 中唐诗人王建《宫词》写道："集贤殿里图书满，点勘头边御印同；真迹进来依数字，别收锁在玉函中。"从这两段文字中可以看出，唐代皇家藏书同类书排列采取三种办法：一是按经、史、子、集四分法分类后，同类者按时代先后排列，同时代者再按作者官品的高低来排列；二是不宜直接按照四部法分类的作品，可以先按照王俭《七志》的七分法分类后再归入四部法体系之中；三是书法、绘画等珍品，单独收藏在函匣中，每个函匣上面写有数字，按数字顺序排列，并加锁保护。

2. 校书工作制度

校书，是皇家图书馆极其重要的工作内容之一。自西汉末刘向受诏校书以来，形成了被后世称为"刘向故事"的校书程式。从程式上说，刘向的校书主要由四大环节构成：备众本—正字—定篇—编写叙录。其实，真正构成校书环节的是备众本、正字和定篇三个环节，而编写叙录实际上是属于总结校书过程和辨考学术的延伸环节。编写叙录之所以成为校书环节之一，是因为刘向校书是受诏而为的完成皇帝之令的行为，必须写出"工作报告"以供皇帝御览和检查，刘向对每一部书所写的叙录就是这种"工作报告"（最后合编为《别录》），不料这种做法竟

---

① 董诰等：《全唐文》卷二八，上海古籍出版社1990年版，第134页。

然演变成了后世普遍遵循的编目环节之一,即从校书环节之一演变为编目中的提要环节。

校书工作的核心,用东汉安帝时的邓太后的话来说就是"整齐脱误,是正文字"(《后汉书·安帝纪》)。校书工作制度的内容主要有两方面,一是有关校书工作量方面的规定;二是校书过程中应遵循的规则,这种规则称为"校雠式"或"校勘条例"。

校书工作量方面的规定,史籍中有一些零星记载。《宋会要辑稿·职官一八·秘书省》载龙图阁大学士蔡攸上徽宗皇帝奏折云:"本省官校勘书籍,元承朝旨,令长贰总领,丞、著作郎、秘书郎、著作佐郎、校书郎、正字每员日校书籍册页背面二十一纸,以经、史、子、集次序成部分校。仍逐官各置课程簿一面,将校过书籍上簿,十日一次,具校过书籍名件、页数申省,抄上都课程簿,委长贰点检,至月终类聚申尚书省。……今欲乞令秘书省依已降指挥,在省官各印给课程簿一面,经籍按季专差人吏掌管,据在省官每旬具校过书籍名件、页数申省,抄上都课程簿,委长贰点检,至月终攒类都数申尚书省。所有课程簿如不抄转,其掌管人吏从杖一百科罪,官员具名申尚书省,仍许御史台及季点官取索点检。"从此一奏折中可解读的信息包括:工作量——"每员日校书籍册页背面二十一纸";工作量考核办法——给每人发课程簿(实为工作日志或工作量考核表),记录所校书籍名件与页数,每旬交至长贰检查,月终上报尚书省;惩罚措施——如不及时记录和上报课程簿,将处杖刑一百。南宋继承了北宋的这一做法,《南宋馆阁录》卷三载:"日校二十一版,于卷尾亲书'臣某校讫',置课程,每月结押,旬申本省照会。"

校雠式是校书工作遵循的规则。按理推测,自刘向受诏校书开创"刘向故事"以来,历代皇家图书馆校书活动都应该有一定形式的规则,但史籍对这方面的记载大多语焉不详。五代后周显德三年(956年)世宗诏曰:"委中书门下,于朝官内选差三十人,据见在书籍,各求真本校勘,署校官姓名,逐月具功课申报中书门下。"(《旧五代史·世宗纪三》)这里提到了校书的组织者(中书门下)以及"求真本"、"署校官姓名"、"逐月申报功课"等校书规程,但未交代具体执行办法。史籍中较详细记载的校雠式,见于《南宋馆阁录》卷三《储藏》

篇。该校雠式由以下六条内容构成：

第一条："诸字有误者，以雌黄涂讫，别书。或多字，以雌黄圈之；少者，于字侧添入。或字侧不容注者，即用朱圈，仍于本行上下空纸上标写。倒置，于两字间书乙字。"

第二条："诸点语断处，以侧为正；其有人名、地名、物名等合细分者，即于中间细点。"

第三条："诸点发字，本处注释有音者，即以朱抹出，仍点发。其无音而经传子史音同，有可参照者，亦行点发。或字有分明，如传记之传，为邮传之传，又为传习之传……之类，虽本处无音，亦便行点发。"

第四条："点有查误，即行改正，即以雌黄盖朱点，应黄点处并不为点。"

第五条："点校讫，每册末各书'臣某校正'。"

第六条："所校书，每校一部了毕，即旋申尚书省。"

此校雠式详细规定了校书工作应遵循的格式和方法，包括：校改误文用雌黄涂，衍文（多字）用雌黄圈，① 脱文（缺字）则添加，倒文用"乙"标出等；断句在侧旁标点，专用名词则在"中间细点"；要标注声调（点发），一字多音者亦要标出（反切法）；校错者要即行改正；校完之书要签注校者姓名，之后立即上报尚书省。这里既有对书中讹误、脱文、衍文、倒文的处理方法，又有断句、注音以及校错时如何纠正之法，还有校完之书如何验收、上报之程序，可谓比较全面的校书工作规程。

3. 书库管理与借阅制度

书库乃国家典籍宝库，因而必然成为重点防火、防盗和严加管理对象。1975 年在湖北云梦县睡虎地出土的秦墓竹简中有这样一段话：

---

① 关于误文、衍文为什么用雌黄涂或圈的方法这一问题，沈括《梦溪笔谈》卷一有说明："馆阁新书净本有误书处，以雌黄涂之。尝校改字之法，刮洗则伤纸，纸贴之又易脱，粉涂则字不没，涂数遍方能漫灭，惟雌黄一漫即灭。"

> 毋敢以火入臧（藏）府、书府中。吏已收臧（藏），官蔷夫及吏夜更行官。毋火，乃闭门户。令令史循其廷府。节（即）新为吏舍，毋依臧（藏）府、书府。（译文：不准把火带进收藏器物或文书的府库。吏将物品收好后，由官府的蔷夫和吏轮番值夜看守。经检查没有火，才可关闭门户。叫令史巡察其衙署的府库。如果新建吏的居舍，不要靠近收藏器物、文书的府库）。①

这说明，秦代就已有严格的书库防火管理制度。类似这种书库管理制度应该是历朝历代相沿不断的。如宋神宗政和四年（1114年），提举秘书省蔡攸上奏曰："契勘秘书省大门，旧条差皇城司亲事官节级一名、长行五人把门，……常是差填不足。今来已降指挥，书籍等出入并监门具单子，搜检出入等若差人不足，即为虚文而已。乞添节级一名、长行三人，内二名识字，分两番把门搜检，……契勘三馆书籍库，系应奉掌管承受御前并朝廷取降书画、古器、瑞物等，及诸处关借书籍并系库子管勾，今来止有库子三人，欲乞昭文、史馆、集贤院、秘阁，每馆各以库子二人为额。"（《宋会要辑稿·职官一八·秘书省》）宋神宗批准了蔡攸的这一奏请。从中可以看出，北宋三馆秘阁书库的书籍及其他物品的出入都要凭单检验、专人核查，由此保证书籍及物品的出入有据可查和不流失。政和六年（1116年），蔡攸又建议实行书库值宿制度，其奏曰："秘书省长贰五日轮一员，正旦、寒食、冬至节假并入伏不轮，丞以下日轮一员直宿。若请假，即轮以次官，参假日补填。置历抄转，长贰每旬点检觉察，月具直宿、请假官员数、职位、姓名报御史台。"（《宋会要辑稿·职官一八·秘书省》）神宗亦批准了这一奏请。

在藏书管理方面，自晋代确立四部分类法以来，藏书一般按四部分类管理。如唐代秘书郎设四人，分别管理经、史、子、集四部书，每部书库再配以两名典书官，配合秘书郎管理藏书。《唐会要·经籍》载，"文明元年十月，敕两京四库书，每年正月据旧书闻奏；每三年比部勾覆具官典；及摄官替代之日，据数交领，如有欠少，即征后人"，"（天

---

① 睡虎地秦墓竹简整理小组：《睡虎地秦墓竹简》，文物出版社1978年版，第109页。

宝）十一载十月，敕秘书省检覆四库书，与集贤院计会填写"。《唐会要·秘书省》载，"大历十四年九月二十七日敕：秘书省书阁内书，自今后不得辄供诸司及官人等，每月两衙及雨风，委秘书郎典书等同检校，递相搜出，仍旧封闭"。这说明，唐代皇家图书馆藏书管理有定期清点复核、更换官吏时办理交接手续、库内书不得擅自出库并每月清查后封闭等规定。藏书安全管理的核心是人员管理，如果书库管理人员频繁变动就容易出现图书流失现象。为此南宋秘书省官员曾上奏建议不得随意抽调书库管理人员，其曰："乞自今后将本省主行案及掌管书籍之人，并不许诸处抽差。如坐一切违逆，须得发遣，并许奏知不行。如虽奉特旨发遣，亦须俟交割后方许离省，仍不得带行请给，不理在省月日。"① 同时，为了防止监守自盗，淳熙三年（1176年），秘书少监陈骙等上言建议秘书省内别置公使库，"于本省有官职掌内选差一名兼充监库，每日轮差库子、军员各一人在库宿直"（《宋会要辑稿·职官一八·秘书省》）。

北宋初期，皇家图书馆的借阅制度是比较宽松的，以致出现了久借不还的现象。为改变这种局面，采取了"其私借出和借之者并以法坐之"的措施。宋仁宗时，面对官吏藏匿皇家图书并据为己有的现象，仁宗令"置编校官八员，校雠四馆书，给吏百人，悉以黄纸为大册写之，自此私家不敢辄藏"②。用黄纸抄写皇家藏书并在形制上大于普通图书，以此区别皇家藏书与私家藏书，使官吏不敢私藏皇家图书。南宋的皇家图书馆借书制度更加严格。绍兴元年（1131年），高宗"诏秘阁书除供禁中外，并不许本省官及诸处关借，虽奉特旨，亦不许关借"（《宋会要辑稿·职官一八·秘书省》）。

## 第二节　私家图书馆的藏书与管理

中国古代私家图书馆是靠藏书家一家之力建立和管理的藏书单位。中国古代私家图书馆出现于春秋战国之时，经两汉、魏晋南北朝、隋唐

---

① 陈骙、佚名撰：《南宋馆阁录 续录》，中华书局1998年版，第155页。
② 江少虞：《宋朝事实类苑》，上海古籍出版社1981年版，第401页。

五代的发展，在宋元明清达到鼎盛局面，其历史之悠长、分布之广泛、经营之完善，世所罕见。因中国古代无"图书馆"一词，"藏书楼"一词亦于南宋之际才出现且一般用于泛指藏书之处，故古代私家图书馆的称谓大多使用各种各样的表示"房屋"意义的词语，如楼、堂、馆、阁、庵、庐、轩、斋、居、园、亭、室、山庄、山房、精舍、草堂等。私家图书馆的创立者和建设者一般称为"藏书家"。从中国古代文献流传和文化传承意义而言，私家图书馆可与皇家图书馆相媲美；私家图书馆与皇家图书馆一起，可称为中国古代图书馆的双峰并塔，其重要性不言而喻。

## 一 私家图书馆的藏书

（一）藏书来源

私家图书馆藏书的来源，主要有抄录、购置、继承、受赠等途径。其中，对大部分藏书家来说，抄录、购置是最重要的来源途径，而抄录和购置需要投入大量的人力和财力，所以称得上藏书家的人大多是具有显赫身份的人士。

1. 抄录

在印刷术发明之前以及印刷出版业不发达的古代，抄录是人们获得书籍的主要方式和途径。一般认为，孔子是古代最早的私人藏书家之一。《春秋公羊传·隐公元年》何休注云，孔子"使子夏求周史记，得百二十国宝书"。《尚书正义》引《尚书讳》云："孔子求《书》，得黄帝玄孙帝魁之书，迄于秦穆公，凡三千二百四十篇。"这两段话都说孔子得书多，其手段应该主要为抄录而得。《孔子家语·本姓解》云："孔子生于衰周，先王典籍，错乱无纪，而乃论百家之遗记，考正其义，祖述尧舜，宪章文武，删《诗》述《书》，定《礼》理《乐》，制作《春秋》，赞明《易》道，垂训后嗣，以为法式。"由此看来，孔子藏书多，其构成既有抄录之书，又有自编自著之书。

西汉河间献王刘德家藏图书多，且"善书"（真本书）颇多，其来源主要靠抄录。《汉书·景十三王传》之《河间献王刘德》云："河间王德，以孝景前二年立。修学好古，实事求是。从民得善书，必为好写

第二章　中国古代图书馆的藏书与管理

与之，留其真，加金帛赐以诏之。由是四方道士之人，不远千里，或有先祖旧书，多率以奉献王者，故得书多与汉朝等。"刘德采取的办法是：借得真本书后立即抄录，然后把原本留下，抄本送给主人，并加以金帛作为酬谢。也就是说，刘德采取"抄原本，送抄本，留原本"的办法得到许多"善书"，这种手段仍属于抄录积书之法。

藏书家抄录图书，有亲手抄录和托人抄录两种形式。古人读书往往手脑并用，边读边抄，抄写多了，就成为家藏的一部分。《梁书·王筠传》载王筠自述云："余少好书，老而弥笃，虽偶见瞥观，皆即疏记，后重省览，欢兴弥深，习与性成，不觉笔倦。幼年读五经，皆七八十遍。爱《左氏春秋》，吟讽常为口实。广略去取，凡三过五抄。余经及《周官》、《仪礼》、《国语》、《尔雅》、《山海经》、《本草》并再抄，子史诸集皆一遍。未尝倩人假手，并躬自抄录，大小百余卷。"《北史·崔逞传》称，崔逞的玄孙崔休之子崔㥄"读书不废，凡手抄八千余纸"。《周书·薛憕传》说薛憕在族叔怀㒞家"终日读书，手自抄略，将二百卷"。《旧唐书·柳公绰传》记载有柳公绰之子柳公郢勤奋抄书情况，说柳公郢"退公布卷，不舍尽夜。《九经》、《三史》一抄，魏晋以来南北史再抄。手抄分门三十卷，号《柳氏自备》。又精释典，《瑜伽》、《智度大论》皆再抄。自余佛书，多手记要义，小楷精谨，无一肆笔"。最感人的抄书故事当数沈驎士、宋濂、顾铧等人的抄书事迹。《南齐书·沈驎士传》载，"驎士少好学，家贫，织帘诵书，口手不息。……遭火烧书数千卷。驎士年过八十，耳目犹聪明，以反故抄写，灯下细书，复成二三千卷"。被誉为明代开国文臣之首的宋濂，富藏书，其藏书来源之一就是抄书。他在《送东阳马生序》中记述了自小抄书的经历："余幼时即嗜学。家贫，无从致书以观，每假借于藏书之家，手自笔录，计日以还。天大寒，砚冰坚，手指不可屈伸，弗之息。录毕，走送之，不敢稍逾约。以是，人多以书假余，余因得遍观群书。"[①] 明末清初的顾铧（字开林），"性独好书，甚于饥渴饮食。……或力有所不能得，则手自钞写，穷日夜可尽百十纸。夜尝不寐，寐亦止尽数刻，而张灯披衣，往往达旦。手不释卷，不停钞，自以为愉快极，

---

① 引自傅旋琮、谢灼华《中国藏书通史》，宁波出版社 2001 年版，第 562 页。

虽老至不知也"。①

藏书家躬自抄录，精神可嘉，然只能满足少量藏书补充之需，而大量藏书补充则需托人抄录。托人抄录包括托家人抄录、托奴仆（如侍妾、门仆）抄录、托下属抄录、雇人抄录等多种形式。南宋尤袤的《家谱本传》云："公平居无事，日取古人书录之，家人女稚莫不识字，共录三千余部，建万卷藏书楼。"这是托家人抄录的故实。据叶昌炽《缘督庐日记钞》卷十六载，清代藏书家陆烜常命侍妾沈虹屏抄书，陆烜家"有《尚书议》一部，平湖陆烜子章撰。全帙皆侍妾沈虹屏所书，小楷娟秀"；其他书如《尧典》、《舜典》、《吕刑》、《文侯之命》、《费誓》等书后都钤有"女史沈彩虹屏钞"、"侍妾沈彩缮写"等印，说明这些书都是侍妾沈虹屏抄写。这是托家奴抄录的故实。明代藏书家叶盛，谥文庄，钱大昕《潜研堂文集》卷三十一《红雨轩集跋》记其托下属抄录云："文庄藏书之富，甲于海内，服官数十年，未尝一日辍书，虽持节边徼，必携钞胥自随。每钞一书成，辄用官印识于卷端。"明代藏书家项笃寿，字子长，也经常令下属抄书，朱彝尊《曝书亭集》卷五十三记其事云："（子长）性好藏书，见秘册，辄令小胥传钞，储之舍北万卷楼。"其实，朱彝尊本人亦是因常命下属抄书而丢官的人，其《曝书亭集》卷三十九自述曰："（予）中年好钞书，通籍以后，见史馆所储，京师学士大夫所藏弆，必借录之。有小史能识四体书，日课其传写，坐是，为院长所弹去官，而私心不悔也。"在托人抄录诸形式中，雇人抄录渐成主流。葛洪《西京杂记》卷二记匡衡"凿壁偷光"故事云："匡衡，字稚圭。勤学而无烛，邻舍有烛而不逮，衡乃穿壁引其光，以书映光而读之。邑人大姓文不识，家富多书，衡乃与其拥作而不求偿。主人怪问衡，衡曰：'愿得主人书遍读之。'主人感叹，资给以书，遂成大学。"可见，文不识家多书，其主要来源之一就是雇人抄录。至于匡衡"不求偿"，是匡衡德行之表现，不影响其受雇抄书的性质。在写本书时代，家贫之人为人抄录图书渐成一种谋生手段；为人抄录行为称为"拥书"，抄录之人称为"书拥"、"书手"或"书人"。魏

---

① 叶昌炽：《藏书记事诗（附补正）》，王欣夫补正，上海古籍出版社1989年版，第322页。

晋南北朝之时，以拥书为职业的人已大量出现。《魏书·刘芳传》载，刘芳"处穷窘之中，……昼则拥书，以自资给，夜则读诵"；又说"芳常为诸僧拥书经论，笔迹称善，卷直以一缣，岁中能入百余匹"。《梁书·王僧孺传》载，王僧孺"家贫，常拥书以养母，所写既毕，讽诵亦通"。《晋书·左思传》载，左思作《三都赋》，"豪贵之家，竞相传写，洛阳为之纸贵"。豪贵之家传写《三都赋》，应主要为雇人抄录。因抄录《三都赋》的人多而竟然达到"纸贵"的程度，说明抄录行为或拥书职业已蔚然成风。

2. 购置

购置是古代私家图书馆藏书补充的最主要的途径。藏书家投入大量资财甚至倾尽家财购置图书的故实史不绝书。下面仅举赵明诚、胡应麟、祁承㸁、王士禛、黄丕烈等人的挥金垫物购置书籍的故实。

宋代赵明诚、李清照夫妇是节衣缩食以购置书籍的典范。李清照《金石录后序》云："食去重肉，衣去重采，首无明珠翡翠之饰，室无涂金刺绣之具。遇书中百家，字不刓阙，本不讹谬者辄市之，储作副本。"正因为赵明诚、李清照夫妇能够节衣缩食以广购书籍，才著成了不朽名作《金石录》三十卷。

明代藏书家胡应麟（字元瑞）是不惜毁家磬财而购书的典范。明人王世贞《弇州续稿》卷六十三《二酉山房记》云："余友人胡元瑞，性嗜古书籍，少从其父宪使君京师。君故宦薄，而元瑞以嗜书故，有所购访，时时乞月奉不给，则脱妇簪珥而酬之。又不给，则解衣以继之。元瑞之橐无所不罄，而独其载书，陆则惠之，水则米生，盖十余岁，而尽毁其家以为书，录其余资，以治屋而藏焉。"其实，王世贞本人亦为得书而不惜代价之人。当时他见一宋刻前、后《汉书》，印装精美，原为著名书法家赵孟頫所藏，后落入吴中陆太宰之手，王世贞便以一庄园易得之，成为后人广为流传之佳话。

明末澹生堂藏书楼主人祁承㸁也是磬财购书而成就藏书佳话的典范。其《澹生堂藏书约》序云："余十龄背先君子时，仅习句读，而心窃慕古。通奉公在仕二十余年，有遗书五七架，庋卧楼上。余每入楼，启钥取观，阅之尚不能举其义。……先孺人每促之就塾，移时不下楼，继之以诃责，终恋恋不能舍。比束发就婚，即内子奁中物，悉以供市书之值。……凡试事过武林，遍问坊肆所刻，便向委巷深衢。觅有异本，即鼠余蠹剩，无不珍重市归，手为补缀。十余年来，馆谷之所得，饘粥之所余，无不归之书者。合之先世，颇愈万卷，藏载羽堂中。"由此可见祁承㸁为家藏所付出的资财与心血之多。

清代著名诗人王士禛，所得收入，悉以购书，长达三十余年，从无间断，故家富藏书。康熙四十年（1701年）请假告归，唯载书数车以行，弟子禹之鼎为之画有《载书图》；王士禛建有藏书楼，称"池北书库"。王士禛因购书不得而病卧成为藏书史上之佳话。王士禛撰《居易录》卷十四自称："尝冬日过慈仁寺，见孔安国《尚书大传》，朱子《仪礼经传通释》，荀悦、袁宏《汉纪》，欲购之。异日侵晨往索，已为他人所有。归来怊怅不可释，病卧旬日始起。古称书淫书痴，未知视予如何？自知玩物丧志，故是一病，不能改也。亦欲使吾子孙知之。"

清人黄丕烈，字尧圃，对收藏和校释宋版书如痴如醉，故人们称其为"佞宋主人"。他题宋本《鉴戒录》云："顾千里（按：顾广圻，字千里，以字行）为余言，有宋刻《鉴戒录》，为程念鞠豪夺去，此事已愈二十年矣。念鞠秘不示人，余虽识念鞠，亦未便借观也。近念鞠宦游江西，家中书籍，大半散佚。惟此书尚保藏，余谋诸书贾之数与往来者，久而始得其书。索白镪三十金，余爱之甚，易以番银三十三圆，书计五十七页，题跋一页，以页论钱，每页四钱六分。宋刻书之贵，可云贵甚；而余好宋刻书之痴，可云痴绝矣。"不惜"每页四钱六分"之贵、等待二十多年俱为得一宋版书，确可谓"佞宋主人"。

3. 继承

这里所说继承，指在一家族中晚辈继承前辈藏书遗产之事。代际继承的结果成就藏书世家。中国古代多有藏书世家，史载亦多，现择其若干略述之。

据《后汉书·列女传》记载，当年曹操接见蔡文姬时说："闻夫人家先多坟籍，犹能忆识之否？"蔡文姬答道："昔亡父赐书四千余卷。"说明蔡文姬继承了其父蔡邕的藏书遗产，成为中国第一个女藏书家。

唐代李邕乃注《昭明文选》之李善之子。自李邕起，经其子李栻至其孙李磎，祖孙三代积书万卷，到第四代李沈时，更广求天下书籍，建有"万卷书楼"。这是四代相传成为藏书世家的典范。

第二章　中国古代图书馆的藏书与管理

宋代刘式，曾官至秘书丞，"既殁而家无余赀，独有图书数千卷。夫人陈氏指以语诸子曰：'此乃父所谓墨庄也。'"①。其子立德亦曾官至秘书监，其孙刘敞、刘攽皆名流一时，至六世孙刘清之编出其藏书目录《墨庄总录》。中国藏书史上著名的"墨庄"佳话由此而来。

宋代著名诗人陆游家族亦为藏书世家。自陆轸、陆佃、陆宰至陆游已有四世藏书；陆游之子子遹亦喜藏书，这样有史可证者陆氏藏书至少相继五代。据《（嘉泰）会稽志》记载，南宋初建秘府，陆家献书一万三千卷；陆游晚年把自己的书房称为"书巢"并作《书巢记》云："陆子既老且病，犹不置读书，名其室曰书巢。客有问曰：'……今子幸有室以居，而谓之巢，何耶？'应之曰：'吾室之内，或栖于椟，或陈于前，或枕籍于床，俯仰四顾，无非书者。……间有意欲起，而乱书围之，如积槁枝，或至不得出，则辄自笑曰：'此非吾所谓巢者耶？'"（《渭南文集》卷一八《书巢记》）陆家藏书之富由此可见，然此皆家族世代相承而致。

说到藏书世家，不能不提明代范钦及其所建藏书楼——天一阁。天一阁为国内现存最早私家藏书楼，由卸任官员范钦于嘉靖年间创建，藏书曾达到七万多卷，所藏地方志和登科录图书最具特色，多系宋明木刻本和手抄本，亦不乏稀有珍本和孤本。范钦初建阁时，尚未确定阁名，及在阁下凿一池时，得到吴道士龙虎山天一池石刻，范钦认为正与自己建阁凿池之意相合，由是命名为"天一阁"。清代所建《四库全书》七阁，俱仿天一阁建筑形制。天一阁之所以长久不衰，除了较完善的图书保护措施（如防火、防蠹等）和严格的管理制度（如"代不分书，书不出阁"等）原因外，家族世代传承经营是其重要原因之一。范钦之后由其长子范大冲继承，范大冲之后由其长子范汝楠继承，范汝楠之后由其长子范光文、次子范光燮继承，此后又有范懋柱（范钦八世孙）、范邦绥和范邦甸（范钦十世孙）乃至民国时期的范盈藻、范若鹏等，一直香火不断，传承不辍，谱写了天一阁长久不衰的千古绝唱。

在清代藏书家中，常熟瞿氏铁琴铜剑楼藏书是世代传承的典范。《常昭合志稿》卷三十二《人物志·藏书家·瞿镛》云："瞿镛字子雍，

---

① 朱熹：《朱熹集》，郭齐、尹波点校，四川教育出版社1996年版，第4039页。

罟里村人。……父绍基，……性喜购书，收藏稽瑞、爱日及士礼居诸家宋元善本，不吝重值。镛承先志，搜罗不懈，积十余万卷。有斋曰恬裕，其书室也。……子秉渊字敬之，秉清字澂之，并诸生。当粤寇之难，邑中藏书大半毁失，秉渊兄弟独不避艰险，载赴江北。寇退载归，虽略有散亡，而珍秘之本保护未失。"秉渊兄弟之后，瞿镛之孙瞿启甲亦颇能坚守家藏。张之洞、端方、缪荃孙等曾试图将铁琴铜剑楼藏书购归京师图书馆，但都遭到瞿启甲的拒绝，故缪荃孙云："铁琴铜剑楼岿然独存，为吴中第一大家。而瞿良士（按：瞿启甲字良士）兢兢保守，不为势屈，幸而得存。"（《艺风堂文漫存·癸甲稿》卷三）确然，铁琴铜剑楼藏书能够长久保存，确系瞿氏家族世代传承、"兢兢保守"所达致。

4. 受赠

这里所说受赠，指接受非继承关系人所赠图书从而形成自家藏书之事。这样的事例并不多，但把自己惜秘藏书赠予他人之义举感人至深，施赠与受赠之举亦有利于突破私家藏书秘不示人之保守观念，进而有利于形成藏书开放思想。在中国藏书史上，蔡邕赠书王粲、王粲再传至王弼的故实成为广为流传的佳话。《三国志·魏书·王粲传》载：

> （汉）献帝西迁，粲徙长安，左中郎将蔡邕见而奇之。时邕才学显著，贵重朝廷，常车骑填巷，宾客盈坐。闻粲在门，倒屣迎之。粲至，年既幼弱，容状短小，一坐尽惊。邕曰："此王公孙也，有异才，吾不如也。吾家书籍文章，尽当与之。"

西晋张华《博物志》卷六亦记此事曰："蔡邕有书万卷，汉末年，载数车与王粲。粲亡后，相国掾魏讽谋反，粲子与焉。既被诛，邕所与粲书悉入粲族子业，字长绪，即正宗父。正宗即辅嗣兄也。"这里所说辅嗣即著名学者王弼之字。这说明，蔡邕赠王粲万卷书，数传至正宗和辅嗣兄弟手里。王弼之所以能够年少成才，与其能利用王粲所受蔡邕赠书有密切关系。卢弼《三国志集解》对此评论说："王弼年甫弱冠，即为经学大师，当时名公巨卿，惊叹弗及。窃疑何以早慧若是？盖缘伯喈藏书万卷，尽入仲宣（按：王粲字仲宣），又尽转而归辅嗣，博览闳通，渊源授受，有自来矣。"蔡邕的赠书义举，得到后世人们的效仿，

第二章　中国古代图书馆的藏书与管理

如南朝萧梁时期，著名学者沈约将所聚二万余卷书大都赠予王筠。曹安《谰言长语》载，"沈约见王筠文，叹曰：'昔蔡伯喈见王仲宣称曰：王公子孙，吾家书籍悉当相与。仆虽不敏，诸附斯言；予蓄书千百卷，有子举人。死，诸孙恐不能继，凡书多与人，盖亦此意。虽然，古今人家有书遭子孙不肖，失之亦多；矧财帛之积，未有不散者也，不如遇贤者与之为高。'"再如金代顺天贾侯万卷楼藏书数万卷，效蔡邕畀书王粲之举，悉赠予郝经。更为可赞的是，后世人们从蔡邕赠书义举中滋生出了开放藏书的观念和实践。元代将领出身的张柔，在战乱中搜得数万卷图书，筑一藏书楼名曰"万卷楼"。一日，他对将士们说："昔蔡中郎书籍畀之王粲，而粲卒名世。今吾之书若是不有所畀，适足以为蠹鱼之食，不免堕檐之讥矣！"于是，在其"万卷楼"之侧，筑堂曰"中和"，尽以楼之书借学者文士"肆其观览"。著名学者郝经就常被邀至此楼观书，张柔喜曰："吾之书有归矣！"（郝经《陵川集》卷二五《万卷楼记》）

南宋晁公武编撰有《郡斋读书志》，这是中国现存最早私家藏书目录。晁公武之所以能够编撰出《郡斋读书志》，与他从其上司井度受赠大量藏书有直接关系。晁公武在《郡斋读书志》自序中说：

> 南阳公（井度）天资好书，自知兴元府至领四川转运使，常以俸之半传录。时巴、蜀独不被兵，人间多有异本，闻之未尝不力求，必得而后已。历二十年，所有甚富。既罢，载以舟，即庐山之下居焉。宿与公武厚。一日，贻书曰："某老且死，有平生所藏书，甚秘惜之。顾子孙稚弱，不自树立。若其心爱名，则为贵者所夺；若其心好利，则为富者所售，恐不能保也。今举以付子，他日其间有好学者，归焉。不然，则子自取之。"公武惕然从其命。书凡五十箧，合吾家旧藏，除其复重，得二万四千五百卷有奇。

井度慨然赠书、晁公武惕然受赠，成就了一部优秀私家藏书目录——《郡斋读书志》的诞生，此乃于中国图书馆学史、目录学史有重要意义之事。

（二）藏书毁散

与官府图书馆藏书聚散频更一样，中国古代私家图书馆的藏书亦始终处于聚散频更的状态之中。一般认为，兵、火、虫、水是造成官私藏书毁散的四大杀手，其中兵与火往往同时发生，因为古代社会的战争往往"兵火连天"，此故，人们把兵火造成的藏书毁散称为"兵燹"之祸。相比较而言，兵火对官府藏书的毁散至为惨烈，而火灾、水灾对私家藏书的毁散至为惨烈。明末清初大藏书家钱谦益绛云楼之"付之一炬"，成为国人哀叹至极的共同记忆。清人曹溶《绛云楼书目·题词》记此事云："（钱谦益）入北来久，称疾告归，居红豆山庄，出所藏书，重加缮治，区分类聚，栖绛云楼上。大椟七十有三，顾之自喜曰：'我晚而贫，书则可云富矣。'甫十余日，其幼女中夜与乳媪嬉楼上，剪烛戏，落纸堆中，遂燃。宗伯楼下惊起，焰已涨天，不及救，仓皇出走，俄顷楼与书俱尽。"

其实，子孙不守亦为私藏散亡的重要原因。《旧唐书·王方庆传》载，方庆"聚书甚多，不减秘阁，至于图画，亦多异本。诸子莫能守其业，卒后寻亦散亡"。明人谢肇淛（字在杭）《五杂俎》卷十三云："胡元瑞书，盖得之金华虞参政家者。虞藏书数万卷，贮之一楼，在池中央，以小木为杓，夜则去之，榜其门曰：'楼不延客，书不借人。'其后，子孙不能守，元瑞啖以重价，给令尽室载至，凡数巨舰。及至，则曰：'吾贫不能偿也。'复令载归。虞氏子既失所望，又急于得金，反托亲识居间，减价售之，计所得不十之一也，元瑞遂以书雄海内。"胡应麟趁人之危而巧取豪夺，固不可赞，然虞家子孙不能守祖先之书而减价售之，亦不可赞。

火灾与子孙不守共同造成藏书毁散，其最惨痛者要数祁承㸁十余万卷藏书之毁散。祁承㸁原有藏书万余卷，其艰苦搜集过程前文已述，然万历二十五年（1597年），"小奴不戒于火，先世所遗及半生所购，无片椠存者"。于是，祁承㸁又重新开始了积书历程，尤其是万历三十二年（1604年）登第进士后，在多地任职期间通过各种方式和途径，广泛搜罗，于山阴梅里治旷园，以澹生堂为藏书之所，编出《澹生堂藏书目》，著录图书九千余种，十万余卷；同时制定子孙"不得入私室"、"正本不得出密园"、"勿分析，勿覆瓿，勿归商贾手"等严苛规定；祁承㸁及其子祁彪佳卒后，子孙将所有藏书转移到云门山化鹿寺，但未采取严格保管措施，藏书由此开始散出。据黄宗羲《天一阁藏书记》所记，"祁氏旷园之书，初庋家中，不甚发现。乱后迁至化鹿寺，往往散见市肆"，概因祁氏子孙佞佛，视藏书如土苴，不少图书为沙门赚去卖钱而流失民间。新中国成立后，据黄裳先生估计，今日公私所藏之澹生堂之抄本书，"通计之亦不过二、三十种耳"①。

至晚清时，由于外敌入侵和农民起义军的多次冲击，私家藏书除了几大家之外大多走向衰败。这种衰败迹象在同治年间已显露无遗。陈弢《同治中兴京外奏议约编》卷四载有同治年间江苏学政鲍源琛的一份奏稿，记述了当时私家藏书、学校藏书、地方政府藏书版及书肆衰落以致"士子无书可读"之惨状：

> 近年各省，因经兵燹，书多散佚。臣视学江苏，按试所经，留心访察，如江苏松、常、镇、扬诸府，向称人文极盛之地，学校中旧藏书籍，荡然无存。藩署旧有恭刻经史诸书版片，亦均毁失。民间藏书之家，卷帙悉成灰烬。乱后虽偶有书肆所刻经书，但系删节之本，简陋不堪。士子有志读书，无从购觅。苏省如此，皖、浙、江右诸省情况，谅亦相同。以东南文明大省，士子竟无书可读，其何以兴学校而育人才？

综观中国古代私家藏书的命运，大都毁散于兵、火、水、虫、子孙不守以及其他各种原因之中，像天一阁藏书能够保存下来者委实幸之又幸。②范凤书先生曾编有"中国私家藏书厄于水灾简表"和"中国私家藏书厄于火灾简表"，列出私家藏书水灾之厄事件19起和火灾之厄事件70起。③从这两个数字中，我们完全可以窥见中国古代私家藏书毁散之普遍与严重程度。

---

① 黄裳：《榆下杂说》，上海古籍出版社1992年版，第249页。祁承㸁子孙并非都为不守家风的不肖子孙，如其子祁彪佳为抗清自沉于池中死节，并留绝命词云："图功为其难，洁身为其易；吾为其易者，聊存洁身志；含笑入九泉，浩然留天地。"明唐王追谥乞敏，清追谥忠惠。彪佳亦喜藏书，以南宋郑樵求书八法之意命名自己的藏书楼为"八求楼"；利用父藏和己藏中的明传奇戏曲图书，著有《远山堂曲品》和《远山堂剧品》，受到后人极佳赞美。祁彪佳殉国之后，祁氏家族藏书开始散出。

② 其实，天一阁藏书亦非完整无损地保存至今，在鸦片战争、太平天国起义等动荡岁月中，其藏书损失不少；民国三年（1914年），当地人冯某串通窃贼薛继渭从阁顶潜入，窃走书籍1759种。

③ 范凤书：《中国私家藏书史》，武汉大学出版社2013年版，第635—642页。

### (三) 藏书家

私家图书馆的创立者和建设者一般称为"藏书家"。那么，什么样的人堪称藏书家呢？范凤书先生提出有堪称藏书家的三个标准：首先，必须为"多书"；其次，所藏之书须具相当质量；最后，藏家本人应进行一定的整理和应用。[①] 根据这三个标准，再加之史料有明确记载为依据，范先生统计出中国历代藏书家人数共计5045人。范先生统计的5045人中包括近现代私藏家868人，若减去此人数，则中国古代藏书家人数为4177人，当然，实际人数必超此数。从藏书家地域分布情况（见表2-10）来看，"集中—分散"分布明显，即藏书家大多集中于当时政治、经济、文化较发达的江苏、浙江、山东、江西、福建、河南、安徽等省。

表2-10　　　　中国藏书家省区分布统计表

| 名次 | 省区名 | 藏书家数 | 百分比（%） | 名次 | 省区名 | 藏书家数 | 百分比（%） |
| --- | --- | --- | --- | --- | --- | --- | --- |
| 1 | 浙江 | 1139 | 22.58 | 17 | 云南 | 36 | 0.71 |
| 2 | 江苏 | 998 | 19.19 | 18 | 甘肃 | 33 | 0.65 |
| 3 | 山东 | 495 | 9.81 | 19 | 辽宁 | 31 | 0.61 |
| 4 | 江西 | 331 | 6.15 | 20 | 天津 | 25 | 0.5 |
| 5 | 福建 | 287 | 5.69 | 21 | 贵州 | 18 | 0.37 |
| 6 | 河南 | 218 | 4.32 | 22 | 广西 | 17 | 0.33 |
| 7 | 安徽 | 206 | 4.08 | 23 | 内蒙古 | 14 | 0.28 |
| 8 | 山西 | 199 | 3.95 | 24 | 黑龙江 | 5 | 0.1 |
| 9 | 河北 | 174 | 3.45 | 25 | 吉林 | 4 | 0.08 |
| 10 | 广东 | 151 | 3 | 25 | 台湾 | 4 | 0.08 |
| 11 | 上海 | 135 | 2.68 | 26 | 海南 | 2 | 0.04 |
| 12 | 四川 | 117 | 2.32 | 26 | 新疆 | 2 | 0.04 |
| 13 | 湖南 | 115 | 2.3 | 27 | 青海 | 1 | 0.02 |
| 14 | 湖北 | 93 | 1.84 | 27 | 宁夏 | 1 | 0.02 |
| 15 | 陕西 | 68 | 1.35 | 29 | 西藏 | 0 | 0 |
| 16 | 北京 | 61 | 1.21 |  | 籍贯不明 | 65 | 1.28 |
|  |  |  | 合计 |  |  | 5045 | 100% |

资料来源：范凤书：《中国私家藏书史》，武汉大学出版社2013年版，第657—658页。

---

① 范凤书：《中国私家藏书史》，武汉大学出版社2013年版，第7页。

## 第二章　中国古代图书馆的藏书与管理

在中国古代，凡称得上藏书家的人一般都有藏书楼。藏书楼不一定都是"楼房"，凡藏书家藏书之所均可泛称藏书楼。据《太平御览》卷六一八载，东汉李谿"博学多通，文章秀艳，家有奇书，时号'李书楼'"。这是中国最早的有关私家藏书楼的记载。当然，"李书楼"绝非中国古代第一个私家藏书楼，在此之前早已有许多私家藏书楼，只不过史籍上没有明确称之为"书楼"或"藏书楼"而已。在中国古代四大类型图书馆中，私家藏书楼数量最多。中国古代共有多少私家藏书楼，这是一个无法准确统计的事情。一般来说，有多少藏书家就有多少藏书楼，但因个别藏书家有多个藏书楼，故藏书楼的数量应该多于藏书家的数量。范凤书先生著有《中国著名藏书家与藏书楼》一书，该书收录唐代至现代著名私家藏书楼"一千余座"。该书前言称"小藏书家不录，生者不录，一般学者、书画家的书斋、画室不录，……全书计选录藏书家一千名左右，述及藏书楼一千余座"。[①] 该书未收录唐代之前的藏书楼，但收录了现代时期的藏书楼，若剔除其中现代时期的藏书楼，而把唐代之前的藏书楼加进来，则中国古代著名的私家藏书楼大概仍有"一千余座"左右。当然，这只是"著名"藏书楼数量，若把"非著名"藏书楼加进来，则中国古代私家藏书楼数量应远超这一数据。

在后世文献中，常有某一历史时期有几大藏书家的说法，如认为清代有乾嘉四大藏书家和晚清四大藏书家。乾嘉四大藏书家包括：黄丕烈，其藏书处所名有百宋一廛、陶陶居、士礼居；周锡瓒，字仲涟，号香严，其藏书楼名曰水月亭；袁廷梼，字又凯，号绶阶，其藏书楼称五研楼；顾之逵，字抱冲，其藏书楼曰小读书堆。晚清四大藏书家包括，瞿镛，其藏书楼为铁琴铜剑楼；杨以增，山东聊城人，其藏书楼为海源阁，收藏多达数十万卷，号称北方最大私家藏书楼；陆心源，浙江临安人，有皕宋楼、十万卷楼、守先阁等书楼；丁申、丁丙，杭州人，兄弟俩共有嘉惠堂藏书楼，分八千卷楼、后八千卷楼和小八千卷楼三处。

---

① 范凤书：《中国著名藏书家与藏书楼》，大象出版社2013年版，前言。

## 二 私家图书馆的管理

（一）文献典藏

这里所谓文献典藏，主要指文献庋藏、校勘、编目、保护等活动。私藏家的藏书绝非随意堆放，而大多有一定庋藏之法，而且许多私藏家对所藏之书进行校勘、编目和保护。

1. 文献庋藏

《新唐书·柳仲郢传》载，仲郢"家有书万卷，所藏必三本：上者贮库，其副常所阅，下者幼学焉"。仲郢之子玭，在《柳氏序训》中云自家升平里西堂藏书，经史子集皆有三本。柳氏藏书按用途不同划分为三类：第一类供镇库以传久；第二类供披阅以自学；第三类供后学以教子孙。这是经、史、子、集四分之后进一步细分之法，亦即内容分类法和用途分类法相结合的复合典藏方法，可谓用心良苦。

唐代大藏书家李泌，德宗时官至宰相，封邺县侯，世人称李邺侯。明彭大翼《山堂肆考》卷一二四云："唐李邺侯起书楼，积书三万余卷，经用红牙签，史用绿牙签，子用青牙签，集用白牙签。"韩愈《送诸葛觉往随州读书》诗亦云："邺侯家多书，插架三万轴，一一悬牙签，新若手未触。"从彭大翼和韩愈两人的文字中，我们仿佛能够想象到李泌家藏经、史、子、集四部分别对应红、绿、青、白四色的井然有序状，这是私家藏书用四色分四部的最早记载，同时也是把皇家藏书四色分类典藏法移植到私家典藏的最早记载。

元人庄肃，字恭叔，又字幼恭，积书七八万卷，自编有《庄氏藏书目》。其分类方法是，于经、史、子、集外，复列山经、地志、医卜、方技、稗官、小说六目，合为十类，以甲、乙、丙、丁、戊、己、庚、辛、壬、癸十门标列。可见其典藏有序。元代著名书法家陆友对其众多藏书，第其篇帙，部分类别，编成《陆氏藏书目录》，其图书上至经史传记，下至权谋数术、氾胜虞初、旁行敷落、百家众技之文，栉比而鳞次，井然有序。① 在藏书库房的布局上，私藏家们亦能做到布局有方、错落有序。元人郝经《陵川集·万卷楼记》描述有藏书家贾辅万卷楼

---

① 傅璇琮、谢灼华：《中国藏书通史》，宁波出版社2001年版，第481页。

藏书布局，其曰："楼既成，尽以卷帙置其上而为之第，别而为九：六经则居上上，尊敬也；传注则居上中，后传也；诸子则居上下，经之余也；历代史居中上，亚六经也；杂传记居中中，次史也；诸儒史论居中下，史之余也；先正文集及诸著述居下上，经史之余也；百家众流、阴阳图籍、山经地志、方伎术数则居下中，皆书之支流余裔也；其法书名画则居下下，艺成而下也。栉比鳞次，高切星汉。"由此可见，中国古代藏书家们，无论对其藏书采取何种分类标架方法，都能保证其典藏的井然有序是不言而喻的。

2. 文献保护

文献保护是文献典藏的重要内容之一。中国古代私藏家们大多对自己的藏书采取行之有效的保护措施。藏书楼通风透光，晾晒书籍，经常翻动书籍等，是私藏家们最常用的文献保护措施。

唐代以后，私家藏书楼大多建成二层楼格局，第二层用于藏书，目的就是通风透光，有利于保护藏书。明代嘉靖时期，苏州孙楼建有藏书楼"丌册庋"，他在《丌册庋记》中说出了理想的藏书楼格局："思夫鼠蠹莫之能啮，湿暑莫之能浥，曷若爽而垲之。登上重屋之上，陈诸疏棂之中，楼之其庶乎？"① 意思是说，藏书之所最好是建在高隆而干燥的地方，而且是二层楼，楼上有窗户以通风透光，这样才能抵御虫鼠的蛀啮，且有利于防潮。祁承㸁说得更清楚，他说藏书楼"下一层离基地二尺许，用格栅地板，湿蒸或不能上。……前面只用透地风窗，以便受日色之晒，……而此楼之制，既欲其坚固，又欲其透风"②。清人叶德辉亦曰："藏书之所，宜高楼。……宜四方开窗透风，兼引朝阳入室。遇东风生虫之候，闭其东窗。窗橱俱宜常开。……春夏之交，宜时时清理，以防潮湿。四、五月黄霉，或四时久雨不晴，则宜封闭。六、七月以后至冬尽春初，又宜敞开。"③ 可见，中国古代私藏家们都能非常重视通过通风透光措施来保护藏书。

晾晒书籍即曝书，是中国古代各类图书馆都常用的藏书保护措施。

---

① 叶昌炽：《藏书记事诗（附补正）》，王欣夫补正，上海古籍出版社 1989 年版，第 214 页。
② 黄裳：《银鱼集》，生活·读书·新知三联书店 1985 年版，第 277 页。
③ 叶德辉：《藏书十约》，载祁承㸁等《藏书记》，广陵书社 2010 年版，第 115—116 页。

可以说，几乎所有的私藏家都经常晾晒书籍。《清稗类钞》录有常熟顾文宁《曝书有感》诗云："玄蝉噪熏风，嘒嘒庭前木。晴窗白昼长，赤日盛炎焗。不暇傲羲皇，且抱残编曝。芸馥当风散，衣鱼随手扑。破损感年深，校阅怜毫兔。不惜倾囊购，不辞胝手录。夸人未全贫，堆床尚连屋。世缘已渐忘，爱此犹骨肉。身后无可授，生前不能读。展看三太息，将入阿谁目？有聚应有散，此理筹之熟。自笑尚忘疲，检点乃归椟。"这首诗描写了一个老儒晾晒书籍的过程及其心境：在一个蝉声随风飘的晴朗夏日，抱出书籍晾晒，夹在书中的芸香香味随风飘散，书中的蠹虫被扑灭，回忆自己多年苦心购置和抄录书籍的往事，忘却了疲劳，心灵得到了无比的慰藉。清代诗人袁枚《小仓山房诗集》卷三三《消夏八首之曝书》诗云："问富数书对，收藏却最难。趁兹三伏好，分作几回摊。线脱忙教换，云遮怕未干。蠹鱼应一笑，未必子孙看。"这首诗描写了作者趁三伏天晾晒书籍，发现装线断坏当即找人换线修补的经过，天空有云遮蔽阳光时生怕不能晒透书籍，以及达到"蠹鱼应一笑"之效果时的喜悦心情。

经常翻动书籍也是保护藏书的一种有效方法，因为经常翻动可以使书籍避免虫蠹，去除潮气和灰尘，减少或避免书籍霉变。唐代张彦远《历代名画记》卷二曰："凡书画时时舒展，即免蠹湿。"清人叶德辉甚至认为经常翻检书籍是校书的八大好处之一，因为校书的人"日日翻检，不生潮霉，蠹鱼蛀虫，应手拂去"①。当然，翻动书籍要有正确的方法，不然也有可能翻坏书籍，故中国古人对翻动书籍提出了近乎苛刻的要求。《齐民要术》卷三云："凡开卷读书，卷头首纸，不宜急卷；急则破折，折则裂。以书带上下络首纸者，无不裂坏。卷一两张后，乃以书带上下络之者，稳而不坏。卷书勿用离带而引之，非直带湿损卷，又损首纸令穴，当衔竹引之。书带勿太急，急则令书腰折。骑驀书上过者，亦令书腰折。"宋人费衮《梁谿漫志》卷三记有司马光告诫儿子翻阅书籍的方法：

> 至于启卷，必先视几案洁净，藉以衲褥，然后端坐看之。或欲

---

① 叶德辉：《藏书十约》，载祁承㸁等《藏书记》，广陵书社2010年版，第113页。

行看,即承以方版,未尝敢空手捧之,非惟手汗渍及,亦虑触动其脑。每至看竟一版,即侧右手大指面衬其沿,而覆以次指面,捻而夹过,故得不至揉熟其纸。每见汝辈多以指爪撮起,甚非吾意。今浮屠老氏犹知尊敬其书,岂以吾儒反不如乎?当宜志之。

这里司马光详细列出了翻阅书籍时的一系列动作要领,如几净、端坐、裯褥、垫版、手勿带汗渍、勿触书脑以及翻页时的手指动作等,可谓详细至极;最后,司马光又提出了"尊敬其书"的道德要求。颜之推的《颜氏家训·治家》云:

济阳江禄,读书未竟,虽有急速,必待卷束整齐,然后得起,故无损败,人不厌其求假焉。或有狼藉几案,分散部帙,多为童幼婢妾之所点污,风雨虫鼠之所毁伤,实为累德。吾每读圣人之书,未尝不肃敬对之。

这里颜之推把书籍污损的原因归结为"累德",并提出对圣人之书必须"肃敬对之"的道德要求。从颜之推和司马光的言论中可以看出,古代中国人把文献保护提升到"敬书以尊圣"的道德高度。这说明,中国古人早已有爱书、护书、敬书的高尚情操。

3. 文献校勘

有学问的藏书家不仅藏书而且还校书,这是私家藏书质量不比官府藏书质量差的重要原因之一。自西汉刘向校书形成"刘向故事"以来,官府、私家、寺观图书馆均重视校书,"有藏有校"成为中国古代图书馆源远流长的优秀传统。《北史·邢峦传》记述邢邵讥笑他人校书之事曰:"(邢邵)有书甚多,而不甚雠校。见人校书,笑曰:'何愚之甚!天下书至死读不可遍,焉能始复校此。日思误书,更是一适。'"邢邵讥笑他人校书,这本身说明当时校书之人已较多;邢邵虽然讥笑他人校书,但又承认了"日思误书,更是一适"的校书人之普遍心理的合理性。清代著名校勘家顾广圻命名自己的书室为"思适斋",即取"日思误书,更是一适"之意。唐人韦述,曾官至尚书工部侍郎,《旧唐书·韦述传》载其"家聚书二万卷,皆自校定铅椠,虽御府不棣也"。《新唐书·苏弁传》载苏弁"聚书至二万卷,手自雠定,当时称与秘府侔"。这是关于唐代藏书家们校书的史实记载。宋代藏书家大多文人学者,几乎达到有藏必有校。北宋宋绶,字宣献,藏书家兼校书家,言有"校书如扫尘"之喻。沈括《梦溪笔谈》卷二五记云:"宋宣献博学,喜藏异书,皆手自校雠,常谓校书如扫尘,一面扫,一面生,故有一书每三四校,犹有脱谬。"宋绶之子宋敏求,字次道,继承父志,亦以藏书多、校书精著称于世。苏颂《苏魏公文集》卷五一《龙图阁直学士修国史宋公神道碑》称敏求"家书数万卷,多文庄(杨徽之)、宣献手泽与四朝赐札,藏秘唯谨。或缮写别本,以备出入。退朝则与子侄缪雠订正,故其收藏最号精密"。朱弁《曲洧旧闻》卷四云:"宋次道龙图(按:敏求晚年官拜龙图阁直学士)云:'校书如扫尘,随扫随有。'其家藏书皆校三五遍者。世之蓄书,以宋为善本。"王钦臣藏书四万多卷,徐度《却扫编》卷下云钦臣"每得一书,必以废纸草传之,又求别本参校,至无参误,乃缮写之。……此本专以借人及子弟观之。又别写一本,尤精好,以绢素背之,号镇库书,非己不得见也"。

　　清人卢文弨,字绍弓,号矶渔,又号檠斋,晚年更号抱经,是清代著名的藏书家和校勘家。钱大昕述文弨藏书和校书之事曰:"抱经先生精研经训,自通籍以至归田,铅椠未尝一日去手。奉廪修脯之余,悉以购书,遇有秘钞精校之本,辄婉转借录。家藏图籍数万卷,手自校勘,精审无误。"[①] 严元照在《书卢抱经先生札记后》称:"先生喜校书,自经传、子、史,下逮说部、诗文集,凡经披览,无不丹黄。即无别本可勘同异,必为厘正字画然后快。嗜之至老愈笃,自笑如猩猩之见酒也。"今翻阅《抱经堂文集》,卷首有翁方纲《翰林院侍读学士抱经先生卢公墓志铭》,文中列举有卢文弨所校书籍,包括《经典释文》、《逸周书》、《孟子音义》、《新书》、《春秋繁露》、《方言》、《白虎通》、《西京杂记》、《独断》、《荀子》、《吕氏春秋》、《释名》、《韩诗外传》、《颜氏家训》、《封氏闻见记》、《左传古义》、《谢宣城集》、《五经正义表》、《周易》、《礼记注疏》、《吕氏读书记》、《魏书》、《宋史》、《金

---

① 叶昌炽:《藏书记事诗(附补正)》,王欣夫补正,上海古籍出版社1989年版,第500—501页。

史》、《新唐书纠缪》、《列子》、《申鉴》、《新序》、《新论》、《群书拾补》、《说文》、《广雅注释》、《仪礼注疏》、《史记索隐》、《钟山》、《龙城札记》等,由此可见卢文弨校书之广、之多。另外,清乾嘉年间,顾广圻、黄丕烈亦为成绩斐然的著名校书家、版本学家,读者可从《思适斋集》、《思适斋书跋》和《尧圃藏书题识》及其《续录》和《再续录》中窥见他们在校书、版本鉴定方面的深厚功底和卓然成就,在此不作详述。

4. 文献编目

中国古代的藏书家,几乎做到"有藏必有目",此亦为中国古代私家图书馆的优秀传统。《梁书·任昉传》载,"昉卒后,高祖使学士贺纵共沈约勘其书目,官所无者,就昉家取之"。由此可以看出,任昉编有自家藏书目录,这是史籍中最早以"书目"一词提及的私家藏书目录。从现存史料来看,在官编目录和私编目录中有正式著录的最早私家藏书目录是唐代吴兢的《吴氏西斋书目》。在《新唐书·艺文志》史部目录类和晁公武编《郡斋读书志》卷九都著录有《吴氏西斋书目》。《郡斋读书志》谓:"唐吴兢录其家藏书,凡一万三千四百六十八部。"《旧唐书·吴兢传》亦称"兢家藏书颇多,尝目录其卷第,号《吴氏西斋书目》"。可见,《吴氏西斋书目》一直传到南宋,可惜此后失传。不仅《吴氏西斋书目》宋后失传,宋代之前的所有私家藏书目录均已失传,现在人们能见到的最早私家藏书目录为南宋晁公武所编《郡斋读书志》。中国古代私家藏书目录有多少?这是一个很难准确统计的数目。据范凤书先生根据史料记载统计,宋代私家藏书目录有六十四种;元代有九种;明代有一百六十七种;清代有六百七十种,流传存世者约三百五十种。①

中国古代私家所编藏书目录,不仅数量多,而且各具特色,异彩纷呈。各家目录之间,不仅所录书籍数量和种类不同(这是必然的),而且在分类方法、著录项目、提要编写等方面几无重复或雷同者,可以说,有多少家私藏目录,就有多少种编目方式方法。在编目方式方法

---

① 这些书目的名录见范凤书《中国私家藏书史》,武汉大学出版社2013年版,第124—127、165、252—261、424—464页。

上，从总体而言，各家目录之间总是异中有同、同中有异，但大多各具特色，由此形成了异彩纷呈的私家藏书目录局面。

在现存私家藏书目录中，有一些优秀者为后人所称道，如尤袤的《遂初堂书目》、晁公武的《郡斋读书志》、陈振孙的《直斋书录解题》以及清代私藏家的善本目录、版本目录、藏书题跋等。这些书目著作中的目录思想、校勘思想、版本思想、辨伪思想等，是中国古代图书馆学思想体系中的宝贵遗产。这里先介绍晁公武的《郡斋读书志》、陈振孙的《直斋书录解题》，而清代的善本目录、版本目录、藏书题跋将在第三章第二节之"文献版本思想与方法"部分予以介绍。

（1）南宋晁公武的《郡斋读书志》

此志现流传两种版本，一为姚应绩所刻衢本二十卷本，二为杜鹏举所刻袁本（"前志"四卷，"附志"一卷，"后志"二卷，合为七卷）。衢本收录一千四百七十一部，袁本收录一千四百六十九部，相差无几。衢本分四部四十五类，其中二十五类有小序；袁本"前志"分四部四十三类，其中只有九类有小序。《郡斋读书志》有总序、有大序（即部序，称"总论"）、有小序，但并非每类都有小序，且小序编在该类第一部书的提要之内而未单独成段落。《郡斋读书志》的最大特点及其价值在于为每部书编写的提要。提要的内容，据台湾刘兆祐《晁公武及其郡斋读书志》一书所列，包括：著录作者之时代及姓名；介绍作者之生平及其学术；解说书名之含义；介绍一书之内容；叙一书之总目或备载篇目；叙说学术之源流；评论一书之价值；判别典籍之真伪；引序以见作书之由；稽考篇卷之异同；考订人类之不同；记载版本或刊刻情形；广罗诸本，记其异同；著录序文之作者等十四项，其中如"记载版本或刊刻之情形"、"引序以见作书之由"、"著录序文之作者"等，为公武所创，而为后世取法。

（2）南宋陈振孙的《直斋书录解题》

陈振孙，字伯玉，号直斋。陈振孙私家藏书丰富，达到五万一千一百八十余卷，比南宋当时国家藏书五万九千四百二十九卷相差无几。《直斋书录解题》（以下简称《解题》）仿晁公武《郡斋读书志》而编，两目并称"私家目录双璧"。《解题》原本五十六卷，明代已失传，今传本为清代四库馆臣从《永乐大典》辑出，为二十二卷。《解题》共著录图书三千零九十六部，五万一千一百八十余卷，分四部（未明标）五十三类，无总序和大序，只有九类有小序，此九类包括：语孟类、小学类、起居注类、时令类、农家类、阴阳家类、音乐类、诗集类和章奏类。① 陈振孙只为九类作序，是受郑樵"泛释无义"说影响所致，即不为每类泛释，而是遇到与以往书目分类有所不同或新创类目时才作序以说明。如语孟类序曰："前志《孟子》本列于儒家，……今国家设科取士，《语》、《孟》并列为经，而程氏诸儒训解二书常相表里，故今合为一类。"把《孟子》从儒家类提升到经类，与《论语》共成"语孟类"，这是陈振孙的首创，故作序以释之。顾名思义，《直斋书录解题》的特点和价值主要表现在解题上，解题的内容包括：详著版本信息；揭示图书的内容，辨析学术源流；品评图书的价值，判别优劣；介绍作者，评论书中主要人物的功过是非；记述图书撰著时间、经过、篇卷等信息；介绍得书经过；介绍前志著录及其存佚情况，必要时提出辨误。② 从《解题》的著录书之多和解题内容之广泛中可以看出，《解题》具有目录学、版本学、辨伪学等广泛价值，所以得到了四库馆臣们的高度评价："古书之不传于今者，得藉是以求崖略，其传于今者，得藉是以辨真伪，核其异同，亦考证之所必资，不可废也。"③

（二）文献利用

中国古代私家图书馆的藏书，并非都是秘不示人、藏而不用。应该说，藏以致用是绝大部分私家图书馆的普遍宗旨。综观私家图书馆的藏书利用，其方式主要有自用和供他人用两种类型。

1. 自用

私家图书馆藏书的自用，主要表现为藏书家个人或其子孙的读书用、编撰书用、校书用和编目用四种形式。关于校书用和编目用，前文已有较多介绍，故这里主要介绍读书用和编撰书用。当然，读书用和编撰书用经常是合而为一的。

---

① 余嘉锡曾言，"《书录解题》惟《语》、《孟》、起居注、时令、农家、阴阳家、音乐、诗集、章奏八类有序"。见余嘉锡《目录学发微》，岳麓书社 2009 年版，第 60 页。余嘉锡遗漏了"小学类"，故称八类，乃误计。
② 王晓慧：《〈直斋书录解题〉研究》，硕士学位论文，河北大学，2008 年。
③ 四库全书研究所整理：《钦定四库全书总目》，中华书局 1997 年版，第 1132 页。

藏书家藏书用于自己读书之事，史不绝书。战国时期的苏秦，家多藏书。《战国策·秦策一》载，苏秦十次上书劝说秦王无效后，无奈回家，"乃夜发书，陈箧数十，得太公《阴符》之谋"。《史记·苏秦列传》亦载，苏秦离家到各诸侯国游说数年，未果而归，"乃闭室不出，出其书遍观之。曰：'夫大业已屈首受书，而不能以取尊荣，虽多亦奚以为！'于是得周书《阴符》，伏而读之"。这是先秦私藏家自用藏书的极好范例。孔子可谓集藏书、读书、编书、教书于一体的典范。《史记·孔子世家》载，"孔子不仕，退而修诗、书、礼、乐。……追述三代之礼，序《书传》，上纪唐、虞之际，下至秦缪，编次其事。……古者《诗》三千余篇，及至孔子，去其重，取可施于礼义。……孔子晚而喜《易》，序《彖》、《系》、《象》、《说卦》、《文言》。读《易》，韦编三绝。……孔子以《诗》、《书》、《礼》、《乐》教，弟子盖三千焉，身通六艺者七十有二人"。《孔子家语·本姓解》亦记孔子整理典籍、编撰图书以教弟子之事曰："孔子生于衰周，先王典籍，错乱无纪，而乃论百家之遗记，考正其义，祖述尧舜，宪章文武，删《诗》述《书》，定《礼》理《乐》，制作《春秋》，赞明《易》道，垂训后嗣，以为法式，其文德著矣。然凡所教诲，束脩已上三千余人，或者天将欲与素王之乎？夫何其盛也！"这些记述都表明，孔子晚年以书为业，藏以致用，成就了他藏书家、编撰家、教育家的辉煌业绩。当然，孔子的藏书首先是自己读书用，然后是编撰书用和教授弟子用。

《后汉书·列女传》载有曹操与蔡邕之女蔡文姬的一段对话，曹操问曰："闻夫人家先多坟籍，犹能忆识之否？"蔡文姬回答说："昔亡父赐书四千许卷，流离涂炭，罔有存者；今所诵忆，载四百余篇耳。"这说明蔡邕的私家藏书被子女诵读，不然蔡文姬的《悲愤诗》、《胡笳十八拍》等千古佳作便无以创作和问世。清代龚佳育，"生平无他好，惟收藏图史，课子诵读"[①]。这是私藏家的藏书用于子女诵读的记载，而供子女诵读也是自用的表现之一，或者说是自用的延伸形式。

为独善其身而读书，也应属于私藏家藏书自用范畴。孔子曰"天下

---

① 丁申：《武林藏书录》，载徐雁、王雁均主编《中国历史藏书论著读本》，四川大学出版社1990年版，第605页。

第二章 中国古代图书馆的藏书与管理

有道则见，无道则隐"（《论语·泰伯》），孟子亦曰"穷则独善其身，达则兼济天下"（《孟子·尽心上》）。这是"以退为进"的、蕴含积极进取之意的人生态度，而有的私藏家则甘愿"退而不进"，其读书完全为独善其身，没有外求目的。《魏书·李谧传》云："谧以公子征拜著作佐郎，辞以授弟郁，诏许之。州再举秀才，公府二辟，并不就。惟以琴书为业，有绝世之心。……每曰'丈夫拥书万卷，何假南面百城'"。李谧的这一"何假南面百城"的旷达心态，感染了许多后世私藏家。如明代布衣藏书家徐燉，家有藏书楼"红雨楼"，并作有《藏书屋铭》，述其藏书、读书志向曰："……淫嗜生应不休，痴癖死而后已，此乐何假南面百城。"清人孙从添《藏书记要·购求》亦曰："至于罗列已多，收藏既富，牙签锦轴，鳞比星章，不待外求而珍宝悉备，以此为乐，胜于南面百城多矣。"这种"生应不休，死而后已"、不慕"南面百城"的藏书之乐与读书雅趣，只有那些不求功利、独善其身的超脱之士才能具备。

利用自己的私藏著书立说者更是多之又多。东汉班固在《汉书·叙传》中称自己"弱冠而孤，……永平中为郎，点校秘书，专笃志于博学，以著述为业"，同时说其父班彪"家有赐书"。可见，班固能著不朽名作《汉书》，既得力于"点校秘书"的职务之便，也得力于此前通过阅读家藏之书所积累的学识基础。《晋书·皇甫谧传》载，皇甫谧"居贫，躬自稼穑，带经而农，遂博综典籍百家之言。……以著书为务"。《南史·萧子良传》载，南齐藏书家萧子良"集学士钞《五经》百家，依《皇览》例为《四部要略》千卷"；《梁书·安成王秀传》载，藏书家萧秀"招学士平原刘孝标使撰《类苑》，书未及毕而已行于世"；《梁书·昭明太子传》载，萧统"于时东宫有书几三万卷，名才并集，文学之盛，晋、宋以来未之有也。……为《文章英华》二十卷、《文选》三十卷"。这里所说《四部要略》、《类苑》、《文选》等均为大部头书籍，尤其是萧统所编《文选》，早已成为中国文学史上的经典文献。其实，中国古代有文章成就的文人学者，除少部分得益于皇家藏书的利用外，大部分文人学者的著述成就得力于私家藏书的利用。诸如唐代白居易的《百氏长庆集》、《百氏六帖事类集》；北宋赵明诚、李清照夫妇的《金石录》；南宋郑樵的《通志》，王应麟的《玉海》，叶梦得

· 145 ·

的《石林燕语》；元代马端临的《文献通考》；明代胡应麟的《经籍会通》；清代黄宗羲的《明儒学案》、《宋元学案》、《明夷待访录》，朱彝尊的《经义考》，顾炎武的《日知录》，叶德辉的《书林清话》；等等。这些不朽名作的问世，在很大程度上都离不开私家藏书的"文献保障"支撑。叶昌炽《藏书记事诗》所载510位明清私藏家中，有著述者208位，占总数的40.8%，而这只是该书明确记载之数，实际情况应远超这一数字。至于私藏家利用自家藏书编制书目或撰写题跋，更是不计其数。也就是说，中国古代私家藏书为中华文化的传承、学子应科入仕和许多经典名作的问世，做出了不可替代的"文献保障"之贡献。这是中国古代私家图书馆价值的主要表现之一。

2. 供他人用

中国古代私家图书馆开放藏书，供他人用，也是私家图书馆发挥社会作用的重要形式。中国古代私藏家既有秘惜珍藏、不借他人的保守派，又有开放藏书供他人用的开放派，而且开放利用者占主流。① 先秦时期，孔子、墨子、荀子等，其藏书利用形式之一就是教授弟子用，这种教授弟子用实际上就是开放利用的形式，说明中国古代私家藏书在形成之时就形成有开放利用的传统。《晋书·儒林传》记范平"家世好学，有书七千余卷，远近来读者恒有百余人，（其孙）蔚为办衣食"。《南齐书·文学传》称崔慰祖"藏书至万卷，邻里年少好事者来从假借，日数十帙，慰祖亲自取与，未尝为辞"。北齐颜之推在《颜氏家训·治家》说"借人典籍，皆须爱护"，说明在魏晋南北朝时期"借人典籍"现象已较普遍。北宋李常，字公择，少时读书于庐山五老峰下白石庵僧舍，皇祐元年（1049年）第进士，留所抄书九千卷，名曰李氏山房。苏轼《李氏山房藏书记》记其事云："余友李公择，少时读书于庐山五老峰下白石庵之僧舍，公择既去，而山中主人思之，指其所居为李氏山房，藏书凡九千余卷。……而书固如也，未尝少损，将以遗来者，供其无穷之求，而各足其才分之所当得。是以不藏于家，而藏于其故所居之僧舍，此仁者之心也。"书"不藏于家，而藏于其故所居"者

---

① 程焕文：《藏而致用流通开放——中国古代私人藏书的本质和主流》，载《图书馆学研究》1987年第4期。

还有洪咨夔，咨夔曾官至刑部尚书、翰林学士，后回家乡藏书、读书于西天目山下保福寺，"合新、故书得万有三千卷，藏之闻复阁下，如李氏庐山故事"（魏了翁：《鹤山先生大全文集》卷四九《洪氏天目山房记》）。据南宋朱弁《曲洧旧闻》卷四记载，宋敏求家富藏书，"其家藏书，皆校三五遍。世之蓄书，以宋为善本，居春明坊昭陵时，士大夫喜读书者，多居其侧，以便于借置故也。当时春明宅子，比他处僦直常高一倍"。说明宋敏求家藏是经常借给别人的，很多人为了方便借阅宋家藏书而"多居其侧"，使宋家附近的房价比他处高一倍。另据《宋史·刘恕传》载，宋敏求知亳州时，家多书，刘恕（曾官至秘书丞）常枉道借览，日夜口诵手抄，旬日尽其书而去。可见，宋敏求家藏确实经常有人借抄。

　　元代藏书家亦不乏慷慨借他人用者。据许有壬《至正集》卷三八《冯氏书堂记》记载，藏书家冯梦周构堂贮书，以待乡里无力购书者读用，且制定借阅规则，凡借者恣所取，记借者姓名与书名，读完归还则销其籍，损坏者不责偿，不归者遂与之，以激其后，图书缺损者则随补之。这一借书规则虽简单，但在本质上与现代图书馆的借书规则无其区别，而且宽容损坏者、不归者"以激其后"，体现了浓浓的人文关怀。据郝经《陵川集》卷二五《万卷楼记》记载，将领出身的张柔构筑藏书楼曰"万卷楼"，在其侧又筑堂曰"中和"，尽以楼之书借学者文士"肆其观览"。这种"肆其观览"充分体现了张柔藏以致用的开放藏书思想。

　　明清时期，由于藏书家大多以宋版元刻为收藏重点，而且宋版元刻之书得之不易，而得之不易又带来了借之不易的结果。于是，"代不分书，书不出阁"、"鬻与借人为不孝"等珍惜秘藏之风盛行。但是，我们不能由此得出明清藏书家均悉保守的结论，因为珍惜宋版元刻真本书且不轻易借人，这是由宋版元刻书的得之不易决定的，这种得之不易之书作为私有财产，珍惜它、不轻易借人是完全可以理解的人之常情。再者，明清私家藏书楼并不都是铁板一块的"重藏轻用"、"秘不示人"的绝对禁地，而是大多表现为"重藏限用"，即非常谨慎地、有选择性地开放藏书。这种"重藏限用"表明藏书家珍惜私藏绝非出于限制图书流通之意，反过来一些有条件的藏书家之间订立互借互抄之约；不仅藏书而且还热心于刻书（如毛晋、范钦、鲍廷博、张海鹏、徐乾学、黄丕烈等藏书家刻书之多已被世人皆知），这都说明明清藏书家们是支持和重视图书流通的。如明末藏书家李如一就持"天下好书，当与天下读书人共之"的开放理念，所以他"每得一秘书遗册，必赍书相闻；有所求借，则朝发而夕至"[①]。正因为藏书家们支持和重视图书流通，所以至清代出现了曹溶《流通古书约》、孙从添《藏书记要》、张金吾《爱日精庐藏书志》、周永年《儒藏说》等主张开放藏书的不朽名作。人们都知道，明范钦所建天一阁，以"书不出阁"之管理森严著称，但天一阁亦非秘不示人之禁地。据清沈叔埏撰《颐綵堂文集》卷八《书天一阁书目》记载，"（范钦）其家奉司马公遗训，代不分书，书不出阁。有借主人延入，日资给之。如邺侯公承休聚书三万余卷，戒子孙，世间有求读者，别院具馔是也"。说明天一阁之书亦许他人阅览，且藏主还在别院提供餐食，只是不能把书带出阁外。事实上，黄宗羲、万斯同、李杲堂、朱彝尊、袁枚、全祖望、钱大昕、汪炤、张燕昌、阮元等许多学者都曾登天一阁阅抄图书。大思想家黄宗羲更是遍访过当时江浙许多著名藏书楼，进行搜集和阅抄，故将自己的藏书之所定名为"钞书堂"。黄宗羲利用过的藏书楼包括范钦天一阁、钮石溪世学楼、祁承㸁澹生堂、郑侠如丛桂堂、黄虞稷千顷堂、钱谦益绛云楼、徐乾学传是楼等，可见，明清私家藏书楼大多是供他人用的。

### 三 私家图书馆的功绩

自春秋战国之际官失其学、学术下移从而私家图书馆产生以来，私家图书馆绵延不绝，保持了两千五百多年的持续发展历程，这在世界民族史上是罕见的。在这漫长的发展历程中，私家图书馆在文献保存、文献传播、文献整理和文献保障方面建立了不可磨灭的历史功绩。这些历史功绩有必要让世人铭记不忘。

（一）文献保存之功

由于中国古代战乱频仍，官府藏书始终处于此聚彼散的"书厄"

---

① 钱谦益：《草莽私乘跋》，引自陈登原《古今典籍聚散考》，华东师范大学出版社2009年版，第307页。

## 第二章 中国古代图书馆的藏书与管理

之中,所以从历史长时段角度来看,官府图书馆对典籍保存的贡献并非独一无二,而许多典籍得以保存至今仰赖私藏家的精心保存、传递和献出。

众所周知,秦始皇采纳李斯焚《诗》、《书》及百家语的建议,官府所藏之书又遭项羽火烧阿房宫之劫而百无一存,而《诗》、《书》及百家语之所以流传至今全赖当时私藏家之冒死深藏。据《汉书·艺文志》记载,当时作为孔子八世孙的孔鲋将家藏"《古文尚书》及《礼记》、《论语》、《孝经》凡数十篇,皆古文字",藏于旧宅壁中,使得这些儒家经典能够免于秦火而流传至今。据《史记·儒林列传》载,"伏生者,济南人也。故为秦博士。孝文帝时,欲求能治《尚书》者,天下无有,乃闻伏生能治,欲召之。……秦时焚书,伏生壁藏之。其后兵大起,流亡。汉定,伏生求其书,亡数十篇,独得二十九篇,即以教于齐鲁之间。学者由是颇能言《尚书》,诸山东大师无不涉《尚书》以教矣"。汉惠帝时"广开献书之路"后,文帝时"《诗》始萌芽,天下众书往往颇出"(《汉书·刘歆传》);汉武帝"开献书之路,置写书之官",河间献王刘德来朝献《雅乐》,孔安国进献《古文尚书》,鲁国三老献呈《古文孝经》;汉成帝"使谒者陈农求遗书于天下","百年之间,书积如丘山"。可见,先秦儒家典籍主要靠私家秘藏和进献而得以流传,其保存之功至伟。

明代范钦所建天一阁,其所藏诸多明代地方志、登科录之书,迄今仍为天下孤本,可谓珍宝至极。再如清代《四库全书》之修,可谓中华文化大典,然若无当时私藏家们的大量献书,《四库全书》亦不可能成为中国古代最大之丛书。也就是说,若无私藏家们的保存之功,亦无《四库全书》之"全书"之功。

说到私家图书馆的文献保存之功,不能不提出土简帛文献,因为墓主(私家图书馆的主人)以"地下图书馆"方式保存了大量传世文献之外的"地下文献"。迄今出土简帛文献主要为战国、秦、汉时期的文献。从史籍记载来看,中国古代曾发现过两次墓葬简策文献。一次是晋咸宁五年(279年),汲郡人不准盗发魏国墓(可能是魏襄王墓或安釐王墓),出土大量简策,据《晋书·束皙传》记载,整理后的简策有十六种,七十五篇,十余万言。另一次是南齐建元初年(480—482年),

· 149 ·

"时襄阳有盗发古冢者，相传云是楚王冢，……后人有得十余简以示抚军王僧虔，僧虔云是科斗书《考工记》，《周官》所阙文也"（《南齐书·文惠太子传》）。这两次所发现的简策均已失传，现在我们能够见到的简帛文献均为20世纪40年代后出土的简帛文献。迄今出土的战国简帛文献三十三起，西汉简帛文献十六起，东汉简帛文献十起，合计共出土简牍二十余万枚。这些出土简帛文献有两个特点：一是在文献形成手段上，均为传抄本，有全抄，有摘抄，有杂抄；二是在内容上，大量出现了数术、方技、兵书类文献，这与传世文献大多为六艺、诸子、诗赋类文献形成鲜明对照。针对这第二方面的特点，沈颂金先生指出，"过去我们把关注点重点放在精英阶层文化，即《汉书·艺文志》中前三类——六艺、诸子、诗赋，而忽略了后三类——兵书、数术、方技。出土的简牍、帛书文献却有相当大的部分恰恰是'兵书'、'数术'、'方技'，天象星占、择日龟卜、医方养生、兵家阴阳的知识在古代随葬文献中的数量，表明它在实际生活中占了很大的分量，也常常是古代思想的背景"[1]。中国古代人把生前所藏、所用文献，死后随葬带到地下，成为"地下图书馆"藏书，其动机虽然是秘藏、为墓主独享，但在客观上起到了"私人地下藏书"（私家图书馆的地下延伸）的作用，以地下秘藏方式为后世保存了大量珍贵文献。地上保存的传世文献和地下保存的出土文献，是古代文献保存的两种主要方式。

（二）文献传播之功

由于中国古代官府图书馆，大都深处宫廷或衙门之内，其藏书虽富，然传播范围极其有限，尤其对平民百姓来说几乎等于"无"。官府图书馆向社会学人开放一直到清代建《四库全书》南三阁时才得以实现，然南三阁中扬州、镇江二阁毁于战火，杭州文澜阁亦曾受战火袭扰，加之当时交通和文献传递手段落后，故南三阁馆藏文献传播受众极其有限。在这种情况下，社会民众能够接触书籍、阅读书籍主要靠私家图书馆及唐以后的书院图书馆。至于寺观图书馆对信众和个别俗人开放藏书，由于其宗教性质而使其传播受众极其有限，无法与私家图书馆和书院图书馆同日而语。可以说，在中国古代四大类型图书馆中，最接近

---

[1] 沈颂金：《二十世纪简帛学研究》，学苑出版社2003年版，第11页。

普通民众且使普通民众得益最大的图书馆是私家图书馆和书院图书馆。就拿私家图书馆来说，除了个别藏书楼森严密闭外，大部分藏书楼是向求学者开放的，因而成了古代社会文献传播的主要途径之一。宋代宋敏求家藏三万多卷，因借阅者多使附近房价涨，这是私家图书馆具有文献传播功能的典型范例。这样的事例史籍记载很多，前文已有所介绍，在此不再列举。清人宋咸熙《借书诗序》言："藏书家每得秘册，不轻示人，传之子孙，未能尽守，或守而鼠伤虫蚀，往往残缺，无怪古本之日就湮没也。先君子藏书甚丰，生时借抄不吝。熙遵先志，愿借与人，有博雅好古者，竟持赠之，作此以示同志。"这种"借抄不吝"、"愿借与人"的文献传播观，应该说是中国古代私家藏书文化的主流精神，曹溶《流通古书约》、周永年《儒藏说》等则是这种文献传播思想的进一步细化和明确。

私藏家的文献传播有纵向传播和横向传播两种形式。纵向传播主要表现为家族传承，而横向传播则主要表现为向他人开放。藏书家之间的互借互抄以及藏书家刻书是文献横向传播的重要表现。

明代黄居中千顷斋藏书达八万卷，传至其子黄虞稷又有所增益。黄虞稷所编家藏目录《千顷堂书目》，成为清廷编制《明史·艺文志》的主要依据。黄虞稷与另一藏书家丁雄飞相约互相借阅和借抄藏书，称古欢社，并有文字约定称《古欢社约》，传为士林佳话。藏书家赵昱（号谷林）与另一藏书家吴焯（字尺凫）"每得一异书，彼此必钞存"[1]。清乾嘉时期，黄丕烈、袁廷梼、周锡瓒、顾之逵并称四大藏书家，亦称"藏书四友"，因为他们四人经常互相抄校，王岂孙《黄尧圃陶陶室记》称黄丕烈"春秋佳日，招其二三同好，盘桓乎是室，胪列宋元，校量完阙，厘正舛错，标举湮沈，当其得意，流为篇什"[2]。清乾嘉时期另一位著名藏书家鲍廷博，常与"浙东西诸藏书家，若赵氏小山堂、汪氏振绮堂、吴氏瓶花斋、汪氏飞鸿堂、孙氏寿松堂、郑氏二老阁、金氏桐花馆，参合有无，互为借抄"[3]。由这些事例可见，藏书家之间互相

---

[1] 叶昌炽：《藏书记事诗（附补正）》，王欣夫补正，上海古籍出版社1989年版，第473页。
[2] 叶昌炽：《藏书记事诗（附补正）》，王欣夫补正，上海古籍出版社1989年版，第574页。
[3] 叶昌炽：《藏书记事诗（附补正）》，王欣夫补正，上海古籍出版社1989年版，第527页。

开放藏书是比较普遍的现象，这可以说是前现代时期的资源共享，而资源共享必然带来文献横向传播的效果。

藏书家将自藏之书刻印出来，使自藏之书在不确定对象中得到更广泛的传播，这是一种更为彻底、更为慷慨的文献传播之举。仍以黄丕烈为例，黄丕烈不仅藏书、校书、题识，而且还热心于刻书，他自称"余喜藏书而兼喜刻书，欲举所藏而次第刻之"①。于是黄丕烈挑选自藏中精校之书予以刻印，计有《周礼》、《仪礼》、《夏小正戴氏传》、《孟子音义》、《隶释刊误》、《韦氏解国语札记》、《战国策》、《梁公九谏》、《舆地广记》、《郡斋读书志》等，尤其是唐人鱼玄机诗、宋抄本《杨后宫词》、《唐宋妇女集》等都是难得的本子，经黄丕烈校刻后才得以流传。清人黄虞稷、周雪客有刻书之心却无刻书之力，于是两人将自藏的九十六种珍秘之书列成书目，向全社会公告征求刊刻者，同时发动藏书家"各随所好，共集大成，不但表彰前贤，抑且嘉惠来者"，这就是著名的《征刻唐宋秘本书目》的由来。该书目发布后，响应者甚众，如徐乾学从《通志堂经解》中选取二十二种刊行，鲍廷博《知不足斋丛书》亦选其九种珍本刻之，甚至连朝廷武英殿聚珍丛书也选取不少子史类珍本刊刻。刊刻丛书是私藏家刻书之功的重要体现。据《中国丛书综录》所收，不计佛、道藏，古籍丛书有二千七百九十七种，收书三万八千八百九十一部，其中大部分为明清私藏家所刻，著名者如徐乾学的《通志堂经解》、马国翰的《玉函山房辑佚书》、孙星衍的《平津馆丛书》、鲍廷博的《知不足斋丛书》等。

（三）文献整理之功

这里所说文献整理，是一广义概念，包括文献校勘、文献编目、文献保护、文献补缺等。在文献校勘方面，有无数的私藏家辛勤校书，使得许多古籍从"无错不成书"转为可读、可解、可信的"定本"、"完本"、"校本"、"善本"，为后人阅读提供了可靠的读本。如明代的赵用贤为校五卷本的《洛阳伽蓝记》，先后用了八年时间，以五种不同本子校雠，改正误讹、增补遗漏八百六十余字，方使这本不算太厚的书成为

---

① 黄丕烈：《黄丕烈藏书题跋集》，余鸣鸿、占旭东点校，上海古籍出版社2013年版，第690页。

完本。清人周叔平校《三朝北盟会编》一书也用了七八年时间，其好友王春敷称其"于此书尤珍惜之，而恨其鱼鲁帝虎，前后错杂，几不可句读。因博访藏书家有是书者，不惮委屈借校，如也是园藏本、东皋柏先生藏本及浦氏、仲氏诸家本，互有是非，从其是，剜其非，前后积七八年，订讹补缺之功，始得文从字顺，可谓勒矣"（瞿良士《铁琴铜剑楼藏书题跋集录》卷二）。顾广圻被称为清代校书第一大家，他为黄丕烈、孙星衍等著名藏书家校过许多古籍，夏宝晋在其《墓志铭》中称其"雠校最精，为当世所贵。……补亡纠谬，顿还旧观，有功于古人甚钜"。

在文献编目方面，私藏家根据自家藏书所编藏书目录的数量远超官方所编史志目录和藏书目录的数量。其中不乏诸如晁公武《郡斋读书志》、陈振孙《直斋书录解题》、郑樵《通志·艺文略》、马端临《文献通考·经籍考》、钱曾《读书敏求记》、黄丕烈题跋集、张之洞《书目答问》（由缪荃孙编制）等优秀私家目录著作。私家目录著作在古籍文献著录、分类、揭示、导读等方面做出了巨大贡献，同时为中国目录学、文献学、校勘学、辨伪学、图书馆学理论的发展提供了实践基础。

在文献保护方面，私藏家们都能够爱惜藏书，千方百计保护藏书，如在建筑上抬高地基、通风透光；严禁火源以防火灾；经常晾晒和翻检以防潮、防虫；书库内放置芸草、石灰以及用特殊工艺制作的浆糊修补书籍以避虫、避鼠等，这些文献保护手段即使在现代也适用。在文献保护方面，最令人赞美的是仁者爱物、珍惜字纸的"藏书家精神"。宋人费衮《梁谿漫志》卷三记有司马光告诫儿子爱护书籍的方法："至于启卷，必先视几案洁净，藉以裀褥，然后端坐看之。或欲行看，即承以方版，未尝敢空手捧之，非惟手汗渍及，亦虑触动其脑。每至看竟一版，即侧右手大指面衬其沿，而覆以次指面，捻而夹过，故得不至揉熟其纸。每见汝辈多以指爪撮起，甚非吾意。今浮屠老氏犹知尊敬其书，岂以吾儒反不如乎？"元代藏书家、书法家赵孟頫把仁者爱书行为概括为"六勿四随"，即"勿卷脑，勿折角，勿以爪侵字，勿以唾揭幅，勿以作枕，勿以夹刺，随损随修，随开随掩"[①]。藏书家们在每一书上所钤

---

① 胡应麟：《少室山房笔丛》，中华书局1958年版，第64页。

藏书印文也能折射出藏书家们仁者爱物、珍惜字纸的爱护心理，如"勿恣意涂窜"、"凡我子孙宜珍惜宝爱"、"后人观之宜加珍护"、"愿流传勿污损"等印文，无不透露出藏书家爱惜书籍的深切心情。至于黄丕烈年年祭书以求天助神佑，张蓉镜在宋版书上用鲜血书"佛"、"南无阿弥陀佛"、"惟愿流传永久，无水火蠹食之灾"，虽不免迷信之痴，但亦可从中看出其爱书如痴的心情。毋庸置疑，称中华民族为"爱书的民族"、"爱读书的民族"，绝不为过。

在文献补缺方面，许多不完整文献经过藏书家的长期拾遗补缺，终于得以完好无缺或基本恢复全貌，这就是藏书家的文献补缺之功。如明代藏书家赵琦美购得《营造法式》残帙一部，中缺十余卷，为补全此书，他遍访藏书名家、书肆、秘阁，艰辛曲折历时二十余年，终臻完整。明代另一藏书家徐㶿所藏《辍耕录》一书残本，苦觅十数载无以补全，最后在友人帮助下，于所购杂书中找到该书半部残书，配成完书。又，其藏《艺文类聚》缺四册，"每有查考辄恨其摧残非完书也"，于是数年间或搜购自书摊，或受赠于友朋，终以三残本凑成一完书。徐氏藏书中经其拾残合全的书还有《华阳国志》、《何氏语林》等。在黄丕烈的藏书题跋中，多记有他本人为某书拾遗补缺的经历。如"徐献忠《六朝声偶集》不过总集中之一种耳，因不习见，残帙亦收之。偶举示书友之常所往来者，冀其或有配头也。仲冬七日，果获残帙五、六、七卷，合诸前收一、二、三、四卷，适符全书七卷"①。藏书家为什么重视文献补缺之事，对此黄丕烈说出了自己的感受："余喜蓄书，兼蓄重出之本，即破烂不全者，亦复蓄之，重出者取为雠勘之具，不全者或待残缺之补也。"又说："如遇不全本而弃之，从此无完日矣！故余于残缺者尤加意焉，故戏自号曰'抱守老人'。"② 这种"抱残守缺以图完璧"的藏书家精神，使得残缺古籍得以补缺，为我国许多古籍能够完好流传，做出了不可磨灭的贡献。

（四）文献保障之功

广义上，凡利用私家藏书所成之事，均可称为私家图书馆的文献保

---

① 黄丕烈：《黄丕烈藏书题跋集》，余鸣鸿、占旭东点校，上海古籍出版社2013年版，第927页。
② 黄丕烈：《黄丕烈藏书题跋集》，余鸣鸿、占旭东点校，上海古籍出版社2013年版，第473—474、663页。

## 第二章 中国古代图书馆的藏书与管理

障之功。具体而言，利用私家藏书的复制手段（主要是抄录）来弥补官府藏书之缺，可视为私家图书馆在国家文献资源体系建设中所发挥的文献保障之功；人们利用私家藏书的阅读而增长知识乃至成名成家，可视为私家图书馆在培养人才方面所发挥的文献保障之功；人们以私家藏书为依托著书立说，可视为私家图书馆在社会知识生产方面所发挥的文献保障之功。综合而言，私家图书馆在社会的文化发展方面发挥了不可替代的文献保障之功。

前文说过，中国古代每次朝代更替之际都实施"二广工程"即"广览人才"和"广蓄书籍"。就广蓄书籍而言，征集民间私家藏书是其主要途径之一。自从汉初实施"广开献书之路"以来，后继各朝代建立之初无不实施征集民间图书之策，其征集办法不外隋初牛弘在《请开献书之路表》中所提两种即"勒之以天威"和"引之以微利"（《隋书·牛弘传》）。也就是说，发动民间藏书家献书是建立健全国家文献资源体系的主要途径之一。《晋书·张华传》称张华喜藏书，"身死之日，家无余财，惟有文书溢于几箧。尝徙居，载书三十乘。秘书监挚虞，撰定官书，皆资华本，以取正焉"。《梁书·任昉传》云："昉坟籍无所不见，家虽贫，聚书至万余卷，率多异本。昉卒后，高祖遣学士贺纵共沈约勘其书目，官所无者，就昉家取之。"这是张华和任昉以自家藏书弥补官藏不足的典型例证。北宋时期，有确切记载的藏书家向中央政府主动献书的有六十多人次，所献图书四万余卷；南宋时期仅高宗绍兴年间的献书者就有三十余人次；在征书方面，北宋朝廷下达的征购图书诏令不下十余次，南宋期间征购到的图书有四万余卷。[①] 不仅如此，南宋政府还专门出台了献书奖励政策——献书赏格。《宋会要辑稿·崇儒四》记载有秘书郎莫光的一段奏文：

> 国家崇建馆阁，文治最盛。太上皇帝（按：指高宗）再造区夏，绍兴之初，已下借书分校之令，至（绍兴）十三年，诏求遗书，十六年又定献书之格，图籍于是备矣。然至今又四十年，承平滋久，四方之人益以典籍为重，凡缙绅家世所藏善本，监司郡守搜

---

① 傅璇琮、谢灼华：《中国藏书通史》，宁波出版社2001年版，第317—321页。

访得之，往往锓版以为官书，乞诏诸路监司守臣，各以本路本郡书目解发至秘书省，听本省以《中兴馆阁书目》点对，如有未收之书，即移文本处取索，庶广秘府之储。

莫光的这一建议得到孝宗的同意并实施。"靖康之难"后的南宋官藏能够迅速得以恢复，主要靠献书赏格政策鼓励下的民间藏书家的献书。清代的《四库全书》应该说是有清一代的主要官藏，然没有当时私藏家的大量献书，《四库全书》也不可能成为"全书"，这是世人皆知的事情，不必论证。也就是说，中国古代国家文献资源体系之所以在聚散循环中能够长久不衰，私家图书馆发挥了主要的文献保障之功。

至于私家图书馆在支持爱学之士读书成材、著书立说方面所起到的文献保障作用更是世人皆知的事情。战国时期的苏秦之所以能够成为著名的谋略家得力于其"闭室不出，出其书遍观之"；汉末匡衡能够成为一代经学家、汉庭名相，得益于其"凿壁偷光"遍读文不识家藏书；三国时期的蔡文姬之所以能够成为著名女文学家，得益于其父蔡邕所留丰富家藏；魏晋时期的王弼能够成为一代经学家，亦得益于蔡邕赠与王粲之书流传至其手中；西晋葛洪能够写出道家名著《抱朴子》，其《遐览篇》著录一千二百多卷道经与符类图书，成为现存第一部道家图书目录，得力于自家藏书和其师郑隐道家藏书的支撑；唐代柳公绰官至刑部、兵部尚书，其弟柳公权为著名书法家，其子柳仲郢官至校书郎、刑部尚书，他们都得力于世家藏书万卷；北宋叶梦得官至翰林学士、户部尚书，著有《石林燕语》、《避暑录话》等名作，得力于其家藏十万卷；[①]南宋郑樵以个人力量撰著《通志》二百卷，其中《校雠略》为中国第一部校雠学理论著作，他"居夹漈山，谢绝人事，……遇藏书家，必借留读尽乃去"（《宋史·郑樵传》），说明郑樵著述成果的取得，得益于"遇藏书家，必借留读尽"的文献保障；南宋末周密能够写出《齐东野语》名作，得益于其"家三世积累，……凡有书四万二千余

---

① 王明清《挥麈后录》和周密《齐东野语》均记为十万卷，但据后人考证，叶梦得实际藏书有四五万卷。见方建新《宋代大藏书家叶梦得的藏书活动及其对图书事业的贡献》，载黄建国、高跃新主编《中国古代藏书楼研究》，中华书局1999年版，第294页。

卷"(《齐东野语》卷一二)的文献保障；与周密同一时期的马端临，其父马廷鸾建有藏书楼碧梧精舍，"积书连楹，端临寝馈其中，……钞经史，日五十纸"(王棻《补元史马端临传》)，马端临以个人力量撰写出三百四十八卷的《文献通考》(其中《经籍考》为中国古代最具特色的辑录体提要书目)，显然得益于其家藏书楼的文献保障；明代王世贞有小西馆藏书三万余卷，尔雅楼专藏宋元旧抄三千余卷，所撰《弇山堂别集》、《弇州史料》各一百卷，史料价值极高，为清代修《明史》提供了许多史料依据，显然王世贞的著述成果得益于小西馆、尔雅楼的丰富文献保障；其他明代学者如胡应麟的《少室山房笔丛》、何乔远的《名山藏》、焦竑的《国朝献征录》、郑晓的《吾学编》、张萱的《西园闻见录》等，无不依托各自家藏的文献保障而成。至于清代的黄宗羲、万师同、钱大昕、钱谦益、朱彝尊、徐乾学、全祖望、叶德辉等藏书家的著述成果，都有赖于自家或他家藏书楼的文献保障而成。另外，私家图书馆对一些汇编类图书的问世提供了文献保障，如黄宗羲的《明文海》、朱彝尊的《词综》、严可均的《全上古三代秦汉三国六朝文》、张金吾的《金文最》等，以及大量的地方文献汇编，如张寿镛编《四明丛书》、胡凤丹辑《金华丛书》等，均为利用私家藏书而成。

## 第三节　寺观图书馆的藏书与管理

寺观图书馆，指佛寺图书馆(寺院藏书)和道观图书馆(道观藏书)的合称。中国古代的宗教类别主要有二：一为外来的佛教；二为自生的道教。佛教是世界三大宗教之一，诞生于公元前6—前5世纪的古印度，创始人为释迦牟尼，西汉哀帝时传入中国。道教是在中国土生土长的本土宗教，其最初创立，一般认为是从东汉顺帝年间(126—144年)张道陵创立的五斗米道开始，而西汉成帝时(前32—前7年)出现的《太平经》是最早的道教经典。在中国古代，佛教和道教经典，主要收藏于寺院图书馆和道观图书馆。寺院和道观藏书处所一般泛称为"经藏"、"经藏堂"、"经藏阁"、"藏经阁"、"藏经殿"等。佛教典籍的汇编称为"大藏"、"一切经"或"大藏经"，道教典籍的汇编称为"道藏"、"一切道藏"等。寺院图书馆的藏书以"大藏"为核心，道观图书馆的藏书以"道藏"为核心；宋代之前的大藏和道藏为手写本，宋代以后为雕印本。

## 一 寺观图书馆的藏书

（一）藏书来源

1. 寺院藏书来源

寺院藏书来源主要有翻译、撰著、抄刻以及受赠（接受政府颁赐）等。

（1）翻译

翻译，即政府或寺院组织人员翻译外来佛经。汉明帝永平十年（67年），蔡愔等人在大月氏国请得迦叶摩腾和竺法兰两僧，并用白马驮载佛经四十二章及释迦牟尼立像一尊而归；翌年，明帝在洛阳建寺，以白马命名，此后白马寺便成了僧侣住宿、译经、传教的场所；迦叶摩腾和竺法兰在白马寺所译《四十二章经》为中国首部佛经译著，自此拉开了译经序幕。据唐释智升《开元释教录》统计，有汉一代共译佛经二百九十二部三百九十五卷。但两汉时期不许汉人出家，佛寺不多，译经数量有限，故两汉时期尚未形成完整的寺院藏书体系。魏晋南北朝时期为译经的发展时期和寺院藏书体系形成时期。据统计，三国时期共译经一百六十部二百零八卷，两晋共译经四百一十九部一千七百一十六卷，南朝译经五百六十三部一千零八十三卷，北朝译经一百零五部三百五十五卷，这样，整个六朝时期共译经一千八百七十二部四千二百四十八卷。至此，中国佛教典籍的主体部分已经大体翻译完成。当然，六朝之后译经事业仍有所发展。隋文帝开皇五年（585年），阇那崛多主持大兴善寺的译经工作，译出"新经及维旧本合七十五部，四百六十二卷"。唐代的译经数量，史籍记载不详。据《开元释教录》的记载，自唐初至此目编制的一百一十二年间，共译经三百零一部二千一百七十卷。另据《贞元新定释教目录》记载，自唐初至德宗贞元十六年（800年）的一百八十二年里，共译经四百三十五部二千四百七十六卷。这其中，唐代两大译经大师玄奘、义净二人的译经数就占了一半以上。到了宋代，译经事业仍在进行。太平兴国五年（980年），宋太宗诏令建译经院（后改名传法院），两年后建成，至仁宗景祐二年（1035年）

的五十多年间共译经、论五百六十四卷,合梵本一千四百二十八箧。这些新出经典,随译随刊,流布天下。南宋以后,不再有大规模译经之事。以上译经之事大多为政府行为,所译经典大多成为皇家藏书的组成部分,所以《汉书·艺文志》、《隋书·经籍志》、《七志》、《七录》等官私目录都收录有佛教图书。然而,在此过程中,一些佛经原著、副本、抄本留存于寺院是完全有可能的,只是史籍记载不详而已。这就是翻译佛经成为寺院藏书来源之一的原因所在。

(2) 撰著

撰著,主要指中国僧人著述的佛教书籍,其类型大致有注疏、论著、纂集、史地编著和目录等。东汉末年,牟子引用儒家经传及诸子之文,为佛教的教理、仪规辩解,写成《理惑论》三十七篇,这是现存最早的中国人的佛学著作。僧人撰著的汇集有时称为"别藏"(对应于佛教原典"正藏"而言)。如唐代东林寺藏经以收藏僧人撰著的别藏著称。唐宪宗元和四年(809年),东林寺所造经藏中,别藏就有五千余卷。由此可见,僧人撰著是寺院藏书的重要来源之一。唐高宗登基后,于西明寺御造藏经,据道宣为其撰写的《西明寺录》记载,本藏经除了收录传统的单译、重翻、梵集三大类目外,还"附申杂藏,即法苑、法集、高僧僧史之流",即收录有相当数量的僧人撰著。这说明西明寺中藏有相当数量的僧人撰著。

(3) 抄刻

抄刻,即组织人员抄写或刻印佛教书籍。据《隋书·经籍志》记载,"开皇元年,高祖普诏天下,任听出家,仍令计口出钱,营造经像。而京师及并州、相州、洛州等诸大都邑之处,并官写一切经,置于寺内;而又别写,藏于秘阁。天下之人,从风而靡,景象景慕,民间佛经,多于六经数十百倍"。又据《辩正论》、《释氏稽古略》等书记载,整个隋文帝时期,共写经46藏,132086卷,修故经3853部;隋炀帝时期,共修故经612藏,903582卷。由此可见隋代抄写佛经数量之巨。所谓"官写一切经,置于寺内",即指将所写一切经置于各地寺院内,成为寺院藏书的主要来源之一。直到宋代,许多寺院藏有手写经卷,如宋初开封佑国寺内就收藏有后唐明悟大师手写《大藏经》,四川导江迎祥院经藏中有唐人吴彩鸾用小字书写的佛本行经六十卷。据周密《齐东野语》卷一五《腹笥》记载，湖州景德寺"藏经数百卷，多五代及国初时人手写"。而北宋虔州（今江西赣县）崇庆禅院所藏宝轮藏，"于江南壮丽为第一，其费二千余万"，历时十六年抄成。①

中唐以后，雕印术开始应用于佛经的刊刻。敦煌文书记载唐懿宗咸通九年（868年）雕印的卷子本《金刚经》，成都唐墓中出土的卞家刻印梵文《陀罗尼经咒》，以及西川过家刻印的《金刚经》等，都证明唐代已有刻印佛教之事。五代时期，随着雕印技术的广泛应用，一些有条件的寺院自行刊刻《大藏经》，成为寺院藏书的重要来源之一。这方面的文字记载不多，但从《径山藏》的刻印记载中可以窥见一斑。《径山藏》由浙江余杭径山寺雕版印刷，故名；又称《嘉兴藏》，是因为藏经印刷后在嘉兴楞严寺装订发行而得名。《径山藏》分"正藏"、"续藏"、"又续藏"三部分，总计收入藏内经典、藏外语录及杂著三百四十三函，一万二千六百余卷，为方册装（线装）。《径山藏》基本完成后，规定各地寺院如需收藏该藏都要到嘉兴楞严寺接洽，举行"请藏"仪式。五代时期刻印佛经最著名者当数吴越国王钱弘俶。后周世宗显德三年（956年），钱弘俶刻印《一切如来心秘密全身舍利宝箧印陀罗尼经》，经首有"天下都元帅吴越国王钱弘俶印宝箧印经八万四千卷在宝塔内供养显德三年丙辰岁记"字样。公元965年和975年，钱弘俶又两次重印该经，965年刻印本于1971年在绍兴城关塔基粗木简内被发现，975年刻印本于1924年8月在杭州西湖雷峰塔倒塌后的废墟中发现。一些寺院无自行刊刻之力，但可借用朝廷印版复印。据杨亿《武夷新集》卷六《婺州开元寺新建大藏经楼记》记载，开元寺为了得到经藏，派寺僧文靖和本州都知兵马使曹维旭，"相率诣阙，击登闻鼓，求借方板，摹印真文。奏牍上闻，帝（宋太宗）俞其请"，复印完成后，朝廷还派船送往婺州。

（4）受赠

受赠，这里所说受赠指寺院接受政府颁赐的书籍。政府颁赐的书籍主要包括御书御札和《大藏经》。李焘《续资治通鉴长编》多记有皇帝

---

① 苏轼：《苏轼文集》卷一二《虔州崇庆禅院新经藏记》，中华书局1986年版，第390—391页。

将自己的御书御札颁赐给近臣或寺观之事,这里仅选其中两条:卷三八"至道元年六月乙酉记事"条称宋太宗曾草书经史三十纸,装饰百轴,令"名山福地,道宫佛寺,各藏数本";卷九六"天禧四年十一月壬戌纪事"条称宋真宗将自己的御制御集"约分部帙",雕版摹印,"颁赐馆阁及道释经藏名山胜境"。另据《宋大诏令集》卷二二三《以太宗妙觉集编入佛经大藏记》,宋太宗有御制《妙觉集》五卷,大中祥符八年(1015年),诏命将《妙觉集》编入佛经大藏,为各寺院所藏。寺院接受朝廷颁赐《大藏经》是经常发生的事情。唐高宗所撰《摄山栖霞寺明征君碑》云:"今故于彼度人常满七七,各兼衣钵钱二百贯,绢二百匹,苏参拾斛,绣像、织成像,新旧翻译一切经一藏,并幡华等物。"可见,唐高宗曾向栖霞寺颁赐过藏经。自北宋初雕印《大藏经》以后,朝廷颁赐《大藏经》更为常有之事。据《释氏稽古录》记载,至元十四年,元世祖"命印《大藏》三十六藏,遣使分赐归化外方,皆得瞻礼"。据《日下旧闻考》卷五〇引《析津志》,元文宗敕印造《大藏经》三十六部,散施禅刹。贵阳大兴寺藏有《永乐北藏》和《万历续藏》,为明代朝廷颁赐;贵阳黔灵山弘福寺藏有《嘉兴藏》和《龙藏》(乾隆版大藏经),其中《龙藏》为清廷乾隆四年颁赐。

2. 道观藏书来源

道观藏书来源主要有撰著、抄写、受赠等。

最早的道教经典是西汉成帝时出现的《太平经》,其原著东汉时已不传。东汉后期出现的《太平青领书》似脱胎于《太平经》。《后汉书·襄楷传》李贤注说《太平青领书》"神书,即今道家《太平经》也"。东晋之前,道教处于遭禁状态(除三国时的孙吴政权之外),无道观建置,所以道教书籍处于民间收藏和传播状态。民间收藏道教书籍最著名者为郑隐。郑隐所藏道教书籍情况,可从其弟子葛洪所著《抱朴子·遐览篇》中窥见。《遐览篇》约成于两晋之间,著录郑隐所藏道教书籍六百七十卷,另有符类道书五百数十卷,合计一千二百余卷。东晋以后,道教复兴,道教书籍大量出现。道书的制作方法是:抄袭或改造前代道家、医方著作、谶纬符图等,以及从佛经中引进有关内容作为道经制作的主要思想材料。① 这些道书应该大量流入各地道观之中，从中可以看出，在《道藏》形成之前，道观藏书的主要来源之一为信道人士的撰著和传抄。不过史籍中有关道书的撰著和传抄的专门、完整记载很少，而朝廷给道观颁赐《道藏》的记载却较多，例如：据《道藏尊经历代纲目》记载，元世祖至元十二年，造《玄都宝藏》（因刊刻于平阳玄都观而得名）凡七千八百余卷，陆续印造一百数十部，分别赐给全国各地著名道观收藏；明正统九年（1444年）刊《道藏经》，十二年（1447年）完成，称《正统道藏》，凡五千三百零五卷，英宗诏令颁赐天下道观；万历三十五年（1607年），明神宗又诏令刊印《续道藏》，凡三十二函，颁赐给天下道观；② 清康熙八年（1669年），颁赐奉天府承德县太清宫道藏一部；康熙二十五年（1686年），颁赐钱塘佑圣观道藏一部；乾隆十五年（1750年），颁赐苏州玄妙观道藏一部。③ 当然，收藏有《道藏》的道观还有很多，可以说，有一定规模的道观大多收藏有《道藏》，以此形成以《道藏》为核心的道观藏书体系。

（二）藏书构成

寺院藏书并非清一色由佛教书籍构成，而是由佛教图书和非佛教图书构成；道观藏书亦非由清一色道教书籍构成，而是由道教图书和非道教图书构成。寺院藏书一般包括大藏、大藏之外的单本译经、大藏之外的中国僧人撰著、疑伪经、宣教通俗读物等佛教图书以及非佛教图书。道观藏书一般包括道藏、道藏之外的其他道书、宣教通俗读物以及非道教图书。寺院或道观为何收藏非本教图书？下面简要释之。

寺院僧人在译经和注疏经典时，需要文字学、音韵学、训诂学等方面的知识，因而寺院需要收藏有关这方面的字典、辞典之类的工具书是极其必要的。自唐代始，实行儒释道并重政策，因而释道两教人士也需要了解和掌握一定的儒家学说，这是释道两教能够得到官方认可的必要条件，所以寺院和道观中收藏释道两教之外的其他书籍是必要的。如明

---

① 傅璇琮、谢灼华主编：《中国藏书通史》，宁波出版社2001年版，第153页。
② 傅璇琮、谢灼华主编：《中国藏书通史》，宁波出版社2001年版，第740页。
③ 任继愈主编：《中国藏书楼》，辽宁人民出版社2001年版，第1533—1534页。

末高僧智旭著有《周易详解》，憨山大师著有《庄子内篇注》，说明大德高僧们阅读过儒家、道家书籍，研究儒家、道家学说且造诣很深，他们所著《周易详解》、《庄子内篇注》当然可以存放于寺院内。再如《续高僧传》卷二六《润州牛头沙门释法融传》中提到："又往丹阳南牛头山佛窟寺，现有辟支佛窟，……有七藏经画：一佛经，二道书，三佛经史，四俗经史，五医方图符。"① 可见，寺院藏书中，除佛经、佛经史之外，还有道经、儒家经典和医方图符。中国古代寺院，不仅是佛教活动场所，还起到一定意义上的文化知识传播中心的作用，所以不少寺院办有寺学，兼授僧俗生徒。寺学教授的内容，除了佛教知识外，还有儒经、书仪规范、文字数算、诗歌词赋等，因而寺院收藏有关这些方面的基础读物是必然的。

　　道观藏书中，亦有非道教书籍，其中较多的是佛教图书和诸子之书。道教创立之初，其规模和势力远不如佛教。为了与佛教抗衡，同时也为了适应儒释道并重的国家政策，道教有必要学习或吸收佛教的有关做法，于是道士学佛法、道戒仿佛戒、仿大藏而造道藏等现象普遍存在。有关这方面的最典型的记载是《真诰》卷一四的记载："裴真人有弟子三十四人，其十八人学佛道，余学仙道"，"周真人有十五人弟子，四人解佛法"，"桐柏有二十五人弟子，八人学佛"。如此多的道士学佛法，必然要求道观中藏有佛教书籍。北周武帝建有玄都观，该观在陆修静《三洞经书》的基础上，进一步收集整理道经，编制出书目《玄都经目》（又称《玄都官一切经目录》）。此目已佚，但据甄鸾《笑道论》载，《玄都经目》"道经、传记、符、图、论六千三百六十三卷。二千四十卷有本，……其一千一百余卷：经、传、符、图；其八百八十四卷：诸子、论；其四千三百二十三卷，陆修静录中有其数目，及本并未得"②。这段话表明，《玄都经目》在陆修静《三洞经书》基础上增入了八百八十四卷诸子和新出经论，可见，道观中亦有诸子之书。

---

① 在这段话中，前面说"有七藏"，但却只记了"五藏"，不知何因。原文如此，这里照录。

② 引自任继愈主编《中国藏书楼》，辽宁人民出版社2001年版，第532页。

## 二 寺观图书馆的管理

### （一）藏书制度

#### 1. 寺院藏书制度

**（1）译经、写经人员分工制度**

译经与写经是寺院藏书的前端或来源，即没有译经与写经便无以形成寺院藏书，故译经与写经可视为寺院藏书活动的一个重要环节。佛教典籍的翻译和抄写大多在寺院举行。翻译佛经的场所一般称为译场、译馆、翻经院等；抄写佛经的场所一般称为写经坊。无论是译经还是写经，由于工作量大且往往持续时间较长，所以需要动用大批人员，而这些人员都有明确的分工，各司其职，形成较严密的分工制度。据吕澂先生《佛典泛论》介绍，唐代译场职司有九：①译主，即掌管译事，译本题其名氏；②笔受，受所宣译之义而著于文，亦曰"缀文"、"缀辑"；③度语，传所宣义，凡译主为外人时则需之；④证梵本，校所宣出，反证梵本；⑤润文，依所笔受，刊定文字；⑥证义，证已译之文所诠之义；⑦梵呗，开译时宣梵呗，以为庄严；⑧校勘；⑨监护大使，监阅总校，乃钦命大臣，译本由其进上。此外还有正字一员，不常设。可见，整个译经工作，在人员安排上形成各负其责、环环相扣的分工组织体系。

官方组织的手写大藏工作，往往在指定的写经坊进行。写经坊的工作人员一般有四类。第一类是具体工作人员，即书手、装潢手及校对者。抄写佛经工作实际上由他们完成，但他们在写经坊中地位最低。第二类是主持详阅的僧人，这些僧人大多为地位较高的大德、寺主、上座之类，他们不参加抄经的具体工作，只是在佛经抄好后再加审察，检查有无错误，实际起着代表佛教界参与官方写经工作的作用，协助官方保证写经工作顺利完成。第三类是写经坊的实际主持人，是写经活动的具体组织者，可由有一定地位的官吏担任。第四类是官方监管者，代表官方指挥和监管抄经事业，往往由大臣担任，直接向皇帝负责。从抄经程序而言，大约是监管者接受任务后，转达给写经坊主持人，由主持人具体落实；经抄写、初校、复校、详阅、装潢等程序，由主持人报告监管者，再由监管者报告皇帝。可见，整个抄经工作既有清晰的人员分工，又有完整的组织程序。

(2) 大藏收编与陈列制度

寺院藏书以大藏为主体。在文本形式上,大藏有两种类型,一为手写大藏,二为雕印大藏。手写大藏大致起源于南朝萧梁时期。梁武帝是一个极端佞佛的帝王,非常热衷于收集佛教经典,在其亲自过问下,华林园成为皇家专收佛经宝库,据《隋书·经籍志》记载,"梁武帝大崇佛法,于华林园中总集释氏经典,凡五千四百卷",并前后编有《华林佛殿众经目录》和《梁世众经目录》,至此已形成大藏的雏形。关于南北朝时期官方写大藏情况,《三宝感应要略》记载:"(南)齐高宗明帝写一切经,陈高祖武帝写一切经十二藏,陈世祖文帝写五十藏,陈高宗宣帝写十二藏,(北)魏太祖道武皇帝写一切经,(北)齐肃宗孝昭帝为先皇写一切经十二藏,合三万八千四十七卷。"① 隋、唐时期是公、私造藏盛行时期,出现了许多手写大藏。隋文帝时期写经四十六藏,隋炀帝时期修故经六百一十二藏。贞观五年(631年),唐太宗敕法师玄琬为皇后写佛藏经;贞观九年(635年)四月,褚遂良"奉敕苑内写一切经";贞观十六年(642年),又敕为穆太后写佛大藏经。唐高宗登基后,在显庆年间和龙朔年间,分别在西明寺和敬爱寺令写两部大藏。隋唐时期,在功德心理的驱使下,一些僧人以个人力量造藏。据隋朝灌顶所作《隋天台智者大师别传》载,智者大师一生共造"大藏十五藏"。《全唐文》卷五百一十《唐故灵泉寺元林禅师神道碑并序》称元林大师"编写藏经,以导学着";卷六百三十《南岳弥陀寺承远和尚碑》载,承远和尚"造轮转之藏,以大备教典";卷八百二十五《丈六金身碑》称王审知"缮经五藏,其二进于上,其三附于寿山、定光",而定光所藏之藏,皆"金轴锦带,以为之饰",说明这部经藏是金银字经藏。宋代以后,手写大藏结束,全面进入雕印大藏时期。姚名达著《中国目录学史》中有"《大藏》刊版所知表",共列出雕印大藏15种,② 从中可以了解到宋以后大藏雕印的大致情况。

无论是手写大藏,还是雕印大藏,作为经籍汇编,每部大藏收入哪

---

① 引自任继愈主编《中国藏书楼》,辽宁人民出版社2001年版,第511页。
② 姚名达:《中国目录学史》,上海古籍出版社2005年版,第219—220页。

些经籍，不收入哪些经籍，以及所收经籍如何分类编次，都是有一定规则的，这一规则就是大藏收编制度。这种规则首先是从费长房《历代三宝记》（又称《开皇三宝录》）开始规划的。隋文帝开皇年间，翻经学士费长房鉴于南朝以来经藏收入以及各经录所录无统一规范，发愿编制一部经录，以期经藏收入及其编次有一个统一的规范或标准，这就是《历代三宝记》的由来。《历代三宝记》共十五卷，其中十三、十四两卷为"入藏录"，它先分大、小乘两大类，两大类下又细分经、律、论、有译、失译，收录大乘经典551部，1586卷；小乘经典526部，1739卷，合计1077部，3325卷。进入唐代后，唐高宗麟德元年（664年），释道宣编成《大唐内典录》十卷；唐玄宗开元十八年（730年），智昇又编出《开元释教录》二十卷。这两部目录都有"入藏录"，但由于《大唐内典录》中的"入藏录"基本不收中国僧人撰著，而《开元释教录》中的"入藏录"则部分收录了中国僧人撰著，所以唐武宗废佛事件后，《开元释教录》成了公、私造藏的基本依据。

在寺院建筑体系中，收藏大藏的建筑物一般称藏经阁或藏经殿，其位置在寺院南北中轴线的后端。藏经阁由寺院指派专人管理，并有一套管理规定。藏经阁大多为两层建筑，下层不藏经，其中央通常供奉毗卢遮那佛，四周沿壁立佛龛，设千佛或万佛，寓意为众佛会诵读经；二楼则用于藏经和阅经。藏经阁收藏大藏，其布局不同于俗世藏书楼或近现代图书馆采取立地排列书架储藏方式，是为了体现宗教的庄重性与神秘性，再结合取阅的方便性，采取特殊的陈列布局。大体说来，主要有"壁藏"、"天宫藏"、"转轮藏"（以下简称"轮藏"）三种陈列布局方式。壁藏，即沿墙壁四周立橱柜放置藏经，中间空处放置长条桌供僧人阅经用，这种陈列方式与近现代图书馆阅览室书刊陈列方式有相似之处。壁藏因其简易实用而成为寺院最常用的大藏收藏方式。天宫藏，即沿壁建造各种小木结构阁楼装的壁柜放置藏经，中间仍为长条桌，人在其中，环顾四周，仿佛进了天宫一般，故得名。轮藏，最早由南朝梁陈之际的傅大士在东阳双林寺创建，通常为两三层楼高的建筑，中间没有楼板，贯通上下，在地下安装一大转轮，轴上安置六面或八面的大木龛，每面设抽屉若干以藏经，形成一个可转动的大书架，由于能够转动，故得名。轮藏制造工艺复杂，故规模较大寺院才有这种藏经设施。

（3）寺院藏书管理制度

寺院藏经阁藏书一般都设专人负责管理，并制定有相应制度。洛阳龙门香山寺有开成五年（840年）白居易出资修建的经藏堂，《白居易集》卷七一《香山寺新修经藏堂记》云："……乃于诸寺藏外，杂散经中，得遗编坠轴者数百帙。以《开元经录》按而校之，于是绝者续之，亡者补之，稽诸藏目，名数乃足。合是新旧大小乘经律论集，凡五千二百七十卷。乃作六藏，分而护焉。寺西北隅有隙屋三间，土木将坏，乃增修改饰，为经藏堂。堂东西间辟四窗，置六藏；藏二门，启闭有时，出纳有籍。"所谓"乃作六藏，分而护焉"，是说香山寺藏书有分类排架体系；"启闭有时，出纳有籍"，是说在图书流通上有时间和手续之规定。唐释道世《法苑珠林》卷一〇〇《传记篇·杂集部》称赞东林寺经藏云："唯闻庐山东林之寺，即是晋时慧远法师所造伽蓝，纲维住持，一切诸经及以杂集，各造别藏，安置并足，知事守固，禁掌极牢。更相替代，传受领数。虑后法灭知数全焉。"所谓"知事守固，禁掌极牢"，是说专人守护，严密掌管；所谓"更相替代，传受领数"，是说管理人员交接时，要核对藏书数量的完阙；所谓"虑后法灭知数全焉"，是说采取如此严密保管措施是考虑到日后一旦出现变故也能全面知道损失之数以好再续补全。由此可见，寺院藏书有其严密管理制度。

2. 道观藏书制度

道观（或称宫观）藏书以"道藏"为主体。一般认为，东晋葛洪所著《抱朴子》中的《遐览》篇为后世道藏的编成奠定了基础，但真正的道藏形成于唐玄宗时期。唐玄宗是历史上著名的崇道皇帝。据《混元圣纪》卷九载，唐玄宗即位，令史崇玄等四十余人撰《一切道经音义》，在此基础上，又于开元中发使四处搜访道经，加上原来京中所藏，"令内出一切道经，宜令崇玄观即缮写分送诸道采访使，令管内诸道传写。其官本便留采访，至郡，亲劝持诵"。这就是道教史上第一部道藏《开元道藏》的来历。天宝七年（748年），唐玄宗释其造藏动机曰："朕所以发求道之使，远令搜访，因闻政之余，亲加寻阅。既刊讹谬，爰正简编，必有阐扬，一崇劝道。"据《开元道藏》的目录《三洞琼纲》和《三洞玉纬》记载，《开元道藏》所收新、旧道书有九千余卷。宋代以后，宋太宗时期命人校定《道藏》三千三百三十七卷，宋真宗时期命人校定《道藏》四千三百五十九卷，以及命张君房编定《大宋天宫宝藏》四千五百六十五卷，宋徽宗政和年间刊印《政和万寿道藏》五千四百八十一卷；金代在《政和万寿道藏》的基础上编成《大金玄都宝藏》六千四百五十五卷；元太宗九年（1237年），宋德方刊印《玄都宝藏》七千八百余卷；明英宗正统九年（1444年），刊印《正统道藏》五千三百零五卷，明神宗万历三十五年（1607年）在《正统道藏》基础上刊印《续道藏》一百八十卷；清代道教衰落，未修新《道藏》。

道藏在形成和发展过程中，对书写、分类、装函、收藏等方面进行了规范，成为道教科仪的重要组成部分。据《三洞奉道科戒营始》卷二《写经品》记载，书写道经在字体和材料上要遵循一定的样式，共有十二种：一金简刻文；二银版篆字；三平石镌书；四木上作字；五素书；六漆书；七金字；八银字；九竹简；十壁书；十一纸书；十二叶书。

道藏的分类规则，上引《写经品》记载："科曰：夫经皆须作藏，有两种：一者'总藏'，二者'别藏'。总藏者，三洞四辅同作一藏，上下或左右前后作重级，各安题目'三洞宝经藏'。别藏者，三洞四辅各作一藏。凡有七种：一者'大洞真经藏'，二者'洞玄宝经藏'，三者'洞神仙经藏'，四者'太玄经藏'，五者'太平经藏'，六者'太清经藏'，七者'正一经藏'。有题目以相甄别。"这就是说，道藏有两种分类组织形式，一是将三洞四辅经书统一收藏的总藏，二是将三洞四辅经书分别收藏的别藏。所谓"三洞"，即指洞真部、洞玄部、洞神部；所谓"四辅"，即指太玄部、太平部、太清部、正一部。六朝时，三洞经书又各分为十二类。这十二类据唐朝道士孟安排编集的《道教义枢·十二部义》为："第一文本，第二神符，第三玉诀，第四灵图，第五谱录，第六戒律，第七威仪，第八方法，第九众术，第十记传，第十一赞颂，第十二章表。"这就是道经图书的"三洞四辅十二分法"的体系结构。现存明代《正统道藏》就是按照"三洞四辅十二分法"编排的。

关于道经的装裹、经函、经橱、经架，亦皆有规则。经书装裹方法有五种：锦绮、织成、绣作、纯彩、画绘。经函的制作方法及其材质有十二种：雕玉、纯金、纯银、金镂、银镂、纯漆、木画、彩画、金饰、宝装、石作、铁作。经橱制作方法及其材质有六种：宝装、香饰、金银隐起、纯漆、沉檀、名木。经架材质有十种：玉作、金作、银作、沉木、紫檀、白檀、黄檀、名木、纯漆、金银隐起。

关于道藏的保藏方法，《三洞奉道科戒营始》卷三《法具品》云："凡造经藏，皆外漆，内装沉檀，或表里纯漆，或内外宝装，或表里彩画，或名木纯素，……或上下七重，或三重，并别三间，或七间，安三洞四辅，使相区别，门上皆置锁钥，左右画金刚神王。悉须作台安，不得直尔顿地。"

道藏的陈列布局，一般采取天宫藏或轮藏方式。天宫藏是道教发明的道藏陈列方式，后被佛教寺院采用；轮藏最初为寺院藏书所用，后被道观采用。天宫藏是道观藏书普遍采用的方式，但轮藏方式也多有采用。《龙虎山志》卷一六记有龙虎山道藏轮藏式样："藏以木为柜，置藏室中，高若干尺，内广围径若干尺，瓯其隅，为八面，面为方格，以次盛径之函，刻木为天人、神仙、地灵、水官、飞龙、鸾凤之属，附丽其上，皆涂以金。中立钜木贯之，下施轮令其关以旋转，言像天运也。"

（二）文献整理

这里所说的寺观文献整理活动，主要涉及校勘和编目两方面。

1. 校勘

寺观中的校勘活动，主要指寺院译经过程中的校勘和佛道两教造藏过程中的校勘活动。可以想象，译经或造藏过程中校勘是不可或缺的，其工作量也是相当大的，但史籍中很少有专门的或系统的记载，而只有一些零星的记载或一笔带过。据僧祐《出三藏记集》卷七载，《般舟三昧经记》为竺佛朔、支谶等人在洛阳译出，"建安十三年（208 年）岁在戊子八月八日于许昌寺校定"。据《高僧传》僧祐本传记载，僧祐在健康定林寺，集合众力，"造立经藏，搜校卷轴"。据《宋高僧传·怀玉传》载，怀玉"校雠大藏经二十余本，祁寒盛暑，不废晨暮"。据《全唐文》卷三百一十九《杭州余姚县龙泉寺故大律师碑》载，道一"写大藏经，手自刊校"。北周武帝建有通道观，当时高道王延为武帝所重,"敕置通道观,令延校三洞经图"①。从这些一笔带过式的零星记载中可以看出,无论是寺院还是道观,在译经或造藏过程中,校勘都是一种不可或缺的工作。

2. 编目

寺院高僧大德们在译经和造藏过程中,编制出了许多佛典目录(以下简称佛录),据说历代所编佛录有一百三十余种,② 这些佛录中不乏有高质量的目录,应视为中国古代目录学史、文化史上的珍品。在这些目录珍品中,下列佛录的价值应该被强调:

- 竺法护的《众经录》(以下简称护《录》)。此目为晋人竺法护个人译经目录,收录译经二百五十部,被认为是中国最早的佛教目录。③ 姚名达认为护《录》是"译经专录之最早出现者也"。④

- 道安的《综理众经目录》(以下简称安《录》)。释道安于东晋孝武帝宁康二年始写定于襄阳。僧祐《出三藏记集》概括安《录》的价值为"诠品译才,标列岁月"。所谓"诠品译才",谓品评佛经翻译之优劣;"标列岁月"谓标注译经年代时间。僧祐又将安《录》的结构归纳为七部分:经论录、古异经录、失译经录、凉土失译经录、关中失译经录、疑经录、注经及杂志录。梁启超对安《录》评价说:"其体裁足称者盖数端:一曰纯以年代为次,令读者得知斯学发展及之迹及诸家派别。二曰失译者别自为篇。三曰摘译者别自为篇,皆以书之性质为分别,使眉目犁然。四曰严真伪之辨,精神最为忠实。五曰注解之书别自为部,不与本经混,主从分明。凡此诸义,皋牢后此经录,殆莫之能易。"⑤ 道宣在《大唐内典录》卷十称赞安《录》曰"众经有据,自此而明;在后群录,资而增广"。姚名达亦曰"安诚无愧为佛录开山之祖矣"。⑥ 也就是说,安《录》在中国佛教目录的发展史上起到了奠定基

---

① 任继愈主编:《中国藏书楼》,辽宁人民出版社2001年版,第533页。
② 任继愈主编:《中国藏书楼》,辽宁人民出版社2001年版,第513页。姚名达《中国目录学史》中的"中国历代佛教目录所知表",共列出77种佛录。
③ 有的人认为东汉末安士高、支谦的译经目录(不知所名)可能是最早的佛录;有的人认为曹魏时期僧人朱士行所编《汉录》是第一部佛录。在此不作考证。
④ 姚名达:《中国目录学史》,上海古籍出版社2005年版,第178页。
⑤ 梁启超:《佛家经录在中国目录学之位置》,载《图书馆学季刊》1926年第1期。
⑥ 姚名达:《中国目录学史》,上海古籍出版社2005年版,第181页。

## 第二章 中国古代图书馆的藏书与管理

础和后世楷模的作用。

● 佚名的《众经别录》。作者不详,疑为刘宋时某高僧所撰,是中国现存最早的佛录。其篇名依次为:大乘经录、三乘通教录、三乘中大乘录、小乘经录、篇目阙本录、大小乘不判录、疑经录、律录、数录、论录,计两卷十篇,一千零八十九部,二千五百九十六卷。此录被后世学界认为是历代佛录中体例最完备之录。姚名达评价说:"其书既从教义上分大乘、小乘、不判乘;又从体质上分存、疑、阙;佛经之外,又首创律、论、数三类。其分类法之原则盖有教义、体质、文裁三项,俾经、律、数、论,各有定居,真、伪、完、阙,不从含混。而专习一乘者,自可即类求书;初学佛经者,不为疑伪所误。其类例之善,实为空前所未有。"①

● 僧祐的《出三藏记集》(以下简称祐《录》)。撰成于梁武帝天监四年(505年)至十四年(515年),著录佛经二千一百六十二部,四千三百二十八卷,是中国现存的第二部佛录。因著名文学家刘勰曾与僧祐共居于定林寺,且祐《录》行文又极似刘勰《文心雕龙》之行文,故后人疑祐《录》为刘勰代笔或刘勰协助僧祐撰成。祐《录》分四个部分:一为缘记一卷;二为名录四卷;三为经序七卷(共一百二十篇);四为列传三卷(共三十二篇)。所谓"缘记",就是记述佛经与译经的起源;所谓"名录",就是历代出经名目;所谓"经序",就是各译经的前序与后记;所谓"列传",就是译经人的传记。从这四部分内容来看,只有第二部分"名录"是真正意义上的目录,而其余部分则属于佛经史料。祐《录》的价值主要体现在三方面:一是在"名录"部分保存了道安的《综理众经目录》的大部分内容,使已佚的安《录》能够为后世人们所了解;二是辨考有功,对译经人名、出经年代、多种译本、失译经、杂经、抄经、疑伪经进行了较全面的鉴别,尤其对疑伪经和抄经进行了较精细的鉴别,由此廓清了当时佛经流行真伪难辨的混乱局面,其功至伟;三是"经序"部分录入各译经前序后记的做法,成为中国古代"辑录体"书目的最早范例。

● 费长房的《历代三宝记》(以下简称费《录》)。费长房于隋文帝

---

① 姚名达:《中国目录学史》,上海古籍出版社2005年版,第186—187页。

开皇初年被召入京参与译经，历经十余年撰成《历代三宝记》。费《录》共十五卷，分四部分：一为帝年三卷，属中国佛教大事系年；二为代录九卷，叙述各时代译经状况；三为入藏录两卷，即藏之大、小乘经书目录；四为总目一卷，即译经总目及存佚状况介绍。费《录》最有价值之处就在于"入藏录"的创设，为后世确定大藏收入范围提供了范例。然而，费《录》之"入藏录"只收经、律、论三藏而不收中国僧人撰著，故终未成为后世大藏入藏范围标准。

- 道宣的《大唐内典录》（以下简称宣《录》）和智昇的《大唐释教录》（以下简称昇《录》）。宣《录》撰成于唐高宗麟德元年（664年），共十卷，其中第三卷"历代众经总撮入藏录"和第四卷"历代众经举要转读录"最有价值。"历代众经举要转读录"的目的是"使转读之士，览其轴日见其功，行福清信，开藏岁增其业"，其意为推荐或导读，开日后佛教导读目录之先河。"历代众经总撮入藏录"部分，共收录经书八百部，三千三百六十一卷，此入藏录分类简明、考订精当，故在唐武宗废佛之前成为许多寺院造藏所依据的蓝本。但是，宣《录》的最大缺点是严格拒收中国僧人撰著，故其"入藏录"的标准地位为其后的昇《录》所取代。昇《录》撰成于唐玄宗开元十八年（730年），共二十卷，前十卷为总录，十一至十八卷为别录，最后两卷为"入藏录"，"见入藏者，总一千七十六部，合五千四十八卷"。由于该"入藏录"收录宏富且收录了部分中国僧人撰著，因此迅速取代宣《录》而成为各寺院造藏所遵循的收录标准。对此姚名达评价说："后世藏经，悉准此入藏录之成法，凡分类，次序及用《千字文》标号，无不垂为永式。"[①] 从入藏录的作用而言，所谓入藏录，首先是一种"导藏目录"，即指导造藏者确定入藏经书的选择范围；其次亦可视其为"导读目录"，因为收录于"入藏录"的经书都是经过校订、鉴别而选择的"可读"、"应读"经书，读之可信、有益，从而成为应选或首选读物。

- 惟白的《大藏经纲目指要录》（以下简称白《录》）。宋徽宗时东京法云禅寺住持惟白撰，是惟白亲阅《大藏》后"援笔撮其要义"而

---

① 姚名达：《中国目录学史》，上海古籍出版社2005年版，第215页。

成的，显然这是一种解题目录。全录收录一千零四十九种，每种书都作较详细的提要，计二十余万字。姚名达称白《录》为"解题最详"的佛录。①

● 智旭的《阅藏知津》。明末释智旭经过二十年苦心研读和编撰，最终于清顺治八年（1651年）编成，刻成于康熙三年（1664年），著录宋金《大藏经》一千七百七十一部。智旭自叙编撰动机曰："历代所刻藏乘，或随年次编入，或约重单分类，大小混杂，先后失准，致使欲展阅者茫然不知缓急可否。……旭以年三十时，发心阅藏，……于是每展藏时，随阅随录。……借此稍辨方位，俾未阅者知先后所宜，已阅者达权实所摄，文持者可会广以归约。若全若实，不出一心；若广若约，咸通一相。故名之为《阅藏知津》。"《阅藏知津》的特点主要表现在四方面：一是对佛录分类传统做了重大改进，创立了一个四大类、五级类目的分类体系，同时把华严经立为大乘经首部，改变了以往大乘经排列次序；二是专立杂传一类，广收经、律、论三藏之外的其他佛典，极大地提高了杂传佛典的地位；三是著录时用特定符号标示出南北藏，开联合目录之先；四是"以符号判别书之优劣缓急，使读者得依照选读"，从而成为一部优秀的导读目录。

道经目录，一般认为东晋葛洪《抱朴子》之《遐览》篇开其肇端，"葛洪以前，《道经》尚无总目"②。在南朝和隋朝，一些官方和私家目录中就已开始收录道书。南齐贵族王俭所编《七志》，附有道、佛二志，但因此目早佚，不知收录多少道教书籍。萧梁布衣阮孝绪所编《七录》，最后一录为仙道录，按《七录序》之记载，仙道录共著录道经四百二十五种，一千一百三十八卷。《隋书·经籍志》著录"经戒三百一十部，九百八十卷；服饵四十六部，一百六十七卷；房中十三部，三十八卷；符箓十七部，一百三十卷"。

南朝刘宋明帝泰始七年（471年），道士陆修静编《三洞经书目录》，乃为最全面的道经总目录，开启道经"三洞四辅十二分法"的序幕，同时起到了后世道藏"入藏录"的作用，其功至伟。道观藏书目

---

① 姚名达：《中国目录学史》，上海古籍出版社2005年版，第221页。
② 姚名达：《中国目录学史》，上海古籍出版社2005年版，第229页。

录著名者有《三洞珠囊》，该目由北朝周武帝时王延奉命而编，著录通道观所藏道经八千零三十卷。《道藏》目录有：《开元道藏》之目《三洞琼纲》和《三洞玉纬》；宋仁宗天圣年间由张君房所编《云笈七签》，这是《大宋天宫宝藏》的精选提要本，实为道教类书，但因《大宋天宫宝藏》早佚，所以《云笈七签》可视为后人了解《大宋天宫宝藏》收入重点和编排结构的提要目录；明代《正统道藏》和《万历续道藏》造成后，天启六年（1626年），白云霁和李杰分别编有《道藏目录详注》四卷；清康熙年间，彭定求选《道藏》二百余种编成《道藏辑要》，嘉庆年间的蒋元庭又编《道藏辑要目录》。

自古至今，存佚的重要道经目录有六十多部，但总体而言，道经目录，无论是数量还是质量，都远不及佛录。

（三）文献利用

寺观藏书虽在管理上严密把守，但并非禁闭不用，而是像官府藏书和私家藏书一样"重藏限用"或"重藏慎用"。正如前引《白居易集》卷七一《香山寺新修经藏堂记》所云"启闭有时，出纳有籍"。归纳起来说，寺观藏书的利用方式主要有三种，即用于阅读，用于抄写，用于著述。

1. 用于阅读

无论是僧人还是道士，都以游历天下为荣，而游历天下都需要携带生活用具和修行用具。就拿僧人而言，游历天下须随身携带十八物，依次为：杨枝、澡豆、三衣、瓶、钵、坐具、锡杖、香炉、漉水囊、手巾、刀子、火燧、镊子、绳床、经、律、佛像、菩萨像。这十八物中，越排列于后者越重要，如经、律、佛像、菩萨像就属于最重要之物。可见，经书是僧人须臾不可离身的必读、常读之物。可以想象，这经书要么借于寺院，要么从寺院借抄而来。也就是说，僧人必读、常读的经书主要由寺院提供。这是寺院藏书用于离院僧人而言。至于寺内人员所阅之书，更是依靠寺院所藏。寺院不仅是僧人集中生活场所，也是修行和学习文化知识的场所，而阅读寺院所藏书籍（包括佛教图书和非佛教图书）是修行和学习文化知识的基本要求和表现。如唐玄宗时期郑虔曾在大慈恩寺学习书法和绘画技艺，《新唐书·郑虔传》云："虔善图山上，好书，常苦无纸，于是慈恩寺贮柿叶数屋，遂往日取叶肆书，岁久殆遍。尝自写其诗并画以献，帝大署其尾曰：'郑虔三绝。'迁著作郎。"这段记述表明，郑虔是在大慈恩寺通过阅读书画书籍而练就书画技艺并被任命为著作郎的。我们又知道，寺院常办寺学，而寺学所需书籍，必然主要依赖于寺院所藏丰富书籍。这说明，供人们阅读，是寺院藏书利用的主要方式之一。

2. 用于抄写

这里所谓抄写，主要指抄写佛教或道教经书。在雕印大藏、道藏盛行之前，经书副本的增加主要靠抄写，手写本大藏、道藏更是靠一批抄书手写成。隋唐五代时期就盛行写经之风。《释氏稽古略》卷三载，唐贞观五年（631年），唐太宗"敕法师玄琬于苑内德业寺为皇后写佛藏经"。唐释静泰《众经目录》序云："龙朔三年正月二十二日，敕令于敬爱道场写一切经典。"今存敦煌写本 P.3278 号残卷《金刚经》，其题记曰："上元三年九月十六书手程君度写：用纸十二张/装潢手解集/初校群书手敬诲/再校群书手敬诲/三校群书手敬诲/详阅太原寺大德神符/详阅太原寺大德嘉尚/详阅太原寺主慧立/详阅太原寺上座道成/判官司农寺上林署令李德……"说明此《金刚经》抄写于太原寺（后改名崇福寺）。敦煌写本 S.238《金真玉光八景飞经》题记云："如意元年闰五月十三日经生邬忠写/清都观直岁辅思节诸用忌钱造/用纸十八张。"说明此经抄写于清都观。上海博物馆藏唐代《太玄本际经》题记云："大周长寿二年九月一日，沙州神泉观道士□洞于京东明观为亡妹写《本际经》一部。"说明此经抄写于东明观。从这些记载来看，无论是官方抄写经书还是个人抄写经书，无论是抄写佛教经书还是抄写道教经书，大多在寺观进行，其原因当然是寺观藏书丰富，能够提供充分的、可信的所需底本以及幽静的抄写环境。

3. 用于著述

因为寺观藏书丰富，能够为人们进行著述活动提供绝佳的文献保障。如唐代京师西明寺，曾有日本僧人前来居住学习，其中空海（弘法大师）除受显密二教外，又学梵文及书法，留心文学，他归国后写的《文镜秘府论》六卷，是今日研究汉唐文学辞法的重要理论著作，饮誉中日。说明空海的著述成果得益于西明寺丰富馆藏的支持。又如道宣撰写《法门文记》、《广弘明集》、《续高僧传》、《三宝录》、《行事钞》、《义钞》等二百二十余卷；道世编成佛教最著名的类书《法苑珠林》十帙一百卷；慧琳"引用《字林》、《字统》、《声类》、《三苍》、《切韵》、《玉篇》，诸经杂史，参合佛意，详察是非，撰成《大藏音义》一百卷"等，皆在西明寺完成，这说明西明寺藏书（如"诸经杂史"）为诸多中国僧人著述提供了充分的文献保障。唐玄宗先天年中（712—713年），曾命京师太清观主史崇玄及京城太清观、玄都观、东明观、宗圣观、东都大福唐观、绛州玉京观等观主、大德，与昭文馆、崇文馆众学士四十余人共同编撰当时规模最大的道教辞典《一切道经音义》。为此，唐玄宗御制《一切道经音义序》称："爰命诸观大德，及两馆学士，讨论义理，寻绎冲微，披《珠丛》、《玉篇》之众书，考《字林》、《说文》之群籍，人其阃阈，得其菁华，所音见在一切经音义，凡有一百四十卷。"这里说"披众书"、"考群籍"，说明《一切道经音义》是通过参阅诸观提供的"众书"、"群籍"而成的，也就是说，诸观藏书为《一切道经音义》的撰成提供了充分的文献保障。至于众多佛经目录、道经目录的编制，大多也是以译经场或寺观藏书为保障条件，这是不言而喻的。

## 第四节　书院图书馆的藏书与管理

书院在中国有着悠久的历史，它是集讲学、聚书、祭贤于一体的文化教育组织，是中国古代特殊的一种辅助教育、传播知识和学术研究场所。书院根据其主办者不同，大致可划分为官办和私办两种类型。其实，"半官半私"者亦不在少数。

书院的萌芽可以追溯到汉代。汉代人把聚徒讲学的地方称为"精舍"、"经庐"。《后汉书·包咸传》云，包咸"少为诸生，受业长安。……王莽末，去归乡里，于东海界为赤眉贼所得，遂见拘执。十余日，咸晨夜诵经自若，贼异而遣之。因住东海，立精舍讲授"。东汉时，官私讲经风气盛，对此，《后汉书·儒林列传》论曰："自光武中年以后，干戈稍戢，专事经学，自是其风世笃焉。……若乃经生所处，不远万里之路，经庐暂建，赢粮动有千万，其著名高义开门受徒者，编牒不下万人。"颜师古注"经庐"曰："讲读之舍。"可见，汉代的"精舍"、"经庐"主要是经师口头讲经之所，藏书甚少，故不能称其为真正的"书院"。在汉代的"讲读之舍"基础上,增加"藏书"和"祭贤"(或称"祀圣")两项内容,至唐代便产生了书院。唐玄宗开元六年(718年),设丽正修书院,十三年改称集贤殿书院(以下简称集贤院),这是官方书院设施之肇始。《新唐书·百官志》云:"集贤殿书院,……掌刊缉经籍。凡天下图书遗逸、贤才隐滞,则承旨以求之。谋虑可施于时,著述可行于世者,考其学术以闻。"可见,集贤院的职责主要是"藏秘书,处贤才",即在文献整理为日常事务的基础上发现、储养和推荐贤才,这就是"集贤"之义所在。清代诗人袁枚在《随园随笔》中写道:"书院之名,起于唐玄宗时,丽正书院、集贤书院皆建于朝省,为修书之地,非士子肆业之所也。"这里,袁枚点出了书院的本质特征之一即"为修书之地,非士子肆业之所",意思是说,书院并非为科举而设的学校教育设施,而是"修书之地",只是袁枚在这段话中忽略掉了集贤院的"养贤"、"举贤"职能。正因为集贤院重视"集贤"职能,具有明显的皇家图书馆性质,所以它与后来的以讲学授徒为主要特征的书院有一定的区别。元代欧阳玄在《贞文书院记》中说:"唐宋之世,或因朝廷赐名士之书,或以故家积书之多,学者就其书之所在而读之,因号为书院。及有司设官以治之,其制遂视学校。"说"学者就其书之所在而读之,因号为书院",点出了地方书院的"因书而成院"的特征;"及有司设官以治之,其制遂视学校",则道出了元代书院的官方化、官学化特征。

唐代已有较多的私人创办的书院,《全唐诗》中提到的有11所,见于地方志的有17所。[1]《九江府志》记载义门书院曰:"唐义门陈衮即居左建立,聚书千卷,以资学者,子弟弱冠,皆令就学。"五代南唐胡珰在江西奉新创建的华林书院"聚书万卷,大设橱廪,以延四方游学之士"[2]。这种以"以资学者"、"延四方游学之士"为目的的聚书,体现了书院的开放性、公开性特征。唐代之后的宋、元、明、清诸代,书院一直保持总体上的发展趋势,直到清光绪二十七年(1901年),清廷下令将全国书院改设为学堂——省城书院改为大学堂,各府和直隶州

---

[1] 任继愈主编:《中国藏书楼》,辽宁人民出版社2001年版,第64页。
[2] 任继愈主编:《中国藏书楼》,辽宁人民出版社2001年版,第694页。

书院改为中学堂,各州县的书院改为小学堂——至此书院基本上寿终正寝。据统计,中国历代书院总数合计有八千八百所以上,其时代分布与省区分布详情见表2-11。

表2-11　　　　　　　　中国历代书院统计表

| 省区 | 唐 | 五代 | 宋 | 辽 | 金 | 元 | 明 | 清 | 小计 | 合计 |
|---|---|---|---|---|---|---|---|---|---|---|
| 直隶 | 2/ | 1/ | 3/ | | 1/ | 20/2 | 88/9 | 214/73 | 328/85 | 413 |
| 奉天 | | | | | | | | 25/1 | 25/1 | 26 |
| 吉林 | | | | | | | | 10/ | 10/ | 10 |
| 黑龙江 | | | | | | | | 1/ | 1/ | 1 |
| 辽东 | | | | | | | 6/ | | 6/ | 6 |
| 内蒙古 | | | | | | | | 2/ | 2/ | 2 |
| 河南 | 2/ | 2/ | 5/1 | | 1/1 | 16/2 | 89/10 | 293/90 | 408/104 | 512 |
| 山西 | 1/ | | 1/ | 1/ | 4/ | 14/1 | 59/7 | 159/44 | 236/52 | 291 |
| 陕西 | 8/ | | 1/ | | | 8/ | 42/6 | 139/27 | 198/33 | 231 |
| 甘肃 | | | | | | | 17/ | 109/8 | 126/8 | 134 |
| 山东 | 1/ | | 4/ | | 2/ | 22/1 | 87/9 | 194/36 | 310/46 | 356 |
| 江苏 | | | 25/2 | | | 18/7 | 103/16 | 240/37 | 386/62 | 448 |
| 安徽 | | | 18/2 | | | 27/5 | 131/13 | 147/57 | 323/77 | 400 |
| 浙江 | 5/ | | 86/ | | | 36/22 | 139/31 | 359/77 | 625/130 | 755 |
| 江西 | 8/ | 7/1 | 163/7 | | | 53/38 | 210/60 | 467/100 | 908/206 | 1114 |
| 福建 | 6/ | 1/ | 59/1 | | | 15/16 | 136/44 | 389/56 | 606/117 | 723 |
| 湖北 | | | 12/ | | 1/ | 20/3 | 104/8 | 136/37 | 273/48 | 321 |
| 湖南 | 8/ | | 48/4 | | | 22/9 | 78/22 | 298/62 | 454/97 | 551 |
| 广东 | 2/ | 1/ | 36/3 | | | 3/15 | 195/12 | 607/52 | 844/82 | 926 |
| 台湾 | | | | | | | | 70/ | 70/ | 70 |
| 广西 | | | 11/ | | | 2/2 | 50/5 | 177/18 | 240/25 | 265 |
| 云南 | | | | | | | 79/ | 218/37 | 297/37 | 334 |
| 贵州 | 1/ | | 1/ | | | | 28/ | 139/18 | 169/18 | 187 |
| 四川 | 6/ | | 22/ | | | 6/1 | 66/3 | 557/45 | 657/49 | 706 |
| 新疆 | | | | | | | | 11/ | 11/ | 11 |
| 未详 | | | | | | | | | 9/ | 9 |
| 小计 | 59/ | 12/1 | 495/20 | 1/ | 8/2 | 282/124 | 1707/255 | 4961/875 | 7525/1277 | |
| 合计 | 59 | 13 | 515 | 1 | 10 | 406 | 1962 | 5836 | 8802 | 8802 |

数据来源:邓洪波:《中国书院史》(增订版),武汉大学出版社2012年版,第668—669页。说明:表中斜线前为历代新建书院数,斜线后为修复书院数。从修复书院数之多可以看出,一个书院跨越两朝以上者居多,显示出书院生命力之强与历史之悠长。

## 第二章　中国古代图书馆的藏书与管理

### 一　书院图书馆的藏书

书院，顾名思义，"因书而成院"，"无书不成院"。藏书与讲学、祭贤一起构成书院的三大事业。民国时期所修《郾城县记》卷三十《郾城县筹增景文书院经费的酌议章程禀》曰："书院之设，仿古之党痒州序，所以辅翼学校，其用意至深至远。然无师长则质问无端，无书籍则考订无资，无膏火则奖进无术，三者固缺一不可。"这里把师资、书籍、膏火（经费）视为书院的三大支撑条件。可见，藏书为书院成其为书院的必备要素。现代学者李颖说："书院所以教士者，而书籍为教士之具，使有书院而无书，则士欲读不能，是书院徒有其名，已失教士之实。故凡教士之所，皆有广搜典籍之必要，以供学者之博览。"[①]此话确然。可以说，有书院必有其藏书。在书院建筑布局中，藏书之处（即书院图书馆）位于书院整体布局中的中轴线上，一般为阁楼式建筑，甚至可能是书院中唯一较大的楼阁，可见其所重；藏书之楼阁名称不一，如书楼、御书楼、藏书楼、万卷楼、冠冕楼、观文楼、藏书阁、藏经阁、尊经阁、圣经阁、学古堂、五经堂、博文馆、藏书馆等。

（一）藏书来源

书院的藏书来源主要有四途：朝廷颁赐、官民捐赠、自行购置、自行刻印。

1. 朝廷颁赐

朝廷颁赐，即皇帝主动或受请将皇家所藏或所修书籍颁赐给书院。自宋代始，历朝历代皇帝大多喜欢给书院颁赐书籍，其目的是通过颁赐书籍向社会昭示当朝实行文治政策，对士民阅读进行"润物细无声"式的教化和导向，因为颁赐什么书就等于倡导读什么书。朝廷所颁赐的书籍，在数量上只占书院藏书总量的一小部分，但因其为御赐，得到书院的珍重，在客观上起到重视书院事业及其藏书的作用。宋初有"天下四大书院"，即白鹿洞书院、岳麓书院、嵩阳书院、应天府书院，其中前三者都曾得到朝廷颁赐之书。太平兴国二年（977年），宋太宗将儒家九经——《易》、《诗》、《书》、《礼记》、《仪礼》、《周礼》、《左

---

[①] 李颖：《近代书院藏书考》，载《图书与情报》1999年第1期。

传》、《公羊传》、《穀梁传》——赐给白鹿洞书院，并派车船送到洞中。南宋淳熙八年（1181年），宋孝宗将高宗御书石经拓本一套和国子监印本九经一部赐给白鹿洞书院。嵩阳书院于至道三年（997年）和祥符二年（1009年），分别得到太宗和真宗所赐九经。岳麓书院也于咸平四年（1001年）和祥符八年（1015年）两次得到真宗所赐《史记》、《玉篇》、《唐韵》、诸经释文、义疏等书以及御书"岳麓书院"匾额，故将书楼改名为"御书阁"，以表感恩。清朝皇帝也非常重视给书院颁赐书籍。康熙皇帝曾先后四次给白鹿洞书院赐书，包括《十三经注疏》、《二十一史》、《渊鉴古文》、《朱子全书》、《御纂周易折中》，共计五种七百三十本。云南昆明五华书院，曾得到康熙皇帝所赐《古今图书集成》一部共一万卷。据清王昶《天下书院总志》卷首记载，乾隆十六年（1751年），乾隆皇帝为其巡视过的江宁钟山书院、苏州紫阳书院、杭州敷文书院各赐武英殿所刊《十三经》、《二十三史》一部。另外，乾隆皇帝还曾下令地方政府以"公银"（即公款）购买书籍颁发给书院，这实际上是朝廷颁赐书籍的延伸。如乾隆元年（1736年）三月十日礼部复准："各省会城设有书院，亦一省人材聚集之地，宜多贮书籍，……令各省督抚动用存公银两，购买十三经、二十一史，发教官接管收贮，令士子熟读讲贯。"乾隆九年又议复："各省学官陆续颁到圣祖仁皇帝钦定《易》、《书》、《诗》传说汇编及《性理精义》、《通鉴纲目》、御纂《三礼》诸书，各书院院长自可恭请讲解，至《三通》等书未经备办者，饬督抚行令司道各员，于公用内酌量置办，以资诸生诵读。"[①]

2. 官民捐赠

官民捐赠，主要指地方官吏或民人关心书院藏书事业并向书院捐赠书籍之举。地方官吏关心和支持书院事业，主要有两种方式：一是修建书院，包括新建、重建、修缮书院，以供当地士人读书；二是凭手中权力和影响力支持当地书院事业，如为书院置办书籍，有时还为书院亲自颁发书籍。修建书院者中，南宋魏了翁和元代冯梦周可谓其代表。魏了翁，字华父，号鹤山，在宋理宗朝曾任礼部尚书等多种职务，嘉定三年

---

① 引自傅璇琮、谢灼华《中国藏书通史》，宁波出版社2001年版，第970页。

（1210年），他借父亲去世守丧之机在四川蒲江创建鹤山书院。其自作《书鹤山书院始末》曰："……堂之后为阁，家故有书，某又得秘书之副而传录焉，与访录公私所板行者，凡得十万卷，以附益而尊阁之，取《六经阁记》中语，榜以'尊经'，则阳安刘公为之记。"鹤山书院藏书十万，在中国大陆书院藏书史上仅次于元代蒙古族太监达可所建草堂书院（藏书二十七万卷）。冯梦周在元朝亦曾官至礼部尚书，他捐资创建颖昌书院，将自己多年所积之书全部捐于书院。郑元佑《侨吴集》卷九《颖昌书院记》云："许昌冯梦周所以建书院于颖昌，有不暇顾夫或者之议也。……梦周昔为温州路经历，尝梓锓《六诸图》诸书，及为平江路推官，得庸、学、语、孟善本并小学书，梦周更为高经下注，其为书版凡若干卷，悉以归之书院而不以私于其家；其平日捐金以购买之书籍，自六经传注子史别集以至稗官杂说，其为书凡若干万卷亦悉归之书院。"而更多的地方官人则为当地书院置办书籍，这方面以陈宏谋、陈士杰两人为典型。据清陈钟珂《陈文恭年谱》卷二载，清封疆大吏陈宏谋历官十二行省，所任之处无不支持书院藏书事业，如巡抚陕西时，向通省各书院颁发《资治通鉴纲目》、《正史约》；巡抚福建时，向仙游金石书院颁书五十二种一百五十六本；巡抚江苏时，为申江书院（后改名敬业书院）颁书十八种；总督两广时，颁《文选》、《唐宋文醇》、《唐宋诗醇》、《十三经注疏》、《通鉴纲目》、《通志》、《通典》、《文献通考》等书于"粤中七十二学及八书院中，以供士子讲读"。这是地方大吏关心和支持书院藏书事业的典型事例。据缪荃孙编《续碑传集》卷二九王闿运《桂阳直隶州泗洲陈侍郎形状》载，湖南桂阳州人陈士杰，于光绪年间，为改变家乡"僻远无书籍，人文未盛"状况，捐钱二万贯创建龙潭书院，又捐置图书二百余种，以为师生读书稽古之源。这是把办书院、捐书籍作为回报家乡哺育之恩的感人之举。一些民人亦有向书院捐书者。如叶适《水心文集》卷九《石洞书院记》载，"东阳郭君钦止，作书院于石洞之下，……徙家之藏书以实之"；据《光绪江西通志》载，乾隆十九年（1754年），邑人钟峨建向上犹县永清书院捐田六百石，书籍数千卷；据《岳麓书院史略》记载，咸丰初年，太平军攻打长沙，岳麓书院藏书荡然无存，战后，院长丁善庆带头捐献《御制日讲四书解义》、《御定佩文韵府》、《十三经注疏》、《困学纪闻三篇》等书八百六十二卷。

3. 自行购置

自行购置，指书院以学田之收入或官民捐资购买书籍。如云南蒙化府，署知府胡光在明弘治年间建有明志书院、崇正书院等，据明正德年间所修《云南志》卷六载，胡光尝派人"直往江南中州市群书，贮于观文楼。于是，云南诸学积书之富，惟蒙化为最"。明万历六年（1578年），辉县知县聂良杞重修百泉书院院舍时，购书二十六部，凡二百七十五册置于藏书阁中。据清光绪年间所修《黔江县志》卷三张九章《墨香书院藏书记》载，墨香书院购书先从成都尊经、锦江两书院购官书若干卷，"继以书类未备，复托徽商由湖北武昌书局购置若干卷"。清光绪二十四年（1898年），大梁书院（又称丽泽书院）捐集千余两白银，赴天津等地购书，为此还专门订立了《购书略例》七条，以保证购书工作依规进行。

4. 自行刻印

自行刻印，主要指书院自行出资刻印所需图书。自宋至清，书院刻书之风渐盛。其中，元代的西湖书院，明代的白鹿洞书院、崇正书院、东林书院，清代的广雅书院、学海堂书院、尊经书院等，不仅刻印数量多，且不乏精善之刻。顾炎武评曰："闻之宋、元刻书，皆在书院，山长主之，通儒订之，学者则互相易而传布之。故书院之刻有三善焉：山长无事而勤于校雠，一也；不惜费而工精，二也；板不贮官而易印行，三也。"① 元代至元末年设立的杭州西湖书院，是元代最大的地方书院，其特点之一是刻书多。元人攻破临安（杭州）接管南宋太学府（即后来的西湖书院）时，接收南宋国子监版片二十余万，总三千七百余卷。据陈基《西湖书院书目序》记载，仅至正二十一年十月一日至二十二年七月二十三日，书院"重刻经史子集欠缺，以板计者七千八百九十有三，以字计者三百四十三万六千三百五十有二；所缮补各书损坏漫灭，以板计者一千六百七十有一，以字计者二十万一百六十有二"，足见其刻书之速、之多。其中《元文类》、《文献通考》是公认的精善之刻。明代时期的白鹿洞书院也有刻书之举，据明嘉靖甲寅（1554年）

---

① 顾炎武：《日知录校释》，张京华校释，岳麓书社2011年版，第740页。

所刊郑廷鹄《白鹿洞志》后附《镂版书目》载，院中所刻书十一种，书版三千一百五十一片。在清代，道光四年（1824年），两广总督阮元在广州创建学海堂书院，其刻书有名可辑者为三十六种，一千二百五十四册，凡三千三百三十四卷。① 同样为两广总督的张之洞于光绪十三年（1887年）在广州创建广雅书院和广雅书局，广雅书局先后刻书一百七十八种，二千零九十六册，五千七百四十六卷，② 均赠藏于广雅书院藏书楼"冠冕楼"。

（二）藏书内容

书院在性质上属于文化教育设施，其三大事业为讲学、藏书和祭贤。在中国古代，文化教育设施从来都不是游离于政治的独立自主性存在，而是始终受到政治意识形态的引导并为其服务。在这种前提下，书院必然保持官学化色彩，如其讲学必然以儒家学说为价值取向，其祭贤对象亦几乎全部为儒家圣贤，其藏书在内容上必然也以儒家学说之书为主。清康熙年间，李来章主讲河南南阳书院时制定有《南阳书院学规》，其卷二为《读书次序》，从中我们可以一目了然地看出书院藏书以儒家学说之书为主的情况（见表2-12）。至清末，随着西学书籍的广泛流传，一些书院开始收藏较多的西学书籍。

表2-12　　　《南阳书院学规》卷二《读书次序》书目表

| 类别 | 书名 | 类别 | 书名 | 类别 | 书名 |
| --- | --- | --- | --- | --- | --- |
| 小学 | 小学大全 | 孝经 | 孝经易知<br>孝经大全或问 | 周礼 | 周礼注疏<br>周礼魏注 |
| 朱子 | 近思录<br>伊洛渊源录<br>续近思录 | 诗经 | 诗经注疏<br>诗经大全<br>诗经说约 | 书经 | 书经注疏<br>书经大全<br>书经会编 |
| 礼记 | 礼记注疏<br>礼记大全<br>礼记疏义 | 仪礼 | 仪礼注疏<br>仪礼经传通解<br>家礼<br>家礼仪节<br>家礼诠补 | 史部 | 稽古录<br>资治通鉴<br>通鉴纲目<br>宋元通鉴<br>宪章录<br>函史 |

---

① 陈谷嘉、邓洪波：《中国书院制度研究》，浙江教育出版社1997年版，第305页。
② 陈谷嘉、邓洪波：《中国书院史资料》，浙江教育出版社1998年版，第2340页。

续表

| 类别 | 书名 | 类别 | 书名 | 类别 | 书名 |
|---|---|---|---|---|---|
| 四书 | 四书语类<br>御制四书大全<br>四书大全辨<br>四书疑思录<br>四书因问<br>四书近指<br>四书玩注详说 | 易经 | 易经注疏<br>易经大全<br>易经程传<br>易经本义<br>易绎<br>易象归元<br>易经来注<br>易经疏义 | 春秋 | 春秋左传<br>公羊传<br>穀梁传<br>胡传<br>春秋归义 |
| 理学 | 理学正宗<br>理学宗传<br>广理学备考<br>性理大全 | 文部 | 大学衍义<br>大学衍义补<br>文章正宗<br>八大家文钞<br>归震川集 | | |

资料来源：陈谷嘉、邓洪波主编：《中国书院制度研究》，浙江教育出版社1997年版，第198—200页。

地方书院作为地方文化教育机构，注重收藏地方文献，由此成为地方文献收藏中心之一是有可能的。甚至一些小型书院以收藏地方文献为重点和特色，亦未尝不可。如清代开封彝山书院藏书九十种，除《四书体注》、《五经体注》、《康熙字典》、《全唐诗》、《宋诗钞》、《诗韵函英》六种之外，其余八十四种均为河南省各府、州、县志图书，[①] 可谓以地方志收藏为特色的书院。

书院藏书以儒家学说之书为主的局面，到了清代尤其到了清末有所改变，其标志之一是一些书院开始收藏西方著述，包括西方人所著社会科学书籍和自然科学书籍。据《大梁书院续藏书籍目录》所录，大梁书院收藏有较多的西人著作，其中《算学书部》著录十七部，占此类图书总数的19.5%；《时务书部》著录则达九十二部，占此类图书总数的65.7%。[②] 至于教会书院藏书中西学书籍之多，那是不言而喻的事情。这是时局剧变所带来的"变异"。但从历史"长时段"角度看，以儒家学说之书为主，始终是中国书院藏书的主要内容特征。

---

① 陈谷嘉、邓洪波：《中国书院制度研究》，浙江教育出版社1997年版，第205页。
② 陈谷嘉、邓洪波：《中国书院制度研究》，浙江教育出版社1997年版，第196页。

## 二　书院图书馆的管理

相比于官府图书馆、私家图书馆和寺观图书馆，书院图书馆的藏书开放程度最高。这可从许多书院所制定的章程或管理规章中窥见一斑，如梁鼎芬在主持丰湖书院时所订的《丰湖书藏四约》（包括借书约、守书约、藏书约和捐书约共五十六条）云："有书而不借，谓之鄙吝；借书而不还，谓之无耻。今之书藏，乃一府公物，非一人之私有，不借不如不藏，不读不如不借。务使人人保护，人人发愤，历时既久，沾溉斯多。"

在管理体制上，书院自诞生之日起，就有明确的职责任务和人员建制，以此形成有较完整的管理体制。发展至清代，全国书院划分为省级、州级、县级纵向等级系列，每一级书院都形成有相应的管理体制。就书院本身的微观领导体制而言，书院的学术带头人、主讲者兼行政首脑称为山长，这是因书院大都建在山林僻静之处而得名。至清乾隆时期，乾隆皇帝认为"山长"称谓不雅，多山野之气，于是专门下令改"山长"为"院长"，但习惯已久，民间仍然称书院首脑为"山长"，而官方文书中则"山长"、"院长"兼用。与山长或院长职事相同而称谓不同者还有山主、山掌、洞主、主洞、馆师、院师、掌教、主讲等。仅次于山长或院长者称监院。山长或院长虽处于首脑地位，但行政庶务往往交由监院负责，所以监院实际上为书院的行政首脑，院中庶务包括日常行政、财务、学生管理、图书管理等均由监院负责。监院一般由地方行政长官委派或以学官兼任，是地方政府在书院的代表。这也是书院官方化在管理体制上的表现。当然，监院不可能事必躬亲，其手下设有各类具体工作人员。就管理图书而言，监院手下往往设有司书、掌书、司事等工作人员具体负责图书管理事务。书院有别于纯行政机关，其管理需要体现一定的民主作风，所以一些书院引入董事管理制。董事一般由当地士绅担任，且同时聘任多人，其人选一般要具备两方面的素养：一是要有一定的管理才能和经验；二是在品行上要能秉公办事，以体现公正不私。另外需要提及的是，书院管理往往选任一些优秀学生参与或协助管理有关事务，这类学生一般称为"职事生员"，在职务称谓上叫"斋长"。斋长一般直接向监院负责，完成监院指派的任务，一般都领取一定的津贴作为报酬。

（一）藏书管理体制

书院的藏书管理，在体制模式上主要有四类：监院负责制、斋长负责制、董事负责制和山长负责制。

监院负责制，就是以监院为藏书管理的最高领导者，监院手下再设司书、掌管、书吏等人员，分工明确，各负其责。如益阳箴言书院，"院中书籍、金石文字悉登手册，监院掌之"；监院之下设司书一人，掌管二人，又有书吏掌编目，御书楼设"看役"掌钥匙、打扫卫生等。

斋长负责制，就是由斋长直接负责藏书管理，并向监院等上级负责，但监院等上级一般不直接插手日常管理事务。如岳阳慎修书院，"院中所藏各书，应立书目印簿三本，一存本府，一存监院，一存两斋长，遇有购置书籍到院，随时分别登记。本府每年查点一次，监院每节查点一次，斋长每月查点一次"。斋长设二员，住于藏书楼下，"随时经理"，每年六月晒书时则令斋夫协助。可见该院藏书管理班子由知府、监院、斋长、斋夫构成。其中，知府和监院处于监督之位，斋长是实际负责人，斋夫是斋长的临时协助者。

董事负责制，就是由董事负责藏书处所的定期查检工作，另指派一些人负责日常管理工作，由董事负责向董事会汇报工作的管理体制。如广东惠州府的丰湖书院就采用董事负责制。该书院议定的《书藏四约》中的《守书约》规定，"每年书院值年各绅士，拟请每月十二日到书藏，同董事、掌书生徒查检一回。每年书院董事拟令兼掌书藏事，每月同掌书生徒八人，查检三回"。意思是说，每年的董事会成员"各绅士"（说明该院每年轮换董事会成员），每月十二日到藏书处所同主管藏书工作的董事以及掌书生徒一起查检藏书情况一次；董事则每月同掌书生徒一起查检藏书情况三次。可见，丰湖书院的藏书管理采取由董事会、董事、掌书生徒构成的董事负责制，其中董事会监督董事、董事监督掌书生徒，亦即董事会和董事的职责主要是监督和查检，而掌书生徒的职责主要是日常管理事务。在这种管理体制中，董事会选聘董事，董事相当于现代社会的"经理"，具体负责组织书院的藏书管理工作，故称"董事负责制"。

山长负责制，就是由山长直接负责管理藏书工作，当然，具体事务由山长指派专人（一般称为典书）执行。如南京惜阴书院章程规定，"凡借者，随同典书者禀明山长，上楼开柜，事毕，即扃锁，以杜盗窃"。山长负责制，一般适用于规模较小、图书借阅量较少的书院。

（二）藏书管理规则

书院的藏书管理活动，一般都制定有较全面的规则，包括图书收集、图书登记加工与编目、图书借阅、图书保护等各个环节，都制定有较详细的规则。

1. 图书收集规则

图书收集，亦可称图书征集、图书采访等。书院藏书工作，始于图书收集；书院藏书的数量与质量取决于收集决策及其执行的科学有效与否，因而需要制定科学有效的收集规则。中国古代书院的图书收集规则，从其收集原则、收集策略来看，可分为两种类型：一是求多型，即以多多益善为基本原则；二是求精型，即以实用为首选原则。

清嘉庆年间，岳麓书院制定有《岳麓书院捐书详议条款》，其第一条为《购求宜广》，实为求多型收集规则，其文节录如下：

  殿板诸书尚有从前颁发查已遗失无存者，应请补购备贮。此外如访肆刻本及官绅士民家藏已刻未刻各本，应请通行札饬各属，劝募捐置，仰蒙各宪现议，陆续捐购。其现任湖南地区文武各宪及通省各属士民，如有家藏书籍情愿捐入书院，或自愿量力捐资以备购买书籍之用者，应请悉听其便。官捐者，官为购买，随时饬交监院收贮；民捐者，民为购买，亦随时呈请监院收贮。……至各府厅州县新旧志书及别项书籍板片，向系官为经理者，应请饬属概行征收以备贮藏等语。（查）从前颁发诸书遗失无存，据该生等呈请补购，应请札饬该监院查明书目，即于道库贮存额增膏火项下动银购买，发交监院收贮。其有愿捐者，听从其便，毋庸通饬各属劝捐。

清光绪二十四年（1898年），大梁书院派人赴天津等地书局购买图书，为此专门订立了《购书略例》，实为求精型收集规则，其文节录如下：

书籍期为有用，上之研穷性理，讲求经济，次之博通考据，……近刻种类日繁，备购匪易，先择其最有用者购之，若此间书肆及津居暂时阙如，只得异日续购。所购各书，大半官局新印，纸质坚韧，可以经久。其远年旧刊者，则纸多朽败，择购数种，聊补新印之阙。……医卜星相及一切技艺之书，均未备置，间有一二种列入丛刻本，则未能剔除。藏书家侈插架之富者，每种或多至十余部，必一一注明某处刊本，藉资考证。兹则限于款项，无事夸多斗靡，故某处刊本大概从略。此举聊为一篑之覆，殊惭简陋，若有才（财）力闳肆者，起增高继长，蔚为大观，庶几餍众人之望。

2. 图书登记加工与编目规则

通过收集环节而来的图书，需要登记和加工，这是现代图书馆亦不可缺少的业务程序。首先是登记入账，登记的内容包括每书的书名、著者、卷册数、价格及收藏时间、购置途径来源等。如《岳麓书院捐书详议条款》之《收发宜清》一条规定："新收者，或系颁发，或系征取，俱于各书名下注明几卷、几本、几套，系某年月日收到字样。内捐置及购买者，除照前注明外，并添注何员何人捐购字样。"如此形成的登记账本，实际上是图书收集清单，类似于现代图书馆之个别登记账和总括登记账。其次是必要的加工，如加盖藏书印、编写顺序字号及装订等。加盖藏书印，一般包括馆藏章印和捐赠人名印，如岳麓书院藏书首尾两页均钤有"岳麓书院藏书"印章；丰湖书院对受赠之书在显著位置加盖赠书者名印，"使诸生借观某书，即知某君所捐"。编写顺序字号，如同现代图书馆的"个别登录号"，起到每本书的"个别化"作用。对一些装订不牢之书，需要进行重新装订以免散乱，如丰湖书院规定"装订书籍要粗珠线干订，齐墨色纸皮加丹反叠"。最后为编制馆藏目录。一些有实力的书院，制定有相当科学的编目规则，并编有相当优质的目录，其规则和所编目录质量并不比官私目录和佛道目录逊色。如大梁书院就制定有专门的《编次目录略例》，全文如下：

自晋李充为著作郎，以五经为甲部、史记为乙部、诸子为丙部、诗赋为丁部，一变刘歆《七略》，荀勖四部之旧，而经、史、

第二章　中国古代图书馆的藏书与管理

子、集之名遂为隋唐以来志经籍、艺文者所不废，兹编一因之。惟近刻丛书多有单行不经见之本，而品类杂糅，不得不于四部外别列一部。

某书应归某类，必从其用之所近，如《经世文编》，或有如史部诏令奏议类者，实觉未协，兹则归入政书类。又如各朝学案入史部传记总类，《读史兵略》入子部兵家，皆取其便于用。

《四库书目》史部内传记类有圣贤之属、名人之属及总序、杂录各子目，政书内有通制、仪制、邦计、军政、法令、考工各子目，兹编则种类未全，暂难求备。

汇刻各本，如《十三经注疏》、《廿四史》、《百家子书》、《百三家集》之类，即录其总名，以"总"字括之，不分列各种。

丛刻各书原系一类者，仍归原类，不入丛部，如《经学丛书》之类。

各书有数种并在一函者，则取其第一种或此一种卷帙较多者归类，余即附入，免致分散，如《复古编》后附《二张集》、《建炎进退志》后附《靖康传信录》之类。

丛刻各书皆详列其目录，取便检阅。

书名从近刻本，如宋董楷《周易程朱氏说》，通志堂刻本作《周易传义》，附录元俞琰《周易集说》通志堂刻本作《俞氏易集说》；明来知德《周易集注》，坊本均作《易经来注》之类，今悉仍之。又如《牧令书五种》，乃坊刻通称，今亦仍之。

前朝人撰辑各书皆注明某朝人，若国朝人所撰辑者，则注其籍贯。

《总目》草率编成，恐有疏漏，尚俟后人匡正。

此《编次目录略例》共十条，有些是有关图书分类方面的，内容主要为类目的增或省之说明，改隶说明，同一部类丛书的归类方法，"数种并在一函"时的归类方法，以及"必从其用之所近"的归类原则；有些是著录方法方面的说明，如丛书著录方法（有的列子目，有的不列子目），异名同书著录方法，著者时代和籍贯著录方法；最后一条为谦称语。这些分类、著录规则，都能遵循图书分类和著录的基本原理，具有显著的科学性、合理性和适用性，即使用现代眼光看亦基本无可挑剔。

中国古代书院编有多少馆藏目录，迄今尚无全面的统计数据。但从历代书院管理的严谨性来看，可以说大多数书院都编有馆藏目录，哪怕是仅"部次甲乙而已"的清单式目录。陈谷嘉、邓洪波主编的《中国书院制度研究》一书中列有"历代书院藏书目录一览表",[①] 共列出七十个书院藏书目录。当然，这只是他们根据"确有记载"的有关史料统计出来的数量，实际数量应远超于此。但从总体而言，书院藏书目录的编修质量，未能超过官府、私家、寺观藏书目录之质量。

3. 图书保护规则

古代中国人历来珍惜图书，图书保护意识很强，书院亦不例外。有些书院制定有严密、详尽而又实用的图书保护规则。丰湖书院《书藏四约》之《藏书约》中有关图书保护方面的规定就相当全面，现节录如下：

> 书籍布列不可太密，宜疏行以通气。箱角拟用瓦器盛之，中藏石灰，可去湿，可避蚁。……每年按季晒书一次（二月二十二日、五月二十二日、八月二十二日、十一月二十二日，均至二十五日）。晒书要择清日无风，要按次布晒，收时勿乱，要两面翻晒，晒凉透后，方可收回。楼上禁食水烟（一切食物并行禁止，杂乱桌几，污点签帙，都不相宜）。晚上禁止上楼（灯烛要谨慎，晚间不能借书，不开楼门，锁钥交看守之人管理）。院内墙壁，每生白蚁，最宜小心。箱内书头处有空地，易于鼠耗，最宜留心。箱内易生蠹虫（用避虫散最好，否则用香烈之品亦可防避，然总以人力为主，能勤检理，所胜多矣）。

这一图书保护规定，包含了通风、防潮、防蚁、防鼠、防虫、防火、防盗、防污、晒书等诸多图书保护事宜，而且还用了"最宜小心"、"最宜留心"、"用避虫散最好"、"勤检理"等提醒语，其内容几

---

[①] 陈谷嘉、邓洪波：《中国书院制度研究》，浙江教育出版社1997年版，第173—179页。

乎可谓应有尽有。

4. 图书借阅规则

书院本身具有社会性、教育性、学术性特征，传播学术思想是书院的宗旨之一，由此决定了书院藏书亦具有公共性、开放性特征，其主要表现就是向院内外人士开放流通。图书的开放流通必然与藏书的保存、保护要求发生矛盾，亦即图书的开放流通必然要面临藏与用的矛盾。顾璜在《大梁书院藏书序》中说道："书院藏书一事，立法最难。太密则阅者惮烦，必束之高阁；太疏则散漫无纪，卒归于无有。是在疏密得中，与诸生协力维持，庶不至为因噎废食者所窃笑。"这就表明，书院藏书的开放流通，必须要在藏之严与用之广之间保持"疏密得中"。所以，"疏密得中"是书院制定图书借阅规则需要遵循的基本原则。

（1）有关读者范围的规定

毋庸置疑，书院藏书的主要读者对象是院内人员，尤其是院内的生徒。但随着印刷技术的广泛应用，书籍及其复本的获得越来越容易，出现读者对象逐渐扩大的趋势。丰湖书院制定的《书藏四约》之《借书约》规定，"管理书藏之绅士及董事，许其借书"。这表明，丰湖书院藏书的读者对象除了生徒之外还包括管理书藏的绅士和董事，但仍局限于院内之人，若以"疏密得中"衡量，偏向于"密"。南京惜阴书院章程规定，"本籍士子无书者"亦可借阅本院图书，但"凡一切大小文武现任、致仕官员，并外来侨寓仕宦，概不准借"。厦门博闻书院规定，除了"工匠仆役及粗俗轻浮下贱之人"，只要是"厦地仕宦绅商文雅之士"皆可办理"执照"（借阅证）后入院阅读。可见，惜阴书院和博闻书院虽然对读者对象都有一定的限制，但都向院外人士开放。两者的区别在于：惜阴书院限制具有官吏身份背景的人借阅而不限其他一般人员，而博闻书院则限制"工匠仆役及粗俗轻浮下贱之人"而不限具有官吏背景之人。若以"疏密得中"衡量，前者"密"于社会上层人员，后者"密"于社会下层人员。

（2）有关开放时间的规定

书院藏书开放大多采取定时开放政策，但"定时"的长短和具体日期不等。丰湖书院制定的《书藏四约》之《借书约》规定，"借书之期，以每月初二日、十二日、二十二日为限"，可见丰湖书院是每十天开放一次。浏阳县《洞溪书院领借藏书章程》规定,"领书期,斋外限每月初一、十五日,斋内限以每旬逢一五日,经管人如期守候收发",可见洞溪书院基本上是每五天开放一次。岳州府《岳阳慎修两书院新定藏书章程》规定,"院中斋长二人,居住楼下,随时经理",可见,慎修书院藏书几乎每天都可以开放。厦门博闻书院"定于每日早晨十点钟开门,以日没之时关门,天长约以六七点钟为度,天短约以五六点钟为度",可见博闻书院亦几乎每天都开放。

(3) 有关借阅期限的规定

大部分书院的借阅期限一般不超过十五日(半月)。如广东肇庆端溪书院制定的《肇庆府原定收借书籍规条》规定,"如半月不归还,由管书人追查;如果官府借阅书院藏书累月不归还,即由管书人秉请发还"。湖南浏阳洞溪书院规定,"斋内准一次领某部几本,限五日缴还,依次再领;斋外准一次领某部几本,限半月缴还,依次再领",可见洞溪书院的借阅期限区分院内和院外,院内为五日,院外为半月,且都可以续借。这种借阅期限的规定既灵活又合理。值得称道的是,书院管理者们很明白确定借阅期限的目的是加速图书流通,让更多的人能够如期读到所需之书。如前引《岳阳慎修两书院新定藏书章程》规定,"……无论是否看完,定令如数缴还,以便他人领看"。这里的"以便他人领看",即点出了遵守借阅期限是为了让他人能够及时借阅。这可视为值得提倡的"借书伦理"。

(4) 有关限借图书种类的规定

书院对一些常用工具书和珍贵版本图书大多限制借出。如《安徽于湖中江书院藏书目》所附《募捐书籍并藏书规条》规定,"《史》《汉》《三国》及各种类书,只准偶尔翻查,不准借出。《四史》局价甚廉,须各置一部,或数人分买传观亦可。若类书一查即了,不必借出,且恐常有人来查。至于孤本、抄本尤不准借出"。这里对三种类型图书作出了不准借出的规定,分别是:《四史》(《史记》、《前汉书》、《后汉书》、《三国志》);类书;孤本、钞本书。对后两种类型图书作出不准借出的规定是比较容易理解的,不易理解的是明知"局价甚廉"的《四史》为什么还要限制借出?这是因为:在中国古代社会的晚期,对学习经史知识的人来说,《四史》是需要常翻常阅的基础性读物,最好

## 第二章　中国古代图书馆的藏书与管理

是人人自备，无须借阅；反过来，若人人靠书院借阅，就容易造成"过度使用"的资源损耗。

（5）有关借阅手续的规定

书院借书都需履行一定的手续，只不过手续的具体形式和内容有所不同。大部分书院的借阅手续采取的是登记制，即在专门的借书登记簿上登记，登记的内容主要包括所借书名、时间、数量等，并签名画押，以为凭证。有的书院采取借阅证制度，如博闻书院规定，凡"有志欲来本书院观看各书报者，须向司理书院董事取给执照，方可出入"。这里所说"执照"就相当于现代的借阅证。有的书院采取担保制，如《大梁书院藏书总目》所附《藏书阅书规则》规定，"书院置一阅书簿，交司书吏收执。凡肄业生欲阅书者，必邀同斋长一人，告司书吏检取，于簿书内记明某月某日取某书几卷几本，某生阅，斋长某人，各于名下书押。……肄业生取阅各书，均当加以护惜，如有损失，势须购补，否则累及斋长"。有的书院采取临时的借条制（或称领条制），如浏阳洞溪书院《领借藏书章程》规定，"凡领书看者，宜书领条，由经管给发。无论斋内外人等，未书领条，不得擅行携去翻阅，以免损失"。白鹿洞书院的借条叫"借读藏书票"，据清人毛德琦《白鹿书院志·白鹿洞书院经久规模议》记载，洞生借书，须"写一票于管干处领出，以便稽考，缴书销票。……洞生借读藏书票式：某于某月日，借洞内藏书某样一部，计几本看阅"。

（6）有关图书遗损等行为的处罚规定

书院对读者遗失、损坏图书等失德或违规行为都有相应的处罚规定。如《安徽于湖中江书院藏书目》所附《募捐书籍并藏书规条》规定，"诸生借阅，掌书者先将书页当面数清，如有脱页，即于书头上盖戳记，收还亦须当面过数，倘有缺损，须借书补钞（恐有懒于照钞，将书撕下，或有忌人知之者，会课时尤宜防）。若妄加圈点批评，亦须面斥，以后不准借书。……如有古刻珍秘之本，阅者不得以近刻之本换出，如有更鹜，罚从夺牛"。江苏《兴化文正书院藏书目》所附《藏书凡例》规定，"卷数繁简不一，简单准取全册，繁者每取十本，挨次取阅，阅毕即还。无论在院不在院，极迟以半月为限，逾限者下次不准再取"。这是有关借阅数量以及超期不还行为的处罚规定。该《凡例》又

· 193 ·

规定,"观书诸生,须知珍惜,倘有墨污,擅加丹黄,以及卷页缺少破损摺绉,由斋长检点后,照原书计价赔罚,如有保状,保人亦一例议罚"。

(7) 有关文明服务和同事互勉的规定

惠州丰湖书院的《书藏四约》之《借书约》规定,当院内外人员来借书时,作为管理者的董事、掌书生徒"务当待之以礼,勿有难色,勿有漫词"。同时规定,董事、掌书者之间"共事宜和洽,勿有戏言;宜矜慎,勿有情面;宜相审察,勿近刻博;宜相互儆悌,勿近嚣浮"。这是对图书馆工作人员所提出的要求。这种善待读者、文明服务,同事互勉、和谐相处、谨言慎行的要求,如今的图书馆人也应竭力为之。

# 第三章　中国古代图书馆学思想

名词意义上的"思想",是动词意义上的"思想"的产物,即人对事物所思所想而形成的意识或观念。所谓"中国古代图书馆学思想",就是古代中国人对收集、整理文献以供利用之事所思所想而形成的意识或观念,也就是古代中国人关于图书馆的看法或观念。

古代中国人往往把以藏书楼或馆阁形态存在的图书馆称为"图书之府"、"简册之府"、"典籍之府"等。① 这些称谓若用更具综合性的词语说就是"文献之府"。"文献之府"就是馆阁(图书馆)。馆阁是收集、整理文献以供利用的设施,所以馆阁因有文献之藏而称为馆阁,文献因藏之于馆阁而被保护和广泛传递利用。从这个意义上说,文献与馆阁的关系可视为"毛"与"皮"的关系——"皮之不存,毛将焉附"②。由此而论,中国古代图书馆学思想,其内容大体可分为"文献观"和"馆阁观"两大方面。其中的"文献观"主要包括文献价值观、文献整理观和文献藏用观;"馆阁观"主要包括馆阁功用观和馆阁职任观。

## 第一节　文献价值观

自西晋荀勖把天下经籍划分为甲、乙、丙、丁四部,经东晋李充调换乙、丙之次,唐代《隋书·经籍志》把甲、乙、丙、丁四部分别命

---

① 程俱:《麟台故事校证》,张富祥校证,中华书局2000年版,第122、144、223页。
② 古人所云"皮之不存,毛将焉附"一语,若仅从字面意义上看似乎在强调"皮"之重要性而把"毛"视为依附性存在,但我们不能由此得出"皮"重要而"毛"不重要的结论,因为对"皮"与"毛"的关系我们还可以这样认识:毛之不存,皮将何用?

名为经、史、子、集以来，天下文献被划分为经、史、子、集四大类型，而且这四部文献又各有各的价值。因此，古代中国人的文献价值观，大体可从整体文献价值观和四部文献价值观两个层面去把握。

## 一 整体文献价值观

在古代中国人的思想意识中，图书馆之所以重要，是因为图书馆是文献的收藏、整理与利用机关，也就是说，文献的重要性决定了图书馆的重要性。那么，文献为什么重要？文献的重要性在于"文以载道"，即文献之中记录有圣人之道，欲知圣人之道，就必须借助文献，这就是文献的价值所在。从信仰角度而言，古代中国人重视文献的观念源于"圣贤崇拜"。圣贤之言即"圣道"，而圣言圣道载于书中，所以古代中国人形成有"书即道，道即书"的观念。南宋学者包恢在《盱山书院记》中即言："圣贤之书所以明道，书即道，道即书，非道外有书，书外有道，而为二物也。"① 宋初大儒孙复建有泰山书院，孙复的弟子石介作《泰山书院记》曰："自周以上观之，贤人之达者，皋陶、傅说、伊尹、吕望、召公、毕公是也。自周以下观之，贤人之穷者，孟子、扬子、文中子、吏部是也。……孟子、扬子、文中子、吏部皆以其道授弟子，复传之于书，其书大行，其道大耀。先生亦以其道授弟子，既授之弟子，亦将传之于书，将使其书大行，其道大耀。乃于泰山之阳起学舍斋堂，聚先圣之书满屋，与弟子而居之。"② 可见，在古代中国人看来，书不仅是载道之器，也是传道之具；道在书中，传书即等于传道。

《左传·昭公十二年》记载有一段故事："……左史倚相趋过，王曰：'是良史也，子善视之，是能读《三坟》、《五典》、《八索》、《九丘》。'"这里所说的《三坟》、《五典》、《八索》、《九丘》，就是传说中最古老的文献。对此，孔颖达《正义》引孔安国《尚书·序》解释说："伏羲、神农、黄帝之书，谓之《三坟》，言大道也。少昊、颛顼、高辛、唐、虞之书，谓之《五典》，言常道也。八卦之说，谓之《八索》，求其义也。九州之志，谓之《九丘》，丘，聚也，言九州所有、

---

① 陈谷嘉、邓洪波：《中国书院史资料》，浙江教育出版社1998年版，第182页。
② 陈谷嘉、邓洪波：《中国书院史资料》，浙江教育出版社1998年版，第57—58页。

土地所生、风气所宜，皆聚此书也。"明代大儒丘濬进一步解释说："《三坟》《五典》之说，始见于此。孔安国谓此即上世帝王遗书，则是书之由来也久矣。《周礼》外史掌三皇五帝之书，此书之掌于朝廷官职者也。楚左史倚相能读《三坟》《五典》《八索》《九丘》，此书之传于学士大夫者也。今三皇五帝之书存于世者，惟尧舜二典。……孔子删书，始于尧舜，所以为万世法者，皆日用常行之理，万世帝王为治之大经大法，无出此者矣。"① 按照丘濬的理解，经过孔子的删书，三皇五帝之书仅存唐尧虞舜之二典（其内容可从现存的《尚书》之《尧典》和《舜典》略知大体），而尧舜二典乃"言大道"的"大经大法"。也就是说，尧舜二典（文献）之所以重要，在于它记录有尧舜二圣之所以"内圣外王"的"大道"与"常道"，这一"大道"与"常道"已成为"万世帝王为治之大经大法"。早在五代后晋时期的刘昫就已经把文献定位为治国的"大经"，其曰"典籍，国之大经"（《旧唐书·经籍志》序）。可见，丘濬的文献观是刘昫"国之大经"观的进一步阐扬。

众所周知，中国古代社会是一个政治、伦理、教育"三位一体"的社会。② 其实，中国古代社会的这一特点，可以概括为"教化政治"或"德化政治"。孔子曰："道之以政，齐之以刑，民免而无耻；道之以德，齐之以礼，有耻且格。"（《论语·为政》）孟子说得更为透彻，其曰："善政，不如善教之得民也。善政，民畏之；善教，民爱之。善政得民财，善教得民心。"（《孟子·尽心上》）所以古代中国人都笃信"教者，政之本"以及"有教，然后政治也"（贾谊《新书·大政》）的教条。"教"的对象是"学"，即要行教化，就得让人们学习，所以《礼记·学记》云："君子如欲化民成俗，其必由学乎。"从一般意义上说，"教"与"学"都离不开书（文献），所以文献自然成为教化政治的必要工具，诚如元代理学大师虞集在《考亭书院记》中所说："书之

---

① 邱浚：《大学衍义补》，林冠群、周济夫校点，京华出版社1997年版，第801页。按：《大学衍义补》的作者本应写为"丘濬"，"丘"为中国古人姓氏之本字，清代雍正时期为避"孔丘"之讳而把姓氏之"丘"改为"邱"；而"濬"为"浚"的古体字。所以本书在正文中把《大学衍义补》的作者写成"丘濬"。

② 陈超群：《中国教育哲学史》，山东教育出版社2000年版，第9页。

所行，教之所行也；教之所行，道之所行也。"① 可见，文献是"教之所行"和"道之所传"的必要工具。

文献之于教化政治所具有的价值，使得古代的明主和贤人君子们把文献的功用提高到理政治国之依据的高度。曹操的谋士之一袁涣建议曹操大收图籍时说："今天下大难已除，文武并用，长久之道也。以为可大收篇籍，明先圣之教，以易民视听，使海内斐然向风，则远人不服可以文德来之。"（《三国志·魏书·袁涣传》）很明显，袁涣建议大收篇籍的目的是"明先圣之教"，实施"文德"之政。宋太宗以诘问方式指出了文献之于"教化"、"治乱"的功用，其曰："夫教化之本，治乱之源，苟无书籍，何以取法？"② 又手指秘阁书籍谓侍臣说"千古治乱之道，并在其中矣"③。从这两句话中我们可以看出宋太宗当时为何那么重视"三馆秘阁"建设的用意所在。关于文献与教化政治的关系，牛弘《请开献书之路表》曰："经籍所兴，由来尚矣。爻画肇于庖羲，文字生于仓颉，圣人所以弘宣教导，博通古今，扬于王庭，肆于时夏。……有国有家者，曷尝不以《诗》、《书》而为教，因礼乐而成功也。……故知经邦立政，在于典谟矣；为国之本，莫此优先。"（《隋书·牛弘传》）唐代魏徵也是从"弘道设教"的高度认识文献的价值的，他执笔的《隋书·经籍志》序曰："夫经籍也者，机神之妙旨，圣哲之能事，所以经天地，纬阴阳，正纪纲，弘道德，显仁足以利物，藏用足以独善，学之者将殖焉，不学者将落焉。……其王者之所以树风声，流显号，美教化，移风俗，何莫由乎斯道？……今之所以知古，后之所以知今，其斯之谓也。……（此《经籍志》）虽未能研几探赜，穷极幽隐，庶乎弘道设教，可以无遗漏焉。"

有的人则是从文献的历时传播功能角度认识文献的价值的，认为文献是今人与古人交流的中介。唐代史学家刘知几说："苟史官不绝，竹帛长存，则其人已亡，杳成空寂，而其事如在，皎同星汉。使后世之学者，坐披囊箧，而神交万古；不出户庭，而穷览千载。"（《史通·史官

---

① 陈谷嘉、邓洪波：《中国书院史资料》，浙江教育出版社1998年版，第349页。
② 李焘：《续资治通鉴长编》（第2版），上海师大古籍所、华东师大古籍所点校，中华书局2004年版，第571页。
③ 程俱：《麟台故事校证》，张富祥校证，中华书局2000年版，第38页。

## 第三章 中国古代图书馆学思想

建置》）曹丕在《典论·论文》中认为，"盖文章，经国之大业，不朽之盛事。年寿有时而尽，荣乐止乎其身，二者必至之常期，未若文章之无穷。是故古之作者，寄身于翰墨，见意于篇籍，不假良史之辞，不托飞驰之势而声名自传于后"。显然，曹丕认识到了文章（文献）的超越个体生命的有限而无穷传播于后世的功能价值。把文献的传播圣贤思想的价值拔高到最高层次的是丘濬，其曰："书之在天下，乃自古圣帝明王精神心术之所寓，天地古今生人物类义理政治之所存，今世赖之以知古，后世赖之以知今者也。……书籍之在世，犹天之有日月也，天无日月，天之道废矣，世无书籍，人之事泯矣。"[1] 书籍之在如同日月之在，这种比喻把书籍的价值提高到"无与伦比"的地步了；而"世无书籍，人之事泯矣"，则把文献的存在价值提高到了"人事之源"的本体论高度。生活在 20 世纪的英国著名科学哲学家波普尔（Karl Popper, 1902—1994 年）提出有"两个思想实验"[2]，人们把它视为伟大的创造性思想，因为是波普尔第一次把图书馆的存在价值提高到能够影响人类文明进程的重要因素之一。其实，中国哲人丘濬在 15 世纪就已经把文献的功能价值定位于"天之道"能否存留和"人之事"能否传续的本体论高度了，这种认识与波普尔的"思想实验"相比毫不逊色，却比波普尔整整早了五个世纪，足见古代中国人的文献观和馆阁观是何等的早熟！

如果说上述文献价值观是"说理性文献价值观"，那么，一些藏书家和读书家们基于自己的藏书和读书的实践经历而形成的文献价值观则可称为"体验性文献价值观"。尤袤说："吾所抄书今若干卷，将汇而目之，饥读之以当肉，寒读之以当裘，孤寂而读之以当友朋，幽忧而读之以当金石琴瑟。"（《文献通考》卷二〇七《遂初堂书目》条）这是

---

[1] 邱濬：《大学衍义补》，林冠群、周济夫校点，京华出版社 1997 年版，第 803 页。
[2] 实验 1：我们所有的机器和工具，连同我们所有的主观知识，包括我们关于机器和工具以及怎样使用它们的主观知识都被毁坏了，然而，图书馆和我们从中学习的能力依然存在，显然，在遭受重大损失之后，我们的世界会再次运转。实验 2：像上面一样，机器和工具被毁坏了，并且我们的主观知识，包括我们关于机器和工具以及如何使用它们的主观知识也被毁坏了，以至于我们从书籍中学习的能力也没有用了，……我们的文明在几千年之内不会重新出现。见 [英] K. 波普尔《客观知识——一个进化论的研究》，舒炜光等译，上海译文出版社 1987 年版，第 116 页。

在说，读书具有娱悦身心的重要价值。甚至"草根"出身的朱元璋对读书之益亦深有体会，其曰："古圣贤以教后世，所存者书而已。朕每观书，自觉有益。……盖读书穷理于事物间，自然见理，明所行当。书之有益者此也。"（倪灿：《明史艺文志》序）朱元璋之子明成祖朱棣则从"金玉之利"与"书籍之利"的比较中悟出读书的重要意义，其曰："置书不难，须常览阅乃有益。凡人积金玉欲遗子孙，朕积书亦欲遗子孙。金玉之利有限，书籍之利岂有穷也！"（余继登：《典故纪闻》卷六）藏书家自然把所藏之书视为"至宝"，每当言及"购求之难"与"求得之乐"，都不免苦中有乐之感，其中言之至深者莫如孙从添（字庆增），他在《藏书记要》中说：

> 夫天地间之有书籍也，犹人身之有性灵也。人身无性灵，则与禽兽何异？天地无书籍，则与草昧何异？故书籍者，天下之至宝也。人心之善恶，世道之得失，莫不辨于是焉。天下惟读书之人，而后能修身，而后能治国也。是书者，又人身中之至宝也。以天下之至宝而一旦得之，以人身之至宝而我独得之，又不至埋没于尘土之中，抛弃于庸夫之室，岂非人世间一大美事乎？①

在孙从添看来，天地间有了书籍才能使人脱离"草昧"而后显出"文明"，所以书籍是天下之至宝；人通过读书才能掌握修身、治国的道理，所以书籍是人身之至宝。这种把书籍与天地勾连起来、把读书与人生价值联系起来的思想，是古代中国人在"人与天地万物为一体"的天人合一思维中感悟出来的本体论、人生论文献观。

## 二 四部文献价值观

在中国古代文献分类史上，把天下文献划分为经、史、子、集的四部分类法占据主流地位。把文献划分为经、史、子、集四大部类，这既是内容分类，也是价值分类。在横向构成上，图书按所述内容可分为经书、史书、子书、集书四种类型；在纵向排列上，经书、史书、子书、

---

① 孙从添：《藏书记要》，载祁承㸁等《藏书记》，广陵书社2010年版，第39—40页。

集书四类图书的价值大体呈现为降序排列，即经书的价值最大，史书次之，子书、集书再次之。

（一）经书的价值

至汉代，儒家思想取得统治地位后，记录有圣人之道的儒家文献，被概括为"六经"或"六艺"，即《易》、《书》、《诗》、《礼》、《乐》、《春秋》六种经典。① 《汉书·儒林传》云："古之儒者，博学乎《六艺》之文。《六艺》者，王教之典籍，先圣所以明天道，正人伦，致至治之成法也。"北魏道武帝问博士李先"天下何书最善，可以益人神智"，李先回答说"惟有经书，三皇五帝治化之典，可以补王者神智"（《魏书·李先传》）。经书是文献中的精华，其载道最集中，解道最精深，所以，经书亦可谓"文献之王"。在此意义上可以说"经书即道，道即经书"，诚如清人崔述所言："圣人之道，在六经而已矣。……文在是，即道在是。故孔子曰：文王既没，文不在兹乎？六经以外，则无所谓道也。"②

明代藏书家陆深《江东藏书目录小序》曰："夫书莫尚于经，经，圣人之书也。……《语》曰'经载道，史载事'。"③ 清人王鸣盛说："经以明道，而求经者不必空执义理以求之也，但当正文字，辨音读，释训诂，通传注，则义理自见而道在其中矣。"④ 陆深和王鸣盛的话无非想说明：经书是圣人之书，是"载道"、"明道"之书，所以经书是最"尚"之书。诚如明清之际的朱之瑜所言："圣人未生，道在天地；

---

① 至唐代，因《乐》经失传，六经成为"五经"。此后，《礼》分为"三礼"，《春秋》分为"三传"，于是六经变为"九经"；至南宋，再加入《论语》、《孟子》、《大学》、《中庸》这"四书"，于是九经又变为"十三经"。至清代，段玉裁提出"二十一经"说，即在"十三经"基础上再加进《国语》、《大戴礼》、《史记》、《汉书》、《资治通鉴》、《说文解字》、《九章算术》、《周髀算经》这八种经典，共成"二十一经"。此外，自"六经"或"六艺"说提出以来，《孝经》和《尔雅》也一直被人们视为"六经"或"六艺"之"辅翼"。本书所称"六经"或"六艺"是将其作为儒家经典的泛称来使用的。

② 崔述：《考信录释例》，引自张舜徽选编《文献学论著辑要》，中国人民大学出版社2011年版，第185页。

③ 袁咏秋、曾季光主编：《中国历代图书著录文选》，北京大学出版社1997年版，第270页。

④ 王鸣盛：《十七史商榷》，黄曙辉点校，上海书店出版社2005年版，自序。

圣人既生，道在圣人。圣人已往，道在六经，则先王之道尚矣。"①"圣贤崇拜"和"六经崇拜"结合在一起，必然把六经之书奉为"圣经"。南宋曹彦约在《白鹿书院重建书阁记》中就使用了"圣经"一词，并将"圣经"视为"万世标准"，其曰：

> 惟我本朝尊儒崇道……高宗皇帝闵圣经之道将废，万机余暇，不以声音菜色为乐，而以笔札为工；不以藻词丽语洒翰，而以圣经示训。则夫奉云章于杰阁，瞻望而尊敬之，视汉熹平蜀广政所刻相去远矣。圣经标准万世，凡圜其冠，方其履者，皆知其不可一日废于天下也。②

丘濬也认为，"万世儒道，宗于孔子，天下书籍，本于六经。六经者，万世经典之祖也。为学而不本于六经，非正学；立言而不祖于六经，非雅言；施治而不本于六经，非善治"③。丘濬在这里明确指出了六经是"为学"、"立言"、"施治"所必须依据的根本标准。把六经视为"圣经"和"经典之祖"，这就是"六经崇拜"。

以上所述有关六经的价值，均为六经的整体价值而言。六经中的各经又有各自相对独立的价值。《史记·滑稽列传》引孔子语曰："六艺于治一也。《礼》以节人，《乐》以发和，《书》以道事，《诗》以达意，《易》以神化，《春秋》以义。"孔子的这段话，说出了六经整体与其组成部分（各经）之间的关系，即六经中的各经虽各有独立旨意和价值，但都有资于经邦治国，统一于经邦治国之需要，所以张守节《正义》言："《六艺》之文虽异，《礼》节《乐》和，导民立政，天下平定，其归一揆。"关于六经中各经的价值及其表现，《礼记·经解》引孔子语曰：

> 入其国，其教可知也。其为人也，温柔敦厚，《诗》教也。疏

---

① 朱舜水：《朱舜水集》，朱谦之点校，中华书局1981年版，第343页。
② 陈谷嘉、邓洪波：《中国书院史资料》，浙江教育出版社1998年版，第189页。
③ 邱濬：《大学衍义补》，林冠群、周济夫校点，京华出版社1997年版，第801页。

通知远，《书》教也。广博易良，《乐》教也。洁静精微，《易》教也。恭俭庄敬，《礼》教也。属辞比事，《春秋》教也。故《诗》之失，愚；《书》之失，诬；《乐》之失，奢；《易》之失，贼；《礼》之失，烦；《春秋》之失，乱。其为人也，温柔敦厚而不愚，则深于《诗》者也；疏通知远而不诬，则深于《书》者也；广博易良而不奢，则深于《乐》者也；洁静精微而不贼，则深于《易》者也；恭俭庄敬而不烦，则深于《礼》者也；属辞比事而不乱，则深于《春秋》者也。

## （二）史书的价值

在"六经崇拜"之外，古代中国人还有"崇古"情结。"崇古"是"祖先崇拜"和"圣贤崇拜"的心理基础。因此，"尊经崇古"成了古代中国人"为学"、"立言"、"施治"的基本思想模式。清嘉庆皇帝曾题诗曰："君子修身必稽古，帝王图治首尊经。政源事本不逾此，玩味探寻永矢铭。"[①] 嘉庆皇帝在这里明确指出了"稽古"、"尊经"是他"修身"、"图治"的基本遵循。"尊经崇古"在图书分类上的表现就是：首为经书，次为史书。关于史书的价值，古代中国人一般将其定位于鉴古资今（或称鉴古知今、以古鉴今）的作用上。唐武德五年（622），高祖李渊下有《命萧瑀孟郊等修六代史诏》，其中言史书可以"考论得失，究尽变通，所以裁成义类，惩恶劝善，多识前古，贻鉴将来"。[②] 唐太宗李世民也说："朕睹前代史书，彰善瘅恶，足为将来之戒……将欲览前王之得失，为在身之龟镜。"（《册府元龟·国史部·恩奖》）北宋司马光受英宗之托所修编年体史书，因其旨在"鉴于往事，有资于治道"，故神宗赐名为《资治通鉴》。《资治通鉴》一出，受到上至帝王下至士民的一致好评，宋元之际的著名史家胡三省曰：

> 为人君而不知《通鉴》，则欲治而不知自治之源，恶乱而不知

---

[①] 施廷镛：《故宫图书记》，引自李希泌、张椒华编《中国古代藏书与近代图书馆史料（春秋至五四前后）》，中华书局1982年版，第454页。
[②] 宋敏求：《唐大诏令集》卷八一，中华书局2008年版，第466页。

防乱之术。为人臣而不知《通鉴》，则上无以事君，下无以治民。为人子而不知《通鉴》，则谋身必至于辱先，作事不足以垂后。乃如用兵行师，创法立制，而不知迹古人之所以得，鉴古人之所以失，则求胜而败，图利而害，此必然者也。①

胡三省说的这段话表明，在古代中国人的心目中，知《通鉴》俨然成为衡量人君、人臣、人子是否合格的必要条件，也就是说，能否崇古鉴古是一个人能否"成人成事"的必要条件。古人之迹俱在史书中，所以崇古鉴古的必然结果之一就是重视史书，而重视史书的表现之一就是在图书分类上把史书列于仅次于经书的位置上。②

中国古人普遍认同的"经史不分"、"五经亦史"、"六经皆史"等论说，就是人们重视史书价值的理论表现。这些论说中包含着"史为经源"、"史亦载道"的判断，从而在图书价值的判断上，具有将史书价值与经书价值"等量齐观"的倾向。

史书的类型很多，不同类型的史书具有不同的价值。《四库全书总目》史部总序云："今总括群书，分十五类：首曰正史，大纲也；次曰编年，曰别史，曰杂史，曰诏令奏议，曰传记，曰史钞，曰载记，皆参考纪、传者也；曰时令，曰地理，曰职官，曰政书，曰目录，皆参考诸志者也；曰史评，参考论赞者也。"可见，《四库全书总目》把史书划分为四类，虽未作出价值大小排序，但"首曰正史，大纲也"一句，明显表现出重正史的价值取向。诚如《正史》类序言，"正史体尊，义与经配，非悬诸令典，莫敢私增，所由与稗官野记异也"。之所以重正史，四库馆臣解释说"所重乎正史者，在于叙兴亡，明劝戒，核典

---

① 胡三省：《新注资治通鉴序》，引自张舜徽选编《文献学论著辑要》，中国人民大学出版社2011年版，第136页。

② 在刘歆修《七略》和班固撰《汉志》时，史学尚未独立，附庸于经学，故史书附于"春秋"类，这种"附入"并不表明史书不重要。还有荀勖《中经新簿》的甲、乙、丙、丁四分体系中史书位于子书之后的"丙"部，亦非出于史书不如子书重要，而是出于为史书争取独立之类，所以是重视史书的表现，只不过重视程度未达到"恰到好处"，故而被后来的李充调整到子书之前。这表明，在中国古代，史书始终受到重视，不然秦始皇焚书时不会把史书列为重点对象。反过来说，秦始皇焚书时史书成为"重灾区"，从反面证明了史书的重要性。

章"①。这种解释过于笼统、宽泛，因为"叙兴亡，明劝戒，核典章"是整个史学的基本任务，非正史特有任务。重正史的真正原因在于：正史表达着统治者认同、建构并欲加宣扬的"正统"历史观。正因如此，大部分正史书是统治者亲自组织编修的，或有私撰者亦经官方允许或认可才能列入正史之中，如《史记》、《汉书》、《三国志》、《新五代史》等。也就是说，正史书是最能直接、全面证明统治合法性的书，同时又全面记录有长治久安所需的教化内容，所以在史书分类上首列正史，以示尊重。

（三）子书的价值

所谓子书，即诸子百家之书。关于子书的范围及其价值排序，《四库全书总目》子部总序说得很清楚，其云：

> 自六经以外，立说者皆子书也。……可以自为部分者，儒家之外有兵家、有法家、有农家、有医家、有天文算法、有术数、有艺术、有谱录、有杂家、有类书、有小说家，其别教则有释家、有道家。叙而次之，凡十四类。儒家尚矣。有文事者有武备，故次之以兵家。兵，刑类也，唐虞无皋陶，则寇贼奸宄无所禁，必不能风动时雍，故次以法家。民，国之本也，谷，民之天也，故次以农家。本草经方，技术之事也，而生死系焉，神农、黄帝以圣人为天子，尚亲治之，故次以医家。重民事者先授时，授时本测候，测候本积数，故次以天文算法。以上六家，皆治世者所有事也。百家方技，或有益，或无益，而其说久行，理难竟废，故次以术数。游艺亦学问之余事，一技入神，器或寓道，故次以艺术。以上二家，皆小道之可观者也。《诗》取多识，《易》称制器，博闻有取，利用攸资，故次以谱录。群言歧出，不名一类，总为荟粹，皆可采撷菁英，故次以杂家。隶事分类，亦杂言也，旧附于子部，今从其例，故次以类书。稗官所述，其事末矣，用广见闻，愈于博奕，故次以小说家。以上四家，皆旁资参考者也。二氏，外学也，故次以释家、道家终焉。夫学者研理于经，可以正天下之是非；徵事于史，可以明

---

① 四库全书研究所：《钦定四库全书总目》（整理本），中华书局1997年版，第901页。

· 205 ·

古今之成败。余皆杂家也。然儒家本六艺之支流，虽其间依草附木，不能免门户之私，而数大儒明道立言，炳然具在，要可与经史旁参。其余虽真伪相杂，醇疵互见，然凡能自名一家者，必有一节之足以自立，即其不合于圣人者，存之亦可为鉴戒。虽有丝麻，无弃菅蒯；狂夫之言，圣人择焉。在博收而慎取之尔。

《四库全书总目》把十四类子书划分为四个价值等次，依次是：①儒家、兵家、法家、农家、医家、天文算法这六家子书的价值为"治世者所有事"；②术数、艺术这二家子书的价值为"小道之可观者"；③谱录、杂家、类、小说家这四家子书的价值为"旁资参考者"；④释家、道家二家为"外学"，只有垫于"终"的价值。从"儒家尚矣"到"二氏，外学也"，其价值序列一目了然。在十四家子书中，儒家之所以"尚"而居首位，是因为"儒家者流，盖出于司徒之官，助人君顺阴阳明教化者也。游文于六经之中，留意于仁义之际，祖述尧舜，宪章文武，宗师仲尼，以重其言，于道最为高"（《汉书·艺文志》儒家类序）。而释家、道家二氏之书之所以被列于末位，是因为"二氏之书，往往假借附会，以自尊其教，不足深诘。……其恍惚诞妄，为儒者所不道"[①]。不仅如此，在划分各类子书价值的同时，亦不忘强调经史的重要性，如其所言"夫学者研理于经，可以正天下之是非；征事于史，可以明古今之成败，余皆杂学也"（子部总序）。正是在经书和史书"珠联璧合"、"熠熠生辉"而其他书只能如同"捧月"之"众星"处于配角地位的前提下，子书只能排列于经书、史书之后的第三位。

（四）集书的价值

集书，主要指文学作品集，包括诗文集和诗文评著作。《隋书·经籍志》集部收录楚辞、别集、总集三类书，《四库全书总目》集部收录楚辞、别集、总集、诗文评、词曲五类书。相比较而言，对集书价值的判断远比对经、史、子书价值的判断复杂得多，某书的价值如何，取决于评价者的"文学观"，而且这种"文学观"随着时代的变化而变化。

---

① 四库全书研究所：《钦定四库全书总目》（整理本），中华书局1997年版，第1951页。

不过，在中国古代儒家思想占据主流地位的前提下，对集书价值的判断仍然离不开儒家思想的"期待视野"，因此，儒家的教化政治、人伦道德之规训仍是集书价值判断的主要标准。在此"大传统"标准下，依据文学体裁的不同，又形成有各类文体的"小传统"标准，如西晋陆机《文赋》所云："诗缘情而绮靡，赋体物而浏亮。碑披文以相质，诔缠绵而凄怆。铭博约而温润，箴顿挫而清壮。颂优游以彬蔚，论精微而朗畅。奏平徹以闲雅，说炜晔而谲诳。"

在古代中国人对文学之书的价值判断问题上，以下三种现象值得玩味：

一是情与理（礼）何者为重的问题。即使面对同一文学作品，"主情派"与"主理派"对其价值判断必然有所不同甚至相左。人所皆知的白居易《长恨歌》被誉为"古今长歌第一"，这一评价出于明人何俊良的如下一段话："至如白太傅《长恨歌》、《琵琶行》……皆是直陈时事，而铺写详密，宛如画出，使今世人读之，犹可想见当时之事，余以为当为古今长歌第一。"（《四友斋丛说》卷二十五《诗》二）清人贺贻孙《诗筏》云："白乐天《长恨歌》、《琵琶行》，元微之（元稹）《连昌宫词》诸作，才调风致，自是才人之冠。其描写情事，如泣如诉。"这是"主情派"对白居易《长恨歌》等作品所作的"褒评"。然而，"主理派"却对《长恨歌》作出了完全相反的"贬评"，如北宋张邦基在《墨庄漫录》中说"白之《歌》止于荒淫之语，终篇无所规正"；洪迈也说"《长恨歌》不过述明皇追怆贵妃始末，无他激扬，不若《连昌词》有监戒规讽之意"[1]。所谓《长恨歌》"止于荒淫之语"、无"监戒规讽之意"，乃"主理派"按照儒家"诗教"、"诗谏"之"理"，否定了《长恨歌》的文学价值，实为"以理灭情"（用戴震的话来说，就是"以理杀人"）。正因为"主理派"传统的存在，所以后世《红楼梦》被视为"诲淫"之作也就不足为怪了。

作为文学作品，不可避免地要抒发和描写人的情感世界，而且要追

---

[1] 洪迈：《容斋随笔》，孔凡礼点校，中华书局 2015 年版，第 157 页。其实，像《长恨歌》这样受到褒、贬两方面评价的事例还很多，如李白、杜甫的诗，苏轼、辛弃疾的词，都曾受到褒、贬两方面的评价。在此不多列举。

求真情实感的审美情趣,避免虚假掩饰,所以过度强调"诗教"、"诗谏"等政治教化理性则难免给人以"牵强附会"、"上纲上线"、"虚情假意"的感觉,这对文学作品来说属于"败笔"、"庸作"。值得庆幸的是,那种"以理灭情"的文学观,在六朝时期已开始被打破,如陆机《文赋》就提出"诗缘情而绮靡",大胆宣传"缘情"之说,同时一些人把那些过度"主理"的文学作品批评为"理过其辞,淡乎寡味"。①然而,至宋代"存理灭欲"的理学占据主流思想地位后,"主理"之文论又盛行起来,如南宋理学家真德秀著有《文章正宗》,认为只有"明义理,切世用"的文章才算得上"正宗"。不过这种"主理"之文学观至清代乾嘉时期得到纠正,如《四库全书总目》在评价真德秀《文章正宗》时引顾炎武语驳曰"病其以理为宗,不得诗人之趣"(《文章正宗》提要)。总之,"主情"和"主理"的文学观,由于其各自的"期待视野"不同,所以在对文学之书的价值判断上出现了分歧,因此我们在考察古代中国人对集书价值的判定标准时,不能一概而论。

二是词曲类书籍一向被轻视。词曲作为一种文学形式,主要是从元代的民间俗曲发展而来的。作为一种民间文艺形式,词曲以"俗词俗语"、"俗腔俗调"为主要表现形式,因而在官方正统思想看来,词曲不属于"正声雅音",不能与"礼乐"文学形式相媲美。这种词曲卑微论思想,《四库全书总目》词曲类序作了集中概括:"词、曲二体,在文章技艺之间,厥品颇卑,作者弗贵,特才华之士,以绮语相高耳。"可见,词曲其品质"颇卑",其作者亦为底层"弗贵"人士,足见其卑微至极。更为不可解的是,把词曲视为"在文章技艺之间"的东西,即在"文章"和"技艺"之间的不伦不类的东西,也就是说,词曲不属于正宗的"文章"。

三是小说的价值被认定为"小道"。在中国古代官方书目中,小说之书或入史部(杂史、伪史或霸史、传记、故事等类),或入子部(杂家类或小说家类),而不入集部,从《汉书·艺文志》到《隋书·经籍志》再到《四库全书总目》均如此。这说明,古代中国人并不把小说一律视为文学之书,而是根据书之内容的价值或叙述方式的不同分别归

---

① 钟嵘:《诗品注》,陈延傑注,人民文学出版社1961年版,第1页。

入史书或子书的范畴。这说明，在中国古代书目分类中，小说并未取得独立类目的地位，虽然人们把集部笼统地视为"文学"之部，但集部却是不纳小说的不完全"文学之部"。在这种分类体系下，小说之书的分类必然出现混乱局面。这种混乱局面，到了清代编修《四库全书总目》时得到了一定程度的修正，如《总目》把小说的范围明确归纳为三类，即"其一叙述杂事；其一记录异闻；其一缀辑琐语"（小说家类序）。在这一范围限定下，《总目》把以议论、立说为主的杂说类之书入杂家类，把以往书目入于史部的小说（如志怪、逸事、传奇、传记等）转入子部小说家类。这样，以往那些非文学性的书从小说家类中被清除出去，使得子部小说家类大体保持"文学"属性。如《大唐新语》、《西京杂记》、《国史补》、《明皇杂录》、《中朝故事》、《次柳氏旧闻》等具有"补史之阙"的书一律归入小说家类，恢复了此类书的小说性质。

但是，小说之书归入子部的小说家类，只得到了归类上的进一步"正确"隶属，而在价值序列中反而有所降低，其表现是：在子部的"十家"族系中，小说家处于"不入流"的地位，所谓"十家九流"之"九流"中缺少的正是小说家，即小说家在"十家"之中，但不在"九流"之中。对小说家的这种价值定位，《汉书·艺文志》小说家类序中作了完整表述：

> 小说家之流，盖出于稗官。街谈巷语、道听途说者之所造也。孔子曰："虽小道，必有可观者焉；致远恐泥，是以君子弗为也。"然亦弗灭也。闾里小知者之所及，亦使缀而不忘。如或一言可采，此亦刍荛狂夫之议也。

《汉书·艺文志》的这种小说观，《隋书·经籍志》和《四库全书总目》基本上完全承袭，如《四库全书总目》小说家类序言：

> （小说之书）唐宋而后，作者弥繁，中间诬谩失真，妖妄荧听者固为不少。然寓劝戒，广见闻，资考证者，亦错出其中。……然则博采旁搜，是亦古制，固不必以冗杂废矣。

从上述《汉书·艺文志》和《四库全书总目》的小说家类序言中可以看出，古代中国人对小说价值的认识，采取了"贬中有取"的思想理路。"贬"者如"街谈巷语"、"道听途说"、"狂夫之议"、"诬谩失真"、"君子弗为"等；"取"者如"寓劝戒"、"广见闻"等。无论是"贬"还是"取"，都未超出孔子对小说价值的定位："虽小道，必有可观者焉。"

（五）四部文献之价值关系

上面"四部文献价值观"论述的是古代中国人对经、史、子、集四部书之价值的分别认识。那么，经、史、子、集四部书在价值上是什么关系呢？在此，仅以乾隆皇帝和祁承㸁两人的认识为例予以说明。乾隆皇帝的认识可谓代表"官方意识"，祁承㸁的认识可谓代表"民间意识"或"藏书家意识"。

乾隆皇帝在《文源阁记》中说：

> 文之时义大矣哉！以经世，以载道，以立言，以牖民，自开辟以至于今，所谓天之未丧斯文也。以水喻之，则经者文之源也，史者文之流也，子者文之支也，集者文之派也。流也，支也，派也，皆自源而分。集也，子也，史也，皆自经而出。故吾于贮四库之书，首重者经，而以水喻文，原溯其源。

从乾隆皇帝的这段话中，我们至少可以读出三方面的意涵：首先，经、史、子、集均属于"文"之范畴，用今天的话来说，就是人类社会之"文化传统"或"文明成果"，而"文"的价值在于它"载道"，因而是"经世"、"立言"、"牖民"之资，实际上是说"文"的价值在于"经世治国"之道皆在其中；其次，经部与史、子、集三部之间的关系呈现为"源"与"流"的关系，即经为源，史为干流，子为支流，集为末流，后三者"皆自经而出"，因此"首重者经"；最后，史、子、集三部虽均为"流"，但史为干流，子为支流，集为末流，所以三者之间在价值上并非完全平等，而是呈现为依次降序排列，因此，经、史、子、集四部的价值排序实际上呈现为"经→史→子→集"这样的依次降序排列。关于经与史、子、集之间的"源"与"流"的关系,早在南北朝时期的颜之推在《颜氏家训·文章篇》中指出,"夫文章者,原出五经:诏命策檄,生于《书》者也;序述议论,生于《易》者也;歌咏赋颂,生于《诗》者也;祭祀哀诔,生于《礼》者也;书奏箴铭,生于《春秋》者也"。现代学者黄庆萱先生也认为,"在中国图书经史子集四分法中,史部根源是经部的《尚书》和《春秋》,是记忆活动的记录,以求真为重点;子部根源于经部的《周易》、《周礼》、《仪礼》、《礼记》,是理智活动的结果,以求善为重点;集部根源于经部的《诗经》、《乐经》,是情感活动的产物,以求美为重点"[①]。无论颜之推和黄庆萱的认识与判断是否"正确","以经为源"、"以经为首"以及经、史、子、集之间是依次降序的价值关系的认识是中国古代官方的普遍认识。

明代藏书家祁承㸁是从藏书家的角度认识经、史、子、集四部书的价值及其关系的,他说:

> 夫垂于古而不能续于今者,经也;繁于前代而不及于前代者,史也;日亡而日逸者,子也;日广而日益者,集也。……故得史十者,不如得一遗经;得今集百者,不如得一周秦以上子;得百千小说者,不如得汉唐实录一。此其书之不相及也。购国朝之书十,不能当宋之五也;宋之书十,不能当唐之三也;唐之书十,不能当汉与六朝之二也;汉与六朝之书十,不能当三代之一也。此其时之不相及也。……吾儒聚书,非徒以资博洽,犹之四民,所业在此,业为世用。孰先经济?古人经济之易见者,莫备于史。……尊经尚矣,就三部而权之,则子与集缓,而史为急。就史而权之,则霸史、杂史缓,而正史为急。[②]

从祁承㸁的这段话中,我们至少可以读出四方面的含义:其一,

---

① 见傅荣贤《中国古代图书分类学研究》,台北学生书局1999年版,序第Ⅲ页。
② 祁承㸁:《澹生堂藏书记》,引自祁承㸁等《藏书记》,广陵书社2010年版,第20—23页。

经、史、子、集四部书的流传和积累方式各不相同，如经书"垂于古而不能续于今"，史书"繁于前代而不及于前代"，子书"日亡而日逸"，集书"日广而日益"；其二，在图书收集上，收得史书不如收得经书，收得集书不如收得子书，收得小说不如收得实录，这是由前一类书的价值不如后一类书的价值高所致（"其书之不相及也"）；其三，不同时代的书具有不同的价值，一般而言，时代愈古愈有价值，这是由"今书"与"古书"相比较而言"其时之不相及"所致；其四，虽然"尊经尚矣"，但从"经国济民"的实用价值而言，史书最有价值，所以最亟须收藏的是史书，在史书中正史书又最亟须收藏，而子书和集书则可相对放缓。

如果把上述乾隆皇帝的观点和祁承㸁的观点作一比较，不难发现，他们都强调经书、史书的价值高于子书、集书的价值，这是他们的共同点；他们之间的最突出区别是祁承㸁更加强调史书价值的重要性。总之，在对经、史、子、集四部书的价值判断上，无论是官方还是民间，有一个共同点就是：重经、史之书但又不排斥子、集之书。这一共同点或许还可以概括为：经、史书为体，子、集书为用。若比喻而言，则可概括为：以经、史书为躯干，以子、集书为两翼。对"飞行"之事而言，躯干与两翼缺一不可，且须相互配合乃成；经、史、子、集之分，既具躯干，又具两翼，正可成"飞行"。然则，古代中国人长期鄙夷子、集二部书，实鄙夷"两翼"之功，故经、史、子、集四分法最终不免遭遇为其他"飞得更高"的分类法所取代的命运。这是后话。

## 第二节　文献整理观

在现代图书馆理论与实践中，文献整理属于文献资源建设范畴。中国古代图书馆在长期的发展过程中，形成有丰富的文献整理思想与方法，主要包括文献收集、文献校勘、文献分编、文献版本、文献保护、文献辑佚等方面的思想与方法。其中，有关文献保护方法问题，在第二章中已有较多的介绍，且文献保护所涉及的问题主要为技能性问题而少有观念性问题，故在此不再赘述。文献辑佚之事虽然属于文献整理范畴，但在大多数情况下属于辑佚者的个体学术行为，对图书馆而言，文献辑佚亦非属于常行常为之事；尽管清代修《四库全书》时有馆臣从《永乐大典》辑出大量古籍之事，也有个别私藏家从事辑佚之事，但这些事例仍属于"个案"，不属于所有图书馆必须履行的核心业务，故在此亦不作论述。

还需要指出的是，一些人不假思索地、习惯性地把文献辨伪也纳入图书馆的文献整理业务范畴，其实是不对的。从学术性质以及学术研究分工而言，文献辨伪是一个事实判断问题和学术主张问题，是考据学研究的核心问题之一，而不是图书馆学研究的核心范畴。从图书馆藏书工作而言，无论"真书"还是"伪书"，图书馆都有必要收藏而不必通过辨伪把伪书拒之门外，充其量在文献著录时在附注项或提要项中作一说明即可。① 不过，有一种情况需要图书馆在采访文献时应予以辨识，就是要辨识"粗制滥造"、"以次充好"的书籍，并避免采访到这些伪书或劣书，以免给读者造成"误读"之危害。基于上述情况，本书不把文献辨伪纳入图书馆文献整理范畴。

## 一 文献收集思想与方法

按常理而言，图书馆的文献收集活动处于文献整理环节之前，似乎不应属于文献整理范畴，但考虑到若无文献收集环节，则后续的文献整理活动便成为"无书可理"，也就是说，文献收集和文献整理是一个连续性序列，不可分割，所以本书把文献收集之事置于文献整理范畴中论述。古代中国人的文献收集思想与方法，主要涉及"为何收集"和"如何收集"两方面问题，亦即收集文献的目的与方法两方面问题。

（一）关于收集文献的目的

为何收集文献？这一问题又可表述为：收集文献的目的或必要性是

---

① 图书馆之所以有必要收藏"伪书"，是因为伪书并非都是"坏书"，一些伪书亦有其特定的学术价值和史料价值。明代的胡应麟在《四部正讹》中不仅总结出伪书的类型及其辨伪之法，而且还首次提出了伪书亦有学术价值与史料价值的观点。现代的许多学者大多认同胡应麟的这一观点。梁启超的《古书真伪及其年代》一书专设有"伪书的分别评价"一篇，其中从四个方面论证了伪书保存古代思想文化方面的价值。顾颉刚在《古史辨》自序中认为，"许多伪材料，置之于所伪的时代固不合，但置之于伪作的时代则仍是绝好的史料；我们得了这些史料，便可了解那个时代的思想和学术"。陈寅恪先生在《金明馆丛稿二编》中亦认为"真伪者，不过相对问题。……伪材料亦有时与真材料同一可贵"。

什么？人类行为的目的都是满足某种需要。图书馆收集文献的目的自然也是满足某种特定需要，这种目的用一句话概括就是满足读者的需求，但不同类型的图书馆收集文献的目的又有所区别。在中国古代社会，皇家图书馆收集文献主要是为了满足统治者实施稽古右文政策的需要，即为了满足"文治"的需要；私家图书馆收藏文献主要是为了满足积累和传递家族"文化资本"的需要，即为了满足家族成员"修身"的需要，进而满足"齐家"的需要，在此基础上再满足"为他"（to others）的伦理需要（开放家藏供他人阅读）；寺观图书馆收藏文献主要是为了满足保存和传播教义的需要；书院图书馆收藏文献主要是为了满足生徒学习之用的需要。总而言之，文献收集的主要目的在于保存和传承利用人类的文明成果——文化传统。保存和传承利用文化传统之所以重要，用古代中国人的话来说，就是因为文化传统中有"圣人之道"，而圣人之道记录于文献之中，所以，重视文献的收集和利用也就是重视"圣人之道"的保存和传承利用。

隋代的牛弘在《请开献书之路表》中说：

> 有国有家者，曷尝不以《诗》、《书》而为教，因礼乐而成功也。昔周德既衰，旧经紊弃。孔子以大圣之才，开素王之业，宪章祖述，制《礼》刊《诗》，正五始而修《春秋》，阐《十翼》而弘《易》道。治国立身，作范垂法。……故知经邦立政，在于典谟矣。为国之本，莫此优先。……若猥发明诏，兼开购赏，则异典必臻，观阁斯积，重道之风，超于前世，不亦善乎！

牛弘在这里点到了《诗》、《书》、《礼》、《易》、《春秋》等儒家经典，并把这些经典的作用提到"经邦立政之本"的高度，所以发诏购赏文献就会"异典必臻"，从而达到"重道之风，超于前世"的效果。可见，"重道"是牛弘建议隋文帝"开献书之路"的真正意图所在。

明代的丘濬在《图籍之储》一文中亦曰："为学而不本于六经，非正学；立言而不祖于六经，非雅言；施治而不本于六经，非善治"；"书籍之在世，犹天之有日月也，天无日月，天之道废矣；世无书籍，人之事泯矣"；"惟经籍在天地间，为生人之元气，纪往古而示来今，不可一旦无焉者。无之,生人贸贸然如在冥途中行矣,其所关系岂小小哉?"① 丘濬在这里把"世无书籍"直接说成是"人之事泯",并把这种危害比喻为如同"天无日月",以此来证明"图籍之储"的重要性。

无论是牛弘还是丘濬,之所以把收集文献的重要性提升到如此高度,都是源于文献中记录有"圣人之道",而依据"圣人之道"治理国家,是"文治"的基本表现及其合法性所在。所以,收集文献也就是收集"圣人之道",是"文治"的必由之路。这就是朝廷通过图书馆来收藏文献的必要性或目的所在。

还有一点值得指出的是,丘濬把收集和整理文献视为国家应负的历史责任。他是从书籍之失有别于他物之失的角度阐述这一历史责任的,其曰:

> 惟所谓书籍者,……一有失焉,则不可复,虽复之亦非其真与全矣。是以古先圣王,莫不致谨于斯,……珍藏而爱护之,惟恐其损失也,讲究而校正之,惟恐其讹舛也。既有者恒恐其或失,未有者惟恐其弗得。……伏望圣明为千万年之远图,毋使后世志艺文者,以书籍散失之咎归焉。……人君为治之道非一端,然皆一世一时之事。惟夫所谓经籍图书者,乃万年百世之事焉。盖以前人所以敷遗乎后者,凡历几千百年,而后至于我,而我今日不有以修辑而整比之,使其至我今日而废坠放失焉,后之人推厥所由,岂不归其咎于我之今日哉?是以圣帝明王,所以继天而子民者,任万世世道之则于己,莫不以是为先务焉。②

丘濬在这里作出了一个历史性判断,即"经籍图书者,乃万年百世之事",所以"古先圣王,莫不致谨于斯","圣帝明王……莫不以是为先务"。也就是说,帝王应该认识到重视文献收集与整理是国家应负的历史责任,因为这是关乎"万年百世之事",因而也是"人君为治之

---

① 邱濬:《大学衍义补》,林冠群、周济夫校点,京华出版社1997年版,第801、803、805页。
② 邱濬:《大学衍义补》,林冠群、周济夫校点,京华出版社1997年版,第804—809页。

道"的重要内容之一。

丘濬把重视收集和整理文献视为国家应负的历史责任，实际上是在强调重视图书馆建设是国家的责任。这是丘濬为图书馆和图书馆学所做出的伟大的思想贡献。我们知道，IFLA/UNESCO《公共图书馆宣言》（1949年制定，1972年和1994年修订）明确指出，"设立公共图书馆是国家和地方当局的责任，必须制定专门的法规支持公共图书馆，国家和地方政府必须为公共图书馆筹措经费"。这段话实际上就是强调建设公共图书馆是国家或政府的责任，而这种"公共图书馆建设的国家责任论"思想，中国的丘濬早在15世纪就已提出。丘濬在《图籍之储》和《访求遗书疏》中论述有一系列关于藏书和图书馆建设的思想观点与方法，所以，称丘濬为中国明代著名的图书馆学家不为过。

以上，是关于国家为何重视文献收集的思想论述。那么，私人重视收集文献是为了什么呢？或者说，私人重视藏书是为了什么呢？在此问题上，明清一些学者在划分藏书家类型时对此作了很好的阐释。明万历年间的胡应麟是较早对藏书家进行划分的学者，其曰：

> 画家有赏鉴，有好事，藏书亦有二家。列架连窗、牙签锦轴，务为观美、触手如新，好事家类也。枕席经史、沉酣青缃，却扫闭关、蠹鱼岁月，赏鉴家类也。至收罗宋刻，一卷数金，列于图绘者，雅尚可耳，岂所谓藏书哉。[①]

胡应麟在此把藏书家划分为好事家和赏鉴家两种类型。其实仅就藏书动机而论，这两类藏书家的区别并不明显，反倒共性较明显，即他们都追求数量和美观而不重视实际利用。

明人高濂把藏书家分为"家素者"和"家丰者"两类，其曰：

> 藏书以资博洽，为丈夫子生平第一要事。其中有二说焉：家素者，无资以蓄书；家丰者，性不喜见书。故古人因贫，日就书肆、邻家读者有之，求其富而好学者，则未多见也。即有富而好书，不

---

[①] 胡应麟：《少室山房笔丛》，中华书局1958年版，第62页。

乐读诵，务得善本，绫绮装饰，置之华斋，以具观美，尘积盈寸，经年不识主人一面，书何逸哉？噫，能如是，犹胜不喜见者矣。……不学无术，深可耻也。①

高濂在此区分了家素者的藏书动机和家丰者的藏书动机。在高濂看来，家素者藏书大多追求学习之用即藏以致用，而家丰者藏书大多追求华而不实、装点门面的效果。同时，高濂批评了"性不喜见书"者为"不学无术，深可耻也"。可见，高濂划分藏书者类型是带着明显的褒贬倾向而论的，具有明确的价值倾向性。

清乾嘉年间的洪亮吉，提出著名的"藏书家五等类"说，其曰：

藏书家有数等。得一书必推求本原，是正缺失，是谓考订家，如钱少詹大昕、戴吉士震诸人是也。次则辨其版片，注其错讹，是谓校雠家，如卢学士文弨、翁阁学方纲诸人是也。次则搜采异本，上则补石室金匮之遗亡，下可备通人博士之浏览，是谓收藏家，如鄞县范氏之天一阁、钱唐吴氏之瓶花斋、昆山徐氏之传是楼诸家是也。次则第求精本，独嗜宋刻，作者之旨意纵未尽窥，而刻书之年月最所深悉，是谓赏鉴家，如吴门黄主事丕烈、邬镇鲍处士廷博诸人是也。又次则于旧家中落者，贱售其所藏，富室嗜书者，要求其善价，眼别真赝，心知古今，闽本蜀本，一不得欺，宋椠元椠，见而别识，是谓掠贩家，如吴门之钱景开、陶五柳，湖州之施汉英诸书估是也。②

洪亮吉的这"五等类"说，其优点在于分等分类较细且举例为证，然可质疑者亦多。如其把吴焯列入收藏家，不甚准确，吴焯著《绣古亭熏习录》有大量的校勘记，说明吴焯是藏与校结合的人，此其一；把徐乾学列入收藏家，亦不恰当，因为他的传是楼藏书不仅用于了孙习读，还利用其丰富藏书辑刻著名的《通志堂经解》丛书，广为流传，

---

① 高濂：《遵生八笺》，王大淳等整理，人民卫生出版社2007年版，第448页。
② 洪亮吉：《北江诗话》，人民文学出版社1983年版，第46页。

这也是其命名书斋为"传是楼"的用意所在，说明徐乾学藏书是为了传播利用，而非只是收藏，此其二；把鲍廷博列入赏鉴家，亦不甚确切，因为鲍氏不仅仅注重版本赏鉴，更加注重校勘并将校勘之书付之梨枣，致力于传播善本书，鲍氏父子接续刊刻《知不足斋丛书》是也，此其三；洪亮吉所分第一类考订家和第二类校雠家，其实都以校雠为务，几无区别，强分二类，实为不妥，此其四；至于掠贩家实乃鬻书者，已非藏书者，不应列入藏书家行列，此其五。

洪亮吉概括的"藏书家五等类"说，尽管有其偏颇，但影响很大，后世一些学者提出的"四分法"、"三分法"、"二分法"等，大多是洪亮吉之说的改进或修订而已。如清光绪年间的杨守敬在《藏书绝句》序中也对私藏家作了分类。其曰：

> 于是有考订家，推寻本原，是正缺失，竹汀、东原之流是也。有校雠家，辨其版片，正其讹谬，抱经、苏斋之流是也。有收藏家，补金匮石室之遗，备博士通人之择，鄞县之范、钱唐之吴，以及诸家是也。有赏鉴家，专嗜精本，能别流传，荛圃、以文诸家是也。①

从这段话中可以看出，杨守敬对洪亮吉之说作了些许修订，如把洪亮吉说的赏鉴家的特点"第求精本，独嗜宋刻"改为"专嗜精本，能别流传"，更显准确。杨守敬的藏书家分类的最大特点是删去了洪亮吉"五等类"中的掠贩家，形成了藏书家分类的"四分法"之说。

清末之人叶德辉对洪亮吉"五等类"之说作了较多的修订和补充，其曰：

> 洪亮吉《北江诗话》云：……吾谓考订、校雠，是一是二，而可统名之著述家。若专以刻书为事，则当云校勘家。如顺康朝钱谦益绛云楼、王文简士祯池北书库、朱彝尊曝书亭，皆著述家也。

---

① 杨守敬：《藏书绝句》，载祁承㸁等撰《藏书记》，广陵书社2010年版，第64页。《藏书绝句》是否为杨守敬所作，目前学术界有争议，在此姑且视为杨守敬所作。

毛晋汲古阁，校勘家，亦收藏家也。钱曾述古堂、也是园，季沧苇振宜，赏鉴家也。毛氏刻书风行天下，而校勘不精，故不能于校雠分居一席。犹之何焯《义门读书记》，平生校书最多，亦止可云赏鉴，而于考订、校雠皆无取也。与洪同时者尚有毕制军沅经训堂，孙观察星衍平津馆、岱南阁、五松园，马征君曰璐丛书楼、玲珑山馆，考订、校雠、收藏、赏鉴皆兼之。若卢转运见曾雅雨堂、秦太史恩复石研斋，以及张太守敦仁、顾茂才广圻，则纯乎校雠家也。若康熙朝纳兰侍卫成德之通志堂，乾隆朝吴太史省兰之艺海珠尘，刻书虽多，精华甚少，然古书赖以传刻，固亦有功艺林。但求如黄丕烈《士礼居丛书》，鲍廷博《知不足斋丛书》，既精赏鉴，又善校勘，则亦绝无仅有者矣。此外如阙里孔农部继涵《红榈书屋》、《微波榭丛书》，李太守文藻《贷园丛书》，收藏亦各名家，校勘颇多有用，是亦当在标举之列者也。①

叶德辉的论述，有三点颇为可取，一是"考订、校雠，是一是二，而可统名之著述家"的观点；二是"若专以刻书为事，则当云校勘家"的观点；三是不少藏书家"既精赏鉴，又善校勘"，而有些藏书家则"考订、校雠、收藏、赏鉴皆兼之"的观点。其中，第一点说清了考订与校雠实不可分的道理；第二点反映了古人刻书先校勘的普遍做法，包括毛晋刻书虽"校勘不精"但非不校勘（明人刻书或有不校勘者，则应另当别论）；第三点反映了清代藏书家的实际情形，亦反映了藏书家类型的复杂性。

清末学者缪荃孙在为叶德辉《书林清话》所写的序中把藏书家分为考订、校勘、收藏三类；后来在为《古学汇刊》所写的序中又把藏书家分为赏鉴派和收藏派两类。其实这种"三分法"、"二分法"都只是洪亮吉、杨守敬、叶德辉之说的简化或变通而已，并无新意。

中华人民共和国成立后，王欣夫先生曾将古代藏书家分为赏鉴家和校雠家两类，但他认为这种划分"仅仅得其大概而已"，而且两类藏书

---

① 叶德辉：《书林清话》，李庆西标校，复旦大学出版社2008年版，第217—218页。

家之间"自有程度上的区别,而有功于古书,却是同样的"。① 王先生此说确然。不同类型的藏书家之间,无论在藏书动机上还是在藏书利用方式上,很难作出泾渭分明的区别,即有的藏书家注重收藏或赏鉴,有的藏书家注重校勘,有的藏书家兼而有之,只是程度上有所区别而已,很难把某一藏书家归入某一固定的、单一的类型之中去。即使是普遍认为赏鉴家代表的黄丕烈,亦非只是赏鉴而不校勘、不刻书,而是赏鉴、校勘、刻书兼而有之,而且其所校之书具有相当水准,故后人称黄丕烈"尤精校勘之学,所校《周礼郑氏注》、《夏小正》、《国语》、《国策》,皆有功来学"②,"其鉴别精,搜罗富,每得一书必丹黄点勘,孜孜不倦";不仅如此,黄丕烈还热衷于刊刻书籍,自言"余喜藏书,而兼喜刻书"③。后人评价黄丕烈等人的刻书说"模印精工,校勘谨慎,遂使古来秘书旧椠,化身千亿,流布人间。其裨益艺林,津逮来学之盛心,千载以下,不可得而磨灭也"④。

关于中国古代人的文献收集或藏书的目的,杜定友和刘国钧分别说:

  盖古之藏书者,皆以保存珍储为专责,故虽琳琅满架,不免藏石之讥。有消极的保全,而无积极的运用。⑤

  然考其收藏之目的,则大约不外三种:(一)供一己或少数朋友之研究;(二)志在保存古籍;(三)搜集古书,以为珍玩。……故古代藏书之特性可一言以蔽之曰藏。⑥

按照杜定友和刘国钧的定论,中国古代人的藏书动机可概括为一个字——"藏";若分藏书家类型,则只能有收藏家和赏鉴家而无著述

---

① 王欣夫:《文献学讲义》,上海古籍出版社2014年版,第170页。
② 王钟翰点校:《清史列传》,中华书局1981年版,第5931页。
③ 黄丕烈:《黄丕烈藏书题跋集》,余鸣鸿、占旭东点校,上海古籍出版社2013年版,第929、690页。
④ 叶德辉:《书林清话》,李庆西标校,复旦大学出版社2008年版,第288页。
⑤ 杜定友:《图书馆通论》,商务印书馆1928年版,第38页。
⑥ 刘国钧:《刘国钧图书馆学论文选集》,书目文献出版社1983年版,第1页。

家、校勘家、刻书家等。显然，这种概括有过度和偏狭之嫌，因为这种概括是以"以读者为中心"的近现代图书馆理念为理据的，而在中国古代只能产生"以文献为中心"的藏书楼或馆阁理念而根本不可能产生"以读者为中心"的理念。所以，这种概括不符合"逻辑与历史统一"的学术规则。按：中国古代人的藏书动机，可一言以蔽之曰"藏书以传道"[①]。"文以载道"和"藏书以传道"，分别是古代中国人的文献哲学和图书馆哲学之精义所在，且两者紧密相关，即"藏书以传道"是"文以载道"理念的延伸。

（二）关于收集文献的方法

如何收集文献？这是一个实践方法问题。中国古代图书馆的文献收集方法主要有接收、征集、受赠、购置等。接收，主要指两个朝代交替之际后朝接收前朝所藏之书，这是皇家图书馆收集文献的基本方法之一。征集，主要指朝廷号召民间献书来补充官藏的方法，一般以给钱或授官为激励手段，这也是皇家图书馆常用的收集文献的方法。受赠，主要指接收政府或其他组织及个人赠送或捐赠的图书，四大类型图书馆都可采用这种收集方法。购置，就是指出资购买文献，四大类型图书馆都可采用这种收集方法，但私家图书馆表现得最突出。如果把"文献收集"概念扩展为"藏书补充"概念，那么，复制（如抄写、刻印等）、交换、翻译、继承（指家族代际传承藏书）等亦可视为收集文献的手段。诸如上述收集文献方法的应用史实或事例，在本书第二章中已有较多的介绍，故在这里不赘述。下面重点论述郑樵、祁承㸁、孙从添等藏书家的文献收集方法思想。

1. 郑樵的"求书八法"

南宋史学家、藏书家郑樵在其《通志·校雠略》之《求书之道有八论》篇中，列举出了收集文献的八种方法：一曰即类以求；二曰旁类以求；三曰因地以求；四曰因家以求；五曰求之公；六曰求之私；七曰因人以求；八曰因代以求。"即类以求"，即求之于书籍所属之部门

---

[①] 从阅读学的角度而言，"藏书以传道"命题中包含着"观书以明道"之命题，因为藏书终究是为了观书（又可称阅书、读书）。从言说习惯而言，中国古人常在"传道"和"明道"合二为一的语境中论"道"，也就是说，中国古人所言"传道"和"明道"二语常可视为互文或互指。

与专业人士；"旁类以求"，即求之于非专业但却熟悉此类专业的相关人士；"因地以求"，即求之于书之所描写之地；"因家以求"，即求之于作者之家或作者所在地；"求之公"，即求之于政府典司部门；"求之私"，即求之于私藏家；"因人以求"，即求之于曾任某地职务的人员；"因代以求"，即趁出书年代未久远时及时收集。现代学者刘咸炘评论郑樵的"求书八法"时认为，"郑氏八求，前四甚精，中三亦周，末一条则人人皆知，不足为一法也"①。其实，如果从现代的眼光来看，不仅末一条不足为法，而且所有八条都已不足以称为先进之法。这种以今框古的思想方法是不足取的。郑樵作为南宋时期的人，能够归纳出八种求书之法是难能可贵的，这在当时条件下是有其全面性和先进性的，因为在此之前无人集中归纳出如此全面的求书之法，所以我们应该肯定郑樵"求书八法"的历史性贡献。

2. 祁承㸁的"购书三要"与"鉴书五审"论

明人祁承㸁著有可称为"图书馆学专著"的《澹生堂藏书约》。《澹生堂藏书约》由三部分构成，即《读书训》、《聚书训》和《藏书训略》。其中《藏书训略》又由"购书"和"鉴书"两部分构成，在这两部分中祁承㸁提出了著名的"购书三要"和"鉴书五审"思想。这属于收集文献的方法论范畴。

所谓"购书三要"，即指"眼界欲宽，精神欲注，而心思欲巧"。"眼界欲宽"，指购书要有宽阔的眼界，因为购书首先要知道"有哪些书"，若眼界不宽，就难免出现"漏购"、"重购"等错误，即难免出现"子弟稍窃窥目前书一二种，便自命博雅，沾沾自喜，不知宇宙大矣"的弊端。"精神欲注"，指一些"奇书秘本"须给予集中精力的专注才能及时购得，这是因为"物聚于所好，奇书秘本，多从精神注向者得之"。"心思欲巧"，指购书或收集文献需要掌握一定的技巧。郑樵的"求书八法"实际上就是这种技巧的归纳。但是，祁承㸁认为靠郑樵的"八法"仍不能完全解决购书中遇到的一些难题，如"董仲舒《春秋繁露》虽存，而《春秋决疑》二百三十二事竟不可得。夫经传犹日星之

---

① 刘咸炘：《刘咸炘学术论集·校雠学编》，黄曙辉编校，广西师范大学出版社2010年版，第272页。

丽天，尚多湮没，况其他一人一家之私集乎？若此之类，即国家秘府尚不能收，民间亦安从得之？"所以，祁承㸁在郑樵"八法"之外又补充提出了"三法"（即他所说的"更有三说"）：一为辑佚法，即有些失传之书可从类书中辑佚而得，"如《周易坤灵图》、《禹时钩命诀》、《春秋考异邮》、《感精符》之类，则于《太平御览》中间得之"；二为拆分法，即把原书及其注书拆分为二，"各为一种，以称快书"，如把刘义庆的《世说新语》和刘孝标的注文一分为二，按两书对待；三为待访书目法，即编制阙书目录，以期达到"觅其所未有，则异本日集，重复无烦，斯真夜行之烛，而探宝之珠也"的效果。祁承㸁提出的这"三法"，除了第二法（拆分法）因其把一书分割为二而不可取外，其余二法应该说皆为良法，尤其是辑佚法法对清代兴起的大规模辑佚书活动（如四库馆臣从《永乐大典》中辑出诸多失传古籍等）或许起到了"先见之明"的启发作用。

所谓"鉴书五审"，即审轻重、辨真伪、核名实、权缓急、别品类。收集文献需要判断文献的真伪、价值以及轻重缓急等情况，这是古今图书馆都遵循的基本做法。所以，祁承㸁提出的这"五审"论，可视为古今图书馆在收集文献工作上都应遵循的通则。

"审轻重"，就是对书籍价值的重要性程度进行排序，以期确定书籍选购的重点与非重点次序。若以经、史、子、集四部书而言，其重要性程度依次降序排列，即经书是第一位的，然后子、史、集依次排序；若以时代分，则古重于今，越古其价值越重。可见，祁承㸁具有明显的尊经重古思想。

"辨真伪"，就是要辨别书之真与伪，避免购书时以伪为真。祁承㸁认为，"经不易伪，史不可伪，集不必伪，而所伪者多在子"。为此他列举有二十一种书伪情形，告诫子孙收集文献时辨清真伪。

"核名实"，就是在购书和藏书过程中，要弄清名实相符或不相符的问题。随着文献生产种类与数量的剧增，就会出现文献的聚与散、存与亡情况难以确定以及一些书之间名同实异、实同名异等名实不符问题，用祁承㸁的话来说，就是"有实同而名异者，有名亡而实存者，有得一书即可概见其余者，有得其所散见而即可凑合全文者；又有本一书也，而故多析其名以示异者"等问题。于是，祁承㸁要求对这些问题

· 223 ·

"逐一研核，不为前人所谩"，从而达到"既不至虚用其力，而亦不至徒集其名，得一书始得一书之实矣"的效果。

"权缓急"，就是在选购书籍过程中要权衡"急需"与"缓需"问题。在祁承㸁看来，藏书、读书的目的在于经世致用，而"非徒以资博洽"。在这种目的指导下，祁承㸁认为"古人经济之易见者，莫备于史"，因而把史书视为最亟须选购之列。就经、史、子、集四部书而言，祁承㸁认为"尊经尚矣，就三部而权之，则子与集缓，而史为急"。这是祁承㸁"尊经重史"观念的一贯表现。在"史为急"的前提下，祁承㸁进一步指出，"就史而权之，则霸史、杂史缓，而正史为急。就正史而权之，唐以前作史者精专于史，以文为史之余波，故实而可循。唐以后能文者，泛滥于文，以史为文之一体，故蔓而少实"。这说明祁承㸁非常重视正史书的收藏。与此同时，祁承㸁亦重视当朝史料的收集，其曰："凡涉国朝典故者，不特小史宜收，即有街谈巷议，亦当尽采。"可见，祁承㸁所谓"权缓急"，其主旨可概括为：史为急，正史尤急，国朝典故亦当采。

"别品类"，就是要尽量合理而又准确地判断图书之类属，将每种书归入其当所属之类。这是祁承㸁有关图书分类编目方面的论述，表面上看似乎与收集文献方法无关。也许此故，清人张宗泰为《澹生堂藏书约》作跋时指出祁承㸁之"鉴书谓在审轻重，辨真伪，核名实，而权缓急"①，特意漏掉了"别品类"。这样，祁承㸁的"五审"论无形中变成了"四审"论。然而，在祁承㸁看来，"别品类"与文献收集紧密相关。如《汴水滔天录》一书，祁承㸁认为"虽小说而实史也"；《厚德录》、《自警编》、《颜氏家训》之类"实垂训者也，余欲别纂训为一类，而附于小学之后"（在四部法中重要小学书可附于经部），那么按照祁承㸁的"史为急"、"尊经尚矣"的收藏观，这些书就可视为"急需"之列而应优先选购。再如，祁承㸁对史书进行了进一步的细分——"盖正史之外，有偏记，有小录，有逸事，有琐言，有郡书，有家史，有别传，有杂记，有地理"，也就是他所说的"夫史之流派，类约十类"，那么按照祁承㸁的"史为急"的收藏观，这十类史书应属于优先

---

① 张宗泰：《鲁岩所学集》卷十一，载祁承㸁等《藏书记》，广陵书社2010年版，第31页。

选购之列。可见,"别品类"体现了祁承煠"以分类指导选购书籍"的藏书观。

3. 孙从添的"求难得乐"与"精选兼收"论

孙从添,字庆增,其藏书理论代表作为《藏书记要》。此书可称为中国第一部较系统的藏书理论专著。全书由八个专题构成,依次是:《购求》、《鉴别》、《钞录》、《校雠》、《装订》、《编目》、《收藏》、《曝书》。其中《购求》和《鉴别》两个专题涉及较多的文献收集思想方法内容,其立意可概括为"求难得乐"与"精选兼收"两方面。

所谓"求难得乐",意为求书难而一旦求得则其乐无穷。孙从添把求书难归纳为"六难"——"知有是书而无力购求,一难也;力足以求之矣,而所好不在是,二难也;知好之而求之矣,而必欲较其值之多寡大小焉,遂致坐失于一时,不能复购于异日,三难也;不能搜之于书佣,不能求之于旧家,四难也;但知近求,不知远购,五难也;不知鉴识真伪,检点卷数,辨论字纸,贸贸购求,每多缺轶,终无善本,六难也"。正因为求书难,所以一旦求得便如同苦尽甘来其乐无穷。用孙从添自己的话来说就是:"书籍者,天下之至宝也。……以天下之至宝而一旦得之,以人身之至宝而我独得之,又不至埋没于尘土之中,抛弃于庸夫之室,岂非人世间一大美事乎?……其既得之也,胜于拱璧,即觅善工装订,置之案头,手烧妙香,口吃苦茶,然后开卷读之,岂非人世间一大韵事乎?……以此为乐,胜于南面百城多矣。"可见,在孙从添的心目中,得书即得宝,读书即得乐。这种"治书为乐"的人生观,值得后世乃至现代人们学习和赞美。

所谓"精选兼收",就是按照一定的原则或标准精心选择图书的同时,又要尽量做到兼收并蓄。如其所言,"书籍首重经史,其次子集。鉴别书籍,经史中有疏义、注解、图说、论讲、史断、互考、补缺、考略、刊正谬俗、稗官野史、各国春秋传载、音释句解者,当细心鉴之。至于杂记、小说偶录之书,有关行谊、考据、学问、政治者,绀绎而收藏之。述古文词、翰苑经济之文、小学、字学……九流杂技之书,有关利济学术者,亦须留意。文辞、诗集、文集、词曲、碑记、性理、语录、子书、小说等,皆当择其最上者收藏之"。在"精选兼收"思想中,"精选"与"兼收"似乎有矛盾,其实不然,因为"精选"是为了保证藏书的质量，"兼收"是为了保证藏书的完备性，两者的目的统一于"以精免滥"和"精全相协"上。我们知道，美国现代图书馆学家杜威（Melvil Dewey）曾提出"三最原则"，即"以最少的花费，收集最多的图书，满足最多的读者需求"。其实，18世纪的中国学者孙从添提出的"精选兼收"思想中已包含杜威所谓"三最原则"的思想意蕴。

### 4. 叶德辉的"据目求书"论

叶德辉，是清末民初著名的藏书家和版本目录学家。他著有三部"书话"作品，即《书林清话》、《书林余话》和《藏书十约》。这三部作品已成为研究中国古代书史、版本学、目录学、校勘学、藏书理论等问题的重要参考文献。其中《藏书十约》是受孙从添《藏书记要》的启发而撰的，书中分别就购置、鉴别、装潢、陈列、抄补、传录、校勘、题跋、收藏、印记十个专题，讲述了自己丰富的藏书经验与思想。该书撰成于1911年，就此一时间而论，叶德辉可谓中国古代最后一位藏书理论家和版本目录学家。叶德辉在《藏书十约》的《鉴别》篇中，提出有"据目求书"论。

所谓"据目求书"，就是依据书目信息确定访书策略。叶德辉认为，"鉴别之道，必先自通知目录始。……不知目录，不知古书之存亡；不知古书之存亡，一切伪撰抄撮、张冠李戴之书，杂然滥收，淆乱耳目。此目录之学所以必时时勤考也"。为此叶德辉列举诸多书目，如《钦定四库全书总目》、《揅经室外集》（四库未收书目）、《读书敏求记》、《爱日精庐藏书志》、《士礼居题跋记》、《铁琴铜剑楼书目》、《楹书隅录》、《善本书室藏书志》、《皕宋楼藏书志》、《孙氏祠堂书目》、《持静斋书目》、《江上云林阁书目》、《书目答问》等。叶德辉的"据目求书"法完全受孙从添《藏书记要》的启发而来，因为孙从添在《藏书记要》中就说过："于各家收藏目录、历朝书目、类书总目、《读书志》、《敏求记》、《经籍考》、志书、文苑志、书籍志、二十一史书籍志、名人诗文集书序跋文内查考明白，然后四方之善本秘本或可致也。"

## 二 文献校勘思想与方法

在中国古代图书馆的工作内容中，校勘工作占据重中之重的地位，故有"图书之府,校雠之司"之说。这一点与近现代图书馆有天壤之别。

所谓校勘,是指将同一种书的不同版本或与该书有引证关系的其他图书资料搜罗在一起,审定篇章,考订文字,较其异同,定其是非,力求准确地恢复古书原貌的一种文献整理方法。[1] 东汉安帝时邓太后所言"整齐脱误,是正文字"(《后汉书·安帝纪》),是古代中国人对"校勘"所作的最简洁定义。校勘的目的是恢复古籍的本真状态,即使古籍"复原还真"。正如胡适所言,"校勘之学起于文件传写的不易避免错误。文件越古,传写的次数越多,错误的机会就越多。校勘学的任务是要改正这些传写的错误,恢复一个文件的本来面目,或使它和原本相差最微"[2]。胡适把校勘的必要性归于"传写"之误的存在,这里所用"传写"一词,容易让人产生校勘之事只存在于"写本书"时期的错觉,其实"印本书"时期也存在"刻印之误"、"排版之误"等现象;而且无论是"写本书"时期还是"印本书"时期,在作者的"原稿"中也难免存在错别字、脱漏字、衍文等现象。所以,胡适所言"传写"一词若写成"写印",似乎更准确。

(一)校勘的原因

古代中国人一般把校勘之因或校勘的必要性归纳为文献写印过程中普遍存在的"误、脱、衍、错"四种现象。[3] 也就是说,由于存在"误、脱、衍、错"现象,所以需要通过校勘来把它改正过来,使文献恢复本真状态。可见,"误、脱、衍、错"现象既是校勘之因,又是校勘之对象。

误字,即指写印时出现的错误字词情况。在中国古籍中,误字现象普遍存在。在文本意义的理解上,"一字之差"往往带来"谬之千里"的后果,因此校正误字是校勘必不可少的重要任务。西晋葛洪在《抱朴子内篇·遐览》中所言"书三写,鱼成鲁,虚成虎",就是指误字现象。刘向校书时,就发现有众多误字现象,如以"天"为"芳"、

---

[1] 李明杰:《中国古代图书著作权研究》,社会科学文献出版社2013年版,第324页。
[2] 胡适:《胡适精品集》(七),光明日报出版社1998年版,第151页。
[3] 有的人归纳为"脱、误、衍、倒",其实其中的"倒"只是"错位"的一种,所以归纳为"误、脱、衍、错"更具全面性。

"又"为"备"、"先"为"牛"、"章"为"长"(《晏子叙录》);"尽"为"进"、"贤"为"形"(《列子叙录》);"赵"为"肖"、"齐"为"立"(《战国策叙录》)等。以实例而言,《宋会要辑稿·崇儒四》载天禧四年(1020年)"李昉请雕印《四时纂要》及《齐民要术》",而李昉卒于至道二年(996年),不可能在天禧四年有奏请,说明《宋会要》记载有误,查《续资治通鉴长编》及《宋史·李防传》,知《宋会要》将"李防"误写为"李昉"。再如《元典章》有元刻和沈刻(沈家本刻)之别,元刻本中"無"字均简写为"无",而沈刻本将"无"字均误写为"元",如"无图小人",沈刻本误作"元图小人","无图"是"无赖"的意思,而"元图"就不知所云了。可见,如果对沈刻本《元典章》不加校勘,则诸如此类误字的意思就无法准确理解了。所以,陈援菴于1920年著成《元典章校补》六卷,又补阙文三卷、改订表格一卷,校得沈刻本误、脱、衍、错之处一万二千余条。由此足见校勘之功之大。

脱文,包括脱字、脱句、脱行、脱页、脱简等多种情况。刘向《尚书欧阳经叙录》云:"臣向以中古文校欧阳、大、小夏侯三家经文,《酒诰》脱简一,《召诰》脱简二。率简二十五字者,脱亦二十五字;简二十二字者,脱亦二十二字。文字异者七百有余,脱字数十。"[1] 这是刘向校书时对脱简、脱字情况的交代。刘向校书时的书本载体材质为竹简(写本),故脱简、脱字现象较严重。然印本古籍亦有较严重的脱文现象。如张舜徽先生曾用《百衲本二十四史》和武英殿本《二十四史》进行对校,发现武英殿本脱行、脱页现象非常严重,仅以《宋史》为例,《田况传》缺十八行;《孝宗纪》三脱一页,《宗室世系表》二十七脱一页,《张栻传》脱一页。再如,张舜徽先生又用《资治通鉴》原著和章钰《胡刻通鉴正文校宋记》进行对校,发现《通鉴》脱落十字者三处,脱落十一字者一处,脱落十二字者三处,脱落十三字者四处,脱落十四字、十五字、十六字、十七字、十八字者各二处,脱落十九字者一处,脱落二十字者四处,脱落二十一字者一处,脱落二十二字

---

[1] 刘向、刘歆:《七略别录佚文;七略佚文》,姚振宗辑录、邓骏捷校补,上海古籍出版社2008年版,第24页。

者四处，脱落二十六字和二十九字者各一处，脱落五十五字者一处，脱落少于十字者更是不计其数；其中《通鉴》卷五有一处脱落二十二字，而这二十二字竟为完整一年史。① 由此足见脱文的严重性及其对文义的破坏之大。

衍文，指多出的文字。造成衍文的情形多种多样，或将注文窜入正文而衍，或臆改而衍，或妄增而衍，等等。如北宋景祐本《汉书·儒林传》之《申公》篇云："韦贤治《诗》，事大江公及许生。"而清乾隆武英殿本、同治金陵书局本则云："韦贤治《诗》，事博士大江公及许生。"其注曰："晋灼曰'大江公即瑕邱江公也，以异下博士江公，故作大'。"由此注可知，正文本无"博士"二字，"博士"二字是将注文窜入正文而衍。又如，《墨子·仲尼》篇云："能耐任之，则慎行此道也。能而不耐任，且恐失宠，则莫若早同之，推贤让能而安随其后。"杨倞注云："耐，忍也。慎，读为顺。言人有贤能者，虽不欲用，必忍而用之，则顺己所行之道。"而清人王念孙不同意杨倞的注解，他认为"能耐任之"和"能而不耐任"中的两"能"字皆为衍文，因为"耐"即"能"，两字同义，故不应叠用；之所以出现"能"之衍字，是因为"后人记'能'字于'耐'字之旁，而传写者因误合之也"②。

错位，即文字位置错乱现象，包括错简、倒文、相邻文字互错其位等情况。错简，指竹木简片的错乱现象。唐以前的中国人写书大都以竹木简为载体材料，称"简牍"或"简策"。简牍或简策因简片编联前后顺序错位或因编联丝线断绝而发生的简片顺序错乱现象就是错简。例如，百衲本《宋史·职官志》之《环卫官》篇尾"亲兄弟"以下七十一字，本属《三卫官》篇之内容；《皇城司》篇尾"使为将军"以下一百六十三字，本属《环卫官》篇之内容；《三卫官》"为等"以下四百零八字，本属《皇城司》篇之内容。可见《环卫官》、《三卫官》和《皇城司》三篇之间发生了严重的错简现象。1948年，邓广铭先生在《宋史职官志考正》中对此作了全面校正。再如，《墨子》旧本（如毕

---

① 张舜徽：《中国古代史籍举要；中国古代史籍校读法》，华中师范大学出版社2004年版，第284—285、300—303页。
② 王先谦：《墨子集解》，中华书局1988年版，第111页。

沅校本、孙星衍校本、顾广圻校本、俞樾校本、道藏本等）和今本都有《备城门》、《备穴》二篇，而旧本《备穴》篇中的"城坏，或中人"与"为之奈何"之间有"大铤前长尺"云云七百余字，所述皆为"备城门"之事，实为《备城门》篇之内容，说明此二篇之间发生了错简情况。所以孙诒让先生在《墨子闲诂》中把此七百余字移到了《备城门》篇中。① 古籍中的倒文现象也较普遍。如《礼记》旧本（如岳珂刻本、嘉靖本、汲古阁本、武英殿本等）《月令》篇有"制有小大，度有长短"一句，其中的"长短"为"短长"之误倒，因为"短长"与"小大"相对应才符合排比句文法，此故《吕氏春秋·仲春纪》在引用此句时就把"长短"改正为"短长"。② 再如《庄子·刻意》篇有"故曰圣人休休焉，则平易矣"一句，焦竑《庄子翼》所附《阙误》和俞樾《诸子平议》卷十八均认为"休休焉"为"休焉休"的倒文，则此句本应"故曰圣人休焉，休则平易矣"。焦竑与俞樾的判断和改正是成立的，因为《庄子·天道》篇就用了"休焉"一语，其曰"故帝王圣人休焉，休则虚"，而这两处的文法应该是一致的。在古籍中，相邻文字互错其位现象亦多见，典型者如今本《管子·形势》篇"使人有礼，遇人有理"一句，其中的"礼"、"理"二字实为倒误，早在唐初魏徵等编辑《群书治要》时已将此句改正为"使人有理，遇人有礼"，改正后的这一句在含义上更加符合古代中国人的礼仪规范。

（二）校勘的原则

古代中国人进行校勘活动，普遍遵循一个基本原则：实事是正，多闻阙疑。南宋彭叔夏《文苑英华辨证》自序言："叔夏尝闻太师益公（周必大）先生之言曰：实事是正，多闻阙疑。"严格说来，"实事是正"是针对校勘的态度而言，即校勘要实事求是而不能弄虚作假，而"多闻阙疑"才是校勘应遵循的基本准则。当然，没有"实事是正"的态度，就不可能做到"多闻阙疑"，在此意义上我们把"实事是正，多闻阙疑"统称为校勘的原则。

---

① 孙诒让：《墨子闲诂》，中华书局2001年版，第549页。
② 需要指出的是，现在流行广泛的阮元《十三经注疏》中的《礼记正义》以及孙希旦的《礼记集解》仍记为"长短"而未改正为"短长"。此出于尊重所据底本原文之故，然两书均未作注释，实为遗憾。

"多闻阙疑"之意，可将其析为"多闻"与"阙疑"两方面来理解。"多闻"即指校书要广泛掌握相关的知识和事理，同时要广泛占有相关资料，其核心表现是"广备异本"。"阙疑"就是在证据不足或资料不足的情况下，绝不妄下断语，更不能妄增或臆改。

周必大是南宋孝宗时期的大臣，他致仕后曾主持校定《文苑英华》。《文忠集·文苑英华序》记载有校定《文苑英华》的经过及其"多闻阙疑"思想，其云：

> 晚幸退休，遍求别本，与士友详议，疑则阙之。凡经、史、子、集、传注，《通典》、《通鉴》及《艺文类聚》、《初学记》，下至《乐府》、释老、小说之类，无不参用。……又如切磋之磋、弛驱之驱、挂帆之帆、仙装之装，《广韵》各有侧音，而流俗改切磋为效课、以驻易驱、以席易帆、以仗易装，今皆正之，详注逐篇之下。……深惧来者莫知其由，故列兴国至雍熙成书岁月，而述证误本末如此，阙疑尚多，谨俟来哲。

这里所说"遍求别本，与士友详议"，就是"多闻"的表现；而"疑则阙之"、"阙疑尚多，谨俟来哲"则表现了"阙疑"的谨慎精神。与周必大同时参与《文苑英华》校定工作的彭叔夏，对"多闻阙疑"原则有深刻领会，这与他早年读书经历有关。他在《文苑英华辨证》自序中述其读书经历曰："叔夏年十二三时，手抄《太祖皇帝实录》，其间云：'兴衰治□之源'，阙一字，意谓必是'治乱'。后得善本，乃作'治忽'。三折肱为良医，信知书不可以意轻改。"清人顾广圻高度赞赏周必大、彭叔夏的这种"多闻阙疑"精神，称《文苑英华辨证》"乃校雠之楷模，岂独读《英华》者资其是正哉"[①]！

彭叔夏在自己的校勘实践中认真贯彻"实事是正，多闻阙疑"原则，可称为"楷模"，但"多闻阙疑"精神及其实践应用其实早已有之，孔子当年勘定《春秋》时就遵循了"阙疑"原则。《春秋·昭公十二年》有"齐高偃帅师，纳北燕伯于阳"一句。这里的"伯于阳"之

---

① 顾广圻：《思适斋书跋》，黄明标点，上海古籍出版社2007年版，第99页。

意令人费解。《公羊传》曰:"'伯于阳'者何?'公子阳生'也。子曰:'我乃知之矣。'"何休《公羊传解诂》注曰:"'子',谓孔子。'乃',乃是岁也。时孔子年二十三,具知其事,后作《春秋》。案史记,知'公'误为'伯','子'误为'于','阳'在,'生'刊灭阙。"《公羊传》又曰:"在侧者曰:'子苟知之,何以不革?'曰:'如尔所不知何?'"《解诂》曰:"此夫子欲为后人法,不欲令人妄臆错。"① 孔子明知道"伯于阳"乃"公子阳生"之误,但为了不让后人养成臆改经文的坏习惯而未径自改正。另外,何休《解诂》在"不欲令人妄臆错"后面还引用了《论语·子罕》中的"子绝四:毋意,毋必,毋固,毋我"一句。这说明,在何休的理解中,孔子的这"四毋"亦可视为校勘所应遵循的原则,或者说,"阙疑"是孔子"四毋"思想方法在校书中的贯彻与体现。事实上,孔子不轻改经文的"阙疑"思想,并非一时偶然为之,而是一种有意识的、一贯的思想方法,如孔子曾叹曰:"吾犹及史之阙文也,有马者借人乘之,今亡矣夫!"(《论语·卫灵公》)《汉书·艺文志》小学类序云:"古制,书必同文,不知则阙,问诸故老。至于衰世,是非无正,人用其私,故孔子曰:'吾犹及史之阙文也,今亡矣夫。'盖伤其寖不正。"颜师古注曰:"《论语》载孔子之言,谓文字有疑,则当阙而不说。孔子自言,我初涉学,尚见阙文,今则皆无,任意改作也。"《汉书·艺文志》六艺略序云:"后世经传既已乖离,博学者又不思多闻阙疑之义,而务碎义逃难,便辞巧说,破坏形体。"颜师古注曰:"《论语》称孔子曰'多闻阙疑,慎言其余,则寡尤'。言为学之道,务在多闻,疑则阙之,慎于言语,则少过也,故志引之。"今查,《论语·为政》篇中确有"多闻阙疑,慎言其余,则寡尤"一语。可见,"多闻阙疑"一语及其思想源自孔子。据此我们可以认为,"多闻阙疑"是孔子为后世校书所立之法,是孔子为中国古代校书事业所做出的不朽思想贡献;其所践履的"疑则阙之"的校勘原则是为后世校书事业所立并被普遍遵循的实践准则。

---

① 《十三经注疏》整理委员会整理:《春秋公羊传注疏》,北京大学出版社1999年版,第493页。

### （三）校勘思想

众所周知，中国古代有着悠久的校勘历史及其实践成果，从中形成丰富的校勘思想，然综观传世文献，尚无专门论述校勘思想之书。郑樵的《校雠略》，论校勘者只有"校书久任论"一篇，因此《校雠略》不属于专论校勘之书。章学诚的《校雠通义》，实为论证"辨章学术，考镜源流"的目录学著作，而非专论校勘之书。民国时期，孙德谦著有《刘向校雠学纂微》，杜定友著有《校雠新义》，蒋元卿著有《校雠学史》，胡朴安、胡道静著有《校雠学》，蒋伯潜著有《校雠目录学纂要》，这些著作论述的重点内容为校雠史实，尽管涉及一些校勘思想方面的内容，但都不能视为专论校勘思想之书。显然，中国古代学人的校勘思想散见于各自著述之中。下面是一些重要校勘思想之撷拾。

1. 刘向的"参众本"和"存别义"思想

众所周知，刘向是中国古代校勘事业的奠基者，然刘向未曾总结自己的校勘实践以成"理论"，所以这里所谓"参众本"、"存别义"乃后人总结之语。刘向每校一书，都参考众本，综合拿捏之后著为定本，这是"刘向故事"的重要内容之一。如"所校《列子》五篇，臣向谨与长社尉臣参校雠太常书三篇，太史书四篇，臣向书六篇，臣参书二篇，内外书凡二十篇，以校除复重十二篇，定著八篇"①。据此，北齐樊逊总结刘向校书过程曰："汉中垒校尉刘向受诏校书，每一书竟，表上，辄言：臣向书、长水校尉臣参书，太史书、太常博士书、中外书合若干本，以相比较，然后杀青。……向之故事，今存府阁，即欲刊定，必藉众本。"（《北齐书·樊逊传》）樊逊认为，"必藉众本"是"向之故事"的显著特征。章学诚把"必藉众本"说成"广储副本"，其曰："校书宜广储副本，刘向校雠中秘，有所谓中书，有所谓外书，有所谓太常书，有所谓太史书，有所谓臣向书，臣某书。夫中书与太常太史，则官守之书不一本也；外书与臣向臣某，则家藏之书不一本也。夫博求诸本，乃得雠正一书，则副本固将广储以待质也。"②孙德谦《刘向校雠学纂微》开篇即为《备众本》，其曰："言校雠之学，其所先务者，

---

① 张舜徽选编：《文献学论著辑要》，中国人民大学出版社 2011 年版，第 8 页。
② 章学诚：《校雠通义通解》，王重民通解，上海古籍出版社 2009 年版，第 37 页。

在众本之取备。"在孙德谦看来,备众本是校书的第一步,不可逾越。可以说,刘向的"参众本",自提出以来便成了"校书之训",代代传承。如清人黄丕烈校《周礼》时,以"董本为主,此外参以家藏之岳本、蜀大字本,又借诸家之小字本、互注本、校余氏本,集腋成裘,以期美备。至于嘉靖本之独胜于各本者,其佳处不敢以他本易之,存其旧也"①。可见,黄丕烈校《周礼》,参阅了七种不同本子,可谓"参众本"之典范。对此,黄丕烈自己总结说:"书多见一本,即有一本之佳处,见闻之不可不广也。"②

刘向的"存别义",实乃继承孔子"阙疑"思想之表现。刘向在《晏子书录》中说:"其书六篇,皆忠谏其君,文章可观,义理可法,皆合六经之义。又有复重,文辞颇异,不敢遗失,复列以为一篇。又有破不合经术,似非晏子言,疑后世辩士所为者,故亦不敢遗失,复以为一篇。"③刘向对"文辞颇异"、"不合经术"之文没有删改,自言"不敢遗失",体现了刘向的"阙疑"、"待质"思想。所谓对"文辞颇异"、"不合经术"之文"不敢遗失"而存录,实际上就是"存别义"。孙德谦《刘向校雠学纂微》末篇即为《存别义》,其曰:"向于所校书,苟有别义,无不录存本文之下。……所谓过而废之,真不如过而存之也。尝发其例于《晏子》,曰'不敢遗失',向之校雠精谨也如是。"

2. 郑玄的"网罗众家"、"择善而从"思想

东汉的郑玄以"遍注群经"而名垂千古。今人皆知郑玄是著名的注经家,而尚有不知其亦为著名的校勘家者。古人注经往往先校后注,或以已校之本为定本,只不过有的以校为务(如刘向等),有的以注为重(如郑玄、颜师古等)。郑玄虽一代著名注经家、校勘家,然亦未曾总结自己的注经、校经实践而成"理论",或其著不传,其"网罗众家"、"择善而从"之论亦为后人总结而来。《后汉书·郑玄传》云,郑玄"括囊大典,网罗众家,删裁繁芜,刊改漏失,自是学者略知所

---

① 黄丕烈:《黄丕烈藏书题跋集》,余鸣鸿、占旭东点校,上海古籍出版社2013年版,第681页。
② 黄丕烈:《黄丕烈藏书题跋集》,余鸣鸿、占旭东点校,上海古籍出版社2013年版,第745页。
③ 张舜徽选编:《文献学论著辑要》,中国人民大学出版社2011年版,第7页。

归"。这里说的"删裁繁芜,刊改漏失"过程,就不乏校勘之功。《礼记·乐记》中有如下一段文字:

> 爱者宜歌《商》,温良而能断者,宜歌《齐》。夫歌者,直己而陈德也,动己而天地应焉,四时和焉,星辰理焉,万物育焉。故《商》者,五帝之遗声也。宽而静、柔而正者,宜歌《颂》;广大而静、疏达而信者,宜歌《大雅》;恭俭而好礼者,宜歌《小雅》;正直而静、廉而谦者,宜歌《风》。肆直而慈爱。

在这段文字中,郑玄看出了简文错位之误,于是将其刊正如下:

> 宽而静、柔而正者,宜歌《颂》;广大而静、疏达而信者,宜歌《大雅》;恭俭而好礼者,宜歌《小雅》;正直而静、廉而谦者,宜歌《风》。肆直而慈爱者,宜歌《商》;温良而能断者,宜歌《齐》。故商者,五帝之遗声也,商人识之,故谓之《商》;齐者,三代之遗声也,齐人识之,故谓之《齐》。①

如此一改,文从字顺,原义显明,达到了"复原还真"的校勘目的。由此小可见郑玄校勘之独具慧眼之功。

上引《郑玄传》中说他"网罗众家",既有校勘所需"广备众本"之意,又有注释所需"折中众说"之意。我们知道,郑玄注经的特点之一便是今古文经说综合折中,而不专守今文经说或古文经说。郑玄注《诗》、《书》、《易》、《仪礼》、《周礼》、《论语》均兼采今古文,故皮锡瑞说"郑君兼通今古文,沟合为一;于是经生皆从郑氏,不必更求各家"②。郑玄为《诗》作笺注即为"郑笺",其"注《诗》宗毛为主,其义若隐略,则更表明,如有不同,即下己意"③。郑玄治书"网罗众家","如有不同,即下己意",其实就是"择善而从"的表现。张舜徽

---

① 张舜徽:《郑学丛著》,华中师范大学出版社2005年版,第44页。
② 皮锡瑞:《经学历史》,中华书局2004年版,第95—96页。
③ 《十三经注疏》整理委员会整理:《毛诗正义》,北京大学出版社1999年版,第4页。

先生就称其为"备致多本,择善而从",具体说明云:"郑玄诠释诸经,也以勘对文字异同为先务。他所采用的本子,校《仪礼》,有今文古文的不同;校《周礼》,有故书今书的区别。他注《仪礼》时,有的地方经文采用今文本,便在注中说明'古文某作某';有的地方经文采用古文本,便在注中说明'今文某作某'。注《周礼》时,在注中说明故书、今书不同之处,也很详细。择善而从,毫无固拘。"①

3. 颜之推的"观天下书未遍,不得妄下雌黄"论

校书乃需广博知识之事,非不学无术之人所能为之。具备一定的文字、声韵、训诂方面的知识,再加以广博的历史学、学术史知识并占有广泛的资料,才能从事并做好校书工作。南北朝时期的颜之推说:"校定书籍,亦何容易,自扬雄、刘向方称此职耳。观天下书未遍,不得妄下雌黄。"② 颜之推曾讲述自己读书过程中校正文字的经历:"《太史公记》曰:'宁为鸡口,无为牛後。'此是删《战国策》耳。案:延笃《战国策音义》曰:'尸,鸡中之王;從,牛子。'然则'口'当为'尸','後'当为'從',俗写误也。"③ 这是俗人因未能识别出形近字即缺乏文字知识而"妄下雌黄"的故事。又:"《左传》曰:'齐侯痎,遂痁。'《说文》云:'痎,二日一发之疟。痁,有热疟也。'案:齐侯之病,本是间日一发,渐加重乎,故为诸侯忧也。今北方犹呼痎疟,音皆。而世间传本多以痎为疥,杜征南亦无解释,徐仙民音介,俗儒就为通云:'病疥,令人恶寒,变而成疟。'此臆说也。疥癣小疾,何足可论,宁有患疥转作疟乎?"④ 这是缺乏文字、声韵、病理知识而"妄下雌黄"所致笑话。颜之推所著《颜氏家训》中的《勉学》、《书证》等篇中记述有许多此类故事,其旨在告诫子孙避免读书不多、妄下雌黄。其实,中国古代学人对"妄下雌黄"的批评,史不绝书。这里仅举清人顾炎武和王念孙的批评为例。顾炎武结合自己的读书经历指出,"凡勘书,必用读书之人。偶见《焦氏易林》旧刻,有曰'环绪倚鉏',乃'环堵'之误。注云:'绪,疑当作'佩'。'井堙水刊',乃'木刊'

---

① 张舜徽:《中国文献学》,华中师范大学出版社2004年版,第189—190页。
② 颜之推:《颜氏家训译注》,张霭堂译注,齐鲁书社2009年版,第100页。
③ 颜之推:《颜氏家训译注》,张霭堂译注,齐鲁书社2009年版,第199页。
④ 颜之推:《颜氏家训译注》,张霭堂译注,齐鲁书社2009年版,第191—192页。

第三章 中国古代图书馆学思想

之误。注云：'刊'，疑当作'利'。失之远矣"①。这里的"环堵"，语出《礼记·儒行》；"木刊"，语出《左传·襄公二十五年》，各有其特定含义，而不识者误写成"环绪"和"水刊"，注者又误上加误，原义全失。王念孙校《淮南子》，共订正出九百余条，他在《读淮南杂志叙》中批评了"妄下雌黄"的现象："《天文》篇：天有九野、五星、八风、五官、五府。此先举其纲，而下文乃陈其目。后人于'八风'下加'二十八宿'四字，又于注内列入二十八宿之名，而不知皆下文所无也。又下文'星分度'一节，乃纪二十八宿分度之多寡，非纪二十八宿之名。后人不察，又于其末加'凡二十八宿也'六字，斯为谬矣。太阴在寅，朱鸟在卯，句陈在子，玄武在戌，白虎在酉。后人于此下加'苍龙在辰'四字，而不知苍龙即太阴也。"② 这里所谓后人所加"二十八宿"、"凡二十八宿也"、"苍龙在辰"十四字，就是因不明天文之理而妄增所致的衍文。

颜之推发出"校定书籍，亦何容易"的感叹之后，北宋硕儒欧阳修亦曾发出同样的感叹，其曰：

> 窃以校雠之职，是正为难。委方册于程文，折群疑于独见；脱绚组之三寸，简编多前后之乖；并《盘庚》之一篇，文章有合离之异。以仲尼之博学，犹存郭公以示疑，非元凯（杜预）之勤经，熟知门王而为闰。况乃西崑册府，备帝者之来临；蓬莱道山，非人间之所见。自匪识穷元本，学渐渊源，究百世之放纷，总群言而博达，则何以效官天禄，对青藜而属书，抱简羽陵，拂白蟫而辨蠹？③

在欧阳修看来，校书绝非"对青藜而属书，抱简羽陵，拂白蟫而辨蠹"之事，而只有"识穷元本，学渐渊源，究百世之放纷，总群言而

---

① 顾炎武：《日知录校释》，张京华校释，岳麓书社2011年版，第767—768页。
② 王念孙：《读淮南杂志叙》，载张舜徽选编《文献学论著辑要》，中国人民大学出版社2011年版，第291—301页。
③ 欧阳修：《欧阳修文集》，刘振鹏主编，辽海出版社2010年版，第676页。标点有改动。

博达"之人才能胜任。

4. 颜师古的"克复其旧"论

在唐太宗执政时期,颜师古因"考定五经"、"撰定五礼"、"注班固《汉书》"而声名显赫。《旧唐书·颜师古传》云:"贞观七年,拜秘书少监,专典刊正,所有奇书难字,众所共惑者,随疑剖析,曲尽其源。"这里所云"专典刊正",说明颜师古从事过校文注经工作;而所云"曲尽其源",则表明颜师古校文注经以"复原还真"为宗旨。颜师古自己把这种"复原还真"称为"归其真正"、"克复其旧"。颜师古在《汉书叙例》中说:"《汉书》旧文多有古字,解说之后屡经迁易,后人习读,以意刊改,传写既多,弥更浅俗。今则曲核古本,归其真正,一往难识者,皆从而释之。古今异言,方俗殊语,末学肤受,或未能通,意有所疑,辄就增损,流遁往返,秽滥实多。今皆删削,克复其旧。"颜师古批评末学"意有所疑,辄就增损"的做法,实际上是反对妄增臆改,表现了疑则阙之的"实事是正"精神。颜师古在校文注经过程中恪守"曲尽其源"、"归其真正"、"克复其旧"的原则,表现了颜师古以文本为中心、以揭示原义(或称原意)为目标的文献阐释思想,其中自然包含校勘之宗旨——"复原还真"思想。可以说,颜师古的"克复其旧"论是校勘学"复原还真"宗旨的唐代表述典范。在中国校勘史上,"克复其旧"思想是从汉代到清代一以贯之的校勘学原则,如清代著名校勘家卢文弨亦曰:"窃始古人之遗编完善,悉复其旧,俾后之学者获得见完书。"①

5. 宋绶的"校书如扫尘"说

北宋藏书家宋绶(字宣献)有"校书如扫尘"之说,对此沈括记述曰:"宋宣献博学,喜藏异书,皆手自校雠。常谓'校书如扫尘,一面扫,一面生。故有一书三四校,犹有脱谬'。"②宋绶之子宋敏求(字次道,曾任龙图阁直学士)铭记父亲的"校书如扫尘"的教诲,勤奋校书,深得世人称赞。朱弁《曲洧旧闻》卷四云:"宋次道龙图云:'校书如扫尘,随扫随有。'其家藏书皆校三五遍者。世之蓄书,以宋

---

① 卢文弨:《抱经堂文集》,王文锦点校,中华书局1990年版,第142页。
② 沈括:《梦溪笔谈》,张富祥译注,中华书局2016年版,第304页。

为善本。"宋氏父子的"校书如扫尘"论，能给后人两方面的启发：一是经过多次校勘之书，往往成为"善本"，或者说，复校、精校是成为善本的必要条件；二是宋代人重视复校、精校，所以宋抄本、宋刻本、宋校本往往被后世藏书家、校书家视若珍宝。把宋抄本、宋刻本、宋校本视若珍宝者，最典型者要数黄丕烈。黄丕烈自称"宋廛一翁"、"佞宋主人"，就是把宋版书视若珍宝的典型写照。

6. 郑樵的"校书专人久任"论

南宋人郑樵《通志·校雠略》之《求书遣使校书久任论》篇云："求书之官不可不遣，校书之任不可不专。……司马迁世为史官，刘向父子校雠天禄，虞世南、颜师古相继为秘书监，令狐德棻三朝当修史之任，孔颖达一生不离学校之官。若欲图书之备，文物之兴，则校雠之官岂可不久其任哉。"① 校书之人需要专门家，其任须久，这就是郑樵的"校书专人久任论"。章学诚论之曰："古者校雠书，终身守官，父子传业，故能讨论精详，有功坟典，而其校雠之法，则心领神会，无可传也。"不过章学诚又认为，专人校书向众人校书转变也是势所必然，所以他接着说"近代校书，不立专官，众手为之，限以课程，画以部次，盖亦势之不得已也"②。郑樵在《通志》总序中述说其作《校雠略》动机云："册府之藏，不患无书，校雠之司，未闻其法。欲三馆无素餐之人，四库无蠹鱼之简，千章万卷，日见流通。故作《校雠略》。"可见，郑樵是为了改变"校雠之司，未闻其法"的局面而作《校雠略》③ 的，显然，"校书久任论"也是基于此而发。今人周余姣评价说："此论从理论上阐明了校书之人专业化任职的必要性。"④ 确然，校书之任的专职化有其必要性。然而，纵观史实，校书之任的专职化终未形成传统。尽管汉魏晋时确立了秘书机构的独立建制，尤其是晋惠帝永平元年

---

① 郑樵：《通志二十略》，王树民点校，中华书局2009年版，第1812—1813页。
② 章学诚：《校雠通义通解》，王重民通解，上海古籍出版社2009年版，第38页。
③ 不满于"校雠之司，未闻其法"而作《校雠略》，这是郑樵作《校雠略》的学术动机。有一种观点认为，郑樵的《通志》是写给朝廷的，其动机是"切切于仕进"（《宋史·郑樵传》语）。"切切于仕进"也许是郑樵的祈望，然此政治动机与作《校雠略》的学术动机之间是否有内在联系，在此存疑而不论。
④ 周余姣：《郑樵与章学诚的校雠学研究》，齐鲁书社2015年版，第81页。

(291年）复置秘书监，设属官秘书丞、秘书郎、校书郎等，并在宫禁之外设秘书寺作为专门办公衙署，呈现出独立化、专职化趋势，然经南北朝和隋代之后，唐代的文馆制度、宋代的馆阁制度全面兴起，侵夺了秘书省的大部分职能，直至明太祖撤销秘书省，校书之任的专职化未能形成长效机制，反过来兼职化却长期被保持。郑樵所列举的司马迁、刘向与刘歆父子、虞世南、颜师古、令狐德棻、孔颖达等，均可谓专门家，但却无一不是兼职秘书官，而非专职之任。这是中国古代政府历来都"史无专官"的体制特征所决定的。不过，历代史职人员、馆职人员（包括校书人员）大多选贤而任却是长久传统。从郑樵所举这些人物看，他是极力赞同和主张校书人员选贤而任的做法的，所以，他所主张的与其说是"校书专人久任论"，不如说是"校书官选贤论"，诚如郑樵自己所说，校书官选贤，才是实现"三馆无素餐之人，四库无蠹鱼之简"的人才保证。当然，从理论上说，"校书专人久任论"的合理性是毋庸置疑的。

7. 王鸣盛等人的"先校后读"说

清人王鸣盛曾曰："欲读书必先校书，校之未精而遽读，恐读亦多误矣。"① 清人叶德辉则干脆说"书不校勘，不如不读"②。张之洞在《〈书目答问〉略例》中说："读书不知要领，劳而无功。知某书宜读而不得精校、精注本，事倍功半。"张之洞把精校、精注作为"善本"的必备条件之一，告诫学者"读书宜先校书"，并解释"校"曰："校者，以善本与俗本对勘，正其讹脱也。异同之间，常得妙语。且校过一次，繁难处亦易记得。"③ 著名校勘家顾广圻说"有书不知校雠，与无书等"④。此引王鸣盛、叶德辉、张之洞、顾广圻之言，既是他们各自的读书经验与心得之语，又是中国古代读书人的共同心声。"读书须先校"，是读书家们的共同心声，而"藏书须校"则是藏书家们的共同心声。所以，我们在史籍中经常见到藏书家"手自刊校"的记载，如

---

① 王鸣盛：《十七史商榷》，黄曙辉点校，中国书店2005年版，序文。
② 祁承㸁等：《藏书记》，广陵书社2010年版，第112页。
③ 张之洞：《增订书目答问补正》，范希曾补正，孙文泱增订，中华书局2011年版，第666—667页。
④ 顾广圻：《思适斋书跋》，黄明标点，上海古籍出版社2007年版，第81页。

《旧唐书·苏弁传》说"弁聚书至二万卷,皆手自刊校";《旧唐书·韦述传》说韦述"家聚书二万卷,皆自校定铅椠,虽御府不逮也";《宋史·郭延谓传附郭延泽传》说郭延泽"聚图籍万余卷,手自刊校";《宣和书谱》卷六载道士陈景元"自幼喜读书,至老不倦,凡道书皆亲手自校写,……凡手自校正书有五千卷";黄丕烈云:"余好古书,无则必求其有,有则求其本之异,为之手校;校则必求其本之善而一再校之。"①"读书须先校"是为了保证读书的效率和理解文义的准确性,而"藏书须校"是为了保证藏书的质量并为后人留下善本,从而不误后学。由此而言,校书之功大矣!诚如朱一新所言,"大抵为此学者,于己甚劳,而为人则甚忠。竭毕生精力,皆以供后人之取携,为惠大矣"②。

8. 顾广圻的"不校校之"论

众所周知,校勘的宗旨是"复原还真",而"复原还真"须避免妄增臆改。妄增臆改如同"乱码",一旦出现"乱码",原义难以识别,由此难免出现理解上的歧义丛生之乱象。顾广圻的"不校校之"思想就是针对妄增臆改现象而提出的。顾广圻被称为"清代校勘第一人",他把自己的书斋命名为"思适斋",自称"思适居士",为此他专门作有《思适斋图自记》一文,曰:

> 以思适名斋者何?顾子有取于邢子才之语也。史之称子才曰:"不甚校雠。"顾子役役于校雠而取之者何?谓顾子之于书,犹必不校校之也。子才诚仅曰不校乎哉?则乌由思其误?又乌由有所适也?故子才之不校,乃其思。不校之误使人思,误于校者,使人不能思。去误于校者而存不校之误,于是日思之,遂以与夫天下后世乐思者共思之,此不校校之者所以有取于子才也。③

---

① 黄丕烈:《黄丕烈藏书题跋集》,余鸣鸿、占旭东点校,上海古籍出版社2013年版,第249—250页。
② 朱一新:《无邪堂答问》,吕鸿儒、张长法点校,中华书局2000年版,第75页。
③ 顾广圻:《顾千里集》,王欣夫辑,中华书局2007年版,第86页。文中所言邢子才即北魏、北齐时期的邢邵(字子才)。据《北齐书·邢邵传》记载,邢邵曾"见人校书,常笑曰:'何愚之甚,天下书至死读不可遍,焉能始复校此,且误书思之,更是一适。'"。邢邵的这段话采用了"先否后定"式说法,即先讥笑校书之举为"愚",后又肯定"思其误"的校书之举亦为"一适"。顾广圻"思适"之语即取于此。

仔细领会顾广圻的这段话，有三方面的信息应该特别注意。第一，古书之误可分为两种情况：一是"不校之误"，即原书本有之误，亦可谓作者之误；二是"误于校者"，即因校者误校所致之误，其主要表现就是妄增臆改。"不校之误"是一种无意之误，而"误于校者"是一种有意之误。第二，校书的正确态度应该是"不校校之"，即"去误于校者而存不校之误"。第三，最为重要的是，"不校校之"揭示了校书的"双刃"性质，即若校书者能够秉持"实事是正，多闻阙疑"的原则，则通过校书可以达到"复原还真"的良好效果；而若校书者妄增臆改，则会带来"非误为误"或"误上加误"的为害结果。诚如顾广圻自己所言，"校书之弊有二：一则性庸识暗，强预此事，本未窥述作大意，道听而途说，下笔不休，徒增芜累；一则才高意广，易言此事，凡遇其所未通，必更张以从我，时时有失，遂成疮痏。二者殊途，至于诬古人，惑来者，同归而已矣"①。也就是说，无论是"性庸识暗"者，还是"才高意广"者，只要是不遵循"多闻阙疑"的原则而妄增臆改，就都有可能带来"诬古人，惑来者"的后果。

顾广圻对"不校校之"的明确定义是："毋改易其本来，不校之谓也；能知其是非得失之所以然，校之谓也。"② 顾广圻之所以强调"不校"的重要性，缘于对妄增臆改的深恶痛绝。综观中国古代校勘史，妄增臆改而毁古书原貌的危害现象确实非常严重，如四库馆臣们在校郦道元《水经注》传本时就"删其妄增者一千四百四十八字，正其臆改者三千七百一十五字"③。鉴于妄增臆改所带来的这种严重后果，顾广圻主张"一字不改，悉依其旧，尚存'不知为不知'之遗意，于是而古书可以传，可以传而弗失其真"④。当然，所谓"一字不改"，绝非指不校改，而是指不改动底本原文，以期保证古书的"传而弗失其真"。

对妄增臆改而毁古书原貌的现象，宋代的苏轼、陆游以及清代的顾炎武、阮元等，都作过严厉的批评。在对妄增臆改的批评中，有的人把

---

① 顾广圻：《思适斋书跋》，黄明标点，上海古籍出版社2007年版，第186页。
② 顾广圻：《思适斋书跋》，黄明标点，上海古籍出版社2007年版，第186页。
③ 四库全书研究所：《钦定四库全书总目》，中华书局1997年版，第945页。
④ 顾广圻：《顾千里集》，中华书局2007年版，第164页。

## 第三章　中国古代图书馆学思想

矛头指向了程、朱等宋儒的"妄增议论"的做法。尤其是朱熹在注释《大学》时，对"八纲目"之一的"格物致知"条作补传，引来了诸多诟病。不过，综观朱熹的传注经典之文，就能发现朱熹并非无"多闻阙疑"之意识，而且曾对自己以往有所"妄意增损"之举表示后悔，其曰：

> 承上已日书，知尝到城中校书曲折，甚慰甚慰。但却据旧本为定，若显然谬误，商量改正不妨。其有阙误可疑，无可依据者，宁且存之，以俟后学，切不可以私意辄有更改。盖前贤指意深远，容易更改，或失本真以误后来，其罪将有所归，不可容易，千万千万！旧来亦好妄意有所增损，近来或得别本证之，或自思索看破，极有可笑者（或得朋友指出）。所幸当时只是附注其旁，不曾全然涂改耳。亦尝为人校书，误以意改一两处，追之不及，至今以为恨也。[①]

这里所言"无可依据者，宁且存之，以俟后学，切不可以私意辄有更改"，说明朱熹确有"多闻阙疑"意识。而且，朱熹对自己"为人校书，误以意改一两处"之举表示极度悔恨，说明"不校校之"意识早已在朱熹身上有所体现。朱熹作为功底极深的理学家，其校释古书和训注文献的功底亦极为深厚（其著《四书章句集注》即为明证），故他能够深谙"宁且存之，以俟后学"之校勘之理是不足为奇的。

"多闻阙疑"也好，"不校校之"也好，其实说白了就是不要轻改原文的意思。那么，不改原文如何进行校勘呢？对此宋代人采用的办法是"两存之"法。北宋林亿等受诏勘校《金匮玉函经》（即张仲景《伤寒论》的另一种版本名），其《校正金匮玉函经序》曰："……其文理或有与《伤寒论》不同者，然其意义皆通，圣贤之法，不敢臆断，故并两存之。"所谓"两存之"，即保留两种本子的"同句异文"，而不强行统一其文。这种"两存之"的方法，逐渐形成大多数校书者共同遵循的优良传统。清人鲍廷博说："遇有互疑之处，择其善者从之；义皆

---

[①] 朱熹：《朱熹集》，郭齐、尹波点校，四川教育出版社1996年版，第1782页。

· 243 ·

可通者，两存之；显然可疑而未有依据者仍之。"① 章学诚亦指出，"古人校雠，于书有讹误，更定其文者，必注原文于其下；其两说可通者，亦两存其说；删去篇次者，亦必存其阙目；所以备后人之采择，而未敢自以谓必是也"②。阮元在校刻《十三经注疏》时，则采用了"圈点法"和"校勘记法"，其曰："刻书者，最患以臆见改古书。今重刻宋版，凡有明知宋版之误字，亦不使轻改，但加圈于误字之旁，而别据校勘记择其说，附载于每卷之末，俾后之学者不疑于古籍之不可据，慎之至也。"③ 其实，阮元的"圈点法"和"校勘记法"，仍然是"两存之"法的具体操作方法。

9. 黄廷鉴的"妄改书为载籍之一大厄"说

"载籍之厄"就是"书厄"。提起"书厄"，人们大多能够想起牛弘的"五厄"和胡应麟的"十厄"之说，然此"书厄"之说主要指火、水、虫灾所致而言，而清人黄廷鉴则有"妄改书亦为书之一厄"之说。黄廷鉴的原话是："妄改之病，唐宋以前，谨守师法，未闻有此。其端肇自明人，而盛于启、祯之代，凡《汉魏丛书》以及《裨海》、《说海》、《秘笈》中诸书，皆割裂分并，句删字易，无一完善，古书面目全失，此载籍之一大厄也。"④ 把妄改书造成的"古书面目全失"，亦视为"书厄"之一，这是黄廷鉴的独到之处。当然，这种思想非其独有。王念孙在《读淮南杂志叙》中亦曰："嗟乎！学者读古人书，而不能正其传写之误，又敢不误之文而妄改之，岂非古书之大不幸乎！"⑤ 段玉裁的"古书坏于校者"之说，亦与黄廷鉴说无异，其曰："古书之坏于不校者固多，坏于校者尤多。坏于不校者，以校治之；坏于校者，久且不可治。"⑥

需要指出的是，黄廷鉴认为妄改之病"端肇自明人"，显然不确。在明人之前，古书被增损改易现象早已有之，且不乏其例。这里仅举

---

① 鲍廷博：《知不足斋丛书》，中华书局1999年版，序义。
② 章学诚：《校雠通义通解》，王重民通解，上海古籍出版社2009年版，第38页。
③ 阮元：《揅经室集》，邓经元点校，中华书局1993年版，第620页。
④ 黄廷鉴：《第六弦溪文钞》卷一《校书说二》，丛书集成初编本。
⑤ 张舜徽选编：《文献学论著辑要》，中国人民大学出版社2011年版，第301页。
⑥ 段玉裁：《经韵楼集》，钟敬华校点，上海古籍出版社2008年版，第191页。

《老子》一书为例。《老子》亦称《道德经》，由《道经》和《德经》两部分构成。今本《老子》，《道经》在前，《德经》在后，而1973年出土的马王堆汉墓帛书《老子》甲本、乙本均《德经》在前，《道经》在后；今本《老子》分章（八十一章），而帛书《老子》甲本、乙本均不分章；今本《老子》有十一处"无为而无不为"之句，而帛书《老子》甲本、乙本只有"无为"而无"无为而无不为"之句。可见，《老子》一书至晚从汉代始就已经有了篇章改次和字句增益现象。不过，明人妄改书确比前人严重。对此顾炎武批评曰："万历间，人多好改窜古书。人心之邪，风气之变，自此而始。且如骆宾王《为徐敬业讨武氏檄》，本出《旧唐书》，其曰'伪临朝武氏者'。敬业起兵在光宅元年九月，武氏但临朝而未革命也。近刻古文，改作'伪周武氏'。……不知其人，不论其世，而辄改其文，缪种流传，至今未已。"① 张元济亦云："明人刻书，每喜窜易，遇旧本不可解者，即臆改之，使其文从字顺。然以言行文则可，以言读书则不可。"②

10. 段玉裁的"当改则改"、"定其是非"论

前叙"多闻阙疑"思想、"不校校之"思想、"妄改书为载籍之厄"思想等，可以说是古代中国人的校勘学共识，其核心旨意就是不要轻改古书。然而，面对古书中的海量讹误，勇于纠讹改误，亦为校勘学应有之义。为此清人段玉裁提出有"当改则改论"，其曰："校经者将以求其是也，审知经字有讹则改之，此汉人法也。汉人求诸义而当改则改之，不必其有佐证。"③ 从这段话中可以看出，段玉裁是赞同和遵从汉人的"当改则改"做法的。段玉裁之所以主张"当改则改"，缘于他"校书须定其是非"的观念。段氏此观念，有以下三段话为证：④

> 凡校书者，欲定其一是，明圣贤之义理于天下万世，非如今之俗子夸博赡、夸能考核也。故有所谓宋版书者，亦不过校书之一

---

① 顾炎武：《日知录校释》，张京华校释，岳麓书社2011年版，第769页。
② 张人凤：《张元济古籍书目序跋汇编》，商务印书馆2003年版，第1014页。
③ 段玉裁：《经韵楼集》，钟敬华校点，上海古籍出版社2008年版，第298页。
④ 这三段话依次引自段玉裁《经韵楼集》，钟敬华校点，上海古籍出版社2008年版，第300、111、332—333页。标点有改动。

助，是则取之，不是则却之，宋版岂必是耶？

读书有本子之是非，有作书者之是非。本子之是非，可雠校而定；作书者之是非，则未易定也。

校书之难，非照本改字不讹不漏之难也，定其是非之难。是非有二：曰底本之是非，曰立说之是非。必先定其底本之是非，而后可断其立说之是非。……何谓底本？著述者之稿本书也。何谓立说？著述者所言之义理是也。

显然，段玉裁的"当改则改"、"定其是非"以及不拘守汉儒注经法、不笃信宋版书必是的观点，与顾广圻的"不校校之"、笃信宋版书的观点之间产生了冲突，由此引发了中国校勘史上著名的"段顾之争"[1]。"段顾之争"的实质是"据古派"与"义理派"之争；若从师法派别而言，则是以惠栋为首的"吴派"与以戴震为代表的"皖派"之争；若从校勘方法的分野而言，则是重本校、对校方法与重他校、理校方法之争。[2] 顾广圻坚持的是重本校和对校的"吴派"、"据古派"观点，而段玉裁秉持的是重他校和理校的"皖派"、"义理派"观点。所谓"据古派"，就是重旧椠和古人旧说，取证不越汉、唐古人旧说（如取证于郑笺孔疏）；而所谓"义理派"，就是不拘泥于旧椠和旧说而唯理是从，即以是否合乎义理为据来判断是非。

如果撇开学派和门户之见而论，段、顾二人的观点并非水火不容之对立关系，而是一个过分强调"唯古是从"（顾广圻）、另一个过分强调"唯理是从"（段玉裁）所致的思想方法分歧。也就是说，两人之间的分歧，是原则和目标一致前提下的手段不同之分歧。其"手段不同"，如顾广圻以旧说为据，而段玉裁则以义理为据；其"原则和目标

---

[1] 这场"段顾之争"，是通过书信来往方式进行的，其书信内容请参见段玉裁《经韵楼集》（钟敬华校点本）卷十一至卷十二。

[2] 这里出现了本校、对校、他校、理校之说，这是陈垣于1931年总结出来的"校勘四法"。本校即"以本书前后互证"的方法，对校即用同书异本互校的方法，他校即用他书校本书的方法，理校即综合运用分析、推断、折中、归纳等方法进行校勘的方法。参见陈垣《校勘学释例》，中华书局2004年版，第129—133页。因为此"校勘四法"问世于1931年，超出"中国古代"之时限，故本书不作详细介绍和论评。

一致",即两人在"复原还真"的校勘学原则和目标上并无异见,如顾广圻坚持"一字不改,悉依其旧,……以传而弗失其真",段玉裁亦主张"校经之法,必以贾还贾,以孔还孔,以陆还陆,以杜还杜,以郑还郑"①。

11. 王念孙的"三勇改三不改"说

如果说上述顾广圻因过分强调"不校校之"、段玉裁过分强调"当改则改"而造成两人之间的分歧,那么王念孙则在段、顾之间找到了平衡之点,其思想理路就是"三勇改三不改"。龚自珍在《工部尚书高邮王文简公墓表铭》一文中记述了王念孙的"三勇改三不改"之说:

> 吾用小学校经,有所改,有所不改。周以降,书体六七变,写官主之,写官误,吾则勇改;孟蜀以降,椠工主之,椠工误,吾则勇改;唐、宋、明之士,或不知声音文字而改经,以不误为误,是妄改也,吾则勇改其所改。若夫周之没、汉之初,经师无竹帛,异字博矣,吾不能择一以定,吾不改;假借之法,由来旧矣,其本字十八可求,十二不可求,必求本字以改,则考文之圣之任也,吾不改;写官椠工误矣,吾疑之,且思而得之矣,但群书无佐证,吾惧来者之慈口也,吾又不改。②

其实,细审王念孙的"三勇改三不改"之说,可用另一句话概括,即"有据可断者就改,无足据或可疑者不改"。这可以说是校书者应该秉持的不二之理。如果以此之理指导校书实践,那么"段顾之争"或可释然而解。

12. 叶德辉的"死校活校"论和"校勘之功有八"论

叶德辉在《藏书十约》中把前人的校勘方法进行了总结和概括,把校勘方法归纳为"死校"和"活校"两类。其曰:

> 死校者,据此本以校彼本,一行几字,钩乙如其书,一点一

---

① 段玉裁:《经韵楼集》,钟敬华校点,上海古籍出版社2008年版,第336页。
② 龚自珍:《龚自珍全集》,上海人民出版社1975年版,第148页。

画,照录而不改,虽有误字,必存原本。顾千里广圻、黄荛圃丕烈所刻之书是也。活校者,以群书所引改其误字,补其阙文,又或错举他刻,择善而从。别为丛书,板归一式。卢抱经文弨、孙渊如星衍所刻之书是也。斯二者,非国朝校勘家刻书之秘传,实两汉经师解经之家法。郑康成注《周礼》,取故书杜子春诸本,录其字而不改其文,此死校也。刘向校录中书,多所更定;许慎撰《五经异义》,自为折衷,此活校也。其后隋陆德明撰《经典释文》,胪载异本;岳珂刻《九经三传》,抉择众长,一死校,一活校也。明乎此,不仅获校书之奇功,抑亦得著书之捷径也已。①

"死校"就是广搜异本,互相比较,照录各本异文,不判是非,不改文字。这实际上与顾广圻的"不校校之"法无异,此法能够反映和保留各本的原貌,发现各本的异同,又能显示书中的疑误。"活校"是根据所获得的资料,判断古书中的是非,校改谬误,决定取舍,从众本中确定一个新的较好的本子。这是依靠资料进行考证、分析和推理的方法,运用它能择善而从并获得定本。"死校"与"活校"既有区别又有联系。"死校"是"活校"的基础,没有"死校","活校"就失去校勘的根据;"活校"是校勘古书的归宿,只有校改书中的谬误,才能达到校勘的目的,"死校"的价值才能够体现。在实际的校书实践中,若能把"死校"和"活校"结合起来,就能取得"死而不僵,活而不妄"的良好效果。

叶梦得还提出有"校勘之功有八论",其曰:

校勘之功,厥善有八:习静养心,除烦断欲,独居无俚,万虑具消,一善也;有功古人,津逮后学,奇文独赏,疑窦忽开,二善也;日日翻检,不生潮霉,蠹鱼蛀虫,应手佛去,三善也;校成一书,传之后世,我之名字,附骥以行,四善也;中年善忘,恒苦搜索,一经手校,可阅数年,五善也;典制名物,记问日增,类事撰

---

① 叶梦得:《书林清话》,李庆西标校,复旦大学出版社2008年版,第309页。标点有改动。

文，俯拾即是，六善也；长夏破睡，严冬御寒，废寝忘餐，难境易过，七善也；校书日多，源流益习，出门采访，如马识途，八善也。①

叶梦得把校勘之功列举为八个方面，娓娓道来，详而不繁，可谓善哉！诚如其言，称校勘为利己又利人之良知善行，接续前贤又传世后学之千秋功业，独善又入世之人生妙境，不为过矣。

### 三 文献分编思想与方法

所谓"文献分编"，是文献分类和编目的合称。在现代中国的学科分野语境中，文献分编从广义上说属于图书馆学范畴，而从狭义上说则属于目录学范畴。所以这里所说文献分编思想与方法，亦可称为狭义的"目录学思想与方法"或"书目思想与方法"。

毋庸置疑，文献分类与编目是中国古代图书馆活动的重要内容之一。中国古代的官府图书馆、私家图书馆、寺观图书馆、书院图书馆无一不进行文献分类与编目活动。关于寺观图书馆和书院图书馆的分类与编目活动情况，本书第二章已有大略介绍，以下重点叙述官方和私人的文献分编思想与方法。需要说明的是，古代图书馆的分类与编目总是相继进行、合而为一的；分类是编目的前提，编目离不开分类。诚如姚名达所言："目录之两大要素，曰分类，曰编目。有书目而不分类，未得尽目录之用也。"② 这就是本书把分类和编目合而论之的原因。

（一）思想之基：阴阳五行学说

纵观中国古代文献分编史，我们便会发现，以《七略》为奠基的系统的文献分编活动，其初是以阴阳五行学说为基本义理来建构类目体系的。

在中国古代社会，阴阳五行学说最早形成的自然主义哲学思维方式。中国古人在长期的"仰观于天，俯察于地"的生活实践中，逐渐从纷繁复杂的自然现象中抽象地概括出了两种基本力量——阴和阳，最终形成了"阴阳合而万物生"的自然生命规律的认识。同时，人们又

---

① 叶梦得：《书林清话》，李庆西标校，复旦大学出版社2008年版，第308页。
② 姚名达：《中国目录学史》，上海古籍出版社2005年版，第42页。

抽象地概括出了自然界的五种基本构成元素——金、木、水、火、土，认为这五种元素相生相克、循环往复构成了宇宙自然的基本运动规律（五行）。周予同先生说："阴阳家专言术数鬼神，集原人思想的大成，在春秋以前，实握有支配全社会民众的权威。……道家反对阴阳家而未竟全功；如儒家，如墨家，则仅为阴阳家的修正者或妥协者。"① 周予同此话确有见地，不过我们要知道，阴阳五行学说，不仅在"春秋以前"占据"权威"地位，而且在春秋以后乃至清初，一直占据着"大传统"（主流思想观念）的地位。阴阳五行学说，自汉董仲舒将其附会申论，进行儒家化改造以后，更是成为儒家思想的神学基础，其权威性影响自此更为显著。董仲舒的"三纲"之说就奠基于阴阳学说，如其言："君臣、父子、夫妇之义，皆取诸阴阳之道。君为阳，臣为阴；父为阳，子为阴；夫为阳，妇为阴。"② 国人皆知，这一基于阴阳之道的三纲思想是中国古人恪守不二、无可逃脱的恒常戒律，在思想意识上成了"放之四海而皆准"的"思想定律"，诚如顾颉刚所言，阴阳五行学说是"中国人的思想律，是中国人对于宇宙系统的信仰；两千余年来，它有极强固的势力"。③ 阴阳五行是一个"1+5"结构，"1"为阴与阳的合体，"5"即为五行；同时，阴阳五行又是"1→5"结构，即阴阳与五行之间是源与流、支配与被支配的关系，也就是阴阳派生五行因而又统摄和支配五行。这种结构形式来源于《易·系辞上》所云"一阴一阳之谓道"之说，以及老子《道德经》四十二章所谓"道生一，一生二，二生三，三生万物"之说。

至汉成帝、汉哀帝时期，刘向、刘歆受诏分编文献，其最后成果《七略》，就是以阴阳五行学说为其指导思想的。这主要体现在以下三方面：

一是在类目数量的配置上，《七略》的六分法，就是"1+5"结构，即六艺略加上其他五略（诸子略、诗赋略、兵书略、数术略、方技略）。这种"1+5"的数量配置，正是遵循和投射阴阳五行之"1+5"结构的产物。

---

① 朱维铮编：《周予同经学史论著选集》，上海人民出版社1983年版，第52—53页。
② 苏舆：《春秋繁露义证》，钟哲点校，中华书局1992年版，第350页。
③ 顾颉刚：《五德终始说下的政治和历史》，载顾颉刚等编《古史辨》（第五册），海南出版社2003年版，第237页。

## 第三章　中国古代图书馆学思想

二是在类目之间的关系上，六艺略派生其后之五略，因而又统摄和支配这五略。这正是"阴阳派生五行因而又统摄和支配五行"之阴阳与五行关系原理的遵循和贯彻的产物。《汉书·艺文志》诸子略序云，诸子十家"其言虽殊，辟犹水火，相灭亦相生也；仁之与义，敬之与和，相反而皆相成也。……合其要归，亦《六经》之支与流裔。"这就点明了诸子学说是六艺的"支与流"，亦即六艺的派生之物。而其余诗赋略、兵书略、数术略、方技略所收之书皆乃诸子说的进一步延伸和扩展，因而亦为六艺的"支与流"，如诗赋乃"王者所以观风俗，知得失，自考正也"；兵家者"王官之武备，……明兵之重也"；数术者"纪凶吉之象，圣王所以参政"；方技者"皆生生之具，王官之一守也"；等等。这种从六艺略到诸子略，再到诗赋、兵书、数术、方技略的逐层派生关系，《隋书·经籍志》子部序概括云："儒、道、小说，圣人之教也，而有所偏。兵及医方，圣人之政也，有所各异。……若使总而不遗，折之中道，亦可以兴化致治者矣。"最后，六艺略与其所派生的五略一起，共同构成治理天下之学术系统，诚如《隋书·经籍志》总序所云："夫仁义礼智，所以治国也；方技数术，所以治身也；诸子为经籍之鼓吹；文章乃政化之黼黻，皆为治之具也。"《隋书·经籍志》所云"圣人之教"、"圣人之政"、"所以治国"、"所以治身"、"经籍之鼓吹"、"政化之黼黻"等各异之"流"，最终都归结于一"源"——"皆为治之具"。这种源流观实为贯彻《易·系辞下》所云"天下同归而殊涂，一致而百虑"思想的表现，而这种"同归"与"殊途"、"一致"与"百虑"现象，是阴阳五行之自然规律投射于人类社会的产物。

三是在六艺略子目的次第安排上，《易》为六艺之首，即《易》是派生者，其余子目是被派生者。这表明，六艺略亦为"1+5"结构。[①]

---

[①] 六艺略子目实有九个，除了易、书、诗、礼、乐、春秋六经外，还附有论语、孝经、小学三者。之所以如此安排，清人王鸣盛在《蛾术篇》卷一中解释道："《论语》、《孝经》皆记夫子之言，宜附于经，而其文简易，可启童蒙，故别为两门，其实与文字同为小学。小学者，经之始基，故附经也。"王国维在《观堂集林·汉魏博士考》中也作了大体相同的解释，认为六经之后"附以《论语》、《孝经》、小学三目，六艺与此三者，皆汉时学校诵习之书"。也就是说，论语、孝经、小学三目是根据教育之需而"附加"的产物，故仍称"六艺"而未称"九艺"，这就是我们把六艺略的子目数量结构仍解释为"1+5"结构的原因所在。

· 251 ·

《易》之所以处首位，是因为《易》阐明了"生生之谓易"的阴阳之道，这种阴阳之道是万物生发之源，故应处于"源头"之位。关于这种次第安排的原理，《汉书·艺文志》六艺略序说得很清楚，其云："六艺之文，《乐》以和神，仁之表也；《诗》以正言，义之用也；《礼》以明体，明者著见，故无训也；《书》以广听，知之术也；《春秋》以断事，信之符也。五者，盖五常之道，相须而备，而《易》为之原。故曰'《易》不可见，则乾坤或几乎息矣'，言与天地为始终也。至于五学，世有变故，犹五行之更用事焉。"这就表明，在六艺之中，《易》为源（体），其余称"五学"为流（用）。也就是说，《易》居阴阳之位，其余"五学"居五行之位；两者之间是阴阳之道派生和支配"五常之道"的关系。

从以上可知，"《七略》是阴阳五行结构和儒家思想结合的产物"[1]。但由于《七略》是中国古代文献分编的奠基之作，在很大程度上锁定了此后的文献分编的发展路径，如后来成为主流的四分法"经→史→子→集"之顺序以及"以经为首"、"儒家为尚"、"道先器后"等次第方法就是承袭《七略》类目结构方法的表现。中国古代的文献分类体系与方法之所以形成如此的结构特征，其根源就在于其以阴阳五行学说为奠基思想。

（二）分类之纲：从六分法到四分法

中国古代官方的文献分类，一开始并不是按照文献特征为标准来分类的，而是按照官府的"设官分职"为标准来分类的。这是"学在官府"、"书在官府"时期行之有效的文献分类掌管方法。《周礼·春官·宗伯下》所云"大史掌建邦国之六典"，小史"掌邦国之志"，内史"掌王之八枋之法"，外史"掌三皇五帝之书"等，就是按照"设官分职"分类掌管文献的记载。据此，章学诚说"官守之分职，即群书之部次"[2]。其实，章学诚这里所说的"群书之部次"，若谓之"档案之部次"可能更准确，因为在"学在官府"、"书在官府"时期，私人无著

---

[1] 李国新：《论中国传统目录结构体系的哲学基础》，载《北京大学学报》（哲学社会科学版）1991年第4期。

[2] 章学诚：《校雠通义通解》，王重民通解，上海古籍出版社2009年版，第1页。

述，大史等史官掌管的大都是档案而非图书，所以所谓"官守之分职，即群书之部次"，是对图书与档案合一而未分途时期而言的。后来，随着"学在四夷"局面的形成，随着图书数量的增多，图书与档案分途，才出现了真正的图书分类之事。

中国古代官方的群书分类始于西汉刘歆所编《七略》。《七略》把群书分为六类三十八种（见表 3–1）。

表 3–1　　　　　　　　　　《七略》类目表

| 七略 | 类目（共 38 种） |
| --- | --- |
| 辑略 |  |
| 六艺略 | 易、书、诗、礼、乐、春秋、论语、孝经、小学（共 9 种） |
| 诸子略 | 儒家、道家、阴阳家、法家、名家、墨家、纵横家、杂家、农家、小说家（共 10 家） |
| 诗赋略 | 屈原赋之属、陆贾赋之属、荀卿赋之属、杂赋、歌诗（共 5 种） |
| 兵书略 | 兵权谋、兵形势、兵阴阳、兵技巧（共 4 种） |
| 数术略 | 天文、历谱、五行、蓍龟、杂占、形法（共 6 种） |
| 方技略 | 医经、经方、房中、神仙（共 4 种） |

从《七略》类目体系安排中，我们可以看出刘歆的四方面特别安排：一是以六艺略为首，体现了尊经思想，而六艺略又以"易→书→诗……"为序，体现了刘歆主古文经学以及以《易》为"诸经之源"的思想观念；二是把论语、孝经、小学附入六艺略，在诸子略中又把儒家置于首位而小说家垫于末位，体现了刘歆的尊儒思想倾向；三是根据当时史学仍处于经学附庸地位的情况，未设"史"类，而将史书附入"春秋"类中；四是以六艺略为首、以方技略为末的次序安排，体现了以"道"为主、以"器"为辅的思想倾向，或者说体现了以"学"为主、以"术"为辅的思想倾向。[①] 可见，《七略》的类目体系安排具有显著的思想倾向性。若用今天的眼光来看，《七略》的分类体系，其实

---

[①]《七略》的这种安排体现了刘歆的道器合一、学术并举的思想。后世一些人把《七略》的这种"道主器辅"、"学主术辅"的思想说成是"重道轻器"、"重学轻术"，这是不对的。在事理上，有主必有辅，有辅必有主，主辅互为依靠，主辅之间并无轻重之别。

并无多大"科学"之处，但就是这种"不科学"的图书分类方法，因其"奠基之作"而锁定了后世图书分类的演进路径，即后世出现的七分法、四分法、超四分法（指《隋书·经籍志》之后的一级类目数量超过四个的分类法）等书目分类大多继承了《七略》的思想方法，如"以经为首"、"以儒为首"、"道主器辅"、"学主术辅"以及"附入著录"等思想方法，就是衣钵《七略》分类方法的表现。

继《七略》六分法之后，魏晋南北朝时期出现了四分法，并成为延续至清代的主流分类方法。尽管这一时期曾出现过王俭的《七志》、阮孝绪的《七录》以及隋代许善心的《七林》等所谓七分法，但这些所谓七分法之作皆不久失传，亦未被后来书目分类采用，即七分法从未取得主流地位。[①] 四分法可能最早形成于魏郑默的《中经》，后经西晋荀勖《中经新簿》的甲、乙、丙、丁四分实践、东晋李充《晋元帝四部书目》之乙、丙倒次，最终在唐初魏徵等编《隋书·经籍志》中得以定名为经、史、子、集及其次序结构。

《隋书·经籍志》确立经、史、子、集四分法之后，后世的官、私书目大多采用了这一分类方法。王鸣盛说："甲乙丙丁亦不如直名经史子集，……《隋志》依荀而又改移之，自后唐宋以下为目者皆不能违。"[②] 然而，事物的发展总是难免出现新情况、新问题，原有的方法难以适应新情况、新问题，这就需要新方法的出现。为此，自宋代始已有人编出突破"四分"藩篱的超四分法书目。如李淑编有《邯郸图书志》（一名《邯郸书目》），其类例共分八类，依次是：经部、史部、子部、集部、艺术志、道书志、书志、画志。又如郑寅编《郑氏书目》，

---

[①] 这一时期，出现所谓七分法的同时，还曾出现过称为"五部目录"的书目之作。对此，钱大昕云："梁秘书监任昉、殷钧亦撰四部目录，而术数之书别为一部，令奉朝请祖暅撰次，故称五部目录。"（钱大昕：《潜研堂文集》卷十三，四部丛刊初编本）此所谓"五部目录"在《广弘明集》卷三《七录序》后附的《古今书最》中记录为《梁天监四年文德正御四部及术数书录》。从《古今书最》的记录和钱大昕的记述中可以看出，所谓"五部目录"其实是朝廷馆藏四部目录和数学家祖暅编的术数之专科目录合编在一起的产物，也就是把两个目录之作合订在一起的产物，所以，称"五部目录"其实不确，更不能将之视为"五分法"。另外，姚名达在《中国目录学史》"分类篇"中，把荀勖的《中经新簿》亦称为"五部目录"，其根据是荀目在四部之外另附有佛经一部。若按姚氏的逻辑，《七志》、《隋书·经籍志》亦为五部目录，因为此二目亦附有佛道，显然姚氏把附录视为独立一部的判断是不能成立的。

[②] 王鸣盛：《十七史商榷》，黄曙辉点校，上海书店出版社2005年版，第564页。

其类例共分七类，依次是：经录、史录、子录、艺录、方技录、文录、类录。突破四分法最显著的宋人书目是郑樵所编《通志·艺文略》，共设十二类、八十二家、四百四十二种；① 其十二类依次是：经类、礼类、乐类、小学类、史类、诸子类、星数类、五行类、艺术类、医方类、类书类、文类。吕绍虞先生对郑樵的十二分法与以往的四分法进行比较后评价说："礼、乐、小学都离经部而独立；史部的仪注，则改入于礼；诸子惟取能立说名家的，天文、五行、艺术、医方、类书都离子部而独立；文集即集部，惟子目有所增创。"② 台湾学者周彦文的评价与吕绍虞的评价略同，他说："这十二大类中，'史'就是四分法中的史部，'文'就是四分法中的集部，定义上都没有变动。但是针对四分法的缺失，将四分法的经部拆成经、礼、乐、小学四种；更将子部拆成诸子、天文、五行、艺术、医方、类书六种。"③ 由此可见，郑樵的十二分法实际上是对传统四分法的拆解和细化（深化至三级类目）的产物。用现代的话来说，郑樵的十二分法比之传统的四分法，其"标引深度"大大增强了，但其根基仍然是四分法。

时至明代，突破四分法藩篱的做法进一步加强。王国强先生在对明代目录情况进行全面梳理之后指出，"明代书目类例的设置，是在两个不同的方向上展开的，一是因袭四部定例，而大量增删调整类目；一是抛弃四部成例，创设新的书目类例"④。

"因袭四部定例，而大量增删调整类目"者，如高儒编《百川书志》、徐𤊹《红雨楼书目》、祁承㸁编《澹生堂藏书目》、赵琦美编《脉望馆书目》、黄虞稷编《千顷堂书目》等。这里以高儒编《百川书志》和祁承㸁编《澹生堂藏书目》为例。《百川书志》明确分为经志、史志、子志、集志四部；《澹生堂藏书目》虽未明确按四部分类，但从其实际立类而言仍是按经、史、子、集四部及其次序排列的。可见此二目

---

① 郑樵自己在《通志·校雠略》之"编次必谨类例论"中说是"四百二十二种"，但据王国强先生据郑樵《艺文略》查证，实为四百四十二种，这里姑从其数。参见王国强《明代目录学研究》，中州古籍出版社 2000 年版，第 186 页。
② 吕绍虞：《中国目录学史稿》，安徽教育出版社 1984 年版，第 97—98 页。
③ 周彦文：《中国目录学理论》，台湾学生书局 1995 年版，第 11 页。
④ 王国强：《明代目录学研究》，中州古籍出版社 2000 年版，第 187 页。

实为"因袭四部定例"之作。然而，《百川书志》在四部下分九十一个子目；而《澹生堂藏书目》在四部下先分四十六个二级类目，再细分出二百四十二个子目（三级类目）。可见，此二目所列子目数比以往任何四分法书目都要多得多，如《隋书·经籍志》为四部四十类、《旧唐书·经籍志》为四部四十二类、《新唐书·艺文志》为四部四十四类、《崇文总目》为四部四十五类、《郡斋读书志》为四部四十二类、《直斋书录解题》为四部五十二类、《宋史·艺文志》为四部四十三类等。说明此二目是在以往四分法书目基础上"大量增删调整类目"（增多删少）而编成的书目。仅集部而言，《隋书·经籍志》、《旧唐书·经籍志》、《崇文总目》、《郡斋读书志》、《直斋书录解题》以及后来的《四库全书总目》，均不超过三至五类，而《百川书志》设有二十六类，《澹生堂藏书目》设有三十一类之多，远远超出其他四分法书目。

  按照王国强先生的判断，明清之际还出现了大量的"抛弃四部成例，创设新的书目类例"者，如《国史经籍志》、《赖古堂书目》、《二酉山房书目》、《行人司书目》为五分法；《世善堂藏书目录》为六分法；《白华楼书目》（一名《九学十部目》）为十分法；《宝文堂书目》、《玩易楼藏书目录》、《孙氏祠堂书目》为十二分法；《江东藏书目录》为十四分法；《内阁藏书目录》、《博雅堂藏书目录》为十八分法；《宝文堂书目》为三十四分法；《读书敏求记》为四十四分法；《绛云楼书目》为七十三分法；《述古堂书目》为七十八分法；《孝慈堂书目》为八十五分法；等等。这些书目是不是属于"抛弃四部成例，创设新的书目类例"者，这一问题其实有待进一步深究。不过，这些书目创设有不少新类名确是事实，如《行人司书目》所设杂部，《澹生堂藏书目》所设类书、丛书、杂纂、约史、理学、余集等类，《江东藏书目录》所设古书、杂流类，《博雅堂藏书目录》所设禅学、词林书类，《白华楼书目》所设数学、外学等，均为新设之类。至于《宝文堂书目》、《读书敏求记》、《绛云楼书目》、《述古堂书目》、《孝慈堂书目》、《脉望馆书目》等，设类之多，更是新类丛生。

  当然，在此不能不提中国古代第一个不按四部成法编制的官修皇家藏书目录——《文渊阁书目》。此目由当时已77岁高龄的大臣杨士奇领导编制，是有史以来著录最为简略的皇家藏书目录，仅登记书名、册

## 第三章 中国古代图书馆学思想

数、卷数及全阙情况。可见，此目实际上是当时文渊阁藏书的简明目录或清单式目录。此目最大的特点是以《千字文》编号，共取二十个字，每字为一类，类下再分若干子目，共三十九类；所设国朝、性理、经济、方志等类，可视为新设之类。

明清之际，可以说是四分法类目设置变化最频繁的时期，也是中国古代叙录体书目（有类序、有提要）传统遭到破坏最严重的时期（有明一代只有《百川书志》有提要）。然而，至清乾隆时代，官修书目的四分法传统又得到恢复，其标志就是《四库全书总目》严格按四分法分类。乾隆帝对四分法的定位是："从来四库书目，以经、史、子、集为纲领，裒辑分储，实古今不易之法。"①

综观中国古代图书分类史，其演进历程可以这样概括：起步于六分法，定体于四分法，经超四分法变革，最终回归于四分法。更简略地概括就是"从六分法到四分法"。其中，刘歆所创六分法，仅为班固《汉书·艺文志》所采用，而《隋书·经籍志》将图书分类法定体为经、史、子、集四分法之后，四分法一直占据主流地位。因此，所谓"从六分法到四分法"的过程，实际上是"以不变的四分法因应变化的学术发展"的过程。在此"因应"的长期过程中，四分法始终处于"不变中有变"、"变中有不变"的过程之中，或者说始终处于"以不变应万变"的过程之中。由此而论，周彦文的判断是有道理的，他说"一千多年以来的四分法，除了经、史、子、集四个部门是固定以外，在此四部以下的类别根本就是没有固定结构的，它依个人的理念而浮动"②。这里需要指出的是，所谓的超四分法并没有从根本上改变四分法体例或传统。即使是被很多人认为对四分法改变最大的郑樵《艺文略》所分十二大类、八十二子目，杨士奇等《文渊阁书目》所分二十字三十九类，从形式上看似乎远离了经、史、子、集四部体例结构，但从整体结构来看，其实是对四部结构进行分合并加以增删类目而形成的分类法，其架构体系仍然是四部结构，或者说是四分法的衍生性产物。一些人把诸如《孙氏祠堂书目》等只要是一级类目超过四个的书目都视为"抛

---

① 四库全书研究所：《钦定四库全书总目》（整理本），中华书局1997年版，卷首第2页。
② 周彦文：《中国目录学理论》，台湾学生书局1995年版，第41页。

弃四部成例"的新型书目，这其实是一种"误识"。对此，来新夏先生曾有过分析和评论：

> 孙星衍所撰的《孙氏祠堂书目内外篇》，它去掉了四部的大类，直接把藏书分为十二属类：经学；小学；诸子；天文；地理；医律；史学；金石；类书；词赋；书画；小说。这是对四分法的最显著的改变，不过若细加推究，它只是把四分法的部类一级取消，其十二属内容并未超出四部范围，如经学、小学可归经部，史学、地理、金石、类书可归史部；诸子、天文、医律、书画可归子部；小说可分入子史；词赋独归集部。①

来新夏先生又说，"孙星衍所撰《孙氏祠堂书目》虽去掉四部大类，直接分为十二类，但细究内容也不过为四部的分化而已。清人管世铭曾主张分图书为经、史、子、集、类、选、录、撰八大类，也只是于四部之外另增四类而已，并无新意。《书目答问》的五部是在四部之外增丛书一部，也没有变动四分法的类例。因此，在整个古代历史中，《隋志》的四分法仍为图书分类编目的主要分类法"②。也就是说，孙星衍的所谓十二分法，实为四分法的拆解和扩充而已。其他的超四分法书目，大多如同《孙氏祠堂书目》，可视为四分法的衍生性产物。由此而论，王国强先生把明清之际的书目分为"因袭四部定例，而大量增删调整类目"和"抛弃四部成例，创设新的书目类例"两大类型，其实不确，因为在整个古代历史中未曾产生完全"抛弃四部成例"的所谓"新的书目类例"，而只有"因袭四部定例，而大量增删调整类目"这一种类型。可见，"因袭四部定例"是中国古代图书分类的基本特征与传统。乾隆称四分法为"古今不易之法"，即为此意。

（三）归类之法：以意归类

所谓"以意归类"，指以分类者所判断的文献的价值意义为标准来类分图书的方法。这里的"意"同时涉及两方面的含义，一是文献本

---

① 来新夏：《古典目录学浅说》，中华书局2005年版，第194页。标点有改动。
② 来新夏：《古典目录学浅说》，中华书局2005年版，第187—188页。

身所固有的价值意义（"志"），二是归类者所判断的价值意义（"意"）。这表明，文献归类过程也是"以意逆志"的过程。① 这里就存在归类者判断的意义与文献本身的原义之间"合"与"离"的问题，但在实际归类实践中，最终以归类者的意义判断为准，这又表明，文献归类是难免"主观归类"的过程。这是由中国古代图书分类属于非学科分类所致。"学科分类"以文献内容（研究对象）所属学科范畴类别为标准的分类方法，它遵守客观归类原则而不考虑文献本身的价值意义问题。

综观中国古代的书目分类，以意分类一统天下而几无学科分类。作为中国古代书目分类主流传统的经、史、子、集四分法，绝非学科分类法，这是人所皆知的事实。就拿经部而言，其所类之书，既有哲学之书，又有历史学之书、文学之书、语言文字学之书。非学科分类表现最突出者当数子部，子部所类之书，"除了哲学、军事、科技、医学之外，又多加了宗教和艺术诸书"，因而"由收录哲学书籍变成漫无标准的大杂烩了"。②

总体而言，以意归类属于主观分类，学科分类属于客观分类。以意归类的主观性首先表现在书目分类的无统一性上。中国古代从未出现统一的"图书分类法"，而每个分类者却有各自的"分类法"，也就是说，每个分类者都有各自设定的类目体系，所以出现了"有多少分类者，就有多少种分类法"的局面（在四分法传统中只有经、史、子、集一级类目是统一的）。正因书目分类无统一的客观标准，其必然后果之一是出现具体文献归类的不一致现象。如诏令类文献，《文献通考·经籍考》入集部，而《四库全书总目》则以其"事关国政"为由升入史部；《国语》一书，《汉书·艺文志》入经部春秋类，《隋书·经籍志》入经部小学类，而《四库全书总目》则以该书"实古左史之遗"为由入史部杂史类；《搜神记》一书，《隋书·经籍志》入史部传记类，而《四库全书总目》则入于小说家类；等等。诸如此类之例举不胜举。杜定友正是基于此而得出"中国无分类法"之结论，其曰：

---

① 关于"以意逆志"概念的解释，见本书第四章第二节之三。
② 周彦文：《中国目录学理论》，台湾学生书局1995年版，第76、24页。

> 分类之法，首重原理，原理不明，是无分类法也。……类例之法，必离书而独立详列表目以待群书，而我国目录学自《七略》以至《四库》，旁及私家撰述，谓为分类目录则可，谓为分类书目则可，谓为分类法则不可。……《汉志》而后，欲求专论图书分类法之书，不可得也；目录之书代有传留，但欲求离书而独立成表，部次详明，有标记、有组织、能伸缩、便增减，而与典藏出纳为表里者，不可得也，故曰中国无分类法。①

杜定友的判断是有道理的，因为中国古代确实未曾出现"离书而独立成表"的分类法，而且其所言"《汉志》而后，欲求专论图书分类法之书，不可得也"的判断也基本符合历史事实。不过，径称"中国无分类法"似觉过于笼统且武断，因为中国古代并非不存在"分类原理"，如长期坚守四分法、以经为首、道先器后、同类书以时为序、以字词标识类名等，均可称为"分类原理"，只不过这种分类原理是主观分类原理，而非客观分类原理。或许可以这样判断可能更符合历史事实：中国古代有分类原理，但未能形成统一的、通用的先组式体系分类法。之所以未能形成先组式体系分类法，其重要原因之一就是中国古人重主观分类而不重客观分类，这与西方人重客观分类的传统迥然有异。在古代中国人看来，图书分类不应是"照表类书"的纯客观的"标引"过程，而应该是通过类名以及类目之间的前后关系的设定，来表达分类者关于文献秩序背后的价值秩序，这实际上是"以意分书"的主观过程，而不是"依表标引"的客观过程。

（四）类名之称：字词标识法

现代的图书分类法，其类名为学科或事物名称，而且为每一学科或事物名称配以代码符号来标识（读 biāo zhì），这种代码符号显示出类目之间的顺序和层级隶属关系。这种层级体系分类法，在西方国家的典型代表是《杜威十进分类法》（DDC），在中国的典型代表是《中国图书馆分类法》（以下简称《中图法》）。如《中图法》，哲学、宗教类标识

---

① 杜定友：《校雠新义》（上册），上海书店1991年版，第12—13页。

为"B 哲学、宗教",其下世界哲学类标识为"B1 世界哲学",中国哲学类标识为"B2 中国哲学";在中国哲学下,先秦哲学类标识为"B22 先秦哲学",儒家类标识为"B221 儒家",等等。其中,"B1"和"B2"为同级类目,而阿拉伯数字"1"、"2"之次序,表示"先世界后中国"之顺序;中国哲学类中的"B2"、"B22"、"B221",表示上下位类之间的层级隶属关系。中国古代的图书分类法则没有这种抽象的代码符号标识。我们知道,荀勖、李充在编目时用甲、乙、丙、丁作类名标识,但这种天干符号与现代图书分类法中的字母加阿拉伯数字的代码符号完全是两类不同的符号系统,因为天干符号甲、乙、丙、丁只能表示类别及其次序,而不能表示类目本身的含义以及类目之间的隶属关系。那么,《文渊阁书目》、《脉望馆书目》、《赖古堂书目》等书目所使用的"千字文"类名是否可与现代图书分类法中的代码标识法同等对待呢?也不能,因为它们所借用的《千字文》之字也只能表示类别及其次序。如在《文渊阁书目》中,"日"字代表文集,"月"字代表诗词,"日"必定在"月"之前,不能颠倒,而且两者之间亦非上下位类关系。也就是说,《文渊阁书目》所借用的二十个《千字文》之字,是代表类别及其次序的字符序列,而不是表示类目含义及其层级隶属关系的代码标识系统。

在中国古代图书分类历史上,类名标识借用天干序列的甲、乙、丙、丁以及借用《千字文》之字的字符序列,只在为数有限的几部书目中被使用,而大部分书目分类用的是直接能够表示类目含义的字词标识法。这种字词,要么是直接表示文献单元特征的字词,如《易》类、《书》类、《诗》类、《礼》类、文集类、丛书类等;要么是直接概括事物性质和范围的字词,如儒家、正史、形法、谱系、兵技巧等。古代中国人使用这些"见字如面"的直观的字词标识法,而不使用形式化的代码标识法,体现了古代中国人习惯于直觉思维而不习惯于抽象逻辑思维的思维方式特征。中国人的这种直觉思维方式类似于现象学所主张的"本质直观"。现象学的创始人胡塞尔(Husserl)说过,"现象学的唯一财产是在最严格的现象学还原中的直观和本质直观"①。胡塞尔的

---

① [德]胡塞尔:《现象学的观念》,倪梁康译,上海译文出版社1986年版,第13页。

意思是说，本质不在现象背后，更不在现象之外；本质不必通过反思或抽象才能认识，认识现象的过程本身就是认识本质的过程，这就是"本质直观"。其实，这种"本质直观"的思想观念，古代中国人早已有之①，如宋人朱熹说"道"在"日用常行之间可见"②；明人王阳明说"事即道，道即事"③。王阳明的这句话，如果转换成现象学的语言就是"现象即本质，本质即现象"；或者用宋人程颢的话来说就是"道即器，器即道，两者未尝相离"④。现象学的"本质直观"论，与中国古人的"道器合一"、"器以显道"思想在事理上并无二致。这种"道器合一"、"器以显道"思想在类名标识上的表现就是"类名（器）本身显现着它所代表的事物之理（道）"。如《汉书·艺文志》数术略中的"形法类"，"形法"之名（器）本身就已显示了所收之书的内容（道，即相术之道），故其下列有《山海经》、《国朝》、《宫宅地形》、《相人》、《相宝剑刀》、《相六畜》等论述相术之道的书。其他类名标识均如此，而且这种类名标识法一直沿用至清代。这种以类名之意直接显示所类图书范围，是中国古代图书分类法的基本特点之一。

（五）分编之旨：申明大道

前文已指出，文献分编属于目录学范畴。来新夏先生解释"目录"一词说："目录是目和录的合称。目是指篇名和书名，……录是对目的说明和编次，也称序录或书录。"⑤ 目录有一书目录和群书目录之分。文献分编中的"编目"，即为"编制群书目录"之简称。目录可分为"目"和"录"两部分，所以编目亦包括编制篇目和编写总序、部序（大序）、类序（小序）、叙录、注释等内容。

为何要分编？章学诚用下面几段话回答了这一问题：

> 校雠之义，盖自刘向父子部次条别，将以辨章学术，考镜源

---

① 这里言"中国人早已有之"，并非为了与西方人比先后、比高低，而是基于史实的判断。
② 黎靖德：《朱子语类》，中华书局1986年版，第2475页。
③ 王守仁：《王阳明全集》，吴光等编校，上海古籍出版社1992年版，第10页。
④ 黄宗羲：《宋元学案》，全祖望补修，陈金生、梁运华点校，中华书局1986年版，第2697页。
⑤ 来新夏：《古典目录学浅说》，中华书局2005年版，第1页。

流，非深明于道术精微、群言得失之故者，不足与此。后世部次甲乙、纪录经史者，代有其人，而求能推阐大义、条别学术异同、使人由委溯源、以想见于坟籍之初者，千百之中不十一焉。①

古人著录，不徒为甲乙部次计；如徒为甲乙部次计，则一掌故令史足矣，……盖部次流别，申明大道，叙列九流百氏之学，使之绳贯珠联，无少缺逸，欲人即类求书，因书究学。②

刘歆《七略》，班固删其《辑略》而存其六。颜师古曰："《辑略》谓诸书之总要，盖刘氏讨论群书之旨也。"此最为明道之要。郑樵顾删去《崇文》叙录，乃使观者如阅甲乙簿注，而更不识其讨论流别之义焉。③

部次条别，申明家学，使求其书者可即类以明学，由流而溯源，庶几通于大道之要。④

章学诚的以上几段话，至少传达出如下几方面的意涵：

第一，分编的宗旨是"申明大道"，即如其所说"部次流别，申明大道"。章学诚在《文史通义》和《校雠通义》中都设有《原道》一篇，以表明他"本乎道"的思想理路。在章学诚的论著中，处处可见"申明大道"或"明道"之语，以及有关"道器合一"、"以器显道"方面的论述。尤其是在《校雠通义》中，以《原道》开篇，并将"原道"思想贯穿于全书始终。所以，"申明大道"成为校雠学或文献分编的宗旨，是符合章学诚的"原道"思想理路的；以"申明大道"为宗旨，也是章学诚对校雠学所做出的主要理论贡献之一。当然，把"申明大道"确立为文献分编的宗旨，并非章学诚的独立创造，亦非其首创，因为自"刘向故事"形成以来，文献分编活动始终贯穿着"申明大道"这一宗旨传统，至清代编《四库全书总目》时，亦宣称"盖圣朝编录遗文，以阐圣学明王道者为主"⑤。不过，应该承认的是，在整

---

① 章学诚：《校雠通义通解》，王重民通解，上海古籍出版社2009年版，第1页。
② 章学诚：《校雠通义通解》，王重民通解，上海古籍出版社2009年版，第15页。
③ 章学诚：《校雠通义通解》，王重民通解，上海古籍出版社2009年版，第4、13页。
④ 章学诚：《文史通义新编新注》，仓修良编注，浙江古籍出版社2005年版，第514页。
⑤ 四库全书研究所：《钦定四库全书总目》（整理本），中华书局1997年版，卷首凡例。

个古代校雠目录学领域，章学诚是阐述"申明大道"之旨最明确、最详全、最有力者。

第二，章学诚念兹在兹的"申明大道"，从方法论上来说就是"辨章学术，考镜源流"（以下简称"辨考学术源流"）。诚如上文所说，章学诚的整个学术思想是"本乎道"的，所以，章学诚所说的"申明大道"是本体论意义上概括的校雠目录学的宗旨，而"辨考学术源流"是方法论意义上概括的校雠目录学的宗旨。这两种角度的概括符合章学诚一贯主张的"道器合一"、"以器显道"的思想理路。校雠目录学是"器"，其意义在于"显道"、"明道"。这就是章学诚把校雠目录学的功能价值定位于"明道之要"的立意逻辑所在。诚如汪辟疆所言："目录之学，虽为纲纪群籍，实则明道之要、学术之宗，专乃与史相纬，其体最尊，其任至重。"[1] 所谓"明道之要"，就是"明道之器"的意思，这个"器"从方法论上说就是"辨考学术源流"。

第三，章学诚称《辑略》为"最为明道之要"，批评郑樵删去《崇文总目》的叙录[2]，说明章学诚是非常看重书目中的大序、小序之作用的。章学诚批评后世分编之作未能很好地贯彻"推阐大义、条别学术异同、使人由委溯源"的分编之要，说明章学诚是反对"徒为甲乙部次"、只图检索之便的非学术性分编之法的。

第四，章学诚的"申明大道"以及辨考学术源流之说，都是针对分类和编目合而为一而言的，既非只针对分类而言，也非只针对编目而言。在校雠学语境中，古人从不离开编目而单论分类，因为分类是编目的前提，论编目必有分类之义在其中。在章学诚看来，分类和编目都是"申明大道"的具体操作手段，这就是章学诚在上引第二段话中把"部次流别"和"申明大道"连起来或合起来说的语用逻辑所在。这说明，在古代人的思想逻辑中，分类和编目从来都是校雠学的应有之义，所以不必再"别有目录之学"。这就是章学诚不承认目录学为独立之学的思

---

[1] 汪辟疆：《目录学研究》，商务印书馆1955年版，第8页。
[2] 《崇文总目》原本有叙录和解题。至南宋绍兴间，朝廷把《崇文》用于征访遗书，作为征访书目，嫌叙录和解题之繁而删去，此后便只流传此删节本；后世人们只见到这一删节本，又联系郑樵的"泛释无义论"，就认为《崇文》叙录和解题是受郑樵影响而删。其实这是一种误判，事实是朝廷基于将其用于征访书目之需而删。

想根据所在。需要注意的是,章学诚反对的是"徒为甲乙部次"的所谓"目录之学",而未否定"申明大道"的目录学,只不过他把"申明大道"的目录学归之于校雠学的范畴而不称为"目录学"。

(六)目录之体:学术体与馆藏体

目录之体,指的是目录的体例类型或"体式"。目录之体,依据不同标准可分为多种类型。依著录对象不同,目录可分为藏书目录与非藏书目录;依著录范围不同,目录可分为综合性目录与专门性目录(包括特种目录);依著录主体不同,目录可分为官修目录与私修目录等等。

在中国古代,有着悠久而丰富的编目实践,可称为"目录学家"者亦为数不少,然古代中国人不习惯于抽象归纳思维,故在整个古代很少有人对目录之体作专门的类型归纳。清末之人汤纪尚(1850—1900年)可能是唯一归纳过目录之体的古代人。汤纪尚在《周郑堂别传》中把编目之体分为三类:

> 目录之书,权舆中垒。流派有三:曰朝庭官簿,曰私家解题,曰史家著录。①

汤纪尚所谓"朝庭官簿",指的是官修目录;"私家解题",指的是私藏家或学者所编目录;"史家著录",主要指正史中的艺文志或经籍志(包括补志)和国史目录、通志目录,可称为史志目录。显然,这种归纳不甚确切,如其史志目录和官修目录的区分就不清楚,因为史志目录中既有官修亦有私修。再如,"私家解题"之称谓亦不确,因为私家目录不全为解题目录。

余嘉锡亦把中国古代的编目之体分为三类,但其三分法与汤纪尚三分法有很大不同。余嘉锡的原话是:

> 目录之书有三类:一曰部类之后有小序,书名之下有解题者;

---

① 引自来新夏《古典目录学浅说》,中华书局 2005 年版,第 18 页。标点有改动。"朝庭"二字,现代写为"朝廷"。

二曰有小序而无解题者；三曰小序解题并无，只著书名者。①

余嘉锡说的第一类，即小序解题皆有者，如晁公武《郡斋读书志》、陈振孙《直斋书录解题》、马端临《文献通考·经籍考》、宋官修《崇文总目》（原本）、清官修《四库全书总目》等；第二类即有小序而无解题者，如《汉书·艺文志》、《隋书·经籍志》；第三类即小序解题皆无者，如《旧唐书·经籍志》、《新唐书·艺文志》、《宋史·艺文志》、《明史·艺文志》、郑樵《通志·艺文略》、张之洞《书目答问》以及大部分私家藏书目录。余嘉锡的三分法主要以小序和解题之有无为划分标准，有标准一致的优点，不过有一类型未能考虑到，这就是有解题无小序类。朱彝尊的《经义考》就属于有解题无小序的书目之作。《经义考》只著录一类书（经），但仅就这一类书却细分为三十小类，其实是可以写小序（如同其他有小序的书目那样为每小类写序）的，然《经义考》的体例结构中有条目和解题（包括按语），但无小序。

汪辟疆认为，刘《略》班《志》是中国目录学的起源，亦为"目录学之正轨"，此后的目录之体演变为四派："有目录家之目录，有史家之目录，有藏书家之目录，有读书家之目录。"② 所谓"目录家之目录"，主要指小序解题皆无的书目类型；"史家之目录"，指有小序无解题之书目类型；"藏书家之目录"，主要指版本鉴赏为旨的书目类型（版本目录）；"读书家之目录"，主要指详录解题的书目类型。汪辟疆的目录之体划分是以编目主体之不同为标准来划分的，从形式上来看整齐划一，给人以形式美之感。然而，汪辟疆的划分并未全面贯彻"编目主体"这一划分标准，如"藏书家之目录"，并非指藏书家编的目录，而是以"版本鉴赏"这一功用标准来设立的。划分标准不一致，必然带来归类上的扞格，如许多私藏家编的藏书目录，大多属于小序解题皆无的书目类型，按照汪辟疆的划分逻辑，此类书目只能归入"目录家之目录"类型，这就出现了问题，即藏书家编的目录为何不能归入"藏书家之目录"，且在名称上为何不能称为"藏书家之目录"？

---

① 余嘉锡：《目录学发微》，岳麓书社2009年版，第4页。
② 汪辟疆：《目录学研究》，商务印书馆1955年版，第4页。

## 第三章　中国古代图书馆学思想

众所周知，撰写解题（提要）是中国古代目录学的优良传统之一。而解题又有多种体例类型。王重民先生曾把中国古代书目解题划分为叙录体、传录体和辑录体三种类型。他说：

> 我为称名的方便，拟把从刘向叙录直到《四库全书总目》的提要都称为叙录体的提要，把用传记方式的都称为传录体的提要。……另外，还有辑录体的提要，就是不由自己编写，而去钞辑序跋、史传、笔记和有关的目录资料以起提要的作用。这一方法是在这一时期内由僧祐开其端，而由马端临的《文献通考·经籍考》、朱彝尊《经义考》得到进一步发挥，和叙录体、传录体并称，我拟称之为辑录体。①

应该说，王重民先生的认识和概括是极富见地的，开创了解题体例三分法之说。而且，综观书目解题发展的史实，解题的体例类型确实基本不超出王先生概括的三种类型，说明王先生的概括是符合历史事实的。

王先生认为辑录体"由僧祐开其端"，且特举马端临的《文献通考·经籍考》和朱彝尊的《经义考》为辑录体"得到进一步发挥"的代表，然遗漏了一部重要的辑录体代表作，即南宋初人高似孙所撰《史略》。《史略》在著录《史记》和前后《汉书》及其系列著作时，在解题中广引他书之文并稍加评价，故《史略》"是一个成熟的辑录体的典型范例"，其成书时间亦比马端临的《文献通考》早一百多年。②王先生曾于1927年辑有《史略校勘札记》，可见王先生是了解和熟悉《史略》一书的，但在上引一段话中王先生为何不提《史略》一书？对此本书只存疑而不论。

再者，王先生在指出辑录体的特征时只强调了"不由自己编写，而去钞辑序跋、史传、笔记和有关的目录资料"，这就容易令人产生一种误解，即认为辑录体只是"述而不作"、"辑而不论"。其实，这种误解

---

① 王重民：《中国目录学史论丛》，中华书局1984年版，第80页。
② 周天游：《〈史略〉校笺》，书目文献出版社1987年版，序文。

早已有之，如清人毛奇龄在《经义考序》中曰："（朱彝尊）竭搜讨之力，出家所藏八万余卷，辑其儒说之可据者，署其经名而分系其下，有存佚而无是非，使穷经之士一览而知所考焉。"姚名达也说《经义考》"纯用客观态度，照录原文，不易一字，亦不参加己见"①。然而，毛奇龄和姚名达称《经义考》解题"无是非"、"不参加己见"之说皆不确。查阅《文献通考·经籍考》和《经义考》，我们便发现，二《考》不仅有"钞辑"，而且还有为数不少的阐释、说明、辨考之文，其表现就是二考均采用的"按语"体例。《文献通考·经籍考》的按语有52条，而《经义考》的按语则多达978条。以《经义考》为例，其按语内容，据台湾学者田凤台统计，包括十类：考作者姓名；考作者爵里时代；补释书名；考书之内容；考正书中文字；插入评语；补序录之不足；考书之疑误；考书之篇目；考书之存佚残阙。②张宗友把这些按语内容归纳为辑佚类、考辨类和解说类三大类。③从这些形式多样的按语内容来看，辑录体解题并非"辑而不论"，而是有辑有论，是客观辑录和主观研判的结合体例。卢见曾在《奏状》中称《经义考》为"博征传世之书，志其存佚；提衡众家之论，判厥醇疵"④。卢见曾的这段话表明，《经义考》通过按语形式对"众家之论"进行了"醇疵之判"，而非"无是非"、"不参加己见"。马端临和朱彝尊所采用的按语，其实是解题的一种延伸或申论，或者说是按语型解题，是整个解题的重要组成部分，其目的就是"判是非"或"参加己见"。所以，我们在认识辑录体解题的性质和特征时，不应只看到其客观辑录的一面，还应看到其主观发挥的一面。由此而言，有人把《文献通考·经籍考》和《经义考》的解题之体例称为"辑考体"⑤是有道理的。不过辑考体应不应该成为叙录体、传录体、辑录体之外的第四种解题体例，似有待进一步论

---

① 姚名达：《中国目录学史》，上海古籍出版社2005年版，第241页。
② 田凤台：《朱彝尊与〈经义考〉》，载林庆彰、蒋秋华主编《朱彝尊〈经义考〉研究论集》，（台北）中研院中国文哲研究所筹备处2000年版，第82—86页。
③ 张宗友：《〈经义考〉研究》，中华书局2009年版，第162—169页。
④ 朱彝尊：《经义考新校》，林庆彰等主编，上海古籍出版社2010年版，前附《卢见曾奏状》之文。
⑤ 边频：《〈玉海·艺文〉研究》，硕士学位论文，南京大学，2002年。

证,本书在此存而不论。

说到按语,还需要指出的是,清代修《四库全书总目》亦撰有按语,对此其《凡例》曰:"如其义有未尽,例有未该,则或于子目之末,或于本条之下,附注案语,以明通变之由。"《四库全书总目》共撰有按语125条,其中59条为子目的说明,而作为解题之申论的按语则有66条。可见,比之马端临和朱彝尊的二《考》,《四库全书总目》扩大了按语的使用范围,即不仅在解题中使用按语,而且在子目说明中亦使用了按语形式。这应该说是《四库全书总目》继承和改进马端临、朱彝尊二《考》的表现。

纵观中国古代编目史,按照编目之主观目的和客观功用,可以把目录之体分为两大类:学术体与馆藏体。此二体目录亦可称为学术性目录和检索性目录。所谓学术体,指以揭示学术源流(学术史)为重之体;所谓馆藏体,指以揭示馆藏信息为重之体。正史中的史志目录以及其他有小序解题的书目,属于学术体书目。《文渊阁书目》、《行人司书目》等官方书目以及大部分私藏家所编书目,属于馆藏体书目。需要注意的是,有些无小序解题的私编书目,如郑樵的《艺文志》,亦属于学术体书目,因为郑樵是按照"类例既分,学术自明"的理路设计其类目体系的;张之洞所编《书目答问》亦为导读性的学术体书目;读书札记、藏书志、序跋体书目则兼具学术体和馆藏体性质,但偏重于学术体。

对官方而言,在学术体和馆藏体书目之间,更倾向于学术体书目。其原因有三:一是学术体书目可以通过部序、类序和解题对文献思想进行直接的价值意义定位和评价,这有助于宣扬官方的文教政策导向;二是编制学术体书目,可以调集和笼络全国的学术精英,服务于官方文教政策的制定,此乃宣示"稽古右文"的文治策略之需要;三是官方具备编制大型学术体书目的条件和能力,利用好这样的条件和能力,有利于占领学术高地,从而有利于满足"一统"学术之需。

正因为官方喜好和重视学术体书目的编制,使得绝大部分官目都起到了学术史之作的作用,由此出现了学术体书目在一定程度上代替学术史研究的任务的局面。这也是章学诚"辨章学术,考镜源流"思想之所以产生和成立的学术体制原因所在,同时也是其把校雠学视为"学术之宗"的依据所在。目录学在南北朝时期被称为"流略之学",亦源于此。后世一些学者如杜定友、向宗鲁、吕绍虞等认为"考镜源流"是学术史研究之任而非目录学之任,进而批评和否定章学诚的辨考学术源流思想,其实这是目录学独立成学之后反观校雠学而形成的"以今勒古"的误判。事实上,中国古代的学术史梳理工作自汉代《史记》和《七略》问世以来形成为"双轨制"之路,其一由正史中的《儒林列传》(《宋史》又增有《道学列传》)承担,其二由以官修为主的学术体书目承担,包括正史中的《艺文志》或《经籍志》以及其他官修学术体书目;前者为"以人物为中心"的学术史,后者为"以文献为中心"的学术史;[①] 这两者互参互见,共同构成完整的学术史。[②] 自清初黄宗羲撰《明儒学案》、《宋元学案》后,由目录学独立承担学术史任务的局面才有所改变。可见,目录之承担学术史之功能,乃中国古代学术史梳理体制的"双轨制"使然,而非章学诚贸然所加。再者,目录之承担学术史之功能,是中国古代图书馆学、目录学的独特贡献,后世人们不应只看到其"背负之重"之局限性而看不到其"勇挑重担"之学术贡献。

(七)编目之用:"明道之要"与"览录而知旨"

由于编目之体分为学术体和馆藏体,所以古代人对编目之功用的认识也大体从这两方面分别认识的,当然也有人不分二体而作总括认识的。

从学术体视角认识编目之功用的,以章学诚为典型。在章学诚看来,"校雠之义,盖自刘向父子部次条别,将以辨章学术,考镜源流",这就是说,文献分编等整理活动,实际上是在作"辨考学术源流"的工作。章学诚又说,校雠学应该做到"推阐大义、条别学术异同、使人由委溯源、以想见于坟籍之初",而校雠学"部次流别"是为了"申明大道,叙列九流百氏之学,使之绳贯珠联,无少缺逸,欲人即类求

---

① 历史学家白寿彝在《史学概论》中说《汉书·艺文志》"以目录的形式承担着学术文化史的任务"。

② 这种互参互见之法,刘向、刘歆即已采用,如《管子叙录》、《韩非子叙录》全用管子、韩非本传之文。班固编《艺文志》,每遇撰者有传,便注"有列传",《四库全书总目》亦如班《志》。

书，因书究学"①。这里的"条别学术异同"、"使人由委溯源"、"叙列九流百氏之学"云云，其实都是在强调校雠学的基本内容与任务——"辨考学术源流"。那么，辨考学术源流为了什么？就是为了"申明大道"。所以章学诚特别看重《七略》的《辑略》，称其为"明道之要"。在章学诚的视野中，辨考学术源流就是"明道之要"，即"申明大道"之要途。这是章学诚的慧眼之处。然而，章学诚的偏颇和保守之处在于：只重视学术体目录而鄙视馆藏体或检索体目录，认为馆藏体或检索体目录靠"一掌故令史"就能完成，而学术体目录则"非深明于道术精微、群言得失之故者，不足与此"。

近人余嘉锡从多个角度把古代目录之功用总括为六个方面：以目录著录之有无，断书之真伪；用目录书考古书篇目之分合；以目录书著之部次，定古书之性质；因目录访求阙佚；以目录考亡佚之书；以目录书所载姓名卷数，考古书之真伪。②余嘉锡所论虽细分有加，然整体视野未超出"辨考"范围，盖仅从学术体书目而言，未涉及目录之检索功用。

从馆藏体或检索体视角认识编目之功用者，唐人毋煚的论述最具代表性。毋煚在《古今书录》序曰：

> 窃以经坟浩广，史图纷博，寻览者莫之能辨，司总者常苦其多，何暇重屋复床，更繁其说？……夫经籍者，开物成务，垂教作程，圣哲之能事，帝王之达典。而去圣已久，开凿遂多，苟不剖判条源，甄明科部，则先圣遗事，有卒代而不闻，大国经书，遂终年而空眠。使学者孤舟泳海，弱羽凭天，衔石填溟，倚杖追日，莫闻名目，岂详家代？不亦劳乎！不亦弊乎！将使书千帙于掌眸，披万函于年祀，览录而知旨，观目而悉词，经坟之精术尽探，贤哲之睿思咸识，不见古人之面，而见古人之心，心传后来，不其愈已！③

---

① 章学诚：《校雠通义通解》，王重民通解，上海古籍出版社2009年版，第1、15页。
② 余嘉锡：《目录学发微》，岳麓书社2009年版，第13—15页。
③ 刘昫等：《旧唐书》（简体字本），中华书局1999年版，第1337—1338页。

# 中国古代图书馆学研究

毋煚认为，由于"经坟浩广，史图纷博，寻览者莫之能辨，司总者常苦其多"，因而造成"使学者孤舟泳海，弱羽凭天，衔石填溟，倚杖追日"的困境；解决这种困境的最佳办法就是编制书目，因为通过书目可以达到"览录而知旨，观目而悉词"的效果。毋煚的这一"览录而知旨，观目而悉词"的思想，颇似现代人所说的"书目控制"思想。其实，从汉代的《七略》到清代的《四库全书总目》，古代中国人之所以前赴后继地进行文献编目工作，其目标函数（多重目标）中始终包含"书目控制"之意图，只不过古人未能使用"书目控制"一词而已。由此而论，毋煚说的"览录而知旨，观目而悉词"，就是"书目控制"思想的中国式表述，是古代中国人对"书目控制"理论所做出的杰出贡献。需要指出的是，中国古代人的"览录而知旨，观目而悉词"思想与西人的"书目控制"思想还是有区别的，其区别主要在于对待文献的态度上。西人以"主体—客体"二分逻辑为思想理路，把文献视为完全由人随意驾驭的客体对象；而中国古代人则以"天人合一"、"道器合一"、"万物皆备于我"为思维理路，把文献视为价值性存在，而不是由人随意"控制"的纯客体性存在。

"类书犹持军"论，亦可视为"书目控制"的中国式表述。郑樵首开"类书犹持军"论，其曰："士卒之亡者，由部伍之法不明也。……类书犹持军也，若有条理，虽多而治。若无条理，虽寡而纷。"[①] 明人焦竑私淑郑樵，亦以持军法喻类书，其曰："进退有度，出入有局，各司其局。书之有类例，亦犹是也。故部分不明则兵乱，类例不立则书亡。"[②] 明人高儒出身于武弁，更知统兵之法与书目之法的相通之理，所以他在自编的《百川书志》序中曰："书无目，犹兵无统御、政无教令，聚散无稽矣。"祁承㸁可谓"类书犹持军论"的坚定支持者和宣传者，他对子孙说："此是吾家墨兵，余日来正于此中部署整搁，第汝辈不解兵机耳。试与汝言之：手標秘帙，亲兵同渡江之八千；床积奇编，爱士如成师之一旅。此吾之用寡法也。缥缃触目，绝胜十部鼓吹；铅椠由心，不减百城南面。此吾之用众法也。架插七层，籍分四部，若卒旅

---

① 郑樵:《通志二十略》，王树民点校，中华书局2009年版，第1804—1805页。
② 焦竑:《国史经籍志》，陈锦春、许建立整理，清华大学出版社2014年版，第247页。

漫野而什伍井然，如剑戟摩霄而旌旗不乱。此吾之部勒法也。目以类分，类由部统。暗中索摸，惟信手以探囊；造次取观，若执镜而照物。此吾之应卒法也……"①祁承㸁把自家藏书喻为"墨兵"，用"兵机"描述其藏书管理方法，把"籍分四部"和"目以类分，类由部统"的分编方法喻为"部卒之法"，可谓类比恰当，形象生动。如果说，部卒之法可谓之"军事控制论"，那么，文献分编之法则可谓之"书目控制论"；如果说，军事控制论追求的目标是使军队"什伍井然，旌旗不乱"，那么，书目控制论追求的目标是使藏书"虽多而治"。

在古代中国人中，亦不乏有从总括视角认识编目之功用者。唐释智昇在《开元释教录》序中曰："夫目录之兴也，盖所以别真伪，明是非，记人代之古今，标卷帙之多少，撼拾遗漏，删夷骈赘，……提纲举要，历然可观也。"清人王鸣盛的《十七史商榷》中有三段关于目录之功用的表述，"目录之学，学中第一紧要事，必从此问途，方能得其门而入"；"凡读书最切要者，目录之学。目录明，方可读书，不明终是乱读"；"不通汉艺文志，不可以读天下书。艺文志者，学问之眉目，著述之门户也"（引金榜语）。②显然，王鸣盛是从"读书门径"角度来认识目录之功用的。这种认识有其代表性，许多人就是从"读书门径"角度认识目录之功用的，如江藩在《师郑堂集》中亦云："目录者，本以定其书之优劣，开后学之先路，使人人知其书可读，则为易学而功且速矣。吾故尝语人曰：目录之学，读书入门之学也。"③张寿荣在为《八史经籍志》所写的序中称："萃千百年著作之林，门分类别，以之网罗六艺史书与夫诸子百家、骚选诗赋、别集总编之纷赜。后之人因是而得审夫佚存，辨夫真赝，考核夫源流异同，以为途迳之问，盖目录之学尚矣。"④

（八）著录之辅助：互著与别裁法

现代的文献著录，在款目类型上，往往在基本著录款目（主要款

---

① 祁承㸁：《澹生堂读书记·澹生堂藏书目》，郑诚整理，上海古籍出版社2015年版，第40页。
② 王鸣盛：《十七史商榷》，黄曙辉点校，上海书店出版社2005年版，第1、45、162页。标点有改动。
③ 引自来新夏《古典目录学浅说》，中华书局2005年版，第61页。
④ 引自张舜徽选编《文献学论著辑要》，中国人民大学出版社2011年版，第29页。

目)之外又有附加著录和辅助著录款目。其中的辅助著录，主要有参见著录和分析著录。难能可贵的是，古代中国人亦使用有参见著录法和分析著录法，分别称"互著法"和"别裁法"。所谓互著，亦称互注、互见、参见等，指编目者将一种书分别著录在两个或两个以上的类目中以揭示文献的多向成类性。所谓别裁，就是编目者将一书中的重要内容或篇章析出（裁出）而著录在相关的另一类中，以揭示和推荐这一重要内容或篇章。

关于古代中国人使用互著法和别裁法的起源问题，目前学界有争议，大致有五种说法：起源于西汉刘歆的《七略》；起源于元代马端临的《文献通考·经籍考》；起源于南宋陈振孙的《直斋书录解题》；起源于明代祁承㸁的《庚申整书例略》；起源于明代高儒的《百川书志》。① 无论互著法和别裁法起源于何时，有一点是可以肯定的，即最晚在明代，互著法和别裁法已被一些书目编撰者"有意识地"使用。在古代时期，对互著法和别裁法进行理论阐发的学者主要有祁承㸁和章学诚。

祁承㸁是中国古代人中最早论述互著法和别裁法的含义及其必要性的人。祁承㸁著有《庚申整书例略》，文中阐述了文献编目中的四种方法——因、益、通、互。其中的"互"和"通"，就是指互著法和别裁法。其曰：

> 互者，互见于四部之中也。作者既非一途，立言亦多旁及，有以一时之著述，而倏而谈经，倏而论政；有以一人之成书，而或以撫古，或以征今，将安所取衷乎？故同一书也，而于此则为本类，于彼亦为应收；同一类也，收其半于前，有不得不归其半于后。如《皇明诏制》，制书也，《国史》之内固不可遗，而《诏制》之中亦所应入。如《五伦全书》，敕纂也，既不敢不尊王而入《制书》，亦不可不从类而入《纂训》。又如《焦氏易林》、《周易占林》，皆五行家也，而《易》书占筮之内亦不可遗。……其他如《水东日

---

① 李景文：《"互著"、"别裁"起源时间考辨——读王重民〈校雠通义通解〉》，载《图书情报工作》2012年第7期。

记》、《双槐岁抄》、陆文裕公之《别集》、于文定公之《笔麈》，虽国朝之载笔居其强半，而事理之诠论亦略相当，皆不可不各存其目以备考镜。至若《木钟台集》、《闲云馆别集》、《归云别集》、《外集》、范守己之《御龙子集》，如此之类，一部之中名籍不可胜数，又安得概以集收，溷无统类。故往往有一书而彼此互见，有同集而名类各分者……。

通者，流通于四部之内也。事有繁于古而简于今，书有备于前而略于后。故一《史记》也，在太史公之撰者，于裴骃之注、司马贞之《索隐》、张守节之《正义》，皆各为一书者也。今正史则兼收之，是一书而得四书之实矣。一《文选》也，昭明之选与五臣之注、李善之补，皆自为一集。今行世者则并刻之，是一书而得三书之用矣。……如欧阳公之《易童子问》、王荆公之《卦名解》、曾南丰之《洪范传》，皆有别本，而今仅见于文集之中。惟各摘其目，列之本类，使穷经者知所考求。……他如琐记、稗史、小说、诗话之类，各自成卷，不行别刻而附见于本集之中者不可枚举。……凡若此类，今皆悉为分载，特明注原在某集之内，以便检阅。①

从上引两段话中我们可以看出，祁承㸁所理解的互著和别裁的含义及其必要性，与我们现代人的理解几乎没什么两样。距今四百多年前的祁承㸁能够对互著和别裁有如此清醒而又准确的认识，实在是难能可贵。

章学诚是中国古代人中对互著和别裁主张最力、论述最详的一个人。章学诚对互著和别裁的认识，主要集中于其著《校雠通义》的《互著》、《别裁》两篇中，其曰：

> 古人著录，不徒为甲乙部次计。……至理有互通，书有两用者，未尝不兼收并载，初不以重复为嫌，其于甲乙部次之下，但加

---

① 祁承㸁：《澹生堂读书记·澹生堂藏书目》，郑诚整理，上海古籍出版社2015年版，第43—45页。

互注，以便稽检而已。古人最重家学，叙列一家之书，凡有涉此一家之学者，无不穷源至委，竟其流别，所谓著作之标准，群言之折中也。如避重复而不载，则一书本有两用而仅登一录，于本书之体既有所不全；一家本有是书而缺而不载，于一家之学亦有所不备矣。……书之易混者，非重复互注之法，无以免后学之牴牾；书之相资者，非重复互注之法，无以究古人之源委。

《管子》道家之言也，刘歆裁其《弟子职》篇入小学；七十子所记百三十一篇，礼经所部也，刘歆裁其《三朝记》篇入论语。盖古人著书，有采取成说，袭用故事者其所采之书，别有本旨，或历时已久，不知所出；又或所著之篇，于全书之内自为一类者，并得裁其篇章。补苴部次，别出门类，以辨著述源流。至其全书，篇次具存，无所更易，隶于本类，亦自两不相妨。

从上引两段话中我们可以看出，章学诚对互著和别裁的含义及其方法的理解，与祁承㸁的理解无异。不过，祁承㸁与章学诚各自的着眼点不同：祁承㸁重视互著和别裁是为了更加全面而深入地揭示文献"以便检阅"；而章学诚看重互著和别裁是由于他看到了互著和别裁有助于"辨著述源流"，是辨考学术源流的必要手段。

以上八个专题，以专题为纲论述了中国古代文献分编的一些重要思想与方法。下面的"郑樵之论"，则以人物为纲专门论述郑樵的文献分编思想。之所以改换体例视角，一是为了突出郑樵的文献分编思想在整个中国古代文献分编思想体系中的独特地位；二是因为郑樵的文献分编思想涉及多方面，有必要专门立目多视角阐述。还需要说明的是，郑樵和章学诚无疑在中国古代文献分编思想领域具有"双峰"地位，章学诚的有关文献分编思想上文已有多处论及，故在此不复专门立目论述。

（九）郑樵之论："以类明道"

郑樵的文献分编思想，集中论述于其著《通志》中的《校雠略》、《艺文略》、《图谱略》和《金石略》篇章之中。其中《校雠略》是郑樵文献分编思想的集中综合之论，后三略是《校雠略》思想的具体展开和落实。综观其文献分编思想，可概括为一句话："以类明道"（或称"以类例明道"）。郑樵的"以类明道"思想，又集中表现在三方面：

"类例既分,学术自明"论;会通博专之论;类无尊卑论。

1. "类例既分,学术自明"论

如果说,章学诚的文献分编思想是以执意强调"辨考"为特色,那么郑樵文献分编思想的特点则是执意强调"类例"的重要性。郑樵所谓"类例",是指文献分编的基本原则与方法。郑樵的《校雠略·编次必谨类例论》篇就是集中阐述"类例既分,学术自明"观点的,其曰:

> 士卒之亡者,由部伍之法不明也。书籍之亡者,由类例之法不明也。类例分则百家九流有条理,虽亡而不能亡也。……欲明天者在于明推步,欲明地者在于明远迩,欲明书者在于明类例。……类例既分,学术自明,以其先后本末具在。①

在郑樵的认识中,"明类例"才能"明书",而欲"明类例",就得在图书分类上细分类目。郑樵的《艺文略》之所以把四分法进一步扩展为十二分法,就是为了实现细分类目,诚如其曰:"总十二类,百家,四百二十二种,朱紫分矣。散四百二十二种书可以穷百家之学,敛百家之学可以明十二类之所归。"② 对此姚名达赞许说,郑樵"对于四部四十类成法,彻底破坏;对于小类节目之分析,不惮苛细。其胆量之巨,识见之宏,实旷古一人"③。刘国钧则从一般分类原理出发说:"分类以详为贵,而昔人多略。详则便于专攻,略则流于笼统。近世学术,侧重专门,故西方之图书分类亦主精详。"为此,刘国钧主张"分类宁取琐细"④。可惜,刘国钧未曾著有关于郑樵图书分类思想的专论。

郑樵的"类例既分,学术自明"命题,由两个相关联的亚命题作支撑,一是"睹类而知义",二是"泛释无义论"。其曰:

> 《隋志》于他类只注人姓名,不注义说,可以睹类而知义也。

---

① 郑樵:《通志二十略》,王树民点校,中华书局2009年版,第1804—1806页。
② 郑樵:《通志二十略》,王树民点校,中华书局2009年版,第1805页。
③ 姚名达:《中国目录学史》,上海古籍出版社2005年版,第74页。
④ 刘国钧:《刘国钧图书馆学论文选集》,书目文献出版社1983年版,第55页。

如史家一类，正史、编年，各随朝代易明，不言自显。

　　古之编书，但标类而已，未尝注解，其著注者，人之姓名耳。盖经入经类，何必更言经？史入史类，何必更言史？但随其凡目，则其书自显；有应释者，有不应释者，《崇文总目》必欲一一为之释，间有见名知义者，亦疆为之释。如郑景岫作《南中四时摄生论》，其名自可见，何用释哉。如陈昌胤作《百中伤寒论》，其名亦可见，何必曰"百中者，取其必愈"乎。①

郑樵所言"睹类而知义"是有道理的，正如他所举正史类、编年类等，从类名中即可"知义"，也即知道此类下所收书之范围（"其书自显"）。这是由古代书目的类名采用"见字如面"的字词标识法所决定的。郑樵所言书"有应释者，有不应释者"也是对的，应释与不应释都应根据情况和需要而定，不应一概而论。然郑樵批评《崇文总目》之解题做法，以及在自己所编《艺文略》中一概不作大小序和解题的做法，则有"走向另一极端"之嫌。郑樵拿《隋书·经籍志》与《崇文总目》作对比，继而批评《崇文总目》每书必解题的做法，殊不知《隋书·经籍志》为史志目录，而《崇文总目》为官修藏书目录；史志目录在著录内容上要求简明，而藏书目录则可以详解；两种类型书目在体例要求和著录内容上有所不同，郑樵不加区别而"一概而论"，显然失当。再者，"睹类而知义"、"泛释无义"之论固然有其合理之处，但其适用范围不应无限扩大，更不应成为反对大小序和解题的理由。所以，章学诚批评郑樵"删去《崇文》叙录，乃使观者如阅甲乙簿注，而更不识其讨论流别之义焉"②。

不过，需要指出的是，郑樵虽然主张"泛释无义"，在《艺文略》中一概不作大小序和解题，但他不反对书目发挥辨考学术源流之功，只是他采用的方法是"以类明道"，而不是"以序明道"或"以释明道"。诚如其曰："古人编书，必究本末，上有源流，下有沿袭，故学

---

① 郑樵：《通志二十略》，王树民点校，中华书局2009年版，第1818—1819页。
② 章学诚：《校雠通义通解》，王重民通解，上海古籍出版社2009年版，第13页。

者亦易学，求者亦易求。"① 这就表明，郑樵是尊崇古人编书"上有源流，下有沿袭"之法的。郑樵在《艺文略》中严格按时代先后顺序排列同类书的方法，就是为了显示学术之源流沿革之序的。郑樵把自己的分编思想方法概括为"类例既分，学术自明"，说明"类例"是为明学术源流服务的。此故，郑樵的"以类明道"的思想方法，受到章学诚的高度评价："郑樵生千载而后，慨然有会于向、歆讨论之旨，因取历朝著录，略其鱼鲁豕亥之细，而特以部次条别，疏通伦类，考其得失之故而为之校雠，盖自石渠、天禄以还，学者所未尝窥见者也。"② 在章学诚看来，郑樵的分编思想是承继向、歆之旨的，其表现就是郑樵所做到的"部次条别，疏通伦类"之法，只不过章学诚没有将其概括为"以类明道"。

2. 会通博专之论

众所周知，郑樵治史乃至分编文献始终贯穿一个基本理念——会通。所谓会通，就是贯穿古今（纵向）、博通天地万物（横向）的治史视野，亦即融会贯通的思想方法。正因为郑樵恪守会通的思想方法，所以他提倡司马迁的通史性著述而坚决反对班固开创的断代史著述。郑樵在《通志》总序开篇即曰："百川异趣，必会于海，然后九州无浸淫之患。万国殊途，必通于诸夏，然后八荒无壅滞之忧。会通之义大矣哉！"接着他又说："然大著述者必深于博雅，而尽见天下之书，然后无遗恨。"他在《上宰相书》中进一步发挥会通之义曰："天下之理不可以不会，古今之道不可以不通。……水不会于海，则为溢水；途不通于夏，则为穷途。……修书之本，不可不据仲尼、司马迁会通之法。"③ 而为了做到会通，须具博雅之视野与见识，郑樵本人就被后人誉为"博雅之士"。王锦民称郑樵"博学范围极广，是读尽天下之书的博学，故而经史子集无不涉及"，所以郑樵"通经之博雅、通史之博学，乃至通草木虫鱼之博物，无不在其范围之内"。④

---

① 郑樵：《通志二十略》，王树民点校，中华书局2009年版，第1807页。
② 章学诚：《校雠通义通解》，王重民通解，上海古籍出版社2009年版，第1页。
③ 郑樵：《郑樵文集》，吴怀祺校补，书目文献出版社1992年版，第37—38页。标点有改动。
④ 王锦民：《古典目录与国学源流》，中华书局2012年版，第324页。

与他人不同的是，郑樵不仅恪守会通之理，而且还重视专门之学。也就是说，郑樵同时强调"博"与"专"的重要性，"这两者看似相互矛盾，其实它们相反而实相成"①。可见，郑樵看出了"以博统专"、"以专立博"的"博"与"专"之辩证统一关系。这是郑樵的高明之处。关于"专门之学"与文献分编的关系，郑樵曰：

> 学之不专者，为书之不明也。书之不明者，为类例之不分也。有专门之书则有专门之学，有专门之学则有世守之能。人守其学，学守其书，书守其类，人有存没而学不息，世有变故而书不亡。②

从这段话中可以看出，郑樵的目标是以类例之分（分编）揭示专门之学，最终达到"书不亡"和"学不息"的目的。这里需要指出的是，古人常说的"专门之学"，往往指"家学"，而非指现代意义上的专科知识，然郑樵的独特之处在于他所说的"专门之学"具有专科知识之义，如其所说："观图谱者可以知图谱之所始，观名数者可以知名数之相承。谶纬之学盛于东都，音韵之书传于江左，传注起于汉、魏，义疏成于隋、唐，睹其书可以知其学之源流。或旧无其书而有其学者，是为新出之学，非古道也。"③ 这里所谓"图谱"、"名数"、"谶纬"、"音韵"等，就是专门之学，指的就是专科或专门知识，而非指"家学"。郑樵认为，文献分编应该充分揭示这些专门之学，而有其学就应有其类，为此应为专门之学立专类，如"新出之学"因其"非古道"，就应为其立新类。正因为郑樵主张有其学就有其类，所以在《艺文略》中形成了细分类目的结果。诚如其曰："《易》虽一书，而有十六种学，有传学，有注学，有章句学，有图学，有数学，有谶纬学，安得总言《易》类乎？《诗》虽一书，而有十二种学，有诂训学，有传学，有注学，有图学，有谱学，有名物学，安得总言《诗》类乎？道家则有道书，有道经，有科仪，有符箓，有吐纳内丹，有炉火外丹，凡二十五

---

① 戴建业：《"类例既分，学术自明"——论郑樵文献学的"类例"理论》，载《图书情报知识》2009 年第 3 期。
② 郑樵：《通志二十略》，王树民点校，中华书局 2009 年版，第 1804 页。
③ 郑樵：《通志二十略》，王树民点校，中华书局 2009 年版，第 1806 页。

种，皆道家而浑为一家，可乎？医方则有脉经，有灸经，有本草，有方书，有炮灸，有病源，有妇人，有小儿，凡二十六种，皆医家而浑为一家，可乎？"[1]郑樵在学术上的"博雅"旨趣和对专门之学的重视，促成了"总古今有无之书"的博取与有其学就有其类的专取会通的文献分编原则，这就是会通博专以期更加充分揭示学术源流的"以类明道"之法。郑樵的《艺文略》之所以把类目扩展为十二大类、八十二子类，就是根据会通博专的需要而设计的产物。

3. 类无尊卑论

众所周知，中国古代文献分编中，类目的先后顺序是按照价值大小顺序排列的，所以在中国古代书目中从来没有纯粹按照字顺音序排列类目的。即使是按《千字文》顺序排列类目的《文渊阁书目》，也非纯粹客观的字顺音序排列，如其"天"字为首，代表国朝，"地"字代表易、书、诗、春秋、周礼、仪礼、礼记；"宇"字代表史，"宙"字代表史附、史杂；"日"字代表文集，"月"字代表诗词等，而且"天"与"地"、"宇"与"宙"、"日"与"月"之先后顺序是不能颠倒的，即不能"地"在"天"前、"宙"在"宇"前、"月"在"日"前。这就是中国古代无"地天"、"宙宇"、"月日"之词的原因。也就是说，中国古代书目是以类目先后之别表示其尊卑之别的，即以在先者为尊，在后者相对为卑。从《汉书·艺文志》到《四库全书总目》一直贯穿着这种尊卑之序，如把诸子视为"《六经》之支与流裔"（《汉书·艺文志》诸子略序）；在诸子说的排列上认为"儒家尚矣"，故首列儒家，而"二氏外学也，故次以释家、道家终焉"；同时认为"研理于经，可以正天下之是非；征事于史，可以明古今之成败，余皆杂学也"（《四库全书总目》子部序）；评价词曲类时认为"词、曲二体，在文章技艺之间，厥品颇卑，作者弗贵，特才华之士，以绮语相高耳"（《四库全书总目》词曲类序）；评价小说类时认为"小说家之流，盖出于稗官。街谈巷语、道听途说者之所造也"（《汉书·艺文志》小说家类序）等，类目之间的尊卑褒贬之义跃然纸上。

然而，郑樵认为，类目之间不应该有这样的尊卑之别。郑樵的类无

---

[1] 郑樵：《通志二十略》，王树民点校，中华书局2009年版，第8页。

尊卑思想主要表现在以下几方面：

第一，专作《图谱略》和《金石略》，提升了未被他人看重的图谱类和金石类书的地位。此前，除了南北朝时期的王俭《七志》设图谱一类"以全七根"之外，其他综合性书目大多未给图谱和金石专门设类，而采取随书而入之法。从理论上来说，郑樵专作《图谱略》和《金石略》，在中国历史上第一个全面论述图谱和金石的概念、范围、作用与价值，建立了图谱之学和金石之学，足见其理论贡献之大；从文献分类意义上来说，郑樵第一个同时为图谱和金石进行分类和著录，开创了图谱和金石同时成为独立之类的先例，建立了十四个一级类目的分类体系。① 郑樵专立图谱类和金石类，不使其依附或淹没于其他类之中，体现了郑樵一视同仁地对待经史与杂学、"空言"与"实学"的类，无尊卑思想。

第二，把一些以往的次属类目提升为主要类目，打乱了原有的类目尊卑秩序。其主要表现是，在《艺文略》的类目体系中，把礼、乐、小学三类从以往的次属类目位置提升到一级类目位置上，使其摆脱经的统摄之中，与经并立；把天文、五行、艺术、医方、类书五类从以往的诸子之属中独立出来，与其他诸子并立。郑樵的这种"以次升主"的做法，体现了他重新审视类目尊卑秩序的胆略。当然，郑樵的"以次升主"之法贯彻得并不彻底，为后人留下诸多疑问，如礼、乐可以独立于经类，为何易、书、诗、春秋等不能同样独立？小学可以独立于经类，为何论语、孝经不能同样独立？若易、书、诗、春秋、论语、孝经等也都能独立，经类岂不成"空类"？若经类成了"空类"，郑樵岂能不落"大逆不道"之名？郑樵之所以在经类还保留九类，是否为了保持经类不被彻底瓦解？等等。

第三，对以往的类目尊卑之别做法提出了批评。郑樵的批评，首先是站在史法的高度，从批评班固、刘知几等在纪传中对人物随意加褒贬之语的做法和观点开始的。如其曰："凡《左氏》之有'君子曰'者，皆经之新意。《史记》之有'太史公曰'者，皆史之外事，不为褒贬也，间有及褒贬者，褚先生之徒杂之耳。且纪传之中既载善恶，足为鉴

---

① 郑樵的《艺文略》为十二分法，若加上图谱和金石二类，即为十四分法。

戒，何必于纪传之外更加褒贬？""自唐之后，又莫觉其非，凡秉史笔者，善恶已彰，无待美刺。读萧、曹之行事，岂不知其忠良？见莽、卓之所为，岂不知其凶恶？"① 其次，在文献分类上，郑樵批评了一些书目编撰者重法家轻刑法，以及把道家、道书、佛书混杂而鄙薄道教、佛教二类的做法。如其曰：

> 旧类有道家，有道书，道家则《老》、《庄》是也。有法家，有刑法，法家则《申》、《韩》是也。以道家为先，法家次之，至于刑法、道书，别出条例。刑法则律令也，道书则法术也，岂可以法术与《老》、《庄》同条，律令与《申》、《韩》共贯乎？《唐志》则并道家、道书、释氏为一类，命以"道家"，可乎？凡条例之书，古人草昧，后世详明者有之，未有弃古人之详明，从后人之紊滥也。其意谓释氏之书难为，在名、墨、兵、农之上，故以合于道家。殊不知凡目之书只要明晓，不如此论高卑，况释、道二家之书自是矛盾，岂可同一家乎？②

这段话，若不仔细分辨，除了最后一句话，前面讲的似乎是在批评类无尊卑，如他所批评的"刑法则律令也，道书则法术也，岂可以法术与《老》、《庄》同条，律令与《申》、《韩》共贯乎？《唐志》则并道家、道书、释氏为一类"。其实不然。郑樵的意思是说，《申》、《韩》与刑法同列于"法家类"中且先《申》、《韩》后刑法，使得《申》、《韩》处于"尊"的地位而刑法处于"卑"的地位；正确的做法应该是将《申》、《韩》与刑法分别立类，使其处于同等地位，所以他在《艺文略》中将《申》、《韩》等书著于诸子类中的"法家类"，而刑法之书著于史类中的"刑法类"，两者处于同级类目，避免了尊卑之别。这种做法实际上是把"学"与"术"同等对待的思想表现。他批评《唐志》（指《旧唐书·经籍志》）把"道家、道书、释氏为一类"的做法的意思同样如此，即三者混为一类，不仅造成条别不清，而且先道家后

---

① 郑樵：《通志二十略》，王树民点校，中华书局2009年版，第3—4页。
② 郑樵：《通志二十略》，王树民点校，中华书局2009年版，第1823页。

道教、佛教的排列法，使得它们分别处于尊与卑的地位；正确的做法应该是道家、道教、佛教各为一类，这样既能条别不混，也能避免三者之间的尊卑之别，他的《艺文略》就是这么安排的。正因为郑樵具有类无尊卑观念，所以他批评《七略》和传统四分法说"《七略》所分，自为苟简，四库所部，无乃荒唐"①。郑樵能够在一定程度上突破类有尊卑的传统观念，这是郑樵文献分编思想中的一个亮点和敢为人先的创新之处，体现了郑樵作为民间士人的批判精神。

的确，类有尊卑是中国古代文献分编的重要传统，对此杜定友批评说："学无门户而强分内外，经为宏道，史为体尊，子为杂学，集为别林，一以尊崇圣道，以图书分类为褒贬之作，失其本旨远矣。"② 不过，杜定友的批评仍有"以今勒古"、"以西框中"之嫌。现代的图书分类，在类目设置及其排列上不作尊卑褒贬之别，但在中国古代，除了郑樵及其追随者所编书目外，其他书目的类目设置及其排列都作尊卑褒贬之别，这是由中国古代人的纲常伦理以及道器之别、华夷之辨、体用之分、学术之别等基本价值观所决定的；这种价值观指导下的文献分编，就需要在类目设置上作出"辨义类"与"辨体类"之区分，这种区分自然要求对不同的类目作出不同的价值意义判断，即要求作出尊卑褒贬之别。对此，傅荣贤先生指出，"古代分类学超越了知识分类的客观性，其本旨正是要通过对文献的独特分类，来赋予文献以'正确的'意义"③。傅先生此论确然。

以上，从三个方面论述了郑樵独具特色的文献分编思想与方法。郑樵的文献分编思想与方法的特色，绝不仅限于这三个方面，如其主张的"总古今有无之书"、"以人类书"之论、书少亦为之立类等，也都具有与众不同的特色。这里再介绍一下郑樵类分图书时所遵循的一些方法性规则，以作补充。李严先生把郑樵的类分图书方法归纳为六个方面，即：须按图书内容归类；同类书须归入一类；注释书随原书归类；总论、专论之书各入其类；不依书名归类；图书分类后须核对。④ 应该

---

① 郑樵：《通志二十略》，王树民点校，中华书局2009年版，第1805页。
② 杜定友：《校雠新义》（上册），上海书店出版社1991年版，第22页。
③ 傅荣贤：《中国古代图书分类学研究》，台湾学生书局1999年版，第157页。
④ 李严：《图书分类的理论家——郑樵》，载《黑龙江图书馆》1981年第1期。

说，郑樵的这些类分图书方法，至今仍然有效。可见，郑樵的图书分类理论与方法，是有其科学性与远见卓识的。

**四 文献版本思想与方法**

在古代汉语中，"版本"原写为"板本"，指雕刻木板印刷的书本。宋代以后，随着印刷技术的进步和广泛应用，写本书逐渐减少，刻印书逐渐增多，"板本"一词诞生并逐渐流行起来。广义的版本，指各种写印形式的书本，包括写本、刻本、石印本、稿本、复印本以及现代的电子本等；而狭义的版本主要指刻印本和同书异本。版本学是以辨识书籍的版本形态为主要内容的学问，具体来说，版本学是以辨别版本类型、考订版本源流、比较版本优劣为核心内容的学问。一般认为，版本学形成于汉代，确立于宋代，兴盛于清代。

与"板本"或"版本"一词密切相关的是"善本"一词。《汉书·河间献王传》说河间献王刘德"从民得善书，必为好写与之，留其真"。这里所云"善书"，就是在后世所称"善本"意义上使用的。不过，此时的"善书"主要指原本、旧本之意。后来，善本的含义逐渐演变为经过严格校勘、无文字讹误，内容完整，形制工美的书本之意。本书这里讨论的"版本"、"善本"，均指古籍版本和善本。《中国善本书总目》把古籍善本界定为具有历史文物性、学术资料性和艺术代表性的古籍。毋庸置疑，辨识版本进而选取善本，是藏书者和读书者的必然选择。正因如此，辨识版本、善本的思想与方法，成为图书馆学思想与方法的重要组成部分。在现代，无论是国际文献著录标准还是中国文献著录标准，都设有"版本项"这一著录项目，说明揭示版本信息是图书馆文献著录工作必不可少的重要内容。

（一）版本之显

版本学的形成经历了从"隐学"到"显学"的过程，或者说经历了从"附庸"到"独立"的过程。也就是说，版本学经历了从校雠学、目录学的附庸到独立之学的过程。从渊源上来说，西汉刘向校书时就已经注意到了同书异本问题。如其校《列子》，就参阅了"中书"、"太常书"、"太史书"、"臣向书"、"臣参书"等多种异本。① 所以，一些人认为刘向不仅仅是"校雠学之创始者，实亦为版本学之创始者"②。

版本目录的出现，是版本学步入显学的重要标志之一。真正把版本信息作为书目著录项目来著录，是从宋代开始的。这是由宋代的雕版印刷已较普遍应用，同书异本现象普遍存在，因而在图书著录中有必要揭示版本信息的需要所决定的。较早著录版本信息的宋代书目，如晁公武所撰《郡斋读书志》，在著录《石经周易》时就提到了"国子监本"和"蜀中印本"；著录《方言》时就提到了"蜀本"、"国子监刊本"；等等。据统计，《郡斋读书志》在著录图书时涉及版本不下三十处。③ 再如陈振孙所撰《直斋书录解题》，其卷一中的《古易》十二卷、《音训》二卷条解题说"朱晦庵刻之于临漳、会稽，益以程氏是正文字及晁氏说，其所著《本义》，据此本也"；卷五《三朝训鉴图》条解题说"顷在莆田，有售此书者，亟求观之，则已为好事者所得，盖当时御府刻本也"；等等。据不完全统计，《直斋书录解题》在著录一百五十余种图书时提到了各种形式的刻本，去其重复亦有一百二十余种，包括所提中央官刻本中，国子监本七种，御赐虎邱寺藏本四种；所提地方官刻本中，州府军刻本二十种，各司刻本十二种，各路刻本四十种；所提私家刻本中，私宅刻本十三种，私塾刻本四种；所提坊刻本有十四种；还有书院刻本九种。④

在宋代书目中，著录版本信息最详者当数尤袤所编《遂初堂书目》。尤袤喜欢东晋孙绰的诗文，绰有《遂初赋》，尤袤特喜之，故号自家藏书之处为"遂初堂"。《遂初堂书目》著录图书三千一百五十一部，分为四十四类，虽未标经、史、子、集，然观其部次，仍具四部分类之实。此目是"四无"书目，即无撰人、无类序、无卷数、无解题，然其特征之一就是对书籍版本信息的详著。《遂初堂书目》所著版本信

---

① 张舜徽选编：《文献学论著辑要》，中国人民大学出版社 2011 年版，第 8 页。
② 顾廷龙：《版本学与图书馆》，载《四川图书馆》1978 年第 11 期。来新夏先生也指出，"版本学和目录学是同源而同时诞生的"。见氏著《古典目录学浅说》，中华书局 2005 年版，第 201 页。
③ 余庆蓉、王晋卿：《中国目录学思想史》，湖南教育出版社 1998 年版，第 132 页。
④ 王晓慧：《〈直斋书录解题〉研究》，硕士学位论文，河北大学，2008 年。

息以经部和史部书为多,据统计,经部有十五种,史部有二十五种,其他有三种。该目所著版本类型包括旧监本、杭本(包括旧杭刻本)、川本(包括川小字本、川大字本)、江西本、吉州本、池州本、湖北本、越州本、严州本、京本等,这是以地域为划分标准的版本类型;还著录有私刻本姚氏《战国策》,石刻本《九经》、《论语》等;著录有外国刻本如高丽本《尚书》;著录有套印本、朱墨本等。可见,《遂初堂书目》所著版本类型之全是前无古人的。可以说,《遂初堂书目》已初具版本目录的基本特征。也许此故,叶德辉认为"自镂板兴,于是兼言版本,其例创于宋尤袤《遂初堂书目》"[1]。余嘉锡也肯定说:"自尤袤《遂初堂书目》,始兼载众本,遂为后来言版本者之滥觞。"[2] 其实,书目中著录版本并非始于《遂初堂书目》,如早于《遂初堂书目》的《郡斋读书志》就著录有一些书的版本情况,但《郡斋读书志》的重点在于揭示书之内容而非版本之著录,而《遂初堂书目》的特点则在于著录书的版本(尽管数量不多),故称《遂初堂书目》为版本目录奠基之作不为过。

明代的书目向来因"简略"而备受后人诟病,但我们要知道,明代书目在版本著录上亦有所进步。如晁瑮的《晁氏宝文堂书目》,著录《外戚事鉴》注曰"经厂刻",著录《易经大全》注曰"内府刻一部,闽刻一部",著录《柳文》注曰"徽刻六本,闽刻五本",等等。祁承㸁的《澹生堂书目》在有些书下著录不同版本,如《经传沿革》著录有《格致丛书》本、《古今逸史》本、《百名家书》本、《百川学海》本四个版本。赵琦美编的《脉望馆书目》著录版本信息更多,如其"余"字号专门著录残缺旧宋元版书:宋小版前后《汉书》,宋大监版《后汉书》,大版细字《通鉴》,大字厚纸《通鉴》,等等。尤其是赵琦美之父赵用贤所编《赵定宇书目》,更是注重版本信息著录的典范,该目主体部分按书之内容进行分类,但后面附有"内府版本"、"宋版大字"、"元版书"三类,在中国编目史上首次以版本为标准进行分类,具有开创性意义。可见,认为明代书目"简略",绝不意味着明代书目

---

[1] 叶德辉:《书林清话》,李庆西标校,复旦大学出版社2008年版,第9页。
[2] 余嘉锡:《目录学发微》,岳麓书社2009年版,第72页。

无一可取之处；"简略"有简略之益处，并非所有书目都必须"详全"才是，而应该"详略得当"。

说到版本目录和版本学的兴盛，不能不提清代钱曾的《读书敏求记》、乾隆帝和嘉庆帝分别敕撰的《天禄琳琅书目》之《前编》与《后编》、乾隆帝命修的《四库全书总目》、黄丕烈的藏书题跋以及叶德辉的《书林清话》等。

1. 《读书敏求记》中的版本信息

明末清初人钱曾，字遵王，号也是翁、述古主人，虞山（今江苏常熟）人。他继承先父藏书，后来又得到钱谦益的绛云楼焚余之书，其中有很多宋元刻本和精抄本，成为继钱谦益绛云楼和毛晋汲古阁之后的江南著名藏书家。他的藏书目录有《述古堂书目》十卷，收书二千二百余种，著录书名、著者、卷册，间或注明版本；《也是园书目》十卷，收书三千八百余种，仅著录书名和著者。《述古堂书目》和《也是园书目》，著录内容简单，基本上可视为藏书登记簿。钱曾留传下来的著作中最有名的书目著作属《读书敏求记》。《读书敏求记》本名《述古堂藏书目录题词》，全书录六百三十四条，多为述古堂所藏名家旧本和抄本，其中明确谈及版本者多达一百八十余条，占全部收录书数的28%，故可谓善本目录或版本目录。《读书敏求记》的每一条著录均无固定的内容范围和格式，或著录书名、著者、卷数，或记录版本及其鉴别过程，或睹物思人、抒发情感，或简述内容及其评价，或介绍藏书授受情况等，其中涉及版本种类和鉴别情况的记述较多，这就是《读书敏求记》可被称为版本提要目录的缘由。在版本类型方面，著录有宋、元、明旧刻或旧抄以及影宋本、校本、稿本等；在版本鉴别方面，利用各书的序跋、印章、版式、字体、墨色、纸张、刀刻、重印、初印、翻刻等特征进行辨别。所以，《四库全书总目》评价《读书敏求记》曰："……其中解题，大略多论缮写刊刻之工拙，……究缮刻之同异，见闻既博，辨别尤精。"① 正因如此，有人称《读书敏求记》为"我国第一

---

① 四库全书研究所：《钦定四库全书总目》（整理本），中华书局1997年版，第1154页。

部版本目录研究专著"①，亦不为过。其实，在《读书敏求记》之前，早有著录版本情况的私藏目录，如《遂初堂书目》为著录版本之奠基之作，但《遂初堂书目》所记版本者只有四十三部，占全部收录书数的1.37%；即使是著录版本较多的《直斋书录解题》，也只有一百五十条左右，仅占全部收书数的4.8%左右，且著录简略。所以，《读书敏求记》在著录版本信息方面比以往任何书目用力更甚，影响亦更大，后来的《天禄琳琅书目》、《四库全书简明目录》、《四库简明目录标注》以及诸多私藏家所著藏书题跋大多受《读书敏求记》之影响而成。钱曾著成《读书敏求记》之后，秘不示人，但后来被朱彝尊派人偷抄。钱林《文献征存录》卷二《钱曾传》记其事云："钱遵王撰《读书敏求记》，凡六百一种，皆记宋版元钞，……秘之枕中。康熙二十四年（1685年），彝尊典试江左，与遵王会于白下，求一见之，终不肯出。乃置酒，召诸名士高宴，遵王与焉。私以黄金及青鼠裘，予其侍史，启箧得之。雇藩署廊吏数十，于密室半宵写毕。"②朱彝尊的这种偷抄行为固有巧取豪夺之嫌，但却产生了此后《读书敏求记》流传于世的意外之果。此亦可谓"坏事变好事"乎？

2.《天禄琳琅书目》中的版本信息

乾隆九年（1744年），敕命选内府所藏善本秘籍庋藏于昭仁殿，赐名"天禄琳琅"。乾隆四十年（1775年），敕命于敏中等编纂《天禄琳琅书目》十卷（《前编》），著录宋元明旧刻、旧抄四百二十余部。嘉庆二年（1797年），天禄琳琅书毁于火，嘉庆帝乃命彭元瑞重新征集善本庋藏并编目，成《天禄琳琅书目后编》二十卷，收书六百六十四部。在著录内容上，《后编》较之《前编》多了一些考证、校勘的内容，而少了一些版本赏鉴之描述。这种区别主要源于《后编》主编彭元瑞反对"骨董家习气"的观念，如其在评价钱曾《读书敏求记》云"书中并无考证，间有舛误。每拳拳于版本、钞法，乃骨董家习气"③。

《天禄琳琅书目》在编纂体例和著录内容上有三个方面的特点。一

---

① 余庆蓉、王晋卿：《中国目录学思想史》，湖南教育出版社1998年版，第180页。
② 引自陈登原《古今典籍聚散考》，华东师范大学出版社2009年版，第299页。
③ 彭元瑞：《知圣道斋读书跋》，辽宁教育出版社2001年版，第4页。

是以版本形式为第一分类标准,即以宋版、影宋版、金版、元版、明版为次,然后再以经、史、子、集为次,也就是说,该目以书之外在形式为第一分类标准,而以书之内容为第二分类标准。二是注重书之外在形式的著录,其表现就是对书的纸墨之善否、字体之工拙、笔画之肥瘦、刊刻之优劣、版式之异同、印章之真伪、刻工之姓名等外在形式特征多有记录,这方面内容的详细程度远超以往任何书目。三是版本优劣的评价以赏鉴为主,典型者如元椠《九经》之著录:"亦仍宋椠巾箱《九经》之意,刊手印工虽非草草,而欲如巾箱本之密行细字、倍见精莹者,已出其下矣。"① 这段话关注的重点不在于宋椠错讹少于元椠,而在于宋椠较元椠刊刻精良。在文字描述上,诸如"字画流美,纸墨亦佳,信为锓本之精者"、"行密字展,朗若列眉"、"纸质墨光亦极莹致"等赏鉴之语更是比比皆是。这种以赏鉴为主的善本评价标准,与以往以"精校"为主的善本标准,形成了鲜明的对照。由此而论,《天禄琳琅书目》的作者是赏鉴派版本学家的典型代表。赏鉴派版本学家的大量出现,体现了中国古人喜爱图书、把玩图书、鉴赏图书的雅趣心态。

3. 《四库全书总目》中的版本信息

国人皆知,《四库全书总目》(以下简称《四库总目》或《总目》)是中国古代目录史上的集大成之作,其学术价值和导读价值无与伦比。周中孚称《总目》曰:"自汉以来,簿录之书,无论官撰私著,凡卷第之繁复,门类之允当,考证之精审,议论之公平,莫过于是编。"② 余嘉锡称《总目》"足为读书之门径,学者舍此,莫由问津"③。然而,人们对《总目》的版本学价值却往往重视不够甚或视而不见。翻阅《总目》,立刻就会发现,其著录书名卷数之下大多有小字标注,其内容包括书之来源和版本形式。著录书之来源者如"浙江巡抚采进本"、"内府藏本"、"浙江范懋柱家天一阁藏本"、"编修程晋芳家藏本"等;著录版本形式者如"《永乐大典》本"、"内府刊本"、"通行本"等。更为重要的是,《总目》提要中经常记录所录之书的版本类型、版本源

---

① 于敏中:《天禄琳琅书目》,上海古籍出版社2007年版,第127页。
② 周中孚:《郑堂读书记》,台湾商务印书馆1978年版,第587页。
③ 余嘉锡:《四库提要辨证·序录》,中华书局1980年版,第49页。

流、版本鉴定及版本优劣评价等。如赵明诚《金石录》提要云："近日所传，惟焦竑从秘府钞出本、文嘉从宋刻影钞本、昆山叶氏本、闽中徐氏本、济南谢氏重刻本。又有长洲何焯、钱塘丁敬诸校本，差为完善。今扬州刻本，皆为采录。"① 又如《五百家注音辨柳先生文集》提要云："其版式广狭，字画肥瘠，与所刻《五百家注昌黎集》纤毫不爽。……且其本椠锲精工，在宋版中亦称善本。"②《总目》的版本鉴定方法很齐全，如根据序跋鉴定、根据避讳鉴定、根据牌记鉴定、根据字体鉴定、根据纸张鉴定、根据藏书印鉴定、根据版式鉴定，等等。③《总目》提要考订版本源流亦非常精审，如《公是先生弟子记》提要云："其书宋时蜀中有刻板。乾道十年，豫章谢谔得之于刘文潚，付三衢江溥重刊。淳熙元年，赵不黯又于敞中曾孙子和及子和从叔椿家得二旧本，较正舛脱，就江本改刻十八页，补三百七十字。此本即从不黯所刻钞出者，末有谔、溥、不黯三跋，证以《永乐大典》所引，一一符合，知为原书，亦可谓罕觏之笈也。"④ 可见，该书的版本源流为"宋蜀刻本→乾道十年三衢江溥刻本→淳熙元年赵不黯刻本→《四库全书》所据之钞本"。总之，《四库全书总目》虽非为专门著录版本而作，但所记版本信息之多是显而易见的，在此意义上亦可将其视为版本目录。诚如曹之先生所言："《总目》作为版本目录是毋庸置疑的，《总目》中蕴藏着极为丰富的版本学资料，值得我们认真发掘。"⑤

4. 黄丕烈题跋中的版本信息

如果说钱曾的《读书敏求记》是读书札记式的版本提要目录，那么，清乾嘉时期的黄丕烈之藏书题跋，则可谓题跋式版本提要目录。黄丕烈，字绍武，一字绍甫，号荛圃、荛夫、荛翁、老翁，又号宋廛一翁、读未见书斋主人、抱守老人、佞宋主人等。自命藏书室为"百宋

---

① 四库全书研究所：《钦定四库全书总目》（整理本），中华书局1997年版，第1137页。标点有改动。
② 四库全书研究所：《钦定四库全书总目》（整理本），中华书局1997年版，第2009页。
③ 参见司马朝军《〈四库全书总目〉研究》，社会科学文献出版社2004年版，第241—245页。
④ 四库全书研究所：《钦定四库全书总目》（整理本），中华书局1997年版，第1207页。标点有改动。
⑤ 曹之：《〈四库全书总目〉是版本目录吗》，载《山东图书馆季刊》1991年第4期。

一塵"、"陶陶室"、"士礼居"等；自称"书魔"、"痴绝"、"惜书不惜钱"等。从这些号称、书斋名和自称中就可以看出，黄丕烈对藏书具有与众不同的执着和雅趣。黄丕烈一生收藏有二百多种宋版书和上千种元、明刻本及大量旧抄本、旧校本，故王松蔚赞曰："三百年来，凡大江南北，以藏书名者，亡虑数十家，而既精且富，必以黄氏士礼居为巨擘。"① 黄丕烈是集藏书、读书、校书、刻书于一体的治书大家，其治书成果主要体现在他每读一书所撰写的题跋之中，共计八百一十三篇（后人整理出来的数据）。缪荃孙在《尧圃藏书题识序》中说："其题识于版本之后先、篇第之多寡、音训之异同、字画之增损、授受之源流、翻摹之本末，下至行幅之疏密广狭、装缀之精粗弊好，莫不心营目识，条分缕析。"② 可见，黄丕烈题跋的特点之一在于对每书版本情况的详记。黄丕烈的题跋之文是附在所藏图书之前后的，而不像钱曾的《读书敏求记》是记在书外纸张上的，所以，黄丕烈的题跋是名副其实的、真正的题跋，而钱曾的《读书敏求记》应该算作读书札记而不应径称题跋。黄丕烈的题跋之文，若从单篇而言不能说是目录，但将所有题跋之文汇集起来就成了名副其实的版本提要目录。现今，黄丕烈题跋的汇集本主要有缪荃孙所辑《尧圃藏书题识》、《尧圃刻书题识》和王大隆（王欣夫）所辑《尧圃藏书题识续录》、《尧圃藏书题识再续录》。黄丕烈题跋不仅内容翔实，而且文体多样、文笔洒脱，每篇如版本鉴定书、阅读指导书，诚如王大隆所评，其跋"多率意信手之笔，如日记、如琐录，而性情真挚，跃然纸上"③。所以，当时藏书家们视黄丕烈题跋为奇文宝物，"尧翁手迹，一册入市，悬值千金，选秘抽奇，见者惟恐弗得"④。黄丕烈的题跋式版本目录，为人们提供了可查可读的治书成果，一时间版本题跋的撰写蔚然成风，其影响甚著。此后的杨绍和

---

① 叶昌炽：《藏书记事诗（附补正）》，王欣夫补正，上海古籍出版社1989年版，序第3页。
② 黄丕烈：《黄丕烈藏书题跋集》，余鸣鸿、占旭东点校，上海古籍出版社2013年版，第3页。
③ 王大隆：《尧圃藏书题识再续录跋》，载黄丕烈《黄丕烈藏书题跋集》，余鸣鸿、占旭东点校，上海古籍出版社2013年版，第929页。标点有改动。
④ 傅增湘：《藏园群书题记》，上海古籍出版社1989年版，第625页。

《楹书隅录》、瞿镛《铁琴铜剑楼藏书目录》、陆心源《仪顾堂题跋》、丁丙《善本书室藏书志》等，皆受黄丕烈题跋之影响而著成。正是因为人们看到了黄丕烈在版本考订与研究方面的突出贡献和巨大影响，所以人们称"黄丕烈是乾嘉学者中把版本研究推上专学的一位顶尖人物"①，"是版本学的真实的建立者"②。

5. 叶德辉《书林清话》所论版本信息

叶德辉（1864—1927年），字焕彬，号直山、直心；因其居宅称"郋园"，故时人称其"郋园老人"；又因其幼时患得天花，留下满脸疤痕，是故人称"叶麻子"。叶德辉在政治思想和立场上是一个顽固的保守派，他坚决反对康梁发动的维新运动，拥护袁世凯恢复帝制，抵制农民运动，最终被湖南革命军处决。与他的为人处世形成鲜明对照的是，他的文献学成就尤其是版本学成就却卓尔不凡。尤其值得一提的是，叶德辉在中国版本学史上第一次明确提出了"板本之学"称谓，其曰："及康、雍、乾、嘉以来各藏书家，断断于宋元本、旧钞，是为板本之学。"③ 同时，叶德辉把"板本之学"与"目录之学"、"校勘之学"并提，这是在中国学术史上"板本之学"成为独立之学的重要标志。叶德辉所撰《书林清话》、《书林余话》、《观古堂藏书目》、《藏书十约》、《郋园读书志》等著述中，记述了大量的版本学理论。

《书林清话》最晚成书于1911年，是叶德辉版本学研究的集大成之作。《书林清话》共十卷，每卷根据所谈问题的性质和范围分条分论，总计126条。这126条的内容大体可分为三大方面：一是有关版本学术语概念解说以及一些版本史事的起源与发展，如解释书之册、卷、本、叶、部、函、刻本、板片、刊刻的含义，考证刻板之始、刻板之盛、节抄本之始、巾箱本之始、刻丛书之始、刻书有圈点之始、翻板有例禁之始、书肆之缘起以及官刻、私刻、坊刻之盛等。二是有关各类刻本、抄本、活字本（包括日本、朝鲜活字板）的异同及其优劣评价，如对宋、元、明三代官刻、私刻、坊刻之行款、纸墨、书体、装订、刻

---

① 严佐之：《近三百年古籍目录举要》，华东师范大学出版社2008年版，第74页。
② 胡道静：《从黄荛圃到张菊老——150年来版本学的纵深发展》，载《出版大家——张元济研究论文集》，学林出版社2006年版，第95页。
③ 叶德辉：《书林清话》，李庆西标校，复旦大学出版社2008年版，第27页。

书工价、牌记、舛误等方面的异同及其优劣评价。三是记述与版本有关的书林逸事，如宋元佑禁苏轼、黄庭坚文集案、宋朱熹劾唐仲友刻书公案、明王延喆刻《史记》之逸闻、朱彝尊刻书之逸闻等。可见，《书林清话》的内容极其博杂，几乎囊括了当时所能论及的所有版本学问题。诚如叶德辉的侄子叶启鋆言此书"于刻本之得失，钞本之异同，撮其要领，补其阙遗。推而及于宋、元、明官刻书前牒文、校勘诸人姓名、版刻名称，或一版而转鬻数人，虽至坊估之微，如有涉于掌故者，援引旧记，按语益以加详。凡自来藏书家所未措意者，靡不博考周稽，条分缕晰。此在两汉刘、班，南宋晁、陈以外，别自开一蹊径也"①。缪荃孙在《书林清话》序中高度评价叶德辉的版本学造诣，称"焕彬于书籍镂刻源流，尤能贯串，上溯李唐，下迄今兹，旁求海外旧刻精钞、藏家名印。何本最先，何本最备，如探诸喉，如指诸掌。此《书林清话》一编，仿君家鞠裳之《语石》编，比俞理初之《米盐簿》，所以绍往哲之书，开后学之派别，均在此矣"②。

总之，《书林清话》第一次提出了"板本之学"为独立之学；《书林清话》是中国版本学史上的第一部系统而详细的版本学专著，是清代乃至中国历史上第一部版本学集大成之作。这就是《书林清话》的学术价值所在。

上述钱曾《读书敏求记》、黄丕烈题跋、《天禄琳琅书目》、《四库全书总目》，再加上叶德辉的《书林清话》等，为中国古代版本学的发展做出了突出贡献。书目之用在于揭示文献，揭示文献的广深程度，是衡量书目质量水平的主要尺度。上述书目成果及研究专著，其版本信息"标引深度"之深，达到了中国古代揭示文献版本信息之最高境界。可见，虽汉代刘向校书时已有版本考订实践，魏晋南北朝时期已出现多种版本名称（集中反映于颜之推《颜氏家训》中），宋代已出现"板本"、"善本"术语，且诞生版本目录奠基之作《遂初堂书目》，然直到清代，版本学才从目录学、校勘学之附庸之学转变为独立之"显学"，并得到人们的广泛认同。

---

① 叶德辉：《书林清话》，李庆西标校，复旦大学出版社2008年版，第254页。
② 叶德辉：《书林清话》，李庆西标校，复旦大学出版社2008年版，第5页。

## (二) 鉴版之法

所谓鉴版之法，指的是鉴别版本类型，考订版本源流，比较版本优劣的方法。无论是鉴别版本类型、考订版本源流，还是比较版本优劣，其方法都可分为根据内容的方法和根据形式的方法两类。根据内容的方法包括以书之卷数、征引、内容时限、学术源流、名物制度、思想观点、篇目构成及其排列等为根据来辨版；根据形式的方法包括以书之版式、序跋、卷端、避讳、牌记、行款、字体、纸张、藏书印、刻工姓名、装订形式等为根据来鉴版。[①] 鉴版之法还有"单一证据法"和"多重证据法"之别。如只以"避讳"为据来判断版本类型，即为"单一证据法"的应用表现；而同时以"避讳"、"卷数"、"版式"为据来判断版本类型，则为"多重证据法"的应用表现。同样，考订版本源流、比较版本优劣的方法亦有"单一证据法"和"多重证据法"之别。由于鉴版之法多种多样，这里无法一一举例说明，所以下面仅就鉴别版本类型、考订版本源流、比较版本优劣三方面各举一、二例，以窥见一斑。

鉴别版本类型之例。清人陆心源在鉴别《五经正文》版本时云："案《景定健康志》卷三十三所列诸经正文凡四：曰监本，曰川本，曰建本，曰婺本。……蜀本皆大字疏行，监本比川本略小，建本字又小于监本而非巾箱，惟婺本《重言尚书》、《周礼》两书款格狭小，与此书近，字体方劲，亦复相同，证以《健康志》，定为婺本，当不谬耳。宋帝讳自孝宗以前皆缺，避光宗讳，'惇'字不缺，当是孝宗时所刻。乾隆中秦氏所刻《九经》，疑即从此出，惟秦氏改每页四十行为三十六行耳。宋刊书，字数、行数相等，如每页二十行，则每行必二十字上下。此书每页四十行，每行二十七字。"[②] 在此，陆心源首先总结了监本、川本、建本、婺本的字体、行款特征以及宋刊书的字数、行数特征，并根据避讳情况，将此《五经正文》鉴定为南宋孝宗时婺州刻本。陆心源这里用的是多重形式根据法。再如《四库全书总目》辨别《广韵》（内府藏本）一书版本云："考世行《广韵》凡二本：一为宋陈彭年、

---

[①] 参见曹之《中国古籍版本学》（第三版），武汉大学出版社2015年版，第三编。
[②] 陆心源：《仪顾堂书目题跋汇编》，冯惠民整理，中华书局2009年版，第28—29页。

邵雍等所重修；一为此本。……朱彝尊作重修本序，谓明代内府刊板，中涓欲均其字数，取而删之。……世尚有麻沙小字一本，与明内府板同，题曰'乙未岁明德堂刊'。内'匡'字纽下十二字皆阙一笔，避太祖讳，其他宋讳则不避。邵长蘅《古今韵略》指为宋椠。"邵长蘅仅以避宋太祖讳为据来判断此本为宋椠的结论，馆臣并未直接采纳，因为"《平声》'东'字注中引东不訾事，重修本作'舜七友'，此本讹作'舜之后'。熊忠《韵会举要》已引此本，则当为元刻矣，非明中涓所删也。又宋人讳'殷'，故重修本改'二十一殷'为'欣'，此尚作'殷'，知非作于宋代"①。这是根据宋人避讳和元代已有征引此书情况，判断此本既非宋椠，也非明刻，而为元刊。这里所用的是内容根据法和形式根据法相结合的"多重证据法"。

考订版本源流之例。清人杨绍和《楹书隅录》卷三著录有《脉经》一书。杨绍和根据自家所藏《脉经》之序文及衔名云："末载熙宁元年、二年进呈镂板衔名，绍圣元年、三年国子监牒文衔名，及嘉定丁丑濠梁何大任后序，称家藏绍圣小字本，岁陈漫灭，博验群书，正其误千有余字，鸠工创刻。盖是书初刊于熙宁，至绍圣间由大字本开作小字本，而此本又从小字本重雕者也。"②可见，杨绍和所藏《脉经》一书之版本源流为"宋熙宁刻本→宋绍圣小字本→宋嘉定本"。杨绍和这里以《脉经》一书的序文、衔名、字体为据来判断该书的版本源流，所用的是多重形式根据法。再如，清人钱大昕曾对《史记》版本源流作了详细考订，其曰：

> 予所见《史记》宋椠本，吴门顾抱冲所藏，澄江耿秉刊于广德郡斋者，纸墨最精善，此淳熙辛丑官本也。黄荛圃所藏三山蔡梦弼刊本亦在淳熙间。海宁吴槎客所藏元中统刻本，计其时在南宋之季。此三本皆有《索隐》而无《正义》。明嘉靖四年莆田柯维熊校本金台汪谅刻。始合《索隐》、《正义》为一书，前有费懋中序，

---

① 四库全书研究所：《钦定四库全书总目》（整理本），中华书局1997年版，第556页。标点有改动。
② 杨绍和：《楹书隅录》，中华书局2006年版，卷三。

称陕西翻宋本无《正义》,江西白鹿本有《正义》,是柯本出于白鹿本也。同时震泽王氏亦有翻宋本,大约与柯本不异,《史记》、《索隐》、《正义》皆各自为本,不与本书比附。宋南渡后始有合《索隐》于《史记》者,创自蜀本。继有桐川、三山两本,皆在淳熙以前,其时《正义》犹单行也。白鹿本未审刻于何年,以意揆之,必在淳熙以后,盖以《索隐》为主,而《正义》辅之,凡《正义》之文与《索隐》同者悉从删汰,自是《正义》无单行本,而守节之元文不可考矣。①

钱大昕在此记述了宋、元、明三朝间《史记》的十种版本,足见其经眼《史记》版本之全。钱大昕考订的结论是:《史记》的澄江耿秉刊本、三山蔡梦弼刊本、元中统刊本、陕西翻宋本,以及桐川、三山两本,皆无《正义》;嘉靖四年莆田柯维熊校本、江西白鹿本,三家注俱存,而柯本出于白鹿本;南宋后最早合三家注为一书者为蜀本。这就把《史记》及其《索隐》、《正义》的分合刊版源流交代得清清楚楚了。钱大昕考订《史记》版本源流的主要根据是十种版本的比较和各版本的篇卷结构(是否与《索隐》、《正义》合刻),所用方法基本属于多重内容根据法。

比较版本优劣之例。钱曾的《读书敏求记》作为版本提要目录,对所录书之版本优劣多有评价。如对毛氏汲古阁所刻《九经三传沿革例》云:"启、祯年间,汲古之书走天下,罕有辨其讹舛者。予拟作《毛板刊谬》,以是正之,卒卒鲜暇,惜乎未遂此志。"② 钱曾在这里批评了汲古阁刻本讹舛多。清人对毛氏汲古阁刻书多有微词,如吴骞以家藏《春秋左传注疏》宋本校汲古阁本,其云:"此正陆氏《释文》,毛氏误刻作注,及其专刻《左传》杜注,则又并《释文》而脱之,皆误。……其他《释文》及注为汲古阁本所脱误者尚多。"③ 钱曾、吴骞

---

① 钱大昕:《十架斋养新录》,陈文和、孙显军校点,江苏古籍出版社 2000 年版,第 271—272 页。
② 钱曾:《藏园批注读书敏求记校证》,管庭芬、章钰校证;傅增湘批注,中华书局 2012 年版,第 84—85 页。
③ 吴寿旸:《拜经楼藏书题跋记》,中华书局 2006 年版,卷一。

对汲古阁刻书因校勘不精而脱误多的批评，是以书之内容为根据的版本优劣评价。对同书异本的优劣评价，是比较版本优劣的重点。如黄丕烈藏有北宋刻本《新序》，后来又见顾大有旧藏宋本，于是对此同书异本进行对校，发现顾本"卷九中'是后桓公信坏德衰'衍一'德'字，'殷夏之灭也'讹'汤'为'夏'字，'张子房之谋也'句下脱'楚虽无疆汉史作楚唯无疆'小注十一字，其错误迭出。……虽行款悉同，而字形活变不能斩方，彼此相校真如优孟衣冠矣。始知宋刻本一翻雕而神气已失，不必在异代也。则此本之可贵，逾胜于初得时，书友之索重直"①。在此，黄丕烈指出了顾本不仅在内容上"错误迭出"，而且在字形上"神气已失"，以此认定顾本作为翻刻本在内容和外观上均不如自藏北宋刻本。显然，黄丕烈这里所用的是内容根据法和形式根据法相结合的"多重证据法"。

（三）善本标准

什么样的书才能称作善本，这就是善本标准问题；有关善本标准的主张及其论说，是版本学思想的重要内容之一。按理说，善本应该是内容与形式的统一，即应该是书之内容的完好与书之外在形制的完美的统一。据此，明人胡应麟曾提出有"善本七标准论"，其曰：

> 凡书之直之等差，视其本，视其刻，视其纸，视其装，视其刷，视其缓急，视其有无。本视其钞刻，钞视其讹正，刻视其精粗，纸视其美恶，装视其工拙，印视其初终，缓急视其时，又视其用，远近视其代，又视其方。合此七者，参伍而错综之，天下之书之直之等定矣。②

胡应麟的这七标准中，只有"视其缓急"条即"缓急视其时，又视其用"涉及书之内容，而其他六方面似乎都指书之外在形制而言，然而我们不能由此认为胡应麟的"善本七标准论"是"重形式轻内容"

---

① 黄丕烈：《黄丕烈藏书题跋集》，余鸣鸿、古旭东点校，上海古籍出版社2013年版，第167页。
② 胡应麟：《少室山房笔丛》，中华书局1958年版，第57页。

的善本观，因为若一书"不以时"、"不以用"，则其形式再完美也不能成为人们阅读的对象，而充其量只能视为"金玉其外"的供人们把玩的文物性存在。

随着版本学的发展，在版本学领域逐渐形成了校雠派和赏鉴派，二者各持不同的善本观。校雠派注重的是书之校勘精、讹误少、内容完整，而赏鉴派注重的是书之外在形制的完美。若以现代的善本之"三性"标准（学术性、文物性、艺术性）而言，校雠派注重的是书之学术性价值，而赏鉴派注重的是书之文物性、艺术性价值。客观地说，若能把校雠派的善本观和赏鉴派的善本观加以综合考量，乃为比较科学的善本观。在清代之前，校雠派的善本观一统天下，即以是否校勘精、讹误少、内容完整为判断善本之标准。清代之后，随着赏鉴派的崛起，尤其是在黄丕烈题跋以及《天禄琳琅书目》的广泛影响下，赏鉴派的善本观大行其道。也就是说，入清之后，尤其是乾嘉之后，形成了校雠派和赏鉴派融合的善本观。其中，丁丙的善本四标准论、张之洞的善本三标准论和缪荃孙的善本四标准论最具代表性。

1. 丁丙的善本四标准论

丁丙在《善本书室藏书志跋》中提出了他的善本四标准论：

一曰旧刻。宋元遗刊，日远日尟，幸传至今，固宜球图视之。二曰精本。宋氏一朝自万历后，剞劂固属草草，然追溯嘉靖以前，刻书多翻宋椠，正统、成化，刻印尤精，足本孤本，所在皆是。今搜集自洪武迄嘉靖，萃其遗帙，择其最佳者，甄别而取之；万历以后，间附数部，要皆雕刻既工、世鲜传本者，始行入录。三曰旧钞。前明姑苏丛书堂吴氏、四明天一阁范氏，二家之书，半系钞本。至国朝小山堂赵氏、知不足斋鲍氏、振绮堂汪氏，多影钞宋元精本，笔墨精妙，远过明钞。……四曰旧校。校勘之学，至乾嘉而极精。出仁和卢抱经、吴县黄荛圃、阳湖孙渊如之手者，尤雠校精审。他如冯己苍、钱保赤、段茂堂、阮文达诸家手校之书，朱墨烂然，为艺林至宝。补脱文、正误字，有功后学不浅。荟萃珍藏，如与诸君子面相质也。

丁丙的善本四标准——旧刻、旧抄、旧校、精本，实际上可概括为二标准——旧本与精本。不过，丁丙所言旧本不限于宋元旧椠，而是扩大到了明刻本和清抄本。这可从《善本书室藏书志》（题为丁丙撰，实为孙峻撰）所著录的书籍构成中看出。该《志》著录善本二千六百余种，其中宋、元旧本一百四十余种，而明刊一千一百六十余种；抄本一千三百余种，其中清代抄本占了相当比例。可见"丁氏看重的是文本的旧，而非版本的旧"[①]。丁丙所言精本，亦不仅指校勘精，还包括书之形制精美。《善本书室藏书志》中随处可见的赏鉴之语，表明了丁丙对书之形制精美的重视，如称明正统司礼监刻本《周易》"其板行宽字大，摹印颇精"，称抄本《左氏摘奇》"钞手精绝"，称《汉书》残本十四卷"笔画工整，纸墨古雅，洵宋刻之最佳者"，等等。可见，丁丙的善本四标准论，是校雠派善本观和赏鉴派善本观融合的产物，有其全面性。严佐之先生评价此四标准论说："对目录学、版本学影响较大的倒反而是丁丙在《善本书室藏书志跋》里提出的四条善本标准。台湾著名目录版本学家昌彼得说：'这一善本标准一直沿用到民国初年。1933年，国立北平图书馆出版的善本书目即依照此标准……1947年江苏省立国学图书馆出版的书目……注甲字是依丁丙的善本标准。'解放以后，大陆各大图书馆的善本书目也基本如此。因编纂《全国古籍善本书目》而引发的对善本涵义的学术讨论，众说纷纭而暂归一是，丁丙的标准仍是其理论基础。"[②] 由此足见丁丙的善本四标准论对后世的影响之大。

2. 张之洞的善本三标准论

张之洞是清末重臣，亦为"学而优则仕"之人，同治二年（1863年）进士，官至内阁学士、两广总督、湖广总督、军机大臣等，是洋务运动的主将之一。他不仅勤政为官，而且十分关心士子读书，其表现主要有三：一是为官历任，每到一处，置办书院，重视教育；二是亲著《輶轩语》、《劝学篇》，宣传读书治学之道；三是在幕僚缪荃孙的辅佐下编撰导读性书目《书目答问》。他在《輶轩语》中

---

① 石祥：《杭州丁氏八千卷楼书事新考》，博士学位论文，复旦大学，2006年。
② 严佐之：《近三百年古籍目录举要》，华东师范大学出版社2008年版，第191页。

## 第三章 中国古代图书馆学思想

提出了善本三标准论：

> 善本非纸白、板新之谓，谓其为前辈通人用古刻数本精校细勘付刊、不讹不缺之本也。……善本之义有三：一足本（无缺卷，无删削），二精本（一精校，一精注），三旧本（一旧刻，一旧钞）。①

张之洞的这三标准论，可谓读书家之善本观。可以说，张之洞的《书目答问》是在他的善本三标准论的指导下编撰的。正因如此，《书目答问》所答之问主要是"书以何本为善"的问题。所以，《书目答问》多著录同书异本，并作出何本为善的导读性提示。如《十三经注疏》，著录乾隆四年武英殿刻附考证本、同治十年广州书局覆刻殿本、阮文达公元附校勘记本、明北监本、明毛晋汲古阁本五种版本，并评价曰："阮本最于学者有益，凡有关校勘处旁有一圈，依圈检之，精妙全在于此。四川书坊翻刻阮本，讹谬太多，不可读，且削去其圈，尤谬。明监、汲古阁本不善。"②《书目答问》不著录宋元旧椠，亦不注重版本形制的描述，所著录者大多为不讹不缺、精校精注的清刻本。所以，《书目答问》只能视为回答"书以何本为善"问题的导读性书目；③从善本观而言，应该视其为版本学中的校雠派代表之一。

张之洞和丁丙是同时代人，张之洞的善本三标准论与丁丙的四标准论之间是否有影响关系，时人以及后人未有考论，然现代学者毛春翔却对二者作了比较评价："丁氏四例，略足本，而特标旧校，于精本，特指明刊，实较张氏所标三义，更为精到。足本似可包括在精本之内，不必另立一帜。肯定善本含义，我以为丁氏四例足以尽之。"④按：丁丙更多的是从校雠学角度强调其四标准的全面性，而张之洞则从导读角度

---

① 张之洞：《增补书目答问补正》，范希曾补正，孙文泱增订，中华书局2011年版，第667—668页。
② 张之洞：《增补书目答问补正》，范希曾补正，孙文泱增订，中华书局2011年版，第1页。
③ 江曦：《清代版本学史》，中国社会科学出版社2013年版，第255页。
④ 毛春翔：《古书版本常谈》，上海古籍出版社2002年版，第8页。

强调其三标准的不可或缺性,两者立意不同,不可简单类比。

3. 缪荃孙的善本四标准论

缪荃孙,字炎之(一字筱珊),号艺风,光绪二年(1876年)进士。缪荃孙在校勘学、目录学、版本学方面具有颇深造诣,著有《艺风堂文漫存》、《艺风堂文集》及其《续集》、《艺风藏书记》及其《续记》和《再续记》等,并辅佐张之洞编《书目答问》。缪荃孙的版本、善本思想散见于这些著述之中,他本人未尝专门总结善本标准。鉴于此,陈乃乾总结缪氏善本标准说:"今编目既成职业化,于是筱珊先生应运而生,制定善本与非善本之界限。其说如下:(一)刻于明末以前者为善本,清朝及民国刻本皆非善本;(二)抄本不论新旧皆为善本;(三)批校本或有题跋者皆为善本;(四)日本及高丽重刻中国古书,不论新旧皆为善本。"① 陈乃乾总结的这四条标准中,第二条和第三条基本符合缪氏本人的观点,但第一条和第四条不尽符合缪氏观点。如关于第一条所论的清刻本问题,缪氏曾说:"其实国朝影宋本雕镂工细,考订精审。……况国初及乾嘉以前,近者百年,远者至二百余年,如明中叶仰企天水,况经兵燹,不易流传,而价值之贵,亦与毛、季诸公购宋元无异,安得以新刻薄之乎?"② 在此缪氏认为一些清刻本不亚于宋元旧刻,且流传渐少,所以不应"以新刻薄之",而理应视为善本。再如关于第四条所论的日本刻本问题,缪氏曾曰:"大约古钞卷子为上,宋元旧刻次之,翻刻本而未加和文者次之,活字本次之,影写者次之。"③ 说明缪氏对日本刻本并非一概认为"不论新旧皆为善本",而是作出了优劣程度上的等次划分。缪氏的善本四标准论,是集时代特征(如明末以前刻本以及一些清刻本)、地域特征(如日本和高丽刻本)、形制特征(抄本)以及附加特征(如有批校、题跋之本)为一体的综合标准;既有学术性考量,也有文物性、艺术性考量。正因如此,陈乃乾评价说"自缪氏发明此项条规后,一时奉为金科玉律,其影响藏书

---

① 引自江曦《清代版本学史》,中国社会科学出版社2013年版,第257—258页。
② 缪荃孙:《缪荃孙全集·目录》,张廷银、朱玉麟主编,凤凰出版社2013年版,第242—243页。标点有改动。
③ 缪荃孙:《艺风堂文续集外集》,上海古籍出版社2007年版,第286页。

家及书店者甚大"①。

（四）版本思想余论

除了叶德辉的《书林清话》、《书林余话》等极少数著作比较集中地记述版本思想观点以及有关史话之外，其他人的版本思想观点大多散记于藏书志、书目提要、读书札记、校勘记、题跋、序文、个人文集等著述载体之中。上述有关鉴版方法以及善本标准的思想观点，就是从有关学者的散记之中摘取或梳理出来的。下面再摘取或梳理出若干比较重要的版本思想观点，以作补充，名之"余论"。

1."劣版书误人"论

中国古代人关于版本鉴别之重要性的认识往往是从"劣版书误人"的事例或经验中得到的。颜之推在《颜氏家训》之《勉学》、《书证》篇中，多次提到"江南本"、"河北本"、"俗本"、"传本"等多种版本，并多次讲述自己亲历或听闻的"劣版书误人"之事例。例如："《诗》云：'有杕之杜。'江南本并木傍施大，《传》曰：'杕，独皃也。'徐仙民音徒计反。《说文》曰：'杕，树皃也。'在木部。《韵集》音次第之第，而河北本皆为夷狄之狄，读亦如字，此大误也。"② 这是在讲述河北本之误。又如："《后汉书》：酷吏樊晔为天水郡守，凉州为之歌曰：'宁见乳虎穴，不入冀府寺。'而江南书本'穴'皆作'六'。学士因循，迷而不悟。夫虎豹穴居，事之较者，所以班超云：'不入虎穴，安得虎子？'宁当论其六七耶？"③ 江南本把"穴"误为"六"，然"学士因循，迷而不悟"，这是典型的"劣版书误人"之例。

南宋人陆游亦曾讲有"劣版书误人"的一则故事："三舍法行时，有教官出《易》议题云：'乾为金，坤又为金，何也？'诸生乃怀监本《易》至帘前请云：'题有疑，请问。'教官作色曰：'经义岂当上请？'诸生曰：'若公试，固不敢。今乃私试，恐无害。'教官乃为请解大概。诸生徐出监本，复请曰：'先生恐是看了麻沙本。若监本，则坤为釜也。'教授皇恐，乃谢曰：'某当罚。'即输罚，改题而止。"④ 此故事

---

① 引自江羲《清代版本学史》，中国社会科学出版社2013年版，第259页。
② 颜之推：《颜氏家训译注》，张霭堂译注，齐鲁书社2009年版，第184页。
③ 颜之推：《颜氏家训译注》，张霭堂译注，齐鲁书社2009年版，第206页。
④ 陆游：《老学庵笔记》，李剑雄、刘德权点校，中华书局1979年版，第94页。

中的教官因读麻沙本《易》，把"坤为釜"误认作"坤为金"，由此闹出了笑话。这是麻沙本误人的典型案例。在古籍中，麻沙本之劣屡有记载，直至《四库全书总目》亦批麻沙本，称"麻沙书坊，刊本最多，大抵出自乡塾陋儒，剿袭因陈，多无足取"；"经文下多附录重言重意，乃宋代坊本陋式，最为鄙浅，今悉删除"。①

2. 孙从添和叶德辉的"鉴版识书"论

所谓"鉴版识书"，即通过鉴别版本来识别书之质量优劣。孙从添在《藏书记要》中认为，"藏书而不知鉴别，犹瞽之辨色，聋之听音，虽其心未尝不好，而才不足以济之，徒为有识者所笑，甚无谓也"。如何鉴别？孙从添指出了两种途径：一是通过各类书目了解各种书的基本情况，即"据目识书"；二是通过鉴别版本来识别书之质量优劣程度，即"鉴版识书"。在这两种途径中，孙从添更多地强调了"鉴版识书"的重要性，为此他列举了诸多鉴版经验和技巧，例如："凡收藏者，须看其板之古今，纸之新旧好歹，卷数之全与缺，不可轻率"；"十三经，蜀本为最，北宋刻第一，巾箱板甚精，其次南宋本亦妙，唐本不可得矣"；"十七史，宋刻九行十八字最佳"；"毛氏汲古阁十三经、十七史，校对草率，错误甚多，不足贵也"；"宋刻本书籍传留至今，已成希世之宝，……宋刻本有数种，……诸刻之中，惟蜀本、临安本、御刻本为最精。……鉴别宋刻本，须看纸色、罗纹、墨气、字划、行款、忌讳字、单边"；"元刻不用对勘，其字脚行款黑口，一见便知"；"若外国所刻之书，高丽本最好"；等等。了解和掌握书籍的各种版本情况及其鉴别技能，有助于判断书籍质量的优劣程度，以此保证不为劣版书所蔽、所误，这也是古今藏书者和读书者普遍遵循的版本观之一。

叶德辉的《藏书十约》乃仿孙从添的《藏书记要》而作。他在《十约》中也讲述了"鉴版识书"的经验方法。就十三经书而言，"明南监本，皆杂凑宋监、元学诸刻而成，其书亦尚易觏。而北监本、毛晋汲古阁本次之。……官刻有武英殿本为最佳，广东翻刻则未善。嘉庆末年，阮文达元以家藏宋元本注疏及单注单疏合校刻于南昌府学，……书

---

① 四库全书研究所：《钦定四库全书总目》（整理本），中华书局1997年版，第1785、143页。

中文字异同之处，旁刻墨圈识之，依圈以检校勘，读一本而众本皆具；……别开一径，启人神悟，莫善于斯。后来各省翻刻，尽去其圈，实为乖谬；刻一书而一书废，宁可阙如，不可取以充数也"。就史书而言，"以南明监二十一史为善。……而北监本之脱误，尤为荒唐。……南监本外，则以武英殿刻本为完全"。就丛书而言，"明弘治间华珵重印宋左圭《百川学海》、程荣《汉魏丛书》、毛晋《津逮秘书》、《武英殿聚珍板丛书》、鲍廷博《知不足斋丛书》、潘仕诚《海山仙馆丛书》、伍崇曜《粤雅堂丛书》，其书多而且精，足资博览"。叶德辉在此详细描述了各类书籍的版本优劣，足以成为"辨版识书"的指南。这种"辨版识书"与张之洞《书目答问》所答"书以何本为善"之问有异曲同工之妙，因为二者皆有鉴版以导藏、导读之功效。

3. "佞宋"与"不唯宋"论

历史步入清代后，在书籍版本优劣评价和善本标准问题上，人们大多怀有"佞宋"情结。所谓"佞宋"，是人们对宋元旧刻的执着偏爱心理的比喻称谓。入清后的藏书家和文人墨客普遍有"佞宋"心态，其中的主要代表有钱谦益、钱曾、黄丕烈等。

钱谦益的藏书楼名为"绛云楼"。清人曹溶在《绛云楼书目题辞》中称钱谦益"所收必宋元板，不取近人所刻及钞本，虽苏子美、叶石林、三沈集诗等，以非旧刻，不入目录中"。这里所称"所收必宋元板"，表明钱谦益实有"佞宋"情结。钱谦益的族孙钱曾亦有此情结，他在《述古堂藏书目》自序中云："竭予二十余年之心力，食不重味，衣不完采，捋当家资，悉藏典籍中。……然生平所嗜，宋椠本为最。冯定远每戏予曰：'昔人佞佛，子佞宋刻乎！'相与一笑，而不能已于佞也。"可见，钱曾承认了他人对自己"佞宋"的指认。

说到"佞宋"，最佞者当数黄丕烈。黄丕烈自号"宋廛一翁"、"佞宋主人"；称自藏宋版书为"百宋一廛"，并作有《百宋一廛书录》；每购得宋刻佳本，常请好友题诗作赋；每年末还"布列家藏宋木经史子集，以花果名酒酬之"，在中国历史上首开祭书之礼，这些都表明黄丕烈确实具有"佞宋"的执着心态。"佞宋"实际上是以古刻旧本为真、为善的观念表现。在黄丕烈的题跋中，推崇古刻旧本的话俯拾即是，如"书以最先者为佳"、"凡书以祖本为贵"、"书以初刻为佳"、"书以重

· 305 ·

刻而愈失其真",等等。与钱曾一样,黄丕烈也经常以"佞宋"自解,如他在《百宋一廛书录》序中云:"余喜聚书,必购旧刻,昔人'佞宋'之讥有同情焉。每流览诸家书目,以求古书源流,如《述古》、《汲古》最为珍秘,然其中亦不能尽载宋刻,……适因迁居东城县桥,重理旧籍,特衷集宋刻本汇藏一室,先成簿记,谓之《百宋一廛书录》。……此则区区佞宋之私,诚无以自解于世者耳。"① 又云:"宋刻书之贵可云贵甚,而余好宋刻书之痴可云痴绝矣。"② 黄丕烈的"佞宋"心理源于其崇尚"真本"的心理,诚如其言:"书必真本为上,其次从真本手校乃可信。"③ 显然,黄丕烈所称真本是指最能保持古书原貌的本子,也就是指古刻旧本。真本之所以可信、可贵,是因为"书旧一日,则其佳处犹在,不致为庸妄人删润归于文从字顺,故旧刻为佳"④。黄丕烈崇尚真本或古刻旧本的心理,是其总结长期的读书、校书实践经历而悟出的,如其所记《浣花集》校勘经过及其心得云:"此残宋刻本《浣花集》四至十卷。……余藏韦莊《浣花集》向有三本:一为黑格精钞本,一为蓝格旧钞本,一为毛氏影钞宋本。三者之中,影钞为上。然得此残宋刻证之,则又在影钞者上矣。盖书以古刻为第一,一字一句之误,犹可谛视版刻,审其误之由来,影钞则已非庐山真面目。……故余佞宋,虽残鳞片甲亦在珍藏。"⑤ 黄丕烈崇尚真本而形成的"佞宋"心理有其社会背景:一是黄丕烈生活的时代,宋刻之书最接近"真本",且宋刻之书渐少,所以藏书者、校书者和读书者珍重宋刻之书是必然之事;二是从学术背景而言,乾嘉时期求真、求实的朴学兴盛,而崇尚宋刻之"真本"是秉持朴学学术风格的必然要求。

---

① 黄丕烈:《黄丕烈藏书题跋集》,余鸣鸿、占旭东点校,上海古籍出版社2013年版,第971页。
② 黄丕烈:《黄丕烈藏书题跋集》,余鸣鸿、占旭东点校,上海古籍出版社2013年版,第316页。
③ 黄丕烈:《黄丕烈藏书题跋集》,余鸣鸿、占旭东点校,上海古籍出版社2013年版,第185页。
④ 黄丕烈:《黄丕烈藏书题跋集》,余鸣鸿、占旭东点校,上海古籍出版社2013年版,第143页。
⑤ 黄丕烈:《黄丕烈藏书题跋集》,余鸣鸿、占旭东点校,上海古籍出版社2013年版,第444—445页。

## 第三章　中国古代图书馆学思想

凡事"物极必反"。黄丕烈过度偏执的"佞宋"言行，后世人们多有批评。清人陈其元在《庸闲斋笔记》中讲述了自己与一位佞宋者的交往故事：

> 今人重宋版书，不惜以千金数百金购得一部则什袭藏之，不特不轻示人，即自己亦不忍数翻阅也。余每窃笑其痴。昆山令王鼎臣刺史定安酷有是癖，偿买得宋椠《孟子》，举以夸余，余请一观，则先负一椟出，椟启，中藏一楠木匣，开匣，乃见书。书之纸墨亦古，所刊字画亦无异于今之监本。余问之曰："读此可增长智慧乎？"曰："不能。""可较别本多记数行乎？"曰："亦不能。"余笑曰："然则不如仍读我监本，何必费百倍之钱购此也？"王恚曰："君非解人，不可共君赏鉴。"急收弄之。余大笑去。①

客观而言，包括宋刻在内的所有古刻旧本，有优有劣，不可能全优。与黄丕烈同时代的顾广圻虽主张"书以弥古为弥善"，甚至还认为"宋本书虽无字处亦好"，但同时认为"宋本亦不能无谬"。②说明顾广圻"喜宋"但"不唯宋"。所以，在对待宋刻旧本的态度上，"贵宋而不唯宋"才是避免偏执的可取态度。鉴于此，清初王士禛提出了无论什么版本都应"择善而从"的观点："今人但贵宋椠本，故宋椠本亦多讹误，但从善本可耳。"③清代著名藏书家张金吾则提出了如何对待书籍版本之道：

> 椠本贵乎宋，宋椠不尽可宝，要在乎审择之而已。夫所谓审择之者，何也？宋、元旧椠，有关经史实学而世鲜传本者上也。书虽习见，或宋元刊本，或旧写本，或前贤手校本，可与今本考证异同者次也，书不经见而出于近时传写者又其次也，而要以有裨学术治道者为之断。④

---

① 《中华野史》编委会：《中华野史》，泰山出版社2000年版，第9285页。
② 顾广圻：《思适斋书跋》，黄明标点，上海古籍出版社2007年版，第80、53、96页。
③ 引自来新夏《古典目录学浅说》，中华书局2005年版，第222页。
④ 张金吾：《爱日精庐藏书志》，冯惠民整理，中华书局2012年版，卷首。标点有改动。

在此，张金吾首先提出了"宋椠不尽可宝"、需要择善而从的"不唯宋"观点；同时又提出了版本之优劣应主要根据书之内容来判断的观点，即"要以有裨学术治道者为之断"。可以说，张金吾已经彻底摆脱了"佞宋"的束缚，做到了"贵宋而不唯宋"。

4. 章学诚、黄丕烈、缪荃孙的"著录版本宜详"论

清代史学家、校雠学家章学诚曾代毕沅纂《史籍考》一书，为此撰有《论修史籍考要略》一文，在其第十二条中提出了著录版本信息要详的主张，其曰：

> 十二曰板刻宜详。朱氏《经义考》后有"刊板"一条，不过记载刊木原委，而惜其未尽善者，未载刊本之异同也。金石刻画，自欧、赵、洪、薛以来，详哉其言之矣。刊板之书，流传既广，讹失亦多，其所据何本，较订何人，出于谁氏，刻于何年，款识若何，有谁题跋，孰为序引，板存何处，有无缺讹，一书曾经几刻，诸刻有何异同，惜未尝有人仿前人《金石录》例，而为之专书也。如其有之，则按录求书，不迷所向，嘉惠后学，岂不远胜《金石录》乎？①

在此，章学诚首先指出了朱彝尊的《经义考》和赵明诚的《金石录》虽著录有版本信息但不够详细的缺陷，进而主张著录版本信息要著录"所据何本，较订何人，出于谁氏，刻于何年，款识若何，有谁题跋，孰为序引，板存何处，有无缺讹，一书曾经几刻，诸刻有何异同"等详细信息，认为这样才能达到"按录求书，不迷所向，嘉惠后学"的目的。

黄丕烈作为版本学大师，亦主张书目应详载版本信息，其曰：

> 余喜蓄书，于目录尤所留意。晁、陈两家之外，近惟《读书敏求记》叙述原委最为详悉，然第讲论著书之姓氏与夫得书之颠末，

---

① 章学诚：《章学诚遗书》，文物出版社1985年版，第116页。

若为钞为刻，未必尽载。故偶遇述古旧藏，取《记》中所载者证之，一时无从得其面目，余窃病之。……今春闲居无聊，检敝箧中有《季沧苇藏书目》一册，其详载宋元板刻以至钞本，几于无所漏略。余阅《述古堂藏书目序》有云："举家藏宋刻之重复者，折阅售之泰兴季氏。"是季氏书半出钱氏，而古书面目较诸钱氏所记更详。于今沧苇之书已散失殆尽，而每从他处得之，证诸此目，若合符节，方信藏书不可无目，且书目不可不详载何代之刻，何时之钞，俾后人有所征信也。①

这里，黄丕烈指出了钱曾《读书敏求记》著录版本信息不够详细，以致得其旧藏而无从查考；与此相比，《季沧苇藏书目》则著录版本信息较详细，可作考证之资，据此黄丕烈提出了书目不可不详载版本信息的观点。

作为目录学、版本学大师的缪荃孙，亦很重视版本著录问题，为此他曾提出有古籍版本的著录格式标准：

×××撰（撰人上有籍贯或官衔，须照原书抄写），××刊本（何时刊本，须略具鉴别力），每半叶×行，行××字，白（或黑）口，单（或双）边，中缝鱼尾下有××几字，卷尾题×××（此记校刻人姓名或牌子），前有××几年×××序，××几年×××重刻序，后有××几年×××跋。××字××，××人，××几年进士，官至××××（撰人小传可检本书序跋或四库提要节抄），书为×××所编集（或子侄所编成或自编），初刻于××几年，此则据××刻本重刻者。××氏××斋旧藏，有××印。②

此标准著录项目齐全，格式规范，几乎不亚于现代文献著录标准中

---

① 黄丕烈：《黄丕烈藏书题跋集》，余鸣鸿、占旭东点校，上海古籍出版社2013年版，第693页。
② 引自曹之《中国古籍版本学》（第三版），武汉大学出版社2015年版，第114页。

的版本项著录标准。由此可见,缪荃孙是主张详著版本信息的。

## 第三节 文献藏用观

图书馆所藏文献资源应以"藏"为主,还是应以"用"为主?对此,大致存在保守派与开放派之别。保守派主张以藏为主,珍藏秘守;而开放派则主张以用为主,藏以致用。当然,保守派所谓珍藏秘守,绝非纯粹的藏而不用,只是以藏为主、有限利用而已。事实上,中国古代大部分藏书者既重藏又重用。

### 一 文献珍藏不借之因

所谓文献珍藏不借,指视书如珍的心理和不轻借人的做法。在中国古代,珍藏文献是一种普遍的心理与做法。之所以普遍存在这种心理与做法,其原因可归纳为四方面:一为守护家产之心理;二为藏书为乐之生活情趣;三为求书难之客观现实;四为由借书之德缺失所倒逼。下面分别论之。

(一)守护家产之心理使然

若把藏书视为家族之私有财产,那么基于所有权的合法性和正当性,守护藏书而不使其流失是家族成员的共同责任。来新夏先生曾把藏书分为官藏、公藏和私藏三类体制,其中官藏指皇家和政府藏书,公藏指学校、书院和寺观藏书,私藏指私家藏书。[①] 若按照这种藏书体制划分,则把藏书视为家族之私有财产而珍藏的心理与做法,主要表现在皇家藏书和私家藏书两类体制之中。

也许有人质疑:皇家藏书属于公藏或公有财产,岂有存在珍藏"私有财产"之理?了解和熟悉中国古代政治体制特征的人都知道,皇家藏书在名义上或形式上可视为公藏或公有财产,而在实际管理上被认作皇家私有财产。这是由中国古代社会的"家产制国家"或"家产官僚

---

① 来新夏:《中国藏书文化漫论》,载黄建国、高跃新主编《中国古代藏书楼研究》,中华书局1999年版,第6—8页。

制"性质所决定的。① 所谓"家产制国家"或"家产官僚制",实际上就是"家国一体化"或"国家家族化"的产物。对此,王亚南先生曾指出,中国古代社会"在一方面说,是家族政治化,在另一方面说,又是国家家族化,伦理政治的神髓就在此"②。所谓"国家家族化",实质上是"以国为私家"、"化公为私"。对此,明清之际的大儒黄宗羲曾作出激烈批判,其曰:

> ……后之为人君者不然,以为天下利害之权皆出于我,我以天下之利尽归于己,以天下之害尽归于人,亦无不可;使天下之人不敢自私,不敢自利,以我之大私为天下之大公。始而惭焉,久而安焉,视天下为莫大之产业,传之子孙,受享无穷。……此无他,古者以天下为主,君为客,凡君之所毕世而经营者,为天下也。今也以君为主,天下为客,凡天下之无地而得安宁者,为君也。是以其未得之也,屠毒天下之肝脑,离散天下之子女,以博我一人之产业,曾不惨然?曰"我固为子孙创业也"。其既得之也,敲剥天下之骨髓,离散天下之子女,以奉我一人之淫乐,视为当然,曰:"此我产业之花息也。"然则为天下之大害者,君而已矣。③

这种"天下利害之权皆出于我",从而把"天下之利尽归于己"、"博我一人之产业"说成是"为子孙创业",把靠"敲剥天下之骨髓"而得来的私人享乐说成是"此我产业之花息",简直是弥天大谎!在这种"国家家族化"前提下,皇家藏书实质上变成了皇家私有财产,从而视其为家产来守护,天下大部分人不得窥之、用之。这是中国古代皇权政治公私不分、把公产异化为私产的必然结果。用现代政治学语言来说,"国家家族化"实质上是"公共领域私人化",即"公共领域(政

---

① "家产制国家"或"家产官僚制",是德国社会学家马克斯·韦伯在分析包括中国在内的东方国家社会特征时提出的术语,指中国等东方社会的古代官僚体制不是建立在理性化的法治基础之上,而是以皇帝为最大"家长",由家长制、君主制混一体系支撑起来的。参见马克斯·韦伯著,洪天富译《儒教与道教》,江苏人民出版社2003年版,第107—111页。
② 王亚南:《中国官僚政治研究》,中国社会科学出版社1981年版,第54页。
③ 黄宗羲:《明夷待访录译注》,李伟译注,岳麓书社2008年版,第6页。

府处理的事宜）与私人领域（与政府无关的事宜）之间缺乏差异"。①

前文已提及，保守派主张的珍藏秘守，并非纯粹的藏而不用。就皇家藏书而言，也有帝王御览、赐赠臣僚、馆阁读书、借阅等利用方式，但是，我们应该承认，皇家藏书的利用范围确实很有限，只有极少数人才有机会利用，所以中国古代素有"秘府珍藏，非草茅之士所能睹"之说。②皇家藏书，草茅之士固然不能睹，即使是朝臣或馆阁官吏亦不能轻易借出。隋炀帝时，秘书学士虞绰较为得宠，据《隋书·虞绰传》载，虞绰曾利用职务之便把禁内兵书借给杨玄感，有人秉告炀帝，"帝甚衔之"。南宋绍兴元年（1131年），高宗"诏秘阁书除供禁中外，并不许本省官及诸处关借，虽奉特旨，亦不许关借"③。这就表明，皇家藏书能否外借，盖由皇帝决定，在这种情况下，皇家藏书俨然成了皇室家产，其结果必然是珍藏秘守。明末清初人姜绍书在《韵石斋笔谈》之《秘阁藏书》中记载了明代皇家藏书禁闭的情形："文渊阁制既卑狭，而墉复暗黑，抽阅者必秉烛以登，内阁辅臣无暇留心及此。而翰苑诸君，世所称读中秘书者，曾未得窥东观之藏。自李自成入都，付之一炬，良可叹也。"这里说"翰苑诸君"都未能"窥东观之藏"，足见皇家藏书秘守之森严。

张忱石先生在《永乐大典史话》一书（中华书局1986年版）中的"《永乐大典》的厄运"篇记述有明代皇家所藏《永乐大典》的利用情况："明代各代帝王中查阅《大典》的却是寥寥可数。据记载只有明孝宗和明世宗两人喜欢读书，常阅《大典》。明孝宗曾经把《大典》中的医药秘方抄赐给太医院；明世宗案头常置数册，按韵索览。"可见，作为最高权力拥有者、最有条件利用皇家藏书的帝王也很少阅读《永乐大典》，其他人则更缺乏机会目睹这一"文献大成"了。《永乐大典》长期被"束之高阁"，很少被人观阅是客观事实，以致作为明史专家的谈迁在《国榷》中做出了"万历末，《永乐大典》不存"的误判。此后，顾炎武、朱彝尊等著名学者也做出了《大典》已全佚的误判。作

---

① ［英］戴维·米勒、韦农·波格丹诺：《布莱克维尔政治学百科全书》，邓正来等译，中国政法大学出版社1992年版，第770页。
② 四库全书研究所：《钦定四库全书总目》（整理本），中华书局1997年版，第698页。
③ 陈骙、佚名：《南宋馆阁录 续录》，张富祥点校，中华书局1998年版，第21页。

为中国古代最大类书的《永乐大典》长期处于"存世而被疑亡"的状态,①就是皇家藏书被当作皇室家产而长期珍藏秘守、不为人知的结果。

丘濬的"分藏以传久"思想,其实也是守护皇家财产观念的表现。丘濬认为,"自古藏书之所,非止一处。……藏书之所,分为三处,二在京师,一在南京。则是一书而有三本,不幸一处有失,尚赖有二处之存"。这是他的"分藏"思想。关于"传久"之法,他认为应该多抄存副本,"如此则一书而有数本,藏贮而有异所,永无疏失之虞";应仿唐人《贞观政要》之例,将帝王之御制书"举其宏纲,分门别类,以成一书,命工刻梓,颁布天下,垂宪后世,……与六经而并行,同天地而长久矣"。与此同时,他又主张皇家藏书要严格限制流通,即皇家藏书"亦如北监之例,皆不许监官擅自开匮,取书观阅,并转与人。内外大小衙门因事欲有稽考者,必须请旨,违者治以违制之罪"②。可见,丘濬的"分藏以传久"思想,没有超出"珍藏而限用"的范畴。不过,丘濬的"分藏以传久"思想对后来的"儒藏说"有重要的启发。当然,这是后话。

至于私藏家珍藏秘守,更是守护家产的表现。对私藏家而言,流失藏书等于流失家产;珍惜藏书,就是守护家产;守护藏书之家产,就是尽其孝责,否则即为不孝。这种"不珍藏即为不孝"的观念,久而久之成为国人"心理—文化"结构的重要组成部分,成为中国古代藏书文化的重要内容之一。唐代的杜兼曾官至濠州刺史,《全唐诗》卷八七三有杜兼《题书卷后语》:"清俸写来手自校,汝曹读之知圣道,坠之鬻之为不孝。"明人叶盛为其子孙写有遗训《书橱铭》,曰:"读必谨,锁必牢,收必审,阁必高。子孙子,惟学斅,借非其人亦不孝。"③范钦所建天一阁,之所以能够长存四百余年,与其严格管理必然有关,如其所定家族成员违规惩罚措施云:"子孙无故开门入阁者,罚不与祭三

---

① 至于《永乐大典》最终大部分散佚的情况,本书第二章已有交代,在此不赘述。
② 丘濬:《访求遗书疏》,载袁咏秋、曾季光主编《中国历代图书著录文选》(第一分册),北京大学出版社1997年版,第238—243页。
③ 叶昌炽:《藏书记事诗(附补正)》,王欣夫补正,上海古籍出版社1989年版,第117页。

次；私领亲友入阁及擅开橱者，罚不与祭一年；擅将书借出者，罚不与祭三年；因而典鬻者，永摈逐不与祭。"① 国人皆知，祭祖是践行孝道的基本表现，"不与祭"是对不孝者的最大惩罚。范钦对子孙违反珍藏秘守的行为施以"不与祭"的惩罚，是"不珍藏即为不孝"观念的典型反映。

子孙珍藏父祖遗书，是尽孝道的表现，但前提是父祖亦应遗书于子孙。"遗书于子"是留传家产的重要形式。中国古代的藏书家们大多以"遗书于子"为荣，由此形成了"遗书于子"的藏书文化——"遗书文化"。"遗书于子"不仅是留传物质遗产的重要形式，也是留传精神遗产的重要形式。"遗书以教子"是"遗书文化"的宗旨所在。下面举刘式、毛晋、瞿绍基、徐乾学"遗书于子"之例，作为"遗书文化"普遍存在的史实证明。

宋初藏书家刘式死后，留下数千卷藏书，其妻陈夫人以此教子成名。阮元记其事曰："式字叔度，开宝中随李氏入宋，官工部员外郎，判三司磨勘司，赠太保、礼部尚书。妻陈夫人既寡，以遗书教诸子，曰：'先大夫秉行清洁，有书数千卷以遗后，是墨庄也，安事陇亩？'诸子怠于学者，则为之不食。由是，诸子皆以学为郎官。孙廿五人，世称墨庄夫人。"② 这就是著名的"墨庄夫人以书教子"的故事，也是"遗书以教子"的著名实例。

毛晋是明代著名藏书家、刻书家。在毛晋诸多藏书印中有"子孙永宝"、"子孙世昌"两方印文，足显其"遗书于子"之藏书旨趣。毛晋还有一枚朱文大方藏书章，其文为"赵文敏公书卷末云，吾家业儒，辛勤置书，以遗子孙，其志何如？后人不读，将至于鬻，颓其家声，不如禽犊"③。文中所提赵文敏指元代著名书法家赵孟頫（谥号文敏）。毛晋在这里引赵文敏"辛勤置书，以遗子孙"的话，告诫子孙珍惜藏书，并训诫子孙若鬻书则"不如禽犊"。

瞿绍基创建的铁琴铜剑楼是清代著名藏书楼。季锡畴称瞿绍基"非

---

① 阮元：《揅经室集》，邓经元点校，中华书局1993年版，第559页。
② 阮元：《揅经室集》，邓经元点校，中华书局1993年版，第389—390页。标点有改动。
③ 任继愈主编：《中国藏书楼》，辽宁人民出版社2001年版，第277页。

徒藏之而能读之，且义方有训教。其子子雍为高才生，以博闻著吴中，诸孙诵声琅琅一室。盖非徒一己读之，且欲令世世子孙读而守之，以迄于无穷"①。可见，瞿绍基创建藏书楼不只是为了"一己读之"，而是为了能够让"世世子孙读而守之"。这也是"遗书以教子"心理的典型反映。

清人徐乾学建有著名的藏书楼，名曰"传是楼"。为何称其为"传是楼"？对此，汪琬解释曰："先生召诸子登楼而诏之曰：'吾先世故清白起家，吾无美田宅园池台榭，金玉玩好之物以传后，所传者惟是耳。'遂名其楼曰传是。"②可见，徐乾学未给子孙传"美田宅园池台榭，金玉玩好之物"，而所"传"之"是"者为精神家产——所藏之书。

（二）藏书为乐之生活情趣所需

古代中国人不仅把藏书视为家产，以传子孙，而且还养成并保持着"藏书为乐"的生活情趣。这种生活情趣之普遍、执着和强烈，罕有其他民族所能比。以藏书为乐的生活情趣不被打扰或破坏的前提条件之一就是保证藏书不流失，而为了保证藏书不流失，就需要珍藏秘守。藏书越是珍藏秘守，以藏书为乐之生活情趣就越有保障；以藏书为乐之生活情趣越是执着和强烈，就越需要珍藏秘守，这就无形中形成了相互加强的循环逻辑。

那么，古代中国人的以藏书为乐的生活情趣（生活观念）是什么样的呢？下面以欧阳修、郑板桥、高濂、徐𤊹等人的以藏书为乐思想为例予以说明。

欧阳修晚年自号为"六一居士"，为此他专门撰有《六一居士传》曰：

六一居士初谪滁山，自号醉翁。既老而衰且病，将退休于颍水之上，则又更号六一居士。客有问曰："六一，何谓也？"居士曰："吾家藏书一万卷，集录三代以来金石遗文一千卷，有琴一张，有

---

① 叶昌炽：《藏书记事诗（附补正）》，王欣夫补正，上海古籍出版社1989年版，第649页。
② 叶昌炽：《藏书记事诗（附补正）》，王欣夫补正，上海古籍出版社1989年版，第393页。

棋一局,而常置酒一壶。"客曰:"是为五一尔,奈何?"居士曰:"以吾一翁,老于此五物之间,是岂不为六一乎?"……吾为此名,聊以志吾之乐尔。①

欧阳修所称六个"一",实际上包括书、琴、棋、酒、人(欧阳修自己),其中的书包括一般藏书和特藏(金石遗文)。人作为主体,乐居于由书、琴、棋、酒构成的文雅情境之中,其悠哉之乐可谓极致。从中可以看出,藏书是这种生活情趣得以形成的重要条件之一,需要珍藏守护,不可无、不可流失。中国人一般把"琴、棋、书、画"视为"文人四雅"的表现,但很多人把其中的"书"理解为"写字",殊不知这里的"书"还可以包括"藏书"。

被称为"扬州八怪"之一的郑板桥,曾给其弟写过一封家书,林语堂称此家书"堪列于世界伟大作品之林"。郑板桥在此家书中道出了与欧阳修一样的情怀,他写道(节录):

> 吾弟所买宅,严紧密栗,处家最宜。唯是天井太小,见天不大,愚兄心思旷远,不乐居耳。……吾意欲筑一土墙院子,门内多栽竹树草花,用碎砖铺曲径一条,以达二门;其内茅屋二间,一间坐客,一间作房,贮图书史籍、笔墨、砚瓦、酒钟、茶具其中,为良朋好友后生小子论文诗赋之所……②

郑板桥把自己的居所设计为由竹树草花、曲径一条、图书史籍、笔墨、砚瓦、酒钟、茶具等构成的优雅之境,且把此境用于"为良朋好友后生小子论文诗赋之所",这是一种何等优雅、浪漫且富有诗意的生活情境,人皆可想而知。由此我们自然联想到海德格尔(Martin Heidegger)引用荷尔德林(Holderlin)的诗句所提出的人"诗意地栖居在大地上"的生存哲学命题。其实,古代中国人对"诗意地栖居在大地上"的生活憧憬同样执着和浓烈。在郑板桥设计的居所环境中,"图书史

---

① 欧阳修:《欧阳修文集》,刘振鹏主编,辽海出版社2010年版,第305页。
② 引自林语堂《吾国与吾民》,江苏人民出版社2014年版,第33页。

籍"仍然是重要组成因素,也就是说,藏书是人得以"诗意地栖居在大地上"的必要条件,需要珍藏,不得流失。

明人高濂著有养生之作《遵生八笺》,其中的《燕闲清赏笺》开篇释"闲"之义曰:"心无驰猎之劳,身无牵臂之役,避俗逃名,顺时安处,世称曰闲。而闲者匪徒尸居肉食,无所事事之谓。……孰知闲可以养性,可以悦心,可以怡生安寿,斯得其闲矣。"又引《洞天清录》云:"人生世间,如白驹之过隙,而风雨忧愁,辄三之二,其间得闲者,才十之一耳。况知之而能享者,又百之一二。"① 可见,在高濂的养生哲学中,过好闲适生活是养生之道的重要内容之一,诚如其曰"闲可以养性,可以悦心,可以怡生安寿"。令人赞叹的是,在《燕闲清赏笺》中又专设有《论藏书》一篇,其曰:

> 藏书以资博洽,为丈夫子生平第一要事。……藏书者,无问册帙美恶,惟欲搜奇索隐,得见古人一言一论之秘,以广心胸未识未闻,至于梦寐嗜好,远近访求,自经书子史,百家九流,诗文传记,稗野杂著,二氏经典,靡不兼收。故常景耽书,每见新异之典,不论价之贵贱,以必得为期,其好亦专矣。故积书充栋,类聚分门,时乎开函摊几,俾长日深更,沉潜玩索,恍对圣贤面谈,千古悦心快目,何乐可胜?古云开卷有益,岂欺我哉?②

在养生之作中谈论藏书之乐、读书之乐,把藏书、读书纳入养生之道之中,实际上反映了古代中国人以藏书、读书为乐的普遍的人生态度。高濂认为藏书"以广心胸",要"靡不兼收",最终达到"时乎开函摊几,俾长日深更,沉潜玩索,恍对圣贤面谈,千古悦心快目,何乐可胜"的境界。同时认为,闲适生活要想达到养性、悦心、怡生安寿,绝不可"徒尸居肉食,无所事事",而是要有健康的、适宜的实际生活内容,其中之一就是藏书。可见,藏书是一个人养性、悦心、怡生安寿的需要之一,不可无、不可流失,亦即需要珍藏。

---

① 高濂:《遵生八笺》,王大淳等整理,人民卫生出版社 2007 年版,第 423 页。
② 高濂:《遵生八笺》,王大淳等整理,人民卫生出版社 2007 年版,第 448 页。

明代藏书家徐𤊹作有《藏书屋铭》,专谈自己乐此不疲的藏书、治书之志,其曰:

> 少弄词章,遇书则喜。家乏良田,但存经史。先人手泽,连篇累纸,珍惜装潢,不忍残毁。补阙拾遗,坊售肆市。五三坟典,六经诸子,诗词集说,总兼乐府,稗官咸备。藏蓄非称汗牛,考核颇精亥豕。虽破万卷之有余,不博人间之青紫。茗椀香炉,明窗静几,开卷朗吟,古人在此。名士见而叹嘉,俗夫闻而窃鄙。淫嗜生应不休,痴癖死而后已。此乐何假南面百城,岂曰夸多而斗靡者也。[①]

徐𤊹在此简要记述了自己爱书、访书、校书、读书的经历及其情趣,同时表达了自己将这种情趣坚持为"生应不休,死而后已"的坚定志向,最后得出了"此乐何假南面百城"的结论。综观中国藏书史,就会发现,大部分藏书家都有以书为伴、以藏书为乐的生活情趣,不止徐𤊹独有。这种以藏书为乐的生活情趣,必然要求藏书者珍藏其书,不容流失。

(三)求书难之客观现实所迫

难得之物,必难与人。这是人的普遍心理趋向。在古代社会,求书难是一种普遍现象。人皆知求书难,必然产生不能轻易借书与人的心理与行为。尽管南宋郑樵总结有"求书八法",但在现实中能够按照此"八法"求书且能够求到者少之又少。也就是说,在书籍生产和传播技术落后、社会购买力普遍极低的古代社会,郑樵的"求书八法"难以解决求书难的社会普遍问题。

孙从添在《藏书记要》中把求书难归纳为"六难",其曰:

> 知有是书而无力购求,一难也;力足以求之矣,而所好不在是,二难也;知好之而求之矣,而必欲较其值之多寡大小焉,遂致坐失于一时,不能复购于异日,三难也;不能搜之于书佣,不能求

---

[①] 引自傅旋琮、谢灼华《中国藏书通史》,宁波出版社2001年版,第634页。

之于旧家，四难也；但知近求，不知远购，五难也；不知鉴识真伪，检点卷数，辨论字纸，贸贸购求，每多缺轶，终无善本，六难也。

在这"六难"之中，第一难即"知有是书而无力购求"，应该说是最大之难；而第六难即"不知鉴识真伪"，指的是求善本之难。

为何求书难？对此，明人谢肇淛《五杂组》卷十三《事部一》中提出有求书难之"五因"：

但子集之遗，业已不乏；而经史之翼，终泯无傅，一也。汉唐世远，既云无稽；而宋元名家，尚未表章，二也。好事之珍藏，靳而不宣，卒归荡子之鱼肉；天府之秘册，严而难出，卒饱鼠蠹之饕餮，三也。具识鉴者，厄于财力，一失而不复得，当机遇者，失于因循，坐视而不留心，四也。同心而不同调者，多享敝帚而鼠留夜光；同调而不同心者，或厌家鸡而重野鹜，五也。故善藏书者，代不数人，人不数世。至于子孙，善鬻者亦不可得，何论读载？

谢肇淛总结的求书难这"五因"中，第一因和第二因主要指的是书之"传之难"所造成的求之难；第三因即"好事之珍藏，靳而不宣"、"天府之秘册，严而难出"指的是因秘藏所造成的"流通难"或"借书难"；第四因指的是"厄于财力"造成的求书难；第五因则指因价值观不同所造成的观念障碍。至于他得出的结论即"藏书者，代不数人，人不数世"，则道出了书之"藏久难"之理。

关于藏书难，黄宗羲有精辟论述，其曰：

尝叹读书难，藏书尤难，藏之久而不散，则难之难矣。自科举之学兴，士人抱兔园寒陋十数册故书，崛起白屋之下，取富贵而有余。读书者一生之精力，埋没敝纸翰墨之中，相寻于寒苦而不足，每见其人有志读书，类有物以败之，故曰读书难。藏书非好之与有力者不能。欧阳公曰：凡物好之而有力，则无不至也。二者正复难兼。……而于寻常之书，犹无力也，况其他乎？有力者之好，多在

· 319 ·

狗马声色之间，稍清之而为奇器，再清之而为法书名画，至矣。苟非尽捐狗马声色字画奇器之好，则其好书也必不专，好之不专亦无由知书之有易得有不易得也。强解事者以数百金捆载坊书，便称百城之富，不可谓之好也。故曰藏书尤难。①

黄宗羲在这里重点指出了"藏书非好之与有力者不能"的道理，同时批评了好之者无力得书而有力者"好之不专"却易得书的不合理现实。黄宗羲所说"有力"，主要指财力。按照黄宗羲的说法，藏书难主要表现为"好之难"和"财力之难"，相对而言，"财力之难"是最大、最现实之难。

求书难必然导致藏书难，藏书难必然滋生珍藏心理，而这种珍藏心理又必然导致不轻借人的行为趋向。这就是文献珍藏思想的生因之一。

（四）借书之德缺失所倒逼

借自别人之书须爱护并及时送还，这应该是基本的借书之德。北齐颜之推说："借人典籍，皆须爱护，先有缺坏，就为补治，此亦士大夫百行之一也。济阳江禄，读书未竟，虽有急速，必待卷束整齐，然后得起，故无损败，人不厌其求假焉。"② 应该说，"借人典籍，皆须爱护"是古代中国人普遍遵循的借书之德。然而，在现实生活中，不爱护所借之书，或不及时送还甚至干脆不还的败德行为，亦时有之。下面举二例以窥一斑：

例一：钱曾藏有宋版《考古图十卷续考古图五卷释文》一书，他为此书撰写提要说："此系北宋镂版。予得之梁溪顾修远，泂缥囊中异物也。后为季沧苇借去，屡索不还，耿耿挂胸臆中数年。沧苇殁，此书归之徐健庵。予复从健庵借来，躬自摹写。……此书得而失，失而复得，缮写成帙，予之嗜好可谓勤矣。"③

例二：北宋人赵德麟《侯鲭录》卷七批评借人书不还者云："比来

---

① 黄宗羲：《天一阁藏书记》，载李希泌、张椒华编《中国古代藏书与近代图书馆史料（春秋至五四前后）》，中华书局1982年版，第36页。
② 颜之推：《颜氏家训译注》，张霭堂译注，齐鲁书社2009年版，第27—28页。
③ 钱曾：《藏园批注读书敏求记校证》，管庭芬、章钰校证，傅增湘批注，冯惠民整理，中华书局2012年版，第162—163页。

士大夫借人之书不录不读不还，便为己有，又欲使人之无本。颍州一士子，九经各有数十部，皆有题记，是为借诸人之书不还者，每炫本多。"

对借书之事而言，"借"与"还"是借书关系得以正常维系的必要条件。借书关系是一种信用关系，若缺失"还"的环节，借书关系必然受到破坏。从道义而言，借人之书及时"完璧归赵"，是遵守借书之德的基本要求。正因为存在借书不还现象，倒逼藏书者产生唯恐不还的谨慎心理，进而有可能乃至有必要采取拒借之策。诚如黄丕烈所言："余平生爱书如护头目，却不轻借人，非恐秘本流传之广也。人心难测，有借而不还者，有借去轻视之而或致损污遗失者，故不轻假也。"① 钱大昕认为"有三等人不可借：不还，一也；污损，二也；妄改，三也。守先人之手泽，择其人而借之，则贤子孙之事也"②。清代藏书家钱谷藏书印文中有"有假不返遭神诛"一语，③足见人们对借书不还者的极度憎恶之情。借书不还者就是借书之德缺失者，而借书之德缺失，必然倒逼藏书者不轻借书。所以，借书之德缺失，也是文献珍藏思想及其行为的形成原因之一。

关于藏书者之所以不愿借、不愿传，明人姚士粦曾归纳为"四因"：

> 所谓不知传布之说有四：大抵先正立言，有一时怨而百世与者，则子孙为门户计，而不敢传；斗奇炫博，乐于我知人不知，则宝秘自好而不肯传；卷轴相假，无复补坏刊谬，而独踵还痴一谚，则虑借钞而不乐传；旧刻精整，或手书妍妙，则惧翻摹致损而不忍传。④

---

① 黄丕烈：《黄丕烈藏书题跋集》，余鸣鸿、占旭东点校，上海古籍出版社2013年版，第649页。
② 钱大昕：《十驾斋养新录》，陈文和、孙显军校点，江苏古籍出版社2000年版，第398页。
③ 任继愈主编：《中国藏书楼》，辽宁人民出版社2001年版，第315页。
④ 叶昌炽：《藏书纪事诗（附补正）》，王欣夫补正，上海古籍出版社1989年版，第272页。文中所提"还痴一谚"，指的是"借书一痴，还书一痴"之说。其实这是对"借书一瓻，还书一瓻"之说的窜改。把"瓻"改为"痴"，意味着借书美德变为借书败德。

晚清人梁鼎芬把"藏书家不肯借书"的原因归纳为六个方面:"藏书家不肯借书,其故有六:一、污损;二、失落;三、据为己有;四、日久忘记;五、人有副抄,不能专美;六、昨借今还,疲于书札。"① 梁鼎芬总结的这六方面原因可谓言简意赅、疏而不漏。

综上所述,文献珍藏思想的历史后果,可以"双刃剑"喻之。一方面,文献珍藏思想为祖国文化典籍的保存、积累和留传做出了巨大贡献。② 这是文献珍藏思想的正面作用。另一方面,文献珍藏思想,又限制了文献的广泛传播,抑制了文献效用的充分发挥。这是文献珍藏思想的负面作用。鉴于这种负面作用,蔡元培先生曾说:"我国人天性,最喜聚书。……以帝王之力,广搜秘籍,首先提倡。士大夫闻风兴起,亦往往缥缃万卷,坐拥书城。明清之际,尤为显著。……惟此等藏书,皆为贵族所专有,仅绝少数人使得阅读。"③ 蔡先生在此认为中国古代官私藏书"仅绝少数人使得阅读",这确实是史实。然而,我们不能由此认为文献珍藏思想一无是处。按:对文献珍藏思想,我们既不应夸大其保存文化典籍之正面功绩,亦不应夸大其抑制文献流通之负面作用,正确的态度应该是:实事求是地承认和评价其"功"与"过",努力探索"扬功避过"的对策。

## 二 文献流通思想

如上文所述,古代中国人的文献珍藏思想普遍而悠久,同样,古代中国人的文献流通思想亦普遍而悠久。这两种看似相反的思想,如同一枚硬币的两面,共同构成中国古代藏书思想的两面,相克相生、相反相成。老子曰"反者,道之动"(《老子》第四十章),"珍藏"与"流通"互为"反者",以对方之存在为自身存在的条件,其相反相成之道即为中国古代藏书思想、藏书事业的运动发展之道。古代中国人关于文

---

① 梁鼎芬:《梁祠图书馆章程》,载杨敬安辑《节庵先生遗稿》,文海出版社1991年版,第92页。
② 这方面,私藏家的贡献尤为突出。关于私藏家的文献保存之功,本书第二章"私家图书馆的功绩"部分已有论述,在此不赘述。
③ 中国蔡元培研究会:《蔡元培全集》,浙江教育出版社1997年版,第58页。

献流通的主张及其践行事例，本书第二章各节"文献利用"部分已有详细叙述，故在此不赘述。下面以几个重点人物为纲，简要叙述他们的文献流通思想。

（一）孔天监的"便于众"的藏书开放思想

金人孔天监在《藏书记》中记述了自己的"同舍友"，山西洪洞县人承庆（按：疑为卫承庆）的藏书事迹，其云：

> （洪洞县人）虽家置书楼，人畜文库，尚虑夫草莱贫乏之士，有志而无书，或未免借观手录之勤，不足于採览，无以尽发后生之才分。吾友承庆先辈奋为倡首，以赎书是任。邑中之豪，从而和之，欢喜施捨，各出金钱，于是得为经之书有若干，史之书有若干，诸子之书有若干，以至类书字学，凡系于文运者，粲然毕修。噫！是举也，不但便于己，盖以便于众；不特用于今，亦将传于后也。顾不伟哉！将见濡沫涸辙者，游泳于西江之水；糊口四方者，厌饫于太仓之粟，书林学海，览华实而操源流，给其无穷之取，而尽读其所未见之书，阆氏之区区，无劳于汉人也。以是义风率先他邑，使视而仿之，慕而效之，一变而至于齐鲁，蔚然礼仪之乡，其为善利，岂易量哉！①

孔天监认为，承庆建书楼之举"不但便于己"，而且还"便于众"，所以获得了"邑中之豪，从而和之"的支持，进而孔天监希望他邑也"视而仿之，慕而效之"。在孔天监看来，建书楼的社会价值在于"便于众"，其功效在于使"有志而无书"者能够"尽读其所未见之书"。最后，孔天监认为开放藏书"便于众"之举"其为善利"难以估量，意为此举功德无量。显然，孔天监之所以大加赞赏承庆的藏书开放之举，就在于他看到了藏书开放有助于"有志而无书"者能够"尽读其所未见之书"，是一种功德无量之善举。从孔天监关注"有志而无书"者来看，孔天监具有关注弱势群体读书难问题的平等思想和人文关怀；

---

① 李希泌、张椒华：《中国古代藏书与近代图书馆史料（春秋至五四前后）》，中华书局1982年版，第25—26页。

从他赞赏"邑中之豪，从而和之"，并希望他邑也"视而仿之，慕而效之"的愿望来看，孔天监还具有一定的"共建共享"之公共图书馆思想萌芽。可惜，在中国古代，由于皇权制度的限制，公共图书馆理想只能处于"有其理想而无其实施机制"的"路径锁定"状态之中。

（二）姚士粦的"以传为藏"思想

在古代中国人的言论中，往往把文献流通称为"文献传布"。明代万历时期的姚士粦就是主张文献应广为传布的人，他的"以传为藏"思想可谓独树一帜，其曰：

> 吾郡未尝无藏书家，卒无有以藏书闻者。盖知以秘惜为藏，不知以传布同好为藏耳。何者？秘惜则箱橐中有不可知之秦劫，传布则毫楮间有递相传之神理。此传不传之分，不可不察者。……以传布为藏，真能藏书者矣。[①]

从姚士粦批评秘惜其藏者为"不知以传布同好为藏耳"来看，他所说的"传布"非指"遗书于子"意义上的传布，而是在开放传播意义上而言的。姚士粦的"以传为藏"思想，是从正反两方面认识得来的：从"反"方面而言，那种"为藏而藏"的珍惜者，实际上不知"箱橐中有不可知之秦劫"，因而最终难免落得"卒无有以藏书闻"的结局，实际上是以"失藏"为结局；从"正"方面而言，藏书者所藏之书只有在流通传播之中才能保持多路径"存"与"用"的状态，如同撒播种子才能延续植物种系生命一样，此一过程实际上就是书籍在藏与用的循环中得以延续"生存"并发挥其应有价值的过程。更为重要的是，姚士粦的"以传为藏"思想，跳出了某一具体之书在传借过程中可能受损或丢失而无法再用的狭隘视野，而是从"有传者才能有藏者"的宏观高度认识"藏"与"传"的关系问题的。也就是说，姚士粦不是从静态的实体论、实物论角度认识"藏"与"传"的关系问题，而是从动态的循环论、生存论、价值论角度认识"藏"与"传"的关

---

[①] 叶昌炽：《藏书记事诗（附补正）》，王欣夫补正，上海古籍出版社1989年版，第272—273页。

系问题的。这就是姚士粦所说的"以传为藏"的"神理"所在。需要我们进一步深解的是，姚士粦的"以传为藏"命题中包含着"以传为用"、"藏以传用"的"藏—用"一体思想。显然，现代的图书馆亦应遵循这种"藏—用"一体观。

（三）曹溶的"有无相易"的文献交换观

明末清初人曹溶，对藏书家珍藏而不轻借人之举深有感触，其曰："不善藏者，护惜所有，以独得为可矜，以公诸世为失策也。故入常人手犹有传观之望，一归藏书家，无不缔锦为衣，扃钥以为常，有问焉则答无，有举世曾不得寓目，……使单行之本，寄箧笥为命，稍不致慎，形踪永绝，只以空名挂目录中，……然其间有不当专罪吝惜者，时贤解借书，不解还书，改一瓻为一痴，见之往记，即不乏忠信自秉、然诺不欺之流。书既出门，舟车道路，摇摇莫定，或僮仆狼藉，或水火告灾，时出意料之外。不借未可尽非，特我不借人，人亦决不借我，封己守株，纵累岁月，无所增益，收藏者何取焉？"这里，曹溶指出了与藏书家有关的两种社会问题：一是由于藏书家珍藏其书，往往造成"举世曾不得寓目"的封闭无闻结果，而且还易使有些书（如单行本）"稍不致慎，形踪永绝"；二是藏书家珍藏其书、不轻借人，有其客观原因，即"书既出门，舟车道路，摇摇莫定，或僮仆狼藉，或水火告灾，时出意料之外"，所以"不借未可尽非"。那么，如何打破这种藏书封闭无闻、不轻借人的局面？为此，曹溶提出了一个称为"流通古书约"的办法，其曰：

> 予今酌一简便法，彼此藏书家，各就观目录，标出所缺者，先经注，次史逸，次文集，次杂说。视所著门类同，时代先后同，卷帙多寡同，约定有无相易，则主人自命门下之役，精工缮写，较对无误，一两月间，各赍所钞互换。此法数善：好书不出户庭也；有功于古人也；己所藏日以富也；楚南燕北皆可行也。①

---

① 曹溶：《流通古书约》，载祁承㸁等撰《藏书记》，广陵书社2010年版，第97—98页。标点有改动。

### 中国古代图书馆学研究

缪荃孙在为《流通古书约》所写的跋文中高度评价此法曰:"藏书家能守此法,则单刻为千百化身,可以不致湮灭,尤为善计。"曹溶此法,实际上是藏书家之间"有无相易"的文献交换办法①,而非把藏书开放于社会公众之法。以往一些人仅据《流通古书约》中的"流通"二字而把曹溶的此法纳入藏书开放思想的范畴,其实不甚确切。曹溶所谓"流通",仅指互抄形式的文献交换,而且仅在藏书家之间进行,所以其"流通"范围是极其有限的。或者说,曹溶所说"流通"非谓借还意义上的开放流通,因而其所谓"流通"不具有彻底性,这是由其"好书不出户庭"、"不借未可尽非"、"不当专罪吝惜者"的观念所决定的。这就是《流通古书约》的局限性所在。不过,曹溶对藏书家封闭无闻的做法的危害性是有清楚的认识的,称此类藏书家为"不善藏者",从而提出了改变之策——以互抄法实现"有无相易"。这种"有无相易"之法,尽管范围有限,但在客观上起到了文献"流通"的作用,其表现有两方面:一是从狭义而言,实现了藏书家之间的实时文献交换(通过互抄),亦实现了特定范围内的文献流通;二是从广义而言,互抄即为复制,亦为互传,这种复制性互传不仅可以实现文献的实时交换,还增强了文献的历时传递的可能性。也就是说,以互抄法实现的"有无相易",在客观上具有特定的文献流通之义。这也是本书把曹溶的此法纳入"文献流通"范畴的原因所在。不过,应该指出的是,曹溶本人并未意识到这一"客观意义",至少他没有明确指出。

曹溶的以互抄法实现的"有无相易"法,还有两个重要的"客观意义"。一是他在方法上所采用的"约法"形式。这一形式,首创了中国古代以"民间立法"形式解决文献"有无相易"问题的方法。可以说,曹溶的《流通古书约》是一部面向藏书家提出的"有无相易"倡议书。这就是《流通古书约》在客观上所具有的"民间图书馆立法"价值所在。二是互抄所具有的复制、互传性质,在客观上又具有了基于互抄法的"馆际互借"和"资源共享"的意义。由此我们可以说,现代图书馆所重视的馆际互借和资源共享思想,在中国古代已有其萌芽。

---

① 这里所谓文献交换办法,当然不是指直接换易文献本身,而是互抄,所以曹溶此法亦可谓"互抄法"。

其实，在中国古代，藏书家之间的互借、互抄之事是比较普遍的，如王世贞与范钦之间，钱曾与叶林宗之间，黄丕烈、袁廷梼、周锡瓒、顾之逵这"藏书四友"之间，都曾有互借、互抄之事。但由于这种互借、互抄是建立于相互之间的友谊与信任之上的，所以大都不必签订正式协议。然亦有例外，明末清初的丁雄飞与黄虞稷之间就签署有"有无相易"的正式协议，称《古欢社约》。《古欢社约》共有八条内容，全文如下：

每月十三日丁至黄，二十六日黄至丁。为日已定，先期不约。
要务有妨则预辞。
不入他友，恐涉应酬，兼妨检阅。
到时果核六器，茶不计。
午后饭，一荤一蔬，不及酒，逾额者夺异书示罚。
舆徒每名给钱三十文，不过三人。
借书不得逾半月。
还书不得托人转致。[①]

显然，《古欢社约》具有典型的"君子协议"性质。相比较而言，《古欢社约》与《流通古书约》都属于契约性的"民间图书馆立法"；如果说《流通古书约》只是提出了"有无相易"的倡议及其基本思路，那么《古欢社约》则把这种倡议和基本思路具体化，并落实为实际行动方案；《流通古书约》是面向不确定藏书家而提出的文献交换倡议书，而《古欢社约》是仅适用于丁雄飞与黄虞稷两位藏书家之间的"君子协议"。

（四）宋咸熙等人的"愿借与人，与人共之"思想

清人宋咸熙曾作有《借书诗》一首："金石之物亦易泐，况兹柔翰历多年。能钞副本亟流播，劫火来时庶不湮。矕予老病子犹痴，过眼云

---

① 引自李希泌、张椒华《中国古代藏书与近代图书馆史料（春秋至五四前后）》，中华书局1982年版，第45页。

烟看几时。浊酒一瓻何用报，先公泉下亦怡怡。"① 这首诗表达的意蕴是：金石以及柔翰之书，年久不免裂隙或陈旧；抄传流通才能做到"劫火来时"不致湮灭；子孙不必把守书当作"翳予老病"，不然一旦失守便成"过眼云烟"；受用我藏书者不必酬谢，因为我的这种做法会得到先祖的怡然赞许。为何作此诗？宋咸熙在诗序中记其动机曰：

> 藏书家每得秘册，不轻示人，传之子孙，未尽能守。或守而鼠伤虫蚀，往往残缺，无怪古本之日就湮没也。先君子藏书甚富，生时借钞不吝，熙遵先志，愿借与人，有博雅好古者，竟持赠之。作此以示同志。

宋咸熙在此批评了"藏书家每得秘册，不轻示人"的做法，同时指出了"传之子孙，未尽能守"的藏书家命运。由此，宋咸熙决心"遵先志"（按：宋咸熙之父为宋大樽，藏书家，其藏书"借钞不吝"），"愿借与人"。可见，宋咸熙已经彻底突破了"遗书于子"、"不轻借人"的传统束缚，这种旷达与明智，委实难能可贵。可以说，宋大樽、宋咸熙父子是中国古代藏书开放派的典型代表。

所谓"愿借与人"，实质上是在书之所有权不变的前提下与他人共同享用书籍。简言之，"愿借与人"就是"同享共用"。宋大樽、宋咸熙父子是践行这种"同享共用"思想的典型代表。以此而论，宋大樽、宋咸熙父子的"愿借与人"观念中实际上包含了"与人共之"的观念。不过，众所周知，在宋大樽、宋咸熙父子之前，这种"同享共用"之举早已有之，只不过这些践行者大多"有其行而无其论"。宋咸熙可谓既有其行又有其论者。在"同享共用"论上，宋咸熙之前有一些"散论"或"偶论"者，典型者如南唐鲁崇范曾说："坟典，天下公器，世乱藏于家，世治藏于国，其实一也。"（《十国春秋·鲁崇范传》）在鲁崇范看来，书籍无论"藏于家"还是"藏于国"都应成为公共和共用之器。再如，南宋宇文绍奕建有藏书楼"博

---

① 引自丁申《武林藏书录》，载徐雁、王雁均主编《中国历史藏书论著读本》，四川大学出版社1990年版，第620页。

雅堂"，他在谈及建藏书楼动机时说："吾家故所贮，吾幸得之，不欲擅而有也；盍传之是邦，以为学士大夫共之。于是摹刻汉石经及他碑凡五十四卷，复以石柱大夏，名其堂曰博雅。"(《资州直隶州志》卷二九张震《博雅堂记》) 还有明末人李如一曾说："天下好书当与天下读书人共之。古人以匹夫怀璧为罪，况书之为宝尤重于尺璧，敢怀之以贾罪乎？"[①] 在李如一的思想境界中，若藏书不与人"共之"，当有一种负罪感，也就是说，不与人"共之"的藏书行为可视为一种"罪行"。鲁崇范所用的"公器"一词以及宇文绍奕、李如一所用的"共之"一词，显露了公共图书馆思想的萌芽，起码可视为"开放藏书"或"藏以致用"的同义词。

（五）张金吾的"爱书须传布"思想

与前述姚士粦一样，清乾、嘉时期的张金吾（号月霄），亦为主张并践行广为传布的藏书家。张金吾与陈揆（字子准）是同乡好友，时称"藏书二友"，然二人藏书旨趣却完全不同。对此，黄廷鉴评价曰："其于书也，张则乐与人共有，叩必应；陈则一室静研，惧于乞假。"[②] 可见，张金吾和陈揆各为开放派和保守派的代表。陈揆作为保守派的代表，其藏书"惧于乞假"，然最终仍未免"尽散"的结局。潘文勤《稽瑞楼书目序》（按：稽瑞楼为陈揆藏书楼）记其事云："子准无子，殁后书亦尽散。吾师翁文端公与子准厚，既恤其身后，以重值收其藏本，仅得三四，散失者已不少矣。"[③] 张金吾的藏书楼"爱日精庐"藏书曾达到十万六千卷，虽最终亦未免被追债者捆载而去的命运，但因其藏书"乐与人共有，叩必应"，故其藏书曾被许多人借读。

张金吾曾购得包希鲁撰《说文解字补义》十二卷元刊本，张金吾视之为"宝如球璧"。他在为此书作解题时，表达了他"爱书须传布"的思想，其曰：

> 若不公诸同好，广为传布，则虽宝如球璧，什袭而藏，于是书

---

[①] 引自程千帆、徐有富《校雠广义·典藏编》，齐鲁书社1998年版，第459页。
[②] 叶昌炽：《藏书纪事诗（附补正）》，王欣夫补正，上海古籍出版社1989年版，第624页。
[③] 叶昌炽：《藏书纪事诗（附补正）》，王欣夫补正，上海古籍出版社1989年版，第625页。

何裨。且予喜藏书，不能令子孙亦喜藏书。聚散无常，世守难必。即使能守，或童仆狼藉，或水火告灾，一有不慎，遂成断种，则予且为包氏之罪人。用倩善书者录副以赠。予之不敢自秘，正予之宝爱是书也。①

张金吾认为，对《说文解字补义》之类"宝如球璧"之书而言，"用倩善书者录副以赠"之法，"公诸同好，广为传布"，才是"宝爱是书"的表现，这就是他"爱书须传布"的思想观点。"爱书须传布"思想是对"爱书须珍藏"观念的超越。什么样的做法才是真爱书之举？在张金吾看来，只是珍藏并非真爱书，诚如其言"虽宝如球璧，什袭而藏，于是书何裨"？何况"一有不慎，遂成断种"，反而成为"罪人"，何谈爱书？反过来，"公诸同好，广为传布"，才是真爱书的表现，因为只有"广为传布"，才能延续书之生命，才能传播书中思想，使其"永远活在人们心中"。

张金吾的藏书主要继承于其叔父张海鹏。张海鹏亦为主张和践行"广为传布"的藏书家和刻书家，曾刻传《学津讨原》、《墨海金壶》、《借月山房丛钞》等丛书。张海鹏的"广为传布"思想主要表现为"刻书泽人"。黄廷鉴在《第六弦溪文钞》卷四《朝议大夫张君行状》中云张海鹏"一生拳拳于流传古书，至老弥笃"，又转述张海鹏之语曰："藏书不如读书，读书不如刻书；读书只以为己，刻书可以泽人，上以寿作者之精神，下以惠后来之沾溉，视区区成就一己之学业者，其道不更广耶？"②可以说，张海鹏的"刻书泽人"与张金吾的"爱书须传布"之说，在观念上是一脉相承的。

（六）晚清藏书家的开放流通思想

在晚清藏书家中，像上述张金吾那样持藏书开放流通观念的人还有不少，在此再以孙星衍、国英、陆心源的藏书开放流通之举为例予以说明。

孙星衍，出身官宦世家，于乾隆五十二年（1787年）中科举榜眼，

---

① 张金吾：《爱日精庐藏书志》，冯惠民整理，中华书局2012年版，第98页。
② 引自张金吾《爱日精庐藏书志》，冯惠民整理，中华书局2012年版，整理说明。

除翰林院编修,后出任山东地方官。孙星衍为官、治学两不误,勤于聚书。阮元称其"勤于著述,……又好聚书,闻人家藏有善本,借抄无虚日"①。嘉庆三年(1798年),孙星衍因母忧携书归故里,水路遇沉舟,损失大半。归故里后,奉父亲之命建孙氏祠堂,将所余藏书置于家祠。之所以把藏书置于家祠,孙星衍解释曰:"昔之聚书者,或赠知音,或遭兵燹,或以破家散失,或为子孙售卖,高明所在,鬼神瞰之。予故置之家祠,不为己有。既经水患,卷帙丛残,知免天灾豪夺之咎,但舍之作宦,不能多携,惧为蠹简。"②这就是孙星衍藏书"不为己有"、开放于族人利用的"家族内公藏"之举。"家族内公藏"虽不及公之于社会的开放程度大,但毕竟属于"不为己有"之举,故可视之为"准公藏"或"准开放"之举。

国英,满洲镶白旗人,建有藏书楼,名之"共读楼"。该藏书楼为二层楼,一楼为专门的阅览场所,二楼为"五楹"书库。一楼"设有桌凳,诸邻友入楼后即比次而座,不得径行上楼",读者"言明抄某书,查某书,自有执事者代为检取送阅",阅毕"仍交持事者归还原处,妥为安放",③可见,国英共读楼实行的是"闭架抄阅"(书不出楼)制度。国英自己解释藏书开放共读理由说"所以不自秘者,诚念子孙未必能读,即使能读,亦何妨与人共读,成己成人,无二道也。……愿嗜古者,暇辄往观。果各就夫性之所迁,谙练其才,扩充其识,将可以济时局,挽颓俗,储经邦济世安民正俗之学,为异日报国资,是则余之厚幸而切望也夫"④。国英把"与人共读"视为"成己成人"之举,具有"坟典,天下公器"(南唐鲁崇范语)的大公无私精神。

陆心源,浙江归安(今吴兴)人,称自居处为"潜园",故晚号潜园老人。一生好学、勤聚书,因仰慕顾炎武,故将其书室定名为"仪顾堂";又因藏有宋版书二百部,而将书室名之"皕宋楼"。其实,陆

---

① 阮元:《揅经室集》,邓经元点校,中华书局1993年版,第438页。
② 孙星衍:《孙氏祠堂书目》,丛书集成初编本,商务印书馆1935年版,第1页。
③ 陈少川:《国英图书馆学成就浅探》,载《河南图书馆学刊》1998年第4期。
④ 国英:《共读楼藏书目序》,载李希泌、张椒华《中国古代藏书与近代图书馆史料(春秋至五四前后)》,中华书局1982年版,第59—60页。

心源藏书分三处：皕宋楼，专藏宋元善本；十万卷楼，专藏明以来秘本、名人精抄精校之本；守先阁，藏明清一般刊本和抄本。三处藏书共十五万卷之多。人们一般把陆心源的这三处藏书之所统称为"皕宋楼藏书"。陆心源开放藏书，主要是开放守先阁藏书，而皕宋楼和十万卷楼藏书主要为名人学者开放。守先阁藏书供外地及本郡学子阅览并可供膳宿，"许四方好古之士来读不禁"[①]。守先阁藏书不仅对外开放，而且还归公。李宗莲作《皕宋楼藏书志序》云"（陆心源）念自来藏书未能垂远，今春奏记大府，以守先阁所储归之于公"。把守先阁的所有权归公，这是一种彻底的化私藏为公藏之举。后来陆心源"皕宋楼"藏书辗转归日本人手中，令时人震惊。这是后话。

### 三 文献藏用综合观

如何把馆藏文献资源既藏好又用好，这是中国古代藏书者们长期思考的问题。在此问题上，有的人主张重藏，有的人主张重用，由此出现了前述"文献珍藏观"和"文献流通观"的分野。当然，更多的人思考的是藏与用如何结合好的问题，由此出现了"文献藏用综合观"。明清之际出现的"儒藏说"、"胜地藏书"思想，就是"文献藏用综合观"的典型表现。下面选取曹学佺、陆世仪、周永年的藏书思想作为"文献藏用综合观"的代表，予以评介。

（一）曹学佺的"修儒藏以全藏用"设想

曹学佺，字能始，号石仓，明万历二十三年（1595年）进士，曾任南京添注大理寺左寺正，故有的人称他为"曹大理"。曹学佺对佛学多有关注，但他在内心坚守的仍然是儒家的伦理价值观，即他是一个"外释内儒"的人。他在关注佛学的过程中发现了一个问题：佛教、道教典籍因修藏而得以较完整地保存和传播，相比之下儒家典籍则因未修藏而长期处于聚散循环之中。于是他萌生了修儒藏以保全儒家典籍藏用的设想。他在《建阳斗峰寺清藏碑文》中谈到这一设想曰：

---

① 俞樾：《广东高濂道陆君墓志铭》，引自王蕾《清代藏书思想研究》，广西师范大学出版社2013年版，第335页。

> 释道有藏，吾儒独无藏。释藏南北二京皆有版，道藏惟北京有版，以此见释教之传布者广，而奉释者为教之念公也。《隋唐经籍志》以经史子集分为四库，宋《崇文总目》亦然，《文献通考》，郑夹漈《十二略》皆因之循名，责实未尝不与二藏相颉颃，惟是藏书家馆阁自馆阁，私塾自私塾，未尝流通，故其积之不久，或遇水火盗贼之灾，易姓播迁之事，率无有存者。……天下之物公则久，私则不能久。

他在《五经困学自序》中更明白地说出了自己的这一宏愿："予盖欲修《儒藏》焉，……撷四库之精华，与二释为鼎峙。"《明史·曹学佺传》亦记此事云："（曹学佺）尝谓二释有藏，吾儒何独无？欲修儒藏与鼎立。"又说他曾"采撷四库书，因类分辑。十有余年，功未及竣，两京继覆"。说明曹学佺曾用十余年时间独自修儒藏，因明朝灭亡而中辍。

曹学佺欲修儒藏设想的根据有二：一是经验根据或事实根据，即根据"释道有藏，吾儒独无藏"的事实，认为儒家典籍欲久存广传，亦有必要修藏；二是事理根据，即根据"天下之物公则久，私则不能久"之理，认为应该避免"藏书家馆阁自馆阁，私塾自私塾，未尝流通"的现象，而应该修藏以公存公用。应该说，这种公存公用思想，表现出一定的公共图书馆思想萌芽。不过，曹学佺未详论如何修藏、如何公存公用的具体方法问题，只是想出"采撷四库书，因类分辑"的粗略编辑思路，更没有明确指出修藏工程应借助众力或依靠政府之力的方法策略。这也许是由他自己的修藏实践"功未及竣"而未来得及总结所致。所以，我们不得不遗憾地认为，曹学佺的修儒藏以全藏用的思想只是一种粗略的良好设想。不过，曹学佺的这一设想，对清代的周永年提出"儒藏说"产生了直接的影响效用。这是后话。

（二）陆世仪的"胜地藏书以传万世"思想

陆世仪，字道威，号刚斋，晚号桴亭，明末清初著名理学家。他反对朱熹的把人性划分为"天命之性"与"气质之性"的二元论观点，提出气质之外无性亦无理的"气质之性"一元论之说，由此名噪一时。

难能可贵的是，陆世仪作为理学家，不仅有独特的理学思想，竟然还有独特的一系列"文献观"和"藏书观"。在文献传播观上，陆世仪认为君子著述应该"与人共之"，其曰："君子之于天下，功不必自己出，名不必自己成。苟吾书得行，吾言得用，使天下识一分道理，享一分太平，则君子之心毕矣。凡有功业，皆与人共之者也，著述者无论矣。"在著书与传书问题上，他认为著书是君子自己可控之事，但传书是君子自己不可控之事，其曰："古语有云：谋事在人，成事在天。著书立言，君子之事也。著书而使传之四方，垂之后世，则君子不能必也，听之天而已。或云，人苟有一段精神，天断然不肯埋没，是殆不然。以为精神孰大于周、孔，然周公载籍毁于诸侯，孔子之六经，燔于秦政，虽后世终能哀辑而表章之，然而残缺坏乱者，亦不少矣，思之能无泣然？"在典籍的流传问题上，他认为多置副本应该成为推动典籍流传的重要手段，其曰："凡书必当多置副本，以备朝廷四方或有阙乏，掇取钞写翻刻之用。凡五经四书，及先贤语录，与大夫天文地理、乐律兵法，宇内所不可少之书，固当多置副本，更当择其精要者，镂版勒石，必使之不朽，且以便于摹印流传，真千古之盛事。"在官藏与私藏的各自能力及其可靠性问题上，他认为官藏和私藏都有局限性，其曰："乱世书籍，多毁于兵火。因念藏书之法，庶民无力，断不能藏，即学士大夫，其力不足以博及，亦不足以垂久远。能博及而垂之久远者，其惟天子乎？然天子至易代，而藏书之力亦穷矣。"正是在这样的文献观和藏书观基础上，陆世仪提出了自认为能使书籍"垂之久远"的千古之策——"胜地藏书以传万世"之法。其曰：

> 有一法焉：藉天子之力而不烦天子之守。其法可以传之百王而不能易，垂之千万世而无弊，则惟藏之孔氏乎？孔子自有周以来，其间历汉、唐、五代、宋、辽、金、元，世界无虑百变。然一王兴，则一王尊信；一代立，则一代表章，即盗贼强暴，未有不过之而敬，去之而不敢犯者。诚使王者于此，申藏书之法，于邹、鲁间择名山胜地，定为藏书之所，区别群书，分为数种，如经、史、子、集、志、考、图籍、艺术百家之类，类建一楼，楼置一司，择孔氏子孙之贤者为之，又择其最贤者为之长，使之任出纳收藏、晒暴补缉诸事，授之以禄，每岁则上其书之数于朝，三岁则遣行人视

## 第三章 中国古代图书馆学思想

之，校其书之损益完敝，而行其赏罚。如是则书有日益，无日损，虽有水火刀兵盗贼变革易代之事，于藏书总无与，是诚至妙之法，惜乎无有行者。……不特邹、鲁之间可用此法藏书，凡天下郡邑名山，皆当仿此为藏书之法。相择胜地，广置书籍，聘礼先代圣贤之后，优其禀饩，使典其事，相戒虽有斗争讼狱兵火盗贼之害，不得入其处，久之则天下自然习以成风，诗书日盛，道义日尊矣。今吾儒不能而顾使释氏得其术，是以其徒日繁，而其书日多，其不胥天下而化为释氏者几希？[①]

陆世仪首先指出应在孔孟之乡建立藏书之所，即其所说"于邹、鲁间择名山胜地，定为藏书之所"。孔孟之乡之所以适合集中藏书，是因为孔孟作为中华民族世代崇拜之圣人，其乡所储之书，即使盗贼强暴之人亦不敢犯，所以在此藏书可保证其平安长久。然后，陆世仪认为藏书于邹、鲁之地的做法具有可推广性，即其所说在其他地方"相择胜地，广置书籍"，亦可保证藏之久安；之所以能够久安，是因为这些胜地作为人们崇敬之地，加上"聘礼先代圣贤之后"来守藏，能够避免世间的"斗争讼狱兵火盗贼之害"，从而保证藏书之久安。从陆氏的叙述中可以看出，他说的藏书于邹、鲁抑或"相择胜地，广置书籍"，其实就是"胜地藏书"。从陆世仪自言的"今吾儒不能而顾使释氏得其术，是以其徒日繁，而其书日多"一语看，其"胜地藏书以传万世"思想似乎亦受佛藏、道藏之启发而来。

陆世仪的"胜地藏书以传万世"观，从整体而言并未形成完整的方法体系，只能视其为一种粗略设想而已。不过，在他的文献观和藏书观中，有三点值得注意：一是他所主张的君子之著述应该"与人共之"的观念，具有开放共享精神，这是值得肯定的。二是他所作出的无论是官藏还是私藏都不能完全保证藏书的长久安全的判断，是符合历史事实的，中国古代官藏和私藏都始终处于聚散频仍状态的事实，即为明证。三是他提出"胜地藏书以传万世"说，其立论依据是胜地集中承继有

---

[①] 陆世仪：《陆桴亭思辨录辑要》，丛书集成初编本，商务印书馆1936年版，第62—64页。前引陆世仪之语，亦均引于此。

圣人的道德精神及其声望，即在他看来，胜地之所以成为胜地，在于胜地具有其他地方无法比拟的区域道德优势，借助这种道德优势，加上政府任命圣贤之后来守护和管理，并由政府适时派人检查监督，就可以保证藏书避免兵火、盗贼等劫难，进而能够长久保存和传用。在此，陆世仪同时考虑到了道德力量与政府力量对于保障藏书安全的同等重要性，亦即陆世仪考虑到了正式制度与非正式制度结合并用的重要性。[①] 也就是说，陆世仪所说的"胜地藏书"是指在政府的指导和监督下进行的情况。由此而论，陆世仪的这种以政府为主导的书籍藏用观，比之曹溶、曹学佺、黄虞稷、丁雄飞乃至周永年等人仅借助民间力量来解决书籍的久藏广传问题的思路与做法，显得更具合理性和可行性。当然，陆世仪自认为"至妙之法"的"胜地藏书以传万世"之法，最终仍未免"惜乎无有行之者"的命运，更遑论"政府指导与监督"。尽管如此，陆世仪本人提倡通过"胜地藏书"来实现书籍的久藏广传的理想是无可厚非的。

（三）周永年的"建儒藏以共读之"理想

在我国图书馆学界，一提起周永年，人们自然首先想起他的"儒藏说"。清乾隆年间，周永年继丘濬的"分藏以传久"思想和曹学佺的"修儒藏以全藏用"思想而复倡"儒藏说"。周永年宣传"儒藏说"之文主要有《儒藏说》、《儒藏条约三则》、《与李南涧札》、《复俞潜山》、《与孔荭谷》、《复韩青田师》等。[②] 在这些文章中，周永年表述了建立儒藏的动机、方法及意义，如其曰：

> 自汉以来，购书、藏书，其说綦详；官私之藏，著录亦不为不多，然未有久而不散者。则以藏之一地，不能藏于天下；藏之一

---

① 诺贝尔经济学奖获得者诺斯（Douglass North）把制度划分为正式制度和非正式制度两大类。正式制度指通过正式约定方式制定出来的行为规则，法律、规章和政策是典型的正式制度；而非正式制度则指以传统、道德、习俗、惯例等形式存在的行为规则。诺斯认为，正式制度和非正式制度对社会秩序的形成而同同等重要，不可偏废。

② 中华书局于1982年出版的李希泌、张椒华《中国古代藏书与近代图书馆史料（春秋至五四前后）》一书，以及广陵书社于2010年出版的《藏书记》一书，皆载有这些文章，《藏书记》另有刘音为支持周永年而作的《广儒藏说》一文。请读者参阅。

时，不能藏于万世也。……盖天下之物，未有私之而具有常据，公之而不能久存者。然曹氏虽倡此议，采撷未就。今不揣谫劣，愿与海内同人共肩斯任。务俾古人著述之可传者，自今日永无散失，以与天下万世共读之。(《儒藏说》)

《儒藏》不可旦夕而成，先有一变通之法：经、史、子、集，凡有板之书，在今日颇为易得，若于数百里内择胜地名区，建义学，设义田。凡有志斯事者，或捐金购买于中，以待四方能读之人，终胜于一家之藏。……一县之长官，可劝一县共为之；一方之巨族，可率一方共为之。……书籍收藏之宜，及每岁田租所入，须共推一方老成三五人经理其事。凡四方来读书者，如自能供给，即可不取诸此；寒士则供其食饮。(《儒藏条约三则》)又必多置副本，藏于他处。……惟分布于天下学宫、书院、名山古刹。(《儒藏说》)

《儒藏》既立，则专门之学亦必多于往日，何也？其书易求故也。……至于穷乡僻壤，寒门窭士，往往负超群之姿，抱好古之心，欲购书而无从。故虽矻矻穷年，而限于闻见，所学迄不能自广。果使千里之内有《儒藏》数处，可以略窥古人之大全，其才之成也，岂不事半而功倍哉！(《儒藏说》)

周永年的"儒藏说"，实际上是"集编、分藏、共用"说，即集中所有的儒家书籍，编成《儒藏》，并多置副本，然后分藏于各地供读书人用之。这是一种"存"与"用"两全其美之策，可谓宏愿。周永年自己曾谋建"藉书园"，以试其"儒藏"理想，为此欠下大量债务，后又因应诏赴京入四库馆，"藉书园"计划未果。[①]

综观周永年的"儒藏说"，令人不免产生如下两方面的感叹：

第一，理想可嘉。自古以来，面对浩瀚书籍的聚散交替频仍问题，吾国人一直在思考如何解决永久不失以及藏与用的矛盾问题，由此陷入了"珍藏"与"开放"孰为重的长期争论之中。面对这一历史难题，曹学佺、陆世仪、周永年在佛藏、道藏的启发下，欲以"儒藏"之法

---

① 申斌、尹承：《清代学者周永年研究四题》，载《山东图书馆学刊》2010年第1期。

解决此一难题，周永年还提出其大略思路和方法，并谋建"藉书园"以试其法，其理想和精神可嘉。尤其是他"与天下万世共读之"的主张和理想，是令人敬佩的。

第二，宏愿难酬。周永年自负地认为，自己所提"儒藏"之法简单易行，如其曰："力不论其厚薄，书不拘于多寡，人人可办，处处可行。……今愚夫愚妇，不惜金钱以起祠宇，较之此事，轻重缓急，必有能办之者矣。"(《儒藏条约三则》)殊不知，建"儒藏"之浩大工程，若缺乏政府层面的顶层设计，以一己之力或地方之力为之，谈何容易！后来周永年得以参与《四库全书》工程，想必从中意识到自己所倡"儒藏说"是何等的理想化而难酬。也许此故，自入四库馆，周永年便不复谈及"儒藏说"了。正因为此宏愿难酬，所以周永年的"儒藏说"自提出以来响应者寥寥无几。事实上，周永年仅对俞潜山、孔荭谷、韩青田等少数友人力说自己建儒藏之理想，而与他共事或交流过的刘统勋、邵晋涵、戴震、纪昀、章学诚等名流都未曾表示认同或支持周永年的"儒藏说"[①]。也就是说，周永年"儒藏说"的实际影响范围和程度是极其有限的。至于后世有的人认为周永年的"儒藏说"启发了朝廷修《四库全书》之举，又称其"儒藏说"是我国近代公共图书馆实践的先声，诸如此类评断，均未免夸大其词。当然，从理论上说，周永年的"儒藏说"不愧为古代中国人的"集编、分藏、共用"理想的集大成之说。

综上，无论是曹学佺的"修儒藏以全藏用"思想、陆世仪的"胜地藏书以传万世"思想，还是周永年的"建儒藏以共读之"思想，都有两个共同点：一是在思路上，这些思想都属于文献资源统建共享范畴，即统一建立藏书系统以供社会共享，只不过在实施主体上，陆世仪主张主要靠政府力量，而曹学佺和周永年则主张主要靠民间力量甚或靠一己之力；二是在结果上，这些"文献藏用观"都未曾得到真正实施和推广，也就是说，这些思想观点都只具理想方案性质而未产生广泛的

---

[①] 在这些名流中，只有章学诚在《藉书园书目》叙中提及"儒藏说"(《文史通义》外篇二)，但他仅说周永年"感于古人藏书之义，著儒藏说一十八篇，冠于书首，以为永久法式"，而未对"儒藏说"提出认同与否的意见。

实际效果。[①] 为什么这些美好理想不得实施？其中原因固然有多方面，在此只想指出如下三方面的重要原因：

第一，技术原因。文献生产与传播技术落后，难以支撑大规模文献资源统建共享活动的实施并成功。众所周知，在古代社会，虽然发明有造纸术和印刷术，但文献的生产技术仍然主要靠手工书写、印刷和抄写，而尚未实现全面高效的机械化、自动化（更谈不上如今的缩微化、电子化、数字化），复制文献亦主要靠手工抄写和印刷；文献的传播手段主要靠步行、车船等简易的交通传递手段。在这种极低的生产力水平下，欲组织和落实大规模文献资源统建共享活动是极其困难的，尤其是靠民间力量为之更是几无可能。也就是说，组织实施大规模文献资源统建共享活动，尤其是靠民间力量组织此事，超出了当时的技术水平所能支撑的条件，故难以实施成功。

第二，经济原因。贫穷的社会经济现实条件，使得组织实施大规模文献资源统建共享活动缺乏相应的经济基础。众所周知，中国古代社会的民众，其生活水平大多处于贫困状态，解决温饱问题是首要的生活目标。在这种情况下，组织实施大规模文献资源统建共享活动面临两方面的困难：一是组织者尤其是民间组织者难以筹集所需要的资金；二是民众的生活贫困所导致的极低的文化需求，难以形成组织实施大规模文献资源统建共享活动的全社会性的需求拉动力，更无以形成全民参与的民意和人力推动力。也就是说，当时欲靠民间力量组织实施大规模文献资源统建共享活动，尚不具有所需要的、坚实的经济基础。周永年当年为了实践其"儒藏说"，谋建"藉书园"而欠下大量债务，最终因入不敷出而"败下阵来"的结局，就是因缺乏经济基础所吞下的苦果。

第三，体制原因。缺乏公藏共用的制度保障机制。从事理上说，组织实施大规模文献资源统建共享活动，理应具有相应的公共政策和公权的支持基础。然而，在中国古代皇权体制或"家产制国家"体制下，难以形成真正意义上的公藏共用机制。在这种情况下，一些仁人志士欲靠民间力量或靠一己之力组织实施大规模文献资源统建共享活动，实际

---

[①] 19世纪初，阮元在杭州灵隐寺和镇江焦山分别建灵隐书藏和焦山书藏，这可以说是"儒藏说"的实践之举，然只是个案，其影响亦极有限，不具广泛性。

上是把本应为公共政策之举变成了少数人为之之举，尽管其出发点是善意的，但这种善意显然缺乏现实可行性。这就是上述大规模文献资源统建共享活动只具有善意的理想性而缺乏制度保障机制进而难以实施成功的主要原因之一。反过来，乾隆皇帝靠威力无比的皇权，举全国之力修成《四库全书》并分藏于天下七处，在一定程度上实现了公藏共用的局面。相比之下，陆世仪虽然也知道应靠政府之力实施"胜地藏书"之理，但他无权动用政府之力，故转而靠一己之力为之，终未免失败之果。曹学佺、周永年的"儒藏说"亦未免不得实施之结局，其根本原因之一亦在于缺乏公藏共用的制度保障机制。

## 第四节　馆阁观

所谓馆阁观，就是古代中国人对以馆阁形式存在的图书馆的基本看法或认识。关于中国古代从文馆到馆阁的演变过程以及唐、宋、明、清皇家馆阁的发展情况，在本书第一章中的"馆阁及馆职人员的出现"部分已有大略交代，故在此不赘述。这一节主要简述馆阁功用观和馆阁职任观，以此窥见古代中国人的基本馆阁观。需要说明的是，以下所述"馆阁观"主要是针对皇家馆阁而言的思想观念，而基本未涉及单独的私家馆阁观、寺观馆阁观和书院馆阁观，这是因为：第一，从现有可查史籍资料来看，中国古代人所言馆阁观，大多是针对皇家馆阁而言的，而少有关于私家馆阁观、寺观馆阁观和书院馆阁观的记述[①]，即使有亦不成"系统理论"，故不宜单独设标题述之；第二，虽然中国古代人所言馆阁观大多为针对皇家馆阁而言，但在表述时一般径称"馆阁如何如何"而非单称"皇家馆阁如何如何"，且在义理上往往是面向一般意义上的"馆阁"而言的，故在古人所言皇家馆阁观中亦能窥见一般意义上的馆阁观。

---

① 这里说史籍中关于私家馆阁观、寺观馆阁观和书院馆阁观的记述少，指的是关于这些馆阁的"观念"记述少，而非指关于这些馆阁的"馆情"记述少。相反，史籍中关于这些馆阁的"馆情"记述多之又多。

# 第三章 中国古代图书馆学思想

## 一 馆阁功用观

从概念上来说，广义上的馆阁，可以泛指一切藏书之所。先秦时期的馆阁，一般设于宗庙之中，所谓石室、金匮、盟府是也。西汉的石渠阁、天禄阁、麒麟阁等，就已具备馆阁功能（用于藏书和学术活动）。东汉的兰台因其兰台令史兼负著述、校书之责而兼具馆阁性质，东观则是完全意义上的馆阁设施。魏晋南北朝时期至隋代皇宫内所建各类"殿"、"馆"、"阁"、"观"、"院"等，其中不少亦属馆阁。唐代、五代的"三馆"以及宋代的"三馆秘阁"，无论在名称上还是在体制上，都已具有了名副其实的皇家馆阁性质，而文渊阁、《四库全书》七阁等就是明、清时期的皇家馆阁主体。可见，中国古代具有源远流长的馆阁传统，这说明中国古代历朝历代是非常重视馆阁建设的。之所以重视馆阁建设，是因为包括统治者在内的人们认识到了馆阁所具有的独特功用价值。

### （一）汉唐时期的馆阁功用观

关于馆阁的功用，成书于东汉末曹魏初的《三辅黄图》卷六"阁"条的概括最为精要，即其所云"藏秘书，处贤才"[①]。这一概括是从汉代的天禄阁、石渠阁、麒麟阁所发挥的功能中概括出来的。从汉代以后的历代馆阁功能来看，这一概括极具前瞻性、统摄性和准确性。所谓"藏秘书，处贤才"之馆阁，实际上是一个"书—人"二合一结构，即指以"以书储养人，储养人以治国"为目的的一种文治之器。

说到馆阁，我们应该注意的是，皇家馆阁大多由帝王令建，所以馆阁实际上是帝王的"治国之器"之一，或者说是帝王专为文人参与治国（文治）而建的"治国之器"之一。建立"治国之器"的目的当然是探寻"治国之道"。也就是说，馆阁是帝王的文治之器，而不是用以提高民众文化素养的"群众文化设施"，也不是用来为大众传播文化知识或信息的"大众传播机构"。这就是古代馆阁与近现代图书馆在性质和功用上的最大区别之一。正因为建馆阁以探寻"治国之道"为目的，所以皇家馆阁不仅具有文化功用，而且还具有极强的政治功用。古代中

---

① 何清谷撰：《三辅黄图校释》，中华书局2005年版，第340页。

国人就是从文化功用和政治功用两方面认识馆阁之功用的。如《新唐书·百官志二》云,弘文馆掌"详正图籍,教授生徒;朝廷制度沿革、礼义轻重,皆参议焉";集贤殿书院"掌刊缉经籍。凡图书遗逸、贤才隐滞,则承旨以求之。谋虑可施于时,著述可行于世者,考其学术以闻。凡承旨撰集文章、校理经籍,月终则进课于内,岁终则考最于外"。可见,馆阁的文化功用主要体现在"详正图籍,教授生徒";馆阁的政治功用主要体现在发现、推荐、培育人才,著述撰文,参政议政。其实,时任秦王的李世民在任命"十八学士"的手令《置文馆学士教》中明确指出了设立文馆的目的在于"引礼度而成典则,畅文词而咏风雅,优游幕府,是用嘉焉。宜令并以本官兼文馆学士"①。在这里,李世民把文馆的功用定位于"引礼度而成典则,畅文词而咏风雅",已经涵盖了文馆的政治功用与文化功用;同时李世民又把文馆喻为"幕府",则点明了文馆的咨询参谋机构性质。这就是李世民以及唐代早期社会的馆阁功用观,即馆阁为文治之器之一。不过,我们要知道,把馆阁的功用定位于文治之器,这是一种宏观定位,其内涵和表现并非一成不变,而是不同时期具有不同的内涵与表现。如唐中宗景龙年间,"弘文馆"改名为"修文馆",馆职人员主要从事赋诗宴乐之事,诚如中宗所言"今天下无事,朝野多欢,欲与卿等词人时赋诗宴乐,可识朕意,不须惜醉"(《唐诗纪事》卷一《中宗》篇)。这就表明,中宗时期的馆阁的主要功用在于文化娱乐,而育人、资政功用大大削弱了。唐玄宗时期着重建设的是集贤殿书院,但建设重点在于大量抄写四部书副本、刊校书籍并编制书目(如编制《群书四部录》二百卷等)、编纂和颁发官修图书等,此外馆阁学士还承担草诏和侍讲职责。可见,玄宗时期的集贤殿书院的主要功用在于文献资源建设,附带承担其他事务,也就是说,此时的馆阁功用主要表现为文化功用,而政治功用不如唐太宗时期显著。这种变化是由不同的历史时期对馆阁的功用需求不同以及不同的帝王持有不同的馆阁功用观所致。玄宗在解释把"集仙殿"改为"集贤院"的理由时说:"仙者,捕影之流,朕所不取;贤者,济治之具,当务其实。"(《唐会要》卷六四)这里的"其实",在太宗时

---

① 董诰等:《全唐文》卷四,孙映逵等点校,山西教育出版社2002年版,第28页。

期更多地表现为馆阁学士的资政功用上,而玄宗时期则更多地表现为馆阁的文献整理与撰述的"济治之具"功用上。

(二) 两宋时期的馆阁功用观

宋代是馆阁建设成就极其辉煌的朝代。在宋代,"治书以育人,育人以文治"的馆阁功用观显得更加明确和贯穿到底。所以,宋代的历代帝王大多能够明确指出馆阁的资政功用和养育人才功用。在这方面,宋太宗首先做出了"定调"性导向,如其曰:"夫教化之本,治乱之源,苟无书籍,何以取法"①;"国家勤求古道,启迪化源,国典朝章,咸以振举;遗编坠简,宜在询求,致治之先,无以加此"②;"朕即位之后,多方收拾,钞写购募,今方及数万卷,千古治乱之道,并在其中矣"③。在宋太宗的表率及其"三馆秘阁"建设成就的感召下,其后的帝王亦大多能够继承其馆阁建设指导思想,如宋仁宗曾指出"馆职所以待贤俊。……图书之府所以待贤俊而备讨论"④;宋英宗曾指出"馆阁所以育隽材"(《宋史·职官四》);宋高宗曾指出"仰惟祖宗肇开册府,凡累朝名世之士由是以兴,而一代致治之原盖出于此。朕嘉与学士大夫共宏斯道,乃一新史观,亲御榜题,肆从望幸之诚,以示右文之意"⑤;宋孝宗曾指出"馆职学官,祖宗设此,储养人材"(《宋会要辑稿·职官十八·秘书省一》)。在帝王的倡导下,宋代的文人学者们亦大多把馆阁视为治书育人的文治之器,如宋哲宗元祐年间,右正言刘安世上《论馆职乞依旧召试状》云"祖宗初定天下,首辟儒馆,以育人材。累圣遵业,益加崇奖,处于英俊之地而励其名节,观以古今之书而开其聪明。廪食太官,不任吏责,所以成就德器,推择豪杰,名卿贤相多出此途,得人之盛,无愧前古"⑥;高宗时期的丞相范宗尹等上奏云"祖宗以来,馆阁之职所以养人才、备任使,一时名公巨卿皆由此涂

---

① 李焘:《续资治通鉴长编》(第 2 版),上海师大古籍所、华东师大古籍所点校,中华书局 2004 年版,第 571 页。
② 司义祖整理:《宋大诏令集》,中华书局 1962 年版,第 596 页。
③ 程俱:《麟台故事校证》,张富祥校证,中华书局 2000 年版,第 38 页。
④ 程俱:《麟台故事校证》,张富祥校证,中华书局 2000 年版,第 244—245 页。
⑤ 陈骙、佚名:《南宋馆阁录 续录》,张富祥点校,中华书局 1998 年版,第 62 页。
⑥ 李焘:《续资治通鉴长编》(第 2 版),上海师大古籍所、华东师大古籍所点校,中华书局 2004 年版,第 10029 页。

出。……今多难为弭,人才为急,……宜量复馆职,以待天下之士"①。

馆阁的资政功用,不仅表现在所藏图书能够为统治者提供教化、治乱经验,更为直接的表现是馆职人员的咨询顾问作用上。馆职人员之所以能够以咨询顾问方式参政、议政,靠的是其"学士"身份。我们知道,首次在馆阁中设学士职务的是南朝刘宋政权所置总明观(亦称总明馆)。总明观建于南朝宋明帝泰始六年(470年),设祭酒一人,又设玄、儒、文、史四科学士各十人(《南齐书·百官志》)。"学士之职,本以文学言语被顾问,出入侍从,因得参谋议、纳谏诤,其礼尤宠"(《新唐书·百官志一》)。韩愈说:"秘书,御府也,天子犹以为外且远,不得朝夕阅视,始更聚书集贤殿,别置校雠官,曰'学士',曰'校理',常以宠丞相为大学士,其他学士皆达官也。"②按照韩愈的说法,校雠官(馆职人员)队伍中的主体人员被称为"学士"。宋代也承袭了这一建制传统及其称谓,如程俱所言"故事,进士唱名日,馆职皆侍立殿上,所以备顾问也。……馆阁官许称学士,载于天圣令文"③。也就是说,馆职人员可以以学士身份"备顾问"。其实,在宋代,即使没有"学士"之称的修撰、直史馆、直秘阁、集贤校理等馆职人员,亦有参政、议政的资格。据此,程俱在记载北宋馆职人员的资政情况时云:"祖宗时,有大典礼政事讲究因革,则三馆之士必令预议。如范仲淹议职田状、苏轼议贡举者,即其事也。详议典礼,率令太常礼院与崇文院详定以闻,盖太常礼乐之司,崇文院简册之府,而又国史典章在焉。合群英之议,考古今之宜,则其施于政事典礼,必不诡于经理矣。熙宁中,轼任直史馆,尝诏对,亲奉德音,以为'凡在馆阁,皆当为朕深思治乱,指陈得失,无有所隐'。"④这就表明,宋代的帝王和臣僚们已充分认识到了馆阁作为简册之府以其丰富的馆藏文献资源发挥咨询、顾问、议政等资政作用的价值。馆阁的功用不仅在于文献资源建设(文化功用),馆阁还应具有聚集人才以资政的政治功用。对此,范仲淹明确指出:

---

① 程俱:《麟台故事校证》,张富祥校证,中华书局2000年版,第218页。
② 韩愈:《韩昌黎文集注释》,阎琦注,三秦出版社2004年版,第437页。
③ 程俱:《麟台故事校证》,张富祥校证,中华书局2000年版,第201页。
④ 程俱:《麟台故事校证》,张富祥校证,中华书局2000年版,第144页。

## 第三章 中国古代图书馆学思想

国家开文馆，延天下英才，使之直秘庭，览群书，以待顾问，以养器业，为大用之备。①

曾巩在论及宋初馆阁的藏书建设和人才建设成就时指出：

三馆之设，盛于开元之世，而衰于唐室之坏。……宋兴，太祖急于经营，收天下之地，其于文儒之事稍集，然未能备也。太宗始度升龙之右，设置于禁中，收旧府图籍与吴蜀之书，分六库以藏之。又重亡书之购，而间巷山林之藏，稍稍益出，天下图书始复聚，而缙绅之学彬彬矣。悉择当世聪明魁垒之材，处于其中，食于太官，谓之学士。其义非独使之寻文字、窥笔墨也，盖将以观天下之材，而备大臣之选。此天子所以发德音、留圣意也。②

范祖禹在《上哲宗论差道士校黄本道书》中指出，"祖宗置三馆秘阁以待天下贤才，公卿侍从皆由此出，不专为聚书；设校理、校勘之职，亦非专为校书"（《宋名臣奏议》卷五九《百官门·馆阁》）。范仲淹、曾巩和范祖禹的言说其实都在阐明这样一种馆阁功用观：设馆阁以治书，治书以养人才，养人才以资政。

（三）明、清之际的馆阁功用观

与汉隋唐宋相比，明、清之际的馆阁功用观发生了大的变化。明太祖朱元璋于1380年撤销秘书省，馆阁管理归隶于翰林院；明成祖朱棣始实行内阁制，馆阁管理仍归隶于翰林院，自此，"三馆秘阁"建制不复存在，朝廷养育人才之途主要限于翰林学士之途，馆阁的养育人才功用和馆职人员的资政渠道基本被搁置。简而言之，汉、隋、唐、宋时期的馆阁制度发展到明、清时期完全为翰林制度所遮蔽、所取代。这是就明、清两代馆阁的总体情况而言的结论，若分而言之，明代和清代的馆阁

---

① 李焘：《续资治通鉴长编》（第2版），上海师大古籍所、华东师大古籍所点校，中华书局2004年版，第3434—3435页。
② 曾巩：《曾巩集》，陈杏珍、晁继周点校，中华书局1984年版，第675页。

功用则有较大区别：明代的皇家馆阁，基本上只是处于储藏图籍之所的状态，而清代的皇家馆阁则数量和类型多、规模宏大，完全服务于清廷的文化统治和学术整饬；从发展过程而言，清代的皇家馆阁在乾隆时期达到鼎盛，此后逐渐走向衰落。

就明代的皇家馆阁建设而言，除了朱元璋诏令集运元大都皇家藏书之功、成祖朱棣令修的《永乐大典》之功、杨士奇主持编修的《文渊阁书目》之功以及历朝编修《实录》之功之外，其他盖乏善可陈。在明朝历任皇帝中，除了太祖和成祖之外，其他皇帝大多不甚重视馆阁建设。明世宗嘉靖中叶，御史徐九皋曾建议征集民间遗书，以便诸臣"辨析经旨"，"召见侍从讲官，亦仰体皇上圣学备顾问"，然而嘉靖皇帝却说：

> 书籍充栋，学者不用心，亦徒虚名耳。苟能以经书躬行实践，为治有余裕矣。此心不养以正，召见亦虚应也。①

可见，在嘉靖皇帝看来，加强文献资源建设、馆阁建设以"备顾问"之事，只不过是"虚名"、"虚应"而已。这就表明，在嘉靖皇帝的观念中，馆阁的养育人才以成文治之器的功用只是可有可无的"虚事"。可以说，嘉靖皇帝的这种馆阁功用观，代表了有明一代多数帝王的馆阁功用观。这也是明代馆阁建设在大部分时间里处于缺乏长进状况的根本原因之一。

关于明代馆阁制度的落后局面，丘濬在《图籍之储》中以婉转的批评之语予以描述：

> 我朝不专设馆阁官，凡前代所谓省监，皆归于翰林院。翰林院专设官以司经籍图书，名曰典籍，凡国家所有古今载籍，皆在所掌。又于国子监设典籍一员，司凡大学（太学）所有经籍及版本之属。……我朝馆阁之职，凡前代所谓集贤院、崇文院、秘书省、秘阁，皆不复置官，惟于翰林、太学置此官二员。……宋有馆阁之

---

① 沈德符：《万历野获编》，中华书局1959年版，第4页。

职,以司经籍图书,秘书郎职掌收贮葺理,校书郎正字职在编辑校定。今制不设馆职,并其职于翰林院。夫无专官,则无专任。臣请于典籍之外,其修撰、编修、检讨,皆以编辑校定之任专委其人,而责其成功。……如此,则葺理有官,而编简不至于脱误;考校有人,而文义不至于讹舛;考阅有时,而载籍不至于散亡矣。①

丘濬在这里指出了明代因"不专设馆阁官"所带来的弊端,即"无专官,则无专任",由此难免所藏文献出现"脱误"、"讹舛"、"散亡"的弊端。当然,丘濬所提效仿唐宋设馆职之制以期做到"葺理有官"、"考校有人"、"考阅有时"的良好建议,未被采纳。

就清代的皇家馆阁建设成就而言,乾隆时期达到了顶峰,其前和其后都未达到此一顶峰,故在此专门评述乾隆皇帝的馆阁功用观。乾隆皇帝曾作有《四库全书》北四阁记,即《文渊阁记》、《文津阁记》、《文源阁记》和《文溯阁记》,其中的《文渊阁记》和《文溯阁记》,集中表述有乾隆皇帝的文献观和馆阁功用观:

> 国家荷天庥,承佑命,重熙累洽,同轨同文,所谓礼乐百年而继兴,此其时也。而礼乐之兴,必藉崇儒重道以会其条贯。儒与道,匪文莫阐,故予蒐四库之书,非徒博右文之名,盖如张子所云"为天地立心,为生民立道,为往圣继绝学,为万世开太平",胥于是乎系。故乃下明诏,敕岳牧,访名山,搜秘简,并出天禄之旧藏,以及世家之独奉,于是浩如渊海,委若邱山,而总名之曰《四库全书》。……宫禁之中,不得其地,爰于文华殿后建文渊阁以待之。文渊阁之名,始于胜朝,今则其处,而内阁大学士之兼殿阁衔者,尚存其名,兹以贮书所为,名实适相副。而文华殿居其前,乃岁时经筵讲学所必临,于以枕经葄史,镜己牖民,后世子孙奉以为家法,则予所以继绳祖考觉世之殷心,化育民物返古之深意,庶在斯乎!庶在斯乎!(《文渊阁记》)
> 
> 权舆二典之赞尧、舜也,一则曰文思,一则曰文明,盖思乃蕴

---

① 邱濬:《大学衍义补》,林冠群、周济夫校点,京华出版社1997年版,第807—808页。

于中，明乃发于外，而胥藉文以显。文在理也，文之所在，天理存焉，文不在斯乎，孔子所以继尧、舜之心传也。世无文，天理泯，而不成为世，夫岂铅椠简编云乎哉？然文固不离铅椠简编以化世，此四库之辑所由亟亟也。……四阁之名，皆冠以文，而若渊、若源、若津、若溯，皆从水以立意者，盖取范氏天一阁之为。……若夫海源也，众水各有源而同归于海，……水之体用如是，文之体用顾独不如是乎？……予不忘祖宗创业之艰，示子孙守文之模，意在斯乎！意在斯乎！（《文溯阁记》）

通过上述两段话，我们至少可以解读出乾隆皇帝的如下四方面文献观和馆阁功用观：第一，人类的思想和文明成果被记录在文献之中，脱离文献无以继承人类文明成果，也无以认识天下之理，即"世无文，天理泯"，所以必须借助文献才能接受和传承人类的文明成果，这就是文献的价值所在；第二，重视文献资源建设（如修《四库全书》），是兴礼乐、崇儒重道的要求和表现，而不只是为了宣扬右文；第三，《四库全书》北四阁的名称都冠以"文"字，且都有"水"意（后来的南三阁名称之意亦如是），表明修《四库》、建馆阁是为了体现如水有源般的文脉传承渊源有自；第四，之所以重视文献资源建设和皇家馆阁建设，是为了通过所修、所藏文献宣明本朝继承祖先文明遗产，以此告诫子孙不忘祖宗创业之艰难，敬畏祖先，珍惜现世，即告诫全民要认同当朝统治的来之不易及其合法性。

当《四库全书》修成之际，乾隆皇帝又提出了"嘉惠艺林，广布流传，以光文治"的馆阁功用观。这一思想集中表现于建立北四阁、南三阁的谕令之中，其曰：

朕稽古右文，究心典籍，近年命儒臣编辑四库全书，特建文渊、文溯、文源、文津四阁，以资藏庋。现在缮写头分告竣，其二、三、四分限于六年内按期藏事，所以嘉惠艺林，垂示万世，典至钜也。因思江浙为人文渊薮，朕翠华临莅，士子涵濡教泽，乐育渐摩，已非一日，其间力学好古之士、愿读中秘书者，自不乏人。兹四库全书允宜广布流传，以光文治。如扬州大观堂之文汇阁、镇

· 348 ·

江金山寺之文宗阁、杭州圣因寺行官之文澜阁,皆有藏书之所,著交四库馆再缮写全书三分,安置各该处,俾江浙士子得以就近观摩誊录,用昭我国家藏书美富、教思无穷之盛轨。①

如果把乾隆皇帝在《文渊阁记》和《文溯阁记》中所说的话喻为"殷殷教诲",那么,这道谕令中的语气则可喻为"信心满满"。也就是说,经过"一一辨厥妍媸,严为去取"(《四库全书总目·凡例》)而成的《四库全书》,俨然是乾隆皇帝宣明稽古右文、以光文治的文化学术大典;南三阁必须借助"人文渊薮"之地的优势,广布流传,以"昭我国家藏书美富、教思无穷之盛轨"。由此可见,在乾隆皇帝的治国策略中,馆阁的功用在于成为整理文献、整饬学术、传播帝王思想、宣传本朝统治合法性的文治之器。

## 二 馆阁职任观

馆阁职务有多重要?馆阁职务应该由什么样的人来担任?如何考选馆职人员?对诸如此类问题的认识,就是馆阁职任观。

毋庸置疑,馆阁职任属于文官范畴。在中国古代,一直有重用文官的传统,所以文官职务也一直受到人们的青睐和羡慕。当然,作为文官的馆阁职任,须具备相当水平的学养素质才能胜任。

(一)王充、王肃、张说对馆职重要性的认识

东汉王充提出有"馆阁职任,通人之官"之说:

> 通人胸中怀百家之言。……富人不如儒生,儒生不如通人。……通人之官,兰台令史,职校书定字……是以兰台之史,班固、贾逵、杨终、傅毅之徒,名香文美,委积不泄,大用于世。……令史虽微,典国道藏,通人所由进,犹博士之官,儒生所由兴也。(《论衡·别通篇》)

在王充看来,通人比儒生更高明,因为"通人积文十箧以上,圣人

---

① 中国第一历史档案馆:《纂修四库全书档案》,上海古籍出版社1997年版,第1589页。

之言，贤者之语，上自黄帝，下至秦、汉，治国肥家之术，刺世讥俗之言，备矣"（《论衡·别通篇》）。而且，王充认为萧何就是通人，因为"萧何入秦，收拾文书，汉所以能制九州者，文书之力也。以文书御天下，天下之富，孰与家人之财"（《论衡·别通篇》）。可见，王充对萧何收拾秦朝文书，后又建石渠阁、天禄阁、麒麟阁等馆阁之举，给予了高度认可和赞扬。总之，王充把馆职视为"通人之官"，足见其对馆职的重视和高看。

在政府文官系统中，如何体现馆阁的独立地位及其重要性？对此，曹魏时期曾任秘书监的王肃，为提高馆阁地位以及馆职人员待遇做出了重要贡献。首先，王肃认为，秘书监应独立于少府，且应与中书台平起平坐，其曰：

> 魏之秘书即汉之东观，郡国称敢言之上东观，且自大魏分秘书而为中书以来，传绪相继，于今三监未有隶名于少府者也。今欲使臣编名于驺隶，言事于外府，不亦隳朝章而辱国典乎？太和中，兰台、秘书争议，三府奏议秘书司先王之载籍，掌制书之典谟，与中书相亚，宜与中书为官联。（《太平御览·职官部三十一·秘书监》）

其次，王肃又作《论秘书丞郎表》，要求提高秘书监内丞、郎的待遇，其曰：

> 臣以为秘书职与三台为近密，中书郎在尚书丞、郎上，秘书丞、郎宜次尚书郎下，不然则宜次侍御史下。秘书丞、郎俱四百石，迁宜比尚书郎，出亦宜为郡，此陛下崇儒术之盛旨也。尚书郎、侍御史皆乘犊车，而秘书丞、郎独乘鹿车，不得朝服，又恐非陛下转台郎以为秘书丞、郎之本意也。（《通典》卷二十六《职官八·秘书监》）

在王肃看来，秘书"司先王之载籍，掌制书之典谟"，其职神圣而重要，若隶属于作为外府的少府，便有"隳朝章而辱国典"之嫌；因为秘书"掌制书之典谟",所以其职与掌机要的中书相仿,故秘书与中书可平等对待;秘书丞、秘书郎官秩皆四百石,带出职务亦与郡守相仿,这体现了皇帝"崇儒术之盛旨",但秘书丞、秘书郎只允许乘坐鹿车,还不如尚书郎、侍御史所乘犊车,且不得朝服,这又与"崇儒术之盛旨"不相符,因此应该提高秘书丞、秘书郎的待遇。王肃的这些建议在后世得到了一定程度的实现,如《晋书·舆服志》载中朝官员行走序列云"……次中书监骑左,秘书监骑右";《晋书·华峤传》载华峤"转秘书监,加散骑常侍,班同中书"。

在唐代,馆职人员的物质待遇普遍较高,如弘文馆学士"给以五品珍膳"[1]。但是,有些人对此有异议,如玄宗时期的徐坚认为,给集贤殿丽正学士以优厚待遇"无益于国,徒为糜费"(《资治通鉴》卷二一二开元十一年五月己丑条)。对此,张说反驳说:"圣上崇儒重德,亲自讲论,刊校图书,详延学者。今之丽正,即是圣主礼乐之司,永代规模不易之道,所费者细,所益者大。"(《大唐新语》卷一《匡赞》篇)可见,在张说的思想观念中,馆阁作为"刊校图书,详延学者"之所,表现着国家"崇儒重德"的合法性,所以给馆职人员以优厚待遇,不能说是"徒为糜费",而是"给有所值"。用现代的话来说,张说是从"成本"与"收益"的比较角度,论证了馆阁及馆职的重要价值。

(二)馆职为"清官"、"第一官"、"美职"之说

自汉代始,馆阁及馆职受到人们的青睐,如东汉时学者们把东观视为"老氏藏室,道家蓬莱山"(《后汉书·窦融列传附窦章传》)。南北朝时,则有把馆职视为"清官"、"第一官"之说。《梁书》卷三十三《张率传》和《刘孝绰传》分别记有如下两段话:

> 张率,字士简,……迁秘书丞,引见玉衡殿。高祖曰:"秘书丞天下清官,东南胄望未有为之者,今以相处,足为卿誉。"其恩遇如此。

> 孝绰幼聪敏,七岁能属文。……除秘书丞,高祖谓舍人周捨曰:"第一官当用第一人。"故以孝绰居此职。

---

[1] 吴兢:《贞观政要译注》,裴汝诚等译注,上海古籍出版社2006年版,第343页。

正因为馆职被视为"天下清要第一官",所以秘书丞、秘书郎之职往往被视为士人仕进的重要台阶,如《梁书·张缵传》所言:"秘书郎有四员,宋、齐以来,为甲族起家之选,待次入补,其居职,例数十百日便迁任。"所谓"待次入补",即排队入选,足见其受青睐之重。

唐开元年间,张说曾说过这样一段话:"……十数年间,六合清谧,内峻图书之府,外辟修文之馆,搜英猎俊,野无遗才,右职以精学为先,大臣以无文为耻。"① 可见,馆阁("图书之府"、"修文之馆")是安置英俊人才之所。张说对馆阁职任的高度评价,在《大唐新语》卷十一《褒锡》篇中亦有一段文字记载:

> 开元初,左常侍褚无量与光禄卿马怀素隔日侍读。诏曰:"朕于百事考之,无如文籍;先王要道,尽在于斯。是欲令经史详备,听政之暇,游心观览。"无量等奉诏整理内库书。至六年,分部上架毕,制文武百官入乾元殿东廊观察,移时乃出。于是赐无量等束帛有差。知贺知章,自太常少卿迁礼部侍郎,兼集贤学士,一日并谢二恩。特源乾曜与张说同秉政,乾曜问说曰:"贺公久著盛名,今日一时两加荣命,足为学者光耀。然学士与侍郎,何者为美?"说对曰:"侍郎自皇朝已来,为衣冠之华选,自非望实具美,无以居之。虽然,终是具员之英,又非往贤所慕。学士者,怀先王之道,为缙绅轨仪,蕴扬、班之词彩,兼游、夏之文学,始可处之无愧。二美之中,此为最矣。"

在张说看来,集贤学士和侍郎都是"美职",但相比而言学士职任"最美"。这就是张说的"馆阁职任最美"之说。

杜佑《通典》卷二十六《职官八·秘书监》直称馆职为"美职",其曰:

---

① 张说:《唐昭容上官氏文集序》,载董诰等《全唐文》卷二二五,孙映逵等点校,山西教育出版社2002年版,第1355页。

宋、齐秘书郎皆四员，尤为美职。……（校书郎）掌雠校典籍，为文士起家之良选。其弘文、崇文馆，著作、司经局，并有校书之官，皆为美职。

自汉以后，人们"皆以校书、正字为荣"[1]，认为"文馆之职，士人所欲"[2]。馆职之所以被视为"美职"，其原因主要有两方面：一是任馆职容易成就学术，即任馆职便于观书著述、广学增智；二是被除授馆职是以后进一步升迁的最佳途径之一。

借助馆职以观书著述、广学增智者不乏其例。例如："早在司马迁时，即绅石室金匮之书，得以成《史记》；班固以兰台令史观书，乃成《汉书》"[3]。西晋左思"造《齐都赋》，一年乃成。复欲赋三都……自以所见不博，求为秘书郎"，其《三都赋》果然著成，迅速流传，人们竞相传抄，以致"洛阳为之纸贵"（《晋书·左思传》）。西晋司马彪在"泰始中，为秘书郎，转丞……彪乃讨论众书，缀其所闻"，著成《续汉书》（《晋书·司马彪传》）。北魏的江式以他官"典书秘书，所须之书，乞垂敕给"，于是撰成《古今文字》四十卷。[4] 南梁张缵"起家秘书郎，……缵固求不徙，欲遍观阁内图籍。尝执四部书目曰：'若读此毕，乃可言优仕矣。'"（《梁书·张缵传》）。唐代李邕"少知名，即冠，见特进李峤，自言'读书未遍，愿一见秘书'。峤曰：'秘阁万卷，岂时日能习邪？'邕固请，乃假直秘书。未几辞去，峤惊，试问奥篇隐帙，了辩如响。峤叹曰：'子且名家！'"（《新唐书·李邕传》）。唐开元年间，韦述因马怀素之荐而得以入秘阁，"述好谱学，秘阁中见常侍柳冲先撰《姓族系录》二百卷，述于分课之外手自抄录，暮则怀归。如是周岁，写录皆毕，百氏源流，转益详悉"（《旧唐书·韦述传》）。宋代陈彭年以学识渊博著称，"凡有问无不知者，……上因问：'墨智、墨允是何人？'彭年曰：'伯夷、叔齐也。'上问：'见何书？'曰：

---

[1] 董诰等：《全唐文》，孙映逵等点校，山西教育出版社2002年版，第1401页。
[2] 程俱：《麟台故事校证》，张富祥校证，中华书局2000年版，第118页。
[3] 张荣芳：《唐代的史馆与史官》，私立东吴大学中国学术著作奖励委员会1984年版，第33页。
[4] 严可均辑：《全后魏文》，商务印书馆1999年版，第440页。

'《春秋少阳》。'即令秘阁取此书,既至,彭年令于第几板寻检,果得之"①。陈彭年之所以如此熟悉馆阁藏书,自然得益于其任秘书郎,后转秘书丞期间遍观馆阁藏书。

把馆职视为文官升迁之终南捷径的观点,是唐、宋时期人们的普遍观点。中晚唐时期的诗人符载在《送袁校书归秘书省序》中指出,"国朝以进士擢第为入官者千仞之梯,以兰台校书为黄绶者九品之英。其有折桂枝,坐芸阁,非声名衰落,体名轗轲;不十数岁,公卿之府,缓步而登之"②。自初唐至盛唐,很多馆职人员十数年间就擢升台省官,故当时人们总结道:"士子由科(第)而进,得为馆殿吏者,俯视华资,如拾地芥然。"③范仲淹指出:"我朝崇尚馆殿,目为清华,辅相之材,多由此选。三馆清密,古谓登瀛。"④可见,在唐、宋时期,馆职被视为"华资",馆阁被视为"清华",入馆职被视为"登瀛",足见馆职令人羡慕至极。欧阳修亦指出:

> 今两府阙人,则必取于两制;翰林学士谓之内制,中书舍人、知制诰谓之外制,今并杂学士、待制,通谓之两制。两制阙人,则必取于馆阁。……自祖宗以来,所用两府大臣多矣。其间名臣贤相,出于馆阁者,十常八九也。……自陛下即位以来,所用两府之臣一十三人,而八人出于馆阁,此其验也。⑤

从馆职升迁至两制,再从两制晋升宰辅,这是宋代士人最为企盼的升迁之路。苏轼曾说:"国家取士之门至多,而制举号为首冠;育才之地非一,而册府处其最高。"⑥现代学者李昌宪曾对《宋史》列传中的神宗以前宰辅和侍从官出身做了统计,结果是:宰辅由馆职出身者太祖朝占20%,太宗朝占50%,真宗朝占48%,仁宗朝占70%,英宗朝占

---

① 佚名:《道山清话》,载《全宋笔记》第二编第一本,大象出版社2008年版,第113页。
② 董浩等:《全唐文》,孙映逵等点校,山西教育出版社2002年版,第4171页。
③ 董浩等:《全唐文》,孙映逵等点校,山西教育出版社2002年版,第5160页。
④ 范仲淹:《范仲淹全集》,范能濬编集,薛正兴校点,凤凰出版社2004年版,第175页。
⑤ 欧阳修:《欧阳修文集》,刘振鹏主编,辽海出版社2010年版,第809页。
⑥ 苏轼:《苏轼文集》,孔凡礼点校,中华书局1986年版,第1326页。

67%，神宗朝占85%；侍从官由馆职出身者太祖朝占44%，太宗朝占42%，真宗朝占58%，仁宗朝占71%，英宗朝占85%，神宗朝占77%。[1] 可见，北宋时期高级近臣一半以上（平均）出自馆职。南宋的情况亦基本如是，据李心传统计，南宋初一百零六年间（1127—1232年），宰辅由馆职出身者共计十四人；[2] 如果从《南宋馆阁录》及其《续录》的《官联》门统计，南宋二百三十余名宰辅中，由馆职出身者亦占一半以上。[3] 馆职人员不仅升迁机会优于他职，平时待遇亦优于他职，"进擢之异，待遇之渥，资任之优，选除之遴，简书之略，盖不与他司等也"[4]。馆职的如此优越的升迁机会和待遇，必然让人发出这样的感叹："宁登瀛，不为卿；宁抱槧，不为监。"（《宋史·职官志总序》）可以说，宋代是中国古代历史上馆职人员（图书馆人员）待遇最好的时代，是馆阁职业（图书馆职业）最受重视的时代。

（三）馆职选任高标准观

馆阁作为"藏秘书，处贤才"之所，自然以"贤才"为其职任，即"非贤才不得入其职"。所以，中国古代的馆阁（图书馆），一开始就具有"贤才垄断"的职业准入特征。

东汉永元十三年（101年），和帝莅临东观"览书林，阅篇籍"，并"博选术艺之士，以充其官"（《后汉书·和帝本纪》）。《通典》卷二十六"秘书监"条亦云："汉东京图书悉在东观，故使名儒硕学，入直东观，撰述国史，谓之著作东观。"在东汉，入职兰台、东观著述者如班固、贾逵、杨终、陈宗、尹敏、马融、孟异、马严、刘騊駼、李尤、刘珍、杜抚等，均可称为"术艺之士"或"名儒硕学"之士。可见，东汉时期的馆阁职任体现了"处贤才"的高标准。

在唐代，从太宗开始，弘文馆、史馆、集贤院、崇文馆均实行"宰相兼领"制，以此显示馆职的高规格性。宋敏求《春明退朝录》记此制云："唐制，宰相四人，首相为太清宫使，次三相皆带馆职：弘文馆

---

[1] 李昌宪：《宋代文官贴职制度》，载《文史》1982年第30期。
[2] 陈骙、佚名：《南宋馆阁录 续录》，张富祥点校，中华书局1998年版，第170—171页。
[3] 张富祥：《南宋馆阁制度述略》，载《山东师大学报》1986年第4期。
[4] 程俱：《麟台故事校证》，张富祥校证，中华书局2000年版，第225页。

大学士、监修国史、集贤殿大学士,以此为次序。"① 就拿弘文馆而言,"自垂拱已后皆宰相兼领,号为馆主"(《旧唐书·职官志二》)。所谓"宰相兼领",即以宰相为大学士,统领馆事,另置学士、直学士、直馆等具体职务。集贤院和崇文馆人员编制基本与弘文馆相似。至于史馆,自唐太宗创由宰相"监修国史"制以来,有唐一代遵行不二,甚至在高宗、武周、玄宗时期还出现了五相监修、六相监修的情形,更加突显了史馆"馆主"职任的高规格性。

众所周知,馆职的骨干人员称"学士",既然称"学士",须为有才有德的文儒之士。也就是说,有才有德是得入馆职的基本条件。然而,在唐代发生过多次因所任馆职不称职而被耻笑、履职不成或任命遭拒的情况。《大唐新语》卷九《著述》篇载,开元中,先以东宫卫佐冯光震入馆校《文选》,光震不通典故,屡出误校而被同事耻笑;后又集贤大学士萧嵩奏请左补阙王智明、金吾卫佐李玄成、进士陈居等注《文选》,但这几人"学术非深,素无修撰之艺,其后或迁,功竟不就"。《东观奏记》卷中载,宣宗大中间,弘文馆大学士(疑为裴休,时休为门下侍郎充弘文馆大学士)擢蓝田尉柳珪为弘文馆直学士,诏书已下,但被给事中萧倣、郑裔绰等驳回,理由是"珪居家不禀于义方,奉国岂尽于忠节",后其父柳仲郢上表,亦称珪"才器庸劣,不合尘玷谏垣",不应任用。这里所说"不禀于义方"、"才器庸劣",说明柳珪乃无德无才之辈,不宜入馆职。以上所举几例,从反面证明了馆职选任的高标准。

宋代的馆职选任比唐代更严格、更规范。洪迈《容斋随笔》卷十六《馆职名存》云:"国朝馆阁之选,皆天下英俊,然必试而后命。"《文献通考·职官考八·直秘阁》云:"凡状元制科一任还,即试诗赋各一,而入否则用大臣荐而试,谓之入馆。"程俱所撰主记北宋馆阁制度之书《麟台故事》云:"直馆至校勘通谓之馆职,必试而后命;不试而命者,皆异恩与功伐,或省府监司之久次者。"② 程俱在这里指出了选任馆职的两种形式或途径:一为"试而后命",可称为"试除";二

---

① 宋敏求:《春明退朝录》(丛书集成初编本),商务印书馆1936年版,第10—11页。
② 程俱:《麟台故事校证》,张富祥校证,中华书局2000年版,第7页。

## 第三章 中国古代图书馆学思想

为"不试而命",可称为"特除"(包括"恩除"和"功除")。也就是说,以"试而后命"为常例,以"不试而命"为特例。需要指出的是,特除并非滥除,通过特除入职者亦须具备"异恩与功伐,或省府监司之久次"的身份或业绩条件。关于馆职入职途径,欧阳修总结为"三路",其曰:

> 旧制,馆阁取人以三路:进士高科,一路也;大臣荐举,一路也;岁月畴劳,一路也。进士第三人以上及第者,并制科及第者,不问等第,并只一任替回,便试馆职;进士第四、第五人,经两任以得试,此一路也。两府臣僚初拜命,各举三两人,即时召试,此一路也。其余历任繁难久次,或寄任重处者,特令带职,此一路也。①

欧阳修总结的这"三路",其实仍未超出程俱总结的"试除"和"特除"范畴。程俱和欧阳修都指出了馆职除授的高标准,欧阳修还指出了馆职选任的三类资格条件。不过,从欧阳修的表述来看,只字未提"恩除",说明欧阳修对"恩除"心存不满。

在中国古代著名人物中,有许多人在自己的论著中谈论馆阁和馆职问题,而欧阳修是谈论馆阁和馆职问题最多的硕学大家之一。欧阳修不仅论述有较多的关于馆阁功用、馆职选任方面的观点(前文已有择要介绍),而且还曾批评过当时一些人为了获得馆职这一"清职"而投机取巧,朝廷有时不严把入职关,以致馆职冗滥的现象。其曰:

> 臣窃见近年外任发运、转运使、大藩知州等,多以馆职授之,不择人材,不由文学,但依例以为恩典。……然而授者既多,不免冒滥,本欲取重,人反轻之。加又比来馆阁之中,大半膏粱之子,材臣干吏羞与比肩,亦有得之以为耻者。……臣窃见近年风俗浇薄,士子奔竞者多,至有偷窃他人文字,干谒权贵以求荐举,如邱良孙者。又有广费资财,多写文册,所业又非绝出,而惟务干求势

---

① 欧阳修:《欧阳修文集》,刘振鹏主编,辽海出版社2010年版,第809页。标点有改动。

门,日夜奔驰,无一处不到,如林概者。……旧来本无两省以上举馆职明文,尚犹如此奔竞,今若明许荐人,则今后荐者无数矣。……臣窃见近降诏书,不许权贵奏荫子弟入馆阁。此盖朝廷为见近年贵家子弟滥在馆阁者多,如吕公绰、钱延年之类尤为荒滥,所以立此新规,革其甚弊。臣谓今后膏粱子弟既不滥居清职,则前已在馆阁者,虽未能沙汰,尚须裁损。①

欧阳修在这里揭露了一些不学无术之人为了获得馆职这一"清职"而投机奔竞的种种乱象,并向皇帝提出了"今后膏粱子弟既不滥居清职"、已在馆阁者则"须裁损"的建议。这种揭露和建议本身表明了欧阳修的馆职选任高标准观,即馆职须选任有才有德者,而且还要堵住"贵家子弟滥在馆阁"之途。用现代的话来说,欧阳修已经具有了相当清醒的、正确的图书馆职业准入观。

在欧阳修的观念里,天禄之官(即馆职人员)非才高博达之士所能胜任。也就是说,在欧阳修看来,馆职应该是博学之士"优则仕"的职场。诚如其言:"自非识穷元本,学渐渊源,究百世之放纷,总群言而博达,则何以效官天禄?"② 这段话是在《谢校勘启》中说的,这说明,在欧阳修的馆职观中,诸如校勘等馆职亦非博学之士所能胜任。欧阳修的馆职素养博学观,正是他反对馆职"恩除"的思想依据。关于馆职的博学素养,北宋淳化年间任判国子监的李至认为,"专经之士"并非校勘工作的最佳人选,因为专攻一经难免"或通《春秋》者未习《礼记》,或习《周易》者不通《尚书》,至于旁引经史,皆非素所传习,以是之故,未得周详";于是李至推荐杜镐、崔颐正、孙奭三人入馆担任校勘之职,理由是他们"苦心强学,博贯九经"(《宋史·崔颐正传》)。"博贯九经"者最适合担任校勘之职,这一观点切合校勘工作对人才类型的特殊要求——博学纵贯或者横通纵贯。当然,这种博学纵贯之人绝非随时可遇,必须严格考核以期"少而精",这就是馆职"必试而后命"的必要性及其合理性所在。这种严格准入的观念,对如

---

① 欧阳修:《欧阳修文集》,刘振鹏主编,辽海出版社2010年版,第730页。
② 欧阳修:《欧阳修文集》,刘振鹏主编,辽海出版社2010年版,第676页。

今的图书馆职业准入制度的完善仍有启发和借鉴意义。

范仲淹亦提出有关馆职选任与使用问题的独特观点。他在《奏杜杞等充馆职》中说：

> 天下治乱系之于人，得人则治，失人则乱，故先王尽心焉。臣伏睹朝廷两府任人多择于两制，词臣必由于馆殿。是馆殿为育材之要府，岂宜贤俊不充，至于衰索？……臣切见虞部员外郎杜杞、太常丞章岷……或文词雅达，可润皇猷；或经术精通，能发圣蕴。……其间声实已著者，乞不限资任，先次召试，各补馆职。……今后馆阁臣僚供职经二年不就诸司职任者，乞特与恩例差遣，庶令英俊之游，日玩典籍，不亲米盐之务，专修经纬之业，长育人材，无尚于此。①

在此，范仲淹表达了至少三方面的馆职人才选用观：一是在人才素养上，馆职须具备"文词雅达"、"经术精通"的基本素养；二是在人才选任方法上，应该不拘一格选人才，即"不限资任，先次召试，各补馆职"；三是在人才使用上，应该专人专用，不牵累于他事，即"令英俊之游，日玩典籍，不亲米盐之务，专修经纬之业"。关于馆职的专人专用，明人丘濬在《图籍之储》中亦认为馆职应该"不预他务"，即"馆阁职清务简，不预他务，宜委之校雠刊正"②。这种馆职"不预他务"观，其实与郑樵的"校书之任不可不专"观是一脉相承的。馆职专人专用，"不预他务"，也是馆职高标准重用的应有之义。当然，馆职专人专用，"不预他务"，是郑樵、范仲淹、丘濬等文儒们的理想愿望，而在实践上从未得到真正普遍实施。从汉唐至宋明清，馆职一直处于以兼职为主以及实职与贴职交叉的状态。③

---

① 范仲淹：《范仲淹全集》，范能濬编集，薛正兴校点，凤凰出版社2004年版，第565—566页。
② 邱濬：《大学衍义补》，林冠群、周济夫校点，京华出版社1997年版，第806页。
③ 馆职的这种以兼职为主以及实职与贴职交叉的状态，今人多有研究，请参见陈元锋《宋代馆职的名实与职任》，载《史学月刊》2004年第12期；龚延明：《宋代崇文院双重职能探析——以三馆秘阁官实职、贴职为中心》，载《北京大学学报》2016年第4期。

# 第四章  中国古代图书馆学思想申论

第三章分别从文献价值观、文献整理观、文献藏用观和馆阁观角度论述了中国古代图书馆学思想的基本内容。但是，这些论述只是关于思想本身的客观描述，而未作进一步的意义阐释。也就是说，第三章论述只回答了"是什么"或"有什么"的问题，而未回答"如何是"和"为何如是"的问题。本章将进一步深入阐述"如何是"和"为何如是"的问题，名之"申论"。

从第三章论述中可以看出，古代中国人的图书馆学思想，主要包括"文献观"和"馆阁观"两大方面。我们知道，在古代中国人的思维方式和语言习惯中，往往把宇宙万事万物的发生发展规律及其终极意义用一个字来概括表达——"道"。道是真与善的综合体，所以求道就是求真、求善。在此出现了中国人和西方人在学术思维上的根本分歧：西方人重在求真，而中国人重在求善；西方人追求的是"知识"，而中国人追求的是"德行"。对此哲学家张岱年先生有一段精彩表述：

> 中国哲人认为真理即是至善，求真乃即求善。真善非二，至真的道理即是至善的准则。即真即善，即善即真。从不离开善而求真，并认为离开求善而专求真，结果只能得妄，不能得真。为求知而求知的态度，在中国哲学家甚为少有。……穷理即是尽性，崇德亦即致知。……中国哲学研究之目的，可以说是"闻道"。孔子说："朝闻道，夕死可矣。"（《论语·里仁》）"闻道"亦曰"知道"或"睹道"。道兼赅真善；道是宇宙之基本大法，而亦是人生

# 第四章 中国古代图书馆学思想申论

之至善准则。求道是求真,同时亦是求善。[1]

按照古代中国人的上述思维方式和言说习惯,我们可以把中国古代图书馆学思想称为"图书馆之道"。但古代中国人的"图书馆之道"是以文献为中心的图书馆之道,所以古代中国人的图书馆之道的内容又可分为"文献之道"和"馆阁之道"两方面。所谓文献之道,就是古代中国人关于文献之存在意义及其功用的思想观念;所谓馆阁之道,就是古代中国人关于馆阁之存在意义及其功用的思想观念。需要说明的是,在古代中国人的文献之道中,关于揭示文献的意义及其方法——本书称之为"文献揭示之道"——的思想观念极为丰富,且极具"中国特色",故本书所论文献之道分为两个层次:一个为总体意义上的文献之道;另一个为专门意义上的文献揭示之道。

## 第一节 文献之道:文以载道

在古代中国人的思想方法中,文献绝不仅仅是客体性存在,而是价值性存在;人与文献的关系是"我—你"关系,而不是"我—它"关系。[2] 也就是说,文献不是独立于"我"的纯粹客体性、对象性存在,而是与"我"的生命融为一体且能够与"我"互相赋予存在价值的价值性存在。"文以载道"就是中国古代人对文献所赋予的价值意义所在。文因载道而获得存在意义,道载于文而获得垂世传递的生命意义。

### 一 圣人之言即为道

了解中国古代文化传统的人们都知道,中国人重人道远胜于重神道。这是中国人与西方人在信仰取向和文化传统上的重要区别之一。也

---

[1] 张岱年:《中国哲学大纲》,商务印书馆2017年版,第28页。
[2] "我—你"(I-Thou)和"我—它"(I-It)是奥地利存在主义哲学家马丁·布伯(Martin Buber,1878—1965)在《我与你》一书中重点论述的一对关系范畴。"我—它"关系将他者对象化,可疏离、可漠视;"我—你"关系则把他者视为与己平等的存在者而不可疏离、不可漠视。参见[德]布伯《我与你》,陈维刚译,生活·读书·新知三联书店2002年版。

就是说，中国人具有极重的人文传统。在这种人文传统浸染下，逐渐形成了极端重视圣贤之言的文化传统，此即崇圣文化。之所以崇拜圣贤，是因为圣贤是"道"的发现者和阐释者，圣贤之言即为"道"。圣贤之言（"道"）见于何？见于文献，即文献的功用就在于"载道"和"传道"。于是，在崇圣文化产生的同时又派生了极端崇尚文献价值的思想意识，此即崇文文化。所谓"崇文"，广义而言，有"崇尚文化"、"崇尚人文"、"崇尚文治"等意；特指的"崇文"，则指"崇尚文献"。本书所用"崇文"一词，就是在特指意义上使用的。从唐代的崇文馆（原名崇贤馆）、弘文馆、集贤院到宋代的崇文院，再到明代的文渊阁和清代的《四库》七阁，均以"贤"或"文"字冠名，意即这些馆阁都是崇文文化的皇家设施。这表明，皇家图书馆就是崇文文化的国家设施，当然，其他类型图书馆亦为崇文文化的具体设施。"崇圣"与"崇文"的结合，就是中国人文文化的主要表现；"崇圣"和"崇文"的实质是"崇道"，即崇圣文化和崇文文化来源于"崇道文化"。

前文已指出，古代中国人把自然界和人类社会的发生发展规律概括为"道"。自然之道称为"天道"和"地道"，人类社会之道称为"人道"；在"天人合一"语境中，一般只分"天道"和"人道"两方面。"天道"和"人道"合称为"天地之道"；"天道"是"人道"的来源和依据，"人道"是"天道"在人类社会中的投射；"人道"并非简单地决定于"天道"，天意与人意相互感应、相互影响，《尚书·泰誓》所谓"天视自我民视，天听自我民听"是也，这就是"天人合一"之道。

天地之道由谁来发现？对此，古代中国人自殷周替代之际就形成了圣人是天地之道的发现者和阐释者的共识。圣贤所论的天地之道，以六经为证，六经被人们奉为"天地大法"、"垂世法典"，后世之人只能遵行而不可改变，由此形成了崇圣文化。这就是中国古代人文文化传统的形成机制。关于崇圣文化的存在及其兴盛，有人通过典籍词频统计方法予以证明——今人萧延中博士在友人的帮助下，对260余种典籍中出现的"圣"字及其词组进行统计，共得41960条词频，包括经部典籍516卷中的1659条、史部典籍7038卷中的29589条、子部典籍1201卷中的10712条，具体词频统计数据如表4-1所示。在中国古代典籍中，如此频繁地使用"圣"字及其词组，表明"崇圣"已然成为中华民族的"文化—心理"特征之一。

表 4-1　中国典籍中"圣"字及其词组词频统计表

| 序号 | 词组 | 词频 | 序号 | 词组 | 词频 | 序号 | 词组 | 词频 | 序号 | 词组 | 词频 |
|---|---|---|---|---|---|---|---|---|---|---|---|
| 1 | 圣人 | 5992 | 9 | 明圣 | 240 | 17 | 圣神 | 149 | 25 | 自圣 | 84 |
| 2 | 圣王 | 1029 | 10 | 贤圣 | 238 | 18 | 神圣 | 124 | 26 | 圣知 | 82 |
| 3 | 圣德 | 785 | 11 | 圣心 | 214 | 19 | 圣道 | 122 | 27 | 圣功 | 60 |
| 4 | 大圣 | 632 | 12 | 圣帝 | 205 | 20 | 圣智 | 116 | 28 | 圣仁 | 49 |
| 5 | 圣明 | 563 | 13 | 仁圣 | 201 | 21 | 后圣 | 111 | 29 | 圣经 | 41 |
| 6 | 圣贤 | 559 | 14 | 至圣 | 191 | 22 | 三圣 | 101 | 30 | 圣言 | 29 |
| 7 | 先圣 | 458 | 15 | 圣哲 | 179 | 23 | 齐圣 | 93 | 31 | 圣士 | 6 |
| 8 | 圣主 | 406 | 16 | 圣者 | 161 | 24 | 前圣 | 89 | 32 | 其他 | 18651 |

注：本表最后一格"其他"条数据，指独体字"圣"以及其他"圣"词组词频。

资料来源：萧延中：《中国崇"圣"文化的政治符号分析——一项关于起源与结构的逻辑解释》，儒学联合论坛（http：//www.tomedu.com/ydbbs/dispbbs.asp？boardID = 2&ID = 8616 & page = 1）。

在古代中国人的思想意识中，圣人乃无所不通的大智大贤之人。《说文》释"圣"云："圣，通也。从耳，呈声。"春秋时，鲁哀公问孔子何谓圣人，孔子答曰："所谓圣人者，知通乎大道，应变而不穷，能测万物之情性者也。"① 其实，古代中国人所谓的圣人，大多是"圣化"或"神圣化"的产物。"圣人天生论"就是这种"神圣化"的典型表现，如《白虎通》云："圣人所以能独见前睹，与神通精者，盖皆天所生也。"② 王充《论衡·实知》亦云："儒者论圣人，以为前知千岁，后知万岁，有独见之名，独听之聪，事来则名，不学而知，不问自晓，故称圣则神矣。"

古代中国人心目中的圣人具有先知先觉性、稀缺性、不在场性三方面的特性。所谓先知先觉性，即在心智发达程度上，圣人比常人先知先

---

① 王聘珍：《大戴礼记解诂》，王文锦点校，中华书局 1983 年版，第 11 页。
② 陈立：《白虎通疏证》，吴则虞点校，中华书局 1994 年版，第 341 页。

觉，圣人就是先知觉后知者、先觉觉后觉者。所谓稀缺性，即圣人作为"无不通"者，不可通过遗传途径复制，所以可称得上圣人者少之又少，诸如伏羲、神农、黄帝、尧、舜、禹、汤、文、武、周公、孔子等屈指可数，这种稀缺性也就是圣人的可贵性。所谓不在场性，即圣人都是民族历史记忆中的"过去时"存在而非"现在时"存在，所以中国人所称圣人都是三皇五帝、三代之治时期的"不可考"但却具有无穷阐释和塑造余地的"超常人"形象。当然，这里的"不在场性"指的是圣人实迹的不可考情况而言，若从人们的崇圣心理而言，则圣人无时、无处不"在场"，即圣人之言以"不在场"方式影响甚至决定着"在场"人们的思维和行为方式。可以说，在古代中国人的深层心理中，圣人之言几乎是"判断和检验真理的唯一标准"，所以清人冯班说："凡人之是非，当决之于君子；儒者之是非，当裁之以圣人之言；苟不合于仲尼，虽程朱亦不可从也。"①

当然，古代中国人之所以崇拜圣贤，源于圣贤教导的现实指导意义。在古代中国人的思想意识中，圣人是人类社会秩序的建构者，此秩序模式万古不易，后世人们只能遵行和阐释而不必再另行创造其他秩序模式，故曰"作者之谓圣，述者之谓明"（《礼记·礼运》）。这里的"作"具有"创造"、"创始"、"创立"、"创作"之意。② 也就是说，人类社会的秩序模式已由圣人"作"出来，后人只需"述"而行之即可。对此，宋人石介云："夫礼乐、刑政、制度，难备也久矣。始伏羲氏历于神农、黄帝、尧、舜、禹、汤、文、武、周公、孔子十有一圣人，然后大备矣。……圣人为之制，信可以万世常行而不易也。"③ 这种包括礼乐、刑政、制度的人类社会秩序模式，实际上就是本于"天

---

① 冯班：《钝吟杂录》，何焯评、李鹏点校，中华书局 2013 年版，第 7—8 页。标点有改动。
② 这里以"创"字来解释"作"意，直观上看似乎不妥，因为"道"作为"基本原理"、"基本法则"、"基本规律"范畴的概念，人们只能发现它而不能发明创造它。然而，我们知道，中国古代人所说的"道"，实际上大多是提出者自己认为的"道"，而不是科学意义上实证出来的"道"，如"三纲五常"中的"三纲"是古代中国人最普遍认同的人间之道，但却不是"科学之道"；尤其是儒家提出的各种伦理之道，大多是儒者自我创造出来的、强加于社会的主观之道而不是客观之道。也就是说，古代中国人所谓的"道"，大多具有自创性，在此意义上把"作者之谓圣"的"作"解释为"创"意是成立的。
③ 石介：《徂徕石先生文集》，陈植锷点校，中华书局 1984 年版，第 70 页。

道"的"人道"。由此可见，古代中国人之所以崇拜圣贤，就是因为圣贤是"道"的发现者和传播者。这就是中国人"信道不信神"的"文化—心理"结构的形成缘由。①

"道"为何如此重要？我们知道，"道"是中国古代哲学思想中的核心命题之一。老子说："有物混成，先天地生。寂兮寥兮，独立而不改，周行而不殆，可以为天地母。吾不知其名，强字之曰'道'。"（《老子》第二十五章）又说"道生一，一生二、二生三，三生万物"（《老子》第四十二章）。《周易·系辞上》云："一阴一阳之谓道，继之者善也，成之者性也。"《中庸》开篇即曰："天命之谓性，率性之谓道，修道之谓教。道也者，不可须臾离也，可离非道也。"朱熹说："阴阳迭运者，气也，其理则所谓道。"（《周易本义》）这些论说都是从宇宙论、生成论意义上归纳的关于"道"的认识，即"道"是宇宙万物由以生成和发展的根据和规则。宋明理学诞生之后，"以理释道"或"道理互释"成为流行之说，如程颐说"理便是天道也"②；朱熹说"理也者，形而上之道也，生物之本也"③，"物之理，乃道也"（《朱子语类》卷六十二），"道即理之谓也"（《朱子语类》卷五）；王夫之说"道者，天地人物之通理"（《张子正蒙注》）。其实，在宋明理学诞生之前，先秦的韩非已有"道理互释"之说："道者，万物之所然也，万理之所稽也。理者，成物之文也；道者，万物之所以成也。故曰：'道，理之者也。'"（《韩非子·解老》）需要指出的是，韩非不像宋明理学家那样把"道"和"理"直接等同视之，而是认为"道"是万物形成之因，"理"是事物形成之纹路，即"理"是"道"的表现。除了上述形而上的"道"论之外，还有从社会治理和个人修行角度论说

---

① 说中国人"信道不信神"，主要是以儒家思想观念为背景而言的。孔子作为儒家思想的创始人，持有坚定的"信道不信神"理念。后世人们都知道，孔子从"不语怪、力、乱、神"（《论语·述而》），朱熹释曰："怪异、勇力、悖乱之事，非理之正，固圣人所不语。鬼神，造化之迹，虽非不正，然非穷理之至，有未易明者，故亦不轻以语人也。谢氏曰：'圣人语常而不语怪，语德而不语力，语治而不语乱，语人而不语神。'"（《论语集注》卷四《述而》）朱熹这里所引"语人而不语神"一句，点明了儒家"信人道而不信神道"的思维方式和价值取向。

② 程颢、程颐：《二程集》，王孝鱼点校，中华书局1981年版，第290页。

③ 朱熹：《朱熹集》，郭齐、尹波点校，四川教育出版社1996年版，第2947页。

"道"之意义与内容的，如荀子说"道也者，治之经理也"（《荀子·正名》），"道也者何也？曰：礼义辞让忠信是也"（《荀子·强国》）；张载说"仁义礼智，人之道也"①。

　　正因为"道"是宇宙万物由以生成和发展的根据和规则，所以明道、从道、行道是儒家人生的基本价值取向。孔子说"士志于道"，"朝闻道，夕死可矣"，"富与贵，是人之所欲也；不以其道得之，不处也"（《论语·里仁》）；荀子引古人之语说"从道不从君"（《荀子·臣道》）；宋人周敦颐说"君子以道充为贵"（《通书·富贵》）；明儒王阳明的弟子王艮主张"圣人以道济天下，是至重者道也"②；明末清初大儒黄宗羲说"吾以天下万民起见，非其道，即君以形声强我，未之敢从也，……非其道，即立身于其朝，未之敢许也"③；一些农民起义军亦以"替天行道"为揭竿而起之理由等，无不表达以明道、从道、行道为人生价值目标之意。

## 二　文献：载道之器

　　圣人发现了"道"，那么如何传道呢？从实时的角度而言需要口头传授；从历时的角度而言，则需要将"道"的内容记录在某种体外载体上使之跨时空传播，这种体外载体就是文献。文献作为用文字、图画、数字等符号记录而成的人类思想的体外载体，在古代汉语中一般称之为"文"，其同义词包括"文籍"、"经籍"、"图籍"、"典籍"、"艺文"、"图书"、"书籍"等；而作为传道主体的圣贤，在古代汉语中有时称为"献"，如郑玄解释"献"曰"献，犹贤也"（《论语注疏》卷三《八佾》）。"文献"就是"文"与"献"结合而成的词，也就是文字记录载体与圣贤的结合体。由此而言，所谓"文献"也就是"圣贤之文"（或者叫"圣贤之论"、"圣贤之言"）。"圣贤之文"就是"道之文"，亦即"文"是记录有圣贤之道的体外载体，这就是"文以载道"命题的根据所在。所谓"文以载道"，其意为"文"是用来记载"道"

---

① 张载：《张载集》，章锡琛点校，中华书局1978年版，第324页。
② 黄宗羲：《明儒学案》，沈芝盈点校，中华书局2008年版，第711页。
③ 黄宗羲：《明夷待访录》，李伟译注，岳麓书社2008年版，第13页。

## 第四章 中国古代图书馆学思想申论

的,或者说"道"记载在"文"中。在理解"文以载道"之意时,需要注意的是:称"文以载道",一般指"文"与"献"处于异时状态(即"献"不在场)而言,即指作为言道主体的"献"不在场但载道之"文"却在场的情况。现代汉语意义上的"文献",被定义为"记录有知识的一切载体",显然,在这一定义中只保留了"文"之意而去除了"献"之本意。

孔子当年在考证殷礼和周礼时感叹"文献不足"(《论语·八佾》),这是汉语"文献"一词的最早出处。孔子所谓"文献不足",意指记录殷礼、周礼的文字资料("文")和能够述说殷礼、周礼的贤人("献")都缺乏,故一时难以考证殷礼、周礼的全面情况。需要注意的是,孔子这里所用"文献"一词是合成词,即"文"与"献"的合称。在古代汉语中,"文献"一词在大多数情况下是在合成词意义上使用的。朱熹就把孔子所说的"文献"一词解释为"文,典籍也。献,贤者也"(《论语集注》卷二《八佾》),即"文献"是"典籍"与"贤者"的合称。马端临《文献通考》一书所称"文献",也是在"文"与"献"合称意义上使用的,不过"献"的含义有了较大变化。《文献通考·总序》在交代编撰《通考》的资料收集范围及其方法时说:

> 凡叙事,则本之经史,而参之以历代会要,以及百家传记之书,信而有证者从之,乖异传疑者不录,所谓"文"也。凡论事,则先取当时臣僚之奏疏,次及近代诸儒之评论,以至名流之燕谈、稗官之纪录,凡一话一言可以订典故之得失,证史传之是非者,则采而录之,所谓"献"也。

可见,马端临所谓"文",指经史、会要、传记等书籍所载文字记录;"献"指臣僚、诸儒、名流、稗官等人物的言论。需要注意的是,马端临所谓"文"指前世人之文,而"献"指当时人之言论,而非指人本身,从而"献"的"贤者"之意被置换为"时人之言"。自此,"文献"之意已开始转变为记录有人的思想言论之载体。这种"文献"之意已与现代的"文献"之意大同小异了。

那么,文献为何能够成为人们崇尚的对象呢?其原因就在于"文以载道",亦即人们之所以崇尚文献("崇文"),是因为文献中载有圣贤之道。朱熹说:"道之在天下,……其文则出于圣人之手,而存于《易》、《书》、《诗》、《礼》、《乐》、《春秋》、孔、孟之籍。……然古之圣人欲明是道于天下而垂之万世,则其精微曲折之际,非托于文字,亦不能以自传也。"① 东汉王符云:"夫道成于学而藏于书。"(《潜伏论·赞学》) 元人刘因云:"今之去古远矣,众人之去圣人也下矣。幸而不亡者,大圣大贤惠世之书也。"(明唐顺之编《荆川稗编·叙学》) 圣人去世,其书在世;圣人之道,载于其书;崇其书即崇其人。在此,"崇文"、"崇道"、"崇圣"合为一体了。由于在儒家思想意识中,道在圣贤之言中,圣贤是道的化身,所以崇道和崇圣实际上是一回事。诚如朱熹所言:"道便是无躯壳底圣人,圣人便是有躯壳底道。学道便是学圣人,学圣人便是学道。"(《朱子语类》卷一三〇《本朝四》) 朱熹的这段话进一步简化言之就是:圣人即道,道即圣人。由此而言,崇道或崇圣是崇文的根源所在;崇文是"表",崇圣或崇道是"里";表里合一就是器道合一。所以,从思维方式上说,崇文和崇圣、崇道同时并重是中国人道器合一思维方式的必然选择。也就是说,崇圣或崇道,必然产生崇文的后果;崇文的实质是崇圣或崇道。用人间常理而言,崇文是人们因崇圣或崇道而"爱屋及乌"的产物。

### 三 六经:道之精华

圣贤之言在文献之中,或者说圣贤之道在文献之中,这种判断是从一般意义上而言的。圣人不永生,那么后世之人从何处得知圣人之道?对此,古代中国人有一个普遍的共识,那就是:圣贤之道集中记录在称为"六经"的文献之中。六经即《易》、《书》、《诗》、《礼》、《乐》、《春秋》六种文献(后来《乐》失传而成为"五经")。这六种文献为何称为"经"?这是因为这六种文献集中记载有圣贤之道而成为其他文献不可比肩的"经典"。"经"指"经天纬地之常道","经"即不变之常道;"典"指"典则",可引申为记录"经"的"典籍"。可见,六经乃集中记载有圣贤之道的原始典籍,亦即文献之中可称为"经典"

---

① 朱熹:《朱熹集》,郭齐、尹波点校,四川教育出版社1996年版,第4066页。

的六种文献。圣贤之道无所不包，故这六种经典文献作为圣贤之"作"，是后世之人在学道、明道、论道过程中无所逃遁的纲领性、唯一性依据，只能"述而不作"，遵行而不可易。古代人解释"经"或"六经"，就是遵从这种思想方法进行的。西汉人匡衡云："六经者，圣人之所以统天地之心，著善恶之归，明吉凶之分，通人道之正，使不悖于其本性者也。故审六艺之指，则人天之理可得而知，草木昆虫可得而育，此永永不易之道也。"（《汉书·匡衡传》）班固在《汉书·儒林传》序云："六艺者，王教之典籍，先圣所以明天道，正人伦，致至治之成法也。"宋人晁说之云："圣人之意具载于经，天地万物之理管于是矣。"（《晁氏儒言·新》）程颐说："道之在经，大小远近，高下精粗，森列于其中。"① 而明人王阳明云："经，常道也；其在于天谓之命，其赋于人谓之性，其主于身谓之心。……通人物，达四海，塞天地，亘古今，无有乎弗具，无有乎弗同，无有乎或变者也。"② 可见，六经作为"先圣所以明天道"的典籍，在崇圣、崇道文化氛围中，成了后世人们谈圣论道时"言必称"的最高依据。

六经实为载道、传道之器，但六经不是一般之器，而是专载圣人之道的载体，除六经之外无从得知圣人之言，故称六经乃"道之精华"③。此故，朱熹常称六经为"圣经"，如其曰"圣经字若个主人，解者犹若奴仆"（《朱子语类》卷十一《读书法下》），"先儒谓圣经不亡于秦火，而坏于汉儒"（《朱子语类》卷八十五《礼二》）。④ 按照前述朱熹的"圣人即道，道即圣人"的逻辑而言，朱熹称六经为"圣经"，意为"六经即圣人，圣人即六经"，或者说"六经即道，道即六经"。也就是说，在古代中国人的思想意识中，"六经"、"圣人"、"道"三者几乎可视为同义词，或者说词异义同。朱棣在《性理大全·御制序》中，对"圣人"、"道"、"六经"三者之间的关系

---

① 程颢、程颐：《二程集》，王孝鱼点校，中华书局1981年版，第2页。
② 王守仁：《王阳明全集》，吴光等编校，上海古籍出版社1992年版，第254页。
③ 薛瑄：《薛瑄全集》，孙玄常等点校，山西人民出版社1990年版，第1170页。
④ 据统计，《朱子语类》中使用"圣经"一词共9见，而《朱子全书》中共11见。见彭国翔《儒家传统的诠释与思辨：从先秦儒学、宋明理学到现代新儒学》，武汉大学出版社2012年版，第102页注文。

作了如下解释：

> 厥初圣人未生，道在天地；圣人既生，道在圣人；圣人已往，道在六经。

朱棣的意思是说，对生活在"圣人已往"时代的后世人而言，道即在六经之中；六经的价值就在于道在其中。由此而言，"崇道"就是"崇经"。这就是在中国古代文献分类法中，无论是六分法还是四分法，都必须以"经"为首的深层思想依据所在。

以上，从中国古代哲学思想中的核心概念之一"道"的角度论述了文献之存在价值就在于"文以载道"的思想逻辑，亦即论述了古代中国人关于文献乃载道、传道之器的思想逻辑；同时论述了六经乃"道之精华"的思想逻辑，亦即论述了古代中国人关于六经的价值意义就在于它是专门记载和传播圣人之道的经典文献的思想逻辑。这种崇道观（即崇圣观）、文献观和六经观，极其深刻地影响了中国古代图书馆学思想的形成及其发展路径。可以说，这种崇道观、文献观和六经观是中国古代图书馆学思想的灵魂所在。若不了解和掌握这种古代中国人特有的崇道观、文献观和六经观，将无以把握中国古代图书馆学思想的精髓及其特色所在。

## 第二节　文献揭示之道：揭示文献以明道

这一节的内容，其实属于第一节所论"文献之道"的范畴，只是因为古代中国人关于文献揭示之道的思想极其丰富，其方法亦繁杂多样且极具特色，故有必要独立出来专门论述。可以说，以下所述文献揭示之道，是前述文献之道在文献揭示环节中的具体表现。其实，关于中国古代人的文献揭示思想，在本书第三章第二节"文献整理观"中已有所论及，这一节专设"文献揭示之道"意欲进一步申论。

图书馆由其性质所决定，必须承担文献揭示之任。"文献揭示"亦可称为"文献诠释"或"文献阐释"。文献诠释是"文本诠释"的重要组成部分，有关文本诠释的理论即为诠释学。图书馆作为收集、整理文献以供利用的设施，必然承担揭示文献的任务。我们知道，书目工作是图书馆文献揭示活动的主要实践方式，因此，以下主要以书目活动为根据来论述中国古代图书馆的文献揭示之道。

## 一 揭示学术格局与源流：目录之道

姚名达曾给目录学下过这样的定义："目录学者，将群书部次甲乙，条别异同，推阐大义，疏通伦类，将以辨章学术，考镜源流，欲人即类求书，因书究学之专门学术也。"姚名达的这一定义实际上包含了目录的"手段"和"目的"两方面内容，即以"将群书部次甲乙，条别异同，推阐大义，疏通伦类"为手段，达到"辨章学术，考镜源流，欲人即类求书，因书究学"的目的，诚如其言"目录学实负有指导各种学术之责任"[①]。清人朱一新认为，刘《略》班《志》之"本"在于"商榷学术，洞澈源流"，而审订文字、甲乙部次、辨别版本等虽然必要但却处于"末"流。[②] 余嘉锡也认为，"凡目录之书，实兼学术之史，账簿式之书目，盖所不取也"；"目录者学术之史也"。[③] 章学诚所言"辨章学术，考镜源流"，其实由两方面内涵构成：一是"辨章学术"，即辨别学术类型或学术门类构成格局；二是"考镜源流"，即考察每一学术类型或学术门类的历史演变过程。总之，揭示学术格局与源流，确实是中国古代目录学一直遵守不易的悠久传统，或者说，揭示学术格局与源流长期被认为是目录学必须承担的功能与任务；以目录揭示学术格局与源流，是中国古人学术活动的重要特征之一。

那么，中国古代目录是如何承担揭示学术格局与源流之任的呢？综观中国古代目录之书，我们就会发现，目录揭示学术格局与源流主要靠三种方法：以分类显学术格局、以类序述学术源流和以著录示学术源流。

（一）以分类显学术格局

所谓"以分类显学术格局"，即以分类体系和类目设置来显示学术构成类别。"有其学就有其类，有其类就有其书"，是这种方法的要义所在。我们知道，体系分类法都是由若干类族（亦称族

---

[①] 姚名达：《中国目录学史》，上海古籍出版社 2005 年版，第 6—7 页。
[②] 朱一新：《无邪堂答问》，吕鸿儒、张长法点校，中华书局 2000 年版，第 75—76 页。
[③] 余嘉锡：《目录学发微》，岳麓书社 2009 年版，第 5、28 页。

类，如基本部类或基本大类）构成，每个类族又由横向的类列和纵向的类系构成。以分类显学术源流之法，在类列和类系两方面都有表现。

以类列显学术格局，其目的在于以类列显示学术类型或学术门类的构成格局。《汉书·艺文志》依据《七略》设有六个一级类目——六艺略、诸子略、诗赋略、兵书略、数术略、方技略，这六个类目共同构成一组类列，表明当时的学术系统主要由这六种学术类型构成。其中，每个学术类型又由次一级的若干学术门类构成，如诸子略由儒家、道家、阴阳家、法家、名家、墨家、纵横家、杂家、农家、小说家（九流十家）构成，表明当时的诸子学主要由这十家学派构成。其他略同理，不再一一举例。《汉书·艺文志》共分六略三十八种（类），这三十八种（类）也就是当时的三十八种学术门类。《汉书·艺文志》之后的历代官私目录，所设类目数量各不相同，都是由所分学术类型或学术门类不同所致。《隋书·经籍志》为六部（包括经、史、子、集四部以及所附道经部和佛经部）五十五类，《旧唐书·经籍志》为四部四十五类，南宋陈振孙编《直斋书录解题》为四部五十三类，郑樵《通志·艺文略》为十二分八十二家（类），明代高儒编《百川书志》为四部九十三类，清代官修《四库全书总目》为四部四十四类等，这些书目所设类目及其数量，就是编制者所划分的学术类型和学术门类及其分布格局。这就是"有其学就有其类，有其类就有其书"的分类之道。

中国古代书目所称"类"，主要指的是学术门类，若无其类，则表明无其学或其学未独立成学。如班固编《汉书·艺文志》无史部，表明当时史学不独立，仍然处于经学附庸的地位，故将史籍附著于六艺略的"春秋"类中，而到唐初魏徵等编《隋书·经籍志》时，则设有独立的史部，反映了汉后的魏晋南北朝时期经学衰、史学兴进而史学走向独立的学术演变实情。

在书目分类中，若出现新创类目，则要么表明有其学且其书较多的学术演变情况，要么反映编目者新的学术分类观点。《隋书·经籍志》新设"谱系"类，表明魏晋以来氏族门阀势力强大，各大家族纷纷著族谱，于是此类书蔚为大观的学术新变化。明、清之际的钱谦益编《绛云楼书目》创设"天主教"类和"伪书"类，表明钱谦益的绛云楼

## 第四章 中国古代图书馆学思想申论

藏有较多的天主教图书和作伪之书。明代高儒《百川书志》创设德行、崇正、政教、隐、翰墨、占梦术六类，反映了高儒不同于前人的新的学术分类观。

需要指出的是，所谓"有其学就有其类，有其类就有其书"的分类之道，是就分类的一般原则而言的。而在事实上，有其学却无其类或有其书却无其类的现象也是存在的。以往学界普遍认为，《汉书·艺文志》把史籍附著于六艺略的"春秋"类下，是当时史籍少而不宜单设史部所致。[①] 其实不然，《汉书·艺文志》著录史籍十一家、四百八十六篇，其篇数多于"春秋"本类数量（三百九十三篇），占"春秋"类全部著录数量（八百七十九篇）的55%，[②] 但未给予史籍以独立之类。也就是说，当时的史籍处于"有其书却无其类"的尴尬境遇。究其原因，是由当时的史学尚未独立成学而处于经学附庸地位所致。把史籍附著于六艺略的"春秋"类下，这种分类法本身就反映了当时史学处于经学附庸地位的学术生态实情，故这种分类法并未违背以书目揭示学术之史的基本原则。道教、佛教之书长期被处于无正式独立类目可归的情况，也是有其书却无其类的典型表现。西晋荀勖编《中经新簿》，附录佛经书籍；南齐王俭《七志》，把道经录和佛经录置于附录；南梁阮孝绪编《七录》，佛法录和仙道录置于外篇；唐初的《隋书·经籍志》，把道经和佛经置于附录，且不载书名，只录总卷数；《旧唐书·经籍志》、《新唐书·艺文志》、《宋史·艺文志》则把道教书籍附著于子部的道家书籍后，又把佛教书籍附著于道家书籍后，这样，此三志的道家类实际上变成了包含道家、道教、佛教三类书籍的"混合"类；清代所修《明史·艺文志》和《四库全书总目》子部末二类均为道家类、释家类，但二目的道家类都把道家书籍和道教书籍混杂著录，仍不免为"混合"类。这种对宗教书籍作附录、附著、混合著录、列于末位等处理的方法，说明三方面的学术旨趣：一是在学术地位的区分上，直到清代之前，道教和佛教书籍在官修书目中一直处于有其书却无其正式独立

---

① 此说始于阮孝绪，其曰："刘氏之世，史书甚寡，附见春秋，诚得其例。"后世人们大多不假思索、不加考证地接受了阮氏之说。

② 《汉书·艺文志》原文称"凡春秋二十三家，九百四十八篇"，其篇数与笔者统计的八百七十九篇有出入，但这不影响史籍占全部"春秋"类著录数量的五成左右之结论的成立。

· 373 ·

类目的边缘地位,① 说明道教和佛教在官方的学术版图上长期处于边缘状态;二是在学术源流的认识上,国人一直认为道教之源在道家,道教乃道家思想的衍生之"流",说明古代中国人尚无区分"学派"与"宗教"的意识,这就是道教书籍被附著于道家书籍之后或者混合于道家书籍之中的思想根源所在;三是在道统序列安排上,官修目录总是把道教类和佛教类置于附录地位或末位排列,意在维护和凸显儒家的正统地位(儒家总是置于诸子之首),使儒家道统远离其他"异教"的威胁,从而维系儒家道统的安全和稳固。

以类系显学术格局,主要是用事物族系成类的原理,对某一学术门类进行逐层细分,以此揭示某一族类的学术层级结构的方法。对这种方法而言,分类越细,越有利于全面、深入揭示某一学术门类的学术格局。所谓细分,用现代的话来说,就是加大标引深度的意思。这种方法在实践上表现为类目层级标示法的应用。

所谓类目层级标示法,指以类目级别的上下配置来显示某一学术门类的总分、上下系列格局。我们知道,在中国古代的书目中,郑樵的《通志·艺文略》以类目细分著称,故在此以该略为例说明以类目层级显学术格局的原理。《通志·艺文略》采用三级类目法,一级类目称"类"(即十二大类),二级类目称"家",三级类目称"种"。为了简便起见,这里仅以该略的"经类"为例予以说明(见表4-2)。

表4-2 《通志·艺文略》经类类系表

| 一级类目 | 二级类目 | 三级类目 | 合计 |
| --- | --- | --- | --- |
| 经 | 易 | 古易、石经、章句、传、注、集注、义疏、论说、类例、谱、考正、数、图、音、谶纬、疑易 | 凡易十六种,二百四十一部,一千八百九十卷 |
| 经 | 书 | 古文经、石经、章句、传、注、集注、义疏、问难、义训、小学、逸篇、图、音、续书、谶纬、逸书 | 凡书十六种,八十部,五百九十八卷 |

---

① 这种情况曾在宋代编《崇文总目》中得到改变,该目子部在道家类之外又设有道书类和佛书类,从此道教书籍和佛教书籍在书目中得以有专类。《崇文总目》的这一做法,反映了唐代开始的儒、释、道合流的学术趋向到宋代得以实现的学术生态实情。

续表

| 一级类目 | 二级类目 | 三级类目 | 合计 |
|---|---|---|---|
| 经 | 诗 | 石经、故训、传、注、义疏、问辨、统说、谱、名物、图、音、纬学 | 凡诗十二种,九十部,九百四十二卷 |
| 经 | 春秋 | 经、五家传注、三家义疏、传论、序、条例、图、文辞、地里、世谱、卦爻、音、谶纬 | 凡春秋十三种,二百四十六部,二千三百三十三卷 |
| 经 | 春秋外传（国语） | 注解、章句、非驳、音 | 凡国语四种,九部,一百三十二卷 |
| 经 | 孝经 | 古文、注解、义疏、音、广义、谶纬 | 凡孝经六种,六十一部,一百六十一卷 |
| 经 | 论语 | 古论语、正经、注解、章句、义疏、论难、辨正、名氏、音释、谶纬、续语 | 凡论语十一种,六十五部,四百八十二卷 |
| 经 | 尔雅 | 注解、图、义、音、广雅、杂尔雅、释言、释名、方言 | 凡尔雅九种,五十二部,二百五十五卷 |
| 经 | 经解 | 经解、谥法 | 凡经解二种,六十九部,八百卷 |
| 总计 ||| 九家八十九种九百一十三部七千五百九十三卷 |

从表4-2中可以看出,经类（一级类目）分九家二级类目,每家又细分为若干种（三级类目）,种下再著录具体的书,这样,经类共著录九家八十九种九百一十三部七千五百九十三卷。就拿孝经一家而言,形成了这样一种类目层级：经→孝经→古文、注解、义疏、音、广义、谶纬→具体的书。其他八家亦形成有类似的各自类目层级格局。也就是说,经类九家都形成有各自的、层层扩展的类目体系,这样,我们所看到的是：经类这一学术类型共有九家学术门类,每家学术门类又包含若干种学术研究形式,每种学术研究形式下著录相应的、具体的书。这种以类统家、以家分种、以种类书的分类方法,就把每个门类的学术格局揭示清楚了。以上只是以经类为例说明以类目层级显学术格局的原理,

若从《艺文略》十二类整体来看，通过对每一类的以类统家、以家分种、以种类书的分类方法，实现了"总十二类，百家，四百二十二种，朱紫分矣；散四百二十二种书可以穷百家之学，敛百家之学可以明十二类之所归"的学术格局揭示目的。

（二）以类序述学术源流

综观中国古代有类序的书目，便可知类序的内容大体上以学术源流和学术评价（或称学术批评）两方面内容为主，而且是两方面合二为一的。古代书目的类序，从写法上来看，名义上遵循"述而不作"的传统，但却大都"有述有评"（尤其是总序和大序）。从现代的文体类型而言，古代书目之类序，其实大多可视为一篇篇述评之文。为了便于了解和掌握类序的这一内容特征，下面以《汉书·艺文志》、《隋书·经籍志》、《四库全书总目》、《郡斋读书志》的经部序（《汉书·艺文志》以六艺略代之）为例予以说明。

《汉书·艺文志》六艺略序：

> 六艺之文：《乐》以和神，仁之表也；《诗》以正言，义之用也；《礼》以明体，明者著见，故无训也；《书》以广听，知之术也；《春秋》以断事，信之符也。五者，盖五常之道，相须而备，而《易》为之原。故曰"《易》不可见，则乾坤或几乎息矣"，言与天地为终始也。至于五学，世有变改，犹五行之更用事焉。古之学者耕且养，三年而通一艺，存其大体，玩经文而已。是故用日少而畜德多，三十而五经立也。后世经、传既已乖离，博学者又不思多闻阙疑之义，而务碎义逃难，便辞巧说，破坏形体；说五字之文，至于二三万言。后进弥以驰逐，故幼童而守一艺，白首而后能言；安其所习，毁所不见，终以自蔽。此学者之大患也。

《隋书·经籍志》经部序：

> 古之君子，多识而不穷，畜疑以待问。学不逾等，教不陵节。言约而易晓，师逸而功倍。且耕且养，三年而成一艺。自孔子没而微言绝，七十子丧而大义乖。学者离群索居，各学异说。至于战

国，典文遗弃……至后汉好图谶，晋世重玄言……陵夷至于近代，去正转疏……此学者之弊也。

《四库全书总目》经部序：

　　自汉京以后，垂二千年，儒者沿波，学凡六变：……及其弊也拘；……及其弊也杂；……及其弊也悍；……及其弊也党；……及其弊也肆；……及其弊也琐。要其归宿，则不过汉学、宋学两家互为胜负。夫汉学具有根柢，……；宋学具有精微。

《郡斋读书志》经部序：

　　汉承秦后，六艺皆出于灰烬之余，学者专门名家，故《易》有田氏、焦氏、费氏，《诗》有鲁诗、齐诗、韩诗，《春秋》有邹、夹、左丘明、公羊高、穀梁赤，《礼》、《乐》有大戴、小戴之殊，《书》有古文、今文之异：各尊其师说，而伐其异己者，党枯骸，护蠹简，至于忘父子君臣之分，争辩不少屈，其弊甚矣。迨至晋、魏之后，此弊虽衰，而学者徒剽贼六艺之文，饰其辞章，以谖世取宠，而不复有明道之意，无以议为。及唐之中叶，海内乂安，士稍知宗尚经术，而去圣愈远，异端并兴。学《书》者，则以今文易古文，而颇改其辞；学《春秋》者，则合三传之同异而杂举其义；不本所承，决以胸臆，以迄于今。……凡此者岂有他哉！皆不能操修身之道，反刻意于章句，是以迢迢千载之间，悖谬乖离，殊途而同归，至此其极，悲夫！

从上述四部书目的经部类序中可以看出，类序要么先述经学源流，继发对后世演变成各种弊端的批评之论；要么夹叙夹议，同时陈列源流表现及其弊端（如《四库全书总目》经部序）。由此可见，书目之类序大多具有学术源流史和学术批评史的功能。这正是章学诚极力主张的校雠学辨考学术功能之所在。大序如此，小序亦如此。《四库全书总目》

· 377 ·

经部易类小序云：

> 《易》之为书，推天道以明人事者也。《左传》所记诸占，盖犹太卜之遗法。汉儒言象数，去古未远也；一变而为京、焦，入于禨祥，再变而为陈、邵，务穷造化，《易》遂不切于民用。王弼尽黜象数，说以老、庄，一变而胡瑗、程子，始阐明儒理，再变而李光、杨万里，又参证史事，《易》遂日启其论端。此两派六宗，已互相攻驳。又《易》道广大，无所不包，旁及天文、地理、乐律、兵法、韵学、算术，以逮方外之炉火，皆可援《易》以为说，而好异者又援以入《易》，故《易》说愈繁。

这一小序把《易》学的"两派六宗"源流及其代表人物说得清清楚楚。此"两派六宗"说，已成为后世治《易》者判别《易》学源流正变的不二依据。这就是中国古代书目的辨考学术源流的功效表现所在。关于小序的这种辨考学术源流功效，姚振宗在论述《七略》之《辑略》（在班固《汉书·艺文志》散为小序）功效时早有概括："《七略》首一篇，……盖六略分门别类之总要也。大抵六艺、传记则上溯于孔子，诸子以下各详记其官守，皆一一言师承之授受、学术之源流，杂而不越，各有攸归。"①

（三）以著录示学术源流

如上所述，类序是中国古代书目揭示学术源流的主要手段，但不是唯一的手段。也就是说，揭示学术源流之法，不仅有类序法，还有时序法、理序法、插入法、连合法、附录法、互著法、别裁法等。因为这些方法都表现于实际著录过程之中，故名之"以著录示学术源流"。

所谓时序著录法，指同一类书按问世时间先后著录的方法，即先问世的书列在后问世的书的前面。按时序整理文献的方法，可以追溯至殷商时期甲骨文献的排列方法上。考古发现，"商王室各代的刻辞甲骨是按时代分开储藏，不是混在一起的"，如"当代卜辞先存放在宗庙内的

---

① 刘向、刘歆：《七略别录佚文；七略佚文》，姚振宗辑录，邓骏捷校补，上海古籍出版社2008年版，第8—9页。

龟室窖穴中，放不下了，再将过时的移存庙外"，而"藏于各窖穴中的同期刻辞甲骨，都相对集中，不会间隔很远，四处分散"。① 按时序著录同类书是中国古代书目著录的普遍做法，在此仅以《汉书·艺文志》为例说明。众所周知，道家首先尊崇的是老子，但《汉书·艺文志》诸子略道家类首先著录了《老子》之前的四部书：一为《伊尹》，作者伊尹为商汤相；二为《太公》，作者吕望为周师尚父；三为《辛甲》，作者辛甲为商纣臣；四为《鬻子》，作者鬻子名熊，为周师。这四部书虽然被后人疑为伪托之书，但其所托者皆为名相名臣名师，故《汉书·艺文志》以时序为由将其著录于《老子》之前，以显道家之流渊源有自。这说明时序著录法是为考辨学术源流服务的。当然，在实际著录中，亦有未按时序著录的，如《汉书·艺文志》诸子略阴阳家类把《间丘子》、《将钜子》著录于《南公》之后，但颜师古注《间丘子》、《将钜子》为"南公前"，本应著录于《南公》之前。章学诚批评这种前后颠倒为"不可解"②，说明章学诚是主张时序著录法的。对同类书的时序著录，实际上是对学术源流的时序揭示。

所谓理序著录法，是依据某种道理或原理来决定所要著录之书的先后次序。在实际应用中，这种方法至少有两种表现形式：一是对同级类目先后次序的安排上；二是对同类书先后次序的安排上。前者如《汉书·艺文志》兵书略所属四个二级类目的次序为"权谋→兵形势→阴阳→兵技巧"，对这种次序安排，章学诚评价曰："郑樵言任宏部次有法，今可考而知也：权谋，人也；形势，地也；阴阳，天也。孟子曰：'天时不如地利，地利不如人和。'此三书之次第也。权谋，道也；技巧，艺也。以道为本，以艺为末，此始末之部秩也。"③ 同理，章学诚认为《七略》中除辑略之外的其余六略次序也体现了这种"以道为本，以艺为末"的原理，其曰："《七略》以兵书、方技、数术为三部，列于诸子之外者，诸子立言以明道，兵书、方技、数术皆守法以传艺，虚理实事，义不同科故也。"④ 在此，章学诚实际主张的是"道先器后"

---

① 刘渝生：《中国藏书起源史》，江西人民出版社1994年版，第59页。
② 章学诚：《校雠通义通解》，王重民通解，上海古籍出版社2009年版，第101页。
③ 章学诚：《校雠通义通解》，王重民通解，上海古籍出版社2009年版，第126页。
④ 章学诚：《校雠通义通解》，王重民通解，上海古籍出版社2009年版，第39页。

的思想逻辑，从而主张论道之书著录在前、论器（艺）之书著录在后。在同类书先后次序排列上，中国古代书目大多贯彻原著在前、传注在后的次序，如郑樵《通志·艺文略》经类中的论语类先著录古论语，次著录正经，再次著录注解、章句、义疏等，就是这种次序安排的表现。当然，在实际著录过程中，也有不完全遵循这种次序原则的，对此章学诚举《汉书·艺文志》之例质疑道："阴阳家《公梼生阴阳》十四篇，在《邹子终始》五十六篇之前，而班固注云：'公梼传邹奭《始终书》。'岂可使创书之人居传书之人后乎？"①说明章学诚是主张原著著录在前、传注书著录在后的。这种原著在前、传注在后的次序逻辑，所依据的是"源先流后"的道理。这种"道先器后"、"源先流后"的著录之法，显然是为了使学术源流揭示更加合"理"。

所谓插入著录法，指在某类书的著录过程中插进其他认为有关联的书的方法。这些书之所以被插入进来，必然是因为这些书与本类书之间具有特定的学术渊源联系。如《汉书·艺文志》诸子略儒家类的著录中，间著有《晏子春秋》、《李氏春秋》、《虞氏春秋》、《高祖传》、《孝文传》等史书和《周政》、《周法》、《河间周制》等政书，这表明儒家学说与史学思想具有紧密的渊源联系，以及儒家学说对典章制度的深刻影响。②再如《汉书·艺文志》诸子略道家类中，亦插入有《黄帝四经》、《黄帝铭》、《黄帝君臣》、《力牧》等黄帝之学书籍，这种插入著录揭示出了战国末至汉初黄帝之学与老子之学合流为"黄老之学"的学术渊源关系。

所谓连合著录法，是把本为两类之书以某种理由连合在一起著录的方法。如刘歆《七略》兵书略中本无《蹴鞠》一书，但班固《汉书·艺文志》却把此书增入兵技巧类中，颜师古注其理由曰："鞠以韦为

---

① 章学诚：《校雠通义通解》，王重民通解，上海古籍出版社2009年版，第101页。
② 关于儒家学说与史学的渊源联系，可从儒家论著中随处可见的"经史不分"、"经即史"、"六经皆史"等论断中得到印证。关于儒家学说对典章制度的影响，陈寅恪有著名论断："儒者在古代本为典章学术所寄托之专家。……法典为儒家学说具体之实现。故二千年来华夏民族所受儒家学说之影响最深最巨者，实在制度法律公私生活之方面。"（陈寅恪：《冯友兰中国哲学史下册审查报告》，见冯友兰《中国哲学史》下册，华东师范大学出版社2010年版，第336页。）

之,实以物,蹴踢之以为戏也。蹴鞠,陈力之事,故附于兵法也。"班固把《蹴鞠》入于兵技巧,绝非强行之举,而是有其学术渊源依据的。古代人认为,"《蹴鞠》者,传言黄帝之作,或曰起战国之时。……踢鞠,兵势也,所以练武士。……皆因嬉戏而讲习之。今军士无事,使得踢鞠"①。这说明,在中国古代,踢鞠(足球运动的早期形式)确实用于"练武士",所以《蹴鞠》一书的学术旨趣亦可体现于增强"兵技巧"的功用价值上,这就是班固将《蹴鞠》入于兵技巧类中的学术依据所在。当然,这种归类的合理性只能在《七略》或《汉书·艺文志》未设有"体育"专类的前提下成立。前述《旧唐书·经籍志》、《新唐书·艺文志》、《宋史·艺文志》把道教书籍著录于子部的道家书籍后的做法,其实也属于这种连合著录法范畴,其目的就是揭示"道教源于道家"的学术渊源联系。清人陆深则以"不幼教者不懋成,不早医者不速起,其道一也"为理由,在其《江东藏书目》中将小学和医药合为一类,位列于其十三个大类中的第十二大类中,这是最典型的连合著录法表现。

所谓附录法,是把某类或某种实有书籍著录于正统类目之后或正统类系之末以示价值降级排列的方法。如阮孝绪的《七录》,把佛法录和仙道录置于外篇;唐初的《隋书·经籍志》,把道经和佛经置于附录,且不载书名,只录总卷数;《旧唐书·经籍志》、《新唐书·艺文志》、《宋史·艺文志》把佛教书籍著录于道家、道教书籍之后的做法,都是为了揭橥道教、佛教思想在学术价值上处于正统思想之外的学术生态事实。这种区分正统、次正统、非正统的界限以示学术价值等级的做法,在《四库全书总目》中表现得尤为突出,如董仲舒的《春秋繁露》就被著录于"春秋"类末的"附录"项下,并做提要云:"《春秋繁露》虽颇本《春秋》以立论,而无关经义者多,实《尚书大传》、《诗外传》之类,向来列之经解中,非其实也,今亦置之于附录。"② 查《四库全书总目》,《尚书大传》和《诗外传》也著录于"附录"项下。然

---

① 刘向、刘歆:《七略别录佚文;七略佚文》,姚振宗辑录,邓骏捷校补,上海古籍出版社2008年版,第68页。
② 四库全书研究所:《钦定四库全书总目》(整理本),中华书局1997年版,第383页。

而，在其他书目中，《春秋繁露》、《尚书大传》、《诗外传》却大多著录于正式类目中而未作"附录"处理，如郑樵的《通志·艺文略》将《春秋繁露》著录于"春秋"下的"义疏"类；伏生《大传》著录于"书"的"传"类；《韩诗外传》著录于"诗"的"传"类，均属正式类目。这说明，某书是否著录于"附录"，即某书所反映的思想在学术源流和价值上是否处于次正统或非正统地位，取决于编目者的价值判断。

至于互著法和别裁法，因其现代目录中也使用，故其原理不在此赘述。需要指出的是，互著法和别裁法都是为了揭示文献之间的学术源流关系而使用的目录学方法。

## 二　揭示学术之尊卑：编次之道

众所周知，中国古代社会是等级社会，而维系等级社会秩序的制度保障就是"礼法之治"。现代人往往把中国古代社会的特征概括为"礼治社会"、"礼仪之邦"；而"礼"的实质就是"别尊卑，分贵贱"，用孔子的话来说就是"君君、臣臣、父父、子子"（《论语·颜渊》）。朱熹释"礼"曰"礼者天理之节文，人事之仪则"（《论语集注·为政》）。礼是古代中国人普遍遵循且无可逃遁的行为规则，严重违礼就等于违法，《晋律》所谓"出礼入刑"、《唐律》所谓"一准乎礼"便是。所以孔子告诫人们"非礼勿视，非礼勿听，非礼勿言，非礼勿动"；"不学礼，无以立"（《论语·季氏》）。在中国古人的思想意识中，礼即理，礼即法，礼即道，故荀子曰"礼者，人道之极也"（《荀子·礼论》），而清儒凌廷堪则干脆说"圣人之道，一礼而已矣"。[①] 中国古代的"礼法之治"相当于现代社会的"宪法之治"，一切社会活动均不得违背；古代的书目活动也要遵循"礼法之治"原则，即在书目编制活动中贯穿"别尊卑，分贵贱"的礼治原则。

我们知道，中国古代目录以分类目录为主流传统，从西汉刘歆的《七略》到清代的《四库全书总目》，近两千年之目录史基本上是分类目录史，而很少有书名目录、著者目录、主题目录等检索用目录的出

---

① 凌廷堪：《校礼堂文集》，王文锦点校，中华书局1998年版，第27页。

现。古代中国人之所以偏爱分类目录，原因之一在于分类目录适合于对学术进行"别尊卑，分贵贱"的等级区分。在此意义上可以说分类即分等级、编次即编排等级。那么，古代的书目活动是如何揭示学术之尊卑贵贱的呢？大致说来主要有两种方法，一是类目次第中的前尊后卑法，二是著录次序中的前置凸显法。

（一）类目次第中的前尊后卑法

所谓类目次第中的前尊后卑法，指按照尊者在前、卑者在后的逻辑安排类目之间的前后次序的方法。这种方法在类列和类系中的表现就是：越是尊者越置于前，越是卑者越置于后。这说明，中国古代的书目分类中的类目体系是贯穿"类有尊卑"原则的。在中国古代书目分类史上，除了郑樵主张"类无尊卑"之外，其他人大多主张"类有尊卑"，尤其是官方的书目分类更是要遵循"类有尊卑"的原则。"类有尊卑"实际上反映的是"学有尊卑"、"人有尊卑"的理念。以前尊后卑法来表现"类有尊卑"的做法，自从刘歆《七略》以及班固的《汉书·艺文志》开始就已奠定其基础，并被"锁定"为中国古代书目渊源流传的一种传统。

"以经为首"就是中国古代书目分类以前尊后卑法来体现"类有尊卑"的典型表现。对此乾隆皇帝说得最精妙，其曰：

> 以水喻之，则经者文之源也，史者文之流也，子者文之支也，集者文之派也。流也，支也，派也，皆自源而分。集也，子也，史也，皆自经而出。故吾于贮四库之书，首重者经。（《文源阁记》）

乾隆皇帝在此是"以水喻之"，所以称经为"源"，史、子、集则各为"流"、"支"、"派"，实际上是说经为尊，史、子、集渐次为卑。为何以经为尊，对此明人丘濬言之凿凿地解释曰："天下书籍，本于六经。六经者，万世经典之祖也。为学而不本于六经，非正学；立言而不祖于六经，非雅言；施治而不本于六经，非善治。"[①] 按照丘濬的思想逻辑，经之所以处于尊的地位，在于经是"为学"、"立言"、"施治"

---

① 邱濬：《大学衍义补》，林冠群、周济夫校点，京华出版社1997年版，第801页。

之本。关于经为尊，史、子、集渐次为卑的思想逻辑，王锦民先生概括为"中心—边缘"逻辑，他说："在刘向、刘歆看来，就像一石击水面，中心的一点就是孔子所定的六经，扩展开的波纹的第一圈是六经各家，第二圈是诸子，第三圈是诗歌，第四圈是兵书，第五圈是术数，第六圈是方技，由中心向边缘，一圈一圈地扩展开，构成了一个'中心—边缘'的格局。"①"前尊后卑"次第逻辑也好，"中心—边缘"格局也好，其共同点是都体现了中国古人"道在六经"的基本信念。

"以经为首"是中国古代书目分类在一级类目上的表现。我们知道，中国古代的书目分类，无论是六分法、七分法还是四分法，都遵循"以经为首"的一级类目次第原则。在二级类目的次第安排上，则表现为"以《易》为原"（经部）、"以正史为尊"（史部）、"儒家尚矣"（子部）和"楚辞为先"（集部）。关于二级类目之所以作这种次第安排的思想逻辑，在本书第三章第一节中已有大略交代，故在此不赘述。这里需要补充说明的是，"以经为首"就是"以经为尊"，而"以经为尊"又包含"以经为雅"、"以经为正"之义。也就是说，在立意上雅正之书才能著录于经部，以示其尊；而非雅正之书则"逐出"经部之外，以示其卑。如《四库全书总目》把熊朋来的《琴谱》、王坦的《瑟旨》、汪浩然《琴瑟谱》列入经部乐类，而把《琴史》、《松玄馆琴谱》、《松风阁琴谱》、《琴谱合璧》等列入子部艺术类的琴谱之属，理由是"惟以辨律吕、明雅乐者，仍列于经，其讴歌末技，弦管繁声，均退列'杂艺'、'词曲'两类中，用以见大乐元音，非郑声所得而奸也"（乐类序）；而且还进一步指出列入艺术类琴谱之属的四部书"乃山人墨客之技、识曲赏音之事也。若熊朋来《琴瑟后录》，汪浩然《琴瑟谱》之类，则全为雅奏，仍隶经部乐类中，不与此为伍矣"（艺术类琴谱之属案语）。同样都是琴乐之书，然其尊卑之别判然可见。

在二级类目的次第安排上，有一个特例就是王俭《七志》经典志（一级类目）中把《孝经》列为二级类目的首位。我们知道，中国古代书目的经部类目次第大多遵循"以《易》为原"的原则，而王俭"以《孝经》为先"显得有所特别。对此，陆德明在《经典释文》序录中

---

① 王锦民：《古典目录与国学源流》，中华书局2012年版，第347—348页。

云：" 《七略》、《艺文志》所记，用《易》居前，……《七志》以《孝经》居《易》之首，今所不同。"对王俭的这种安排，当时的陆澄就提出异议说"玄（郑玄）自序所注众书，亦无《孝经》，且为小学之类，不宜列在序典"，但王俭反驳说"仆以此书明百行之首，实人伦之先"（《南史·陆澄传》）。其实，"以《易》为原"和"以《孝经》为先"两者亦有共同点，即都体现了"儒经为先"的原则，只不过在具体的儒经内容的选择上有所不同而已。相比较而言，《易》为哲理性学问，《孝经》为实践性学问，按照"道先器后"、"先知后行"的原理，似乎"以《易》为原"更为合理，当然这是我们今人的观点，王俭可没有这么想。这也说明，在类目次第安排中以何者为尊（为先）的问题上，并没有绝对客观的标准。

某一类目的位次决定其尊或卑的地位，而其位次安排往往因编目者的观念的不同而不同。《四库全书总目》子部类目的位次安排就说明了这一点。《四库全书总目》子部共设有十四类二十五属，前五类为儒家、兵家、法家、农家、医家，其中农家和医家如此靠前，是其他书目中不多见的，如《七略》农家列于诸子略十类中的第九类，郑樵《通志·艺文略》农家列于诸子类十四类中的第十二类等，至于医家更是置于后。《四库全书总目》之所以把农家、医家靠前列，总撰官之一的纪昀释其因曰："余校录《四库全书》，子部凡十四家。儒家第一，兵家第二，法家第三，所谓礼乐兵刑国之大柄也。农家、医家，旧史多退之于末简，余独以农家居四，而其五为医家。农者民命之所关，医虽一技，亦民命之所关，故升诸他艺术上也。"[①] 由此可见，农家、医家在类次中靠前，提升其尊，是纪昀等馆臣重实学、重经世致用观念的表现。

在设有三级类目的书目中，三级类目之间的次第安排也是遵循"前尊后卑"原则的。典型者如《四库全书总目》史部传记类设有圣贤（在序中称"圣人"）、名人、总录、杂录、别录五属（二级类目），显然这五属从圣贤到别录是逐次降序排列的，即圣贤最尊，其下逐次为

---

① 纪昀：《纪晓岚文集》第一册，孙致中等校点，河北教育出版社1991年版，第179页。

卑，别录最卑。对此，传记类序说得很清楚，其曰：

> 魏、晋以来，作者弥多。诸家著录，体例相同。其参错混淆，亦如一轨。今略为区别：一曰圣人，如孔、孟《年谱》之类；二曰名人，如《魏郑公谏录》之类；三曰总录，如《列女传》之类；四曰杂录，如《骖鸾录》之类；……至安禄山、黄巢、刘豫诸书，既不能遽削其名，亦未可薰莸同器。则从叛臣诸传附载史末之例，自为一类，谓之曰别录。

在传记类五属中，前四属（圣贤、名人、节妇等传）是属于颂扬或表彰之列的，而第五属（叛臣之传）则属于绝对卑劣之属。这种尊卑排序，体现了《四库全书总目》凡例所言"等差有辨，旌别兼施"的基本原则。

（二）著录次序中的前置凸显法

著录次序中的前置凸显法，是指特意把某种书或某些书著录于前，使其凸显起来以示其尊的做法。我们知道，中国古代书目著录主要遵循时序原则，即问世早者著录在前，问世晚者著录在后。但这种时序原则并非绝对不可变，遇到凸显皇权或伦理纲常需要时则须变通，即在遵循时序原则的基础上，某种书或某些书虽晚出但却需要突破时序而著录在前，使其凸显起来以示其尊，这就是前置凸显法。这种前置凸显法，在《四库全书总目》中表现得尤为突出，故在此以《四库全书总目》为例兼顾他例予以说明。

在编修《四库全书总目》时，馆臣们一开始计划把御纂、敕撰类书籍置于每类之首，但乾隆皇帝没有同意。对此《四库全书总目》易类一按曰："唐徐坚《初学记》以太宗'御制'升列历代之前，盖臣子尊君之大义。焦竑《国史经籍志》、朱彝尊《经义考》并踵前规。臣等编摩《四库》，初亦恭录《御定易经通注》、《御纂周易折中》、《御纂周易述义》，弁冕诸经，仰蒙指示，命移冠国朝著述之首，俾尊卑有序，而时代不淆。……谨恪遵彝训，仍托始于《子夏易传》。"查《四库全书总目》经部易类一，确实以《子夏易传》为首录，且提要云"《易》之家最古者，莫若是书"，亦即《子夏易传》被首录的原因在

## 第四章　中国古代图书馆学思想申论

于其"最古",说明易类书籍著录遵循了时序原则。上引按语中所称"仰蒙指示",指的是乾隆的下面一段话:

> 据四库全书总裁奏进所办《总目提要》,内请于经、史、子、集各部冠以圣义、圣谟等六门,恭载列圣钦定诸书,及朕御制、御批各种。所拟殊属棼繁。从前开馆之初,曾经降旨,以《四库全书》内惟集部应以本朝御制诗文集冠首,至经、史、子三部,仍照例编次,不必全以本朝官书为首。今若于每部内又特标圣义诸名目,虽为尊崇起见,未免又多增义例。朕意如列圣御纂诸经,列于各本经诸家之前,御批《通鉴纲目》等书,列于各家编年诸书之前,《五朝圣训》、朱批谕旨、方略等书,列于诏令诸门之前,御注《道德经》列于各家所注《道德经》之前,其他以类仿照编次,俾尊崇之义与编纂之体并行不悖。(《四库全书总目》卷首一·圣谕:乾隆四十六年二月十三日奉上谕)

乾隆皇帝这道谕旨中连续列出四个"……之前",且又告诸"其他以类仿照编次",这就把著录次序规定得一清二楚了。查《四库全书总目》易类六,专门著录清人著述,共著录五十四部(其中八部为附录),为首四部分别是:国朝大学士傅以渐、左庶子曹本荣奉敕撰的《易经通注》;康熙二十二年圣祖仁皇帝御定的《日讲易经解义》;康熙五十四年圣祖仁皇帝御纂的《御纂周易折中》;乾隆二十年奉敕撰的《御纂周易述义》。在这四部书之后才著录孙奇逢撰《读易大旨》、王夫之撰《周易稗疏》等士人著述。这为首四部书本非为清人所著易类书最早者,但却赫然著录在前,使其凸显起来以示其尊。这种不顾时序而把本朝帝王著述(包括帝王令修之书)著录在前、士人所著之书著录在后的做法,显然是"君尊臣卑"、"君贵民贱"观念贯穿于图书著录中的表现。不过,乾隆皇帝把帝王著述列于本类之首的做法,与整个书目开篇就著录帝王著述的做法相比,有其相对合理之处。

书目开篇就著录帝王著述的做法,似以宋人王应麟撰《玉海》为滥觞,《玉海》在"艺文"之前设"圣文",专门著录御制、御书。在官方书目中,首开此例者则以明人杨士奇编《文渊阁书目》为滥觞,

· 387 ·

该书目的第一类即为"国朝"。《文渊阁书目》作为国家藏书书目,以"国朝"为开篇的做法,必然起到一定的示范效用,故其后以专收帝王著述为首类的做法渐次多了起来。如叶盛《菉竹堂书目》单设"圣制"为首类,对此叶恭焕作序云:"叶氏书目六卷,叙列大率本鄱阳马氏,其不同之大者,经史子集外,制特先之,曰尊朝廷。"晁瑮《晁氏宝文堂书目》上卷首列御制之书,但未标类名,实为以"制书"为首类。清人朱彝尊《经义考》,分三十类,首类为"御注类与敕撰类",御注类仅著一条,即顺治帝所注《御注孝经》;敕撰类只有四条,依次为《日讲四书解义》、《日讲书经解义》、《日讲易经解义》、《孝经衍义》。毛奇龄为《经义考》作序云:"其所分部,则敕撰一卷,尊王也。"所谓"尊朝廷"或"尊王",实际上是"首重王言"的礼治精神表现。在这方面,焦竑的《国史经籍志》表现得尤为突出。《国史经籍志》共分六卷,卷一为制书类,卷二为经类、卷三为史类,卷四为子类,卷五为集类,卷六为纠谬(纠正前人归类错误)。可见,《国史经籍志》实为经、史、子、集四分法,但在经、史、子、集之外又单设了"制书类",且置于首卷;不仅如此,在制书类下又列出四个子目,依次为御制、中宫御制、敕修、记注时政;在中国古代书目史上,单设制书类且分子目者,仅此一例。焦竑之所以如此重视制书类,其"制书类"序云:

> 古之圣哲无意于文也,理至而文从之,如典、谟、训、诰是已。……我圣祖投戈讲艺,间有撰造,朝出九重,暮行四海,风动草偃,晓然如推赤心置于人腹中,窃伏而读之,亹亹乎如家人父子提耳以命,唯恐其不尽也;如导师之于弟子,唯恐其不达也。《书》之赞敷言曰"天子作民父母,以为天下主",嗟乎!此非真有父母之心者,孰能为之?而文殆不足言矣。……列圣代兴,著作相望,今备列首篇。

从此序言中可以看出,焦竑是打心眼儿里相信"天子作民父母"的"合理性",相信天子"真有父母之心",于是把读制书的感受喻为"如家人父子提耳以命"、"如导师教授弟子",其拳拳效忠之心溢于言

## 第四章 中国古代图书馆学思想申论

表。在这种思想观念下,把制书类列为书目之首,使其凸显,以示王言至尊至贵,这是以书目之作表达对王言的颂扬之情的典型表现。

单设制书类且置于书目之首,这种做法的实质并非增设部类,如焦竑《国史经籍志》虽在经、史、子、集之外单设制书类,但其分类体系仍为四分法,而非五分法;其所以单设制书类,是为了把制书类书籍单独著录于前,以使其凸显而尊贵,所以这种做法仍然属于著录次序的前置凸显法范畴。

书目开篇首先著录制书,这种前置凸显法,并非所有人都赞同,明人祁承㸁就不完全认同这种做法。祁承㸁在《庚申整书例略四则》中评论这种做法曰:

> 陆文裕公之藏书分十三则:一录经,次录性理,……而以宸章令甲别为制书,示不敢渎也。沈少司空稍为部署,而首重王言,故一曰制,二曰谟,三曰经,……十二曰杂。虽各出新裁,别立义例,然而王制之书不能当史之一,史之书不能当集之三,多者则丛聚而易淆,寡者又寂寥而易失,总不如经史子集之分,简而尽,均而且详。循序仿目,检阅收藏,莫此为善。

祁承㸁在此把"以宸章令甲别为制书"的做法视为不敢渎王言而"首重王言"的表现,而且还大胆地指出"王制之书不能当史之一",能够说出这种话是需要胆略的。在祁承㸁看来,官目首先著录制书是未尝不可的,但私藏书目则不必如此。所以,他在《藏书训约·鉴书》中又曰:

> 如王伯厚以圣文冠经籍,陆文裕仿之,而焦氏亦首列制书。余以国史一代之典章,自宜尊王,而家籍一人之私藏,不妨服圣,仍以六经冠之群书,而特以文由圣翰,事关昭代者,每列于各类之首,则既不失四部之体,而亦足表尊周之心。[1]

---

[1] 祁承㸁:《澹生堂读书记·澹生堂藏书目》,郑诚整理,上海古籍出版社2015年版,第23—24页。

查祁承煠所编《澹生堂藏书目》，确实遵守了经、史、子、集四部体系，且"以六经冠之群书"；在制书的著录上，也落实了按制书的内容不同"每列于各类之首"的方法，如"国朝史类"列于史部之首，"诏制（王言、代言）"列于集部之首。这种安排，确实做到了"既不失四部之体，而亦足表尊周之心"，可谓高明。

《四库全书总目》把"诏令奏议"类从以往的集部调整升入史部，其实也属于"前置凸显法"的应用表现。为何做这种调整？"诏令奏议"类序云：

> 记言、记动，二史分司。起居注，右史事也，左史所录蔑闻焉。王言所敷，惟诏令耳。《唐志》史部初立此门。黄虞稷《千顷堂书目》则移制诰于集部，次于别集。夫涣号明堂，义无虚发，治乱得失，于是可稽。此政事之枢机，非仅文章类也，抑居词赋，于理为亵。……《文献通考》始以奏议自为一门，亦居集末。……则论事之文，当归史部，其证昭然。今亦并改隶，俾易与纪传互考焉。

其实，把诏令或奏议列于集部的做法，在《千顷堂书目》之前早已有之，如《国史经籍志》集部的前二类为制诏、表奏；《澹生堂藏书目》集部的前二类为诏制、章疏；《百川书志》的集部中有制诏、奏议二类；《脉望馆书目》集部的首类即为奏议；《玄赏斋书目》的集部中有诏制、奏议二类等。从这篇序言看，所谓"论事之文，当归史部"只是一个借口，因为"论事之文"并非都在史部，在子部、集部中亦有"论事之文"。把诏令奏议从集部移入史部的真正原因是馆臣认为的"此政事之枢机，非仅文章类也，抑居词赋，于理为亵"，尤其是诏令乃属"王言"，不可亵渎其尊而将其列入集部之中。可见，把诏令奏议从集部移入史部，使其升入经史之列，亦即使其恢复尊贵之位，这仍是"首重王言"、"凸显王言"、"王言为尊"的表现。

需要说明的是，中国古代书目在著录过程中别分学术尊卑的方法中，还有一种方法可称为"后置凸显法"，即把某种书或某些书特意著录于该类的后面或末尾,以示其学术价值卑于前面著录之书。"后置凸显法"是"前置凸显法"的补充或变化应用。古代书目大多把道经、佛经之书附录于书目之末或附录于道家类之后或著录于子部之末,就是"后置凸显法"的应用表现。《四库全书总目》把《尚书大传》附录于《书》类之末、把《诗外传》附录于《诗》类之末、把《春秋繁露》附录于《春秋》类之末等,其实就是"后置凸显法"的应用表现。

《四库全书总目》开创的正目置前、存目置后的体例安排,其实是"前置凸显法"和"后置凸显法"的综合运用表现。《四库全书总目》共著录10255部文献,正目收录3463部,为总数的34%;存目收录6792部,为总数的66%。之所以用存目方式揭示文献,乃"止存书名,汇为总目,以彰右文之盛"①。这里的"止存书名",不能理解为只著书名而不作提要,事实上所有的存目书都作了提要。以《四库全书总目》子部为例,子部共著录2937部,其中存目2016部,占总数的69%;存目书之所以如此之多,其序云"其不合于圣人者,存之亦可为鉴戒。虽有丝麻,无弃菅蒯,狂夫之言,圣人择焉,在博收而慎取之尔"。这里所谓"博收"即为存目书多的原因之注脚。存目书如此多却著录于正目之后,这又体现了"慎取"之义。所谓"慎取",包含尊卑取舍之义,即尊者入正目,置于前;卑者入存目,置于后。对此,《四库全书》总裁官于敏中有言:"其拟刊者有褒无贬,拟抄者则褒贬互见,存目者有贬无褒,方足以彰直笔而示传信。"② 这里所言"拟刊"、"拟抄"之书均为《四库全书总目》正目所收之书;所言"存目者有贬无褒",其实并未全面遵守(对存目书大多予以"贬评",但亦掺杂"褒评"),但对存目书进行"贬评"且著录于正目之后以示其卑却是客观事实。这种正目著录于前且"褒评"、存目著录于后且"贬评"的做法,显然是学术尊卑排序或取舍的手法表现。

### 三 揭示内容价值之优劣:提要之道

揭示一书的内容及其价值,可以有多种方法,提要就是其中非常重

---

① 中国第一历史档案馆:《纂修四库全书档案》,上海古籍出版社1997年版,第117页。
② 引自司马朝军《〈四库全书总目〉研究》,社会科学文献出版社2004年版,第41页。

要的方法之一。自从刘向作《别录》以来，以提要方法揭示书之内容及其价值，遂成为中国古代书目的传统之一。

从现代的学科分野来看，揭示书的内容及其价值，属于诠释学（亦称阐释学、解释学、释义学等）范畴。在西方，诠释《圣经》经义的活动开启诠释学先河，其后诠释学发展历程经历了"作者中心论"到"作品中心论"再到"读者中心论"的过程。而在中国古代，自先秦至秦汉之际，传、注、疏等多种体例的经学传统逐步确立，并成为一直流传至清代的主要学术传统，其成果以郑玄遍注经传、《春秋》三传、颜师古注《汉书》、《四书章句集注》、《十三经注疏》等为代表。中国的经学传统与西方的诠释学传统有异曲同工之旨，但中国的经学传统未形成像西方那样的"作者中心论"到"作品中心论"再到"读者中心论"的历程分别，而是形成了"作者之意"、"作品之意"、"读者之意"混融为一体的会通性诠释传统。在此过程中，又形成有诸如"训诂明而后义理明"、"疏不破注"、"诗无达诂"、"得意忘言"、"文如其人"、"辨章学术，考镜源流"等诠释原则以及"汉儒主故训，宋儒主义理，清儒主考据"的时代特征。不过，在诸多诠释原则中，孟子提出的"以意逆志"和"知人论世"原则影响最广泛。可以说，"以意逆志"和"知人论世"是包括文献揭示在内的整个文本诠释活动的通则性原则。

（一）揭示通则："以意逆志"与"知人论世"

孟子在和弟子讨论如何理解《诗》义时，说过这样一段话："说诗者，不以文害辞，不以辞害志，以意逆志，是为得之。"（《孟子·万章上》）这就是"以意逆志"一语的来历。汉人赵岐在《孟子章句》中解释"以意逆志"之义说："意，学者之心意也，……人情不远，以己之意逆诗人之志，是为得其实也。"宋儒朱熹在《孟子集注》中对孟子的上述一段话解释说："文，字也；辞，语也；逆，迎也。……言说《诗》之法，不可以一字而害一句之义，不可以一句而害设辞之志。当以己意迎取作者之志，乃可得之。"所谓"以意逆志"，就是诠释者（即读者或传注者，下同）依据自己的知识基础、生活经验和价值取向去理解作者之意和文本之义。诠释者的知识基础、生活经验和价值取向就是"意"，类似于西方诠释学中所讲的"期待视野"；作者之意和文

## 第四章 中国古代图书馆学思想申论

本之义就是"志";而以"意"理解"志"的过程就是"逆"。孟子的"以意逆志"充分肯定了文本理解中诠释者的主观能动性,即诠释者具有重构意义的权力。也就是说,作者之意和文本之义并非由作者决定,而是诠释者在自身的知识基础、生活经验和价值取向等因素的影响下进行自我理解的产物。当然,这种自我理解并非毫无依凭的任意想象和裁断,而是要做到"不以文害辞,不以辞害志",以文本语境为前提进行能动性理解,即要在"意"与"志"相互限制的"张力场"中保持"原义"与"自解"的统一与融合。这种"意"与"志"的相互作用过程,也就是西方诠释学所讲的"视阈融合"过程。"以意逆志"是中国古代学者们尤其是崇尚"义理之学"的学者们普遍提倡和践行的文本诠释方法。清人浦起龙曾谈有自己读杜诗时的"以意逆志"心得:"吾读杜十年,索杜于杜,弗得;索杜于百氏诠释之杜,愈益弗得。既乃摄吾之心,印杜之心,吾之心闷闷然而往,杜之心活活然而来,邂逅于无何有之乡,而吾之解出焉。"[1] 这里所谓"摄吾之心,印杜之心",从而使"杜之心活活然而来"的过程就是"以意逆志"的成功实践过程。

"以意逆志"的文本诠释方法,给诠释者以重构意义的主观能动之权力,由此可能产生一种弊端,就是"文本意义不定论",这是一种典型的相对主义倾向,其极端表现就是"去作者化"。西方后现代主义诠释学所提出的"作者之死"口号,就是这种极端相对主义表现。生活在先秦时期的中国圣哲们是反对这种极端相对主义诠释方法的,为此孟子又提出了"知人论世"的诠释原则:"颂其诗,读其书,不知其人,可乎?是以论其世也。"(《孟子·万章下》)孟子的这段话原本是给弟子万章讲述交接朋友原则时所举的类比之说,后世人们将此类比之义直接视为文本诠释原则,此即"知人论世"(亦可叫"论世知人")诠释原则的来历。所谓"知人论世",指在理解文本意义时要结合作者的生活情境和所处时代背景去理解,而不应仅凭己意臆断。这与西方现象学所主张的"回到现象中去"的思想方法有相通之处。章学诚认为,"不知古人之世,不可妄论古人文辞也;知其世矣,不知古人之身处,亦不

---

[1] 浦起龙:《读杜心解》,中华书局1961年版,第5页。

可以遽论其文也"①。章学诚的意思是说，古人所发言论都是以古人所处时代为背景的，因此若不了解古人所处的时代背景，就不可能正确理解古人言论之义。清人吴淇认为，"诵其诗，当尚论其人；然论其人，必先论其世"，因为"人必与世相关"，"然未可以我之世例之，盖古人自有古人之世也。……苟不论其世为何世，安知其人为何如人乎"②？吴淇在这里指出了"论其世→论其人→论其诗"这样一种文本诠释的逻辑路径。同时，吴淇又告诫人们"古人自有古人之世"，不可"以我之世例之"，这实际上是告诫人们要"以古论古"而不可"以今勒古"。由此可见，"知人论世"对克服"以意逆志"中的"意"的随意性具有重要意义。

从上述"以意逆志"和"知人论世"的含义中可以看出，"知人论世"应该成为"以意逆志"的前提和基础，或者说，"知人论世"基础上的"以意逆志"才是比较科学的文本诠释原则和方法。对此，清人焦循在《孟子正义》中引《虞东学诗·以意逆志说》云：

> 正惟有世可论，有人可求，故吾之意有所措，而彼之志有可通。今不问其世为何世，人为何人，而徒吟哦上下，去来推之，则其所逆，乃在文辞而非志也。……夫不论其世欲知其人，不得也；不知其人欲逆其志，亦不得也。孟子若预忧后世将秕糠一切，而自以其察言也，特著其说以防之，故必论世知人，而后逆志之说可用之。③

那么，中国古代书目活动中的文献揭示是否也贯穿着"以意逆志"和"知人论世"的诠释原则呢？回答应该是肯定的。不过，书目之文献揭示活动中贯穿"以意逆志"和"知人论世"原则有其特定表现和方法，尤其在书目提要中"以意逆志"和"知人论世"原则表现得最为集中和突出。

---

① 章学诚：《文史通义新编新注》，仓修良编注，浙江古籍出版社2005年版，第136页。
② 吴淇：《六朝诗定论》卷一《六朝选诗定论缘起·以意逆志》，载郭绍虞主编《中国历代文论选》，上海古籍出版社1980年版，第36—37页。
③ 焦循：《孟子正义》，沈文倬点校，中华书局1987年版，第639—640页。

## 第四章 中国古代图书馆学思想申论

### (二) 人书并提：提要内容

古代书目提要都写什么内容？《汉书·艺文志》序记刘向校雠之事云"每一书已，向辄条其篇目，撮其指意，录而奏之"。阮孝绪《七录序》云："昔刘向校书，辄为一录，论其指归，辨其讹谬，随竟奏上，皆载在本书。时又别集众录，谓录，即今之《别录》是也。"所谓"条其篇目"，即为"目"；所谓"撮其指意"，即为"录"，即为提要，"目录"之义由此生。现代人们所说的"提要"即指"录"，而刘向之时所称"叙录"则包括"目"和"录"。

关于刘向所作叙录的内容，姚名达概括为八个方面：著录书名与篇目；叙述校雠之原委；介绍著者之生平与思想；说明书名之含义，著书之原委，以及书之性质；辨别书之真伪；评论思想或史事之是非；叙述学术源流；判定书之价值。[①] 由于刘向所作叙录是用于"录而奏之"的，所以说明性文字较多，而且还包含后世书目之类序的内容（如叙述学术源流），而真正属于提要的内容主要有介绍著者之生平与思想、辨别书之真伪、评论思想或史事之是非、判定书之价值等。至宋代，在提要内容中已基本排除了说明性文字和本应属类序的内容，如《崇文总目》、《郡斋读书志》、《直斋书录解题》的提要的内容主要包括介绍作者爵里与生平、介绍图书内容、介绍图书流传存佚情况、评论得失等。对此，清儒朱彝尊评价云："《崇文总目》，当时撰定诸儒，皆有论说；凡一书大义，必举其纲，法至善矣。其后若《郡斋读书志》、《书录解题》等编，咸取法于此。故虽书有亡佚，而后之学者览其目录，犹可想见全书之本末焉。"[②]

上面简要介绍了古代书目提要的内容构成要素，但我们要知道，并非所有提要都整齐包含上述内容要素，而是要么以介绍作者为主，要么以勾勒内容为主，要么以发表评论为主等，当然亦有上述内容较齐全者。《郡斋读书志》卷一《胡先生易传》提要云："皇朝胡瑗撰。瑗，字翼之，泰州人。通经术乐律，教人有法，在湖州从其学者常数百人，成材而备朝廷器使者不可胜数。此解甚详，盖门人倪天隐所纂，非其自

---

[①] 姚名达：《中国目录学史》，上海古籍出版社2005年版，第29—33页。
[②] 朱彝尊：《经义考新校》，林庆彰等主编，上海古籍出版社2010年版，第5323页。

著,故序首称'先生曰'。"①此提要显然以介绍作者为主。《直斋书录解题》卷四《古史六十卷》提要云:"门下侍郎眉山苏辙子由撰。因马迁之旧,上观《诗》、《书》,下考《春秋》及秦、汉杂录,为七本纪,十六世家,三十七列传。盖汉世古文经未出,战国诸子各自著书,或增损古事以自信其说,迁一切信之,甚者或采世俗相传之语,以易古文旧说,故为此史以正之。然其称迁浅近而不学,疏略而多信,迁诚有可议者,而以为不学浅近,则过矣。"②显然,这一提要的内容主要包括介绍内容构成、交代著书原委和评论得失三方面内容。

说到提要的全面性、完整性、规范性以及撰写水平之高,当首推《四库全书总目》。《四库全书总目》在全面总结刘向以来的书目提要的经验及其得失的基础上,对提要的内容和写法作了全面的规范,如其《凡例》所云"今于所列诸书,各撰为提要,分之则散弁诸编,合之则共为总目。每书先列作者之爵里,以论世知人;次考本书之得失,权众说之异同;以及文字增删、篇帙分合,皆详为订辨,巨细不遗;而人品学术之醇疵,国纪朝章之法戒,亦未尝不各昭彰瘅,用著劝惩"。这里点到了提要的四方面内容,即作者之爵里、本书之得失、篇帙结构、人品学术评价。其实《四库全书总目》提要的内容并不限于这四方面,还常有关于著书原委、真伪考证、版本鉴别、篇帙之存佚、以往书目著录情况等方面的内容,而且有时还用"案语"作补充说明。总之,提要的内容构成及其偏重根据书本身的内容和形式方面的具体情况不同而不同。下面举二例说明。

《四库全书总目》经部易类正目所收《周易札记三卷》提要:

> 明逯中立撰。中立字与权,号确斋,聊城人。万历丙戌进士,由行人擢给事中,以建言贬陕西按察使司知事,事迹具《明史》本传。是书《明史·艺文志》不著录。朱彝尊《经义考》亦不载,盖当时编次无法,与其《两垣奏议》合为一书,故录经解者无自

---

① 晁公武:《郡斋读书志校证》,孙猛校证,上海古籍出版社2011年版,第29页。
② 陈振孙:《直斋书录解题》,徐小蛮、顾美华点校,上海古籍出版社2015年版,第109页。

而著其名也。其书首为《启蒙集略》，次分上经为一卷，下经为一卷，《系辞》以下为一卷，不载经文，但标卦名、篇名，随笔记录，采之诸家者为多，其以己意论著者仅十之四、五，然去取颇为精审。大旨以义理为主，不失纯正。至《中孚》、《复》、《姤》诸卦，亦参用《易纬》"卦气起《中孚》"及"一卦值六日七分"之说，盖平心论义，不立门户之见者也。

《四库全书总目》经部易类存目所收《易经疑问十二卷》提要：

> 明姚舜牧撰。舜牧字虞佐，乌程人。万历癸酉举人，历官新兴、广昌二县知县。考舜牧生于嘉靖癸卯，其五经《疑问》皆年过六十所撰，迨年过八十又重订《诗》、《礼》二经及此书，其序并载所著《来恩堂集》中，岁月先后一一可考。计其一生精力，殚于穷经，然此书率敷衍旧说，间出己意，亦了不异人，盖其学从坊刻讲章而入，门径一左，遂终身劳苦而无功耳。

上引两提要在内容上的最大相同点在于都较详细介绍有作者爵里及其生平事迹，以论世知人，这种做法是中国古代书目提要遵循"论世知人"诠释原则的普遍表现。两提要在内容结构上的最大不同在于：前者重在揭示该书不被以往书目著录的原因以及内容框架结构；后者重在揭示该书的成书原委。至于两提要对各自所录之书的褒或贬的评价（前者作了褒评，后者作了贬评）是显而易见的，这也是前者录于正目、后者录于存目的原因所在。

通过上述有关书目提要内容构成的梳理，不难发现，中国古代书目提要在内容构成上的显著特点是"人书并提"，即既有关于作者信息的较详揭示，又有关于书籍信息（包括形式特征信息和内容特征信息）的全面揭示。当然，"人书并提"特征在叙录体、传录体、辑录体提要中的表现是不相同的。相比较而言，叙录体提要中的"人书并提"特征表现得最为全面，而传录体提要偏重于"人"，辑录体提要偏重于"书"；甚至在传录体、辑录体提要中的个别条目"有人无书"或"有书无人"（在《玉海·艺文》、《文献通考·经籍考》和《经义考》中这种情况较为多见)。但从整体而言,把中国古代书目提要的内容特征概括为"人书并提"是成立的,尤其符合中国古代书目提要之主流体例——叙录体的特征。这种"人书并提"的提要,与现代出版图书所作的"内容提要"或期刊论文所作的"摘要"(无论是指示性摘要还是报道性摘要)仅揭示文本内容信息的做法迥然有异。相比较而言,古代书目提要所揭示出来的信息量比现代图书的"内容提要"或期刊论文的"摘要"所揭示的信息量大得多。

(三) 褒贬评论:价值揭示

评论一书之得失与优劣,是中国古代书目提要的重要内容之一。对一书的得失与优劣进行评论,旨在揭示一书的价值所在,这显然属于价值判断范畴,而价值判断难免主观意向的渗入,即难免对人或书做出或褒或贬的评论。这种褒贬评论所遵循的诠释学原则就是"以意逆志"。书目提要中的"以意逆志",就是以提要撰写者(或编目者)的价值观立场("意")为标准来评判("逆")书籍内容("志")优劣的过程。为了便于理解,在此把书目提要中体现的价值观立场分为"卫道护统意义上的价值观"和"学术立场意义上的价值观"两大方面;前者主要表现为"道统"、"治统"或"意识形态"意义上的价值观,后者主要表现为"学统"或"学术立场"意义上的价值观。需要说明的是,这种划分是以中国古代书目提要的整体情况而言的,而非指个别提要都有这两种价值观立场的俨然分别表现。

1. 卫道护统视角的褒贬评论

卫道护统视角的褒贬评论,就是从卫护儒家的道德观和正统观立场出发来评判书籍内容之优劣的做法。从理论上来说,道德观对应的是"道统"问题,正统观对应的是"治统"问题,但在现实中两者紧密相关,共同决定一种统治的合法性(legitimacy)问题。在中国思想史上,朱熹的大弟子黄干于宋嘉定七年(1214年)在其《徽州朱文公祠堂记》中首次提出"道统"说,在此基础上,杨维桢于元至正五年(1345年)在所上《三史正统辨》表中首次把"道统"和"治统"联系起来论述,其曰:

道统者,治统之所在也。尧以是传之舜,舜以是传之禹、汤、

第四章 中国古代图书馆学思想申论

文、武、周公、孔子。孔子没，几不得其传百有余年，而孟子传焉。孟子没，又几不得其传千有余年，而濂、洛周、程诸子传焉。及乎中立杨氏，而吾道南矣；既而宋亦南渡矣。杨氏之传，为豫章罗氏，延平李氏，及于新安朱子。朱子没，而其传及于我朝许文正公。此历代道统之源委也。然则道统不在辽、金，而在宋；在宋而后及于我朝。君子可以观治统之所在矣。（载陶宗仪《辍耕录》卷三《正统辨》）

杨维桢的这段话，论述了三方面的内容：一是梳理出了从尧、舜、禹到许衡的"道统"传承谱系；二是指出了"道统"与"治统"的关系，即"道统"是"治统"的基础（"道统者，治统之所在也"）；三是在宋、辽、金、元的"治统"传承上，宋为正统，而元为继宋之正统，否定了辽、金的正统性。而关于"道统"与"治统"的意义，明儒刘宗周于崇祯九年（1636年）在《三申皇极之要疏》中曰："臣闻古之帝王，道统与治统合而为一，故世教明而人心正，天下之所以久安长治也。"（文渊阁四库全书本《刘蕺山集》卷三）

上述道统观、治统观以及正统观，必然反映在书目提要的内容之中。众所周知，北宋神宗时期以及后世围绕"王安石变法"出现了"改革派"与"保守派"的严重对立局面。改革正式实施之前，王安石为统一思想推出了《三经新义》（《毛诗义》二十卷、《尚书义》十三卷、《周官新义》十六卷），然而这一举措暴露了王安石的"心机"，一时惹来反对声浪。归结起来说，改革派与保守派之间在改革（"外王"）必要性的认识上并无多大分歧，主要分歧在于保守派认为王安石在崇儒重道思想（"内圣"）上有问题，因而会不保改革的初衷；认为王安石的思想问题集中表现于《三经新义》中援佛入儒的思想方法上，故张栻批评王安石曰："王氏之说皆出于私意之凿，而其高谈性命，特窃取释氏之近似者而已。夫窃取释氏近似而济之以私意之凿，故其横流蠹坏之心，以乱国事。"（《南轩集》卷一九）基于这种内圣外王之辨，后世书目提要中对王安石著作大多作出"违道悖义"的贬评。如对《周官新义》，陈振孙《直斋书录解题》批评为"王安石一再用之而乱天下"；在《周官新义》（即陈振孙所录《周礼新义》）解题中称王安石变法为

· 399 ·

"新法误国"。① 王安石又曾著有《熙宁日录》四十卷，对此书《直斋书录解题》提要云：

> 丞相王安石撰。本朝祸乱萌于此书，陈瓘所谓"尊私史而压宗庙者"。其强愎坚辩，足以荧惑主听，钳制人言。当其垂死，欲秉畀炎火，岂非其心亦有所愧悔欤！既不克焚，流毒遗祸至今为梗，悲夫！②

在此提要中，把王安石之书贬为"其强愎坚辩，足以荧惑主听，钳制人言"，"既不克焚，流毒遗祸至今为梗"，足见陈振孙对王安石其人其书的恨贬之情，而其口气与姿态俨然是"以道自任"的卫道者的形象。

陈振孙之前的晁公武，对王安石也是颇有微词。晁氏在为《王介甫孝经解一卷》作提要云："皇朝王安石介甫撰。《经》云'当不义，则子不可以不诤于父'，而孟子猥云父子之间不责善，夫岂然哉！今介甫因谓当不义则诤之，非责善也。噫，不为不义，即善也。阿其所好，以巧慧侮圣人之言至此，君子疾夫！佞者有以也。"③ 王安石把《孝经·谏诤》中的"当不义，则子不可以不诤于父"一语理解为"非责善"，这就违背了孟子的"父子之间不责善"（《孟子·离娄上》）的儒家立场，由此晁公武批评王安石为"以巧慧侮圣人之言"的"佞者"，俨然是卫道者的口气与姿态。

我们知道，"崇儒重道"是汉武帝以来历朝历代统治者的"道统"标准，亦为其宣扬统治合法性的标杆。所谓"崇儒重道"，其核心内容就是尊崇儒家纲常名教之道，所以凡是亵渎儒家纲常名教之道的言论必须严加批判和禁止。这种批判和禁止，《四库全书总目·凡例》谓"惟离经叛道、颠倒是非者，掊击必严；怀诈狭私、荧惑视听者，屏斥必

---

① 陈振孙：《直斋书录解题》，徐小蛮、顾美华点校，上海古籍出版社2015年版，第43、44页。
② 陈振孙：《直斋书录解题》，徐小蛮、顾美华点校，上海古籍出版社2015年版，第210—211页。标点有改动。
③ 晁公武：《郡斋读书志校证》，孙猛校证，上海古籍出版社2011年版，第127页。

力"。东汉王充的《论衡》以敢于批评前贤之论而著称于世,即使对孔孟之言也敢于质疑,对此《四库全书》馆臣认为"其言多激,《刺孟》、《问孔》二篇,至于奋起笔端,以与圣贤相轨,可谓悖矣"(《论衡》提要)。明人李贽在《藏书》中亦对世人"以孔子是非为是非"观提出了质疑,此故《四库全书》馆臣严厉批评曰:"贽书皆狂悖乖谬,非圣无法。惟此书排击孔子,别立褒贬,凡千古相传之善恶,无不颠倒易位,尤为罪不容诛。其书可毁,其名亦不足以污简牍。"(《藏书》提要)其实,馆臣对李贽的严厉贬斥并非个例,当时的不少大儒也对李贽持批评态度,如顾炎武呵斥李贽"小人之无忌惮而敢于叛圣人者,莫甚于李贽"①;王夫之甚至将李贽之类视为"洪水猛兽",其曰:"若近世李贽、钟惺之流,导天下于邪淫,以酿中夏衣冠之祸,岂非逾于洪水、烈于猛兽者乎?"②从历史的眼光来看,对李贽这样的"非名教所能羁络"(黄宗羲语)之人进行无情批判,是中国古代士人(无论是体制内的还是体制外的)基于卫道护道之责任而做出的普遍选择。关于中国古代士人的这种学术性格特征,陈来先生有言:"儒家的文化信念和责任伦理,使得儒家更注意文化的发展,更注意道德风教的变化,更多站在政治之内(而不是站在政治之外)参与政治。与卡尔·博格斯(Cael Boggs)所说的历史上西方知识分子多'不履行一定的政治职责'相比,中国传统的儒士大夫多履行一定的政治—行政职责,而又同时保持其学者文人的文化身份。"③所以,在"崇儒重道"的政治—社会氛围中编修的《四库全书总目》,对李贽的《藏书》作出"狂悖乖谬"的评论是不可避免的事情。当然,对《四库全书》馆臣们的这种卫道护统立场饱受后世学者们诟病,如杜定友曾对中国古代书目分类为卫道护统而辄发褒贬评论之举提出批评曰:"经为宏道,史以体尊,子为杂说,集为别体,一以尊崇圣道,以图书分类为褒贬之作,失其本旨远矣。"④

---

① 顾炎武:《日知录校释》,张京华校释,岳麓书社2011年版,第765页。
② 王夫之:《读通鉴论》,岳麓书社2010年版,第1180页。
③ 陈来:《儒家思想传统与公共知识分子——兼论现代中国知识分子的公共性与专业性》,载许纪霖主编《公共性与公共知识分子》,江苏人民出版社2003年版,第20—21页。
④ 杜定友:《校雠新义》(上册),上海书店1991年版,第22页。

统治的正统性问题是中国古代时隐时现的争论话题之一，也是统治者不得不重视的敏感话题之一，因为治统承续的正统与否，直接涉及统治的合法性问题。用现代的话来说，这涉及意识形态安全问题，不可不辨。一般而论，若某一书的内容涉及政权更替的正统问题，那么书目提要中必有其辨。三国时期的魏与蜀孰为正统？对此历来争讼不已。陈寿《三国志》以魏为正统，习凿齿《汉晋春秋》则以蜀为正统，司马光《资治通鉴》以魏为正统，朱熹《通鉴纲目》则以蜀为正统，等等。对此，《四库全书总目》在《三国志》提要中以"定千载之是非，决百家之疑似"（《四库全书总目·凡例》）的姿态作出了如下意欲息讼的评论：

> 自朱子以来，无不是凿齿而非寿。然以理而论，寿之谬万万无辞；以势而论，则凿齿帝汉顺而易，寿欲帝汉逆而难。盖凿齿时晋已南渡，其事有类乎蜀，为偏安者争正统，此孚于当代之论者也。寿则身为晋武之臣，而晋武承魏之统，伪魏是伪晋矣，其能行于当代哉！此犹宋太祖篡立近于魏，而北汉、南唐迹近于蜀，故北宋诸儒皆有所避而不伪魏。高宗以后偏安江左近于蜀，而中原魏地全入于金，故南宋诸儒乃纷纷起而帝蜀。此皆当论其世，未可以一格绳也。

这里馆臣提出了"当论其世"这一正统之辨标准，而且这一标准其实是从"以势而论"的立意角度得出的结论。仔细分析《三国志》提要的思想逻辑，不难发现，所谓"当论其世"其实是"当论其时"或"当论其势"，即时势不同，其正统观亦有不同。

再如，明朝政权是继宋而来还是继元而来？这一问题对清人来说极为敏感，因为这涉及清政权作为少数民族政权是否具有合法性的问题。明朝和清朝政权是否具有正统性，其实牵涉到宋、辽、金、元、明、清诸朝代的正统序列定位问题。前文已交代，在辽、金、元的正统问题上，乾隆皇帝认定了元为正统，而只有认定元为正统，才能顺理认定明朝代元而立的正统性，而又只有认定明朝的正统性，才能顺理证明清朝代明而立的正统性。若认定明朝继宋而立，而非继元而立，那么，明朝

## 第四章 中国古代图书馆学思想申论

的正统性就成问题,而明朝的正统性成问题,清朝的正统性也跟着成问题。认定明朝继宋而立,确有其人其书,如明王洙《宋史质》就持此论。对此,《四库全书》馆臣们必不饶恕,为此在《宋史质》提要批驳道:

> 是编因《宋史》而重修之,自以臆见,别创义例。大旨欲以明继宋,非惟辽、金两朝皆列于外国,即元一代年号亦尽削之。……荒唐悖谬,缕指难穷。自有史籍以来,未有病狂丧心如此人者。其书可焚,其版可斧。

馆臣之所以严厉批驳王洙的"明继宋"之说,是为了论证"明继元",继而证明"元为正"、"明为正",而元、明为正,清代明而立亦为正,由此理顺元、明、清为正的正统序列。这种论证逻辑,确实贯穿了"当论其世"的正统之辨标准。

综上,中国古代的书目提要在卫道护统方面起到了极其重要的作用。正因为书目提要具有卫道护统的重要作用,使得有提要的书目成为官方书目的主流传统。所以,在中国古代,书目提要如何揭示文献的思想内容及其价值问题,不仅是书目方法问题,而且还是政治立场的诠释问题。从诠释学角度而言,书目提要揭示文献的思想内容及其价值的过程,其实也是"以意逆志"的过程,而对中国古代官方书目来说这里的"意"实际上就是官方意志即统治阶级的意志;若私人所编书目提要也以卫道护统的立场出发揭示文献价值,其思想观点也代表着统治阶级的思想。马克思、恩格斯在《德意志意识形态》中指出:"统治阶级的思想在每一时代都是占统治地位的思想。这就是说,一个阶级是社会上占统治地位的物质力量,同时也是社会上占统治地位的精神力量。……(统治阶级)作为思想的生产者而进行统治,他们调节着自己时代的思想的生产和分配;而这就意味着他们的思想是一个时代的占统治地位的思想。"[①] 当一种书目以统治阶级的意志("意")为立场来撰写文献提要并发表褒贬评论("逆志")时,它实际上是在"生产思

---

① 《马克思恩格斯选集》第一卷,人民出版社 1972 年版,第 52 页。

想"，或者说是"作为思想的生产者而进行统治"的表现。由此我们应该联想到，《隋书·经籍志》总序把经、史、子、集各类文献以及书目对这些文献价值的揭示活动概括为"为治之具"，是何等的精准！

2. 学术立场视角的褒贬评论

所谓学术立场视角的褒贬评论，就是在提要撰写过程中，以撰写者或指挥者的学术好恶取向为立场来揭示文献内容及其价值意义的过程。以自己的学术好恶取向为立场来对文献的价值进行褒贬评论的做法，在刘向的《别录》中已有端倪，如《战国策书录》称《战国策》所言"皆高才秀士度时君之所能行，出奇策异智，转危为安，运亡为存，亦可喜，皆可观"；《管子书录》云"凡《管子》书，务富国安民，道约言要，可以晓合经义"；《晏子书录》云"其书六篇，皆忠谏其君，文章可观，义理可法，皆合六经之义"。① 刘向的这几段评语，体现了刘向的崇儒尊经之学术立场，准确地说体现了刘向的今文经学立场。在这一点上，刘向与刘歆有所区别，因为刘歆在学术上持古文经学立场。书目提要作为"以意逆志"的产物，难免渗透进撰写者个人的学术好恶取向，在这方面，《四库全书总目》之提要无疑表现得尤为突出，下面举其若干表现。

（1）贬斥宋学心性、太极之说

在对待汉学和宋学的态度上，《四库全书总目》总体上持"崇汉抑宋"甚或"褒汉贬宋"的立场。在这种学术立场下，提要中常有对宋学心性之说的贬评之语。如《童溪易传三十卷》（宋王宗传撰）提要中指出宋易学心性学派"玄虚"之弊云："胡（瑗）、程（颐）祖其义理，而归诸人事，故似浅近而醇实；宗传及（杨）简祖其玄虚，而索诸性天，故似高深而幻窅。"《杨氏易传二十卷》（宋杨简撰）提要云"夫《易》之为书，广大悉备，圣人之为教，精粗本末兼该，心性之理，未尝不蕴《易》中，特简等专明此义，遂流于恍惚虚无耳"。《东坡易传九卷》（宋苏轼撰）提要云"今观其书，如解《乾卦·彖传》性命之理诸条，诚不免杳冥恍惚，沦于异学"。

馆臣对宋学的批评，直指宋明理学发挥极致的"修齐治平"这一

---

① 张舜徽选编：《文献学论著辑要》，中国人民大学出版社2011年版，第3、5、7页。

儒家根基性教条，如《大学衍义补》提要云：

> 治平之道，其理虽具于修齐，其事则各有制置。此犹土可生禾，禾可生谷，谷可为米，米可为饭，本属相因；然土不耕则禾不长，禾不获则谷不登，谷不舂则米不成，米不炊则饭不熟，不能逆溯其本，谓土可为饭也。

馆臣对宋学的鄙夷，当然还体现在对陆王心学空谈心性的批判，如在《杨子折中》（明湛若水撰）提要中批评杨简说：

> 宋儒之学，至陆九渊始以超悟为宗。诸弟子中最号得传者莫如杨简。然推衍九渊之说，变本加厉，遂至全入于禅。所著《慈湖遗书》，以"心之精神是谓圣"一语，为道之主宰；而以"不起一意使此心虚明洞照"，为学之功夫。其极至斥《大学》非圣言，而谓子思、孟子同一病源，开后来心学之宗，至于窅冥恍惚，以为独得真传，其弊实成于简。

《四库全书》馆臣对宋儒的太极图说亦多有贬斥，如其云："太极一图，经先儒阐发，已无剩义，而绘图作说，累牍不休，殊为支蔓。夫人事迩，天道远，日月五星，有形可见，儒者所论，自谓精微，推步家实测验之，其不合者固多矣。况臆度诸天地之先乎？"（《读书偶记》提要）《读易详说十卷》（宋李光撰）提要借李光之语云"《易》之为书，凡以明人事。学者泥于象数，《易》几为无用之书"，又称象数派虚构宇宙生成图式属"好异者推阐性命，钩稽奇偶，其言愈精愈妙，而于圣人立教牖民之旨愈南辕而北辙"。

（2）贬斥讲学、门户之见

《四库全书总目》对讲学之作一概贬斥，而且把讲学过程中出现的学术争论视为"门户之见"而予以批评。众所周知，在宋、元、明之际，书院讲学颇为兴盛，这可从无锡东林书院所倡导的"风声雨声读书声，声声入耳；家事国事天下事，事事关心"对联中窥见一斑。东林书院传至明末由顾宪成、高攀龙等人重修之后，聚集一批学人讲授其中,盖当时颇有名望之地。清人陈鼎著《东林列传》一书,以记东林党人事迹。然而,至清乾隆时期,聚徒讲学之举受到严格禁止和严厉批评,如《四库全书总目》之《东林列传》提要云:

> 明万历间,无锡顾宪成与高攀龙重修宋杨时东林书院,与同志讲学其中,声气蔓延,趋附者几遍天下,互相称榜,自立门户,流品亦遂糅杂。……水火交争,彼此报复,君子博虚名以酿实祸,小人托公论以快私仇,卒至国是日非,迄明亡而后已。……厥后树帜分明,干挠时政,祸患卒隐中于国家。足知聚徒讲学其流弊无所不至。

甚至馆臣把明亡之因归结为聚徒讲学与门户之争,如其言"夫明之亡,亡于门户。门户始于朋党,朋党始于讲学,讲学则始于东林"(《王学质疑》提要)。这种"明亡于讲学"论或"讲学亡国"论,乾隆皇帝亦肯定曰:"盖有讲学,必有标榜,有标榜,必有门户,尾大不掉,必致国破家亡。"(《御制文二集》卷十八《题〈东林列传〉》)从上述提要内容中可以看出,所谓"明亡于讲学"论或"讲学亡国"论,显然是夸大其词;书院讲学不过是公共舆论之举,馆臣乃至皇帝之所以反对讲学,在于担心讲学会引发"妄议国政"即"干挠时政";由此而言,书目提要中贬斥讲学、门户之见,与其说是学术立场表现,不如说是政治立场表现,或者说是政治立场规限下的学术立场表现。

(3)贬低俚俗、任情之文

包括清政府在内的中国历代统治者都非常重视正人心、厚风俗对维系统治秩序所具有的重要意义,所以清顺治帝就曾说"风俗醇而人心厚,几于淳庞之治不难矣"(《清世祖实录》卷十,顺治元年十月丙寅)。清顺治帝发布的《钦定六谕》、康熙帝发布的《上谕十六条》、雍正帝发布的《圣谕广训》,就是清王朝为了整饬家庭伦理、邻里关系、乡风村俗而发布的帝训。由此,在学术价值取向上也非常重视雅俗之辨,因为文之雅或俗,关涉到人心民风的导向问题。这种雅俗之辨在书目提要中的表现之一就是贬低俚俗之文。如明潘埙著有《楮记室》,馆臣所撰提要评价云"是书分天、地、人三部,每部又各分子目。大抵钞撮而成，冗杂特甚。又多附录前明事实，间以委巷之语，尤有乖雅训也"；《祈嗣真诠》提要云"杂引常言俚语医方果报之事，颇为芜杂"；《多能鄙事》提要云"然体近琐碎，若小儿四季关、百日关之类俱见胪列，殊失雅训"；《百宝总珍集》提要云"每种前载七言绝句一首，取便记诵，词皆猥鄙"。即使是叙述草木虫鱼之书，若其属辞隶事不够雅正，亦予以贬评，如明人王路著有《花史左编》，馆臣撰写其提要云："此书皆载花之品目故实，分类编辑。属辞隶事，多涉佻纤，不出明季小品之习。"

诗歌、小说等文学作品的流传，对人心民风的影响甚大。这种认识和判断，几乎成古今中外人们的共识。《四库全书》馆臣们在文学作品的"主理"与"主情"的选择上，虽最终选择了"主情"，但仍未超出"发乎情，止乎礼义"的界限，即既反对过度的"发乎情"，也反对过度的"止乎礼义"，在情与理之间保持"无过无不及"的中庸态度。对于过度主理的诗文，馆臣批评曰"以理为宗，不得诗人之趣"（《文章正宗》提要）；"道学一派，侈谈心性"（《道园学古录》提要）；"多涉理路，其文亦概似语录"（《月湖集》提要）；等等。对于过度主情的诗文，馆臣批评曰"豪荡不羁，以任侠自负，故所作多文酒燕会之词"（《芸晖馆稿》提要）；"冕天才纵逸，其诗多排奡遒往之气，不可拘以常格"（《竹斋集》提要）；"（华善述）诗体格不纯，操纵任意"（《折腰漫草》提要）；"愤郁不平，屡形篇咏。……未免失之过激，与风人温厚之旨为有间矣"（《杨道行集》提要）；等等。即使是非诗文作品，若义气用事，馆臣亦予以批评，如"门户之见太深，词气之间，激烈已甚，殊非儒者气象"（《闲辟录》提要）。

（4）褒评实学致用之作

明末清初之际，宋明理学渐趋衰微，而经世致用之学渐趋兴盛。顾炎武是开启清代经世致用文风之先河的大儒之一，他曾说："孔子之删述六经，即伊尹、太公救民于水火之心，而今之注虫鱼、命草木者，皆不足以语此也。故曰：'载之空言，不如见之行事。'夫《春秋》之作，言焉而已，而谓之行事者，天下后世用以治人之书，将欲谓之空言而不可也。愚不揣，有见于此，故凡文之不关于六经之指、当世之务者，一切不为。"① 钱大昕亦曰："夫儒者之学，在乎明体以致用，诗书执礼皆经世之言也。《论语》二十篇，《孟子》七篇，论政者居其半。……而性与天道，虽大贤犹不得而闻，儒者之务实用而不尚空谈如此。"②《四库全书》馆臣也是倡导实学致用之学的，这一点可从作为总撰官之一的纪昀的下面一段话中得到证实：

> 圣贤依乎中庸，以实心励实行，以实学求实用。道学家则务语精微，先理气，后彝伦，尊性命，薄事功。③

正因如此，《四库全书总目》从实学致用学术立场出发，每遇实学致用之书便予以褒评。唐人杜佑在其著《通典》自序中称"征诸人事，将施有政"，实用之意跃然纸上，这也是其以"食货"门为首篇的用意所在；对此《四库全书总目》之《通典》提要嘉许云"凡历代沿革，悉为记载，详而不烦，简而有要，元元本本，皆为有用之实学，非徒资记问者可比"。唐代名臣陆贽以常指陈弊政著称，其文大多录于《翰苑集》中，馆臣提要称道："盖其文虽多出于一时匡救规切之语，而于古今来政治得失之故，无不深切著明，有足为万世龟鉴者，故历代宝重焉。……（贽）经世有用之言，悉具是书。"提倡实学致用之学，必然表现于对国计民生的关注上，所以《四库全书总目》对农业、水利方面的民生之书往往给予褒评，如《农桑辑要》提要称此书为"经国要务"，《农桑衣食撮要》提要云此书为"留心民事，讲求实用"，《三吴水考》提要称此书"务切实用"，《吴中水利书》提要云此书所言为"颇为有用之言"，《浙西水利书》提要称此书"不徒采纸上之谈"，等等。

（5）褒有根柢之学，贬空谈之文

《四库全书总目·凡例》云"圣贤之学，主于明体以达用。凡不可

---

① 顾炎武：《新译顾亭林文集》，刘九州校译，台湾三民书局2000年版，第375页。
② 钱大昕撰：《潜研堂文集》卷二五《世纬序》，四部丛刊初编本，上海书店印行1989年版。
③ 纪昀：《纪晓岚文集》（第二册），孙致中等校点，河北教育出版社1991年版，第410页。

见诸实事者，皆属卮言"，因而要求"黜彼空言，……务求为有用之学"。显然，《四库全书》馆臣们提倡的是有根柢之学问，贬斥的是空谈之文风。宋人刘攽著有《中山诗话》一卷，《四库全书总目》提要云"北宋诗话惟欧阳修、司马光及攽三家，号为最古。此编较欧阳、司马二家虽似不及，然攽在元祐诸人之中，学问最有根柢，其考证论议，可取者多，究非江湖末派钩棘字句、以空谈说诗者比也"。若与欧阳修的《六一诗话》和司马光的《续诗话》相比，刘攽《中山诗话》虽有不及之处，但因刘攽学有根柢，所以馆臣认为其书仍然"可取者多"。就"根柢"与"空谈"的关系而言，学有根柢者自然不喜空言，而空谈者往往是学无根柢者。反对空谈阔论，提倡实事求是，是馆臣们的基本的学术评价标准。按照这种评价标准品评学人及其著作，在《四库全书总目》提要中比比皆是，如评价元人张养好"非讲学家务为高论，可坐言而不可起行者"（《三事忠告》提要）；评价明人胡世宁的奏议"有裨于世务，非空言也"（《胡端敏奏议》提要）；评价清人孙奇逢不空谈，"读其书者，知反身以求实行实用"（《四书近指》提要）；等等。馆臣对范仲淹也是这么评价的，其曰：

> 仲淹人品事业卓绝一时，本不借文章以传，而贵通经术，明达政体。凡所论著，一一皆有本之言，固非虚饰辞藻者所能，亦非高谈心性者所及。（《文正集》提要）

范仲淹作为学有根柢的大家，心怀"先天下之忧而忧，后天下之乐而乐"的大志，绝不做"虚饰辞藻"、"高谈心性"之能事，而其论著所论者皆"有本之言"。应该说，《四库全书总目》提要所贯穿的这种"褒有根柢之学，贬空谈之文"的做法，在现代社会亦有提倡之必要。

（四）人书合分：变通揭示

前文已指出，中国古代书目提要的内容大体表现为"人书并提"，即既有"品人"之内容，也有"品书"之内容，所以可以说中国古代书目提要的内容呈现为"品人＋品书"结构；品人旨在"知人论世"，品书旨在"以意逆志"，所以可以说中国古代书目提要的内容又呈现为"知人论世＋以意逆志"结构。中国古人普遍认同"文如其人"之理，

· 409 ·

在此前提下,"文如何"取决于"人如何",亦即"文品取决于人品",此可称为"以人论书"的文献揭示规则。① 若从人与书分合情况来看,"以人论书"表现为人书合论状态。然而,中国古代书目提要在揭示文献价值意义时,又根据需要往往采用人书分论手法,《四库全书总目·凡例》所言"论书而不论人"、"论人而不论书"就是人书分论之法。这种人书合论与分论手法的交替使用,即为文献揭示方法中的变通之法表现。

1. 人书合论:以人论书

人品决定文品,这是中国古人普遍认同的文献诠释原则之一。孔子所言"有德者必有言"(《论语·宪问》),"不知言,无以知人"(《论语·尧曰》),就是把人品和文品结合起来判断理之偏正的思想表达。扬雄认为可以通过一个人的言语判断其君子或小人的品格,"言,心声也;书,心画也;声画形,君子小人见矣"(《法言·问神》)。陆游在《上辛给事书》中更是斩钉截铁地说"人之邪正,至观其文则尽矣,决矣,不复隐矣"。对此,王国维先生亦表示认同,其曰:"三代以下之诗人,无过于屈子、渊明、子美、子瞻者。此四子若无文学之天才,其人格亦自足千古。故无高尚伟大之人格,而有高尚伟大文章者,殆未之有也。"② 钱穆先生对此亦表赞同,他说在中国古人的思想意识中,"作者本身人格不朽,生活不朽,始是其文学不朽之重要条件"③。钱老此话无疑在说:"人不朽"是"文不朽"的前提条件。

在中国古代书目提要中,亦普遍贯穿人品决定文品的文献揭示原则。在这方面,《四库全书总目》提要尤为明显,如其所称"诗品、文品之高下,往往多随其人品"(《佩韦斋文集》提要)。下面举例若干,以见一斑:④

---

① 本书所称"文品"为广义概念,泛指所有文体之文的品格或品质,包括诗品、词品等。
② 王国维:《文学小言》,载郭绍虞主编《中国历代文论选》(4),上海古籍出版社1980年版,第379页。
③ 钱穆:《中国文化传统中的史学和文学》,载《港台海外学者论中国文化》,上海人民出版社1988年版,第433页。
④ 这里所举之例均为"人品高"之例,"人品下"之例见于后面的"人书分论"部分。

## 第四章 中国古代图书馆学思想申论

其人品已高，其诗品苕苕物表，固亦理之自然矣。(《西村诗集》提要)

其人品如是，则诗品之高固其所矣。(《常建诗》提要)

其人品率以光明豁达为宗，其文章亦以平实坦易为主。(《击壤集》提要)

人品本高，宜其诗之无俗韵也。(《乾道稿》提要)

人品既高，自无鄙语。(《未轩文集》提要)

其人品端谨，学术亦醇。(《积斋集》提要)

其人足重，虽残编断简，要不害其可传。(《黄杨集》提要)

上举诸例，显然都体现了"以人论书"、"人书合论"的文献揭示原则。然而，人们都知道，中国古人所谓"文如其人"、"人品决定文品"等论断并非理所当然、不证自明、无一例外的"铁律"。人品之高下与文品之高下之间，并非全然对等关系，两者之间实际上存在着程度不同、偏重各异的复杂的非对称关系，甚至可能出现人品与文品完全不对等的"对称破缺"情况。从"以意逆志"角度而言，文献揭示的过程实际上是读者对作品的价值意义的解释过程，其中难免读者个人的价值取向的渗入，因而难免"价值取向不同导致解释结果亦不同"的局面；尤其是中国古人常说的作品之"言外之意"、"文外之旨"，更是读者价值取向渗入以及想象能力驰骋的广阔天地，"读者各以其情而自得"[①]，由此更是难免"一文多义"或"一书多解"的情况发生；更为甚者，还可能出现"断章取义"、"任意发挥"、"有意歪曲"等误读曲解的现象。西方诠释学所谓"阅读就是误读"正是指这种情况，诚如美国学者布鲁姆所言"莎士比亚以来的诗歌史是一幅误读的图像"[②]。"一书多解"就难免"一书异解"，也就是说，"以意逆志"中的"意"和"志"之间具有多种离合的可能性。其实，中国古人对此也是有清楚的认识的，如清人卢文弨在《校本韩诗外传序》云：

---

① 王夫之：《薑斋诗话·诗意》，载郭绍虞主编《四溟诗话·薑斋诗话》，人民文学出版社 1961 年版，第 140 页。

② [美]布鲁姆：《影响的焦虑》，徐文博译，生活·读书·新知三联书店 1989 年版，第 172 页。

> 夫《诗》有意中之情，亦有言外之旨，读《诗》者因诗人之情而忽触乎己之情，亦有己之情本不同乎诗人之情，而远者忽近焉，离者忽合焉。《诗》无定形，读《诗》者亦无定解。

关于"一书多解"或"一书异解"现象，中国古人也不无认识，如清人薛雪就曾说："如《阴符》、《道德》，兵家读之为兵，道家读之为道，治天下国家者读之为政，无往不可。所以解之者不下数百余家，总无全璧。"①

综上，"以人论书"及其"人品决定文品"的文献揭示原则，其合理性是有限的，因此，为了使文献揭示更加全面合理，有必要补充其他揭示原则。

2. 人书分论：分以合意

《四库全书总目》提要的编撰者们心知肚明：仅靠"以人论书"原则难以对所有文献的价值意义作出合情合理的、具有普遍接受效果的描述和揭示，必须辅以另外揭示手法，以做变通。馆臣们选择的这"另外揭示手法"主要包括：不因人废书以及论人而不论书和论书而不论人。

（1）不因人废书

所谓"不因人废书"，就是虽然作者人品不够纯正，但只要其文有所可采者，就予以收录，而不废弃了之。现举几例，以见一斑：

《太仓稊米集》，宋周紫芝撰，《四库全书总目》提要云：

> 集中有《时宰生日乐府》四首，……皆为秦桧而作。……殊为老而无耻，贻玷汗青。……然其诗在南宋之初特为杰出，……略其人品，取其词采可矣。

《初寮集》，宋王安中撰，《四库全书总目》提要云：

---

① 薛雪：《一瓢诗话》，载丁福宝《清诗话》，上海古籍出版社1978年版，第714页。

## 第四章 中国古代图书馆学思想申论

安中以辞藻擅名，而行谊甚为纰缪。……奔竞无耻，更为小人之尤。……然其诗文丰润凝重，颇不类其为人。……其人虽至不足道，而文章富赡，要有未可尽泯者，录而传之，亦不以人废言之义也。

《摛文堂集》，宋慕容彦逢撰，《四库全书总目》提要云：

……检核所作，希睹谠言，惟多以献媚贡谀，荧惑主听。……然其文章雅丽，……固亦未可竟废也。

《逃虚子集》，明姚广孝撰，《四库全书总目》提要云：
（姚广孝）洪武中以僧宗泐荐选侍燕邸。燕王谋逆，资其策力居多。……（然）其诗清新婉约，颇存古调。
《钤山堂集》，明严嵩撰，《四库全书总目》提要云：
嵩虽怙宠擅权，其诗在流辈之中乃独为迥出。……然迹其所为，究非他文士有才无行可以节取者比。故吟咏虽工，仅存其目，以昭彰瘅之义焉。

从以上诸提要中可以看出，人品和文品是截然分论的，做到了实事求是、不因人废书。当然，由于这些书的作者"人品下"，故其书只能录于存目而不能录于正目，更未给予"抄录"全文的资格，在"等差有辨"体例下，使其书处于下等之列，即其书仍未免"因人蒙羞"之命运。也就是说，采用不因人废书手法，并未彻底放弃"以人论书"的原则，只是做了变通而已，此谓"分以合意"——虽人品与文品分论，但仍合乎"以人论书"之旨意。尽管如此，《四库全书总目》提要以不因人废书之法录存了大量古籍，这与古代中外屡见不鲜的因人废书之举相比，尚可称道。

（2）论人而不论书与论书而不论人

所谓论人而不论书，就是当遇到人品高而文品下情况时，其书因作者人品高而予以收录；所谓论书而不论人，就是当遇到人品下而文品高情况时，其书因文品高而予以收录。论书而不论人与不因人废书有相似之处，即两者都有"人品下"之共同情况，其区别在于：论书而不论

· 413 ·

人的目的只是节取其书可采之处，其提要既可录于正目，也可录于存目；而不因人废书的目的是表彰并录存其全书之旨，但其提要只能录于存目。关于论人而不论书和论书而不论人之手法，《四库全书总目·凡例》云：

> 文章德行，自孔门既已分科，两擅厥长，代不一二。今所录者，如龚诩、杨继盛文集，周宗建、黄道周之经解，则论人而不论其书。耿南仲之说《易》、吴开之评《诗》，则论书而不论其人。凡兹之类，略示变通。一则表章之公，一则节取之义也。

《凡例》在此已明确承认论人而不论书和论书而不论人属"略示变通"之法。《凡例》所提耿南仲、吴开二人，均为北宋靖康年间力主割地求和之人，均可谓气节有亏之人。然而，对耿南仲的《周易新讲义》，提要云其所论"切实有裨，胜于高语玄虚，……节取所长可矣"；对于吴开《优古堂诗话》，提要云"其人本不足道，而所作诗话，乃颇有可采"；于是，《周易新讲义》和《优古堂诗话》，分别录于经部易类和集部诗文评类正目，从表面上看做到了论书而不论人。其实，对《四库全书总目》来说，真正的论书而不论人是不可能做到的，之所以在个别书籍提要中能够做到形式上的论书而不论人，是因为其人其书对本朝统治不构成任何违碍或威胁，以此类无关紧要之人、无所利害之书为"范例"，且特宣明"论书不论人"，以此显示公平与宽容的姿态，可谓高明之法。

至于论人而不论书，《凡例》以龚诩、杨继盛，周宗建、黄道周四人为例作了说明。此四人均为明代不同时期的大臣，他们的共同点是都忠于本朝君主，且刚健不阿，也就是说，他们都是毕生遵行为臣之道的忠臣。正因为此四人人品高雅，《四库全书总目》对他们的著述即使有瑕疵亦著录于正目，并不吝褒美之词。如对龚诩的《野古集》，提要虽指出其论有"伤于鄙俚浅率者"，但仍表章其为"性情深挚，直抒胸臆"。尤其令人不易想到的是，黄道周乃为抗清义士，但《四库全书总目》对其书不仅不批，反而褒嘉有余，如黄道周所著《榕坛问业》，其提要云："书内所论凡天文、地志、经史、百家之说，无不随问阐发，不尽作性命空谈。盖由其博洽精研，靡所不究，故能有叩必竭，响应不穷。虽词意间涉深奥，而指归可识，不同于禅门机括，幻眚无归。先儒语录，每以陈因迂腐，为博学之士所轻。道周此编，可以一雪斯诮矣。"其实，馆臣所谓论人而不论书中的"不论书"，亦不可一概而论，能否"不论书"取决于书中有无"离经叛道，颠倒是非"之言。黄道周《榕坛问业》著于入清之前，书中无一字涉及清朝之事，亦无违碍纲常彝伦之言，故馆臣对其褒评仍属显示宽容姿态所需使然。

就实质而言，"不论书"是为了"论人"，即为了凸显人之品节。清统治者一向重视敦厚民风、风励臣节。乾隆皇帝曾组织馆臣编写有《钦定胜朝殉节诸臣录》，以褒奖抗清复明之士，馆臣撰其提要首先褒扬明朝诸臣"各为其主，往往殒身碎骨，喋血危疆。……百折不移，要为死不忘君，无惭臣节"的精神，最后述其编写目的曰："阐明风教，培植彝伦，不以异代而歧视，……明昭彰瘅，立千古臣道之防。"显然，褒奖前朝忠臣，是为了整饬本朝臣节臣道。而为了褒奖明朝忠臣，对他们所著书籍的价值意义，采用论人而不论书的手法予以揭示，正迎合了凸显其人（忠臣）而遮蔽其书的需要。这就是以论人而不论书手法实现的"分以合意"目标所在——人书分论以达到整饬和风励本朝臣节的目的。这种变通揭示手法，可谓用心良苦至极。

## 第三节　馆阁之道：藏书以传道

中国古代图书馆是以馆阁形态存在的文献藏用之所。收藏文献当然是为了用。然而，中国古代图书馆的藏书之用，并非直接表现为向社会公众开放的"读者利用"，这是古代图书馆与现代图书馆的最显著区别所在。对中国古代图书馆而言，藏本身就是用，即以藏为用。由于古代中国人是以"文以载道"的思想方法来认识文献的价值功用的，所以藏书就是"藏道"；而从跨时空意义上而言，藏书或藏道就是传道，即以藏为传。由此而言，藏书以传道，就是中国古代图书馆的最大之"用"。

### 一　馆阁：传道之器

传道，需要先学道、明道。道在哪里？道在文献之中，诚如朱棣所言"圣人已往,道在六经"。也就是说,学道、明道需要阅读圣贤之文——文献,① 而图书馆正是文献的集中藏用之所,所以,学道、明道需要图书馆的文献保障之功。

了解儒家文化传统的人都知道,"学以明道"或"读书以求道",是儒家治学观的核心思想之一。"古人读书,将以求道。不然,读作何用"(《朱子语类》卷十一《读书法下》)。当年南宋人刘刚中问朱熹:"人不学,不知道。学在读书上见,道在行事上见,必读书然后可行事与?"朱熹答曰:"固也。然学即学其道,非做两节。……果于经史典籍,潜心玩索,日用云为,细意体察,自能穷天下之理。"② 我们知道,"格物穷理"是程朱理学倡导的为学修身的要义。程颐指出,"穷理亦多端:或读书,讲明义理……"③。朱熹说"读书是格物一事"(《朱子语类》卷十一《读书法上》);"盖为学之道,莫先于穷理;穷理之要,必在于读书"。④ 在朱熹看来,读书不仅是穷理的必要功夫,而且还是一个人从政所应具备的素养条件之一,其曰:"古者学而后入政,未闻以政学也。……圣人之道在方册,读而求之者,将行之也。尧舜禹必稽古而行,皋陶亦稽古而言,何可以不读书也?先学而后可以治民。"(《论孟精义》之《论语精义》卷六上)由此可见,朱熹是主张"先知后行"的。朱熹还认为,自从文字和书籍产生以来,人们学道、求道主要依赖于读书,所以他说"上古未有文字之时,学者固无书可读,而中人以上,固有不待读书而自得者。但自圣贤有作,则道之载于经者详矣,虽孔子之圣,不能离是以为学也"⑤;"三代而下既有书矣,则事物始终、古今得失、修己治人之术,皆聚于此,好学者岂可以不之读而

---

① 当然,学道、明道并非只限于阅读文献之一途,其他途径如自我"修行"、聆听他人说教、践行礼仪规范等途径亦可产生"悟道"的效果。宋代和明代的一些心学家引导人们"束书不观",就是夸大这种自我悟道效果而产生的偏激观点。
② 朱熹:《朱子全书》,朱杰人、严佐之、刘永翔主编,上海古籍出版社、安徽教育出版社2003年版,第26册第457页。
③ 程颢、程颐:《二程集》,王孝鱼点校,中华书局1981年版,第188页。
④ 朱熹:《朱熹集》,郭齐、尹波点校,四川教育出版社1996年版,第546页。标点有改动。
⑤ 朱熹:《朱熹集》,郭齐、尹波点校,四川教育出版社1996年版,第2012页。标点有改动。

## 第四章 中国古代图书馆学思想申论

遽自用乎？"(《四书或问》卷十六《论语》)所谓"事物始终、古今得失、修己治人之术，皆聚于此"，意思是说，书中自有天下理（道），所以格物穷理离不开读书。

行道须先"知道"，知道须先学道，学道则需文献保障，因为文献是载道之器——道"皆聚于此"。所谓知道、学道即为明道。若按"道器合一"思想方法理解，则"书即道，道即书"；[①] 所谓文献保障，其基本表现形式就是藏书，藏书就是为读书明道的人们提供文献保障；无书之藏，即为无道之藏，明道便无以所据、无以保障。藏书即藏道，藏道为传道，此即藏书之于明道和传道的重要性所在。明嘉靖时期，李资元曾任白鹿洞书院山长，他在《白鹿洞学交盘册序》中曰："夫洞学接管，必有交盘，慎职守也。交盘必有册，详记载也。记载维何？书籍、祭器尔已。藏书何为？谓其载道也。道弗明则书为虚文，何取于藏？"[②] 在此，李资元无疑在说"藏书即藏道，藏书为明道、传道"。

从藏道与传道的关系而言，道之藏是为了道之传，道不藏则无以传，因此"藏书即藏道"和"藏书即传道"可视为同义异称。需要指出的是，我们在理解藏书之"藏"义时，不应把它理解为静止不动之义，而应把它理解为"藏—传"一体中的一个环节。也就是说，"藏—传"之体是"藏"与"传"互为条件、不断循环运动的动态之链——有藏便有传，无藏则无以传；有传便有藏，无传则无以藏。文献的藏与传之间的这种互为条件的动态循环关系，正应验了老子所言"反者道之动"(《老子》第四十章）的深刻哲理。我们要知道，中国古人所理解的图书馆藏书的价值，是在"藏—传"一体意义上理解的，亦即在"藏书以传道"意义上理解图书馆藏书之价值的；而且在对藏书之"藏"义的理解上，也是在"藏即用"的意义上理解的，因为"藏书以传道"、"无藏便无以传"，传道即为藏书之功用价值所在。试想，如果没有中国古人的"藏书以传道"、"藏即用"的执着理念及其前赴后继的藏书实践，那么，中国古代典籍的渊源流传是不可想象的，中华文化

---

[①] 陈谷嘉、邓洪波：《中国书院史资料》，浙江教育出版社1998年版，第182页。
[②] 白鹿洞书院古志整理委员会整理：《白鹿洞书院古志五种》（上），中华书局1995年版，第317页。

417

的博大精深亦成无稽之谈。毋庸置疑，在古代典籍的渊源流传和中华文化的博大精深之气派的形成过程中，藏书楼或馆阁无疑起到了不可或缺的、独特的"藏—传"作用。难道这不是中国古代图书馆的最大历史功绩所在吗？后世人们只以古代藏书楼管理之森严现象，就指认古代藏书楼为"重藏轻用"，用"轻用"一词否定古代图书馆的藏道、传道的重大历史功绩，这是"以今勒古"的轻率、错误从而不能成立的"假命题"。对此，我想用这样的诘问证明这一"假命题"的不成立：中国古代的无数仁人志士用几千年的时光前赴后继地、执着地进行"藏—传"一体活动，难道是为了"轻用"？难道中国古代人如此"集体不理性"？

我们说文献的藏与传之间是互为条件的动态循环关系，但这种循环关系并非"自动循环关系"。文献的藏与传之间的循环原理是以"长时段"历史为背景而言的，而在具体的历史时段中，文献的藏与传之间不一定形成正常的循环关系，而可能出现藏与传之间的脱节情形。这种脱节情形的主要表现就是人们常说的文献聚散轮替现象。"聚"指聚集，"散"指散佚或散失。"聚"表明文献的藏与传之间保持正常的循环关系，而"散"则意味着文献的藏与传之间的正常的循环关系遭到破坏。人们总结的中国古代书籍的"五厄"、"十厄"之说，就是指文献散佚的严重事件。

纵观中国古代藏书史，不难发现，无论是国家藏书还是私家藏书，总是处在聚散离合的轮回之中。对私家藏书而言，藏书散佚后重聚的私藏家少之又少，这表明散易聚难。对国家藏书而言，虽然也表现为散易聚难，但由于国家具有强大的"克难"能力，所以国家藏书一般表现为散而聚且越聚越多的总趋势。在中国古代，每次改朝换代之际总是实施"广征图籍"工程，因而，每次改朝换代过程也就是天下文献的重聚过程。每次天下文献的重聚过程，意味着新一轮藏书事业、馆阁建设的开始。这种轮回过程的实质就是藏书不辍、传道不息的过程，简而言之就是藏书以传道的持续过程。

为什么中国古代官方如此重视馆阁藏书以传道的功用？用一句话说就是文治的需要。中国古代历代帝王们，大多能够意识到"马上得之，马下治之"的道理。所以历代帝王们一旦武力夺取政权,① 大多立即实施"偃武修文"政策。所谓"马下治之"或"偃武修文",其实就是文治。那么,文治之道在哪里?对此,古代中国人的答案几乎一致是:文治之道在圣贤之言中,亦即在书籍中。这种直观答案是古代中国人自古以来形成的"文以载道"信念的必然结果。我们知道,集中记载圣人之言的六经,其内容不外是儒家竭力宣扬的"德政"、"礼治"之道,这种"德政"、"礼治"之道,就是文治之道。文治之道在六经中,尊经治经并依经治国就是文治的主要表现之一;而为了尊经治经,就需要收藏经书及其相关书籍,并不断进行经义的传注疏义工作,使其成为正确的"一统"之据。在此意义上,我们可以认为,所谓文治,就是以文治国,以文治国的实质是以道治国。无文(书)则道无以明,道不明则文治不成。汉宣帝元康元年(前65年)八月,宣帝因灾异下自责诏曰:"朕不明六艺,郁于大道,是以阴阳风雨未时。"(《汉书·宣帝纪》)"郁于大道"的原因在于"不明六艺";六艺是传道之器,不明六艺就等于不明大道。为了明六艺、明大道,就需要藏书以传道,而馆阁是藏书以传道的主要物质设施,所以馆阁是国家实行文治的重要基础设施之一。

官方馆阁藏书之业满足文治的需要,具体而言至少有如下两方面的表现:

第一,馆阁藏书以传道,是统治合法化的需要。中国古代帝王的统治合法性,主要取决于两方面:一是承袭之正统性;二是施政之合法性。承袭之正统性主要决定于是否符合"嫡长子继承制"或"放伐无道之君"的标准,符合此标准为合道之君。此标准实际上是在宣扬"得之有道"之理,所谓"立嫡以长不以贤,立子以贵不以长"(《春秋公羊传·隐公元年》),是宗法制意义上的王位承袭合法性限定;而孟子所言"得天下有道:得其民,斯得天下矣;得其民有道:得其心,斯得民矣"(《孟子·离娄上》),则以"民心所向"作为统治合法性的

---

① 中国古代的改朝换代并不都表现为武力夺权的形式,亦有以和平方式进行的,如汉献帝与曹丕之间的所谓"汉魏禅代",就是以和平方式更替的。然而,这种和平方式是以曹丕所握"势力"为基础的,仍具有强制性,其与武力夺权并无本质区别,只是形式不同而已。

依据。施政之合法性主要决定于所施之政是否符合儒家的德政礼治之要求,符合此要求为合道之政。可见,合道性就是合法性。然而,承袭上的合道之君不一定施合道之政,不合道之君也不一定不能行合道之政。唐代的李世民、宋代的赵光义和明代的朱棣,在王位承袭上可谓"不合道"之君,然此三帝所施之政在史上却无"不合道"之定论。这说明,一种统治的合法性,往往不是不证自明的,而是需要合法化过程。也就是说,合法性是合法化的产物。

众所周知,在中国古代,历代帝王都声称自己"法先王"[①],因为"法先王"是古代中国人判断帝王统治是否正当的重要根据之一,而帝王自己声称"法先王"是对其统治合法化的主要手段之一。从根源上说,"法先王"是中国人祖先崇拜、信道不信神文化传统的必然产物。"先王之世,以道治天下"[②];"遵先王之法而过者,未之有也"(《孟子·离娄上》),这两句话体现了古代中国人普遍信奉的崇古信念,这种崇古信念是"法先王"之合法性的思想基础;而帝王宣称"法先王"实际上是在宣明自己"以道治天下",以此赢得统治合法性的认同。前文已指出,中国古代的历代帝王取得政权后,都实施"藏秘书,处贤才"的馆阁建设工程,其主要内容就是"广征图籍"和"广览人才",由此形成有崇文即崇尚文献的传统。每个后继帝王需要"法先王"的内容很多,但其中必然包括崇文传统。也就是说,帝王重视藏书和馆阁事业,是"法先王"的重要表现。明儒丘濬在所著《图籍之储》中有两段话阐明了帝王应该重视藏书和馆阁事业以示"法先王"的必要性,其曰:

> 经籍在天地间,为生人之元气,纪往古而示来今,不可一旦无焉者。无之,生人贸贸然如在冥途中行矣,其所关系岂小小哉。
>
> 人君为治之道非一端,然皆一世一时之事。惟夫所谓经籍图书者,乃万年百世之事焉。盖以前人所以敷遗乎后者,凡历几千百

---

[①] 荀子有"法后王"之说,然其所谓"后王"指三皇五帝之后的三代圣王,有时还追溯至尧、舜。可见,对荀子以后的人来说,"后王"仍然是"先王"。我们切不可把荀子的"法后王"理解为是对"法先王"的否定。

[②] 程颢、程颐:《二程集》,王孝鱼点校,中华书局1981年版,第4页。

## 第四章　中国古代图书馆学思想申论

年,而后至于我,而我今日不有以修辑而整比之,使其至我今日而废坠放失焉,后之人推厥所由,岂不归其咎于我之今日哉?是以圣帝明王,所以继天而子民者,任万世世道之则于己,莫不以是为先务焉。①

丘濬的这两段话虽然是从预防经籍散失的角度立意的,但字里行间阐明的是把"前人所以敷遗乎后者,凡历几千百年,而后至于我"的经籍,加以妥善"修辑而整比",是人君为治之道之一端的道理。丘濬的这两段话若按现代的话简而言之就是:图书馆事业是一项继承前人崇文传统的继往开来之业,因而重视图书馆事业是表征执政者治理国家之策的合法性的重要内容。"法先王"即法先王之道,重视藏书与馆阁事业是先王之道的重要内容之一,故重视藏书与馆阁事业具有无可置疑的合法性,因而重视藏书与馆阁事业是统治合法化的必要方式和途径。

第二,馆阁藏书以传道,是以"道统"支持"治统"的需要。清儒王夫之曾说:"天下所极重而不可窃者二:天子之位也,是谓治统;圣人之教也,是谓道统。"(《读通鉴论》卷十三《东晋成帝》之七)在此,王夫之说得很清楚:"道统"即为"圣人之教"。圣人之教何以见?"圣人已往,道在六经",即圣人之教见于六经之中。因此,建馆阁以收藏六经、注疏六经,就是传播圣人之教的举措,就是践行"道统"的过程。扩大而言,建馆阁藏书以传圣人之教,是传续"道统"的必要措施。人所皆知,"道统"是"治统"的思想基础,"道统"不稳,"治统"将"地动山摇",所以历代帝王无不重视"道统"之基的稳固。稳固"道统"之基,必须加强圣人之教的传播,即以圣人之教名义统一全民思想,以此作为坚固"治统"的思想基础。而传播圣人之教(传道),则需要建馆阁收藏和整理圣贤之文(文献),在"以藏为传"和"以传为藏"的过程中实现传续"道统"的目的。众所周知,《四库全书》是清代皇家馆阁的藏书主体,而之所以编修《四库全书》,从"道统"与"治统"的关系而言就是为了稳固清朝统治的"道统"基础。对此,乾隆皇帝说:

---

① 邱濬:《大学衍义补》,林冠群、周济夫校点,京华出版社1997年版,第805、809页。

  权舆二典之赞尧、舜也，一则曰文思，一则曰文明，盖思乃蕴于中，明乃发于外，而胥借文以显。文在理也，文之所在，天理存焉，文不在斯乎，孔子所以继尧、舜之心传也。世无文，天理泯，而不成其为世，夫岂铅椠简编云乎哉？然文固不离铅椠简编以化世，此四库之辑所由亟亟也。（《文溯阁记》）

  礼乐之兴，必借崇儒重道以会其条贯。儒与道，匪文莫阐，故予蒐四库之书，非徒博右文之名，盖如张子所云："为天地立心，为生民立道，为往圣继绝学，为万世开太平"，胥于是乎系。故乃下明诏，敕岳牧，访名山，搜秘笈，并出天禄之旧藏，以及世家之独弆，于是浩如渊海，委若邱山，而总名之曰《四库全书》。（《文渊阁记》）

在这两段话中，乾隆本人作为统治者不可能明言修《四库》是为了稳固"道统"之基，所以在两段话中见不到"道统"、"治统"之类的词语，然而仔细品读两段话，尽管采用了若隐若现之"春秋笔法"，但其传续"道统"之意仍然清晰可见。试看两段话中的若干关键之句——往世文明"胥借文以显"，孔子继承了"尧、舜之心传"，"文固不离铅椠简编"，"礼乐之兴，必借崇儒重道"，"儒与道，匪文莫阐"等，无不透露出借修《四库》以显"崇儒重道"之意。尤其是所借用的张载之名言"为天地立心，为生民立道，为往圣继绝学，为万世开太平"，更是宣布了"以道治天下"的"道统"誓言。馆阁藏书以传道之理，历代帝王为何重视馆阁藏书之由，至此已得到无以复加的清晰说明。这种说明之深刻意蕴，可以说是中国古代图书馆学为世界图书馆学所做出的独特贡献。

### 二　馆阁：社会记忆之器

  在中国古代社会，馆阁起到了传道之器的作用，因而受到了国家和社会的高度重视。若从记忆角度而言，所谓传道，就是道的记忆过程，亦即道的不断被"记"（输入存储）和被"忆"（提取利用）的过程，就是道的不断传递或记忆的过程。当道的记忆主体为"社会"而不是

"个体"时,所谓传道,就是道的社会记忆(social memory)过程。任何记忆都需要记忆载体,社会记忆亦需要社会记忆载体。道的社会记忆自然也需要社会记忆载体(记忆之器),馆阁(图书馆)就是道的社会记忆载体之一,因此,馆阁作为传道之器的功用价值,亦可从道的社会记忆之器的角度得以诠释。

(一)社会与个体的同构性:社会记忆的可能

记忆对于人的重要性是不言而喻的。一个人如果失去记忆功能,他(她)便无法正常生存和生活。洛克(John Locke)说:"在有智慧的生物中,记忆之为必要,仅次于知觉。……我们如缺少了它,则我们其余的官能便大部分失了效用。因此,我们如果没有记忆的帮助,则我们在思想中、推论中和知识中,便完全不能越过眼前的对象。"[①] 洛克在这里指出了记忆的两方面意义:第一,记忆是人的最重要官能之一,人的其他官能也需要记忆官能的协调才能正常发挥效用;第二,人的记忆官能是人能够获取和形成间接经验和知识的生理基础。毋庸置疑,人的思维机能建立于记忆机能基础上,没有记忆机能便没有正常的思维机能。洛克上述判断是针对个体记忆而言的,同理,"一个社会也要有自己的'社会记忆',一个社会,如果丧失了'社会记忆',社会也就无法进步和发展了"[②]。

在以往的学科分野中,记忆研究往往被限定于心理学范畴之中。然而,随着人们认识视野的扩展和认识手段的进步,记忆研究已不限于心理学意义上的记忆研究,从而提出了社会记忆、集体记忆、历史记忆、文化记忆等多种记忆类型及其概念,记忆研究也从心理学扩展至社会学、政治学、历史学、文化学、人工智能等多学科领域之中。

社会记忆,是以社会为主体的记忆,是超个体记忆范畴,它是以社会手段存储、加工、提取人的认知信息的记忆运作类型。与社会记忆概念紧密相关的记忆类型有集体记忆、历史记忆、文化记忆等。集体记忆包括民族记忆、种族记忆、群体记忆等类型。社会记忆和集体记忆是从

---

① [英]洛克:《人类理解论》,关文运译,商务印书馆1959年版,第119页。
② 李伯聪:《选择与建构:大脑和认知之谜的哲学反思》,科学出版社2008年版,第80页。

记忆主体角度划分的记忆类型概念,而历史记忆、文化记忆等则是从记忆内容角度划分的记忆类型概念。不过,需要指出的是,社会记忆、集体记忆、历史记忆、文化记忆等概念之间存在多种形式、多种向度的交叉联系,甚至有时还可以交替使用,如纪念南京大屠杀死难者公祭仪式之举,即可称为社会记忆之举,又可称为集体记忆(民族记忆)、历史记忆之举;若从纪念形式而言又可称为"仪式性记忆"之举;若从纪念内容而言,又可称为"战争记忆"之举;若从纪念活动令人忆起那段悲痛往事而言,又可称为"创伤记忆"之举;若从纪念馆建筑及其陈列实物而言,又可称为"实物记忆"之举;等等。

那么,社会乃非生命个体,何以具有记忆机制?社会之所以能够记忆,其根源在于社会与个体具有同构性。[①] 也就是说,社会与个体一样,也具有主体性,也具有意识即集体意识(collective consciousness),诚如涂尔干(Emile Durkheim,又译迪尔凯姆)所说,"如果社会对个体而言是普遍的,那么无疑它也是具有其自身外形特征和个性特征的个体性(individuality)本身;它是一种特殊的主体(subject)"[②]。社会具有主体性和集体意识,这是社会成为记忆主体的先决条件。我们知道,个体生命信息的传递靠DNA基因遗传机制,同理,超个体的社会文明信息的传递也需要特定的"遗传"机制,这种"遗传"机制就是超个体、超生命、跨时空的"社会遗传"机制。这就是个体生命信息传递机制与社会文明信息传递机制之间的同构性表现。波普尔(Karl Popper)说过,"可以把神话、观念和理论都看成是人类活动的一些最典型产品。它们和工具一样,是在我们身外进化的'器官',它们是人体外的人造物"[③]。波普尔这里所说的"人造物"就是指能够承载和传递社会文明信息的人工载体。这种人工载体与承载个体生命信息的DNA载体之间具有同构性——两者都具有信息承载、复制与传递的结构性功能。这种人工载体其实就是广

---

① 称"社会与个体具有同构性",并非指社会与个体完全同质而无区别,而是指社会与个体之间在某些方面具有相似或相同的结构属性。
② 引自渠敬东《缺席与断裂:有关失范的社会学研究》,上海人民出版社1999年版,第21页。
③ [英]波普尔:《客观知识——一个进化论的研究》,舒炜光等译,上海译文出版社2001年版,第297页。

义上的文献——能够承载、复制和传递人类文明成果信息的体外人工载体。在哲学、文学、史学等领域，这种文献载体往往称为"文本"（text）。这种人工载体是人类对象性活动的产物，即人类把自身的认识成果创造性地对象化到另一个对象世界中，这种对象世界，用马克思的话来说就是"人化自然"（亦即文化世界），此人化自然其实就是人类所创造的物质文明世界和精神文明世界。这种对象化能力只有人类才具有，因而成为人与动物的根本区别。正因为人类创造出了人化自然，使得人类的文明成果信息能够超越个体生命的局限性而跨代际、跨时空传播，这就是人类有别于动物的"文明遗传"机制所在。"文明遗传"机制也就是"社会遗传"机制，因为"人类是以社会遗传的方式，即以社会文化的超个体的体外遗传来积累自己的社会进步"[1]。

社会遗传与个体生命信息的遗传之间具有同构性，即两者都具有信息的承载、复制与传递的结构性功能机制。但两者也有根本的区别，表现在：个体生命信息的遗传只能在种系范围内进行代际复制和进化，表现为重复性进化；而社会遗传则可以超种系、超个体地进行积累式、跨越式、跨时空式的纵横传递和进步。

从记忆的角度而言，社会文明信息的承载、复制和传递的过程也就是社会记忆的过程。也就是说，社会遗传就是社会记忆。人类所独有的社会记忆机制，是人类社会能够在前人文明成果基础上实现非重复性跨越式发展的根本保障。因此马克思说，"历史的每一阶段都遇到有一定的物质结果、一定数量的生产力总和，……都遇到有前一代传给后一代的大量生产力、资金和环境"，"人们自己创造自己的历史，但是他们并不是随心所欲地创造，并不是在他们自己选定的条件下创造，而是在直接碰到的、既定的、从过去继承下来的条件下创造"[2]。马克思在这里指明了人类文明创造与文明继承之间的关系，即"创造"是"继承"基础上的创造，而这种继承的过程就是社会记忆的过程。

（二）馆阁之用：社会记忆

前文已指出，人类社会文明成果信息的体外记忆载体主要是广义上

---

[1] 夏甄陶：《认识发生论》，人民出版社1991年版，第599页。
[2] 《马克思恩格斯选集》第1卷，人民出版社1972年版，第43、603页。

的文献。人类文化创造活动的不间断性，必然导致文献数量的剧增（大体表现为指数式增长，文献计量学中的"普赖斯定律"证明了这一点）。文献数量的剧增，若不加以人为干预就必然导致整个文献系统的无序性，这种无序性又必然导致人们利用文献的不便性。由此必然产生集中收藏和序化文献的专门设施的需要，图书馆就是这种集中收藏和序化文献以便利用的专门设施之一。

在一般意义上，个体记忆过程可分为存储、编码和提取三个环节。[1] 图书馆活动过程与个体记忆过程具有同构性，即图书馆活动大体上亦由文献的存储、文献的编码（分类、编目等整序过程）和文献的提取利用三个环节构成。所以，可将图书馆视为人类文明成果信息的体外记忆即社会记忆设施。由此而言，图书馆可以说是社会记忆需要的产物。杜定友说："好像人的脑子，本应记忆许多事情，但一切事情都要这脑子记忆是不可能的；而图书馆的功用，就是社会上一切人的记忆，实际上就是社会上一切人的公共脑子。一个人不能完全地记着一切，而图书馆可记忆并解答一切。"[2] 美国图书馆学家巴特勒（Pierce Butler）说："书籍是保存人类记忆的一种机制，而图书馆则是将这种记忆移植到活着的个人意识中的一种社会装置。"[3] 德国学者卡尔斯泰特（Peter Karsted）说："图书是客观精神的容器，图书馆是把客观精神传递给个人的场所；图书馆就是使文化的创造和继承成为可能的社会机关。"[4] 美国图书馆学家谢拉（Jesse Hauk Shera）说："图书馆正是社会的这样一种新生事物：当人类积累的知识大量增加以至于超过了人类大脑记忆的限度时，当口头流传无法将这些知识保留下来时，图书馆便应运而生了。"[5] 此引诸说，其实都在说图书馆是社会记忆设施。特别值得一提的是，在我国现代图书馆学者中，从"社会记忆"角度论述图书馆学

---

[1] 李伯聪：《选择与建构：大脑和认知之谜的哲学反思》，科学出版社2008年版，第83页。
[2] 杜定友：《研究图书馆学的心得》，引自宓浩、刘迅、黄纯元《图书馆学原理》，华东师范大学出版社1988年版，第313页。
[3] 皮尔斯·巴特勒：《图书馆学导论》，谢欢译，海洋出版社2018年版，第1页。
[4] 李广建：《卡尔斯泰特和他的图书馆学思想》，载《湖北高校图书馆》1987年第1期。
[5] 杰西·H. 谢拉：《图书馆学引论》，张沙丽译，兰州大学出版社1986年版，第1页。

## 第四章 中国古代图书馆学思想申论

原理者并不多,虽然杜定友先生首先提出有"图书馆记忆说",但未能专门展开论述。不过宓浩、刘迅、黄纯元三位学者合著的《图书馆学原理》一书之"图书馆的社会职能"一节中,却把"社会记忆"确认为图书馆的社会职能之一,并对文献的"体外记录"功能和图书馆的"社会记忆"功能作了较系统的阐述,如下言:

> 从文字产生和记录于物质载体形成文献,是人类由资深体内贮存发展到知识的体外记录,从口耳相传进化到文献交流,是图书馆起源必要前提。由体外记录和文献交流发展的需要形成最初的文献收藏活动,是图书馆早期的存在方式和活动内容。
>
> 社会文化遗产的保存和继承是依靠社会创造的文字记录,文字记录的保存是社会记忆的重要手段。图书馆作为保存人类文字记录的机构,它是社会记忆的体现者。……这种社会记忆功能,能够长久保存和积累社会的知识,能够为再生和创造社会文明提供条件。①

在中国古代社会,"道"是个人和国家都须遵循的最高价值目标,即"志于道"(明道、行道)是最高的人生价值目标;国家的"治统"须符合"道统"才具有正当性。以道修身、齐家、治国、平天下,是中国人矢志不渝的理想和实践目标。道即圣人之言,圣人之言须传承,此即传道;道在经史之书中,传道即传经史之书;藏书以传道,藏书即社会记忆,藏书需要馆阁,故馆阁即社会记忆之器。可见,藏书和馆阁都是社会记忆之器,也就是道的社会记忆之器。

纵观中国古代历史,不难发现,中华民族是一个极其重视社会记忆的民族。中国人自古以来重视家谱的修与传,重视家训乡约的订立和传递,重视地方志的修撰与续撰,重视观察经验的记录与保存,重视帝王言行的记录与保存,重视当代史和前代史的撰修和续修,重视树碑立传及其传扬,重视伤痛事件或悲壮人物的叙述和纪念,重视藏书的代代相

---

① 宓浩、刘迅、黄纯元:《图书馆学原理》,华东师范大学出版社1988年版,第45、64—65。

传等,都是重视社会记忆的表现。这说明古代中国人早已掌握多种社会记忆形式,如家族记忆、乡村记忆、地方记忆、民族记忆、国家记忆、创伤记忆、文本记忆,等等。这些社会记忆形式的不断扩充和长期运作的过程,其实就是中华民族文化传统的形成、凝结和代代相传的过程。中华文化为何能够成为世界四大古文明中唯一延续至今的悠久文化?从文化的时空结构而言,中华民族是一个不重空间扩展而重时间延续的民族。中国古代人坚信"天地之大德曰生"(《周易·系辞下》)之理,而"生生不息"就是时间上的延续不辍,是天下万物的生命动力所在。中国古代人作为农耕民族,"不求空间之扩张,惟望时间之绵延","中国历史只有层层团结和步步扩展的一种绵延,很少彻底推翻与重新建立的像近代西方人所谓的革命","中国人要求永生,也只想永生在这个世界上;中国人要求不朽,也只想不朽在这个世界上"。[①] 这里的"绵延"、"永生"、"不朽"均表达时间上的延续性意义,对这种时间延续性的追求造就了繁衍不息的众生以及绵延不断的文化传统。生命的延续,需要体内生理遗传机制的保障;文化的延续,需要体外社会记忆(社会遗传)机制的保障。同理,道的延续传递,需要社会记忆之器,而文献和馆阁就是道的社会记忆之器。中华文化的延续不断,伴随着馆阁藏书的延续不断,可以说延续不断的馆阁藏书为中华文化的绵延不断做出了不可替代的贡献。这就是图书馆作为社会记忆之器的重要价值所在。

在古代中国,固然无"社会记忆"之词语,然而古代中国人利用体外记忆方法来存储、加工、提取前人文明成果信息的思想认识、实践方法及其成就却早已有之,且这种思想认识和实践方法很发达。收藏重要文书资料和典籍的"金匮"、"石室",就是旨在长久保存的体外记忆设施。自先秦就有且历代数量剧增的各类文集、类书、政书、丛书的编撰、刊印和传布,更是形成了体外文明记忆的浩瀚绵延长河。从先秦的金匮、石室,汉代的石渠阁、天禄阁、麒麟阁、东观,隋代的嘉则殿、观文殿,唐代和五代的三馆,宋代的"三馆秘阁",元代的奎章阁、翰林国史院,明代的文渊阁,一直到清代的《四库》七阁等,均为官方

---

① 钱穆:《中国文化史导论》(修订本),商务印书馆1994年版,第3、13、18页。

## 第四章 中国古代图书馆学思想申论

藏书以传道的社会记忆设施。先秦以来日益兴盛的私家藏书楼传统，则是以私人之力保存和传递社会文明成果信息的体外记忆设施。也就是说，在中国古代，作为社会记忆之器的图书和图书馆，有着源远流长的发展历史及其辉煌成就。

中国古代的图书馆之所以有如此悠久的历史和辉煌成就，与古代中国人对图书馆的社会记忆功用的充分认识紧密相关。明儒丘濬曾向皇帝提出"藏书三处"的建议，即"藏书之所，分为三处，二在京师，一在南京。则是一书而有三本，不幸一处有失，尚赖有二处之存"①。丘濬的这一"藏书三处"说，实际上是从多处设置图书馆进而形成藏书的多副本格局，以此保证社会记忆之长久的角度立意的。丘濬在《图籍之储》中又说："其述作日多，卷帙浩繁，难于聚而易于散失，苟非在位者收藏之谨，而购访之勤，安能免于丧失哉？不幸而有所丧失，明君良佐咸以斯文兴丧为念，设法诏求，遣使蒐采，悬赏以购之，授官以酬之，使其长留天地间永为世鉴，以毋贻后时之悔。"② 丘濬这里所说"使其长留天地间永为世鉴"，仍然是从社会记忆的长久角度立意的。

明、清之际出现的"儒藏说"其实也是从图书馆的社会记忆功用角度立意的，如周永年在《儒藏说》中所说：

> 邱琼山（按：琼山为丘濬之字）欲分三处以藏书，陆桴亭（按：桴亭为陆世仪晚号）欲藏书于邹鲁，而以孔氏之子孙领其事，又必多职副本，藏于他处。其意皆欲为《儒藏》而未尽其说。惟分布于天下学官、书院、名山古刹，又设为经久之法，即偶有残缺，而彼此可以互备，斯为上策。

可见，周永年倡"儒藏说"，把建立儒藏视为"经久之法"，其思路和方法未超出丘濬所说的分藏并多置副本的思路和方法。由此而论，

---

① 丘濬：《访求遗书疏》，载袁咏秋、曾季光《中国历代图书著录文选》第1分册，北京大学出版社1997年版，第238—243页。
② 邱浚：《大学衍义补》，林冠群、周济夫校点，京华出版社1997年版，第803页。

· 429 ·

"儒藏说"的渊源可追溯至曹学佺之前的丘濬。① 不过，周永年的"儒藏说"比其前人更加全面具体。时人刘音赞同周永年的"儒藏说"，故作《广儒藏说》赞曰：

> 太上立德，其次立功，其次立言，三者必赖书以传。书之所系，顾不重哉！历代以来，国贮官藏，不为不多；家收户积，不为不广。然藏之未久，辄至散失。岂非未尝统为一编，散而藏于天下之故耶？今夫前人之书，后人藏之，后人之书，不能自藏，复赖后人藏之也。自今以往，不知其几千万世，其间之圣贤哲士，不知复几千万人，而所立之功德、文章载于书而可传于后世者，又不知其几千万帙。是书愈多愈易散，而藏之者愈难矣。今欲其聚而不散，令上下千古之书有所依归，则莫善于儒藏。②

刘音把"藏之未久"的原因归于"未尝统为一编"，所以认为"聚而不散"之法"莫善于儒藏"。可以说，"聚而不散"是倡导"儒藏说"的学者们的共同用意所在，而"聚而不散"实际上是以社会记忆之法使藏书"长留天地间永为世鉴"的美好愿望。

事实上，丘濬、曹学佺、陆世仪、周永年等人的建儒藏以实现天下图书的"聚而不散"的理想，都未能成功。生活在清代中期的阮元，以自身的官人身份和硕学大儒影响力所建灵隐寺书藏和焦山书藏，可以说是建儒藏的初步、小型成功实践，然二书藏亦未能避免散失的命运。③ 这里需要指出的是，丘濬、曹学佺、陆世仪、周永年等人倡导的"儒藏"设想，在称谓上是针对"佛藏"、"道藏"而言的，但其内容范围是广义上的，即他们所称"儒藏"并非只限于儒家书籍，而是包

---

① 从清代开始，人们大多认为"儒藏说"源于曹学佺，但在笔者看来，丘濬在《论图籍之储》、《访求遗书疏》二文中早已论有建立儒藏的基本思路和方法，只不过丘濬未曾用"儒藏"一词罢了。

② 刘音：《广儒藏说》，载李希泌、张椒华编《中国古代藏书与近代图书馆史料（春秋至五四前后）》，中华书局1982年版，第52页。

③ 关于灵隐、焦山二书藏散失之事，丁丙《焦山藏书记》记载云："咸丰三年（1853年），粤寇肆扰，江南文汇、文宗两阁之书，悉罹兵火。又八年，辛酉（1861年），杭州再陷，文澜阁书摧毁六七，而灵隐书藏亦随龙象俱灰；焦山之藏，接峙金山，当亦不可复问矣。"

括百家书籍。对此,王锦民先生说:"从《汉书·艺文志》到《隋书·经籍志》,再到《崇文总目》和《四库全书总目》,这些史志目录和官修目录都是以中国固有学术为基本范围,这个范围内的文献,固然不都是儒家的,但确实都被纳入到围绕着儒家、为儒家所领御的格局中,故而在某种意义上说,这就是'儒藏'。"由此王先生断定:《四库全书》就是儒藏。① 如果认同王锦民先生的判断,那么《四库全书》可能是中国古代唯一编修成功的儒藏。② 乾隆皇帝在论及修《四库全书》动机时说"予蒐四库之书,非徒博右文之名",而是为了实现"为天地立心,为生民立道,为往圣继绝学,为万世开太平"(借用张载语)的宏图。由此而论,乾隆皇帝在主观动机上具有建儒藏的宏伟之志,只不过他未明言修《四库全书》就是建儒藏之举。无论《四库全书》是否为儒藏,修《四库全书》以成国家藏书之主体,客观上使《四库》七阁(图书馆)成了中国古代历史上最大规模的社会记忆之器。

(三)馆阁之用:文化记忆

前文已指出,社会记忆、文化记忆、集体记忆、历史记忆等概念在内涵和外延上相互交叉,甚至有时相互重叠,所以有时可以相互交替使用。当然,社会记忆、文化记忆、集体记忆、历史记忆等作为不同的记忆类型,相互间的区别也是显而易见的。仅就其中的社会记忆和文化记忆而言,社会记忆更多地强调记忆的主体——社会,而文化记忆更多地强调记忆的内容——文化。这是社会记忆和文化记忆的最显著区别之一。社会记忆和文化记忆都属于人类的体外记忆形式,都要借助于体外载体进行保存、加工和提取活动,这是两者之间最显著的共同之处。

德国学者阿莱达·阿斯曼(Aleida Assmann)认为,研究人类的记忆可从三个维度进行:神经维度、社会维度和文化维度。③ 从神经维度

---

① 王锦民:《古典目录与国学源流》,中华书局2012年版,第351、346页。
② 这里之所以说"可能是……唯一",是为了避免武断,因为迄今为止尚未形成"何谓儒藏"的判定标准。在某种判定标准下,诸如《永乐大典》、《古今图书集成》或者《五经大全》、《性理大全》甚至《十三经注疏》等是否亦可称为"儒藏"?对此,本书问而不论。
③ [德]阿莱达·阿斯曼:《记忆的三个维度:神经维度、社会维度、文化维度》,王扬译,丁佳宁校,载冯亚琳、[德]埃尔主编《文化记忆理论读本》,北京大学出版社2012年版,第43—44页。

考察的记忆即个体记忆,其载体为"个体大脑",而从社会维度和文化维度考察的记忆即社会记忆和文化记忆,其载体均为体外载体。无论是社会记忆还是文化记忆,文献是其重要载体形式之一,而图书馆则是其得以实现的重要社会设施之一。本书前面从社会记忆角度论述了馆阁之功用,下面将从文化记忆角度论述馆阁之功用。可以说,这一部分从文化记忆角度论述中国古代馆阁之功用,是前面从社会记忆角度论述中国古代馆阁之功用的进一步申论。

我们知道,人类借助体外物质载体记录、存储、加工和传播文化信息的过程,若用记忆论的术语说就是"文化记忆"(cultural memory)的过程。简单地说,文化记忆就是文化信息的"记"(存储)和"忆"(提取)的循环递进过程。文化记忆可视为人类文化进化的内在机制,即人类是借助文化记忆实现文化进化的。人类是能够在生物进化基础上进行文化进化的动物。能够进行文化进化,是人类与动物的最大区别。进行文化进化,需要借助体外载体,为此人类发明了诸多记载文化信息的体外载体,如甲骨、金石、泥板、简帛、纸张以及现代的电子载体等,同时发明了与之有关的文字、笔墨、造纸术、印刷术等。能够借助体外载体进行文化进化,说明人类是"善假于物"的动物。[①]

德国的扬·阿斯曼(Jan Assmann)和阿莱达·阿斯曼(Aleida Assmann)夫妇是较早系统研究文化记忆的著名学者。他们对文化记忆的释义是:

> 社会交往出现了过度膨胀的局面,随之要求产生可以起中转作用的外部存储器。社会交往体系必须要产生出这样一个外部范畴:它可以使需要被传达的、文化意义上的信息和资料转移到其中。伴随这个过程产生的还有转移(编码)、存储和重新调出(再次寻回)的一些形式。要实现这些,就需要有一定的机构性框架及专业人员,通常还要有记录体系,如用来记事的绳结、丘林加及用来计

---

[①] 荀子在《劝学》篇中说:"登高而招,臂非加长也,而见者远;顺风而呼,声非加疾也,而闻者彰。假舆马者,非利足也,而致千里;假舟楫者,非能水也,而绝江河。君子生非异也,善假于物也。"见荀子《荀子》,方勇、李波译注,中华书局2011年版,第2—3页。

数和运算的石头，直至最后文字出现。在膨胀了的社会交往局面和必要的中转存储器之间，记录系统发挥着作用，而文字就诞生于这样的记录系统之中。①

这段话中的所谓"过度膨胀的局面"即"膨胀了的社会交往局面"，指的是知识和信息的剧增所造成的记忆困难之"可怕的情况"（德文 zerdehnte situation）；所谓"外部存储器"或"外部范畴"，就是指文化信息的体外记载系统。这种体外记载系统实际上就是文化记忆的主要形式之一。从这段文字表述中可以看出，阿斯曼夫妇非常看重文字在建立体外记载系统中的作用，在他们看来，"只有在严格意义上的文字被发明之后，社会交往的外部范畴才可能成为自主、成体系的存在"②，此话确然。文字其实就是人类的文化信息的体外记载需要的产物。

阿斯曼夫妇研究人类的记忆现象，首先区分了交流记忆和文化记忆这两种记忆类型。交流记忆（德文 Kommunikatives gedächtnis）又可译为交往记忆、交际记忆，指个体之间通过身体和口耳相传途径进行信息传递活动所形成的记忆方式。身体活动是交流记忆的载体，所以交流记忆需要借助个体的身体活动，而文化记忆则既可以借助身体活动而进行，亦可脱离身体活动而进行。可见，交流记忆属于"借助身体的记忆"（embodied memory），而文化记忆则更多地表现为"借助物体的记忆"（embedded memory）。阿斯曼夫妇往往把"借助物体的记忆"称为"借助象征性客体实现的记忆"，且将这种记忆类型称为"存储性记忆"（德文 Speicher gedächtnis）。③ 关于交流记忆与文化记忆的区别以及文化记忆得以实现的社会支撑条件，扬·阿斯曼认为：

---

① ［德］扬·阿斯曼：《文化记忆：早期高级文化中的文字、回忆和政治身份》，金寿福、黄晓晨译，北京大学出版社 2015 年版，第 13 页。
② ［德］扬·阿斯曼：《文化记忆：早期高级文化中的文字、回忆和政治身份》，金寿福、黄晓晨译，北京大学出版社 2015 年版，第 14 页。
③ ［德］阿莱达·阿斯曼、扬·阿斯曼：《昨日重现：媒介与社会记忆》，张玲玲译，载冯亚琳、［德］埃尔主编《文化记忆理论读本》，北京大学出版社 2012 年版，第 27 页。

### 中国古代图书馆学研究

我们个体的记忆随着生命的终结而消失,交流记忆一般持续三代,即八十至一百年的时间范围,而借助象征性的客体实现的记忆则可以横跨上千年的时间范围,因为这种记忆的承载物是文字、符号、图画等。正因为这种记忆所经历的时间范围巨大,它才发展成为文化记忆。……人在这个世界生存需要两种记忆:一个是短时段之内的交流记忆,另一个则是长时段之内的文化记忆。……文化记忆离不开支撑它的环境、机构以及相关人员,诸如图书馆、博物馆、学校、剧院、音乐厅、乐团、教堂、犹太会堂、清真寺、教师、图书管理员、牧师、犹太拉比、伊斯兰教长。没有上述机构、媒介和专业人员,我们就无从谈起文化记忆。[1]

从上引扬·阿斯曼的一段话中,我们可以至少读出三方面的信息:①从记忆的时间长度而言,交流记忆为短时段记忆,文化记忆为长时段记忆;②文化记忆的物质载体有文字、符号、图画等;③文化记忆的实现需要相应的机构、媒介、人员等社会支撑条件。尤其在谈及文化记忆的社会支撑条件时,扬·阿斯曼点到了图书馆、图书管理员,这就明确了文化记忆与图书馆紧密相关。法国学者利科(P. Ricoeur)认为,人类建立有多种多样的"记忆场所",包括"三色旗、国家档案馆、图书馆、词典、博物馆,还有纪念仪式、节日、先贤祠或凯旋门、拉鲁斯词典和巴黎公社墙"。[2] 利科在这里也把图书馆视为"记忆场所"。

通过了解上述文化记忆理论,我们可以形成这样的认识:中华民族自从发明文字以来,就已经开始了体外记载文化信息的历史;从实物遗存而言,中华民族的文化记忆主要保存于历代流传下来的浩繁的文献之中;文献的集中存储,产生了图书馆,由此形成中华民族的"存储性记忆"。这就是以"文字→文献→图书馆"之链铸就的中华文化源远流长的"存储性记忆"之链。也就是说,中国古代图书馆为中华文化的

---

[1] [德]扬·阿斯曼:《关于文化记忆理论》,载陈新、彭刚主编《文化记忆与历史主义》,浙江大学出版社2014年版,第13—14页。
[2] [法]保罗·利科:《记忆,历史,遗忘》,李彦岑、陈颖译,华东师范大学出版社2017年版,第547页。

源远流长发挥了"存储性记忆"的作用;如果没有图书馆的这种"存储性记忆"功能及其发挥不息——藏书文化的渊源不息,中华文化的源远流长和博大精深将是不可想象的。

中国古代图书馆为中华民族的文化记忆的源远流长发挥了"存储性记忆"的功能,这方面的史实依据可以说多之又多。下面仅以出土简帛和类书编纂为例予以说明。

新中国成立后,我国共出土简帛(主要是简牍)32起。[①] 其中出土数量较多者如1987年湖南慈利石板村战国楚墓出土简牍约1000枚,2.1万字,已知内容有《国语·吴语》、《逸周书·大武》(甲、乙)、《管子》佚文及《宁越子》;1993年湖北荆门郭店楚墓出土有字简730枚,内容包括《老子》甲、乙、丙及《太一生水》等道家著作和《缁衣》、《鲁穆公问子思》、《穷达以时》、《五行》、《唐虞之道》、《忠信之道》、《成之闻之》、《尊德义》、《性自命出》、《六德》、《语丛》一、二、三、四共计14篇儒家著作。1994年上海博物馆从香港文物市场购得战国晚期楚国墓出土简牍1100多枚,约3.5万字,包括近100种文献,主要有:《孔子诗论》、《缁衣》、《性自命出》(《性情论》)、《民之父母》(《孔子闲居》)、《子羔》、《鲁邦大旱》、《昔者君老》、《从政》(甲、乙)、《容成氏》、《周易》、《仲弓》、《恒先》、《彭祖》、《逸诗》、《采风曲目》、《昭王毁室·昭王与龚之》、《柬大王泊旱》、《内礼》、《相邦之道》、《曹沫之陈》等。在这些出土简牍中,有些是未曾流传于世、首次现世的"新文献",有些是有传世文本但却与传世文本在文字、内容及其编排上有较大差异的"古版文献"。地下简牍的相继出土及其数量之多,令世人震惊,尤其是当人们从中解读出许多与传世文本相异的信息时,更是令人感到重见历史原貌的惊叹。据此,李学勤先生曾呼吁"重写中国学术史"。[②] 简牍文献的大量出土,为人们检视和诠释中国古代文化提供了新的、更加可靠的证据,由此王国维曾提出有传世文本与出土文献(王国维称之为"地下之新材料")相互印证的

---

① 傅荣贤:《出土简帛与中国早期藏书研究》,知识产权出版社2013年版,第103页。
② 李学勤:《重写学术史》,河北教育出版社2002年版。

历史研究方法——"二重证据法"①。应该说,出土简牍的历史价值和学术价值是毋庸置疑的。那么,简牍文献何以保存至今、重见天日?我们知道,简牍文献都是主人(墓主)死后带入墓室的,其本意是把墓主的生前藏书带到地下去继续收藏和阅读,然而这种本意却产生了本意之外的"非意图结果",即无意中客观地变成了中国古人实现"存储性记忆"的私人"地下藏书室"或"地下图书馆"。这种"地下藏书室"或"地下图书馆",实际上是地上私家藏书或私家图书馆转移至地下而形成的。无论是"地下图书馆"还是"地上图书馆",有一种功能形态是相同的,那就是都能发挥"存储性记忆"之功效,亦即都能发挥文化记忆之器的功效。这就说明,简牍文献及其内容信息之所以能够流传至今,主要依赖于"地下图书馆"的"存储性记忆"功能;中国古人建造的无数的"地下图书馆"为中华民族的文化记忆的源远流传做出了独特而又巨大的贡献。

众所周知,中华民族有着源远流长的类书编纂传统。从魏文帝令修《皇览》至清康熙年间编修的《古今图书集成》,中国古人编纂类书之多、持续时间之长、编纂类例之完善,都是世所罕见的。可以说,类书编纂及其辉煌成就,是中国古人在知识重组方法上自我发明创造的独特贡献。我们知道,每一部类书都是把众多文献中的各类"知识点"(事物、人物、自然现象、社会事件、诗词文赋、名物典故、政令典章等)加以辑录编排而成,也就是说,每一部类书都是"文献集成"的产物,《永乐大典》(原名《文献大成》)以及《古今图书集成》两类书各名之"大成"、"集成",即为明证。类书的文献集成程度主要表现为征引文献数量,如《北堂书钞》征引文献800多种,《艺文类聚》征引文献1431种,《太平御览》征引文献2579种,《太平广记》征引文献500多种,《文苑英华》征引文学作品约2000篇,《永乐大典》征引文献7000—8000种,《古今图书集成》征引文献5000—6000种。由此可见,每一部类书其实都可将其视为"没有围墙的图书馆"、"没有建筑物的

---

① 王国维在《古史新证》中指出:"吾辈生于今日,幸于纸上之材料外,更得地下之新材料。由此种材料,我辈固得据以补正纸上之材料,亦得证明古书之某部分全为实录,即百家不雅训之言亦不无表示一面之事实。此二重证据法惟在今日始得为之,虽古书之未得证明者不能加以否定,而其已得证明者不能不加以肯定可断言也。"载王国维《王国维遗书》(第一册),上海古籍出版社1983年版,第2页。

图书馆"或"类书型图书馆"。正因为类书能够集成众多文献，所以中国古代的许多文献是靠类书得以留存下来而避免失传的。如五代以前的诗文，许多靠《文选》、《文苑英华》得以保存；《太平广记》所引500多种文献，其中一半以上的文献信息只能靠《太平广记》的辑录而得以窥见。我们知道，清人著有许多辑佚之作，从而使许多失传之书得以重见天日，如王谟的《汉魏遗书钞》辑有佚书105种，黄奭的《汉学堂丛书》辑有佚书270种，马国翰的《玉函山房辑佚书》辑有佚书630种等，而这些辑佚工作主要是依据有关类书的辑录而完成的。当然，说到从类书中辑出佚书的成就，我们不能不提清人从《永乐大典》中辑出诸多佚书的成就。据清人孙冯翼撰《四库全书辑永乐大黄本书目》统计，在编修《四库全书》时，馆臣们从《永乐大典》中辑出经部书79种，史部书79种，子部书173种，集部书185种，共计516种。以《四库全书》之集部别集类而言，共收宋人别集174种，其中从《永乐大典》辑出59种，辑本占总数的1/3还多。再以史部书为例，现世流行的《新五代史》、《水经注》、《明律》、《续资治通鉴长编》、《麟台故事》等著名之书，亦为四库馆臣从《永乐大典》中辑出。《四库全书》修成后的清嘉庆年间，《全唐文》馆臣徐松又从《永乐大典》辑出《宋会要》500卷即为现世流行之晃晃巨书《宋会要辑稿》；《宋会要辑稿》、《续资治通鉴长编》与《宋史》一起，被称为宋代三大资料宝库，其中前两部书均从《永乐大典》辑出。从以上可见，《永乐大典》等类书为保存古代典籍做出了伟大的贡献。那么，《永乐大典》又是如何被编成的呢？我们知道，类书乃汇集众多文献的产物，因此每一部类书的编修都首先具备一定数量的藏书。明成祖朱棣在《永乐大典》序文中称《永乐大典》乃"纂集四库之书，及购募天下遗集，上自古初，迄于当世，旁搜博采，汇聚群分，著为奥典"。朱棣的这段话，明确指出了《永乐大典》的编修必须依靠"四库之书"、"天下遗集"，显然，朱棣所谓"四库之书"、"天下遗集"指的是当时的文渊阁近一百万卷的馆藏文献。也就是说，如果没有当时的文渊阁藏书，就不可能编成《永乐大典》，亦不可能出现清代人从《永乐大典》辑出诸多散佚之书的情况。这就表明，图书馆的存在为类书的编修提供了物质条件，类书的存在为文献免于失传做出了不可替代的独特贡献；图书馆和类书共同为中华文化的"存储性记忆"做出了独特的历史性贡献。

总之,从以上论述可知,中国古代的图书馆为中华民族的文化记忆的形成和传承做出了不可替代的历史性贡献,亦即为中华文化的源远流长做出了不可替代的历史性贡献。对此,当代学者牛龙菲曾言道:

> 中国之所以五千年香火不断而有古有今,正是因为中国古代儒家特别注重人文进化信息指令的贮存和传承。中国古代四大发明中,为中国人所充分使用并充分发挥其内在功能的,并不是火药和指南针,而是造纸和印刷术。正因如此,中国成为迄今为止唯一"有册有典"而保守传承五千年之文脉的文明古国。①

从根本上说,作为收集、整理文献以供利用的设施,图书馆的存在价值首先在于对人类文化信息的体外集中存储与传递功能。所以,"敬惜字纸、珍藏文献"应该成为古今图书馆人代代秉持和传承的职业价值观。正因如此,图书馆的功能及其价值可通过文化记忆角度得到解释和证明。也许有的人认为,从社会记忆、文化记忆角度理解和阐释图书馆的功能及其价值,是一种"面向过去"而非"面向未来"的传统思维方式,因而不具现实意义。这种认识是不对的、片面的,甚至是有害的,因为这种认识没有认清文化记忆乃文化创新与文明进步的前提和基础这样一个基本原理。为此,我们有必要铭记如下两段话:

> 知而弗传,不仁也(《礼记·祭统》)。
> 进步就是稳妥地保存我们已经得到的东西。②

---

① 牛龙菲:《人文进化学——一个元文化学的研究札记》,甘肃科学技术出版社1989年版,第169页。
② [美]乔治·萨顿:《科学的生命——文明史论集》,刘珺珺译,商务印书馆1987年版,第115页。

# 第五章 尾论：中国古代图书馆学的特征

本书前四章，第一章属于有关概念阐释，以作全书内容展开的概念基础；第二章梳理了中国古代图书馆的藏书与管理的实践历程，以作后面接续"中国古代图书馆学思想"内容的实践历史基础；第三章论述了中国古代图书馆学思想本体，以回答中国古代图书馆学思想"有什么"或"是什么"的问题；第四章在第三章基础上进一步申论，以回答中国古代图书馆学思想"为何如是"以及"如何是"的问题。本章将在前四章内容基础上试图初步归纳中国古代图书馆学的若干特征，以作全书的"殿后"，故名之"尾论"。需要说明的是，本章所概括的中国古代图书馆学的特征，是以中西学术思想的迥然差异为背景，在中国图书馆学与西方图书馆学、古代图书馆学与现代图书馆学的双重比较视域下概括的宏观特征。

## 第一节 历史特征：悠久性与自发性

毋庸置疑，中国古代图书馆发展历史之悠久，世界罕见。若以殷商甲骨窖藏为起源，中国古代图书馆则有三千多年的发展历史。悠久的史官史、藏书史和馆阁史，是中国古代图书馆历史之悠久性的基本表现。

众所周知，置史官记录帝王言动和国家大事，[1] 是中国古代社会绵延不断的悠久传统，《周礼》所记五史职掌和《汉书·艺文志》所言"左史记言，右史记事"，证明了中国史官制度之早熟与发达。后世学

---

[1] 诚如章太炎所言"凡记国事者，皆以史名"。章太炎：《章太炎全集》第四册，上海人民出版社1985年版，第95页。

者们对此已有认知和总结,如夏曾佑就言"周制,学术、艺文、朝章、国故,凡寄于语言文字之物,无不掌之于史"①;柳诒徵亦言"古之五史,职业孔多,蔽于一语,则曰'掌官书以赞治'"②。史官之业乃文字记录之业,文字记录之业的长久发达,必然导致档案、书籍的积累,这为馆阁藏书和馆职的出现奠定了社会需要基础和制度基础。仅从有文字可考的史实而言,《史记》就言老子为周"守藏室之史",证明了周代已有专守国家藏书之职。史官、藏书、馆职这三者的相继产生和相互促进是中国古代图书馆起源并步入以后长期发展轨道的结构性动力所在。由此我们可以说,史官制度、馆职制度之悠久,即为藏书史、图书馆史之悠久的制度基础。

自从汉初萧何建石渠阁、天禄阁、麒麟阁以来,这种阁楼设施被称为"藏秘书,处贤才"之所。此后东汉的兰台、东观,隋代的嘉则殿、观文殿,唐代和五代的"三馆",宋代的"三馆秘阁",元代的翰林国史院,明代的文渊阁,直至清代的《四库全书》七阁等,皇家藏书与馆阁事业历经两千多年而不衰,表明中国古代历朝历代帝王和政府大多是重视发展图书馆事业的。

自春秋战国官失其学、学术下移以来,孔子、墨子等诸子百家,开创私学,纷纷著书立说,开启私人著述和私家藏书之先河,并愈发兴盛和持久,私家藏书楼遍布大半国土,历时两千多年,直至清末为止。私家藏书传统之悠久,是中国古代藏书史、图书馆史悠久的重要表现。

汉代始,佛教传入,佛籍大量涌现,寺院藏书渐成规模;汉代始,道教亦兴盛,道观藏书渐成规模;唐代始,书院兴起,书院藏书亦成规模。至清末,寺观藏书、书院藏书都经历了上千年的发展历程。

可见,中国古代的皇家图书馆、私家图书馆、寺观图书馆和书院图书馆,都具有上千年的发展历史,而且在总体上都保持了越发壮大和兴盛的发展趋势。当然,在这一长期历程中,经历了无数次聚散轮回、兴衰交替的艰难跋涉。这种多类型图书馆同时保持长期的总体兴盛趋势,表明中华民族是热爱藏书的民族、热爱图书馆的民族。

---

① 夏曾佑:《中国古代史》,河北教育出版社2003年版,第86页。
② 柳诒徵:《国史要义》,中华书局1948年版,第33页。

## 第五章 尾论：中国古代图书馆学的特征

自西汉刘向校书形成"刘向故事"以来，中国古代的文献整理方法亦形成有长期传承的悠久传统，例如：刘向校书以来形成的有藏必有目传统；《隋书·经籍志》以来形成的经、史、子、集四分法传统；《七略》以来形成的以经为首的分类传统；以经为首中的"以《易》为原"的传统（只有王俭的《七志》以《孝经》为首）；《别录》开创的提要传统；人书合论和分论的文献揭示传统等，这些文献整理方法传统，都具有上千年的悠久传承历史。

中国古代的图书馆和图书馆学思想，有其发生发展过程的悠久性与连续性，而且这种悠久性与连续性是在完全自发的状态下形成的。这里所说"自发状态"指"未受异域文化影响"而言。我们知道，在中国古代的大部分时间里，图书馆的产生和发展几乎是在"未受异域文化影响"的环境中自发生成和自主发展的。[1] 这种自发生成和自主发展历史表明，中国古代图书馆是土生土长的本土图书馆，中国古代图书馆学是土生土长的本土图书馆学。由此而言，所谓"自发性"亦可称为"本土性"。这种本土性特征，必然造就中国古代图书馆和图书馆学思想异于其他民族或国家的图书馆、图书馆学思想的独特面貌。

与西方的图书馆和图书馆学相比，中国古代的图书馆和图书馆学的本土性特征表现在多方面，诸如中国古代的官府图书馆、私家图书馆、寺观图书馆和书院图书馆都较发达，但始终未能生发出完全意义上的公共图书馆制度；由于中国古代社会在人才培养和选拔使用制度上实行的是科举制度，没有形成西方国家那样的以大学教育制度，所以中国古代只有书院图书馆而没有生发出完全意义上的大学图书馆制度和学校图书馆制度；在藏书及其利用观念上，中国古代图书馆秉持的是"以藏为传"、"以藏为用"的理念，而没有形成西方图书馆那样的"为流通而藏"的观念，亦即没有形成向社会公众全面开放以及主动宣传和服务的馆藏利用局面（在观念上曾出现过开放观念如著名的"建儒藏以共

---

[1] 如果说有异域文化的影响，最显著者莫过于汉唐时期因佛教的传入而产生的寺院图书馆，但寺院图书馆的社会影响力非常有限，未对图书馆的原有格局产生大的冲击；即使是鸦片战争后国门洞开，西方列强对中国经济资源进行大肆掠夺，同时亦有文化渗透，但亦未对图书馆的原有格局及其发展路径产生根本性改变，所以，称中国古代图书馆的发展基本"未受外部影响"，始终保持自发、自主发展状态，是符合历史事实的。

读之"的观念等,但未能付诸全面的实施);在皇家馆阁的馆职人员的任用上,逐步形成了由权臣领衔(如唐宋时期史馆由宰相兼领等)、以学者型文官为主体的任用模式,而没有形成西方国家那样的以大学专业教育为基础的人才培养与选聘制度;在文献分类上,中国古代图书馆形成的是以经、史、子、集四分法为主流的非学科分类传统,而没有形成西方图书馆那样的学科分类传统;在类目名称上,中国古代使用的是能够直接表示事物属性的字词名称,而没有使用西方国家那样的抽象符号代码名称;在目录类型上,中国古代的目录几乎是清一色的分类目录,而没有大量出现书名目录、著者目录等其他目录形式,即使是分类目录,亦非西方图书分类那样的严格遵循形式逻辑、概念逻辑的学科知识分类目录,而是非形式化、非概念化分类目录;在书目提要类型上,中国古代自发地形成了叙录体、传录体、辑录体提要体例,而没有出现西方国家那样的指示性摘要和报道性摘要的分别情况,而且在提要内容上,中国古代的书目提要形成的是"以人论书"等主观色彩很浓的文献揭示传统,而没有形成西方书目提要那样的纯客观描述的文献揭示传统;在编目的指导思想上,中国古代形成的是以"申明大道"或"辨章学术,考镜源流"为理想目标的学术史梳理传统,而没有形成西方人编目那样的以方便检索为目标的形式化编目传统;等等。可见,无论是图书馆管理方式,还是图书馆文献整理和利用的方式方法,中国古代图书馆与西方图书馆迥然异趣。总之,"中西图书馆走的是两条完全不同的发展路径"[1],由此必然形成中国古代图书馆和图书馆学思想的本土性特征,这是历史的事实,毋庸置疑。这也是梁启超当年提倡要建立"中国的图书馆学"的历史依据所在。

## 第二节 思维特征:本体性与价值性

从精神反作用于物质的角度而言,思想决定行动,思维方式决定生存方式;从物质决定精神的角度而言,一个民族的独特的自然生存环境和物质生产方式,必然造就该民族独特的思维方式和行事方式,由此造

---

[1] 吴晞:《论中国图书馆的产生》,载《图书馆工作与研究》1992年第2期。

## 第五章 尾论：中国古代图书馆学的特征

成民族文化与文明的各异。中国古代图书馆文化作为中华民族文化的重要组成部分，必然具有与西方图书馆文化迥异的特征。[1] 这里仅从思维特征角度出发，把古代中国人的图书馆学思维特征概括为本体性思维与价值性思维两方面。

为了更好地理解中国古代图书馆学的本体性思维与价值性思维特征，有必要先了解一下中国古代人与西方人在思维方式上的根本区别。总体而言，中国古代人与西方人在思维方式上的根本区别在于：前者擅长整体性思维（或称综合性思维），后者擅长分析性思维。现代中国学术泰斗之一的季羡林先生曾用下面的表格形式概括了整体性思维与分析性思维的区别表现（见表5-1）。[2]

表5-1　　　　整体性思维与分析性思维特征对照表

| 分析 | 知性（理性） | 分析力 | 结构主义 |
|---|---|---|---|
| 综合 | 悟性 | 想象力 | 解构思维 |

季先生认同把分析性思维归之于结构主义而把整体性思维归之于解构主义，这是受郑敏先生的启发而作出的判断。郑敏曾指出，"20世纪后半期，西方结构主义与解构思维都以语言为突破口，对人类文化的各方面进行阐释，最后落实到两类思维模式。结构主义带着浓厚的崇尚科学的客观性的倾向，企图将文字、语言及文化的各个方面纳入脱离人性及主观想象力的活动而独立存在的结构符号系统的世界；解构思维则对这种崇尚逻辑分析并以此为中心的智性活动的垄断进行反抗"[3]。西方的结构主义思想是在近代欧洲科学革命以后兴盛起来的以人类为中心的科学主义思想方法，其思维特征是主体与客体、现象与本质二分的分析性思维；西方的解构主义思想在胡塞尔的现象学和海德格尔的存在主义

---

[1] 当然，中西古代图书馆文化之间亦必然有其共性或相通性，因这里专谈中国古代图书馆学的特征，故暂不涉及中西古代图书馆文化的共性或相通性问题。

[2] 季羡林：《季羡林谈东西方文化》，浙江人民出版社2016年版，第78页。季先生称"整体性思维"为"综合性思维"，在此这两种称谓实为同义。

[3] 郑敏：《诗歌与科学：世纪末重读雪莱〈诗辨〉的震动与困惑》，载《外国文学评论》1993年第1期。

哲学思想中已见端倪，而在二战后得到突飞猛进的发展，其思维特征是突破主体与客体、现象与本质二元论的整体性思维；分析性思维造就了西方认识论哲学传统，整体性思维造就了西方意义哲学或哲学诠释学传统。值得一提的是，20世纪90年代以来，中国的一些学者们发现了西方的意义哲学尤其是海德格尔的"存在的非现成性"思维理路与中国古代的天道观有相似之处。[①]北京大学张祥龙教授对海德格尔思想颇有研究，他认为海德格尔的"思想中似乎包含着别的西方哲学学说里没有的，能与中国古代思想冥合暗通的东西"[②]。著名哲学家张世英先生也指出，以海德格尔、伽达默尔、德里达等为主要代表的西方现当代哲学与以老庄、孔孟、禅宗等为代表的中国传统哲学有"相似"、"相通"之处。[③]

我们说中国古代图书馆学思想具有本体性思维特征，这种本体性思维特征其实就是上文介绍的整体性思维特征。本体性思维亦称本体论思维。本体论思维是哲学思维必有的属性。著名哲学家熊十力先生认为，"哲学只有本体论为其本分内事"，"哲学若不足语于建本立极，……不足当哲学也"。[④]哲学思维固然不仅限于本体论思维，但熊先生认为哲学思维必须具有"建本立极"特征的观点是极其确当的。本体论思维就是在终极意义上或整体意义上去把握事物的本原及本质属性的思维方式，其特征是不分主客的整体直觉或直观把握，以此区别于主客二分的认识论思维。在中国古代，主客二分的认识论本不发达，其原因就在于中国古人"还没有明确区分主观与客观之间的界限，认识的主体与认识的客体还是浑然一体的"[⑤]。

中国古代图书馆学思想的本体论思维特征，最集中体现在：从"文以载道"信念出发去把握文献与馆阁的存在意义。也就是说，古代中

---

① 海德格尔曾经研读过老子的《道德经》并试图译成德文，但终未译成，后来其他人译成的《老子》有五六十种。
② 张祥龙：《海德格尔思想与中国天道》，生活·读书·新知三联书店1996年版，第455页。
③ 张世英：《天人之际——中西哲学的困惑与选择》，人民出版社1995年版，第175—177页。
④ 郭齐勇编：《熊十力学术文化随笔》，中国青年出版社1999年版，第29页。
⑤ 冯友兰：《中国哲学简史》，赵复三译，生活·读书·新知三联书店2013年版，第34页。

## 第五章　尾论：中国古代图书馆学的特征

国人是以天地万物的终极根源——"道"为终极根据来把握文献与馆阁的存在意义的。还需要注意的是，中国古人是在"道器合一"、"道不离器"的视野中认识"道"的。在古代中国人的思想意识中，文献之存在是馆阁存在的前提条件，而文献的意义在于"载道"。由此而言，"道"是本体性存在，而文献和馆阁都是载道、传道之"器"。可见，从"文以载道"信念出发去把握文献与馆阁的存在意义，也就是从"道器合一"、"道由器显"的思维理路出发去把握文献与馆阁的存在意义，这就是中国古人始终遵守不渝的本体论思维方法。

就"文以载道"的"文"而言，古代中国人极力赞美"进于道"之文，而鄙视"止乎技"之文。《庄子·养生主》所讲"庖丁解牛"故事借庖丁之语道出了对"进于道"之举的赞美——当文惠君赞美庖丁解牛技术之高超时，庖丁曰"臣之所好者道也，进乎技也"；庖丁进一步解释曰"臣以神遇而不以目视，官知止而神欲行"。可见，庖丁已经从技术上的游刃有余进入"不思而得，从容中道"（《中庸》）的境界。受到庖丁解牛故事的启发，冯友兰先生曾把诗分为"止乎技的诗"和"进于道的诗"两类。①冯先生在此以诗而言，其实把这里的"诗"改为"文"或"学"亦完全说得通。也就是说，"文"亦可分为"止乎技之文"和"进于道之文"两类；"学"亦可分为"止乎技之学"和"进于道之学"两类。从这种"止乎技"与"进于道"的区分中可以看出中国人的"崇道抑技"的本体论思维方式。文献因载道而贵，馆阁因藏道、传道而贵，由此而论的图书馆之学，就是"进于道之学"，"进于道之学"就是本体论之学，这就是中国古代图书馆学的本体论思维特征。以"文以载道"信念为指导所进行的文献整理活动，其所有原理与内容，都以"校雠"一语统括之，而不再细分为校勘学、目录学、版本学等分支"学科"②，这也是整体性思维而非分析性思维、本体论思维而非认识论思维所使然。

古代中国人对文献和馆阁意义的把握，既是本体性把握，也是价值

---

① 冯友兰：《贞元六书》（上下册），华东师范大学出版社1996年版，第168、958页。
② 我们现代人所熟悉的校勘学、目录学、版本学等称谓，其实都是民国时期引入西方"学科"分类方法之后出现的"学科"名称，中国古代却无此类"学科"名称。

性把握，因为中国古人思想意识中的本原性、终极性本体并非某种物质实体，而是价值实体。需要指出的是，这里的"价值"并非指"客体之于主体的有用性"，而是指事物本身所呈现给人的"当然"或"应然"之理。《中庸》说"天地之谓性，率性之谓道"，事物的本身之"性"真实地呈现给人的过程，就是价值呈现的过程。由此可见，价值是呈现出来的，而不是认识主体设定出来的，更不是主体"发明"或"创造"出来的。① 文献和馆阁的价值就是其本身所具有的载道、传道之本体属性。文献因具有载道属性而有价值，馆阁因具有藏道、传道属性而有价值。当然，中国古人在"天人合一"的整体性思维框架下，包括文献、馆阁在内的天地万物的价值必须最终落实于人的生存意义之中，即落实于"志于道"、"不思而得，从容中道"的生存境界之中。读书为了明道，明道为了行道，明道、行道即为人生的最高境界。这就是古代中国人的人生本体论，亦为人生价值论。文献、馆阁乃保障人的读书人生、明道人生、行道人生之器；由器而道，"下学而上达"（《论语·宪问》），就是人生的本体价值所在。这表明，中国古人是从人生价值论角度把握文献、馆阁之存在意义的；文献、馆阁是一种价值性存在，而非只是客体性、对象性存在；此故，中国古代早有"文献"、"馆阁"之词及其一番"术业"，但却无"文献学"、"馆阁学"之谓。

## 第三节　论理特征：非论证性与非学理性

中国古代图书馆学思想成果极其丰富。综观这些思想成果，我们至少可以发现有两个明显的特点：一是从研究结论的得出方式来看，许多是"直接定论出来的"，而不是"论证出来的"，此即非论证性特征；二是从论述的逻辑方式来看，大多为就事论事、具体而微的经验总结性描述，而不进行"假设—论证—结论"或"大前提—小前提—结论"或"公设—证明—公理"等形式的学理性论证，此即非学理性特征。

---

① 当然，中国古人在对"天理"、"人性"、"情欲"等范畴的认识上，并非完全按照"事物本身呈现出来"的原理去认识的，而是有主观的"设定"、"发明"或"创造"的成分，典型者要数把"三纲"视为"天理"。这是中国古人过度偏执于人伦秩序而产生的一种"误识"，对此我们今人不能不察。

第五章 尾论：中国古代图书馆学的特征

中国古代图书馆学思想之所以表现为非论证性和非学理性特征，仍然与中国古人的整体性思维、会通性思维、体悟性思维习惯有关。

需要指出的是，中国古人既然有本体论思维与价值论思维传统（如前文所述），那么中国古人就理应熟悉和擅长形而上学之论理方式，包括学理性或论证性论理方式。然而，事实上中国古人并不追求"抽象的形而上学"论理方式而追求的是"具体的形而上学"论理方式。抽象的形而上学擅长离器而言道的论理方式，而具体的形而上学不擅长离器而言道而擅长由器而道或道器合一的论理方式。也就是说，中国古人擅长的是就事论事的论理方式，这种论理方式所得出的"理"是针对生活事实的"事理"，而不是抽象的"形上之理"。章学诚说"古人未尝离事而言理"①，颜元说"见理于事"②，王阳明则干脆说"事即道，道即事"③，说明中国古人普遍遵循的是以事论理或因事论道的论理方式，而不崇尚、不擅长学理性或论证性论理方式。

哲学家张岱年先生曾指出，中国古人有"重了悟而不重论证"的思想方法特征，其曰：

> 中国哲学不注重形式上的细密论证，亦无形式上的条理系统。中国思想家认为经验上的贯通与实践上的契合，就是真的证明。……中国思想家的习惯，即直接将此所悟所得写出，而不更仔细证明之。……中国思想家并不认为细密论证是必要的；反之，乃以为是赘疣。④

张先生的这一概括应该说基本符合史实。翻阅浩如烟海的中国典籍，无论是儒家著作、道家著作还是其他著作，我们很容易发现，其思想观点大多为直接定论性的，而未经严密论证。较典型者如《老子》，

---

① 章学诚：《文史通义新编新注》，仓修良编注，浙江古籍出版社2005年版，第1页。
② 颜元：《颜元集》，王星贤、张芥塵、郭征点校，中华书局1987年版，第71页。
③ 王守仁：《王阳明全集》，吴光等编校，上海古籍出版社1992年版，第10页。
④ 张岱年：《中国哲学大纲》，商务印书馆2017年版，第29页。冯友兰先生也持有同样的观点，他说："逻辑，在中国亦不发达。"见氏著《中国哲学史》（上），华东师范大学出版社2010年版，第7页。说中国古人逻辑知识不发达，当然包含逻辑论证不发达之意。

其全篇内容都是用格言形式写成的,几乎句句是定论,而几乎无一句是论证。其他诸子书大多亦如此,只是组织素材和叙述的方式方法各有不同而已。这种"非论证性"结论方法在校雠目录学著作中亦多有表现。前文在介绍"以人论书"的文献揭示方法时所举诸例,就是这方面的典型表现。这里再举几例。

> 《汉书·艺文志》之《六艺略》序云:
> 六艺之文:《乐》以和神,仁之表也;《诗》以正言,义之用也;《礼》以明体,明者著见,故无训也;《书》以广听,知之术也;《春秋》以断事,信之符也。五者,盖五常之道,相须而备,而《易》为之原。故曰"《易》不可见,则乾坤或几乎息矣",言与天地为终始也。

在这段序文中,"《乐》以和神……信之附也"一段,共有五句,都是在下结论,而无一句是说明或论证,诸如《乐》为何能够"和神",为何称为"仁之表";《诗》为何能够"正言",为何称为"义之用"等,都未作论证。关于"《易》为之原"的原因,文中引用"《易》不可见,则乾坤或几乎息矣"来说明,似乎是在论证,其实不然,因为所谓"《易》不可见,则乾坤或几乎息矣"本身也是一种结论,也是需要论证而未作论证。可见,中国古人说的很多定论性的话,是把"有待论证"当作"不证自明"来对待的,也就是直接信以为真,信则无须论证,如同宗教信仰无须论证一样。

《隋书·经籍志》总序最后一段云:

> 夫仁义礼智,所以治国也;方技数术,所以治身也;诸子为经籍之鼓吹;文章乃政化之黼黻,皆为治之具也。

这段话概括了经、史、子、集四类经籍的功用价值,在价值取向上充分体现了儒家思想观念,但句句都是结论,而未作内在机理证明,如诸子书为何表现为"经籍之鼓吹",集部书(文章)为何具有"政化之黼黻"的功效等问题,均未交代所以然根据。不作论证,就容易产生

## 第五章 尾论：中国古代图书馆学的特征

"信者以为真理，不信者以为谬论"的争讼，或者说容易产生"把一家之言当作普遍真理"的武断之嫌。

《四库全书总目》子部序云（节录）：

> 儒家尚矣。有文事者有武备，故次之以兵家。兵，刑类也，唐、虞无皋陶，则寇贼奸宄无所禁，必不能风动时雍，故次以法家。民，国之本也，谷，民之本也，故次以农家。本草、经方，技术之事也，而生死系焉，神农、黄帝以圣人为天子，尚亲治之，故次以医家……

这段话是在交代为何把诸子排列成"儒家→兵家→法家→农家→医家……"之序的理由，其实这种交代仍不免有下结论之意，因为它仍存在需要论证而未作论证的地方，如儒家为何仅以"尚矣"为由列于诸子之首而不作说明？既然务农的民是国之本，如此重要者（农家）为何列于兵家、法家之后？既然本草、经方关乎生死，如此重要者为何还将其列于兵家、法家之后？说神农、黄帝重视本草、经方（"亲治之"），何以证明其真？等等。《四库全书总目》子部序言对十四类子书的排列次序都作了这样的"定位"，其实都是在下结论，因为这种"定位"本身就有待论证而未作论证。

我们知道，书目序言和提要本来就是不适合充分展开论证的文体类型，那么，既然不适合展开论证，就应该"录而不论"，以示"客观"对待。然而，中国古人却不这么认为，中国古人认为书目须以"申明大道"为宗旨，做到"辨章学术，考镜源流"，而"申明大道"或辨考学术源流，就必须在文献揭示过程中做到立场鲜明、褒贬不隐；即使不能作充分论证，也要以直接下结论的方式卫道、护道，以此宣明"阐圣学，明王道"（《四库全书总目·凡例》）的政治与学术立场；如果书目的文献揭示未做到"申明大道"或辨考学术源流而只是"部次甲乙"，则往往被讥为"文义浅近"、"浅薄不经"（《隋书·经籍志》总序）、"一掌故令史足矣"（章学诚《校雠通义·互著》）。

以现代诠释学原理而言，中国古代的书目序言和提要其实都属于文献诠释范畴。我们知道，中国古人的文献诠释活动长期遵循"以意逆志"、"知人论世"的基本原则,而"以意逆志"、"知人论世"的诠释方法是一种"主观诠释学"方法而不是"客观诠释学"方法。客观诠释学和主观诠释学的主要区别在于:前者以求真为旨趣,对诠释对象尽量不作价值评价,而后者则以求善为旨趣,对诠释对象作价值评价;前者要求诠释者超脱于价值判断的羁绊,后者要求诠释者积极介入价值判断之中。中国古代图书馆学思想的非论证性特征,就是在"主观诠释学"方法下形成的一种论理方式。现代哲学家金岳霖先生说的下面一段话,也许对我们理解中国古代图书馆学思想的非论证性特征有所裨益:

> 现代人的求知不仅有分工,还有一种训练有素的超脱法或外化法。现代研究工作的基本信条之一,就是要研究者超脱他的研究对象。要做到这一点,只有培养他对于客观真理的感情,使这种感情盖过他可能发生的其他有关研究的感情。人显然不能摆脱自己的感情,连科学家也很难办到,但是他如果经过训练,学会让自己对于客观真理的感情盖过研究中的其他感情,那就已经获得科学研究所需要的那种超脱法了。这样做,哲学家就或多或少超脱了自己的哲学。他推理、论证,但是并不传道。①

诚如金先生所言,现代哲学研究重推理、论证,但不传道,而包括中国古代图书馆学在内的中国传统学术则不重推理、论证,但却重传道。重传道,就得"申明大道",而儒家之"大道"的核心内容就是纲常伦理,这种纲常伦理是不能质疑的"铁律"。不能质疑,也就不必论证。文献和馆阁作为传道之具,其价值就在于为申明纲常伦理服务,所以符合这种价值取向的文献之道和馆阁之道就为"是",不符合者为"非",是非已然分明,不必论证。

需要指出的是,中国古代图书馆学思想,并非都表现为绝对的"非论证性"特征。唐代魏徵主笔的《隋书·经籍志》总序,南宋郑樵的《通志·校雠略》,元人马端临的《文献通考·经籍考》序,明儒丘濬

---

① 金岳霖:《金岳霖学术论文选》,中国社会科学出版社1990年版,第360页。

## 第五章 尾论：中国古代图书馆学的特征

的《图籍之储》、《访求遗书疏》，明人胡应麟的《经籍会通》，清人章学诚的《校雠通义》等，以及明、清人所撰的诸多有关藏书、校勘、版本之作，大多有较多的论证性质。但不可否认的是，由于中国古人普遍信奉"天人合一"、"理一而分殊"、"文以载道"等本体论之理，①因而，诸如上述图书馆学思想成果或叙述沿革，或辑录已有论说，或讲论文献收集和整理的方法，或评述前人做法等，只是在局部内容上有论证性质，而在整体论说方式上仍然以"非论证性"方法为主要特征。这种不经详细论证而直接得出结论或"论证寓于叙事之中"的言说方式，与西方现象学和存在主义哲学所讲的"本质直观"、"本质不在现象之外"、"存在先于本质"等命题有一定的相通之处。

与"非论证性"特征紧密相关的是，中国古代图书馆学思想还有"非学理性"特征。这里所谓"非学理性"特征，指不以得出公认的"科学原理或法则"为目标的思想方法特征。我们知道，学理性论证，是西方学术或科学研究普遍采用的逻辑化、形式化思想方法。这种思想方法一般从假设或公设出发，经过论证得出公理性结论，西方科学中的许多定律和定理就是这么产生的，如欧几里得几何学所设五条公设、所证五条公理，就是学理性论证的典型范例。然而，中国古人不擅长这种学理性论证，而擅长的是事理性（或称"义理性"）论说。所谓事理性论说，用中国民间的话来说就是"讲道理"。朱熹说"道即理也，以人所共由而言，则谓之道；以其各有条理而言，则谓之理。其目则不出乎君臣、父子、兄弟、夫妇、朋友之间，而其实无二物也"②。朱熹这里所言"道即理也，以人所共由而言，则谓之道；以其各有条理而言，则谓之理"，明显具有学理性，但由此得出"其目则不出乎君臣、父子、兄弟、夫妇、朋友之间，而其实无二物也"的结论，却显得自负与武断——道或理为何"不出乎君臣、父子、兄弟、夫妇、朋友之间"？这说明朱熹所言道或理是儒家伦理之道或伦理之理，不加论证

---

① 生成论、本体论之理，只需设定而无须论证，这种设定随着时间的推移逐渐演变为"公理"，"三纲五常"就是古代中国人普遍信奉的、影响力最深广的"公理"，而公理乃人们论事说理的前提而不能质疑，若质疑便成为"异端"。

② 朱熹：《朱熹集》，郭齐、尹波点校，四川教育出版社1996年版，第2369页。

地、武断地排除了其他道或理。王阳明说"事即道,道即事"①,更是直截了当地做出了定论,并将其视为现成的"定理"而不作论证。按照朱熹、王阳明的思想观点,道理就是事理,其内核不外是儒家纲常伦理。随着时间的推移,这一纲常伦理就被积淀、固化为中国人谈事论理的前提性标准,无形地成为一种"公理",锁定了中国古人思考问题的基本路向。这就是中国古人重事理或义理而轻学理性知识论证的思想传统表现。王国维在谈及西方学术与中国学术的区别时称中国的学术是"实际的而非理论的"②。中国传统学术之所以表现为"非理论的"特征,就是由中国古人不擅长学理性论证、不追求理论体系建构的思想方法所致。余英时先生总结"中国思想"的特征说"中国思想有非常浓厚的重实际的倾向,而不取形式化、系统化的途径",又说"中国人的逻辑——知识论的意识向不发达确是事实"。③ 余先生的这两句话,实际上所指的是中国古人不擅长学理性论证的思想方法传统。

古代中国人所论的"文献之道"、"馆阁之道",就是以儒家纲常伦理作为公理性标准来判断文献与馆阁的价值意义的,即符合此标准者为"真理",违背此标准者为"谬论"。由此而言,古代中国人的图书馆学思想成果,大多属于义理判断之论,而非学理判断之论。综观古代中国人所著的图书馆学论著,就不难发现,这些论著几乎都是通过义理判断而非学理判断手法著成的,其论说内容大多属于就事论事的历史沿革、经验总结或对前人做法的评论性论说。下面以若干代表性论著为例作简要说明。

程俱撰《麟台故事》,现存的"辑本"和"残本"合起来共有九篇内容,分别是:《沿革》、《省舍》、《储藏》、《修纂》、《职掌》、《选任》、《官联》、《恩荣》、《禄廪》。从这些篇目中可以看出,《麟台故事》实际上是一部记述北宋馆阁制度之沿革与发展历程的史料性书籍,属于断代图书馆管理史书,而几无学理论证内容。此后问世的《中兴馆阁录》及其《续录》两部著作,因为是《麟台故事》的续写,故其

---

① 王守仁:《王阳明全集》,吴光等编校,上海古籍出版社1992年版,第10页。
② 王国维:《静庵文集》,王风导读,贵州教育出版社2014年版,第102页。
③ 余英时:《中国思想传统的现代诠释》,江苏人民出版社1995年版,第6、18页。

## 第五章　尾论：中国古代图书馆学的特征

性质亦与《麟台故事》相差无几。

元人王士点、商企翁撰《秘书监志》，亦为"断代图书馆史"著作。它记载了元世祖至元至元顺帝至正年间秘书监的建置沿革及典章制度等情况，分19门类：职制、禄秩、印章、廨宇、公移、分监、什物、纸札、食本、公使、守兵、工匠、杂录、纂修、秘书库、司天监、兴文署、进贺、题名。从这些门类的名称中就可以看出，它是一部与《麟台故事》、《中兴馆阁录》及其《续录》相似的著作，它所采用的材料主要是有关秘书监公牍，包括圣旨、令旨以及省台文件等，且题名为"志"，显然为记事之政书，远非学理性著作。

郑樵的《通志·校雠略》共有二十一论，涉及三方面的内容：一是关于书籍散亡以及后世复出现象的论述；二是关于书籍分类与编次之法的论述；三是关于求书之道的论述。除此之外又谈及了校书组织工作方面的一个问题即"校书久任论"。可见，《校雠略》是郑樵讲论书籍的收集之法和编目之法的、分专题而论的著作，属于郑樵的"一家之言"，有一定的理论成分，但其论证方式仍是非学理性的，其所论重心是对前人做法的纠偏与改进方法之论；其核心观点即"类例既分，学术自明"，仍属于方法论范畴，而不属于学理性的本体论范畴。

明人丘濬所著《图籍之储》、《访求遗书疏》二文，可以说是论证性与学理性较强的著述，尤其是在《图籍之储》中作者以"臣按"的形式表达了自己对文献之道和馆阁之道的认识，具有较多的理论色彩，然这种理论色彩仍限于对前人经验的总结性阐发，经验总结色彩浓于理论推理色彩。

明人胡应麟的《经籍会通》，原计划写四十卷，但现传世本《经籍会通》仅为四卷，分别为：述源流第一、述类例第二、述遗轶第三、述见闻第四。述源流篇在牛弘概括天下书籍"五厄"论基础上续加"书自六朝之后，复有五厄"，进而概括出"古今书籍盛聚之时，大厄之会各有八焉"的史实。① 述类例篇叙述十二部书目的类例结构的沿革

---

① 盛聚之八包括"春秋也，西汉也，萧梁也，隋文也，开元也，太和也，庆历也，淳熙也"；大厄之八包括"祖龙也，新莽也，萧绎也，隋炀也，安史也，黄巢也，金人也，元季也"。

过程并对每部书目作出简评。① 述遗轶篇考述历代佚书及伪书情况，并对前人所认定的佚书或伪书有所辩驳。述见闻篇的内容包括多个主题，既有对印刷术起源及沿革的考证，又有对明代刻书中心的分布及其刻书质量的评价，还有关于明代书市分布情况的介绍，以及自我总结的鉴别版本之法。从《经籍会通》的上述内容可知，它是一部以史实考证为主、间有总结性议论的笔记体论著，且四卷所述亦非同一主题，故远非层层连贯论证的学理性著述。相对而言，胡应麟的另一部论著《四部正讹》②，比《经籍会通》主题更加集中，内容更加连贯，论证性更强，尤其是关于伪书价值的认识有其独到见解，有一定的学理性，但它仍属于考据性论著（辨伪），而不能视其为完全的学理性著述。

章学诚著《校雠通义》的内容实际上由两大部分构成：一是关于文献著录方法问题（卷一之九篇）；二是关于《汉书·艺文志》的评论性研究（卷二、卷三之九篇）。显然，《校雠通义》名为"通义"，但并未"通论"，而且各篇之间不成连贯，显然亦非系统性、学理性论著。不过，有一点需要指出的是，《校雠通义》首篇为《原道》（初稿题为《著录先明大道论》），此篇可谓形上性、原理性论述，有一定的学理色彩，然而作为全书的绪论，全篇仅为619字，未能全面展开；再者，全篇内容的立意在于阐明"著录先明大道"之义理，未能涵盖图书馆实践与理论的全部学理基础。

孙从添的《藏书记要》，内容分为八则，依次是：《购求》、《鉴别》、《钞录》、《校雠》、《装订》、《编目》、《收藏》、《曝书》。从这些篇名中可以看出，此书所述乃孙从添自己的藏书心得与经验之论，远非学理性论著。其后叶德辉著《藏书十约》，乃受孙从添《藏书记要》之启发而作，在篇目上略去《编目》、《曝书》二篇，而增记《传录》、

---

① 这十二部书目包括：《七略》、《汉书·艺文志》、《晋中经簿》、《七志》、《七录》、《群书四部录》、《邯郸图书志》、《通志·艺文略》、《郑氏书目》、《遂初堂书目》、《文献通考·经籍考》、《陆深藏书目》。

② 《四部正讹》是一部辨伪专著，辨识伪书104种，卷首概括举例伪书现象、类型多达21种，在中国历史上第一次对伪书现象作了系统的归纳总结。而且在全书最后又专门总结出考辨伪书的8种方法，第一次把古籍辨伪工作上升到方法论的高度。当然，这种方法论仍为经验性方法论，而不是学理性方法论。

## 第五章 尾论：中国古代图书馆学的特征

《陈列》、《题跋》、《印记》四篇，共成"十约"，在论说旨趣和性质上与《藏书记要》无异。至于叶德辉的《书林清话》、《书林余话》二书，则是记述书籍版刻源流和书林掌故的笔记体"书话"著作，这种文体性质本身就决定了二书不需要进行学理性论证。胡适曾评价叶德辉的整个学术为"没有条理系统"[1]，这种评价没有贬低之意，只是指出了叶德辉学术的非学理性特征。

需要指出的是，上述非论证性和非学理性特征，是从中国古代图书馆学思想的事实表现中客观地概括出来的特征，而非从中国古代图书馆学思想的"缺点"角度概括出来的"不好"的特征。从思想方法而言，非论证性和非学理性论理方式是一种直觉把握事物性质及其规律的简约性论理方式。应该说，古代中国人对文献之道和馆阁之道的直觉把握及其直接定论性表达，其中充满了"简约而不简单"的智慧与达观之妙。在论理方式上，论证性与非论证性之间、学理性与非学理性之间并不存在孰优孰劣的天然界线，其优或劣，要依实际论理效果而定，而不应先入为主地对论理方式本身做出孰优孰劣的判定。相对而言，现代图书馆学具有较强的论证性与学理性特征，所以有"理论图书馆学"和"应用图书馆学"的分野，其中的"理论图书馆学"显然具有较强的论证性与学理性特征。然而，中国古代图书馆学不可能有"理论图书馆学"和"应用图书馆学"之截然而又自觉的分野，而只有"理论"与"应用"会通融合的"关于收集、整理文献以供利用的学问"。再者，我们不能认为图书馆学理论只能有论证性、学理性论理方式而不能有非论证性、非学理性论理方式；不能认为现代理论图书馆学的论证性、学理性论理方式只有优点而无缺点；更不能认为现代图书馆学的论理方式全面优于古代图书馆学的论理方式。

本章上述，概述了中国古代图书馆学的三方面特征：历史上的悠久性与自发性；思维上的本体性与价值性；论理上的非论证性与非学理性。这三方面特征都是从宏观视角概括出来的，而未涉及细节性特征。仅就这三方面的宏观特征，已经足以显明"中国的图书馆学"与西方图书馆学、现代图书馆学的迥然异趣。若把这三方面特征与前几章内容

---

[1] 引自庄练《近世学者与文人群像》，台湾商务印书馆1994年版，第172页。

综合起来看，我们就可以较清晰、较全面地了解和把握古代中国人所创造的图书馆实践智慧与思想智慧的基本内容及其特征；这种实践智慧与思想智慧，就是古代中国人对世界图书馆文化所做出的独特的、杰出的贡献。

# 参考文献

曹之：《中国古籍版本学》（第三版），武汉大学出版社2015年版。
晁公武：《郡斋读书志校证》，孙猛校证，上海古籍出版社2011年版。
陈登原：《古今典籍聚散考》，华东师范大学出版社2009年版。
陈谷嘉、邓洪波：《中国书院制度研究》，浙江教育出版社1997年版。
陈谷嘉、邓洪波主编：《中国书院史资料》，浙江教育出版社1998年版。
陈骙、佚名：《南宋馆阁录 续录》，张富祥点校，中华书局1998年版。
陈元锋：《北宋馆阁翰苑与诗坛研究》，中华书局2005年版。
陈振孙：《直斋书录解题》，徐小蛮、顾美华点校，上海古籍出版社2015年版。
程颢、程颐：《二程集》，王孝鱼点校，中华书局1981年版。
程焕文：《晚清图书馆学术思想史》，北京图书馆出版社2004年版。
程俱：《麟台故事校证》，张富祥校证，中华书局2000年版。
程千帆、徐有富：《校雠广义·典藏编》，齐鲁书社1998年版。
丁道凡搜集编注：《中国图书馆界先驱沈祖荣先生文集》，杭州大学出版社1991年版。
董诰等：《全唐文》，孙映逵等点校，山西教育出版社2002年版。
杜定友：《校雠新义》，上海书店1991年影印版。
杜佑：《通典》，王文锦等点校，中华书局1988年版。
段玉裁：《经韵楼集》，钟敬华校点，上海古籍出版社2008年版。
范凤书：《中国私家藏书史》，武汉大学出版社2013年版。
范仲淹：《范仲淹全集》，范能濬编集，薛正兴校点，凤凰出版社2004年版。

冯班:《钝吟杂录》,何焯评、李鹏点校,中华书局2013年版。
冯亚琳、[德]埃尔主编:《文化记忆理论读本》,余传玲等译,北京大学出版社2012年版。
冯友兰:《贞元六书》(上下册),华东师范大学出版社1996年版。
冯友兰:《中国哲学简史》,赵复三译,生活·读书·新知三联书店,2013年版。
冯友兰:《中国哲学史》(上下册),华东师范大学出版社2010年版。
傅荣贤:《出土简帛与中国早期藏书研究》,知识产权出版社2013年版。
傅荣贤:《中国古代图书分类学研究》,台湾学生书局1999年版。
傅斯年:《傅斯年全集》,台北联经出版公司1980年版。
傅璇琮、谢灼华主编:《中国藏书通史》,宁波出版社2001年版。
高濂:《遵生八笺》,王大淳等整理,人民卫生出版社2007年版。
龚蛟腾:《中国图书馆学的起源与转型:从校雠学说到近现代图书馆学的演变》,国家图书馆出版社2013年版。
龚自珍:《龚自珍全集》,上海人民出版社1975年版。
顾广圻:《顾千里集》,王欣夫辑,中华书局2007年版。
顾广圻:《思适斋书跋》,黄明标点,上海古籍出版社2007年版。
顾炎武:《日知录校释》,张京华校释,岳麓书社2011年版。
顾炎武:《新译顾亭林文集》,刘九州校译,台湾三民书局2000年版。
郭伟玲:《中国秘书省藏书史》,武汉大学出版社2015年版。
海德格尔:《存在与时间》,陈嘉映、王庆节译,生活·读书·新知三联书店1999年版。
韩格平:《二十二子详注全译》,董莲池主编,黑龙江人民出版社2003年版。
韩永进主编:《中国图书馆史》,国家图书馆出版社2017年版。
何清谷:《三辅黄图校释》,中华书局2005年版。
洪汉鼎:《重新回到现象学的原点——现象学十四讲》,人民出版社2008年版。
洪迈:《容斋随笔》,孔凡礼点校,中华书局2015年版。
胡朴安、胡道静:《校雠学》,岳麓书社2013年版。

胡应麟：《少室山房笔丛》，中华书局1958年版。

黄丕烈：《黄丕烈藏书题跋集》，余鸣鸿、占旭东点校，上海古籍出版社2013年版。

黄宗羲：《明儒学案》，沈芝盈点校，中华书局2008年版。

黄宗羲：《明夷待访录》，李伟译注，岳麓书社2008年版。

黄宗羲：《宋元学案》，全祖望补修，陈金生、梁运华点校，中华书局1986年版。

纪昀：《纪晓岚文集》（共三册），孙致中等校点，河北教育出版社1991年版。

季羡林：《季羡林谈东西方文化》，浙江人民出版社2016年版。

贾思勰：《齐民要术》，江苏古籍出版社2001年版。

江曦：《清代版本学史》，中国社会科学出版社2013年版。

蒋伯潜：《校雠目录学纂要》，北京大学出版社1990年版。

蒋元卿：《校雠学史》，商务印书馆1934年版。

金毓黻：《中国史学史》，商务印书馆1999年版。

来新夏：《古典目录学浅说》，中华书局2005年版。

黎靖德：《朱子语类》，中华书局1986年版。

李伯聪：《选择与建构：大脑和认知之谜的哲学反思》，科学出版社2008年版。

李焘：《续资治通鉴长编》（第2版），上海师大古籍所、华东师大古籍所点校，中华书局2004年版。

李更：《宋代馆阁校勘研究》，凤凰出版社2006年版。

李林甫等：《唐六典》，陈仲夫点校，中华书局1992年版。

李明杰：《中国古代图书著作权研究》，社会科学文献出版社2013年版。

李希泌、张椒华编：《中国古代藏书与近代图书馆史料（春秋至五四前后）》，中华书局1982年版。

刘国钧：《刘国钧图书馆学论文选集》，书目文献出版社1983年版。

刘国钧：《中国书史简编》，书目文献出版社1981年版。

刘向、刘歆：《七略别录佚文；七略佚文》，姚振宗辑录，邓骏捷校补，上海古籍出版社2008年版。

刘知几：《史通》，白云译注，中华书局2014年版。
卢文弨：《抱经堂文集》，王文锦点校，中华书局1990年版。
陆世仪：《陆桴亭思辨录辑要》（丛书集成初编本），上海商务印书馆1936年版。
吕绍虞：《中国目录学史稿》，安徽教育出版社1984年版。
马端临：《文献通考》，中华书局1986年版。
马克斯·韦伯：《儒教与道教》，洪天富译，江苏人民出版社2003年版。
宓浩、刘迅、黄纯元：《图书馆学原理》，华东师范大学出版社1988年版。
缪荃孙：《缪荃孙全集·目录》，张廷银、朱玉麟主编，凤凰出版社2013年版。
莫里斯·哈布瓦赫：《论集体记忆》，毕然、郭金华译，上海人民出版社2002年版。
南开大学图书馆学系等：《理论图书馆学教程》，南开大学出版社1986年版。
牛润珍：《汉至唐初史官制度的演变》，河北教育出版社1999年版。
欧阳修：《欧阳修文集》，刘振鹏主编，辽海出版社2010年版。
皮锡瑞：《经学历史》，中华书局2004年版。
祁承㸁：《澹生堂读书记·澹生堂藏书目》，郑诚整理，上海古籍出版社2015年版。
祁承㸁等：《藏书记》，广陵书社2010年版。
钱大昕：《潜研堂文集》（四部丛刊初编本），上海书店印行1989年版。
钱大昕：《十架斋养新录》，陈文和、孙显军校点，江苏古籍出版社2000年版。
钱穆：《中国文化史导论》（修订本），商务印书馆1994年版。
钱曾：《藏园批注读书敏求记校证》，管庭芬、章钰校证，傅增湘批注，冯惠民整理，中华书局2012年版。
邱浚：《大学衍义补》，林冠群、周济夫校点，京华出版社1997年版。
任继愈主编：《中国藏书楼》，辽宁人民出版社2001年版。
阮元：《揅经室集》，邓经元点校，中华书局1993年版。

沈德符：《万历野获编》，中华书局 1959 年版。

沈括：《梦溪笔谈》，张富祥译注，中华书局 2016 年版。

十三经注疏整理委员会整理：《十三经注疏》，北京大学出版社 1999 年版。

司马朝军：《〈四库全书总目〉研究》，社会科学文献出版社 2004 年版。

司马光：《资治通鉴》，中华书局 2011 年版。

司义祖：《宋大诏令集》，中华书局 1962 年版。

四库全书研究所：《钦定四库全书总目》（整理本），中华书局 1997 年版。

宋立民：《宋代史官制度研究》，吉林人民出版社 1999 年版。

宋敏求：《唐大诏令集》，中华书局 2008 年版。

苏轼：《苏轼文集》，孔凡礼点校，中华书局 1986 年版。

汪辟疆：《目录学研究》，商务印书馆 1955 年版。

王国强：《明代目录学研究》，中州古籍出版社 2000 年版。

王国强：《中国古代文献的保护》，武汉大学出版社 2015 年版。

王国维：《观堂集林》，河北教育出版社 2001 年版。

王国维：《静庵文集》，王风导读，贵州教育出版社 2014 年版。

王记录：《清代史馆与清代政治》，人民出版社 2009 年版。

王锦民：《古典目录与国学源流》，中华书局 2012 年版。

王蕾：《清代藏书思想研究》，广西师范大学出版社 2013 年版。

王鸣盛：《十七史商榷》，黄曙辉点校，上海书店出版社 2005 年版。

王溥：《唐会要》，上海古籍出版社 2006 年版。

王守仁：《王阳明全集》，吴光等编校，上海古籍出版社 1992 年版。

王叔岷：《校雠学；校雠别录》，中华书局 2007 年版。

王欣夫：《文献学讲义》，上海古籍出版社 2014 年版。

王亚南：《中国官僚政治研究》，中国社会科学出版社 1981 年版。

王应麟：《玉海》（影印本），广陵书社 2016 年版。

王余光：《中国文献史》（第一卷），武汉大学出版社 1993 年版。

王重民：《中国目录学史论丛》，中华书局 1984 年版。

王子舟：《图书馆学基础教程》，武汉大学出版社 2003 年版。

吴晞：《从藏书楼到图书馆》，书目文献出版社 1996 年版。

吴夏平：《唐代中央文馆制度与文学研究》，齐鲁书社2007年版。
向宗鲁：《校雠学》，商务印书馆2014年版。
谢肇淛：《五杂组》，上海书店出版社2009年版。
徐松：《宋会要辑稿》，刘琳等点校，上海古籍出版社2014年版。
徐雁、王雁均主编：《中国历史藏书论著读本》，四川大学出版社1990年版。
薛瑄：《薛瑄全集》，孙玄常等点校，山西人民出版社1990年版。
严佐之：《近三百年古籍目录举要》，华东师范大学出版社2008年版。
颜元：《颜元集》，王星贤、张芥尘、郭征点校，中华书局1987年版。
颜之推：《颜氏家训译注》，张霭堂译注，齐鲁书社2009年版。
姚名达：《中国目录学史》，上海古籍出版社2005年版。
叶昌炽：《藏书记事诗（附补正）》，王欣夫补正，上海古籍出版社1989年版。
叶德辉：《书林清话》，李庆西标校，复旦大学出版社2008年版。
余嘉锡：《目录学发微》，岳麓书社2009年版。
余嘉锡：《余嘉锡论学杂著》（第2版），中华书局2007年版。
余庆蓉、王晋卿：《中国目录学思想史》，湖南教育出版社1998年版。
余英时：《论戴震与章学诚——清代中期学术思想史研究》，生活·读书·新知三联书店2005年版。
余英时：《士与中国文化》，上海人民出版社1987年版。
余英时：《中国思想传统的现代诠释》，江苏人民出版社1995年版。
袁咏秋、曾季光主编：《中国历代图书著录文选》，北京大学出版社1997年版。
曾巩：《曾巩集》，陈杏珍、晁继周点校，中华书局1984年版。
张岱年：《中国哲学大纲》，商务印书馆2017年版。
张富祥：《宋代文献学研究》，上海古籍出版社2006年版。
张金吾：《爱日精庐藏书志》，冯惠民整理，中华书局2012年版。
张荣芳：《唐代的史馆与史官》，私立东吴大学中国学术著作奖励委员会1984年版。
张舜徽：《中国文献学》，华中师范大学出版社2004年版。
张舜徽选编：《文献学论著辑要》，中国人民大学出版社2011年版。

张祥龙：《海德格尔思想与中国天道》，生活·读书·新知三联书店1996年版。

张之洞：《增补书目答问补正》，范希曾补正，孙文泱增订，中华书局2011年版。

张宗友：《〈经义考〉研究》，中华书局2009年版。

章学诚：《文史通义新编新注》，仓修良编注，浙江古籍出版社2005年版。

章学诚：《校雠通义通解》，王重民通解，上海古籍出版社2009年版。

章学诚：《章学诚遗书》，文物出版社1985年版。

郑樵：《通志二十略》，王树民点校，中华书局2009年版。

中国第一历史档案馆：《纂修四库全书档案》，上海古籍出版社1997年版。

中华书局编辑部：《二十四史》（简体字本），中华书局2000年版。

周彦文：《中国目录学理论》，台湾学生书局1995年版。

周余姣：《郑樵与章学诚的校雠学研究》，齐鲁书社2015年版。

朱熹：《朱熹集》，郭齐、尹波点校，四川教育出版社1996年版。

朱一新：《无邪堂答问》，吕鸿儒、张长法点校，中华书局2000年版。

朱彝尊：《经义考新校》，林庆彰等主编，上海古籍出版社2010年版。

朱彝尊：《曝书亭全集》，王利民等校点，吉林文史出版社2009年版。

［德］扬·阿斯曼：《文化记忆：早期高级文化中的文字、回忆和政治身份》，金寿福、黄晓晨译，北京大学出版社2015年版。

［美］保罗·康纳顿：《社会如何记忆》，纳日碧力戈译，上海人民出版社2000年版。

［英］波普尔：《客观知识——一个进化论的研究》，舒炜光等译，上海译文出版社2001年版。

# 后　　记

　　我以前写过不少论文，也写过几本书。但是，以往的著述总是仓促为之，几无反复修改之后形成的精益求精之作。其原因，我实在不好意思归结于"公务繁忙"，然而何尝又不是呢？"当领导就不应做学术，做学术就不该当领导"，这是真理吗？像我这样的小小"芝麻官"也算领导吗？无论如何，公务缠身确实影响到我的学术思维及其精当程度。或云：当领导的人也有做好学术的，这样的实例很多。是的，这样的能人或许有之，然而我做不到。我的实际状态是：两者都想做好，结果两者都没做好。此即鱼与熊掌不可兼得乎？

　　研究"中国的图书馆学"，是我多年以来念兹在兹的一个学术夙愿。当我申请的此项课题获得批准之后，我决心要好好地研究它。为此我推卸掉了许多公务之事，如想尽一切可能的办法减少出差、减少会议、减少社会交往等，于是有了更多的专心思考与修改书稿的时间和精力。这部书稿就是耗费我三年多时间和精力而写成的产物。但由于我学力不济，仍难免勤奋有余而长进不足的结果，对此我诚惶、诚惶……

　　陈寅恪先生在他的著作中多次强调学人应该具有"独立之精神，自由之思想"的境界。我很认同、喜欢并敬畏陈先生的这一教诲，故而这一教诲已成为扎根我内心深处的学术秉性，矢志不渝。所以在此课题研究中，我始终注意提出一些我自己的独立见解，然因我天生悟性不足，有时还偏执不返，故恐难免独立不成而成偏立，对此我诚恐、诚恐……

　　我知道，在现代青年学者中，致力于历史维度研究者并不多，甚至可以说越来越少。韩愈在《答李翊书》中就曾说"有志乎古者希矣，志乎古必遗乎今"。韩愈此话为批评当时学风之语，即批评了有志于论

## 后　　记

古立言的人往往为今人所遗弃的现象。在我看来，一门学科专业不能没有历史维度的思考与研究，有史才能有根，有史鉴才能明今知来。古人说"君子多识前言往行，以畜其德"（《周易·大畜》）。了解、掌握和传承古代中国人的优秀的图书馆实践智慧和思想智慧，是我们当代中国图书馆人的学科专业良知所在。我申请此项课题研究，其立意就在于此。这种立意及其研究，不应被"遗乎今"。对此我诚望、诚望……

在本书出版过程中，中国社会科学出版社的刘艳女士给予了热忱的帮助。从约稿到出版合同的签订，再到书稿的审改，刘艳女士都给予了精心的指导和帮助。她的热诚和专业精神，令我钦佩。在此，向刘艳女士表示由衷的感谢！